W0086556

Detlef Nakath/Gerd-Rüdiger Stephan (Hrsg.)

Die Häber-Protokolle

Schlaglichter der SED-Westpolitik
1973-1985

Detlef Nakath/Gerd-Rüdiger Stephan
(Hrsg.)

Die Häber-Protokolle

Schlaglichter der SED-Westpolitik
1973-1985

Karl Dietz Verlag Berlin

Die Deutsche Bibliothek – CIP-Einheitsaufnahme

Die **Häber-Protokolle** : Schlaglichter der SED-Westpolitik 1973-1985 /
Detlef Nakath/Gerd-Rüdiger Stephan. – Berlin : Dietz, 1999
ISBN 3-320-01968-6

© Karl Dietz Verlag Berlin GmbH 1999
Schutzumschlag : Brigitte Bachmann unter Verwendung
eines Fotos vom Bundesarchiv Koblenz
Satz: MediaService, Berlin
Druck und Bindearbeit: Wiener Verlag GmbH
Printed in Austria

Inhalt

7

9

Einführung

Am 23. November 1985 war dem Zentralorgan der SED „Neues Deutschland" in seiner Berichterstattung über die am Vortag stattgefundene 11. Tagung des SED-Zentralkomitees zu entnehmen, daß gleich zwei Politbüromitglieder und ZK-Sekretäre, Herbert Häber und Konrad Naumann, „aus gesundheitlichen Gründen" von ihren Funktionen entbunden worden seien.[1] Konrad Naumann, langjähriger 1. Sekretär der SED-Bezirksleitung Berlin, war Parteimitgliedern und DDR-Bürgern vor allem wegen seines eigenwilligen Lebensstils – insbesondere Alkoholexzessen und Frauenaffären – kein unbeschriebenes Blatt. Die angegebene Begründung für seine Abwahl wurde in Ost wie West deshalb von Anfang an bezweifelt. Tatsächlich gab es andere Gründe: Naumann hatte mehrfach die Politik Honeckers kritisiert und sich sogar als Anwärter für dessen Nachfolge präsentiert.[2] Herbert Häber hingegen, langjähriger Leiter der Westabteilung des ZK der SED, kannten vor allem Insider, Parteiintellektuelle und Spitzenpolitiker in der Bundesrepublik. Häber – so hieß es intern und glaubhaft – sei krank und müsse nach einem Nervenzusammenbruch für längere Zeit stationär behandelt werden.

Herbert Häber war gerade erst 55 Jahre alt geworden – ungewöhnlich jung für das Ausscheiden aus der SED-Führung. Überdies befand er sich gerade auf dem Wege der Genesung und wollte nach Ende einer Kur in Bad Liebenstein im Dezember 1985 seine Tätigkeit im ZK wieder aufnehmen.

Eigentlich war die Deutschlandpolitik in der DDR – ebenso wie in der Bundesrepublik – unangefochtene Chefsache. Bereits Walter Ulbricht hatte sich – wie auch Konrad Adenauer – die Entscheidungen über die Gestaltung des Verhältnisses zum jeweils anderen deutschen Staat nie aus der Hand nehmen lassen. Als Erich Honecker am 3. Mai 1971 an die Spitze der SED aufrückte, hielt er daran fest, wohl wissend, daß in Bonn die Deutschlandpolitik sowohl inhaltlich als auch organisatorisch im Bundeskanzleramt konzentriert war. Zwar existierte dort das Ministerium für innerdeutsche Beziehungen, es war jedoch für die operative Deutschlandpolitik unbrauchbar, weil sich DDR-Politiker zu jeder Zeit weigerten, auch nur einen Fuß über

---

1   Vgl. Neues Deutschland (im folgenden: ND), 23. November 1985.
2   Vgl. Otto Wenzel: Der Sturz des Politbüromitglieds Konrad Naumann im Herbst 1985, in: Zeitschrift des Forschungsverbundes SED-Staat (ZdF), H. 5/1998, S. 84 ff.

die Schwelle dieses Hauses zu setzen. Dies galt auch für Herbert Häber, der Mitte September 1973 die Leitung der ZK-Westabteilung übernahm und schon bald zu einem wichtigen Mitarbeiter Honeckers für Fragen des Verhältnisses der DDR zur Bundesrepublik avancierte.

Wer war Herbert Häber und wie gelangte er in diese für die Außen- und Deutschlandpolitik der SED so wichtige Funktion?

Herbert Häber wurde am 15. November 1930 im sächsischen Zwickau in einer Arbeiterfamilie geboren. In seiner Heimatstadt besuchte er die Volks- und Oberschule und gehörte ab 1941 dem nazistischen Jungvolk als Jungenschaftsführer an. Diese Funktion ist ihm später zum Vorwurf gemacht worden. Am 26. September 1946, wenige Wochen vor seinem 16. Geburtstag, trat er in die SED ein. Nach Kriegsende war er als Hilfsarbeiter im Zwickauer Metallwerk MEWA beschäftigt, wechselte 1946 in den Kreisvorstand der FDJ seiner Heimatstadt und war dort zwischen April und August 1947 als Organisationsleiter tätig. Sein journalistisches Interesse führte ihn noch 1947 Jahr zu einer Korrespondententätigkeit für die sowjetische Nachrichtenagentur (SNB) und 1948 für den Allgemeinen Deutschen Nachrichtendienst (ADN). Mit 18 Jahren berief die SED-Kreisorganisation Zwickau Herbert Häber zum hauptamtlichen Jugendsekretär und von 1949 bis 1950 zum stellvertretenden Chefredakteur der Parteizeitung „Freie Presse" in Zwickau. Der häufige Wechsel der Tätigkeiten in den Nachkriegsjahren war für begabte junge Leute durchaus typisch, zumal die Kaderverantwortlichen ständig neue Funktionen zu besetzen hatten.

1951 gelangte Herbert Häber, zu diesem Zeitpunkt gerade 20 Jahre alt, nach Berlin. Er arbeitete bis Ende 1952 als politischer Mitarbeiter der Westkommission beim SED-Politbüro und übernahm Anfang 1953 die Leitung des Sektors für gesamtdeutsche Fragen in der Abteilung Presse und Rundfunk des SED-Zentralkomitees.

Den jungen Parteiarbeiter Häber delegierte die SED 1954 zum Studium an die Parteihochschule beim KPdSU-Zentralkomitee nach Moskau. Aus gesundheitlichen Gründen konnte Häber dieses Studium jedoch nicht abschließen. Er kehrte 1955 nach Berlin zurück, um für zehn weitere Jahre hauptamtlich dem Apparat des SED-Zentralkomitees anzugehören. Von 1955 bis 1960 war er Sektorenleiter im „Arbeitsbüro" des SED-Zentralkomitees, jener Abteilung, die die Tätigkeit der seit 1956 illegalen KPD in der Bundesrepublik von Berlin aus koordinierte und dirigierte.[3] Von 1960 bis 1965 fungierte Häber als hauptamtliches Mitglied im Range eines Abteilungsleiters

---

3   Vgl. Andreas Herbst/Gerd-Rüdiger Stephan/Jürgen Winkler (Hrsg.): Die SED. Geschichte – Organisation – Politik. Ein Handbuch, Berlin 1997, S. 878, 883.

der Kommission für gesamtdeutsche Arbeit, die sich später West-kommission beim Politbüro des ZK der SED nannte. Von Juni bis November 1965 übernahm Häber die stellvertretende Leitung der Westabteilung des SED-Zentralkomitees. Im Dezember 1965 wechselte Herbert Häber nach fast 15jähriger Tätigkeit im Parteiapparat der SED in eine staatliche Funktion. Als am 17. Dezember 1965 das Staatssekretariat für gesamtdeutsche Fragen gebildet wurde, erhielt Häber die Funktion des Stellvertreters des Staatssekretärs, die er bis zur Auflösung des Staatssekretariats im Jahre 1971 ausübte.[4]

Einige der Aufgaben des aufgelösten Staatssekretariats gingen in das im Juli 1971 gebildete „Institut für Internationale Politik und Wirtschaft" (IPW) über. Es wurde per Fusion aus dem in Berlin ansässigen Deutschen Institut für Zeitgeschichte (DIZ), dem Deutschen Wirtschaftsinstitut (DWI) sowie dem wissenschaftlichen Bereichen des Staatssekretariats für westdeutsche Fragen gebildet. Gründungsdirektor wurde der zum Professor ernannte Herbert Häber, der diese Funktion bis Mitte September 1973 ausübte. Ihm folgte als IPW-Direktor Max Schmidt nach, der dieses Amt bis zum Ende der DDR im Jahre 1990 bekleidete.[5]

Auf seiner 11. Tagung am 14. und 15. Dezember 1973 faßte das SED-Zentralkomitees folgenden Beschluß: „Genosse Herbert Häber wird von seiner Funktion als Direktor des Instituts für Internationale Politik und Wirtschaft entbunden und zum Leiter der Westabteilung des ZK berufen."[6] Seine langjährigen Erfahrungen in der Westarbeit der SED prädestinierten ihn wohl in besonderer Weise, als Nachfolger von Heinz Geggel[7] die Leitung dieses ZK-Bereichs zu übernehmen.

---

4 Das am 17. Dezember 1965 gebildete „Staatssekretariat für gesamtdeutsche Fragen" wurde am 2. Februar 1967 in „Staatssekretariat für westdeutsche Fragen" umbenannt und schließlich per Ministerratsbeschluß vom 7. Juli 1971 aufgelöst. Die Funktion des Staatssekretärs übte von 1965 bis 1971 das spätere Politbüromitglied Joachim Herrmann aus. Vgl. Andreas Herbst/Winfried Ranke/Jürgen Winkler: So funktionierte die DDR. Bd. 2, Reinbek 1994, S. 1007 f.
5 Vgl. ebenda, Bd. 1, S. 416 ff.
6 Die tatsächliche Übernahme der Leitung der Westabteilung durch Herbert Häber war bereits Mitte September 1973 erfolgt. In einem als Tagesordnungspunkt 11 gefaßten Politbüro-Beschluß vom 9. Oktober 1973 wurde festgelegt, daß Herbert Häber als Direktor des Instituts für Internationale Politik und Wirtschaft ausscheidet und die Funktion des Leiter der Westabteilung des ZK der SED übernimmt. Vgl. Stiftung Archiv der Parteien und Massenorganisationen der DDR im Bundesarchiv, Sozialistische Einheitspartei Deutschlands (im folgenden: SAPMO-BArch, DY 30), J IV 2/2 A/1718.
7 Heinz Geggel war von 1963 bis 1973 Leiter der Westabteilung des SED-Zentralkomitees. Geggel wechselte Ende 1973 an die Spitze der ZK-Abteilung für Agitation, die er bis zu ihrer Auflösung im Jahre 1989 leitete.

Die Westabteilung des SED-Zentralkomitees war durch einen Beschluß des SED-Zentralsekretariats vom 31. August 1948 gebildet worden.[8] Sie hatte zunächst die Aufgabe, die Parteibeziehungen der SED zur KPD zu koordinieren bzw. – nach deren Verbot – aus der DDR operativ zu leiten. Unter den Bezeichnungen „Arbeitsbüro", „Abteilung 62" und „Abteilung 70" wirkte sie in den sechziger Jahren im wesentlichen als Anleitungsinstitution für die illegale KPD sowie für die 1968 gebildete DKP. Im Mai 1984 erhielt die Westabteilung die Bezeichnung „Abteilung Internationale Politik und Wirtschaft".[9]

Die Funktion des Abteilungsleiter der Westabteilung des SED-Zentralkomitees sollte Häber bis zu seinem maßgeblich von Honekker und Mielke betriebenen Sturz im November 1995 fast zwölf Jahre lang ausüben. Zwischenzeitlich avancierte er am 24. Mai 1984 auf Beschluß der 8. ZK-Tagung noch für 18 Monate zum Politbüromitglied und Sekretär des Zentralkomitees[10], den höchsten Funktionen, die die SED nach dem Generalsekretär zu vergeben hatte.

1997 und 1998 hat sich Herbert Häber im Rahmen von verschiedenen wissenschaftlichen Veranstaltungen[11] bzw. gegenüber Pressevertretern[12] offen zu seiner Rolle als hochrangiger Parteifunktionär der SED geäußert. Er thematisierte dabei immer wieder die Umstände seines auf sowjetischen Druck – und unter direkter und persönlicher Beteiligung von Honecker und Mielke – erzwungenen Ausscheidens aus dem politischen Leben. Er schlug einen Bogen vom Moskauer Geheimgipfel zwischen KPdSU-Generalsekretär Konstantin Tschernenko und SED-Chef Erich Honecker am 17. August 1984[13], zu

---

8   Vgl. SAPMO-BArch, DY 30/IV 2/2.1/226.
9   Als Abteilungsleiter fungierten Alfred Zeidler (1948/49), Richard Stahlmann (1949-1952), Paul Verner (1953-1959), Arne Rehan (1959-1963), Heinz Geggel (1963-1973), Herbert Häber (1973-1985) und Gunter Rettner (1985-1989). Vgl. Die SED. Geschichte – Organisation – Politik, S. 883 f. Zu den politischen Aktivitäten der Westabteilung in den sechziger Jahren vgl. Jochen Staadt: Die geheime Westpolitik der SED 1960 bis 1970. Von der gesamtdeutschen Orientierung zur sozialistischen Nation, Berlin 1993.
10 Vgl. den Politbürobeschluß vom 24. Mai 1984 in: SAPMO-BArch, DY 30/J IV 2/2/2056.
11 Vgl. u. a. Herbert Häber: Persönliche Anmerkungen zum Verhältnis zwischen den Führungen der SED und der KPdSU, in: Jürgen Hofmann/Detlef Nakath (Hrsg.): Konflikt – Konfrontation – Kooperation. Deutsch-deutsche Beziehungen in vierzig Jahren Zweistaatlichkeit, Schkeuditz 1998, S. 127 ff.
12 Vgl. u. a. Berliner Zeitung, 14./15. Juni 1997; Der Spiegel, H. 22/1997 und H. 42/1998; Der Tagesspiegel, 2. Oktober 1997; Westfälische Rundschau, 15. April 1998; Magdeburger Volksstimme, 21. Oktober 1998.
13 Vgl. Dok. 59.

dem Häber mit einer umfangreichen schriftlichen Ausarbeitung die inhaltliche Vorbereitung für den SED-Generalsekretär geleistet hatte, bis zu seiner Abwahl aus dem SED-Politbüro und der Einweisung in eine Station des Bezirkskrankenhauses für Psychiatrie in Bernburg Anfang Januar 1986.

Sein politisches Fazit dieses Vorgangs lautet heute: „Honecker hatte meine Ausarbeitung in Moskau vorgetragen und erhielt eine vernichtende Antwort. Es wurde uns gesagt, wir verfolgten einen Kurs, der die Sicherheitsinteressen der UdSSR berühre. Meine Losung von der ‚Koalition der Vernunft' wurde als Floskel zur Irreführung der Menschen abgetan. Der oberste Militär des Warschauer Paktes, Marschall Ustinow, ging noch weiter und erklärte, wir begünstigten die NATO-Spionage. Drohender konnte man eigentlich nicht reagieren. Da bekannt war, wer den Text verfaßt hatte, war klar, daß meine kurze Zeit in diesem Politbüro abgelaufen war. [...] Die Situation in Moskau war so zugespitzt, daß Honecker bedeutet wurde, er selbst stünde zur Disposition, wenn er nicht die Reise nach Bonn absage. Da es aber kaum möglich war, Honecker abzulösen, mußte der das Feld räumen, der ihn im Sinne einer deutsch-deutschen Annäherung ‚beeinflußt' hatte."[14] Insbesondere die von UdSSR-Verteidigungsminister Marschall Ustinow vorgetragenen Vorwürfe waren in der damaligen Situation geeignet, dem Verursacher schweren Landesverrat anzulasten – mit all den dafür zu erwartenden Konsequenzen.

Der „Hauptbeeinflusser" Honeckers in Fragen der deutsch-deutschen Beziehungen aus der Sicht Moskaus und deren Informanten war Herbert Häber. Zwar waren seine Tage im Politbüro noch nicht unmittelbar gezählt, aber an seinem Ausscheiden aus dem höchsten Gremium der SED und dem politischen Entscheidungszirkel in der DDR begannen Honecker und Mielke in jenen Spätsommertagen 1984 zu arbeiten.

Zur Quellenlage und zu Publikationen

Mit der Tätigkeit Herbert Häbers als Westpolitiker Honeckers hat sich die historische und sozialwissenschaftliche DDR-Forschung bisher kaum beschäftigt. Lediglich in einigen Zeitungen und Zeitschriften ist seine Rolle bei der Gestaltung der Beziehungen zur Bundesrepublik, vor allem aber die Vorgänge um seine politische Ausschaltung, thematisiert worden. Demgegenüber kann der Stand der empirischen Forschung auf dem Gebiet der politischen Bezie-

---

14 Interview von Peter Nöldechen mit Herbert Häber in: Westfälische Rundschau, 15. April 1998.

hungen zwischen der DDR und der Bundesrepublik in der Honecker Ära – insbesondere in den achtziger Jahren – als relativ gut eingeschätzt werden. Die Aufarbeitung dieses Zeitraums der Geschichte der deutsch-deutschen Beziehungen hat in der jüngsten Zeit vor allem aufgrund des wesentlich verbesserten Quellenzuganges erhebliche Fortschritte gemacht. Die mehr oder weniger konzentrierte archivalische Forschung schlug sich in zahlreichen neuen Veröffentlichung unterschiedlicher wissenschaftlicher und publizistischer Genres nieder. Neben Dokumentenpublikationen[15] und Erinnerungsberichten von Politikern und Unterhändlern aus Ost und West[16] lie-

15 Michael Herms/Karla Popp: Westarbeit der FDJ 1946 bis 1989. Eine Dokumentation, Berlin 1997; Matthias Judt (Hrsg.): DDR-Geschichte in Dokumenten. Beschlüsse, Berichte, interne Materialien und Alltagszeugnisse, Berlin 1997; Daniel Küchenmeister (Hrsg.): Honecker – Gorbatschow. Vieraugengespräche, Berlin 1993; Detlef Nakath/Gerd-Rüdiger Stephan: Von Hubertusstock nach Bonn. Eine dokumentierte Geschichte der deutsch-deutschen Beziehungen auf höchster Ebene 1980-1987, Berlin 1995; dies.: Countdown zur deutschen Einheit. Eine dokumentierte Geschichte der deutsch-deutschen Beziehungen 1987-1990, Berlin 1996; Detlef Nakath/Gero Neugebauer/Gerd-Rüdiger Stephan (Hrsg.): „Im Kreml brennt noch Licht". Die Spitzenkontakte zwischen SED/PDS und KPdSU 1989-1991, Berlin 1998; Heinrich Potthoff: Die „Koalition der Vernunft". Deutschlandpolitik in den 80er Jahren, München 1995; ders.: Bonn und Ost-Berlin 1969-1982. Dialog auf höchster Ebene und vertrauliche Kanäle. Darstellung und Dokumente, Bonn 1997; Gerd-Rüdiger Stephan (Hrsg.): „Vorwärts immer, rückwärts nimmer!" Interne Dokumente zum Zerfall von SED und DDR 1988/89, Berlin 1994; Die SED. Geschichte – Organisation – Politik, S. 529 ff.
16 Vgl. Egon Bahr: Zu meiner Zeit, München 1996; Wjatscheslaw Keworkow: Der geheime Kanal. Moskau der KGB und die Bonner Ostpolitik, Berlin 1995; Egon Krenz: Wenn Mauern fallen. Die Friedliche Revolution: Vorgeschichte – Ablauf – Auswirkungen, Wien 1990; Hermann Axen: Ich war ein Diener der Partei. Autobiographische Gespräche mit Harald Neubert, Berlin 1996; Erich Honecker: Moabiter Notizen, Berlin 1993; Jürgen Nitz: Länderspiel. Ein Insider-Report, Berlin 1995; Hans Modrow: Ich wollte ein neues Deutschland, Berlin 1998; ders.: Die Perestroika. Wie ich sie sehe. Persönliche Erinnerungen und Analysen eines Jahrzehntes, das die Welt veränderte, Berlin 1998; Egon Winkelmann: Moskau, das war's. Erinnerungen des DDR-Botschafters in der UdSSR 1981-1987, Berlin 1997; Valentin Falin: Politische Erinnerungen, München 1993; ders.: Konflikte im Kreml. Zur Vorgeschichte der deutschen Einheit und Auflösung der Sowjetunion, München 1997; Michail Gorbatschow: Erinnerungen, Berlin 1995; Alexander Jakowlew: Offener Schluß. Ein Reformer zieht Bilanz, Leipzig/Weimar 1992; Julij A. Kwizinskij: Vor dem Sturm. Erinnerungen eines Diplomaten, Berlin 1993; Wjatscheslaw Kotschemassow: Meine letzte Mission. Fakten, Erinnerungen, Überlegungen, Berlin 1994; Georgi Schachnasarow: Preis der Freiheit. Eine Bilanz von Gorbatschows Berater, Bonn 1996; Eduard Schewardnadse: Der Zukunft gehört die Freiheit, Reinbek bei Hamburg 1991; Anatoli Tschernajew: Die letzten Jahre einer Weltmacht. Der Kreml von innen, Stuttgart 1993; Hans-Dietrich Gen-

gen die stenographierten Anhörungen der Enquête-Kommission des Deutschen Bundestages und die für dieses Gremium angefertigten Expertisen[17], die Materialien des Bonner und Münchener Schalck-Untersuchungsausschusses[18] sowie einige historische bzw. sozial-wissenschaftliche Untersuchungen vor.[19]

Nach wie vor ist jedoch der Zugang zu allen Quellen für eine sinnvolle Bilateralismusforschung notwendig. Für die Zeitge-schichtsforschung ist aber die gleichwertige Quellenauswertung bei-der Seiten von elementarer Bedeutung. Hermann Weber hatte unter Hinweis auf die Erforschung der Geschichte der deutsch-deutschen Beziehungen bereits im Juli 1994 von einer „archivalischen Asym-metrie" gesprochen.[20] Vier Jahre später schrieb Weber zur gleichen

---

scher: Erinnerungen, Berlin 1995; Helmut Kohl: Ich wollte Deutschlands Ein-heit. Dargestellt von Kai Diekmann und Ralf Georg Reuth, Berlin 1996; Horst Teltschik: 329 Tage. Innenansichten der Einigung, Berlin 1991; Frank-Joachim Herrmann: Der Sekretär des Generalsekretärs. Honeckers persönlicher Mitar-beiter über seinen Chef, Berlin 1996; Detlef Nakath (Hrsg.): Deutschlandpoliti-ker der DDR erinnern sich, Berlin 1995.

17 Vgl. Materialien der Enquête-Kommission „Aufarbeitung von Geschichte und Folgen der SED-Diktatur in Deutschland" (12. Wahlperiode des Deutschen Bundestages). Hrsg. vom Deutschen Bundestag , 9 Bde. in 18 Teilbänden, Ba-den-Baden/Frankfurt a. M. 1995.

18 Vgl. die beiden Abschlußberichte in: Deutscher Bundestag. Beschlußemp-fehlung und Bericht des 1. Untersuchungsauschusses nach Artikel 44 des Grundgesetzes, Drucksache 12/7600; Bayerischer Landtag. Schlußbericht des Untersuchungsausschusses betreffend bayerische Bezüge der Tätigkeit des Be-reichs „Kommerzielle Koordinierung" und Alexander Schalck-Golodkowski, 12. Wahlperiode. Drucksache 12/16598 vom 6. Juli 1994.

19 Vgl. Timothy Garton Ash: Im Namen Europas. Deutschland und der ge-teilte Kontinent, München/Wien 1993; Peter Bender: Episode oder Epoche? Zur Geschichte des geteilten Deutschland, München 1996; ders.: Die „Neue Ostpo-litik" und ihre Folgen. Vom Mauerbau bis zur Vereinigung, München 1995; Dieter Dowe (Hrsg.): Die Deutschlandpolitik der SPD in der Opposition 1982-1989, Bonn 1993; Konrad H. Jarausch: Die unverhoffte Einheit. 1989-1990, Frankfurt a. M. 1995; Richard Kiessler/Frank Elbe: Ein runder Tisch mit schar-fen Kanten. Der diplomatische Weg zur deutschen Einheit, Baden-Baden 1993; Jochen Staadt: Die geheime Westpolitik der SED 1960-1970; Dietrich Staritz: Geschichte der DDR, Frankfurt a. M. 1996; Andreas Vogtmeier: Egon Bahr und die deutsche Frage. Zur Entwicklung der sozialdemokratischen Ost- und Deutschlandpolitik vom Kriegsende bis zur Vereinigung, Bonn 1996.

20 Hermann Weber: Die aktuelle Situation in den Archiven für die Erfor-schung der DDR-Geschichte, in: Deutschland Archiv, H. 7/1994, S. 694. Au-ßerdem ders.: „Asymmetrie" bei der Erforschung des Kommunismus und der DDR-Geschichte? Probleme mit Archivalien, dem Forschungsstand und bei den Wertungen, in: Aus Politik und Zeitgeschichte, Beilage zur Wochenzeitung Das Parlament, B 26/97, 20. Juli 1997, S. 3 ff.; ders.: „Was beweisen die Akten?" Anmerkungen zu Veröffentlichungen von Archivalien aus der DDR, in: Inter-

Problematik: „Schon mehrfach mußte auf eine ‚Schieflage‘ beim Zugang zu den Archiven hingewiesen werden. Derzeit ist das Geschehen nur aus den Quellen der DDR heraus zu bearbeiten. Während fast alle dortigen Akten bis 1989/90 offen sind, gilt für westdeutsche Unterlagen die 30-Jahre-Sperrfrist. Wenn sich die Forschung von Mitte der sechziger Jahre an allein mit den östlichen Quellenbeständen begnügen muß, wird die Aufarbeitung erschwert."[21]

Zwar haben sich seit Anfang der neunziger Jahre die Benutzungsmöglichkeiten und -bedingungen in verschiedenen Archiven wesentlich verbessert, die von Weber geforderte Öffnung der staatlichen Akten der Alt-Bundesrepublik steht indes weiter aus. Seit Anfang der neunziger Jahre sind fast alle DDR-Akten mit Ausnahme des früheren Ministeriums für Auswärtige Angelegenheiten zugänglich. Gleiches gilt jedoch keineswegs für die Archivbestände der „alten" Bundesrepublik.

1994 wurden im Abschlußbericht der Enquête-Kommission neben den staatlichen Bereichen der Bundesrepublik auch die im Bundestag vertretenen Parteien aufgefordert, der Forschung Einsichtmöglichkeiten in ihre Archivbestände zu gewähren. Lediglich die SPD hat die Sperrfrist für Akten im „Archiv der sozialen Demokratie" der Friedrich-Ebert-Stiftung auf zwanzig Jahre verkürzt und damit ein positives Zeichen für die zeithistorische und sozialwissenschaftliche Forschung gesetzt.[22]

Von den Unionsparteien und der FDP blieben derartige Signale bisher aus. Jüngst wurde immerhin eine umfangreiche politikwissenschaftliche Studie über die „Deutschlandpolitik in Helmut Kohls Kanzlerschaft" vorgelegt.[23] Für dieses Buch des Münchener Politologen Karl-Rudolf Korte standen dem Autor aufgrund „einer einmaligen Sondergenehmigung" bislang für die Wissenschaft unzugängliche Akten des Bundeskanzleramtes sowie des „Archivs für Christlich-Demokratische Politik" in Sankt Augustin und des Büros des Bundesvorsitzenden der CDU im Bonner Konrad-Adenauer-Haus

---

nationale Wissenschaftliche Korrespondenz zur Geschichte der Arbeiterbewegung, H. 2/1997, S. 232 ff.

21 Hermann Weber: Zum Stand der Forschung über die DDR-Geschichte, in: Deutschland Archiv, H. 2/1998, S. 250 f.

22 Die Verkürzung der im deutschen Archivwesen üblichen 30jährigen Sperrfrist auf 20 Jahre ist 1994 vom damaligen SPD-Vorsitzenden und Kanzlerkandidaten seiner Partei, Rudolf Scharping, angekündigt worden. Scharping zog seinerzeit die erfreuliche Konsequenz aus vom Wahlkampf dominierten Vorwürfen an die Adresse von SPD-Politikern, sich in Gesprächen mit SED-Vertretern angeblich illoyal verhalten zu haben.

23 Karl-Rudolf Korte: Deutschlandpolitik in Helmut Kohls Kanzlerschaft. Regierungsstil und Entscheidungen 1982-1989. Geschichte der deutschen Einheit in vier Bänden. Band 1, Stuttgart 1998.

zur Verfügung. Der Autor erhielt „volle Akteneinsicht" und überdies die Möglichkeit zu Hintergrundgesprächen mit prominenten Politikern der damaligen Regierungskoalition. Im Ergebnis seiner Forschungen liegt ein bemerkenswerter Band vor, der vor allem politikwissenschaftlichen Fragestellungen nach dem Arbeits- und Entscheidungsablauf im „System Kohl" nachgeht, jedoch in relativ unkritischer Weise die Deutschlandpolitik des „ewigen Kanzlers" würdigt.

Abgesehen von wenigen Ausnahmen sind vor dem Hintergrund der beschriebenen „archivalischen Asymmetrie" die meisten derzeit vorliegenden Arbeiten auf der Grundlage von in der DDR entstandenen Akten publiziert worden. Dokumenteneditionen verschiedener Herausgeber über die Geschichte der deutsch-deutschen Beziehungen seit Anfang der siebziger Jahre und verschiedene Memoirenbände lieferten neue Sichten auf diesen bis 1989 auf beiden Seiten streng geheimen Bereich ihrer Politik. Danach scheint eindeutig, daß man auf beiden Seiten Deutschlandpolitik als eine politische Ebene verstand, die keinesfalls kurzfristig die Herstellung der deutschen Einheit zum Ziel hatte. Vielmehr haben sich beide Seiten in die Interessenlage ihres jeweiligen Bündnisses eingeordnet. Das hat jedoch weder Bundesrepublik noch DDR gehindert, eigene Interessen zu formulieren und diese bilateral umzusetzen. Beide deutsche Staaten legten jederzeit die Minimalformel, daß von deutschem Boden kein Krieg, sondern Frieden ausgehen müsse, ihrem Handeln zugrunde. Vor allem in der ersten Hälfte der achtziger Jahre war dies angesichts der drohenden Überrüstung auf dem Territorium beider deutscher Staaten ein ernstzunehmender Grundsatz.

Herbert Häber selbst verfaßte bisher keine Erinnerungen über seine politische Tätigkeit. Dies mag darin begründet sein, daß ihm als kurzzeitigen Politbüromitglied ein Strafprozeß wegen der tragischen Vorfälle an der deutsch-deutschen Grenze droht. Es gibt jedoch gewichtige Gründe für die Erarbeitung einer Dokumentenpublikation, die wesentliche Bereiche seiner Tätigkeit, einer, die Kooperation suchenden und den Interessen beider deutscher Staaten dienenden, Deutschlandpolitik der SED verdeutlicht: Zum einen war Häber in den siebziger Jahren der wichtigste Vordenker Honeckers in Fragen der Deutschlandpolitik, der zahlreiche wichtige Aktivitäten konzipierte. Zum anderen erwarb sich Häber in vielen Gesprächen mit Politikern aus der Bundesrepublik einen persönlichen Anteil daran, daß sich in dieser Zeit in den deutsch-deutschen Beziehungen Entspannung und gegenseitige Achtung durchzusetzen begann.

Im vorliegenden Band wird Herbert Häbers Tätigkeit an der Spitze der Westabteilung des SED-Zentralkomitees im Zeitraum von

1973 bis 1985 einschließlich seiner Wirkung als Mitglied des Politbüros und Sekretär des Zentralkomitees zwischen Mai 1984 und November 1985 dokumentiert. Dabei stützten sich die Herausgeber des
Bandes im wesentlichen auf die Akten von SED-Politbüro und Zentralkomitee, die sich heute in der „Stiftung Archiv der Parteien und
Massenorganisationen der DDR im Bundesarchiv" in Berlin befinden.

Bei der Überlieferung der Akten aus der Tätigkeit Herbert Häbers
im behandelten Zeitraum besteht jedoch eine Sondersituation: So ist
heute nicht mehr genau zu verifizieren, in welchem Umfange es nach
seinem erzwungenen Ausscheiden aus dem Politbüro am 22. November 1985 Aktenvernichtungen bzw. Aktenauslagerungen durch
das MfS oder andere Funktionäre des Parteiapparates mit späterer
Vernichtung gegeben hat. Fest steht lediglich, daß am 27. November
1985, fünf Tage nach der 11. ZK-Tagung, ein laufender Meter archiv-
würdiges Schriftgut vom persönlichen Mitarbeiter Häbers, Harry
Morgenstern, an das Politbüroarchiv übergeben worden ist.[24] Einer
von mehreren Zeitzeugen wahrgenommenen Aufforderung zur Vernichtung wesentlicher Teile dieser Akten ist offenbar nur teilweise
entsprochen worden. Bei den dem Politbüroarchiv übergebenen Akten handelte es sich um Teile des Schriftguts, daß bei Auflösung des
Arbeitsbereichs von Herbert Häber, vorgefunden wurde.[25] Diese
Vorgehensweise der Aktenübergabe an das Archiv entsprach auch
dem Vorschlag des Apparates des SED-Zentralkomitees „über Maßnahmen im Zusammenhang mit der Entbindung Herbert Häbers von
seinen Funktionen". Darin hieß es unter Punkt 3: „Das Büro Häber
im ZK wird bis Freitag, den 29. 11. 1985, aufgelöst. Die Materialien
gehen ins Archiv bzw. werden zurückgegeben an das Büro des Politbüros oder an die Abteilung IPW. Persönliche Sachen verbleiben im
Panzerschrank. Die Übergabe an Genossen Häber erfolgt nach seiner
Rückkehr. Verantwortlich dafür ist Genosse Harry Morgenstern in

---

24 Als Herbert Häber am 24. Mai 1984 zum Politbüromitglied gewählt wurde,
blieb er zugleich ZK-Abteilungsleiter der neu benannten Abteilung Internationale Politik und Wirtschaft. Vgl. SAPMO-BArch, DY 30/J IV 2/2/2056. Im
Umlaufverfahren beschloß am 5. Juni 1984 das Sekretariat des ZK, Harry Morgenstern, bisher Sektorenleiter der Westabteilung, und Klaus Schade, bisher
persönlicher Mitarbeiter des auf der 8. ZK-Tagung als Politbüromitglied ausge-
schiedenen Paul Verner, zu persönlichen Mitarbeitern des neuen Politbüromitglieds Herbert Häber zu berufen. Vgl. SAPMO-BArch, DY 30/J IV 2/3 A/4095.
25 Bei der Berufung Herbert Häbers zum Politbüromitglied hat es keinen Beschluß über die Einrichtung eines persönlichen Büros gegeben. Das hatte zur
Folge, daß auch kein Archivbestand „Büro Häber" existierte. Während eine solche Einrichtung bei anderen Politbüromitgliedern, die zugleich die Funktion
eines ZK-Sekretärs ausübten, üblich war, blieb im Falle von Herbert Häber sein
Büro, das er bereits als ZK-Abteilungsleiter führte, bestehen.

Abstimmung mit Genossin Gisela Glende und Genossen Gunter Rettner."[26] Da die Büroauflösung bis zum 29. November 1995 vollzogen werden mußte, liegt die Schlußfolgerung nahe, daß Herbert Häber nach seiner Rückkehr von einer Kur aus Bad Liebenstein am 7. Dezember 1985 lediglich seine „persönlichen Sachen" im Panzerschrank vorfinden sollte. Alle Arbeitsmaterialien, darunter die internen Dokumente seiner Beziehungen zu Politikern der Bundesrepublik, mußten zu diesem Zeitpunkt bereits vollständig ausgelagert sein. Da offenbar Teile des Häber-Schriftgutes in den Archiven nicht auffindbar sind, ist zu vermuten, daß 1985 Schriftgut vernichtet worden ist, bevor es ins Archiv gelangen konnte.

Im April 1989 begann die archivalische Bearbeitung des überlieferten Schriftgutes, die dazu führte, daß inzwischen alle 1985 ins Archiv übernommenen Akten über Findbücher aufgefunden und ausgewertet werden können.[27] Dabei handelt es sich um Akten aus den Jahren von 1973 bis 1985, die sich lückenhaft präsentieren. Honekker hatte als weiteren Sonderfall entschieden, alle Häber-Akten, einschließlich der Bestände der Westabteilung, wegen ihrer politischen Bedeutung geschlossen ins interne Politbüro-Archiv und nicht ins Zentrale Parteiarchiv der SED zu übetgeben. Solche Entscheidungen konnte nur der SED-Generalsekretär persönlich treffen. Er veranlaßte dies im Falle Häber wohl vor allem wegen der politischen Brisanz der Akten über die Beziehungen der SED zu Westpolitikern und überdies wegen der von ihm persönlich und Mielke zu verantwortenden Umstände, die zum Ausscheiden Häbers aus der SED-Führung führten.

Die beschriebene Situation brachte für die Forschung mit sich, daß neben den Beständen der Westabteilung bzw. Abteilung Internationale Politik und Wirtschaft auf weitere SED-Bestände der Stiftung Archiv der Parteien und Massenorganisationen zurückgegriffen werden muß, wollte man die erheblichen Lücken wenigstens teilweise schließen. Von Bedeutung sind hierfür vor allem die Akten der Sitzungen des Politbüros und des Sekretariats des ZK, insbesondere die häufig in den Arbeitsprotokollen aufzufindenden Anlagen. Hinzu kommen die Akten des Büros Honecker sowie die Büro-Bestände verschiedener Politbüromitglieder wie Hermann Axen, Egon Krenz, Günter Mittag und Paul Verner.

---

26 BStU, ZA, SdM 645. Dieses Dokument ist bisher lediglich im Zentral-Archiv der „Gauck-Behörde" und nicht im SED-Parteiarchiv aufgefunden worden. Vgl. Dok. 70.
27 Nach der archivalischen Bearbeitung erhielten die Akten der Westabteilung die Archivsignatur DY 30/J IV 2/10.02, die Akten der Abteilung Internationale Politik und Wirtschaft die Archivsignatur DY 30/J IV 2/10.04.

In keinem der genannten Aktenbestände ließ sich ein halbwegs geschlossener Fundus der Berichte, Informationen und Gesprächsvermerke auffinden, die Herbert Häber über seine Gespräche mit Politikern aus der Bundesrepublik angefertigt hat. Manches Schriftstück wurde nach aufwendiger Durchsicht der Akten eher zufällig an einer nicht vermuteten Stelle entdeckt und konnte so Eingang in den vorliegenden Dokumentenband finden. Dennoch fehlen heute wesentliche Schriftstücke. So sind Häbers zahlreiche Gespräche mit den Leitern der Ständigen Vertretung der Bundesrepublik nur unvollständig aufzufinden. Möglicherweise könnte in dieser Frage eine bisher für die siebziger und achtziger Jahre ausgeschlossene Benutzung der Akten des Archivs des DDR-Außenministeriums weiterhelfen. Auch die Gesprächsvermerke über die Begegnungen Häbers mit Kanzleramtsminister Philipp Jenninger konnten bisher nicht aufgefunden werden. Sie dürften zweifellos für den im deutsch-deutschen Verhältnis komplizierten Zeitraum von 1982 bis 1984 für die historische Forschung von beträchtlichem Interesse sein. Häber und Jenninger unterstützten 1982/83 das geheime deutsch-deutsche Kreditprojekt „Zürcher Modell". Zu dessen Realisierung ist es jedoch nicht gekommen, weil Honecker und Kohl den auf der „Südschiene" zwischen Franz Josef Strauß und Alexander Schalck-Golodkowski ausgehandelten Milliardenkredit unterstützten.[28] Weitere wichtige Gesprächsaufzeichnungen sind bisher ebenfalls nicht auffindbar. Dazu zählen Vermerke über Häbers Kontakte zu bundesdeutschen Politikern wie Volker Hauff, Heinz Kühn, Otto Schily, Antje Vollmer, Hans-Jochen Vogel, Willi Weyer und Bernhard Worms.

Schließlich lassen sich die geheimen Vorgänge um die Absetzung Häbers nur aus Akten der „Gauck-Behörde", aus Insider-Gesprächen sowie über die Befragung des Betroffenen selbst rekonstruieren. Politbüroakten über diesen ebenso dramatischen wie moralisch verwerflichen Vorgang in der selbsternannten „kollektiven Parteiführung" sind entweder niemals angelegt worden oder fielen – zu welchem Zeitpunkt auch immer – dem Reißwolf zum Opfer.

Sowohl für die Umstände seines erzwungenen Ausscheidens aus dem Politbüro als auch für die Rekonstruktion seines Lebenslaufes waren folglich Akten von Bedeutung, die offensichtlich auf Veranlassung Honeckers und Mielkes von der Abteilung II/6 des MfS angelegt worden sind.[29] Insbesondere die „Operative Auskunft" des

---

28 Vgl. Jürgen Nitz: Länderspiel, S. 11 ff.
29 Die Abteilung II/6 des MfS war für politische Sondervorgänge zuständig. Nur dieser Abteilung war es gestattet, im Auftrag Honeckers und Mielkes hochrangige Mitarbeiter des Parteiapparates zu „bearbeiten". Vgl. Manfred Schell/Werner Kalinka: Stasi und kein Ende. Personen und Fakten, Frankfurt a. M./Berlin 1991, S. 87.

MfS über Herbert Häber vom 15. Oktober 1984 – also zu einer Zeit, als Häber noch voll in politischer Verantwortung stand – belegt den für die achtziger Jahre präzedenslosen Umgang mit einem politischen Konkurrenten im Politbüro, als es um den persönliche Machterhalt des SED-Generalsekretärs und der ihn unterstützenden Gruppe ging.[30]

Neben SED-Parteiarchiv und Zentralarchiv des MfS wurden auch Bestände des Bundesarchivs, vor allem die Akten des DDR-Ministerrates und der sogenannten Sonderablage Stoph, ausgewertet. In einem Fall (Dok. 5) fand ein von der sowjetischen Botschaft in Berlin übermitteltes Schriftstück mit der Information über ein Gespräch des CDU-Präsidiumsmitgliedes und -Schatzmeisters, Walther Leisler Kiep, mit dem stellvertretenden Leiter der Abteilung Internationale Verbindungen des KPdSU-Zentralkomitees, Wadim Sagladin, am 6. Februar 1975 Eingang in die Dokumentation.[31]

Zur SED-Deutschlandpolitik in der Ära Honecker

Als Erich Honecker am 3. Mai 1971 zum Ersten Sekretär (spätere Bezeichnung: Generalsekretär) des SED-Zentralkomitees gewählt wurde, waren wichtige Schritte auf dem Wege zur vertraglichen Regelung der Beziehungen zwischen beiden deutschen Staaten bereits vollzogen. Der Regierungswechsel in Bonn im Herbst 1969 mit der Wahl Willy Brandts zum Bundeskanzler hatte vieles in Bewegung gebracht. Während in Moskau Egon Bahr und Andrej Gromyko über ein Gewaltverzichtsabkommen verhandelten, trafen sich am 21. März und 19. Mai 1970 in Erfurt und Kassel die beiden deutschen Regierungschefs zu ersten Gipfelbegegnungen.[32] Nach Unter-

---

30 Vgl. BStU, ZA MfS, HA II/6, Nr. 1112. Da bei der „Operativen Auskunft" vom 15. Oktober 1984 in Rechnung zu stellen ist, daß auch das MfS einige Wochen benötigte, um gegen ein prominentes Mitglied der SED-Führung verdeckt zu ermitteln, liegt nahe, daß der Auftrag für die Recherchen offenbar als Folge des politischen Eklats während der geheimen Honecker-Reise nach Moskau vom 17. August 1984 erteilt wurde. Im übrigen kann nach der Kadernomenklatur der SED nur Honecker persönlich den Auftrag zur Überprüfung eines Politbüromitgliedes durch das MfS an Mielke erteilt haben. Normalerweise durften die MfS-Organe nicht gegen Mitglieder der Parteiführung tätig werden. Zum Kadernomenklatursystem in der DDR vgl. Matthias Wagner: Ab morgen bist du Direktor. Das System der Nomenklaturkader in der DDR, Berlin 1998.
31 Vgl. Bundesarchiv Berlin, DA 5, 2310. Dieses Dokument wurde, obwohl Herbert Häber daran nicht beteiligt war, in den vorliegenden Band aufgenommen, weil das Gespräch zwischen Walther Leisler Kiep und Wadim Sagladin wichtige Rückschlüsse auf den ersten Kontakt Kieps zu Häber wenige Wochen zuvor in Berlin zuläßt. Vgl. dazu Dok. 3.
32 Vgl. Detlef Nakath: Gewaltverzicht und Gleichberechtigung. Zur Parallelität der deutsch-sowjetischen Gespräche und der deutsch-deutschen Gipfeltreffen

zeichnung der Verträge von Moskau und Warschau begannen die Vier-Mächte-Verhandlungen und Ende November 1970 der deutsch-deutsche Dialog. Die Früchte dieser Verhandlungen erntete bereits Erich Honecker.

Er nutzte die durch den allgemeinen Entspannungstrend in der europäischen Politik begünstigte gute Ausgangsposition für seine auf dem VIII. SED-Parteitag verkündete außenpolitische Offensive, knüpfte ausdrücklich an die Beschlüsse des 24. KPdSU-Parteitages an und setzte sich für die seit der Bukarester Deklaration der Warschauer Vertragsstaaten vom Juli 1966 geforderte Einberufung einer „Europäischen Sicherheitskonferenz" ein. Darüber hinaus forderte der SED-Chef die Normalisierung der Beziehungen zwischen beiden deutschen Staaten, die Regelung der Westberlin-Frage, die weltweite diplomatische Anerkennung der DDR sowie die Aufnahme beider deutscher Staaten in die UNO. Bis zum Sommer 1975 waren die fünf Punkte des außenpolitischen Programms Honeckers im Prinzip realisiert. Der Entwurf für sein außenpolitisches Friedenskonzept, daß vom „KPdSU-Friedensprogramm" abgeleitet worden ist, stammte aus der Feder des damaligen Stellvertreters des Staatssekretärs für westdeutsche Fragen, Herbert Häber.

Honecker hatte in seiner Parteitagsrede im Juni 1971 mit Blick auf die Verträge der Bundesrepublik mit der Sowjetunion und Polen aus dem Jahre 1970 festgestellt, sie seien „zum Nutzen aller europäischen Völker" und wären „ein bedeutungsvoller Schritt in Richtung auf die Entspannung und die Gesundung der Atmosphäre in Europa". Der SED-Chef hob dabei vor allem die Bestätigung der Grenzen in Europa hervor und betonte: „Das besondere Interesse der Deutschen Demokratischen Republik an diesen Verträgen steht außer Frage, weil die territoriale Integrität der Deutschen Demokratischen Republik auf diese Weise erneut bekräftigt wurde."[33]

Von der Existenz der Verträge mit Polen und der Sowjetunion leitete Honecker die Forderung ab, nunmehr auch das Verhältnis zwischen beiden deutschen Staaten zu normalisieren. In seiner Parteitagsrede hieß es: „Die Deutsche Demokratische Republik tritt weiterhin für die Aufnahme normaler Beziehungen entsprechend den Regeln des Völkerrechts auch zur BRD ein. Die Regierung der BRD kennt unsere diesbezüglichen Vorschläge seit langem bis ins einzelne. Allerdings hat sie ihre destruktive Haltung zu einer Regelung,

---

in Erfurt und Kassel im Frühjahr 1970, in: Deutschland Archiv, H. 2/1998, S. 196 ff.

33 Protokoll der Verhandlungen des VIII. Parteitages der Sozialistischen Einheitspartei Deutschlands. 15. bis 19. Juni 1971 in der Werner-Seelenbinder-Halle zu Berlin, 1. bis 3. Beratungstag, Berlin 1971, S. 52.

wie sie zwischen souveränen Staaten üblich ist, bisher nicht aufgegeben."[34]

Dennoch fand man zu einem konstruktiven Dialog. In dessen Ergebnis wurden das Transitabkommen (17. Dezember 1971), der Verkehrsvertrag (26. Mai 1972) und schließlich der Grundlagenvertrag (21. Dezember 1972) abgeschlossen. Am 14. März 1974 unterzeichneten beide deutsche Staaten das Protokoll über die Einrichtung von Ständigen Vertretungen, die am 2. Mai 1974 offiziell ihre Arbeit aufnahmen.

Der Vertragspolitik schloß sich zwischen 1975 und 1982 eine zweite Phase der deutsch-deutschen Beziehungen an, die auf verschiedenen Verhandlungsebenen zur Ausgestaltung des Grundlagenvertrages sowie durch „kleine Schritte" gekennzeichnet war. Nachdem im Mai 1974 die Ständigen Vertretungen in Bonn und Ost-Berlin ihre Tätigkeit aufnahmen und in die offiziellen Verhandlungen eingebunden waren, kam aufgrund des sich schnell wandelnden politischen Klimas informellen Kontakten zwischen Beauftragten der politischen Spitzen beider Seiten größere Bedeutung zu. Für die DDR sondierte seit Mitte der siebziger Jahre in politischen und wirtschaftlichen Fragen der Chef des Arbeitsbereichs „Kommerzielle Koordinierung" und Staatssekretär im Außenhandelsministerium, Alexander Schalck-Golodkowski, im Auftrage Honeckers, Mittags und Mielkes. Zu seinen Gesprächspartnern gehörte in den siebziger Jahren Bonns Ständiger Vertreter Günter Gaus ebenso wie später die Unionspolitiker Strauß, Schäuble und Späth. DDR-Rechtsanwalt Wolfgang Vogel verhandelte als Beauftragter Honeckers für humanitäre Fragen unter anderem mit Herbert Wehner und Helmut Schmidt sowie mit Beamten des ansonsten von DDR-Vertretern gemiedenen Ministeriums für innerdeutsche Beziehungen.[35] Ein heikles Gesprächsthema Vogels war u. a. der Freikauf von zumeist aus politischen Gründen inhaftierten DDR-Bürgern durch die Bundesregierung.

Informelle Aktivitäten der SED in der „zweiten Phase der Deutschlandpolitik" betrafen die Gespräche und Informationsreisen von ZK-Abteilungsleiter Herbert Häber. Häber stellte seit Anfang 1975 Kontakte zu SPD- und vor allem zu CDU-Politikern her, wobei er besonders häufige und intensive Gespräche mit dem CDU-Präsidiumsmitglied und Schatzmeister seiner Partei, Walther Leisler Kiep sowie mit SPD-Präsidiumsmitglied Hans-Jürgen Wischnewski pflegte.

---

34 Ebenda. S. 54.
35 Vgl. die Vermerke über Gespräche Vogels mit Helmut Schmidt und Herbert Wehner in: Heinrich Potthoff: Bonn und Ost-Berlin, S. 368 ff.

Trotz parteipolitisch harter Auseinandersetzungen, z. B. in den Wahlkämpfen für die Bundestagswahlen 1976 und 1980, zu deutschlandpolitischen Themen, signalisierten Vertreter der CDU gegenüber Häber, daß sie im Falle einer Regierungsübernahme durch die Union im wesentlichen die Deutschlandpolitik der sozialliberalen Regierung fortsetzen würden. In den Beziehungen zur DDR und zu den Staaten Osteuropas gelte das Prinzip: „Pacta sunt servanda". Diese Information war für die SED-Führung von erstrangiger politischer Bedeutung, signalisierte sie doch die Möglichkeit einer Kontinuität in den deutsch-deutschen Beziehungen. Der erste Unionspolitiker, der dies der Führung in der DDR – sowie wenig später auch der sowjetischen Parteispitze – persönlich mitteilte, war Walther Leisler Kiep. Von Leisler Kiep erfuhr Häber in einer Unterredung am 15. Januar 1975 auch, daß aus der Sicht der CDU-Führung „die Entwicklung der Beziehungen zur Sowjetunion und zur DDR absolute Priorität vor den Beziehungen zu Peking" hätte.[36] Es sei selbstverständlich, „daß für die CDU die abgeschlossenen Verträge volle Gültigkeit besäßen und auch eine CDU/CSU-Bundesregierung sie als Grundlage für die Weiterentwicklung der Beziehungen betrachten würde".[37]

Leisler Kiep war im Auftrage des CDU-Vorsitzenden Helmut Kohl und des Generalsekretärs seiner Partei, Kurt Biedenkopf, zu Gesprächen in die DDR-Hauptstadt gereist. Wenig später flog Leisler Kiep in gleichem Auftrage nach Moskau und konferierte dort mit dem stellvertretenden Leiter der ZK-Abteilung für internationale Verbindungen, Wadim Sagladin. In diesem Gespräch am 6. Februar 1975 erläuterte Leisler Kiep diesem die ostpolitischen Vorstellungen der Union in gleicher Weise wie gegenüber Häber.

Gegenüber Sagladin wies Leisler Kiep auch auf die ideologischen Probleme, die vor allem die DDR bei einer Partnerschaft mit der SPD habe, hin und versuchte seinem sowjetischen Gesprächspartner klarzumachen, „daß die CDU/CSU kein schlechter Partner für die DDR sein würde". Er fügte hinzu: „Auf jeden Fall habe er aus seinen Gesprächen in Berlin den Eindruck gewonnen, daß die Führung der DDR nicht abgeneigt sei, mit der CDU/CSU zu tun zu haben."[38]

Derartige Informationen hatten für die sowjetische Führung ebenso wie die SED-Spitze erhebliche Bedeutung. Sie konnten mit relativer Sicherheit davon ausgehen, daß auch ein Regierungswechsel in Bonn das von beiden Seiten mühsam errichtete Vertragsge-

36 SAPMO-BArch, DY 30/J IV 2/10.02/19. Vgl. Dok. 3.
37 Ebenda.
38 Ebenda.

bäude nicht zum Einsturz bringen würde. Ost-Berlin war zu diesem Zeitpunkt klar, daß nach der spektakulären Phase der Vertragsabschlüsse und der Europäischen Sicherheitskonferenz eine neue Etappe beginnen würde, in der die Umsetzung und volle Anwendung der deutsch-deutschen Abkommen beide Seiten vor harte Prüfungen stellen würde.

In der Phase der „kleinen Schritte" kam es auch zu den ersten drei Gipfelbegegnungen zwischen SED-Chef Erich Honecker und Bundeskanzler Helmut Schmidt: 1975 in Helsinki, 1980 in Belgrad sowie im Dezember 1981 im Jagdschloß Hubertusstock am Werbellinsee. Wesentliche politische Ergebnisse wurden bei diesen Spitzenkontakten jedoch nicht erzielt. Den Schmidt-Besuch in der DDR überschattete zudem das Ausrufen des Kriegsrechts in Polen. Dennoch waren sich beide Spitzenpolitiker einig, daß die deutschen Staaten angesichts der Raketenbedrohung in Europa große Verantwortung bei der Friedenssicherung hätten. „Von deutschem Boden darf nie wieder Krieg, sondern immer nur Frieden ausgehen", lautete die gemeinsame deutsche Minimalformel vom Werbellinsee.

Die wichtigsten Dokumente über das Treffen zwischen Erich Honecker und Helmut Schmidt am Werbellinsee sind veröffentlicht worden.[39] Angesichts der internationalen Situation (Kriegsrecht in Polen, sowjetischer Einmarsch in Afghanistan, Boykott der Olympischen Spiele in Moskau) war es bereits ein positives Ergebnis, daß der Schmidt-Besuch nicht – wie bereits ein Jahr zuvor – erneut verschoben wurde. Dies darf als ein Mitverdienst von Herbert Häber bezeichnet werden, der während seiner Reisen in die Bundesrepublik vom Februar und Juni 1981 aktiv für die Durchführung des Schmidt-Besuchs in der DDR warb. Dabei ging es nicht nur um Schadensbegrenzung nach der Absage des Bundeskanzlers vom 22. August 1980, sondern bei den Gesprächen mit den SPD-Politikern Hans-Jürgen Wischnewski, Horst Ehmke, Egon Bahr und Karsten Voigt auch um einen Neuansatz zur Realisierung eines deutsch-deutschen Gipfeltreffens.[40] Mit Unionspolitikern wie Gerhard Stoltenberg und Walther Leisler Kiep thematisierte Häber die Frage eines Schmidt-Besuches in der DDR, um die Meinung der Bonner Opposition in dieser Frage zu erfahren.

Insgesamt ist die „zweite Phase der Deutschlandpolitik", die in die Regierungszeit Helmut Schmidts fällt, noch vergleichsweise wenig erforscht. Sie verlief, abgesehen von den genannten Gipfelbegegnungen relativ unspektakulär. Dennoch konnten vor allem in der

---

39 Vgl. Detlef Nakath/Gerd-Rüdiger Stephan: Von Hubertusstock nach Bonn, S. 57 ff.; Heinrich Potthoff: Bonn und Ost-Berlin, S. 652 ff.
40 Vgl. Dok. 36, 39.

zweiten Hälfte der siebziger Jahre, nicht zuletzt durch das Wirken beider Ständigen Vertretungen, sowie dank der vielen informellen Gespräche, beachtliche Fortschritte im Verhältnis zwischen beiden deutschen Staaten erzielt werden. Die spektakulären Verträge waren im wesentlichen schon davor ausgehandelt worden. Seit 1975 ging es in der Deutschlandpolitik um das „beharrliche Bohren dicker Bretter". Selbst kleinste Fortschritte feierte man angesichts immer wieder auftretender Rückschläge als Erfolg. Mehr war aufgrund der strikten Einbindung beider deutscher Staaten in ihre jeweiligen Bündnissysteme in dieser Zeit nicht möglich.

Knapp ein Jahr nach dem deutsch-deutschen Gipfeltreffen in Schloß Hubertusstock war die sozialliberale Bundesregierung nach 13 Jahren SPD/FDP-Koalition am Ende. Der von den FDP-Ministern Genscher und Lambsdorff betriebene Wechsel zu einer Koalition mit der CDU/CSU brachte jedoch keine negativen Auswirkungen für die deutsch-deutschen Beziehungen. Im Gegenteil: Kontinuität und Kontaktausweitung prägten die anschließende Phase der Beziehungen zwischen beiden deutschen Staaten im Zeitraum von 1982 bis 1989.

Unmittelbar nach seinem Amtsantritt als Bundeskanzler signalisierte Helmut Kohl gegenüber der DDR Kontinuität bei der Gestaltung der deutsch-deutschen Beziehungen. In einem Brief an Erich Honecker vom 29. November 1982 sowie in einem Telefonat mit dem SED-Generalsekretär am 24. Januar 1983 sprach sich der Bundeskanzler eindeutig für die Fortsetzung der bisherigen Politik in den deutsch-deutschen Beziehungen aus[41] und praktizierte dies. Diese Erkenntnis wird von Karl-Rudolf Korte bestätigt. In seiner Analyse des Regierungsprogramms der von der Union geführten Bundesregierung heißt es: „Damit lag ein erstes Regierungsprogramm zur Deutschlandpolitik der ‚Koalition der Mitte' vor, in dem der Kompromißcharakter zwischen den Koalitionsparteien herauslesbar war. Inhaltlich setzte sich die Regierungserklärung darüber hinaus aus Elementen der Kontinuität zur Vorgängerregierung (im praktischen Teil der Deutschlandpolitik) und Elementen des Wandels (im deklaratorisch-symbolischen Bereich) zusammen. Diese Aspekte kamen für den Beobachter eher überraschend. Mangelnde Friedfertigkeit, Unzuverlässigkeit hinsichtlich der Ostpolitik, Unfähigkeit im Umgang mit der DDR, fehlender Sinn auch für das geschichtlich Notwendige wurde der CDU/CSU vorgeworfen. Die SPD prognostizierte für die Ostpolitik nach dem Machtwechsel eine neue Eiszeit. Doch der Bundeskanzler hatte im Blick auf die normative Ebene der

---

41 Vgl. Detlef Nakath/Gerd-Rüdiger Stephan: Von Hubertusstock nach Bonn, S. 110 f., 114 ff.

Deutschlandpolitik mit dem Text der ersten Regierungserklärung diese Vermutungen widerlegt."[42]

Zu den neuen Elemente der Deutschlandpolitik von Helmut Kohl und Franz Josef Strauß gehörten die beiden Milliardenkredite vom Juni 1983 und Juli 1984, die Intensivierung der wirtschaftlichen und kommerziellen Beziehungen zwischen der DDR und der Bundesrepublik sowie eine bedeutende Ausweitung der Gesprächsdiplomatie auf höchster Ebene. In den achtziger Jahren führte Honecker mehr als 80 Gespräche mit verschiedenen Politikern der Bundestagsparteien.[43]

Die SED-Führung hatte nach der Absage des zunächst für Herbst 1980 geplanten Besuchs des Bundeskanzlers mit den von Honecker am 13. Oktober 1980 verkündeten „Geraer Forderungen" die deutsch-deutschen Beziehungen erheblich belastet, jedoch später angesichts partiell wachsenden außenpolitischen Spielraums ihre Vorbedingungen relativiert. In der Raketenkrise 1983/84 führte Honekker den von Herbert Häber geprägten Begriff der „Koalition der Vernunft" in das deutsch-deutsche Verhältnis ein.[44] Vor dem Hintergrund der zeitweiligen Handlungsunfähigkeit der sowjetischen Führung aufgrund des Todes von drei KPdSU-Generalsekretären binnen dreier Jahre, unternahm der SED-Generalsekretär den vorsichtigen Versuch, sich in seiner Außen- und Deutschlandpolitik vom strikten Einfluß der Führungsmacht zu emanzipieren. Dieser Versuch wurde jedoch mit dem Geheimtreffen von Honecker und Tschernenko am 17. August 1984 vom sowjetischen Generalsekretär brüsk gestoppt.[45]

Herbert Häber als Koordinator der SED-Kontakte zur Bundesrepublik

1973 bis 1975: Kontaktaufnahme

Herbert Häber begann nach seinem Amtsantritt als ZK-Abteilungsleiter im September 1973 damit, die Struktur, Tätigkeit und vor allem die politische Ausrichtung der Westabteilung schrittweise zu reformieren. Nach seinen Vorstellungen sollte die Westabteilung und ihr Abteilungsleiter zukünftig vor allem politisch agieren und ihr Tätigkeitsgebiet auf alle im Bundestag vertretenen Parteien

---

42 Karl-Rudolf Korte: Deutschlandpolitik in Helmut Kohls Kanzlerschaft, S. 95 f.
43 Vgl. Heinrich Potthoff: Die „Koalition der Vernunft". Deutschlandpolitik in den 80er Jahren, München 1995.
44 Der Begriff „Koalition der Vernunft" wurde von Häber in dem Entwurf eines Briefes formuliert, den Honecker am 5. Oktober 1983 an Kohl richtete. Vgl. Detlef Nakath/Gerd-Rüdiger Stephan: Von Hubertusstock nach Bonn, S. 145.
45 Vgl. Fred Oldenburg/Gerd-Rüdiger Stephan: Honecker kam nicht nach Bonn. Neue Quellen zum Konflikt zwischen Ost-Berlin und Moskau 1984, in: Deutschland Archiv, H. 8/1995, S. 791 ff.

erweitern, ohne auf die weitere Anleitung der DKP zu verzichten. Im Umgang mit der kommunistischen „Bruderpartei" in der Bundesrepublik stellte sich Häber „normale Parteibeziehungen" vor, wie sie die SED auch zu anderen westeuropäischen Parteien unterhielt.

Zu seinen Vorstellungen gehörte weiter, daß politische Gesprächskontakte zu interessierten Politiker aus den Regierungsparteien SPD und FDP ebenso hergestellt werden sollten wie zu Persönlichkeiten aus den oppositionellen Unionsparteien. Häber wollte damit erreichen, daß die SED-Führung für den Fall eines Regierungswechsels in Bonn gerüstet ist und in der dann veränderten politischen Situation über informelle Kontakte zur Union verfügt. Zugleich war ihm natürlich bewußt, daß eine ausschließliche Orientierung der SED-Westarbeit auf die bestenfalls marginalen Einfluß ausübende „Bruderpartei" DKP den deutschlandpolitischen Spielraum seiner Partei kaum erweitern würde.

In der neuen Funktion als ZK-Abteilungsleiter wurde Häber schnell ein wichtiger Mann für das komplizierte Gebiet der Gestaltung der deutsch-deutschen Beziehungen, zumal seine politischen Vorstellungen denen des SED-Chefs in der Deutschlandpolitik nahe kamen. Dazu gehörte auch die enge Abstimmung mit den für die Deutschlandpolitik zuständigen Funktionären in der KPdSU-Führung.

Zu einer ersten wichtigen Beratung reiste Häber wenige Monate nach seinem Amtsantritt als ZK-Abteilungsleiter vom 5. bis 7. März 1974 nach Moskau, um dort mit ZK-Sekretär Boris Ponomarjow, zugleich Kandidat des Politbüros der KPdSU, sowie dem stellvertretenden Leiter der ZK-Abteilung Internationale Verbindungen, Wadim Sagladin, zu konferieren. Ponomarjow ließ sich bei dieser Gelegenheit die Position der SED zur sozialliberalen Regierung in der Bundesrepublik erläutern und vertrat die Ansicht, daß trotz aller „Passivität [...] Brandt der einzige sei, der die Ostpolitik weiter betreiben könne".[46] Ponomarjow bezog sich dabei auf ein jüngst in Moskau mit Herbert Wehner geführtes Gespräch. Er ahnte damals nicht, daß Willy Brandt knapp drei Monate später, am 6. Mai 1974 wegen der Guillaume-Affäre zurücktreten würde.

In den Gesprächen mit Sagladin wurden die Probleme der Fortsetzung der Entspannungspolitik vertieft. Insbesondere in der „prowestlichen Orientierung der FDP" sah man in Moskau Probleme. „Wenn Genscher Außenminister wird, könne sich die Lage verschlechtern, denn er befinde sich in der Nähe der CDU", befürchtete Sagladin.[47] Beide Politiker waren sich jedoch bereits im März 1974

---

46   SAPMO-BArch, DY 30/J IV/10.02/16. Vgl. Dok. 1.
47   Ebenda.

darüber einig, daß man auf einen denkbaren Regierungswechsel in Bonn vorbereitet sein müsse. Entscheidend für die weitere Tätigkeit Häbers war jedoch Sagladins Bemerkung über die Bonner Oppositionsparteien: „Die allgemeinen Einschätzungen der CDU seien bekannt, er wolle sie nicht wiederholen. Man müsse aber sehen, daß es auch in der CDU mehr realistisch denkende Kreise gebe, als wir das bisher zur Kenntnis genommen haben. Abgesehen von bestimmten Gesprächen, die von der Botschaft der UdSSR in Bonn mit CDU-Vertretern gelegentlich geführt würden, gäbe es keine Beziehungen und Kontakte. [...] Genosse S[agladin] äußerte in diesem Zusammenhang: Hinsichtlich der CDU gäbe es bei ihnen ein ‚Informationsdefizit‘. Man kenne diese Partei zu wenig und auch nicht die Wege, wie man Kontakte herstellt und Einfluß nimmt."[48]

Am Ende des Meinungsaustausches regte Sagladin „weitere Konsultationsgespräche über die Situation in der BRD, insbesondere über die Lage in der SPD und in der CDU" an.[49]

Für Honecker und seinen Mitarbeiter, Herbert Häber, war nach diesem Gespräch in Moskau klar, daß nunmehr der Versuch unternommen werden mußte, einen regelmäßigen Gesprächskontakt zur Bonner Oppositionspartei, der CDU, herzustellen. Dies sollte das eigene Informationsbedürfnis für den Fall eines Regierungswechsels in der Bundesrepublik befriedigen und überdies die Stellung der SED-Spitze gegenüber dem sowjetischen Politbüro stärken.

Da man mit Vertretern der sozialliberalen Regierung bereits offizielle Kontakte pflegte und außerdem Honecker über Rechtsanwalt Vogel eine inoffizielle Gesprächsebene zum SPD-Fraktionsvorsitzenden Herbert Wehner unterhielt, konnten Kontakte zur CDU aus SED-Sicht hilfreich sein, um den Regierungsvertretern in Bonn nicht die Exklusivität in dieser Frage zu überlassen.

Für die Aufnahme der von Moskau gewollten und von der SED-Spitze nunmehr angestrebten Verbindung zur CDU-Führung kam Honecker und Häber ein Vorgang entgegen, der gerade erst wenige Monate zurücklag: Während einer Veranstaltung des Instituts für Politik und Wirtschaft in Hamburg am 22./23. November 1973 hatte der CDU-Bundestagsabgeordnete und Bundesschatzmeister seiner Partei, Walther Leisler Kiep, gegenüber dem DDR-Abgesandten Herbert Bertsch Gesprächsbereitschaft signalisiert. Um zu sondieren, wie sich die SPD zu einem möglichen Kontakt der SED zur CDU

---

48 Ebenda. Als mögliche Gesprächspartner, denen Reisen in die Sowjetunion ermöglicht werden sollten, nannte Sagladin gegenüber Häber die CDU-Politiker Hans Katzer und Richard von Weizsäcker.
49 Ebenda. Weitere Konsultationen mit Politikern der internationalen Abteilung der KPdSU führte Häber in regelmäßigen Abständen durch. Einige dieser Gespräche sind in diesem Band dokumentiert. Vgl. Dok. 6, 11, 13, 27, 37, 54.

verhalten würde, übergab Wolfgang Vogel im Auftrage Honeckers ein am 17. Dezember 1973 datiertes formloses Informationspapier an den SPD-Fraktionsvorsitzenden Herbert Wehner. Darin hieß es unter Bezugnahme auf die Hamburger Veranstaltung: „Am Rande der Veranstaltung wurde der Vertreter der Interparlamentarischen Fraktion der DDR, Bertsch, von dem Schatzmeister der CDU und Bundestagsabgeordneten, Leisler Kiep, angesprcchen. Das Anliegen L[eisler] K[iep] war es, den Vertreter der DDR darauf aufmerksam zu machen, daß die Opposition zu jeder Zeit bereit wäre, auch in der Hauptstadt der DDR mit kompetenten Vertretern Gespräche zu führen."[50] Honecker bat in dieser formlosen Botschaft an Wehner zu übermitteln, „welche Meinung er dazu hat und ob wir auf ein solches Anerbieten eingehen sollen".[51] Aus Wehners handschriftlichen Brief an Willy Brandt geht dessen sarkastische Reaktion gegenüber dem DDR-Emissär hervor. Am 22. Januar 1974 teilte er dem Bundeskanzler mit: „Ich habe auf eine entsprechende mündliche Frage kürzlich lakonisch geantwortet, daß ich doch wohl keinen ‚Rat' geben könne, wie sie's mit den Leuten halten wollen, die am 10. und 17. Mai 1972 gezeigt hätten, wie sie zu beurteilen seien, daß ich mich aber nicht wundern würde, wenn sie auch dieses Spiel nicht verschmähten."[52]

Wehner zweifelte offenbar nicht daran, daß die DDR-Führung die Möglichkeit eines Gesprächskontaktes zur CDU nutzen würde.

Auf das Angebot Kieps kam die DDR aufgrund „beiderseitigen Interesses" Anfang 1975 zurück. Am 15. Januar 1975 traf Herbert Häber mit dem Abgesandten des Parteivorsitzenden, Helmut Kohl[53] und des CDU-Generalsekretärs, Kurt Biedenkopf, in der Residenz des Leiters der Ständigen Vertretung der Bundesrepublik in Berlin-Pankow zusammen. Pclitbüromitglied Hermann Axen wollte Häber noch am gleichen Tag dieses Gespräch verbieten. Er kam jedoch zu

---

50 Archiv der sozialen Demokratie (AdsD), Depositum Egon Bahr, 354.
51 Ebenda.
52 Ebenda. Die schriftlich als Nonpaper an Wehner übergebene Anfrage Honeckers war dem SPD-Politiker bereits zuvor von Rechtsanwalt Vogel telefonisch durchgegeben worden. Greta Wehner notierte auf einem anliegenden Zettel zum Schreiben: „Dies möchte Vogel nächstes Mal zurück haben. Er hatte es vor einer Zeit telef. durchgegeben. Er gab es noch mal zur Kenntnis wegen des CDU/CSU-Protestes zur Einladung des Bundespräs." (Ebenda.) Bei seinem Verweis auf den 10. und 17. Mai 1972 bezog sich Wehner auf die ablehnende Haltung der Union in der Ratifizierungsdebatte des Bundestages über die Verträge mit der Sowjetunion und Polen aus dem Jahre 1970.
53 Helmut Kohl ist am 12. Juni 1973 zum CDU-Vorsitzenden gewählt worden. Sein Vorgänger, Rainer Barzel, hatte am 16. Mai 1973 auf eine Wiederwahl verzichtet, nach dem er mit seiner Ostpolitik und beim konstruktiven Mißtrauensvotum gegen Willy Brandt gescheitert war.

spät. Honecker hatte die Unterredung bereits genehmigt. Was blieb, war äußerstes Mißtrauen Axens gegenüber Häber. Im Mittelpunkt des Gesprächs standen Fragen der Ost- und Deutschlandpolitik. Kiep erklärte gegenüber Häber, „daß für die CDU die abgeschlossenen Verträge volle Gültigkeit besäßen und auch eine CDU/CSU-Bundesregierung sie als Grundlage für die Weiterentwicklung der Beziehungen betrachten würde".[54]

Unter vier Augen erfuhr Häber von Kiep, daß es bei führenden Persönlichkeiten der CDU „das große und ernsthafte Interesse" an Gesprächen mit der DDR gäbe. Er sei zu weiteren Gesprächen mit ihm bereit und wolle den Kontakt zu Häber aufrechthalten. Bei einem Besuch in der Bundesrepublik würde er „gern einen Kreis prominenter CDU-Politiker zusammenrufen und eine vertrauliche Diskussion ermöglichen".[55]

Nach diesem ersten Gespräch zwischen Herbert Häber und Walther Leisler Kiep folgten bis 1985 mehr als 20 weitere zumeist interne Begegnungen. Mit der ersten Begegnung beider Politiker war eine äußerst wichtige Konsultationsebene hergestellt worden. Sie war für Häbers weitere politische Tätigkeit von erstrangiger Bedeutung, weil damit erstmals ein direkter Kontakt der SED zum engeren Führungskreis der CDU in der Bundesrepublik entstand.

Zunächst jedoch reiste der CDU-Schatzmeister nach Moskau, um dort mit Wadim Sagladin zu konferieren. Die Niederschrift ist der DDR-Führung von der sowjetischen Botschaft in Berlin zur Information übergeben worden. Honecker leitete sie an seine zuständigen Mitarbeiter, darunter auch an Herbert Häber, weiter.

Auch in diesem für die sowjetische Haltung gegenüber der Bonner Opposition wichtigen Begegnung am 6. Februar 1975 in Moskau wiederholte Kiep seine bereits in Berlin geäußerte Haltung zu ostpolitischen Vorstellungen der Union: „Die CDU/CSU würde, wenn sie an die Macht komme, die Angelegenheiten mit der Sowjetunion und deren Verbündeten auf der bereits vorhandenen Grundlage weiterführen, nur bedeutend besser, wirksamer als die Sozialdemokraten, insbesondere auf dem Gebiet der Wirtschaftsbeziehungen. Die CDU/CSU würde die geschlossenen Abkommen anerkennen und beabsichtige nicht, von den erzielten Vereinbarungen Abstand zu nehmen."[56] Kiep fuhr laut sowjetischem Gesprächsvermerk fort: „Hätte die CDU/CSU 1969 die Bundestagswahlen gewonnen, dann wäre gerade sie zum politischen Träger des Entspannungsgedankens ge-

---

54 SAPMO-BArch, DY 30/J IV 2/10.02/19. Außerdem: SAPMO-BArch, DY 30/42 170. Vgl. Dok. 3.
55 Ebenda.
56 BArch Berlin, DA 5, 2310. Vgl. Dok. 5.

worden, sie hätte die Verträge mit der Sowjetunion und den anderen sozialistischen Ländern geschlossen. Dabei [...] hätten wir das besser gemacht als die Sozialdemokraten."[57]

Auf sein drei Wochen zurückliegendes Gespräch mit Herbert Häber ging Kiep auch gegenüber Sagladin ein und vermerkte, daß darüber in der Presse zahlreiche Spekulationen aufgetaucht seien. Seinem sowjetischen Gesprächspartner sagte Kiep, er habe in der DDR „klarzumachen versucht, daß die CDU/CSU kein schlechter Partner für die DDR sein werde". Er fügte hinzu: „Die Sozialdemokraten seien, um offen zu sprechen, in vieler Hinsicht unbequem für die DDR. Sie seien ideologisch gefährlich. Die CDU/CSU jedoch werde für die DDR zwar der ‚Prügelknabe' in ideologisch-propagandistischer Hinsicht sein, aber in den praktischen Angelegenheiten ein ernstzunehmender Partner. Auf jeden Fall habe er aus seinen Gesprächen in Berlin den Eindruck gewonnen, daß die Führung der DDR nicht abgeneigt sei, mit der CDU/CSU zu tun zu haben."[58]

Kieps Eindruck trog nicht, wie seine weiteren Gespräche mit Herbert Häber und anderen SED-Politikern zeigen sollten.

Der von SED und KPdSU gewünschte Kontakt zur CDU in der Bundesrepublik war dank des Interesses aller Beteiligten hergestellt. Das Interesse der Parteiführung der CDU im Konrad-Adenauer-Haus an solchen inoffiziellen Gespräche hatte der Schatzmeister der Partei bereits gegenüber seinen Gesprächspartnern deutlich gemacht. Sowohl in Ost-Berlin als auch in Moskau legte er im Gegensatz zu anders lautenden Medienberichten Wert auf die Feststellung, daß seine Reisen keineswegs privater Natur gewesen seien, sondern im Auftrage des Parteivorsitzenden Helmut Kohl sowie des CDU-Generalsekretärs Kurt Biedenkopf erfolgten.

Herbert Häber war zunächst für Walther Leisler Kiep sowie später für zahlreiche namhafte Politiker der im Bundestag vertretenen Parteien ein wichtiger und geschätzter Gesprächspartner. Den Politikern aus dem Westen war selbstverständlich bekannt, daß Häber als ZK-Abteilungsleiter keineswegs in untergeordnetem Auftrage agierte, sondern seine Direktiven zumeist unmittelbar von SED-Chef Erich Honecker erhielt bzw. sie von ihm bestätigen ließ. Dieser hatte spätestens seit seinem überraschenden Gespräch mit Herbert Wehner am 31. Mai 1973 im Jagdschloß Hubertusstock am Werbellinsee[59]

---

57 Ebenda.
58 Ebenda.
59 Vgl. die Information über das Gespräch Honeckers mit Wehner in: Heinrich Potthoff: Bonn und Ost-Berlin, S. 280 ff. Außerdem: Klaus Wiegrefe/Carsten Tessmer: Deutschlandpolitik in der Krise. Herbert Wehners Besuch in der DDR 1973, in: Deutschland Archiv, H. 6/1994, S. 600 ff.

die Deutschlandpolitik der SED zur absoluten Chefsache erklärt und sah in Häber einen wichtigen Mann für die politischen Kontakte zu den Bonner Parteien, vor allem aber zur CDU.[60]

Neben Häber agierte im Auftrage des SED-Chefs vor allem seit Ende der siebziger Jahre der Chef der „Kommerziellen Koordinierung", Staatssekretär Alexander Schalck-Golodkowski, in wirtschaftlichen und finanziellen Fragen in der Bundesrepublik. Schalck wirkte zwar im Auftrage Honeckers, war jedoch über die im April 1974 gebildete „Arbeitsgruppe des Politbüros" für die Beziehungen zur BRD auch Politbüromitglied Günter Mittag und überdies dem MfS-Chef Erich Mielke unterstellt.

Neben den informellen Kontakten in die Bundesrepublik koordinierte die seit 1970 unter der Leitung von Karl Seidel stehende Abteilung BRD des Ministeriums für Auswärtige Angelegenheiten der DDR die unter direktem Parteieinfluß stehende „staatliche" Deutschlandpolitik der DDR und leitete die Aktivitäten der Ständigen Vertretung der DDR in Bonn an.[61] Die BRD-Abteilung des MfAA war in besonderer Weise in die Westaktivitäten Honeckers eingebunden und erhielt außerhalb des sonst üblichen „Dienstweges" direkte Weisungen vom SED-Chef.

Häbers Wirken als ZK-Abteilungsleiter war Bestandteil der beim SED-Generalsekretär konzentrierten deutschlandpolitischen Aktivitäten. Politbüro bzw. Zentralkomitee wurden lediglich „im allgemeinen" bzw. stark gefiltert über die Einzelheiten informiert. Neben Honecker und Häber waren lediglich Günter Mittag und einzelne Mitglieder der von ihm kontrollierten „Arbeitsgruppe" sowie MfS-Chef Erich Mielke über Details unterrichtet. Häber war trotz seiner wichtigen Gesprächsaktivitäten zumeist nicht über den Bereich der wirtschaftlichen und kommerziellen Beziehungen informiert. Auch mit den staatlichen Verhandlungen, die das MfAA koordinierte, hatte er nichts zu tun. Selbst in seinem Falle blieb es bei der für den SED-Apparat typischen selektiven Information. So erfuhr Häber kaum etwas über die Aktivitäten Schalcks. Er ist in seiner aktiven Zeit zwischen 1973 und 1985 auch nie persönlich mit Rechtsanwalt Wolfgang Vogel zusammengetroffen.

---

60 Bereits vor seinem Treffen mit Wehner hatte Honecker persönlich in laufende deutsch-deutsche Verhandlungen eingegriffen. Am 26. April 1972 traf er unmittelbar vor Abschluß der Verhandlungen zum deutsch-deutschen Verkehrsvertrag in Berlin mit Staatssekretär Egon Bahr zusammen. Ein weiteres Gespräch beider Politiker fand am 7. September 1972 während der laufenden Grundlagenvertrag-Verhandlungen statt. Vgl. die Gesprächsvermerke in: Heinrich Potthoff: Bonn und Ost-Berlin, S. 194 ff., 217 ff.
61 Vgl. Hans Schindler: Deutsche Diplomaten in Deutschland – Fakten und Erinnerungen, in: Detlef Nakath: Deutschlandpolitiker der DDR erinnern sich, S. 285 ff.

Die Politik der SED bei der Gestaltung der Beziehungen zur Bundesrepublik, so wie sie Herbert Häber im Auftrage Honeckers konzipiert hatte, orientierte sich einerseits an den politischen und wirtschaftlichen Interessen der DDR und war andererseits in die sowjetische Deutschlandpolitik eingebettet. Ohne die Zustimmung aus Moskau – das war Honecker und Häber bewußt – lief zumindest in den siebziger Jahren für die DDR kaum etwas.[62] Erst später, vor allem nach dem Tode Breshnews am 10. November 1982, unternahm Honecker den Versuch, sich bei der Gestaltung seiner Politik gegenüber der Bundesrepublik vorsichtig zu emanzipieren. Dabei wurde er jedoch nacheinander von den drei sowjetischen Generalsekretären Andropow, Tschernenko und auch Gorbatschow unter Verweis auf die Führungsrolle Moskaus „diszipliniert".

Häber selbst charakterisierte rückblickend die Abhängigkeit der DDR-Politik von der sowjetischen Führungsmacht mit deutlichen Worten: „Wir waren ein in einer sowjetischen Retorte entstandenes künstliches Geschöpf, dem Willen dessen ausgeliefert, der uns erzeugt hatte! So sind wir instrumentalisiert, benutzt worden als Vorfeld für die sowjetischen Stoßarmeen, als Wirtschaftsfaktor, dessen man sich nach eigenem Gutdünken bediente, als Figur im außenpolitischen Spiel zum Nutzen großrussischer imperialer Ambitionen, getarnt durch die rote Fahne. Niemals sind wir Verbündete oder gar gleichberechtigte Partner gewesen. Das mußten sowohl Walter Ulbricht als auch Erich Honecker erleben. Solange sie jeweils folgsam im Gleichschritt mit der Moskauer Generallinie marschierten, waren sie gut gelitten und wurden sogar gepriesen. In dem Augenblick jedoch, in dem sie vom Kurs abwichen und eigenständig zu handeln begannen, standen sie über kurz oder lang zur Disposition."[63]

Als Häber 1973 sein Amt als ZK-Abteilungsleiter angetreten hatte, war ihm diese knapp 25 Jahre später geäußerte Grundkonstellation durchaus bewußt. Er hat sie lediglich anders wahrgenommen und überdies versucht, vor dem Hintergrund der nunmehr vollzogenen weltweiten diplomatischen Anerkennung der DDR zu einer „in Grenzen" eigenständigen Außen- und Deutschlandpolitik überzugehen. Sein von Honecker gebilligtes Konzept sah die ausdrückliche Einbeziehung der Unionsparteien in die Westkontakte der SED vor. Zwar war Häber auch für die Beziehungen der SED zu den Bruder-

---

62   Vgl. zur Abhängigkeit der DDR von der Sowjetunion in der Deutschlandpolitik am Beginn der Regierungszeit Willy Brandts Detlef Nakath: Gewaltverzicht und Gleichberechtigung, S. 196 ff.
63   Herbert Häber: Persönliche Anmerkungen zum Verhältnis zwischen den Führungen der SED und der KPdSU, in: Jürgen Hofmann/Detlef Nakath (Hrsg.): Konflikt – Konfrontation – Kooperation, S. 128.

parteien DKP und SEW sowie den in deren Umfeld agierenden Organisationen zuständig, er sah jedoch von Anfang an diese Kontakte als notwendig an, maß ihnen aber kaum politisch relevante Bedeutung bei. Ziel war es, die SED auch als Partei gegenüber den politischen Parteien der Bundesrepublik gesprächs- und politikfähig zu machen. Dies ist ihm in den zwölf Jahren seiner Tätigkeit im SED-Zentralkomitee weitgehend, wenn auch mit unterschiedlichem Erfolg, gelungen.

Etwa sechs Monate nach seiner ersten Begegnung mit Walther Leisler Kiep in Berlin folgte Häber am 26. Juni 1975 einer Einladung des CDU-Schatzmeisters zu einem Gespräch ins Bonner Abgeordnetenhaus des Bundestages.[64] Erneut verwies Kiep darauf, daß er „in allen grundsätzlichen Fragen" mit Parteichef Kohl und Generalsekretär Biedenkopf „einer Meinung" wäre. Beide Politiker tauschten sich über die Ergebnisse des jüngsten CDU-Parteitages aus. Kohl sei gestärkt aus dem Parteitag hervorgegangen. Nach Kieps Ansicht könne „das Ergebnis des Parteitages [...] Strauß nicht angenehm sein". Die Rede des CSU-Vorsitzenden auf dem Parteitag der Schwesterpartei sei eher eine „Verteidigungsrede" gewesen und habe sich von der Rede in Sonthofen unterschieden.[65]

Außerdem besprachen die Politiker Themen der bilateralen Beziehungen zwischen beiden deutschen Staaten. Kiep empfahl dringend eine Begegnung zwischen Bundeskanzler Schmidt und SED-Chef Honecker am Rande der Abschlußsitzung der Europäischen Sicherheitskonferenz Ende Juli/Anfang August 1975 in Helsinki, um die Beziehungen zwischen beiden deutschen Staaten voranzubringen.

Drei Wochen später traf Häber am 14. Juli 1975 in Berlin mit dem Leiter der Ständigen Vertretung der BRD in Berlin unter vier Augen zusammen und diskutierte mit Günter Gaus Eckpunkte der

---

64 Zuvor war Häber am 14. Mai 1975 erneut mit Wadim Sagladin zusammengetroffen. Bei dieser Gelegenheit informierte der sowjetische ZK-Abteilungsleiter über die Vorstellungen der KPdSU eine Arbeitsgruppe beider Parteien „Zur Beratung von Problemen der Entwicklung in der BRD" zu bilden. Von sowjetischer Seite wurde die ZK-Mitarbeiter Schachnasarow, Modschalin und Jeshow als Mitglieder der Arbeitsgruppe benannt. Zunächst sollte das taktische Vorgehen beider Parteien in Hinblick auf die Bundestagswahl 1976 sowie Möglichkeiten der Unterstützung der DKP thematisiert werden. Zur ersten Sitzung wollte die KPdSU in der zweiten Junihälfte nach Moskau einladen. Tatsächlich ist diese Arbeitsgruppe nie konstituiert worden. Die sowjetische Seite hatte ihren eigenen Vorschlag zurückgezogen. SAPMO-BArch, DY 30/J IV 2/202/491. Vgl. Dok. 6.
65 SAPMO-BArch, DY 30/37075/1. Vgl. Dok. 7. Vgl. den Text der Sonthofen-Rede von Franz Josef Strauß vom 18. November 1974 in: Wolfram Bickerich: Franz Josef Strauß. Die Biographie, Düsseldorf 1996, S. 336 ff.

geplanten deutsch-deutsche Gipfelbegegnung in der finnischen Hauptstadt. Nach Gaus' Ansicht sollte die Begegnung zwischen Honecker und Schmidt „nicht nur gut verlaufen, sondern auch positive Wirkungen haben. Dazu sei es allerdings notwendig, daß beide Seiten Schlußfolgerungen aus den Ereignissen des vergangenen Jahres ziehen."[66] Nach übereinstimmender Ansicht von Häber und Gaus sollte die Gipfelbegegnung „in ihrem Ergebnis positiv verlaufen".

Honecker und Schmidt trafen nach erfolgreichen Vorbereitungen in Helsinki zweimal, am 30. Juli und 1. August 1975, zusammen.[67] Im Ergebnis dieser beiden Begegnungen verbesserte sich das deutsch-deutsche Verhältnis. Die Gipfelbegegnung wirkte sich zumindest kurzfristig positiv auf die laufenden Detailverhandlungen aus, wenngleich der bevorstehende Wahlkampf in der Bundesrepublik den Bewegungsspielraum der Regierungskoalition im Verhältnis zur DDR bald einschränken sollte.[68]

1976 bis 1979: Politik der kleinen Schritte

Trotz oder gerade wegen der bevorstehenden Bundestagswahlen führten Häber und Kiep ihre informellen Gespräche weiter. Der unterdessen als Finanzminister in die Landesregierung Niedersachsen eingetretene Bundesschatzmeister der CDU besuchte am 14. und 15. März 1976 die Leipziger Frühjahrsmesse und traf am Vormittag des 15. März im Leipziger Interhotel „Am Ring" mit Herbert Häber zu einem politischen Gespräch zusammen. Dieses Treffen wurde, wie aus einer „Hausmitteilung" Häbers an Honecker vom 5. März 1976 hervorgeht, als „zufälliges völlig inoffizielles Zusammentreffen" arrangiert.[69]

Bei dieser Gelegenheit erläuterte Kiep die politischen Konsequenzen aus seinem Ministeramt in Niedersachsen: „Mit Niedersachsen habe Kohl gegenüber Strauß gewonnen. Albrecht und Kiep haben offenkundig die Absicht, in Hannover eine Art Zentrum der CDU-Politik gegen das Münchner CSU-Zentrum zu schaffen" notierte Häber.[70] Neben verschiedenen außenpolitischen Themen be-

---

66 SAPMO-BArch, DY 30/J IV 2/202/491. Vgl. Dok. 8. Gaus verwies auf den Briefwechsel und den Austausch mündlicher Botschaften zwischen Honecker und Schmidt vom Herbst 1974. Diese Dokumente sind abgedruckt in Heinrich Potthoff: Bonn und Ost-Berlin, Dokumente 19, 23, S. 305 ff.
67 Vgl. die Gesprächsvermerke beider Seite in: ebenda, S. 329 ff.
68 Am 3. Oktober 1976 fanden in der Bundesrepublik Bundestagswahlen statt. Die Regierungskoalition konnte eine knappe Mehrheit erreichen, obwohl die Unionsparteien die stärkste Fraktion im Bundestag bildeten.
69 Vgl. SAPMO-BArch, DY 30/J IV 2/10.02/19. Honecker vermerkte auf Häbers Mitteilung lediglich handschriftlich „Einverstanden EH. 8. 3. 76". Vgl. Dok. 9.
70 Ebenda. Außerdem SAPMO-BArch, DY 30/37075/1.

sprachen beide Politiker die Situation bei der Vorbereitung der Bundestagswahlen aus der Sicht der CDU und daraus entstehende personelle Konsequenzen. Kiep legte Wert darauf festzustellen, daß der Kontakt zu Häber auch in seiner Zeit als niedersächsischer Finanzminister weiter bestehen bleiben sollte.

Parallel dazu gingen auch die offiziellen Gespräche mit dem Leiter der Ständigen Vertretung der Bundesrepublik in Berlin, Günter Gaus, weiter. Am 13. April 1976 verständigten sich beide Politiker anläßlich eines gemeinsamen Abendessens in der Residenz von Gaus über die Situation in der DDR kurz vor Beginn des IX. SED-Parteitages sowie über die politische Lage in der Bundesrepublik im Bundestagswahlkampf. Dabei warf Gaus die Frage auf, ob „die SED auch weiterhin am Fortbestand der SPD/FDP-Koalition in Bonn interessiert sei oder ob im Interesse eines ‚klareren Feindbildes' künftig eine CDU-geführte Bundesregierung als günstiger angesehen werde". Häber entgegnete, daß „die Entscheidung darüber, wer in Bonn regiert, in der Bundesrepublik fällt". Er machte jedoch deutlich, daß die DDR an der Fortexistenz der sozialliberalen Koalition großes Interesse habe. Gaus informierte bei dieser Gelegenheit, daß der Bundeskanzler ihn beauftragt habe, während der Sommermonate und in der Zeit des Hauptwahlkampfes im Amte zu bleiben und auf Urlaub in dieser Zeit zu verzichten. Er solle laut Helmut Schmidt „durch seine Anwesenheit mithelfen, um die zu erwartenden ‚Wahlkampfschäden' im Verhältnis zur DDR so gering wie möglich zu halten". Gaus erklärte weiter: „Bundeskanzler Schmidt rechnet damit, daß angesichts des Auftretens der CDU/CSU und der von CDU-Politikern begonnenen Kampagne über die Frage der Menschenrechte in der DDR bei uns ein negativer Eindruck über die Entwicklung der Beziehungen zwischen beiden deutschen Staaten entstehen und scharfe Reaktionen herausgefordert werden könnten." Gaus solle „immer parat stehen, um mögliche Mißverständnisse aufzuklären".[71]

Dies realisierte der Ständige Vertreter, als er am 2. August 1976 dem Vizeaußenminister der DDR, Kurt Nier, ein Schreiben von Bundeskanzler Helmut Schmidt an SED-Generalsekretär Erich Honecker übergab und dazu „mündliche Erläuterungen" vortrug.[72] Gegenstand dieses Briefes war der Protest des Bundeskanzlers zu Zwischenfällen an der deutsch-deutschen Grenze. In den „mündlichen Erläuterungen" ließ Schmidt über den Gegenstand des Protestes hin-

---

71 SAPMO-BArch, DY 30/J IV 2/202/491. Vgl. Dok. 10.
72 Vgl. Text des Schreibens von Helmut Schmidt an Erich Honecker, datiert am 28. Juli 1976, und „mündliche Erläuterungen" in: Heinrich Potthoff: Bonn und Ost-Berlin, S. 356 ff.

aus Honecker wissen, daß er bei der im Oktober bevorstehenden Bundestagswahl „eine Bestätigung der sozialliberalen Koalition und seine erneute Beauftragung im Amt" erwarte. Überdies teilte der Bundeskanzler mit, daß er nach der Wahl in der Lage sei, „über den Fortgang der Normalisierung zu sprechen".[73]

Herbert Häber hatte unterdessen seine zukünftig regelmäßig zwei bis dreimal im Jahr anzutretende Informationsreise in die Bundesrepublik im Zeitraum vom 22. April bis 5. Mai 1976 durchgeführt.[74] Bis zu seinem kurzzeitigen Aufstieg ins SED-Politbüro 1984 unternahm Häber zahlreiche derartige Informationsreisen.[75] Während bei seinen ersten Reise es noch schwierig war, hochrangige Bonner Politiker als Gesprächspartner zu gewinnen, veränderte sich die Lage ab 1978 erheblich. Zu Häbers Gesprächspartnern während seiner Informationsreisen gehörten die Unionspolitiker Walther Leisler Kiep, Richard von Weizsäcker, Heinrich Windelen, Ottfried Hennig, Gerhard Stoltenberg, Peter Lorenz, Norbert Blüm, Olaf von Wrangel, Ernst Albrecht, Birgit Breuel und Walter Wallmann. Häber sprach außerdem mit den SPD-Politikern Egon Bahr, Hans Koschnick, Karl Lietke, Eugen Selbmann, Hans-Jürgen Wischnewski, Gerhard Jahn, Hans Büchler, Gunter Huonker, Horst Ehmke, Holger Börner, Karsten Voigt und Oskar Lafontaine sowie den FDP-Politikern Hans-Günter Hoppe, Uwe Ronneburger, Kurt Spitzmüller, William Borm, Günter Verheugen[76], Torsten Wolfgramm und Wolfgang Mischnick.

Diese inoffiziellen Gespräche boten beiden Seiten die Möglichkeit zum Meinungsaustausch und zur Diskussion kontroverser Fragen. Im Gegensatz zu den Begegnungen von BRD-Politikern mit Erich Honecker, bei denen zumeist die übereinstimmenden Positio-

---

73 Ebenda, S. 359.

74 Bei diesen Informationsreisen, die von Herbert Häber persönlich, von der Westabteilung des SED-Zentralkomitees sowie der Ständigen Vertretung der DDR in Bonn vorbereitet worden sind, traf der ZK-Abteilungsleiter mit zahlreichen Politikern der im Bundestag vertretenen Parteien zusammen. Außerdem fanden zumeist auch Begegnungen mit DKP-Vertretern statt. Über diese Reisen und den Inhalt der Gespräche liegen umfangreiche Informationsvermerke vor, die Honecker persönlich sowie, nach dessen Entscheidung, weiteren Politbüromitgliedern vorgelegt worden sind.

75 Die Vermerke über die Häber-Gespräche während der Reisen in die Bundesrepublik sind an verschiedenen Stellen der SED-Überlieferung in den Akten der SAPMO aufgefunden worden. Sie liegen an keiner Stelle in einem geschlossenen Bestand vor. Dennoch ist es gelungen, in diesem Dokumentenband insgesamt zwölf Berichte über seine Reisen aus den Jahren von 1976 bis 1983 aufzunehmen.

76 Günter Verheugen war bis zur „Bonner Wende" im Herbst 1982 Mitglied der FDP und übte u. a. die Funktion des Generalsekretärs der Partei aus. Danach wechselte er zur SPD.

nen im Mittelpunkt standen und nach außen eine gewisse Harmonie demonstriert worden ist, dienten die Gespräche mit Häber vor allem dem Darlegen unterschiedlicher Positionen sowie dem Transport von Überlegungen und bilateralen Projekten. Man war beiderseits nicht gezwungen, Ergebnisse zu präsentieren und konnte somit wesentlich offener diskutieren. Dies nahmen die Vertreter aller daran beteiligten Parteien gern wahr, zumal sie Häber als kompetenten und offenen Gesprächspartner schätzten.

Auch in den späten siebziger und den achtziger Jahre blieb für die SED die Abstimmung ihrer Deutschlandpolitik mit der KPdSU-Führung unerläßlich. Insbesondere wichtige politische Ereignisse in der Bundesrepublik bzw. wesentliche Fragen der deutsch-deutschen Beziehungen wurden regelmäßig beraten. So reiste Herbert Häber wenige Wochen nach der Bundestagswahl Anfang November 1976 nach Moskau und traf dort mit seinem Partner Wadim Sagladin zusammen. Aus Häbers Informationsvermerk wird deutlich, daß sich in der Frage der Wahleinschätzung die Auffassungen von SED und KPdSU nicht unterschieden. Nach Sagladin bestünde „in der BRD eine noch labilere Situation" als zuvor. Die Position der Koalition sei schwächer geworden und „der Druck von rechts werde stärker, auch durch das Wirken der FDP innerhalb der Koalition". Beide Gesprächspartner schlußfolgerten, daß damit „das Feld für die Tätigkeit der Regierung enger geworden" sei. Es gehe nunmehr darum, erläuterte Sagladin, „unter diesen Bedingungen alles Positive zu erhalten, was im Hinblick auf die BRD im Kampf um friedliche Koexistenz erreicht worden ist. Aber es werde schwieriger."[77]

In der Einschätzung der CDU hatte sich die ursprüngliche sowjetische Position verändert. „Was die CDU/CSU betrifft", so Sagladin, „sei auch sie auf der Suche nach neuen Ideen. Die heutige CDU besitze nur noch wenig Ähnlichkeit mit der alten CDU." Es sei „der Versuch erkennbar, einen modernen reformistischen Konservatismus zu entwickeln. Das aber gehe an die Wurzeln der Sozialdemokratie".[78]

Bei diesen Gesprächsinhalten zeigte sich, daß Häbers Ansatz, die Gesprächskanäle nicht auf sozialliberale Vertreter zu verengen und auch konservative Politiker in den Informationsdialog einzubeziehen, in Moskau erste Wirkung erzielt hatte. Häber, der diesen Politikansatz im Auftrage des SED-Generalsekretär praktizierte, sah sich in seiner weiteren Tätigkeit bestätigt. Die Deutschlandpolitik der SED mußte, daß zeigte das Wahlergebnis vom Oktober 1976, zukünftig auch mit anderen Regierungskonstellationen in Bonn rechnen.

---

77 SAPMO-BArch, DY 30/J IV 2/10.02/16. Vgl. Dok. 11.
78 Ebenda.

Auch in Moskau ging man nunmehr davon aus, daß in absehbarer Zeit wieder mit CDU und CSU als Regierungsparteien in der Bundesrepublik gerechnet werden müsse. Im Zentralkomitee der KPdSU war das Informationsdefizit über die Unionsparteien noch immer relativ groß. ZK-Mitarbeiter Jeshow, in der Abteilung Internationale Verbindungen der KPdSU zuständig für die Bundesrepublik, nahm im März 1977 als Beobachter am 25. CDU-Parteitag in Düsseldorf teil. Auf seiner Rückreise traf Jeshow in Berlin mit Herbert Häber zu einem Informationsgespräch zusammen. Dabei stellte sich heraus, daß die KPdSU-Führung bei der Einschätzung der politischen Rolle der Unionsparteien auf die Unterstützung der von Häber geleiteten Westabteilung der SED angewiesen war. Jeshows Bewertung des CDU-Parteitages „ging nicht über das hinaus, was uns bereits bekannt ist", schrieb Häber in seiner „Hausmitteilung" an Honecker. Jeshow benutzte das Gespräch mit Häber um diesem „Grüße von Herrn Walther Leisler Kiep, der erneut mit großer Mehrheit und ohne Gegenkandidat zum Bundesschatzmeister der CDU gewählt wurde und weiterhin als Finanzminister in Niedersachsen tätig ist", auszusprechen. Kiep bat seinen sowjetischen Gesprächspartner, eine Einladung zur Hannover-Messe 1977 an Herbert Häber zu übermitteln: „Er würde es begrüßen, mit mir nach einem Jahr Unterbrechung wieder einen Meinungsaustausch führen zu können. Auf jeden Fall sei ich in Hannover jederzeit willkommen", ließ Kiep den ZK-Abteilungsleiter wissen.[79]

Das letzte Mal waren Häber und Kiep während der Leipziger Frühjahrsmesse im März 1976 zusammengetroffen. Zu einem Besuch der Hannover-Messe durch Häber im April 1976 war es trotz Einladung Kieps noch nicht gekommen.

Diesmal nahm Häber mit ausdrücklicher Genehmigung von SED-Generalsekretär Honecker die Einladung des niedersächsischen Finanzminister wahr. Er traf zu Beginn einer mehrtägigen Informationsreise in die Bundesrepublik am 19. April 1977 mit Walther Leisler Kiep in dessen Arbeitszimmer im Gebäude des niedersächsischen Finanzministeriums zu einem Frühstück zusammen. In diesem Gespräch kritisierte Häber Positionen der Union auf ihrem jüngsten Parteitag, die „revanchistischen Charakter" trügen und „gegen die abgeschlossenen Verträge gerichtet" seien. Diese politische Linie würde „hinter den Grundlagenvertrag zurückführen" und damit „alles Erreichte in Frage stellen". Seine verbale Attacke richtete sich vor allem gegen die der SED-Führung höchst unbequeme Menschenrechtsdiskussion, die vor allem an Korb 3 der Schlußakte von Helsinki anknüpfte. Kieps Position dazu gab Häber mit folgenden Wor-

---

79 SAPMO-BArch, DY 30/J IV 2/10.02/16. Vgl. Dok. 13.

ten wieder: „Es stimme, daß die Deutschlandpolitik derzeit in der Union die Domäne einiger Leute sei, die nicht mehr zu ändern sind. Er nannte Marx, Abelein und Reddemann. Als ich darauf hinwies, daß der Vorsitzende Kohl die gleichen Töne von sich gibt, schwieg Kiep. Ich fragte, ob bestimmte Kräfte in der CDU dahin arbeiten, daß Kohl sich abwirtschaftet. Kiep widersprach nicht. Im Unterschied zu früheren Gesprächen gab es diesmal von seiten Kieps keinerlei positive Bemerkungen zum Parteivorsitzenden Kohl."[80] Auf die Ost- und Deutschlandpolitik einer potentiellen CDU-Regierung angesprochen, meinte der niedersächsische Finanzminister: „Eine von der CDU geführte Bundesregierung werde die Verträge einhalten. Sie könne sie gar nicht umschmeißen." Er fügte erneut hinzu: „Im Falle einer CDU-Regierung werden wir vertragstreue Partner vorfinden."[81] Weiterhin besprachen beide Politiker die innen- und wirtschaftspolitische Situation in der Bundesrepublik sowie die Chancen der potentiellen CDU-Kandidaten Karl Carstens und Richard von Weizsäcker bei der Bundespräsidentenwahl 1979. Kiep teilte Häber weiter mit, daß er beabsichtige, im Mai 1977 mit seiner Familie privat die DDR zu besuchen. Er wolle in Berlin Station machen und dann Erfurt und den Harz besuchen. Für seinen Aufenthalt in Berlin äußerte er Interesse an politischen Gesprächen.

Zu dem von Kiep gewünschten politischen Gesprächen kam es am Abend des 18. Mai 1977 in der Residenz des Leiters der Ständigen Vertretung der BRD in Berlin.[82] Herbert Häber war erneut der wichtigste Gesprächspartner für Kiep. Weiterhin nahmen auf Einladung von Günter Gaus KoKo-Chef Alexander Schalck-Golodkowski und MfAA-Abteilungsleiter Karl Seidel teil. Erneut sprach sich der CDU-Schatzmeister für eine „vernünftige Weiterentwicklung der Beziehungen" zur DDR aus und wurde dabei von Gaus unterstützt. Weiterhin setzte er sich für die Verbesserung der wirtschaftlichen Beziehungen zwischen beiden deutschen Staaten ein und schlug Schalck die Herstellung von Kontakten zwischen der Norddeutschen Landesbank in Hannover und der Staatsbank der DDR sowie Gespräche über einen Energieverbund unter Einbeziehung Westberlins vor. Unter vier Augen teilte Kiep gegenüber Häber mit, daß er im Juli nach Moskau reisen werde, um dort erneut mit ZK-Abteilungsleiter Wadim Sagladin zusammenzutreffen.[83]

80 SAPMO-BArch, DY 30/37075/1. Vgl. Dok. 14.
81 Ebenda.
82 An gleicher Stelle war Kiep am 15. Januar 1975 zum ersten Mal mit ZK-Abteilungsleiter Häber zusammengetroffen. Damals wurde Häber von Vizeaußenminister Horst Grunert, dem Abteilungsleiter im MfAA, Karl Seidel, sowie dem stellvertretenden Vorsitzenden der Ost-CDU, Wolfgang Heyl, begleitet. Vgl. Dok. 3.
83 Vgl. SAPMO-BArch, DY 30/J IV 2/202/491. Vgl. Dok. 15.

Über Kieps Gespräche in Moskau liegen bisher keine Informationen vor. Man kann jedoch davon ausgehen, daß sich der niedersächsische Finanzminister auch in der sowjetischen Hauptstadt positiv zu den Ostverträgen geäußert hat. Einer als „Streng vertraulich!" gekennzeichneten Information des sowjetischen Botschafters in Ost-Berlin, Pjotr Abrassimow, an SED-Chef Erich Honecker zufolge war die Kiep-Reise in die DDR im Mai und auch nach Moskau im Juli 1977 mit dem Bundeskanzleramt abgesprochen.[84] Demnach erfolgten die Reisen Kieps „auf Initiative der sogenannten Linken in der CDU, die für die Ausarbeitung der ‚Ostpolitik' durch die Partei eintreten. [...] Das Ziel seiner Reise bestand im ‚Sondieren', um zu ergründen, ob die Führung der DDR an einer weiteren Entspannung in den Beziehungen zur BRD interessiert sei, sowie in Erfahrung zu bringen, wie kompetent die Personen sind, die sich unmittelbar mit dem Problem der Verhandlungen zwischen den beiden deutschen Staaten befassen."[85] Laut Kieps Bericht an das Bonner Innenministerium, so Abrassimow, sei die DDR-Führung „an der Fortsetzung der Verhandlungen interessiert. Hemmender Faktor sei in dieser Frage die Position der Sowjetunion, die ‚kein großes Interesse an der Aktivierung der Verhandlungen zeige'." Weiterhin schätze Kiep ein, „daß die offiziellen Vertreter der DDR, die an der Lösung der Fragen beteiligt sind, die mit den Verhandlungen mit der BRD verbunden sind, kompetente Menschen seien, die dieses Problem ernst nehmen"[86].

Auch in den folgenden Jahren ist Herbert Häber häufig mit Walther Leisler Kiep zusammengetroffen. Die Gespräche beider Politiker waren eine konstante Größe im Verhältnis der SED zur CDU und erwiesen sich für beide Seiten als sehr nützlich. Walther Leisler Kiep war bereits 1975 und auch später für die SED-Führung kein unbeschriebenes Blatt auf dem Gebiet der Ost-West-Beziehungen. Er unterhielt sowohl mit einflußreichen Kreisen von Politik und Wirtschaft in den USA als auch zur Sowjetunion und zu anderen osteuropäischen Staaten sehr gute Kontakte. Als Helmut Kohl ihn Anfang 1975 als politischen Kontaktmann nach Ost-Berlin und Moskau schickte, knüpfte er bewußt an diese Verbindungen an. Außerdem galt Kiep im Osten keineswegs als Scharfmacher. Er hatte sich bereits frühzeitig für die Ostverträge der Bundesrepublik ausgesprochen und war dadurch in der Sowjetunion und der DDR gesprächsfähig. Kiep war ein liberaler, dem Wirtschaftsflügel der Union

---

84 Dies hatte Kiep auch in seinem Vier-Augen-Gespräch mit Herbert Häber mitgeteilt.

85 SAPMO-BArch, DY 30/J IV 2/202/491.

86 Ebenda.

zuzuordnender Politiker, der auch aufgrund seiner familiären Herkunft und seines wirtschaftlichen Engagements in der Union relativ unabhängig agieren konnte. Dies alles prädestinierte den kühl und realistisch denkenden Hanseaten, der es gewohnt war, tagespolitische Ereignisse in größere Zusammenhänge einzuordnen, dazu, auch mit SED-Vertretern informelle Gespräche führen zu können.

Der Kontakt zu Walther Leisler Kiep war einer der wichtigsten Bestandteile in der deutschlandpolitischen Konzeption von Herbert Häber. Was noch in den sechziger Jahren und auch zu Beginn der siebziger Jahre angesichts der ablehnenden Haltung der Unionsparteien zu den Ostverträgen und zum deutsch-deutschen Grundlagenvertrag als undenkbar galt, hatte Honeckers Mann an der Spitze der Westabteilung mit erheblichem Nutzen für die SED-Führung zustande gebracht: Immer wenn das Verhältnis zwischen beiden deutschen Staaten sich aus der Sicht der Unionsparteien zuzuspitzen begann und politische Lösungen gebraucht wurden, zählte Leisler Kiep im Gespräch mit Häber zu den Vorbereitern. Eines kam hinzu, was für die DDR höchst wichtig war: Der tatsächliche Inhalt der Gespräche zwischen den beiden Politikern wurde zumeist nicht auf dem offenen Medienmarkt gehandelt. Kiep galt immer als verschwiegen, wenn es darum ging, das Besprochene vertraulich zu behandeln, um anvisierte Lösungen nicht frühzeitig zu gefährden. Wenn dennoch Gesprächsinhalte in den Medien auftauchten, so war das häufig ein Gemisch aus Spekulationen sowie gezielten Indiskretionen anderer Unionspolitiker. In seinem jahrelangen Kontakt zu Häber ist es ihm gelungen, in der engsten SED-Führung die Erkenntnis durchzusetzen, daß ein Regierungswechsel in Bonn das Verhältnis zwischen beiden deutschen Staaten nicht zwangsläufig belasten muß und sich bei einer solchen Veränderung vor allem auf dem Gebiet der Wirtschaftsbeziehungen auch neue Chancen für die DDR ergeben würden. Mit dieser Erkenntnis ausgestattet, war es für Honecker und Häber durchaus nicht überraschend, daß der am 1. Oktober 1982 zum Bundeskanzler gewählte CDU-Vorsitzende Helmut Kohl nur kurze Zeit nach seinem Amtsantritt deutschlandpolitische Kontinuität signalisierte.[87]

Als am 3. Oktober 1976 die Bundestagswahlen den Unionsparteien mit 48,6 Prozent der Stimmen ein hervorragendes Wahlergebnis brachten, zeigte sich bereits, wie notwendig der Kontakt war. Zwar hatte die Regierungskoalition noch immer eine Mehrheit von

---

87 Vgl. dazu die Niederschrift des Treffens von Erich Honecker mit Bundespräsident Karl Carstens und Außenminister Hans-Dietrich Genscher am 14. November 1982 in Moskau sowie das Schreiben von Bundeskanzler Helmut Kohl an Erich Honecker vom 29. November 1982 in: Detlef Nakath/Gerd-Rüdiger Stephan: Von Hubertusstock nach Bonn, S. 105 ff.

zehn Mandaten, sie war jedoch im Vergleich zur Wahl von 1972 erheblich geschrumpft. Dennoch konzentrierte sich die SED-Führung in ihrer Gestaltung der deutsch-deutschen Beziehungen auf die Bundesregierung, führte jedoch – durch das Wahlergebnis bestätigt – die Kontakte zur Union weiter.

1977/78 reiste Herbert Häber fünfmal zu informellen Gesprächen in die Bundesrepublik. Während er bei den Reisen im April und Juli 1977 vorwiegend mit Politikern der DKP zusammentraf und als „inoffizieller Gast" das Pressefest der „UZ" in Recklinghausen besuchte, nahm der politische Charakter seines Aufenthaltes vom 28. September bis 5. Oktober 1977 bereits andere Dimensionen an. Zunächst absolvierte Häber ein Pflichtprogramm, indem er am 30. September 1977 vor der Parteiorganistion der DDR-Vertretung in Bonn das Parteilehrjahr eröffnete und die von Erich Honecker in Dresden gehaltene Rede vom 26. September 1977 auswertete. In dieser Rede hatte Honecker über die „sozialistische Revolution in der DDR und ihre Perspektiven" referiert und von der Bundesrepublik die Anerkennung der DDR-Staatsbürgerschaft gefordert. Für Honecker lautete die entscheidende Frage: „Will man in der BRD auf der Grundlage der Verträge die Beziehungen mit der DDR normalisieren und Schritt für Schritt verbessern, oder will man die Verträge benutzen, um sich in die inneren Angelegenheiten der Deutschen Demokratischen Republik einzumischen und den Sozialismus in Mitteleuropa zu bekämpfen."[88]

Für den ersten Teil der von Honecker aufgestellten Alternative standen die Aktivitäten von Herbert Häber. Als Resümee seiner Reise, die im Umfeld der Vorbereitungsdiskussionen über den Breshnew-Besuchs in der Bundesrepublik[89] stattfand, schrieb Häber: „Die Regierung der BRD erhofft sich offenkundig von der Außenpolitik Entlastung angesichts der zugespitzten innenpolitischen Situation. Deshalb ist ihr Interesse an der Weiterentwicklung der Beziehungen mit der DDR stark."[90] Zugleich vermutete Häber, daß in der SPD ein Umdenken in der Frage des Verhältnisses zur SED begonnen habe. Er schrieb: „In den Führungsgremien der SPD muß es in der zurückliegenden Zeit Gespräche über die weitere Gestaltung des Verhältnisses zur DDR gegeben haben. Anders ist die Bereitschaft solch prominenter SPD-Politiker zu Gesprächen mit mir nicht zu erklären. In den Gesprächen hat es keinerlei Polemik gegen uns gegeben."[91]

---

88   Erich Honecker: Reden und Aufsätze. Bd. 5, Berlin 1978, S. 471.
89   Der sowjetische Generalsekretär Leonid Breshnew besuchte vom 4. bis 7. Mai 1978 die Bundesrepublik.
90   SAPMO-BArch, DY 30/37075/1. Vgl. Dok. 17.
91   Ebenda.

Der einzige CDU-Politiker, den Häber zum Gespräch traf, war erneut Walther Leisler Kiep. Die Begegnung hatte jedoch ungewöhnliche Begleitumstände, die mit der Schleyer-Entführung zusammenhingen. Häber bemerkte, daß Kiep zu diesem Treffen in Begleitung eines Sicherheitsbeamten erschien, der eine Maschinenpistole in den Händen trug und den Finger ständig am Abzug hatte.[92] Kiep hatte in diesem Gespräch Häber wissen lassen, daß es in der Union weitere Politiker wie z. B. Gerhard Stoltenberg gäbe, die Interesse haben, „inoffiziell mit Vertretern der DDR zu sprechen. Auch Kiep vertrat die Ansicht, daß Helmut Schmidt stark an „positiven Ergebnissen bei den Verhandlungen mit der DDR interessiert" sei, denn die innenpolitische Lage sei „verworren und deprimierend". Kiep äußerte Zweifel daran, ob die Regierungskoalition es schaffen werde, bis 1980 durchzuhalten. Diese Zweifel waren durchaus angebracht, erwiesen sich jedoch letztlich als unzutreffend.

Anfang 1978 reiste erstmals der Staatsminister im Bundeskanzleramt, Hans-Jürgen Wischnewski, zu offiziellen politischen Gesprächen in die DDR. Dabei traf er mit Politbüromitglied Hermann Axen, Außenminister Oskar Fischer und Herbert Häber zusammen.[93]

Wischnewski war seit langem auch über die deutschen Grenzen hinaus als erfolgreicher Krisenmanager bekannt. Er kam in einer diffizilen Situation nach Ost-Berlin. Am 10. Januar 1978 hatte die DDR das Büro des Spiegel-Korrespondenten in Berlin geschlossen und seine Akkreditierung entzogen. Anlaß für diese ungewöhnliche, aber durchaus nicht einmalige Maßnahme war die Veröffentlichung des Manifestes einer vermeintlich oppositionellen Gruppe in der SED.[94] Es kam hinzu, daß am 15. Januar 1978 dem CDU-Vorsitzenden Helmut Kohl die Einreise in die DDR verweigert worden war, weil dieser als Vorsitzender der Bundestagsfraktion der Unionsparteien zu einer zweitägigen Fraktionssitzung nach West-Berlin reisen wollte.[95] Helmut Schmidt beklagte sich telefonisch bereits am 18. Januar 1978 über diese „wenig wünschenswerte Verschärfung" bei Erich Honecker und avisierte deshalb den Besuch von Hans-

---

92 Vgl. ebenda.
93 Vgl. die DDR-Niederschrift über das drei Stunden dauernde Gespräch in: Heinrich Potthoff: Bonn und Ost-Berlin, S. 405 ff.
94 Vgl. Dominik Geppert: Störmanöver. Das „Manifest der Opposition" und die Schließung des Ost-Berliner „Spiegel"-Büros im Januar 1978, Berlin 1995; Auszüge des Dokuments in: Die SED. Geschichte – Organisation – Politik, S. 741 ff.
95 Die DDR sah unter Berufung auf das Viermächteabkommen Plenartagungen sowie Sitzungen von Ausschüssen und Fraktionen des Bundestages in West-Berlin als widerrechtlich an. Damit begründete die DDR die Verweigerung der Einreise.

Jürgen Wischnewski.[96] Während seines Aufenthaltes in der DDR, außerhalb der offiziellen Gespräche, traf Häber erneut zu einer inoffiziellen Begegnung mit Wischnewski zusammen. Dabei zeigte sich, daß der Kanzleramtsminister gut über die verschiedenen Gespräche Häbers mit SPD-Politikern informiert war. Die Bundesregierung würde derartige Kontakte begrüßen. Wischnewski regte an, von Seiten der DDR solche Kontakte auch zu Politikern des Koalitionspartners, der FDP, herzustellen. Abschließend bestand Wischnewski darauf, den Kontakt zu Häber aufrecht zu erhalten. Er rechne bei dessen nächstem Besuch in der Bundesrepublik damit, die begonnenen Diskussionen fortzusetzen.[97]

Zur Gesprächsfortsetzung zwischen beiden Politikern kam es bereits wenige Wochen später am 18. März 1978 in Wischnewskis Privathaus in der Nähe von Köln. Häber traf mit Wischnewski im Rahmen seiner Informationsreise in die Bundesrepublik zusammen. Erneut stand neben der Lage in der Bundesrepublik und sicherheitspolitischen Themen das bilaterale Verhältnis beider deutscher Staaten im Mittelpunkt.[98]

Neben Wischnewski traf Häber erneut mit Walther Leisler Kiep und erstmalig mit dem West-Berliner CDU-Vorsitzenden Peter Lorenz sowie dem CDU-Bundestagsabgeordneten Ottfried Hennig zusammen.[99] Zu seinen weiteren sozialdemokratischen Gesprächspartnern während dieser Reise gehörten Eugen Selbmann und Helmut Becker. Erstmalig fand auch ein ausführliches Gespräch mit einem FDP-Politiker, dem parlamentarischen Geschäftsführer der Bundestagsfraktion, Kurt Spitzmüller, statt.

Anfang September 1978 sprach Häber am Rande der Leipziger Herbstmesse erneut mit Walther Leisler Kiep und traf am 5. September 1978 erstmals mit dem Ministerpräsidenten von Schleswig-Holstein, Gerhard Stoltenberg, zusammen. Kiep ließ Häber in diesem Gespräch wissen, daß kürzlich auf einer CDU-Vorstandstagung Helmut Kohl „in einem Anflug von bei ihm seltenen Mannesmutes" die Beziehungen seines Schatzmeisters zur SED unterstützt hätte. Kieps Gespräche mit Häber hätten immer mit Wissen Kohls stattge-

---

96 Vgl. den Wortlaut des Telefonates in: Heinrich Potthoff: Bonn und Ost-Berlin, S. 396 ff. Staatsminister Wischnewski hatte das Telefonat mitgehört, wie aus einem Vermerk des Bundeskanzlers hervorgeht. Ebenda.

97 Vgl. SAPMO-BArch, DY 30/J IV 2/202/491. Vgl. Dok. 20.

98 Das nächste Gespräch mit Staatsminister Wischnewski führte Häber am 20. Juni 1978 in einem Kölner Hotel. Vgl. Dok. 23.

99 Ursprünglich war auch ein Gespräch Häbers mit dem stellvertretenden CDU-Vorsitzenden und Ministerpräsident von Schleswig-Holstein, Gerhard Stoltenberg, geplant, daß jedoch aufgrund des Osterurlaubs Stoltenbergs nicht stattfinden konnte. Vgl. Dok. 21.

funden, auch wenn es Kräfte in der Partei gäbe, die gegen solche Gespräche seien.[100]

Die erste Begegnung Häbers mit Gerhard Stoltenberg fand während eines Privatbesuches des stellvertretenden CDU-Vorsitzenden im Dresdener Hotel „Newa" statt. Stoltenberg war als stellvertretender Parteivorsitzender der CDU Häbers Gesprächspartner mit dem höchsten Rang in der Parteihierarchie. Später kamen mit Wolfgang Schäuble, Philipp Jenninger und Eberhard Diepgen weitere hochrangige CDU-Politiker, die ein herausgehobenes staatliches Amt bekleideten, hinzu.

Stoltenberg sprach gegenüber Häber das Verhältnis beider deutscher Staaten an und stellte die Frage, ob es möglicherweise von den Verbündeten der DDR die Forderung gebe, das Ausmaß der Kontakte zur Bundesrepublik zu reduzieren. Häber erwiderte, daß die Beziehungen zwischen beiden deutschen Staaten lediglich durch die „gegen die Entspannung gerichtete Politik der NATO und der andauernden provokatorischen Aktionen gegen die DDR" gefährdet seien. Einer Normalisierung des Reiseverkehrs stünde die „völkerrechtswidrige Position der BRD in Fragen der Staatsbürgerschaft" entgegen. Er forderte Stoltenberg auf, dafür zu sorgen, daß „die Führung der CDU im Hinblick auf die künftige Entwicklung der Beziehungen zwischen der BRD und der DDR positive Signale setzt. Zu den Gesprächen Häbers mit Leisler Kiep bemerkte Stoltenberg, Kiep sei „ein angesehenes Mitglied des Präsidiums der CDU und durchaus ein kompetenter Gesprächspartner für uns, auch wenn er gelegentlich wegen seiner Äußerungen kritisiert werde". Seine DDR-Kontakte hätten laut Stoltenberg „die Zustimmung des Parteivorsitzenden und auch des Generalsekretärs der CDU".[101]

Gut zwei Monate nach dem Gesprächen Häbers mit Kiep und Stoltenberg gelang beiden deutschen Staaten ein spektakulärer Vertragsabschluß: Am 16. November 1978 wurde der Bau der Autobahn zwischen Berlin und Hamburg vereinbart und ebenso die Öffnung des Teltow-Kanals für die Binnenschiffahrt festgelegt.[102]

Ende 1978 zeichnete sich bereits ein Problem ab, daß das Ost-West-Verhältnis und mithin die Beziehungen beider deutscher Staaten in den nächsten Jahren auf dramatische Weise beeinflussen sollte: Nach der Bestätigung des NATO-Langzeitprogramms legte die

---

100 Vgl. SAPMO-BArch, DY 30/J IV 2/202/491. Vgl. Dok. 24.
101 SAPMO-BArch DY 30/J IV 2/202/491. Vgl. Dok. 25.
102 Vgl. den Text der beiden Vereinbarungen in: Beziehungen der Deutschen Demokratischen Republik zur Bundesrepublik Deutschland und zu Berlin (West). Dokumente 1971 - 1988, Berlin 1990, S. 98 ff. Am gleichen Tage wurde außerdem der Protokollvermerk über die Neufestlegung der Transitpauschale für die Jahre 1980 bis 1989 in Höhe von 525 Millionen DM jährlich vereinbart.

atlantische Militärkoalition im „Doppelbeschluß" des NATO-Ministerrates fest, gegen die sowjetische Überlegenheit bei Atomraketen im Mittelstreckenbereich vorzugehen. Am 12. Dezember 1979 stimmte das politische Entscheidungsgremium der NATO in Brüssel einer Entschließung zu, dem Warschauer Vertrag Verhandlungen über den Abbau der SS-20 Raketen anzubieten und im Falle des Scheiterns amerikanische Mittelstreckenraketen und Marschflugkörper in verschiedenen Staaten Westeuropas, darunter vor allem in der Bundesrepublik, zu stationieren.

1980 bis 1982: Veränderte weltpolitische Großwetterlage

Bereits bei ihrem Treffen am 10. Dezember 1978 erörterten Herbert Häber und Walther Leisler Kiep das Problem einer neuen Bedrohung der politischen Lage in Europa und damit auch im Verhältnis zwischen beiden deutschen Staaten. Der zum neuen sowjetischen Botschafter in Bonn ernannte Wladimir Semjonow brachte in einem Gespräch mit Häber Ende April 1979 die sowjetische Haltung zu den NATO-Nachrüstungsplänen auf den Punkt: „Das Hauptproblem", so Semjonow, „sei jetzt die Verhinderung der Einführung der Mittelstreckenraketen in der BRD. Er habe seinen Gesprächspartnern offen gesagt: Wer diese Raketen einführt, macht die BRD zum Hauptzielgebiet der sowjetischen Raketen."[103]

Hans-Jürgen Wischnewski, der bereits ahnte, daß dramatische Konflikte auch auf die beiden deutschen Staaten zukommen würden, bot Häber trotz seines Ausscheidens aus der Funktion des Kanzleramtsministers[104] volle Unterstützung an. Als er mit dem ZK-Abteilungsleiter unmittelbar nach der Breshnew-Erklärung von Berlin, über einen Abzug sowjetischer Soldaten und Panzer aus der DDR vom 11. Oktober 1979, in Bonn zusammentraf, sagte er abschließend: „Er persönlich möchte weiterhin im Kontakt bleiben. Seine Tür im Parteivorstand stehe immer offen, vor allem, wenn die Notbremse gezogen werden muß."[105]

Häbers beharrliches Ringen um Lösungsvarianten, die die Stationierung neuer Raketen vermeiden sollte, war keineswegs nur bloße politische Rhetorik. Er fühlte sich ebenso wie sein Chef, Erich Honecker, durch die bevorstehende neue Stationierungsrunde bedroht und sah, wie Semjonow es bereits angedeutet hatte, das Territorium beider deutscher Staaten als potentielles Hauptschlachtfeld an. Aus dieser Erkenntnis erklärt sich, daß Häber – ob in direktem Auftrag

---

103 SAPMO-BArch, DY 30/J IV 2/10.02/16; DY 30/IV 2/2.036/89. Vgl. Dok. 27.
104 Nachfolger von Hans-Jürgen Wischnewski in der Funktion des Staatsminister im Bundeskanzleramt wurde Gunter Huonker. Wischnewski übte die Funktion des stellvertretenden Vorsitzenden der SPD aus.
105 SAPMO-BArch, DY 30/IV 2/2.036/85; DY 30/37075/1. Vgl. Dok. 30.

Honeckers oder aus persönlichem Engagement – immer wieder die Raketenfrage und damit die Bedrohung des Weltfriedens zur Sprache brachte.

Parallel zu den in der Bundesrepublik sehr kontroversen Debatte um die NATO-Nachrüstungspläne begann der Wahlkampf für die Bundestagswahl am 5. Oktober 1980. Die Unionsparteien hatten als Kanzlerkandidaten den bayerischen Ministerpräsidenten und Vorsitzenden der CSU, Franz Josef Strauß, nominiert. Der SPD-Spitzenkandidat, Bundeskanzler Helmut Schmidt, sprach von einem „Wunschgegner". Im Wahlkampf wurde in starkem Maße polarisiert. Auch die Deutschlandpolitik geriet in den Strudel der Auseinandersetzungen. In dieser Phase traf Helmut Schmidt am 8. Mai 1980 – fünf Jahre nach den Gesprächen von Helsinki – am Rande der Trauerfeierlichkeiten für den verstorbenen jugoslawischen Staatspräsidenten Tito in Belgrad mit SED-Generalsekretär Erich Honecker zusammen. Beide Politiker sprachen erneut über die Raketenfrage, den sowjetischen Einmarsch in Afghanistan und den angekündigten Boykott der Olympischen Spiele in Moskau. Sie wurden sich darüber einig, einen Besuch des Bundeskanzlers in der DDR nach dessen Moskau-Reise[106] vorzubereiten. Dieser Besuch sollte Ende August 1980, also wenige Wochen vor der Bundestagswahl, stattfinden.[107]

Das Jahr 1980 bot im weltpolitischen Maßstab – insbesondere im Verhältnis der Supermächte – eine erhebliche Menge Konfliktstoff. Offenbar waren sowohl Honecker als auch Schmidt nicht daran interessiert, diese Probleme auf das deutsch-deutsche Verhältnis durchschlagen zu lassen. Auch in der Union wollte man vermeiden, daß im Wahlkampf allzu viel „Porzellan in der Frage der Beziehungen zur DDR zerschlagen" wird. Dies erklärte Walther Leisler Kiep, der zur engeren Wahlkampfmannschaft von Franz Josef Strauß gehörte und sich für den Fall des Wahlsiegs Hoffnungen auf das Amt des Außenministers machen konnte, am 27. Juni 1980 bei einem Gespräch in Ost-Berlin mit Häber. Obwohl der Wahlkampf deutlich an Schärfe zunehme, setze er sich „für die Fortsetzung der Kontakte und für die Weiterführung der Beziehungen zur DDR ein", sagte der CDU-Schatzmeister und fügte hinzu, daß es aus seiner Sicht „nur eine Alternative gebe, die des Friedens und des friedlichen Zusammenlebens". Der Leiter der Ständigen Vertretung der Bundesrepublik, Günter Gaus, der an dieser Begegnung teilnahm, ließ Häber

---

106 Bundeskanzler Helmut Schmidt besuchte in Begleitung von Außenminister Hans-Dietrich Genscher vom 30. Juni bis 1. Juli 1980 die Sowjetunion.
107 Vgl. die Niederschriften beider Seiten über das Gespräch von Bundeskanzler Helmut Schmidt und SED-Generalsekretär Erich Honecker am 8. Mai 1980 in Belgrad in: Heinrich Potthoff: Bonn und Ost-Berlin, S. 515 ff.

wissen, daß er in den nächsten Tagen nach Bonn reisen würde, „um an der Ausarbeitung von Unterlagen für die eventuelle Reise von Bundeskanzler Schmidt in der DDR mitzuarbeiten".[108]

Nachdem Herbert Häber am 19. August 1980 erstmals mit dem Bundestagsabgeordneten und Vorsitzenden der CDU-Sozialausschüsse, Norbert Blüm, zusammengetroffen war[109], reiste er vom 5. bis 14. September 1980 zu einer ganz im Zeichen der bevorstehenden Bundestagswahl stehenden Informationsreise in die Bundesrepublik. Wenige Wochen zuvor, am 22. August 1980, hatte der Bundeskanzler telefonisch gegenüber Honecker seinen DDR-Besuch „wegen der Lage in Polen" abgesagt.[110]

Trotz oder gerade wegen der Schmidt-Absage traf Häber diesmal in Bonn mit zahlreichen prominenten Politikern zusammen. So sprach er mit SPD-Bundesgeschäftsführer Egon Bahr, dem stellvertretenden Parteivorsitzenden Hans-Jürgen Wischnewski, dem hessischen Ministerpräsidenten Holger Börner und dem stellvertretenden Vorsitzenden der SPD-Bundestagsfraktion Horst Ehmke. Von der CDU konferierte neben Walther Leisler Kiep auch der Bundestagsvizepräsident Richard von Weizsäcker mit dem SED-Politiker. Außerdem standen Gespräche mit Hans-Günter Hoppe (FDP) und dem Hauptgeschäftsführer des Deutschen Industrie- und Handelstages (DIHT), Franz Schoser, auf dem Programm.

Obwohl der Wahlkampf den Inhalt der Treffen dominierte, spielten Fragen der Entspannung und Friedenssicherung sowie die Absage des DDR-Besuch durch den Bundeskanzler eine gewichtige Rolle. Die unmittelbare SPD-Führungsspitze hatte laut Aussagen von Bahr und Wischnewski kurzfristig entschieden, wer aus ihrem Kreise mit dem SED-Abteilungsleiter reden sollte.

Bemerkenswert war die erneute Zusicherung von Kontinuität im deutsch-deutschen Verhältnis durch einen prominenten CDU-Politiker. Richard von Weizsäcker brachte gegenüber Häber zum Ausdruck, „daß sich im Falle eines Wechsels der Bundesregierung in den Beziehungen der BRD zur DDR grundsätzlich nichts ändern würde".[111]

Insgesamt gewann Häber aus seinen Gesprächen den Eindruck, daß die Bundestagswahl die bisherige Regierungskoalition aus SPD und FDP bestätigen würde. Dieser Eindruck bestätigte sich: Bei der Wahl am 5. Oktober 1980 erreichte die SPD 42,9 Prozent und die FDP 10,6 Prozent der Stimmen. Die Unionsparteien kamen zusam-

---

108 Vgl. SAPMO-BArch, DY 30/J IV 2/10.02/19; DY 30/IV 2/2.036/87; DY 30/37075/1. Vgl. Dok. 33.

109 Vgl. Dok. 34.

110 Vgl. den Vermerk von Helmut Schmidt über das Telefonat mit Erich Honecker am 22. August 1980 in: Heinrich Potthoff: Bonn und Ost-Berlin, S. 544 f.

111 SAPMO-BArch, DY 30/IV 2/2.036/85; DY 30/37075/1. Vgl. Dok. 35.

men auf 44,5 Prozent und bildeten erneut die stärkste Fraktion im Bundestag. Dennoch gelang es den Koalitionsparteien nach diesem Wahlergebnis trotz divergierender Ansichten in der Wirtschafts- und Finanzpolitik erneut, eine Regierung unter Bundeskanzler Helmut Schmidt zu bilden.

Häbers Gespräche mit Politikern aus der Bundesrepublik im Jahre 1981 betrafen neben den für die DDR wichtigen sicherheitspolitischen Fragen vor allem das deutsch-deutsche Verhältnis und einen in diesem Jahr möglichen Besuch des Bundeskanzler in der DDR. Während der Leipziger Messen im Frühjahr und Herbst sprach er zweimal mit Walther Leisler Kiep und der niedersächsischen Finanzministerin Birgit Breuel sowie dem Hamburger Bürgermeister Hans-Ulrich Klose und am 7. September 1981 mit dem Ministerpräsidenten von Schleswig-Holstein, Gerhard Stoltenberg.

Die Informationsreisen Häbers vom 16. bis 22. Februar 1981 und 23. bis 25. Juni 1981 erbrachte wiederum intensive politische Gespräche mit den nun schon vertrauten Gesprächspartner der Regierungsparteien sowie der Union. Mit Kiep war Häber 1981 insgesamt viermal zusammengetroffen. Dabei machte der Unionspolitiker deutlich, daß sich die Regierungskoalition in einer offensichtlich komplizierten Situation befände. Es sei durchaus nicht sicher, ob sie das Ende der Legislaturperiode erreichen würde.

Vom 11. bis 13. Dezember 1981 fand trotz der unübersichtlichen Lage in Polen und der Schwierigkeiten im Verhältnis der Supermächte der 1980 verschobene Besuch von Helmut Schmidt in der DDR statt. Er wurde von fast allen Politikern, auch aus der Opposition, begrüßt. Nach dieser Reise sprach Häber erstmals mit dem neuen Hamburger Bürgermeister Klaus von Dohnanyi und dem FDP-Fraktionsvorsitzenden Wolfgang Mischnick. In diesen Gesprächen deutete sich bereits die Möglichkeit eines Wechsel in der Regierungskoalition in absehbarer Zeit an.

Als der Regierungswechsel real wurde, nahm Häber im Auftrage Honeckers alle Gesprächsmöglichkeiten wahr, um die für die DDR zu erwartetende Situation auszuloten. In der ersten Septemberhälfte 1982 sprach er mit Walther Leisler Kiep und Norbert Blüm. Letzterer bestätigte, daß sich in der Deutschlandpolitik nichts ändern werde, wenn es zum Regierungswechsel käme.

Unterdessen hatte sich in Bonn die Lage zugespitzt. Helmut Schmidt forderte in der Bundestagsdebatte zur Lage der Nation am 9. September 1982 die Opposition auf, ein konstruktives Mißtrauensvotum zu beantragen. Er denke nicht an Rücktritt, sondern wolle die Koalition fortsetzen.

Am 13. September kam kurzfristig Hans-Jürgen Wischnewski nach Berlin und sprach mit SED-Generalsekretär Erich Honecker.

Wischnewski hatte vom Bundeskanzler den Auftrag erhalten, gegenüber Honecker „ein ungeschminktes Bild der Koalitions-Situation zu geben". Die Landtagswahlen in Hessen und Bayern wolle die Union noch abwarten, um danach die erforderlichen Schritte einzuleiten. Wischnewski erklärte gegenüber Honecker: „Wenn es jedoch im November eine andere Regierung geben sollte, dann wisse man natürlich, daß das Verhältnis zwischen der DDR und der BRD auch weiterhin ein wichtiges Thema bleibe." Wörtlich fügte Wischnewski hinzu: „Wir sind dann Patrioten und keine kleinkarierten Parteipolitiker." Es sei seiner Meinung nach wichtig, daß die Beziehungen zwischen der DDR und der Bundesrepublik so gut wie möglich blieben.[112]

Der faktische Bruch der sozialliberalen Koalition erfolgte am 17. September 1982 mit dem Austritt der FDP-Minister aus der Schmidt-Regierung. Die Hessen-Wahl brachte am 26. September 1982 mit nur 3,1 Prozent der Wählerstimmen eine schwere Niederlage für die FDP. Dennoch hielten die Freien Demokraten unter der Führung von Genscher und Lambsdorff an ihrer Entscheidung, die Koalition zu verlassen, fest und unterstützten am 1. Oktober 1982 im konstruktiven Mißtrauensvotum den Kandidaten der Union. Mit den Stimmen von Union und FDP wurde Helmut Kohl zum Bundeskanzler gewählt.

In einer Parteiinformation, die in der Westabteilung erarbeitet worden ist, machte die SED-Führung u. a. die inkonsequente Haltung des Bundeskanzlers in der Raketendiskussion für die Krise in seiner Regierung verantwortlich. In der Information hieß es über Schmidt: „Einerseits betonte er, die Außenpolitik der BRD müsse auch künftig von Friedensbereitschaft geprägt bleiben. Er sprach sich für eine Sicherheitspartnerschaft mit den sozialistischen Ländern aus und unterstrich, die Ostverträge müßten nicht nur eingehalten, sondern weiter ausgebaut werden. Andererseits bekannte er sich wiederum zum NATO-Raketenbeschluß, wiederholte die Lüge von einer angeblichen militärischen Bedrohung aus dem Osten. Er sprach sich für die Stationierung der neuen US-Nuklearraketen in der BRD aus, wenn es bei den Genfer Verhandlungen zu keinen Ergebnissen kommen sollte, obwohl er weiß, daß es die USA sind, die vorsätzlich in Genf Fortschritte blockieren."[113]

In dieser Information fehlte jedoch jeder Hinweis darauf, wie sich die SED die weitere Gestaltung der Beziehungen zur Bundesre-

112 Vgl. den Gesprächsvermerk über das Treffen Erich Honeckers mit Hans-Jürgen Wischnewski am 13. September 1982 in: Detlef Nakath/Gerd-Rüdiger Stephan: Von Hubertusstock nach Bonn, S. 100 ff.
113 SAPMO-BArch, DY 30/IV 2/2.036/85.

publik unter der Kanzlerschaft von Helmut Kohl vorstellte. Dies muß zweifellos überraschen, lagen doch von führenden CDU-Politikern wie Walther Leisler Kiep, Gerhard Stoltenberg, Norbert Blüm und Richard von Weizsäcker zahlreiche Zusicherungen vor, daß man im Falle eines Regierungswechsels die Deutschlandpolitik der alten Regierung fortsetzen wolle. Dennoch dominierte in der SED-Führung zunächst offenbar Unsicherheit.

1983 bis 1985: Steiler Aufstieg und tiefer Fall

Nach dem Regierungswechsel in Bonn waren für SED-Chef Erich Honecker Politiker seiner Partei, die über intakte Kontakte zu einflußreichen Unionspolitikern verfügten, besonders wichtig. Während KoKo-Chef Alexander Schalck-Golodkowski erst im Frühjahr 1983 seine Kontakte nach Bayern und zu Franz Josef Strauß aufbaute, verfügte Herbert Häber bereits über solche Gesprächskanäle. Nachdem Helmut Kohl zunächst brieflich und am 24. Januar 1983 in einem Telefonat mit Honecker, Kontinuität in der Deutschlandpolitik zusicherte und an der noch von seinem Vorgänger ausgesprochenen Einladung des SED-Chefs zum Besuch der Bundesrepublik festhielt[114], konnten bilaterale Gespräche beginnen.

Herbert Häber reiste am 22. Februar 1983 nach Hamburg, um mit seinem langjährigen Gesprächspartner, Walther Leisler Kiep, über die neue Lage zu konferieren. Kiep erklärte, daß es „nach dem Amtsantritt der neuen Regierung im Verhältnis zur DDR gut angefangen" habe, sei der Wille von Bundeskanzler Kohl gewesen. Auch Staatsminister Jenninger habe „großen Anteil daran". Allerdings gebe es zur Position von Kohl und Jenninger in der Union auch Kritik. Die augenblickliche Situation beschrieb Kiep wie folgt: „Die CDU/CSU habe es nicht fertig gebracht, sich insgesamt eine klare Haltung zu den Verträgen zu verschaffen, sich voll auf den Boden der geschlossenen Verträge zu stellen. Mit diesem ungelösten Problem sei sie in die Regierung gekommen. Das wirke sich jetzt aus."[115] Kiep vertrat die Ansicht, daß nach den Wahlen Tatsachen geschaffen werden müßten, die „die Beziehungen zur DDR voranbringen. Er halte vor allem die Entwicklung der wirtschaftlichen Beziehungen für sehr wichtig. Junktims mit anderen Fragen lehne er ab."[116] Ob Kiep dabei die Geheimverhandlungen zwischen Vertretern beider deutscher Staaten über das „Zürcher Modell" meinte oder

---

114 Vgl. Den Wortlaut des Telefonats zwischen Kohl und Honecker am 24. Januar 1983 in: Detlef Nakath/Gerd-Rüdiger Stephan: Von Hubertusstock nach Bonn, S. 114 ff.; Heinrich Potthoff: Die „Koalition der Vernunft", S. 101 ff.
115 SAPMO-BArch, DY 30/J IV 2/10.02/19. Vgl. Dok. 38.
116 Ebenda.

an andere später als Milliardenkredit ausgehandelte Varianten dachte, ist nicht klar ersichtlich.[117]

Irritationen um den Tod eines Transitreisenden an der DDR-Grenzübergangsstelle Drewitz am 10. April 1983 führten dazu, daß Strauß verbale Attacken gegen die DDR richtete, die er später zurücknahm. Bundeskanzler Helmut Kohl sagte ein fest vereinbartes Gespräch mit Politbüromitglied Günter Mittag am 18. April 1983 in einem Telefonat mit dem SED-Chef ab. Honecker seinerseits erklärte am 28. April 1983, daß er vorerst nicht in die Bundesrepublik zu reisen beabsichtige.

Herbert Häber erhielt die Aufgabe, im Gespräch mit dem Ständigen Vertreter der Bundesrepublik, Hans Otto Bräutigam, die Mitteilung Honeckers zu verlesen. Bräutigam schrieb wörtlich mit, was Häber ihm diktierte: „Angesichts der jüngsten Entwicklung im Verhältnis zwischen der BRD und der DDR glaubt bei uns niemand ernsthaft daran, daß der Generalsekretär jetzt, also in diesem Jahr, die Bundesrepublik besuchen kann. Schuld daran sind jene, die eine solche Atmosphäre geschaffen haben. Torpediert wurde damit auch die Absicht, durch regelmäßige Begegnungen von Ministern usw. den politischen Meinungsaustausch zu einem Normalfall werden zu lassen, was sich günstig ausgewirkt hätte."[118] Bräutigam nahm die 16 Punkte umfassende Mitteilung sehr ernst. Ihm war klar, daß die deutsch-deutschen Beziehungen nun komplizierter werden würden.

Den Ausweg aus dieser schwierigen Situation wies ein Mann, dem man das am allerwenigsten zugetraut hatte: Franz Josef Strauß handelte mit Alexander Schalck-Golodkowski eine Vereinbarung über einen Milliardenkredit für die DDR aus, der am 30. Juni 1983 unterzeichnet wurde. Wenige Wochen danach traf er am 24. Juli 1983 im Schloß Hubertusstock mit Erich Honecker zu einem ausführlichen politischen Gespräch zusammen.[119]

Honeckers Begegnungen im Sommer 1983 mit dem SPD-Fraktionsvorsitzenden Hans-Jochen Vogel, dem bayerischen Ministerpräsidenten Franz Josef Strauß, dem SPD-Abrüstungsexperten Egon Bahr und Altbundeskanzler Helmut Schmidt riefen offenbar in Mos-

---

117 Zu den Geheimverhandlungen über das „Zürcher Modell" vgl. Jürgen Nitz: Länderspiel, S. 11 ff.

118 SAPMO-BArch, DY 30/J IV 2/10.02/11. Vgl. Dok. 52. Die 16 Punkte umfassende mündliche Botschaft an Bundeskanzler Schmidt hatte Honecker persönlich verfaßt. Häber hatte lediglich den Auftrag sie gegenüber Bräutigam wörtlich zu verlesen.

119 Vgl. die Niederschrift über das Gespräch zwischen Honecker und Strauß in: Detlef Nakath/Gerd-Rüdiger Stephan: Von Hubertusstock nach Bonn, S. 132 ff.; Heinrich Potthoff: Die „Koalition der Vernunft", S. 145 ff.

kau tiefes Mißtrauen hervor. Herbert Häber wurde am 4. und 5. Oktober 1983 zu Gesprächen mit Wadim Sagladin in die internationale Abteilung des KPdSU-Zentralkomitees eingeladen. Dort trug er die von Honecker bestätigte „Argumentationslinie" vor, wonach die DDR-Vertreter in Gesprächen mit westlichen Politiker „alles Erdenkliche für einen Erfolg in Genf" tun wollen. Sagladin zeigte sich offenbar von der Häber-Erklärung befriedigt, mahnte aber Abstimmungsbedarf für die politischen Reaktionen im Falle der Raketenstationierung an.[120] Es zeigte sich auch in diesem Gespräch, daß die sowjetische Führung für den Fall des Scheiterns der Genfer Verhandlungen und der Stationierung der Mittelstreckenraketen in Westeuropa offensichtlich kein politisches Konzept hatte. Häber fühlte sich gegenüber Sagladin nicht autorisiert und auch nicht kompetent, der sowjetischen Führungsmacht für diesen Fall Ratschläge zu geben. Er spürte in Moskau aber bereits jene Grundstimmung, von der Walther Leisler Kiep ihm später bei einem Gespräch am 3. Juli 1984 in Berlin berichtete. Kiep schilderte seine Eindrücke während eines Besuches in Moskau im Februar 1984 und über ein Gespräch mit Valentin Falin: Dieser habe auf ihn den „bedrückenden Eindruck einer Art nihilistischer Haltung" gemacht. „So, als sei ein kommender Krieg unausweichlich. Er hoffe", so Kiep „auch hier auf eine Änderung der Einstellung."[121]

Zum Zeitpunkt dieses Gespräches mit Walther Leisler Kiep, 1984, war Herbert Häber bereits zum SED-Politbüromitglied und Sekretär des Zentralkomitees aufgestiegen. Den von ihm an Honekker übergebenen Gesprächsvermerk nahm dieser zur Kenntnis, ohne ihn an andere Politbüromitglieder zur Information weiterzugeben.

Für Häber war sein persönlicher Moskauer Eindruck und der von Kiep über die „nihilistische Haltung" in der KPdSU-Führung ein „Schlüsselerlebnis". Die Sowjetunion war unter dem schwerkranken Generalsekretär Tschernenko offensichtlich politikunfähig und hatte sich ihren Handlungsspielraum selbst verengt. Sollten tatsächlich die sowjetischen Marschälle die Oberhand über die Politik gewinnen? Eine Vorstellung, der sich sowohl Honecker als auch Häber mit ihrer deutschlandpolitischen Konzeption einer „Koalition der Vernunft" zu widersetzen versuchten.

Erneut unternahmen Honecker und Häber den Versuch, eine Reise des SED-Generalsekretärs in die Bundesrepublik vorzubereiten. Die Absage von 1983 war ausdrücklich für den Zeitraum des laufenden Jahres befristet worden und ließ in der veränderten politischen Situation einen Neuansatz zu.

---

120 SAPMO-BArch, DY 30/J IV 2/10.02/16. Vgl. Dok. 54.
121 SAPMO-BArch, DY 30/J IV 2/10.04/31. Vgl. Dok. 57.

Als am 18. Juli 1984 Hans Otto Bräutigam bei Herbert Häber zu einem offiziellen „Antrittsbesuch" im Hause des SED-Zentralkomitees erschien, wurde bereits über die vorgesehene Honecker-Reise gesprochen. „Man sei sich wohl einig", so Bräutigam, „daß es sich um einen Arbeitsbesuch handelt. Aber dabei sei völlig klar, daß der Tatsache Rechnung getragen wird, daß Erich Honecker das Staatsoberhaupt der DDR ist. [...] Aus Bonner Sicht sei es selbstverständlich, daß die Fragen der internationalen Entwicklung und die damit verbundenen Probleme des Friedens und der Abrüstung bei den Gesprächen einen gewichtigen Platz einnehmen werden. Das würde zumindest das gleiche Gewicht haben wie die Fragen der bilateralen Beziehungen."[122]

Die Besuchsvorbereitungen liefen bereits auf Hochtouren, als Honecker und andere Politbüromitglieder zum 17. August 1984 zu einem bilateralen Geheimgipfel nach Moskau „einbestellt" wurden. Der SED-Generalsekretär ahnte bereits, daß man in Moskau seine Deutschlandpolitik auf den Prüfstand stellen wollte.[123] Bereits im Juni 1984 war Honecker während des Moskauer RGW-Gipfeltreffens von Tschernenko persönlich mit dem Argwohn gegenüber einem deutsch-deutschen Sonderweg konfrontiert worden. Am 25. Juli 1984 hatte zudem die Bundesregierung erklärt, einen zweiten Milliardenkredit für die DDR per Bundesbürgschaft abzusichern. Diese Kreditvereinbarung ist in den Westmedien mit Erleichterungen im Besuchs- und Reiseverkehr in Verbindung gesetzt worden. Die finanziellen Transaktionen zwischen beiden deutschen Staaten sind damals ohne das Moskauer Plazet getätigt worden. Dort witterte man „Verrat", zumal auch im SED-Politbüro die „Moskau-Fraktion" um Krolikowski, Mielke, Neumann und Stoph seit längerem gegen ein von ihnen befürchtetes „deutsch-deutsches Techtelmechtel" anging.[124] Unter diesen Bedingungen bereitete man nun die kurzfristige Moskau-Reise Honeckers vor. Häber fertigte für den SED-Chef ein Konzeptionspapier über die Beziehungen zwischen der DDR und der Bundesrepublik.[125]

Honecker reiste in Begleitung der Politbüromitglieder Hermann Axen, Kurt Hager und Erich Mielke sowie ZK-Abteilungsleiter

---

122 SAPMO-BArch, DY 30/J IV 2/10.04/15. Vgl. Dok. 58.
123 Neues Deutschland druckte im Vorfeld zwei aus Moskau stammende Artikel ab, die sich mit dem „Revanchistischen System" in der Bundesrepublik sowie mit heftiger Polemik gegen die langfristigen Auswirkungen des NATO-Doppelbeschlusses richteten. Vgl. ND, 2./3. Juni und 28./29. Juli 1984.
124 Vgl. die Information von Werner Krolikowski über einen Besuch von Günter Mittag in Bonn im April 1980 in: Detlef Nakath/Gerd-Rüdiger Stephan: Von Hubertusstock nach Bonn, S. 43 ff.
125 Vgl. den Wortlaut dieses Dokumentes „Nunmehr zu den Beziehungen der DDR zur BRD" in: ebenda, S. 194 ff.

Günter Sieber nach Moskau. Die Delegation traf dort mit dem sowjetischen Generalsekretär Tschernenko sowie den Politbüromitgliedern Gorbatschow, Ustinow, Tschebrikow und Russakow zusammen. Der SED-Generalsekretär ließ von Bruno Mahlow die Ausarbeitung Häbers in russischer Sprache wörtlich vortragen.

Die Reaktion und die Vorwürfe der Moskauer Führung auf Honeckers Ausführungen waren äußerst heftig: KPdSU-Generalsekretär Tschernenko drohte Honecker am 17. August 1984 ernste Konsequenzen für den Fall der weiteren Intensivierung der Beziehungen zur Bundesrepublik an.[126] An Honecker persönlich gewandt sagte der KPdSU-Chef: „Sie haben in dem Gespräch im Juni keine Zweifel geäußert und sagten, daß die DDR in allen internationalen Fragen mit der Sowjetunion voll übereinstimmt. Die Lage nach unserem Gespräch ist milde ausgedrückt nicht besser geworden. Ungeachtet dessen kam es zu Erklärungen über neue Maßnahmen zur Erleichterung von Kontakten, zum Ausbau der Möglichkeiten für Besuche von Bürgern und Kindern aus der BRD. Diese Maßnahmen sind vom Standpunkt der inneren Sicherheit der DDR zweifelhaft und stellen einseitige Zugeständnisse an Bonn dar. Sie erhalten dadurch finanzielle Vorteile, aber in Wirklichkeit sind das scheinbare Vorteile. Hier geht es um zusätzliche finanzielle Abhängigkeiten der DDR von der BRD." Zum geplanten Honecker-Besuch in Bonn gibt die Gesprächsniederschrift Tschernenko mit den Worten wieder: „Was den Besuch in der BRD betrifft, so ist das natürlich eine Sache, die von der SED zu entscheiden ist. Wir glauben, daß Sie noch einmal kollektiv und allseitig, unter Berücksichtigung der von uns geäußerten Überlegungen, diese Frage prüfen. Wir möchten Ihnen jedoch sagen, daß die sowjetischen Kommunisten es positiv aufnehmen würden, wenn Sie in der entstandenen Lage von dem Besuch Abstand nehmen."[127] Dies stellte faktisch ein Befehl Tschernenkos an Honecker dar, seine bereits geplante Reise in die Bundesrepublik abzusagen.

Der KPdSU-Generalsekretär hatte Honeckers Position für den Fall des Abweichens von der sowjetischen Linie auch persönlich in Frage gestellt. Folglich wurde in der DDR nach einem Schuldigen für die entstandene Situation gesucht. Dieser fand sich in der Person von Herbert Häber. Für ihn war der Tag des Moskauer Geheimtreffens am 17. August 1984 ein Schicksalstag, der tief in sein weiteres politisches und auch persönliches Leben eingreifen sollte.

---

126 Vgl. die Auszüge aus der Niederschrift des Geheimtreffens zwischen Erich Honecker und Konstantin Tschernenko am 17. August 1984 in Moskau im Dok. 59. Außerdem: Die SED. Geschichte – Organisation – Politik, S. 769.
127 Ebenda.

Honecker sagte am 4. September 1984 den Besuch in der Bundesrepublik ab. Als Begründung diente eine Äußerung des CDU/CSU-Fraktionsvorsitzenden Alfred Dregger. Dieser hatte in einem Interview am 23. August 1984 erklärt: „Unsere Zukunft hängt nicht davon ab, daß Herr Honecker uns die Ehre seines Besuchs erweist."[128]

Spätestens zu diesem Zeitpunkt muß Honecker auch Staatssicherheitsminister Mielke bevollmächtigt haben, eine „Operative Auskunft" über Herbert Häber durch das MfS erarbeiten zu lassen, die am 15. Oktober 1984 vorlag und später Bestandteil für die Entscheidung war, ihn aus dem Politbüro zu entfernen. Zunächst agierte Herbert Häber in seiner Funktion weiter. Zu seinen westdeutschen Gesprächspartnern nach dem 17. August 1984 gehörten die CDU-Politiker Volker Rühe, Wolfgang Schäuble, Walther Leisler Kiep und Eberhard Diepgen; Uwe Ronneburger, Martin Bangemann und Helmut Schäfer von der FDP; Hans Koschnick (SPD) sowie mehrfach Bonns Ständiger Vertreter Hans Otto Bräutigam.

Schadensbegrenzung im bilateralen Verhältnis nach der von Moskau erzwungenen Besuchabsage Honeckers war neben den von Häber weiter engagiert vertretenen abrüstungs- und sicherheitspolitischen Fragen eines seiner wichtigsten Aufgaben in diesen Gesprächsrunden. Als Politbüromitglied konnte er diese Gespräche nur noch auf dem Boden der DDR führen. Vor allem nach dem Moskauer Eklat waren für ihn Reisen in die Bundesrepublik nicht mehr möglich.[129]

Am 5. und 6. Dezember 1984 kam der neu berufene Kanzleramtsminister Wolfgang Schäuble nach Berlin, um mit Herbert Häber und DDR-Außenminister Oskar Fischer grundsätzliche Fragen der deutsch-deutschen Beziehungen zu erörtern. Beide DDR-Politiker stellten dabei die „Geraer Forderungen", insbesondere die Forderung nach Anerkennung der DDR-Staatsbürgerschaft und die Regelung des Grenzverlauf auf der Elbe, in den Mittelpunkt. Häber wandte sich gegen den Versuch einer Relativierung der deutsch-deutschen Verträge und lehnte eine „Vertragspolitik mit beschränkter Haftung" als „für die DDR nicht annehmbar" ab.[130] Für Wolfgang Schäuble

---

128 Die Welt, 23. August 1984.

129 Die letzte Westreise Herbert Häbers fand unmittelbar nach seiner Wahl ins Politbüro statt. Vom 25. bis 27. Mai 1984 nahm er gemeinsam mit Egon Krenz am Parteitag der SEW im Westberliner Palais am Funkturm teil.

130 Vgl. die vom Leiter der Abteilung BRD im DDR-Außenministerium, Karl Seidel, angefertigte Politbüroinformation, in der beide Gespräche Schäubles in der DDR zusammengefaßt worden sind. Zur Notiz über das Gespräch Schäuble - Häber vgl. Dok. 62. SAPMO-BArch, DY 30/J IV 2/2 A/2713. Obwohl Schäuble erst wenige Wochen Kanzleramtsminister war, zeigte er sich gut informiert. Seine Begegnung mit Häber hatte der Leiter der Ständigen Vertretung, Hans

war dies die erste Begegnung mit hochrangigen DDR-Politikern in seiner neuen Funktion. Er wurde später zum wohl wichtigsten Gesprächspartner für die DDR bei der Lösung diffiziler bilateraler Probleme.

Als schwierige Frage, mit der sich Häber Anfang 1985 zu beschäftigen hatte, erwies sich das Problem der „Einwanderung" von Bürgern aus Sri Lanka, die, unterstützt von sogenannten Schlepperbanden, über den DDR-Flughafen Berlin-Schönefeld und den Grenzübergang am Bahnhof Friedrichstraße nach West-Berlin einreisten. Dies wurde vor allem vom Regierenden Bürgermeister Eberhard Diepgen im Verlaufe seiner Begegnung mit Herbert Häber am 12. März 1985 während der Leipziger Frühjahrsmesse angesprochen. Diepgen erklärte: „Kompliziert sei das Problem der Asylanten. Er hoffe, daß die DDR die Zusagen gegenüber skandinavischen Ländern auch auf Westberlin anwende. Er betonte, daß es sich dabei ‚entsprechend dem Prinzip der Freizügigkeit' nicht primär um eine Angelegenheit von Berlin (West), sondern der BRD handele, da Westberlin ‚nur als Durchgangsort' diene." Häber erwiderte: „Was die Asylanten betreffe, so gehe die DDR konsequent vom Prinzip der Transitfreiheit aus. Es sei eine seltsame Forderung, von uns zu verlangen, daß die DDR für Westberlin ein Grenzregime errichtet. Die Frage, wer von und nach Westberlin einreist, ist die Sache von Berlin (West) selbst."[131] Da sich diese Frage weiter zuspitzte, übergab die Bundesregierung am 22. März 1985 ein Aide-mémoire, in dem sie die DDR um Mithilfe bei der Unterbindung von illegalen Einreisen bat.[132] Diepgen brachte dieses Problem schließlich bei seinem Gespräch mit SED-Generalsekretär Erich Honecker am 16. März 1986 zur Sprache. Auch Wolfgang Schäuble sprach Honecker am 29. August 1986 darauf an. Eine Lösung in dieser Frage konnte jedoch erst mit dem sogenannten Asylkompromiß vom 18. September 1986 erreicht werden, als die DDR festlegte, nur Personen im Transit einreisen zu lassen, die über ein gültiges Anschlußvisum verfügten.[133]

Häbers letzte per Gesprächsvermerk nachgewiesene deutschlandpolitische Aktivität stammt vom 4. Juni 1985. An diesem Tag empfing er in Berlin die FDP-Politiker Uwe Ronneburger und Helmut Schäfer im Beisein des Ständigen Vertreters, Hans Otto Bräutigam.

Otto Bräutigam, arangiert. Offenbar hatte man in Bonn bereits Signale empfangen, wonach Häber bei Honecker in Ungnade gefallen sei, und wollte dies testen.

131 SAPMO-BArch, DY 30/J IV 2/10.04/31. Vgl. Dok. 66.

132 Vgl. SAPMO-BArch, DY 30/J IV 2/10.04/15.

133 Zur Vorgeschichte und zum Aushandeln des sogenannten Asylkompromisses vgl. Jürgen Nitz: Unterhändler zwischen Berlin und Bonn. Zur Geschichte der deutsch-deutschen Geheimdiplomatie in den 80er Jahren, Berlin 1999.

Eine Unterredung mit Walther Leisler Kiep während eines Essens am 5. Juli 1985 nahm bereits IPW-Direktor Max Schmidt wahr.[134]

Am 18. August 1985 erlitt Herbert Häber einen Nervenzusammenbruch. Aufgrund dieser akuten Erkrankung war er längere Zeit arbeitsunfähig und wurde im Regierungskrankenhaus stationär behandelt.

Häber sagte in einem Interview mit der „Berliner Zeitung" auf die Frage, ob seine Krankheit 1985 nur ein vorgeschobener Grund für seine politische Entlassung gewesen sei: „Beides stimmt. Ich war krank, und es war ein vorgeschobener Grund. Erich Honecker hat den Mitgliedern des ZK am 22. November 1985 nicht die Wahrheit gesagt. Mir selbst hat er einen anderen Grund genannt. Ich hätte schwerwiegende Disziplinverletzungen begangen, indem ich mich öffentlich zu Dingen geäußert habe, wozu ich mich als Mitglied des Politbüros nicht hätte äußern dürfen. Insofern war der von ihm genannte Grund eine Verschleierung der wirklichen Vorgänge."[135]

Honecker hatte Häber am 16. September 1985 im Regierungskrankenhaus in Berlin-Buch überraschend besucht. Bei dieser Begegnung warf er ihm vor, „öffentlich über Differenzen zwischen SED und KPdSU" diskutiert zu haben und nötigte dem Noch-Politbüromitglied ein Rücktrittsgesuch „aus Krankheitsgründen" ab. Damit konnte das Abwahlverfahren in Abwesenheit Häbers auf der 11. ZK-Tagung am 22. November 1985 als scheinbar normale Angelegenheit in Gang gesetzt werden.

Als Häber im Dezember 1985 von einer Kur zurückkehrte, fand er in seinem früheren Arbeitszimmer lediglich einige wenige persönliche Gegenstände vor. Ansonsten war sein Büro perfekt „abgewickelt" worden. Am 3. Januar 1986 fand er sich pflichtgemäß auf seinem neuen Arbeitsplatz an der Akademie für Gesellschaftswissenschaften ein, ohne einen direkten Arbeitsgegenstand zu erhalten. Vom Büro Honecker wurde er am gleichen Tage noch einmal ins Regierungskrankenhaus bestellt. Dort hielt man ihn drei Tage fest und überstellte ihn am 6. Januar 1986 in einen Bereich für spezielle Patienten des Bezirkskrankenhauses für Psychiatrie in Bernburg. Dort blieb er bis Ende März 1986.[136]

Später bezog Herbert Häber tatsächlich ein Dienstzimmer im Gebäude der Akademie für Gesellschaftswissenschaften. Ein ordentlicher Arbeitsauftrag wurde ihm allerdings nie erteilt.

Herbert Häbers Karriere im Parteiapparat der SED verlief über mehrere Jahrzehnte sehr geradlinig. Seine langjährigen Erfahrungen in

---

134 Vgl. SAPMO-BArch, DY 30/J IV 2/10.04/15.
135 Berliner Zeitung, 14./15. Juni 1997.
136 Vgl. Der Spiegel, H. 42/1998.

der „Westarbeit" und seine ausgeprägten konzeptionellen Fähigkeiten ließen ihn bis in das höchste Parteigremium aufsteigen. Politische Gesprächspartner von damals schätzen ihn zurückblickend auch heute noch als „sachkundig, undogmatisch und offen" ein, wie Peter Jochen Winters 1984 in der FAZ schrieb.[137]

Häber hat trotz seines erzwungenen Ausscheidens aus der Politik im Herbst 1985 in der Deutschlandpolitik beachtliches bewirkt: In einer höchst komplizierten Phase an der Wende zu den achtziger Jahren gelang es ihm, im Auftrage Honeckers den deutsch-deutschen Gesprächsfaden nicht abreißen zu lassen. Trotz Sprachlosigkeit im Verhältnis der Supermächte und zeitweiliger Politikunfähigkeit der Sowjetunion strebte er eine „Koalition der Vernunft" an und trug dazu bei, daß die bereits beschworene „Eiszeit in den politischen Beziehungen" sich nicht auf das Verhältnis zwischen beiden deutschen Staaten übertrug.

Im Herbst 1985 wurde Herbert Häber Opfer einer gegen ihn und seine politischen Zielstellung gerichteten Intrige. Darin mischten sich die von Tschernenko und Ustinow verkörperten Großmachtinteressen mit dem politischen Selbsterhaltungstrieb von SED-Generalsekretär Honecker, der Häber bis zum 17. August 1984 vertraut und unterstützt hatte. Hinzu kam, daß sich nicht nur die „Moskau-Fraktion" im Politbüro gegen Häber wandte, sondern sich auch die anderen Mitglieder des SED-Führungsgremiums nicht gegen seinen statutenwidrigen Ausschluß zur Wehr setzten.

Zur Edition der Dokumente

Die vorliegende Quellenedition setzt die bisher im Berliner Karl Dietz Verlag erschienene sechsbändige Reihe „Dokumente zur Zeitgeschichte" fort. Dieser Band weist folgende Besonderheit auf: Er beschäftigt sich mit der Tätigkeit eines einzelnen SED-Spitzenpolitikers auf einem hochsensiblen Politikfeld, der Gestaltung der deutsch-deutschen Beziehungen zwischen 1973 und 1985. Außerdem werden Vorgänge um das erzwungene Ausscheiden Häbers aus der Politik behandelt.

Die in diesen Band aufgenommenen Dokumente werden nahezu ausschließlich erstmals veröffentlicht. Sie stammen aus der Stiftung Archiv der Parteien und Massenorganisationen der DDR im Bundesarchiv (SAPMO-BArch), der Abteilung DDR des Bundesarchives (BArch) sowie dem Zentralarchiv des Bundesbeauftragten für die Unterlagen des Staatssicherheitsdienstes der ehemaligen DDR (BStU, ZA). Die Quellenangaben sind jeweils am Ende der Dokumente verzeichnet.

---

137 Vgl. Frankfurter Allgemeine Zeitung, 23. Juli 1984.

Die weitaus meisten hier abgedruckten Dokumente sind von Herbert Häber selbst verfaßt worden. In einigen Fällen wurden auch Dokumente wiedergegeben, die als Gesprächsvermerke über Unterredungen Häbers mit Politikern aus der Bundesrepublik von anderen Personen angefertigt worden sind. Soweit dies erkennbar war, wurde dieser Umstand angemerkt. Fast alle Dokumente werden vollständig wiedergegeben, Auslassungen bzw. redaktionelle Einfügungen wurden in eckige Klammern gesetzt, die in den Kopien vorgenommenen Schwärzungen wurden in Fußnoten angemerkt. Offensichtliche sinnentstellende Fehler in Rechtschreibung und Grammatik wurden stillschweigend korrigiert und die Schreibweise von Personennamen vereinheitlicht. Stilistische Korrekturen sind nicht vorgenommen worden.

In die Anmerkungen sind lediglich die für das Verständnis der Texte wichtigsten zusätzlichen Informationen und Literaturhinweise sowie Verweise auf andere im Band enthaltene Dokumente aufgenommen worden.

Die Überschriften der Dokumente lehnen sich eng an die Titel der Originaldokumente an, sind aber zumeist nicht vollständig mit ihnen identisch.

Die Herausgeber bedanken sich bei den Mitarbeiterinnen und Mitarbeiter der genannten Archive, insbesondere bei Frau Sylvia Gräfe von der Stiftung Archiv der Parteien und Massenorganisationen der DDR im Bundesarchiv und bei Frau Karin Göpel vom Zentralarchiv der „Gauck-Behörde", für ihre Unterstützung bei der zum Teil sehr komplizierten Suche nach den nur verstreut aufzufindenden Dokumenten.

Der Dank gilt Frau Marga Voigt für ihre Unterstützung bei der Bearbeitung der Dokumente sowie Veronika Blank und Steffi Nakath für technische Arbeiten.

Gedankt sei schließlich dem Karl Dietz Verlag, der die Dokumentenreihe seit 1992 in jeder erdenklichen Weise förderte.

KAPITEL 1

**Kontaktaufnahme
1973 bis 1975**

Dokument 1

**Information über den Aufenthalt von Herbert Häber
vom 5. bis 7. März 1974 in Moskau**[1]

Auf Einladung des Genossen Sagladin, stellvertretender Leiter der
Abt[eilung] Internationale Verbindungen des ZK der KPdSU, weilte
ich vom 5. bis 7. März 1974 in Moskau. Die Genossen hatten mir die
Einladung mit dem Hinweis übermittelt, daß sie sich in einer persönlichen Begegnung mit mir bekanntmachen wollten. Nach meiner
Ankunft in Moskau wurde mir mitgeteilt, daß neben einem ausführlichen Gespräch mit Genossen Sagladin auch eine Zusammenkunft
mit Genossen Ponomarjow, Kandidat des Politbüros und Sekretär
des ZK der KPdSU, vorgesehen sei.

Am 6. 3. 1974 wurde ich von Genossen Ponomarjow zu einem
Gespräch empfangen, das über eine Stunde dauerte. Genosse
P[onomarjow] äußerte seine Genugtuung über die guten Beziehungen zwischen den Genossen, die sich im Apparat des ZK der KPdSU
mit Problemen der BRD befassen und den zuständigen Genossen des
ZK der SED. Er unterstrich die Zweckmäßigkeit, daß die betreffenden Genossen in bestimmten Abständen zu Konsultationsgesprächen
und zur Diskussion grundsätzlicher Fragen zusammenkommen.

Genosse P[onomarjow]teilte mit, daß in den nächsten Monaten
ein Besuch Brandts in der UdSSR bevorstehe.[2] Obwohl noch nicht
alles geklärt sei, stehe die Führung der KPdSU positiv dazu. Sobald
völlige Klarheit über den Termin und das Konzept bestehe, werde
die Führung der KPdSU die Führung der SED informieren. Bei allen
Schwierigkeiten, die es gibt, sei Brandt dennoch besser als die früheren CDU-Kanzler wie Adenauer. Er sei auch besser als Scheel.

Wehner habe bei seiner Anwesenheit in Moskau im Gespräch mit
Genossen P[onomarjow] die Lage in der BRD-Regierung offen ge-

---

1   Die Information, datiert vom 8. März 1974, wurde vom Verfasser als
„streng vertraulich" bezeichnet.
2   Zu dem geplanten Besuch von Willy Brandt in Moskau kam es nicht mehr.
Brandt trat am 6. Mai 1974 wegen der Guillaume-Affäre als Bundeskanzler zurück.

schildert und Brandt wegen dessen Passivität kritisiert.[3] Er habe aber auch betont, daß Brandt der einzige sei, der die Ostpolitik weiter betreiben könne.

Genosse P[onomarjow] äußerte sich über die gegenwärtige Niedergeschlagenheit und pessimistische Stimmung von Brandt. Er stellte die Frage, ob wir darüber informiert wären und worin nach meiner Meinung die Ursachen liegen. Nach seiner Auffassung seien es vor allem die inneren Schwierigkeiten. In allen kapitalistischen Ländern gebe es verschärfte Krisenerscheinungen, die durch die Energiekrise, die nicht voraussehbar gewesen sei, noch zugespitzt wird.

Bei Wahrung unserer Position, so äußerte Genosse P[onomarjow], müsse man Brandt etwas unterstützen. Angesichts der Wirtschaftskrise zeige die BRD-Regierung gegenwärtig stärkeres Interesse an der Entwicklung wirtschaftlicher Beziehungen zur UdSSR als vor einigen Monaten. Das beziehe sich in erster Linie auf Fragen der Energie. Es gebe große Angebote der BRD an die UdSSR, Erdöl und Erdgas in die BRD zu liefern. Auch seien Überlegungen im Gange, Atomkraftwerke zu errichten (evtl. 2 in der UdSSR, 2 in der DDR), von denen auch Energie in die BRD geliefert werden soll. Die BRD möchte offenbar nicht vollständig von den Lieferungen aus arabischen Ländern, aus dem Iran usw. abhängig sein. Das starke Interesse von seiten der BRD am Ausbau der wirtschaftlichen Beziehung sei ein positives Moment.

In diesem Zusammenhang sprach Genosse P[onomarjow] über das Projekt, Gas aus dem Iran nach der BRD über das Territorium der UdSSR zu leiten. Die BRD baue im Iran dafür ein Stahlwerk, das nach einem neuen modernen Prinzip die Umwandlung von Erz in Metall vornimmt. Es seien Verhandlungen im Gange, ein Werk dieser Art auch in der Ukraine zu bauen.

Das kritische Problem sei nach wie vor die Frage des Zinssatzes für Kredite der BRD an die UdSSR. Man fordere 12 Prozent. Das sei aber indiskutabel. Normal wäre ein Zinssatz von 6 bis 7 Prozent, höchstens 8 Prozent.

Genosse P[onomarjow] äußerte, daß es bei der Führung der KPdSU folgende Frage gäbe: Es sei klar, daß die rechten, die militaristischen Kreise in der BRD nach wie vor eine Politik der Einverleibung der DDR verfolgten. Wie aber ist die Position von Brandt, die Position der SPD-Führung gegenüber der DDR? Er bat mich dazu um meine Meinung. Als ich meine Auffassung dazu darlegte, wo-

---

3 Herbert Wehner, SPD-Fraktionsvorsitzender im Bundestag, hatte vom 24. September bis 2. Oktober 1973 die Sowjetunion besucht. Vgl. dazu den Bericht Wehners an Willy Brandt und Egon Bahr in: Archiv der Sozialen Demokratie, Depositum Egon Bahr, 354.

nach die rechten Führer der Sozialdemokratie in der Bundesrepublik zwar ein anderes taktisches Konzept verfolgten, in dem es Elemente des Realismus gibt, die für uns nutzbar sind, daß sie aber langfristig auch das Ziel verfolgen, irgendwann die DDR im Zeichen des sogenannten demokratischen Sozialismus aus der sozialistischen Staatengemeinschaft zu lösen, an die BRD anzunähern und nach Möglichkeit mit ihr „wiederzuvereinigen", machte sich Genosse P[onomarjow] umfangreiche Notizen. Ich vertrat die Auffassung, daß es sich beim Bonner Konzept vom „Offenhalten der deutschen Frage" und von sogenannten besonderen innerdeutschen Beziehungen nicht nur um Propaganda, sondern um den Ausdruck einer antisozialistischen, neorevanchistischen Politik handelt.

Genosse P[onomarjow] stellte die Frage, ob von der BRD noch immer Spezialisten aus der DDR abgeworben würden, worauf ich auf die Tätigkeit der Menschenhändlerorganisationen verwies, die mit Duldung und Unterstützung staatlicher Stellen der BRD und Westberlins gegen die DDR arbeiten und dabei auch ständig das Transitabkommen verletzen.

Genosse P[onomarjow] stellte im Verlaufe des Gesprächs weiter die Frage, ob es unserer Meinung nach in der SPD einen linken Flügel gebe und wie wir dessen Position beurteilen. Ich äußerte, daß man m. E. von einem organisierten linken Flügel in der SPD mit einer gemeinsamen Plattform oder gar Führung nicht sprechen könne. Es gibt Gruppen und Personen, die in bestimmten Fragen eine andere Position einnehmen als die Parteiführung, so z. B. bei den Jungsozialisten. Das verdiene durchaus unsere Beachtung. Dabei gäbe es Kräfte, die es ehrlich meinen und auch zu Kontakten mit den Kommunisten, zu Schritten der Aktionseinheit bereit sind. Zugleich gibt es dabei Kräfte, die mit antikapitalistischen Thesen versuchen, der SPD auch nach links stärkeren Einfluß zu verschaffen und die Erweiterung der Positionen der DKP abzuriegeln. Genosse P[onomarjow] unterstützte in diesem Zusammenhang die Idee, über die Einschätzung der Situation in der SPD bei Gelegenheit eine spezielle Konsultation mit den zuständigen Genossen im Apparat des ZK der KPdSU durchzuführen.

Genosse P[onomarjow] äußerte sich kurz über die Entwicklung der DKP. Man könne eine Belebung der Aktivität der Partei feststellen. Wichtig sei vor allem auch, daß die UZ als Tageszeitung erscheine. Die KPdSU sei weiterhin bereit, alles Erforderliche zu tun, um den Kampf der DKP zu unterstützen, und sie sei für jeden Hinweis dankbar, wie das noch besser geschehen könne.

Abschließend bat Genosse P[onomarjow], Genossen Erich Honekker sowie den anderen führenden Genossen der SED herzliche Grüße zu übermitteln.

Am 5. März hatte ich ein längeres Gespräch mit Genossen Sagladin, stellvertretender Leiter der Abt[eilung] Internationale Verbindungen des ZK der KPdSU. Genosse S[agladin] äußerte zu Beginn, daß es günstig wäre, wenn wir häufiger zu Konsultationsgesprächen zusammenkommen könnten, um auf Parteiebene über die Einschätzung der Situation in der BRD zu diskutieren bzw. Fragen unserer Politik zu beraten. Zwischen den Außenministerien würden die Konsultationen intensiviert. Das sei aber auch auf Parteiebene notwendig.

Er teilte mit, daß im Hinblick auf den Besuch Brandts in der UdSSR eine Vorlage für das Politbüro des ZK der KPdSU über die weitere Politik gegenüber der BRD vorbereitet werde. Mit den abgeschlossenen Verträgen habe eine neue Etappe zwischen den Beziehungen der UdSSR und der BRD begonnen. Jetzt komme es unter Berücksichtigung aller Schwierigkeiten darauf an, unmöglich zu machen, daß die BRD zu einem revanchistischen Kurs zurückkehren kann. Zugleich müsse weiter alles getan werden zur weiteren Stärkung der Position der DDR. Es gelte, konsequent für die Verwirklichung aller Verträge einzutreten unter der Voraussetzung, daß sie richtig verstanden, daß sie richtig ausgelegt werden.

Solche Ziele erforderten eine große Aktivität aller sozialistischen Länder, insbesondere aber der UdSSR und der DDR. Auf der Basis der erreichten Ergebnisse sei auch künftig eine offensive Politik erforderlich.

Auch in der SPD gebe es einflußreiche Kräfte, die meinen, daß die Ostpolitik im großen und ganzen erledigt sei, und daß es jetzt für die BRD darauf ankäme, sich verstärkt auf die Westpolitik zu konzentrieren. Es zeige sich Passivität und eine gewisse Verwirrung bei Brandt und von Bonn werden Schritte unternommen, die unseren Interessen widersprechen. Hinzu komme die prowestliche Orientierung der FDP. Wenn Genscher Außenminister wird, könne sich die Lage verschlechtern, denn er befinde sich in der Nähe der CDU.[4]

Genosse S[agladin] erklärte, es gebe auch positive Faktoren. Das seien die verstärkten Widersprüche zwischen der BRD und ihren westlichen Verbündeten. Hinzu kommen die Schwierigkeiten in der Wirtschaft, besonders die Probleme der Energiekrise. Genosse S[agladin] betonte, nach Auffassung der sowjetischen Genossen sei die wirtschaftliche Perspektive der BRD für 1974 kritisch. In politischer Hinsicht zeigten die Gerüchte um einen eventuellen Rücktritt von Brandt eine Schwächung seiner Position.

---

4 Nach der Wahl von Walter Scheel zum Bundespräsidenten am 15. Mai 1974 wurde Hans-Dietrich Genscher im Kabinett von Helmut Schmidt am 16. Mai 1974 zum Außenminister und Vizekanzler ernannt.

Unsere Länder müßten diese Situation ausnützen, um Bonn zu weiteren Zugeständnissen in politischer und wirtschaftlicher Hinsicht zu bewegen. Wenn wir die BRD auf die Verwirklichung der Verträge festlegen wollen, so komme es darauf an

– die politischen Kontakte mit den regierenden Kräften fortzusetzen, aber nicht nur zum Zwecke des Meinungsaustausches, sondern um auf sie Druck auszuüben;

– unsere Auslegung der Verträge immer wieder zu erklären und die Bonner Politiker zu Äußerungen zu bewegen, in denen sie sich verpflichten, den durch die Verträge eingeschlagenen Weg weiterzugehen;

– alle möglichen Kontakte zu nutzen, um der breiten Öffentlichkeit in der BRD unsere Auffassungen über die Perspektiven der Entwicklung deutlich zu machen.

Genosse S[agladin] sprach über die Notwendigkeit des Einwirkens auf die verschiedenen politischen Gruppierungen in der BRD. Es gelte, die Kontakte so zu entwickeln, daß in gewissem Maße eine Unterstützung der Regierung Brandt gesichert wird. Indem wir die Instabilität der Bonner Regierung berücksichtigen, müsse man versuchen, das Maximale zu unternehmen, um die positiven Veränderungen unumkehrbar zu machen und zu erreichen, daß die Bonner Politiker noch mehr Verpflichtungen übernehmen. Unter diesem Aspekt werde der Brandt-Besuch in der UdSSR vorbereitet.

Die Gespräche mit Wehner hätten einen positiven Einfluß ausgeübt. Das Auftreten Wehners habe auf Brandt und andere Auswirkungen gehabt. Ein starkes Interesse an Verbindungen zeige Wischnewski. Genosse S[agladin] äußerte, daß sie mit solchen Leuten weiter Kontakte unterhalten wollen. Wenn das für die Betreffenden gelegentlich Schwierigkeiten mit sich bringt, so sollte uns das nicht besonders stören.

Genosse S[agladin] bekundete Interesse, von uns Hinweise und Ratschläge für das weitere Einwirken auf die SPD zu erhalten und sprach sich für ein koordiniertes Handeln zwischen der KPdSU und der SED aus.

Es gebe auch Interesse an Kontakten mit der FDP, aber noch keine konkreten Pläne. Man halte es aber für richtig, den Wunsch von FDP-Politikern nach Gesprächen nicht zurückzuweisen.

Etwas schwieriger sei, so erklärte Genosse S[agladin], das Problem des Verhaltens zur CDU. Die allgemeinen Einschätzungen der CDU seien bekannt, er wolle sie nicht wiederholen. Man müsse aber sehen, daß es auch in der CDU mehr realistisch denkende Kreise gäbe, als wir das bisher zur Kenntnis genommen haben. Abgesehen von bestimmten Gesprächen, die von der Botschaft der UdSSR in Bonn mit CDU-Vertretern gelegentlich geführt würden, gäbe es keine Beziehungen und Kontakte. Der CDU-Politiker Katzer habe neuerdings Interesse an einer Reise in die UdSSR gezeigt. Man wolle ihm evtl. auf der Basis von Beziehungen der Parlamentarier diese Möglichkeit geben. Auch sei daran gedacht, evtl. den CDU-Politiker Richard von Weizsäcker einzuladen. Genosse S[agladin] äußerte in diesem Zusammenhang: Hinsichtlich der CDU gäbe es bei ihnen ein „Informationsdefizit". Man kenne diese Partei nicht genügend und auch nicht die Wege, wie man Kontakt herstellt und Einfluß nimmt.

Selbstverständlich werde die KPdSU weiterhin aktive Beziehungen zur DKP unterhalten und alles tun, um der DKP zu helfen, sich erfolgreich zu entwickeln. Man sei sich klar darüber, daß die Stärkung der DKP auf Kosten der Sozialdemokratie gehen wird. In der gegenwärtigen Etappe sei die weitere Stärkung der DKP aber eine wesentliche Aufgabe. Er informierte mich über ihren Plan der Beziehungen zur DKP. Die KPdSU werde künftig auch Beziehungen zwischen Gebietskomitees der Partei bzw. Zentralkomitees von Unionsrepubliken zu Bezirksorganisationen der DKP herstellen; so zwischen Leningrad und Hamburg, Grusinien und dem Saarland usw.

Was die wirtschaftlichen Fragen betrifft, so äußerte sich Genosse S[agladin] nur kurz darüber, daß die BRD bisher hinsichtlich der Kredite kein Entgegenkommen zeigt. In dieser Frage herrsche mit der BRD z. Zt. „Kriegszustand".

Auf dem Gebiet der kulturellen und gesellschaftlichen Beziehungen werde Kurs auf die Verwirklichung eines langfristigen Programms genommen. Der Einsatz von Theaterensembles sei zwar sehr gut, aber damit würden nur kleine Gruppen der Bevölkerung erreicht. Anders sei es mit Filmen im Fernsehen, mit Ausstellungen, mit Wochen der Sowjetunion usw. Der Schwerpunkt soll künftig auf Aktionen liegen, die eine größere Massenwirkung haben. 1974 wird in Düsseldorf die erste sowjetische Messe durchgeführt. Es wurde ein Stab von Propagandisten geschaffen, die vor, während und nach dieser Messe in der Bundesrepublik mit Vorträgen über die Sowjetunion auftreten sollen. 1975 ist in München eine Woche der Sowjetunion geplant. Die Initiative geht von den Münchener Sozialdemokraten aus. Es werde aber alles mit der DKP besprochen und koordiniert. Auf den Gebiet von Fernsehsendungen und Filmen seien langfristige Verträge über einen entsprechenden Austausch in Arbeit.

Genosse S[agladin] betonte, daß in Verbindung mit all diesen Fragen besondere Beachtung den Maßnahmen zur Gewährleistung der Interessen der DDR zukomme. Obwohl die in Vorbereitung befindliche Vorlage nicht speziell den Problemen der Zusammenarbeit mit der DDR gewidmet sei, wird es dazu aber einen selbständigen Punkt geben. Es sei notwendig, konzentrierte Angriffe gegen die Thesen von den „besonderen Beziehungen" zwischen BRD und DDR und vom „Offenhalten der deutschen Frage" zu führen. Weiter komme es darauf an, aktiv alles zu unterstützen, wofür sich die DDR einsetzt.

Wir werden unterstreichen, so erklärte Genosse S[agladin], daß die DDR ein Maximum an gutem Willen gezeigt hat und zeigt und uns gegen jegliche Versuche wenden, als ob die Fortsetzung der Entspannung von einer Veränderung der Haltung der DDR abhängt. Wir lehnen es ab, über die Frage des Geldumtausches bei Reisen in die DDR mit den Vertretern der BRD zu sprechen. Das ist eine souveräne Angelegenheit der DDR und kann nicht Gegenstand von Verhandlungen mit der BRD sein.

Es sei erforderlich, aktiv die Bestrebungen der DDR zur Abgrenzung von der BRD zu unterstützen, denn das entspricht unserer gemeinsamen Strategie. Wenn Brandt über eine angeblich „harte" Position der DDR klagt, so werde von seiten der Sowjetunion geantwortet werden, daß es sich um eine prinzipielle Position handele, die die volle Unterstützung der UdSSR finde.

Genosse S[agladin] äußerte, daß von ihrer Seite alle Genossen, wohin sie auch fahren, stets den Auftrag erhalten, der Position der DDR volle Unterstützung zu geben. Das sei bisher so gewesen und werde künftig auch immer so sein.

Im Gespräch mit Genossen S[agladin] wurde das Interesse erkennbar, im Laufe des Jahres mit uns weitere Konsultationsgespräche über die Situation in der BRD zu führen, insbesondere über die Lage in der SPD und in der CDU. Außerdem wurde erklärt, daß es günstig wäre, bei Gelegenheit über die Möglichkeiten des gesellschaftlichen Einwirkens auf Westberlin zu sprechen. Genosse S[agladin] äußerte, daß es bei ihnen dafür leider noch kein Konzept gebe. Es sei aber durchaus notwendig, um in stärkerem Maße abgestimmt und koordiniert Schritte zu unternehmen, die deutlich machen, daß Westberlin nicht zur Bundesrepublik gehört.

Genosse Sagladin teilte mit, daß es eine Information über ein Gespräch des außenpolitischen Beraters der SPD-Bundestagsfraktion und Vertrauten Wehners, Selbmann, mit Genossen der UdSSR-Botschaft gibt, das am 21. 2. 1974 stattfand. Der Inhalt dieser Information wurde mir vorgelesen. Danach sei die Lage der SPD gegenwärtig kompliziert. Es gebe eine Tendenz der Verringerung ihres Einflusses. Die Regierung habe Fehler auf dem Gebiet der Ostpolitik zugelassen; viele Menschen seien von der Führungsschwäche Brandts und der Verschärfung der Gegensätze in der SPD beeindruckt. Dazu käme die Energiekrise, die es der Regierung erschwere, die Wirtschaft zu stabilisieren, die Inflation zurückzudrängen. Auch die Mißerfolge in der Westpolitik, besonders das Scheitern der Washingtoner Konferenz, wirke nicht zugunsten der Regierung. Bonn könne und wolle nicht länger gegenüber den USA eine Satellitenrolle spielen. Man könne sich aber auch nicht auf die Seite Frankreichs stellen, das nur seine eigenen Interessen verteidigt. Man müsse eine Zwischenlinie finden, was aber sehr schwer und undankbar sei.

Außerdem gebe es im Bonner Kabinett keinerlei Solidarität. Jeder habe nur noch Interesse am eigenen Prestige, keiner der SPD-Minister berücksichtige die Gesamtinteressen der Partei. Der SPD sei es nicht gelungen, die positiven Ergebnisse ihrer Politik massenwirksam zu verkaufen. Die FDP-Minister machten es besser. Sie paßten sich besser der Stimmung in der Bevölkerung an und erklärten die Arbeit ihrer Ressorts.

Interne Befragungen der SPD hätten ergeben, daß die SPD gegenüber 1972 im Durchschnitt 6 bis 8 Prozent der Stimmen verloren hat. Der einzige Trost sei, daß im Falle von Wahlen diese Wähler nicht alle zur CDU, sondern auch zur FDP gehen. Die Opposition habe zwar keine Führung mit großer Ausstrahlung, aber sie nimmt langsam an Kraft zu. Im Falle von Neuwahlen würde die SPD höchstens 40 Prozent bekommen, die FDP bis zu 17 Prozent. Auch die CDU würde Zuwachs verbuchen.

Allen in der SPD sei klar, daß die Lage nicht leicht zu verändern ist. Wenn die Lage aber nicht verbessert wird, werden die Wähler nicht nur zur FDP gehen, sondern gibt es auch die Gefahr einer rechten Radikalisierung von Teilen der Arbeiter. Wenn es die Regierung nicht schafft, die Inflation in Grenzen zu halten und die Massenarbeitslosigkeit zu verhindern, kann die Situation kritisch werden.

Strauß erwäge die Möglichkeit einer Kandidatur für das Amt des Bundeskanzlers für 1976.[5] Er gehe von der Perspektive der weiteren Verschärfung der wirtschaftlichen Situation aus, in der der Spießbürger Neigung zur Politik der „harten Hand" spürt.

Diese Entwicklung wirke deprimierend auf Brandt. Die Gerüchte über seinen Rücktritt hätten einen gewissen Boden, aber er habe keine konkreten Entschlüsse gefaßt. Er sei so sehr verwirrt durch die gegenwärtige Situation, daß er manchmal die Selbstbeherrschung verliert. Vor einigen Wochen habe er nach einer Fraktionssitzung angesichts der Lohnforderungen der Gewerkschaften lautstark gerufen, ob er, Brandt, oder Kluncker, der Gewerkschaftsführer von der ÖTV, eigentlich Bundeskanzler sei.

Man hoffe, daß es der SPD gelingt, die Situation zu meistern. Jetzt werde man einige Reformen durchführen: Mitbestimmung, Bildung, Steuerreform, Vermögensbildung, wenn es nicht neue Schwierigkeiten mit der FDP gibt. Man hofft, daß die Bevölkerung darauf positiv reagiert.

---

5 Zur Bundestagswahl am 3. Oktober 1976 trat Helmut Kohl als Kanzlerkandidat der CDU/CSU gegen Bundeskanzler Helmut Schmidt an. Franz Josef Strauß war erst zur Bundestagswahl am 5. Oktober 1980 der Kanzlerkandidat der Union.

Brandt sei entschlossen, jetzt entschieden zu reagieren. Er habe die Hoffnung, daß die Bahr-Reise nach Moskau die Beziehungen zur UdSSR aktiviert. Er rechnet auch mit Fortschritten in den Beziehungen zur DDR, vor allem was die Einrichtung der Vertretungen betrifft.[6]

Das Verhältnis zwischen Brandt und Wehner habe sich etwas entspannt. Sie kommen jetzt öfter zusammen und führen einen Meinungsaustausch durch. Es bleiben aber unbekannte Größen: Das ist vor allem die Frage der Preise sowie der Arbeitslosigkeit. Hier lägen die Schwerpunkte für die SPD. Es gelte, die Preissteigerungen 1974 unter 10 Prozent zu halten und eine wesentliche Arbeitslosigkeit zu verhindern. Davon hänge das Schicksal der Regierungskoalition ab.

Quelle: SAPMO-BArch, DY 30/J IV 2/10.02/16.

Dokument 2

Information von Herbert Häber an Erich Honecker, Erster Sekretär des ZK der SED, vom 8. Oktober 1974[7]

Ich möchte Dich von folgendem in Kenntnis setzen: Während das Empfanges im Staatsrat zum 25. Jahrestag der DDR bin ich Herrn Gaus, dem Leiter der BRD-Vertretung in der DDR, begegnet, den ich aus der Zeit kenne, als er noch journalistisch tätig war. Es kam zu einem kurzen Gespräch. Gaus äußerte sofort, er sei sehr ärgerlich darüber, daß über die anstehenden Verhandlungsprobleme in Bonn so viel an die Öffentlichkeit gedrungen sei und sich jetzt die Presse so ausführlich damit befasse. Er bedauere es sehr. Ich äußerte, daß es m. E. wirklich nicht förderlich ist, wenn von seiten der BRD immer wieder öffentliche Kampagnen in diesem Zusammenhang geführt werden und versucht wird, Druck zu organisieren. Gaus erwähnte die Frage des Geldumtausches und sagte, in dieser Hinsicht wäre die Bundesregierung in einer schwierigen Lage, sie stünde unter dem Druck der Öffentlichkeit. Ich ging auf das Problem nicht ein, sondern bemerkte lediglich, daß es meiner persönlichen Meinung nach der Koalitionsregierung in Bonn gewiß nicht gut bekommen kann, wenn sie sich, wie das vorherige Kabinett, von bestimmten Kräften der CDU/CSU drücken läßt; allerdings sei es nicht meine Sache, Ratschläge zu innenpolitischen Angelegenheiten der BRD zu erteilen. Gaus versuchte erneut, das Gespräch auf die Frage des Mindest-

---

6   Die Ständigen Vertretungen in Bonn bzw. Ost-Berlin öffneten am 2. Mai 1974.
7   Das Dokument wurde von Erich Honecker laut Vermerk am 9. Oktober 1974 zur Kenntnis genommen und handschriftlich abgezeichnet.

umtausches zu bringen. Ich beendete das Gespräch mit der Bemerkung, die Vergangenheit hätte ja zur Genüge bewiesen, daß man nicht vorankommen kann, wenn man durch immer neue Forderungen mögliche Regelungen hinauszögert oder verhindert.

Gaus äußerte die Absicht, mich bei Gelegenheit zu einem Essen einzuladen. Ich legte mich nicht fest, sondern gab ihm zu verstehen, daß ich die nächsten Wochen kaum Zeit haben werde, zumal ich mich im November einer Kur unterziehen muß. Gaus deutete an, daß er zum Jahresende auf seinen Vorschlag noch einmal zurückkommen möchte.

Quelle: SAPMO-BArch, DY 30/J IV 2/10.02/11.

Dokument 3

Information über eine Begegnung von Herbert Häber mit Walther Leisler Kiep, Mitglied des Präsidiums, Bundesschatzmeister sowie außenpolitischer Sprecher der CDU, in Berlin am 15. Januar 1975[8]

Am 15. Januar 1975 fand in der Residenz des Leiters der Ständigen Vertretung der BRD in der DDR, Gaus, eine Begegnung mit Walther Leisler Kiep statt. An ihr nahmen teil: Herbert Häber, Abteilungsleiter im ZK der SED, Horst Grunert, Stellvertreter des Ministers für Auswärtige Angelegenheiten der DDR, Wolfgang Heyl, Stellvertretender Vorsitzender der CDU und Karl Seidel, Leiter der Abteilung BRD im MfAA.

Von Seiten der BRD waren anwesend: Günter Gaus, Leiter der ständigen Vertretung der BRD in der DDR, Dr. Hans Otto Bräutigam, Stellvertretender Leiter der BRD-Vertretung, sowie Dr. Ralf Lützenkirchen, Assistent von Leisler Kiep.

Im Verlauf eines mehrstündigen intensiven Gesprächs äußerte sich Leisler Kiep zu folgenden Fragen:

– Kiep teilte mit, daß er im Einverständnis mit dem Vorsitzenden der CDU, Kohl, und dem Generalsekretär der CDU, Biedenkopf, in der DDR weilt. Er habe am Vortage in einem vierstündigen Gespräch mit CDU-Generalsekretär Biedenkopf alle Fragen des Verhältnisses zur DDR ausgiebig diskutiert, und es bestehe zwischen ihnen volle Einmütigkeit.

---

8   Die Information datiert vom 16. Januar 1975. Sie wurde von Karl Seidel erarbeitet. Seidel hat die von Herbert Häber übermittelten Passagen über die Vier-Augen-Gespräche mit Gaus und Kiep in seinen Text eingearbeitet.

– Zum Problem der Ostpolitik der BRD gegenüber der DDR und den anderen sozialistischen Staaten äußerte Kiep, daß für die CDU die abgeschlossenen Verträge volle Gültigkeit besäßen und auch eine CDU/CSU-Bundesregierung sie als Grundlage für die Weiterentwicklung der Beziehungen betrachten würde. Auch für die CDU/CSU gebe es in den Fragen der Ostpolitik genaugenommen keinen Spielraum für eine andere Linie. Es könne sich nur um Nuancen bei der Durchführung der Verträge handeln. Auf Befragen sagte er, auch wenn nach 1969 in der BRD eine CDU-Bundesregierung weiter bestanden hätte, wären die Verträge zustande gekommen. Nach seiner Meinung hätte die CDU angesichts der weltpolitischen Entwicklung gar keine andere Möglichkeit gehabt, eine solche Ostpolitik zu betreiben, wie sie von der derzeitigen Regierungskoalition verfolgt werde. Es war sein Bestreben deutlich erkennbar, mögliche Befürchtungen der DDR vor Änderungen im Falle einer Regierungsübernahme durch die CDU/CSU zu zerstreuen.

– Kiep stimmte ausdrücklich der Auffassung zu, daß es zur Politik der friedlichen Koexistenz keine Alternative gibt, daß der Grundlagenvertrag das Optimale dessen ist, was aus der Interessenlage beider Staaten möglich war und daß es notwendig ist, ohne Vermischung unterschiedlicher Positionen und auch gegensätzlicher Auffassungen, an alle anstehenden Probleme konstruktiv heranzugehen.

Wir sollten verstehen, daß es einen Unterschied gibt zwischen Aussagen von CDU-Politikern im Wahlkampf und in der Auseinandersetzung mit der derzeitigen Regierungskoalition auf der einen Seite und der politischen Konzeption der CDU/CSU im Hinblick auf eine mögliche Regierungsübernahme andererseits.

Kiep bat um Auskunft, ob die jüngsten Vorschläge der DDR als Schritt für die Entwicklung der Beziehungen zur BRD auf lange Sicht anzusehen oder taktischer Natur sind. Er wollte offenbar wissen, ob auch gegenüber einer CDU/CSU-Bundesregierung die DDR die Politik der Normalisierung der Beziehungen weiterführen wird.

– Mit großem Nachdruck erklärte Kiep, für den CDU-Vorsitzenden Kohl, den Generalsekretär Biedenkopf, ihn selbst und andere CDU-Politiker besitze die Entwicklung der Beziehungen zur Sowjetunion und zur DDR in der Ostpolitik absolute Priorität vor den Beziehungen zu Peking. Wir möchten das mit allem Ernst zur Kenntnis nehmen.

Der CDU-Vorsitzende Kohl, der in Peking war, habe eigentlich die Absicht gehabt, vorher die UdSSR zu besuchen. Es sei von ihm sehr bedauert worden, daß es nicht möglich war, eine Einladung zu erhalten. Die Annahme, daß Gespräche mit der Opposition die Beziehungen der Sowjetunion und der DDR zur derzeitigen Bundesregierung belasten könnten, sei irrig. Kohl habe nach wie vor den Wunsch, in Kürze nach Moskau zu reisen.

In diesem Zusammenhang äußerte sich Kiep zur Behandlung der CDU/CSU in der Presse der sozialistischen Länder. Er könne es nicht verstehen, wieso der Eindruck erweckt werde, daß im Falle einer Regierungsübernahme durch die CDU/CSU sich alles zum Negativen entwickeln werde. Er frage sich, wie wir es unseren Bürgern erklären wollten, wenn im Falle eines Regierungswechsels die Politik der Normalisierung der Beziehungen weitergehen wird. Dabei beklagte er die nach seiner Meinung undifferenzierte Darstellung der Politik der CDU/CSU in unseren Zeitungen und auch die ungenügende Beachtung seiner Position zur Ostpolitik.

– Kiep warf die Frage auf, ob wir das zu erwartende Schlußdokument der zweiten Phase der europäischen Sicherheitskonferenz als eine Art friedensvertragliche Regelung betrachten. Unsere Betrachtung, daß mit den abgeschlossenen Verträgen alle entscheidenden Probleme völkerrechtlich gelöst sind, die durch einen Friedensvertrag hätten geregelt werden müssen, nahm er ohne Widerspruch zur Kenntnis. Er stimmte der Auffassung zu, daß bei realistischem Herangehen wohl kaum zu erwarten sei, daß irgendwann noch einmal ein Friedensvertrag mit einem imaginären „Deutschland" abgeschlossen wird.

– Zur innenpolitischen Situation äußerte sich Kiep folgendermaßen: Es stünden bekanntlich mehrere Landtagswahlen bevor. Die CDU werde einen „wilden Wahlkampf" führen. Man rechne überall mit Erfolgen, insbesondere in Nordrhein-Westfalen. Dabei sagte er, daß im Denken der Bürger der BRD die wirtschafts- und sozialpolitischen Probleme eindeutig im Mittelpunkt stehen. Außenpolitische Fragen berühren sie derzeit kaum, sie spielen nur in den Reden der Politiker eine Rolle.

Kiep wandte sich gegen den in der Bundesrepublik jetzt häufig gebrauchten Begriff von einer Tendenzwende. Das sei nicht richtig. In Wirklichkeit handele es sich um die enttäuschte Reaktion breiter Kreise der Bevölkerung auf die innenpolitischen Ergebnisse der Bonner Regierungspolitik. Für die CDU halte er den Begriff von der Tendenzwende sogar für gefährlich, denn er könne zu der Annahme verleiten, als hätte man den Wahlsieg 1976 schon in der Tasche. Dies sei aber nicht der Fall, wenn man auch aus der Sicht von heute mit der Regierungsübernahme rechne. Für die CDU stelle sich die Sache so dar, daß sie 1976 unbedingt gewinnen müsse. 4 Jahre später, 1980, habe sie kaum noch eine Chance. Die heutigen gesellschaftspolitischen Vorstellungen der CDU könnten dann mit Sicherheit nicht mehr zum Tragen kommen.

– Zur Frage nach dem Kanzlerkandidaten der CDU/CSU äußerte Kiep: Die Entscheidung darüber wird mit Sicherheit nach den Wahlen in Nordrhein-Westfalen im Mai/Juni fallen. Seines Erachtens wird es 4 Kandidaten geben. Strauß, Kohl, Stoltenberg und Carstens.

Strauß habe eine echte Chance. Allerdings werde sich Strauß nur dann zum Kanzlerkandidaten wählen lassen, wenn er die Sicherheit habe, daß ihm der Sprung ins Bundeskanzleramt gelingt. Er werde in dieser Frage kein Risiko eingehen.

Kiep ist der Meinung, daß aus der Sicht von heute Kohl die größeren Chancen habe. Er selbst sei für Kohl. Bei der Entscheidung über den Kanzlerkandidaten lasse er sich ebenso wie andere führende Politiker der CDU nicht nur von der Person leiten, sondern vom politischen Programm, das der betreffende Kandidat anzubieten hat. Es sei ja bekannt, daß es in der CDU/CSU Leute gäbe, die eine Politik der totalen Konfrontation gegenüber der sozialliberalen Koalition proklamieren. Andere würden diese Auffassung nicht vertreten und er gehöre dazu.

– Kiep teilte mit, daß – wie er sagte – ernstzunehmende Persönlichkeiten auf beiden Seiten dabei wären, die Möglichkeit einer großen Koalition zu besprechen. Es gebe die Überlegung, nach den Landtagswahlen in Nordrhein-Westfalen bis zu den Bundestagswahlen 1976 evtl. eine große Koalition unter Schmidt zu bilden. Danach könnte die große Koalition fortgesetzt werden, wobei die dann stärkste Bundestagspartei den Kanzler stellen soll. Kiep ließ erkennen, daß er selbst kein Anhänger einer großen Koalition ist, wenn er auch dafür eintritt, vor allem in Fragen der Außenpolitik eine gemeinsame Linie mit der SPD anzustreben.

– Zur Situation der FDP sagte Kiep: Sie befinde sich in völliger Konfusion. Es bestehe für sie die Gefahr des politischen Selbstmordes, was er bedauern würde.

– Im Verlaufe der Diskussion wurde von Kiep das Problem des Mindestumtausches aufgeworfen. Er stellte dabei die Frage, ob es nicht denkbar sei, neben den Rentnern auch Jugendliche bis zu 18 Jahren ohne Einkommen vom Mindestumtausch zu befreien. In diesem Zusammenhang vertrat Gaus in recht energischer Weise die jetzt von der DDR getroffene Regelung. Er warf der CDU/CSU vor, durch das Festklammern an Fragen des Mindestumtausches den Fortgang der Normalisierung der Beziehungen ständig zu belasten.

Außerdem wurden während des Gesprächs Fragen nach der Möglichkeit der Entwicklung des Tourismus sowie der kulturellen Beziehungen aufgeworfen. Gaus vertrat die Meinung, daß es für die psychologische Situation der Bundesregierung günstig wäre, wenn vor dem Abschluß eines Kulturabkommens die Möglichkeit bestände, daß 4 - 5 Gastspiele von Orchestern bzw. Musiktheatern der BRD in der DDR stattfinden könnten.[9]

---

9 Das Kulturabkommen zwischen beiden Staaten wurde nach jahrelangen Verhandlungen erst am 6. Mai 1986 unterzeichnet.

Kiep zeigte sich interessiert an Fragen der innenpolitischen Entwicklung der DDR. Er hatte am Nachmittag eine Stadtrundfahrt unternommen und war offenkundig sehr beeindruckt von der Bautätigkeit in der Hauptstadt.

– In einem Gespräch zwischen Genossen Häber und Leisler Kiep unter vier Augen äußerte Kiep: Er hoffe, daß man in der DDR verstehe, daß die heutige Opposition in Bonn die kommende Regierungspartei sein kann und nach seiner Meinung sein wird. Er betonte ausdrücklich das große und ernsthafte Interesse führender Persönlichkeiten der CDU an Gesprächen mit uns. Er sei jederzeit zu weiteren Kontakten bereit und wäre einverstanden, die Verbindung mit Genossen Häber zu halten. Er sprach die Erwartung aus, daß Genosse Häber im Falle eines beabsichtigten Besuchs in der BRD sich mit ihm in Verbindung setze. Er würde gern einen Kreis prominenter CDU-Politiker zusammenrufen und eine vertrauliche Diskussion ermöglichen.

– Gaus äußerte unter vier Augen, daß in der am gleichen Tage in Bonn stattgefundenen Ministerberatung die uns bereits bekannte Konzeption der BRD-Seite für offizielle Verhandlungen über die Vorschläge der DDR bestätigt worden sei. Danach werde er zum Verhandlungsführer ernannt. Er werde in der kommenden Woche um ein Gespräch bei Genossen Nier nachsuchen, um diese Vorstellungen offiziell darzulegen. Es wäre vorgesehen, eine kleine Verhandlungsgruppe von Seiten der BRD unter Leitung von Gaus zu bilden, der Dr. Bräutigam und Weichert angehören würden. Man gehe davon aus, daß von Seiten der DDR eine ähnliche Gruppe gebildet würde. Auf dieser Ebene sollten die komplizierten Fragen erörtert werden, z. B. die Kostenfrage. Daneben müßte man selbstverständlich Expertengruppen einsetzen, die die sachlichen Fragen auszuhandeln hätten. Diese Expertengruppen sollten bestimmte Vorgaben und Terminauflagen erhalten. Bundeskanzler Schmidt sei außerordentlich interessiert daran, zumindest auf einigen Gebieten, wo dies möglich sei, in kurzer Frist sichtbare Ergebnisse zu erzielen. Gaus will kommende Woche in dem Gespräch mit Genossen Nier vorschlagen, die offiziellen Verhandlungen in der darauffolgenden Woche zu eröffnen, wobei Bundeskanzler Schmidt wert auf eine bestimmte Publizität lege, um im Hinblick auf die innenpolitische Lage in der BRD sichtbar zu machen, daß sich mit der DDR wieder etwas bewege.

Bundeskanzler Schmidt habe das von Gaus während der Weihnachtsfeiertage gegebene Interview gebilligt. Es liege im Interesse der Regierung, die Erwartungen in der Öffentlichkeit hinsichtlich der Entwicklung der Beziehungen zu den sozialistischen Staaten niedrig zu halten, dafür aber positive Ergebnisse zu erzielen. Dies sei besser, als illusionäre Erwartungen zu erwecken, was unausweichlich zu Enttäuschungen führen würde.

Er wies noch einmal darauf hin, daß am 20. 1. der Geschäftsführer der SPD-Bundestagsfraktion, Jahn, nach Berlin kommen wird und am 7. Februar mit dem Vorsitzenden der FDP-Bundestagsfraktion Mischnick zu rechnen sei.[10] Es bestehe die dringende Bitte, daß Jahn die Gelegenheit erhalte, mit Genossen Joachim Herrmann zu sprechen und für Mischnick eine Begegnung mit Genossen Hermann Axen zu ermöglichen.

Gaus verwies darauf, daß am 30. Januar eine Bundestagsdebatte zur sogenannten Deutschlandpolitik stattfinden wird. Es sei damit zu rechnen, daß dabei von beiden Seiten grundsätzliche Reden zur Frage der Nation gehalten würden. Die Regierungskoalition müsse mithalten, um der CDU/CSU das Feld nicht zu überlassen. Er schlug vor, sich nach Möglichkeit vorher mit Genossen Häber noch einmal treffen zu können, um mit ihm die zu erwartenden Dinge im Bundestag zu besprechen.

Insgesamt ist festzustellen, daß das Gespräch einen sehr sachlichen und offenen Charakter trug. Es gab keinerlei Äußerungen provokatorischer Art.

Quelle: SAPMO-BArch, DY 30/J IV 2/10.02/19; DY 30/42170.

Dokument 4

Information über das Abendessen von Herbert Häber mit Gerhard Jahn, Parlamentarischer Geschäftsführer der SPD-Fraktion im Bundestag, in der Residenz des Leiters der Ständigen Vertretung der BRD in der DDR in Berlin am 20. Januar 1975

An der Zusammenkunft nahmen neben Herrn Jahn von seiten der BRD teil: Der Leiter der Ständigen Vertretung der BRD, Gaus, sein Stellvertreter Bräutigam sowie der Mitarbeiter der Vertretung Lehmann; von seiten der DDR: Genosse Häber, Leiter der Westabteilung im ZK, Genosse Nier, Stellvertreter des Ministers für Auswärtige Angelegenheiten, sowie die Genossen Seidel und Süß vom MfAA.

Bei den Gesprächen am Abend ging es im Prinzip um die gleichen Probleme, die bereits bei der Begegnung von Genossen Joachim Herrmann mit Jahn im Mittelpunkt standen. Da der Versuch gemacht wurde, die Reaktion der DDR auf die Bonner Störaktion in

---

10 Vgl. Dok. 4.

Fragen des Konsularabkommens mit Österreich als Belastung für die Normalisierung der Beziehungen zwischen der DDR und der BRD hinzustellen, war es notwendig, unsere Position noch einmal prinzipiell und ausführlich darzulegen. Es wurde von uns betont, daß wir gerade im Interesse des von uns gewünschten positiven Fortgangs der Entwicklung der Beziehungen zwischen der DDR und der BRD mit Entschiedenheit gegen Störmanöver dieser Art, die eine Verletzung des Grundlagenvertrages bedeuten, Stellung nehmen müssen.

Jahn und auch Gaus versuchten, die Tragweite der Sache zu bagatellisieren. Jahn sah sich jedoch zu der Feststellung veranlaßt, daß er – wäre er in unserer Situation – sich wahrscheinlich genauso verhalten würde, wie wir es tun. Er bekräftigte erneut, daß er glaube, unseren Standpunkt richtig verstanden zu haben. Im übrigen würde er es für gut halten, wenn Vertreter der anderen Koalitionspartei – der FDP – sich das einmal anhören müßten, was er heute hier entgegengenommen hat. Er werde natürlich berichten. Aber er wolle doch bemerken, daß er nicht der Außenminister sei und ihm auch keine Vorschriften machen könne.

Außerdem kam es zu einer Diskussion über die innenpolitische Entwicklung in der BRD. Jahn bestätigte, daß die wirtschaftlichen und sozialen Probleme den Menschen jetzt mehr unter die Haut gingen als Fragen der Außenpolitik. Man hoffe allerdings auf eine Verbesserung der wirtschaftlichen Situation im Sommer oder Frühherbst. Es müsse vor allem gelingen, die Angst um den Arbeitsplatz weitgehend zu überwinden. Es sei durchaus richtig, wenn der Eindruck entstehe, daß die SPD nicht energisch genug für die Politik der Regierung kämpfe. Bundeskanzler Schmidt sei jedoch entschlossen, die kommenden Wahlkämpfe sehr offensiv zu führen. Gerade deshalb sei er auch daran interessiert, daß es in den Verhandlungen mit der DDR zu guten Ergebnissen komme. Für die Koalition wäre es wichtig – wenn schon die inneren Probleme schwierig blieben –, auf dem Gebiet der Beziehungen zur DDR Fortschritte vorweisen zu können. Darum habe er über den Zeitfaktor gesprochen. Positive Ergebnisse würden am meisten wirken, wenn sie nicht erst kurz vor der Bundestagswahl auf den Tisch gelegt werden.

Jahn äußerte noch einmal seinen Dank für die Gespräche sowie seine Befriedigung über den offenen und sachlichen Charakter der Diskussion.

Quelle: SAPMO-BArch, DY 30/42170.

Dokument 5

**Niederschrift des Gesprächs von Wadim Sagladin,
Stellvertretender Leiter der Internationalen Abteilung
des ZK der KPdSU, mit Walther Leisler Kiep,
Mitglied des Präsidiums und Bundesschatzmeister der CDU,
in Moskau am 6. Februar 1975**[11]

Ich empfing Kiep auf dessen Ersuchen hin im Rahmen des traditionellen Bergedorfer Treffens in meiner Eigenschaft als Mitglied des sowjetischen Komitees für Sicherheit und Zusammenarbeit in Europa. Kiep sagte, er sei nach Moskau gekommen und habe um dieses Treffen gebeten, um die Bereitschaft der CDU zu einem konstruktiven Dialog mit der sowjetischen Seite zu betonen und um uns eine Information über die Lage in der BRD zu geben, wie sie derzeit von der CDU eingeschätzt wird.

Das Hauptproblem, das gegenwärtig alle politischen Parteien sowie die Bevölkerung der BRD bewegt, sagte Kiep, seien die wirtschaftlichen Schwierigkeiten. Die Konjunktur falle weiter. Wie ein Schreckgespenst hänge die Arbeitslosigkeit über dem Lande. Die Zahl der Arbeitslosen habe eine Million überschritten und werde offenbar demnächst 1,5 Millionen erreichen. Psychologisch sei das für die Deutschen viel schlimmer als alle anderen Krisenerscheinungen – Preissteigerungen, Inflation usw. Fragen sozialökonomischen Charakters rückten also in den Vordergrund. Gerade sie würden jetzt bei den Landtagswahlen und später, 1976, bei den Bundestagswahlen darüber entscheiden, welche Unterstützung der Wähler die eine oder andere Partei erhalten werde.

Die Sozialdemokraten würden, wie Kiep sagte, der wirtschaftlichen Schwierigkeiten offenkundig nicht Herr. Sie könnten nicht jene Versprechen hinsichtlich der Reformen halten, die sie den Wählern gegeben haben. Deshalb versuche Bundeskanzler Schmidt sich gewissermaßen über die eigene Partei zu stellen, als Volkskanzler zu wirken und in einer Reihe von Fragen die Opposition von rechts zu überholen. Es sei nicht erstaunlich, daß Umfragen bei der öffentlichen Meinung das folgende Bild ergeben: Für Schmidt sprechen sich etwa 55 % der Befragten aus, für die SPD als Partei dagegen nur rund 30 %.

Kiep ist der Ansicht, daß die Lage in dem für die BRD entscheidenden Land, in Nordrhein-Westfalen, wo im Mai Wahlen stattfin-

11 Die Niederschrift dieses Gesprächs wurde der SED-Führung von der sowjetischen Botschaft in Berlin übergeben. Erich Honecker reichte den Text nach Kenntnisnahme an den damaligen DDR-Staatsratsvorsitzenden Willi Stoph weiter, in dessen Aktenablage das Dokument aufgefunden werden konnte. Einige, offensichtlich durch die Übersetzung aus dem Russischen stammende sprachliche Ungenauigkeiten sind hier nicht korrigiert worden.

den, bisher von einer Kräftegleichheit zwischen der CDU und den Koalitionsparteien gekennzeichnet ist. Aber bis zu den Wahlen werde sie sich wahrscheinlich zugunsten der CDU verändern, so daß sie den Sieg davontragen werde. Das werde einen großen Einfluß auf die politische Lage im Lande insgesamt ausüben: Die Positionen der Koalitionsparteien würden spürbar untergraben werden, auch im Bundesrat. Kiep gab der Überzeugung Ausdruck, daß die CDU/CSU alle Möglichkeiten habe, den Sozialdemokraten bei den Bundestagswahlen 1976 eine Niederlage zuzufügen und damit erneut zur herrschenden Partei zu werden. Besonders kläglich ist seiner Meinung nach die Lage der Freien Demokratischen Partei, der faktisch das Verschwinden von der parlamentarischen Bühne drohe.

Die CDU/CSU löse gegenwärtig das komplizierte Problem der Benennung eines Kandidaten für den Kanzlerposten. Im linken Flügel der Partei gehe der Kampf zwischen Kohl und Stoltenberg. Wie es scheine, gestalte er sich zugunsten von Kohl, aber auch mit Stoltenberg müsse einstweilen noch gerechnet werden. Die Rechten setzten auf Carstens. An sich sei er keine große politische Figur, aber hinter ihm stehe Strauß, und das sei nicht wenig.

Strauß ist nach Kieps Meinung ein hervorragender Politiker, wahrscheinlich der bedeutendste in der CDU/CSU nach Adenauer. Leider würden sein analytischer Geist, seine Energie häufig von extremistischen Äußerungen und Handlungen begleitet, die die Grenze der politischen Zweckmäßigkeit überschreiten. Beispielsweise hätten seine Reise nach China, die Gespräche mit Mao Tse-tung, Tschou En-lai und anderen chinesischen Führern der CDU/CSU und Strauß persönlich ein bestimmtes politisches Kapital eingebracht. Aber die Bedeutung dieser Reise sei dadurch abgeschwächt worden, daß Strauß Truppenteile besucht und sich zusammen mit bewaffneten Soldaten der chinesischen Armee fotografieren lassen habe. Hier habe Strauß sichtlich das Gefühl für das Maß verloren. Nicht zufällig habe er nach seiner Rückkehr in dem Wunsche, dieses negative Moment zu mildern, einige nüchterne, gemäßigtere Presseinterviews gegeben, in denen er die Wichtigkeit der Beziehungen mit der Sowjetunion für die BRD betonte.

Trotz all seiner Extravaganz habe sich Strauß in wirklich ernsten Situationen als Politiker mit gesundem Menschenverstand erwiesen. Beispielsweise im August 1961, als die „Mauer" um Westberlin gebaut wurde, habe gerade er es verhindert, daß seitens der BRD irgendwelche demonstrative oder gar gewaltsame Aktionen unternommen wurden. Etwa das gleiche sei, den Worten Kieps zufolge, im August 1968 während des Einführens der Truppen der Staaten des Warschauer Vertrags in die Tschechoslowakei der Fall gewesen. Damals habe Strauß auf einer Sitzung der Regierung dazu aufgerufen, auf jegliche unüberlegte Handlungen seitens der BRD zu verzichten.

Wie Kiep betonte, sei Strauß zu einem Dialog mit der sowjetischen Seite bereit, wolle diesen Dialog und empfinde es als schmerzlich, wenn er in der Sowjetunion nachgerade als Faschist hingestellt werde. Wenn er an die Macht komme, wäre das erste, was er tun würde, eine Reise nach Moskau zwecks Verhandlungen mit den führenden sowjetischen Persönlichkeiten. Und das würden sicher konstruktive Verhandlungen sein.

Nach Meinung von Kiep werde Strauß in der gegenwärtigen Situation nicht anstreben, daß er als Kanzlerkandidat von der CDU/CSU aufgestellt wird. Aller Wahrscheinlichkeit nach werde er die Kandidatur von Carstens unterstützen. Das bedeute jedoch nicht, daß Strauß auf die Macht verzichtet. Er wird in diesem Jahr 60 Jahre alt. Die Wahlen 1976 seien für ihn praktisch die letzte Chance. Im Falle der Bildung einer Einparteien-Regierung der CDU/CSU oder einer Koalitionsregierung unter Beteiligung der CDU/CSU könne Strauß Vizekanzler und Außenminister werden.

Diesen Gedanken gewissermaßen weiterführend, sagte Kiep, Strauß könne sich nur in einem Falle auf dem Posten des Kanzlers finden – wenn eine ernste innere oder internationale Krise ausbricht. Churchill sei Premierminister von England nach Dünkirchen geworden, Strauß werde Kanzler werden, wenn sich die BRD ihrem Dünkirchen gegenüber sieht.

In der CDU/CSU, betonte Kiep, gebe es genügend nüchterne, realistisch denkende Politiker. Man dürfe diese Parteien nicht als reaktionäre rechte Kräfte betrachten, die auf einen „kalten Krieg" hin arbeiten.

Auf unsere Bemerkung, daß Erklärungen von CDU/CSU-Führern, besonders in letzter Zeit, vom Gegenteil zeugen, daß sie gegen die Entspannung gerichtet sind sowie gegen das, was in den Beziehungen zwischen der UdSSR und der BRD erreicht worden ist, antwortete Kiep, man dürfe den öffentlichen Reden keine allzu ernste Bedeutung beimessen. Die Äußerungen von Kohl, Strauß, Carstens seien diktiert von dem zwischenparteilichen Kampf oder von dem Bestreben, um jeden Preis so viel Wählerstimmen wie möglich zu erhalten. Wenn es zu praktischen Schritten komme, würden die Führer der CDU/CSU anders handeln, von den Positionen der Vernunft und des Realismus aus.

Jetzt, sagte Kiep, seien viele neue Leute in die CDU gekommen, die anders denken als ihre Kollegen aus der Partei, die mit der Bürde des „kalten Krieges" belastet war. Sie betrachteten die Sowjetunion und die sozialistische Staatengemeinschaft als überaus wichtigen internationalen Faktor. Sie hätten schon nicht mehr die Absicht, den Sozialismus „zurückzudrängen", einen Keil zwischen die sozialistischen Länder zu treiben usw. Sie seien bereit, die Angelegenheiten mit der Sowjetunion und deren Partnern vernünftig zu gestalten, unter Berücksichtigung der Interessen sowohl der BRD als auch der UdSSR. Zu ihnen gehöre beispielsweise der derzeitige Generalsekretär der CDU Biedenkopf (auf ihn legte Kiep besonderes Gewicht). Er beweise eine nüchterne Einstellung zu politischen Problemen und sei, was das wichtigste ist, nicht durch die Konventionen der Vergangenheit belastet.

Kiep sagte weiter, Kohl, Stoltenberg, Biedenkopf würden gern nach Moskau kommen unter der Bedingung, daß sie die Möglichkeit erhalten, politische Gespräche mit den entsprechenden Partnern zu führen. Seiner Meinung nach wäre das für beide Seiten nützlich. Er hoffe, daß die sowjetische Seite hier Verständnis zeige und nicht auf Kontakte mit Politikern der CDU verzichten werde.

Wir sagten, daß wir im Prinzip derartige Kontakte nicht ausschließen, und machten Kiep darauf aufmerksam, daß die CDU/CSU bisher als Hauptgegner der Verträge der BRD mit der Sowjetunion, der DDR und anderen sozialistischen Staaten aufgetreten sei, daß sie die Ostpolitik der Regierungen Brandt und Schmidt bekämpft habe und weiterhin bekämpfe. Das müsse, wie könnte es anders sein, gebührenden Widerhall und eine entsprechende Reaktion in der Sowjetunion auslösen. Sowohl die führenden Persönlichkeiten unseres Landes als auch die sowjetische Öffentlichkeit hegten einen durchaus verständlichen und gerechtfertigten Argwohn gegenüber der CDU/CSU. Wir beurteilen Parteien nach ihren konkreten Taten.

Darauf erwiderte Kiep, die CDU/CSU würde, wenn sie an die Macht komme, die Angelegenheiten mit der Sowjetunion und deren Verbündeten auf der bereits vorhandenen Grundlage weiterführen, nur bedeutend besser, wirksamer als die Sozialdemokraten, insbesondere auf dem Gebiet der Wirtschaftsbeziehungen. Die CDU/CSU würde die geschlossenen Abkommen anerkennen und beabsichtige nicht, von den erzielten zwischenstaatlichen Vereinbarungen Abstand zu nehmen. In dieser Beziehung brauchten die Sowjetunion und ihre Partner keinerlei Zweifel zu hegen.

Die Entspannung und alles, was mit ihr zusammenhängt, fuhr Kiep fort, sei ein Gebot der Zeit, ein objektiver Prozeß, der nicht vom Wunsch und Willen politischer Parteien oder einzelner Politiker abhänge. Hätte die CDU/CSU 1969 die Bundestagswahlen gewonnen, dann wäre gerade sie zum politischen Träger des Entspannungsgedankens geworden, gerade sie hätte die Verträge mit der Sowjetunion und den anderen sozialistischen Ländern geschlossen. Dabei, sagte Kiep, hätten wir das besser gemacht als die Sozialdemokraten.

Brandt und seine Umgebung neigten dazu, heikle Fragen zu umgehen und alles das auszuklammern, worüber eine Verständigung schwierig zu erzielen war. Das führte zu einer Menge von Mißverständnissen, die auch heute noch nachwirken. Eine CDU/CSU-Regierung würde einen anderen Weg einschlagen, sie würde keine zweideutigen Formulierungen dulden, die eine unterschiedliche Auslegung ermöglichen. Die Verträge mit ihnen würden jene Bereiche betreffen, in denen völlige Klarheit herrscht und die Seiten sich gänzlich verständigt haben. Dies würde die endlosen Querelen um die Auslegung dieser oder jener Artikel der bereits in Kraft getretenen Verträge verhindern, wie das jetzt der Fall ist, besonders hinsichtlich der Westberlin betreffenden Abkommen.[12]

Auf jeden Fall, so betonte Kiep nochmals, könne man in der Sowjetunion gewiß sein, daß die CDU/CSU als Regierungspartei den Weg der Entspannung nicht verlassen werde. Die Ostpolitik der CDU/CSU werde nicht schlechter sein als die von den heutigen Regierungsparteien betriebene. Es sei für sie wichtig, diesbezüglich sowohl den Osten als auch den Westen zu versichern. Er – Kiep – werde nach seiner Rückkehr aus Moskau sofort nach Washington fliegen, um mit seinem alten Freund Kissinger und mit anderen Politikern der USA ausführliche Gespräche zu führen.

Im weiteren ging Kiep auf seinen kürzlichen Besuch in der DDR ein. In der Presse seien darüber zahlreiche Spekulationen angestellt worden. So war unter anderem zu lesen, daß diese Reise gegen den Willen der Parteiführung erfolgt sei. Das stimme nicht, sagte Kiep. Er sei mit Zustimmung Kohls und Biedenkopfs in die DDR gereist. Die CDU könne nicht auf die sogenannte Deutschlandpolitik verzichten. Dies würden viele Persönlichkeiten der Partei verstehen, und sie würden auch verstehen, daß man auf realistischer Grundlage bei Einhaltung der geschlossenen Verträge mit der DDR verkehren müsse.

Das Motiv der Wiedervereinigung der Nation, fuhr Kiep fort, sei in der politischen Plattform der gegenwärtigen Regierungsparteien genügend stark ausgeprägt. Es werde das auch bei der CDU/CSU so sein. Keine einzige Partei dürfe jetzt direkt erklären, daß sie auf die Idee der Wiedervereinigung Deutschlands verzichtet, denn bei den Westdeutschen hätten sich während der letzten Jahrzehnte in dieser Frage doch ziemlich starke Illusionen entwickelt.

Die Frage, ob er selbst an die praktische Möglichkeit einer Wiedervereinigung glaube, wurde von Kiep verneint. In den nächsten

---

12 Zur Berlin-Frage hatten sich die UdSSR, die USA, Großbritannien und Frankreich mit dem Viermächteabkommen vom 3. September 1971 verständigt. Das Abkommen trat mit dem Vierseitigen Schlußprotokoll vom 3. Juni 1972 in Kraft. Vgl. dazu Gerhard Wettig: Das Vier-Mächte-Abkommen in der Bewährungsprobe. Berlin im Spannungsfeld zwischen Ost und West, Berlin (West) 1981, S. 130 ff.

Jahrhunderten wird dies nicht geschehen, sagte er. In Deutschland entwickeln sich zwei Nationen. Die DDR entferne sich von allem Gesamtdeutschen. Wir haben ihre staatliche Selbständigkeit anerkannt – faktisch nach österreichischem Muster, sagte Kiep. Zudem werde, wie Kiep annimmt, weder der Westen noch der Osten eine Wiedervereinigung, ob nun auf kapitalistischer oder auf sozialistischer Grundlage, zulassen, um nicht mit einem mächtigen, 80 Millionen Einwohner zählenden Deutschland konfrontiert zu werden.

Seine Gespräche in der DDR, betonte Kiep, hätten ihn noch mehr in dieser Auffassung bestärkt. Er habe seinen Gesprächspartnern klarzumachen versucht, daß die CDU/CSU kein schlechter Partner für die DDR sein werde. Und er habe, wie ihm scheint, ein bestimmtes Verständnis dafür gefunden. Die Sozialdemokraten seien, um offen zu sprechen, in vielerlei Hinsicht unbequem für die DDR. Sie seien für sie ideologisch gefährlich. Die CDU/CSU jedoch werde für die DDR zwar der „Prügelknabe" in ideologisch-propagandistischer Hinsicht sein, aber in den praktischen Angelegenheiten ein ernstzunehmender Partner. Auf jeden Fall habe er aus seinen Gesprächen in Berlin den Eindruck gewonnen, daß die Führung der DDR nicht abgeneigt sei, mit der CDU/CSU zu tun zu haben.

Die Beziehungen zwischen den beiden deutschen Staaten, besonders auf wirtschaftlichem Gebiet, seien schon zu weit gediehen, um bei einem Regierungswechsel in der BRD abgebrochen zu werden. Die DDR sei durch den sogenannten innerdeutschen Handel praktisch ein Mitglied des Gemeinsamen Marktes, auf jeden Fall genieße sie die gleichen Vorteile wie dessen vollberechtigte Teilnehmer, betonte Kiep.[13] Die DDR würde darauf nicht verzichten, weil dies wirtschaftlich äußerst nachteilig für sie wäre. In der BRD werde man in diesem Sinne handeln, geleitet von dem Wunsch, zumindest in irgendeiner Hinsicht ein gesamtdeutsches Element zu bewahren.

Auf die gesamteuropäische Konferenz in Genf eingehend[14], stellte Kiep fest, daß er nicht verstehe, warum ein so wichtiges Unternehmen verzögert und in einer Flut bürokratischer Bagatellen ertränkt wird. Die gegenwärtige Konferenz sei nur der Beginn eines Prozesses, aber nicht sein Abschluß. Und wenn dem so ist, müßten sich die beteiligten Seiten maximalistischer Forderungen enthalten.

---

13 Diese Auffassung Kieps traf nicht den realen Sachverhalt. Die DDR genoß über den innerdeutschen Handel lediglich Vorteile im Warenaustausch mit der Bundesrepublik. Im Handel mit den übrigen EWG-Mitgliedern wurde hingegen die Drittlandklausel angewandt.

14 Hierbei handelt es sich um die zweite Phase der KSZE, deren Verhandlungen am 18. September 1973 in Genf begannen und erst am 21. Juli 1975 nach über 2 500 Sitzungen mit der Annahme eines Schlußdokumentes abgeschlossen wurden.

Auf unsere Bemerkung, daß seitens der sozialistischen Länder keinerlei maximalistische Forderungen erhoben werden, daß solche Forderungen vielmehr der Westen stellt, entgegnete Kiep, daß dies tatsächlich so sei.

Vorrangige Bedeutung habe für die BRD das Problem der Veränderung der Grenzen mit friedlichen Mitteln. Nach Kieps Vorstellung gehe es im gegebenen Falle nicht darum, das Vertragssystem, das in den letzten Jahren in Europa entstanden ist, in Frage zu stellen. Auf jeden Fall werde eine CDU/CSU-Regierung keine Veränderung der Nachkriegsgrenzen anstreben, von deren Unverletzlichkeit in den Verträgen die Rede ist. Für die BRD sei es wichtig, die in der Genfer Vereinbarung fixierte symbolische Möglichkeit zu haben, irgendwann in ferner Zukunft, die noch niemand sieht, durch eine friedliche Grenzregelung zu irgendeiner Variante der Wiedervereinigung zu gelangen. Ich wiederhole, sagte Kiep, daß es sich in diesem Falle um eine reine Symbolik handelt, um die Erfordernisse des innenpolitischen Kampfes, denn praktisch steht die Frage der Wiedervereinigung nicht und wird auch in absehbarer Zukunft nicht stehen.

Die Verhandlungen in Wien haben sich nach Kieps Auffassung ebenfalls wegen einer riesigen Fülle diplomatischer Bagatellen festgefahren.[15] Man müsse zu einer grundsätzlichen Lösung gelangen und für den Anfang einige symbolische Schritte in Richtung der Reduzierung der Streitkräfte und Rüstungen in Mitteleuropa unternehmen. Hier, wie auch in Genf, sei keine Befriedigung maximaler Forderungen der beteiligten Seiten zu erwarten. Die Fragen der Abrüstung seien äußerst kompliziert. Man müsse das Bestreben bekunden, sie allmählich, Schritt für Schritt zu lösen, aber nicht auf der Stelle treten in fruchtlosen Debatten darüber, was der eine oder andere davon verliert bzw. gewinnt.

Äußerst besorgt sei er, sagte Kiep, über die periodische Zuspitzung der Situation in Westberlin. Dieser Stein müsse, wie er sich ausdrückte, vom Weg der europäischen Entspannung fortgewälzt werden. Man dürfe Westberlin nicht zu einer Arena politischer Leidenschaften machen, in der sich alle Parteien darin zu überbieten trachten, auf jede Weise ihre Bereitschaft zur Verteidigung des Volksinteresses zu demonstrieren. Besonders tue sich in dieser Hinsicht der Regierende Bürgermeister Westberlins, Herr Schütz, hervor, der, wie es den Anschein hat, nur nach Möglichkeiten und An-

---

15 Die Wiener Verhandlungen über die „gegenseitige Verminderung von Streitkräften und Rüstungen und damit zusammenhängende Maßnahmen in Mitteleuropa" begannen am 30. Oktober 1973. Daran nahmen neben beiden deutschen Staaten Belgien, die Niederlande, Luxemburg, Polen, die ČSSR, die UdSSR, die USA, Großbritannien und Kanada teil. Weitere Staaten waren mit beratender Stimme vertreten.

lässen sucht, um möglichst heftig vom Leder zu ziehen und sich als Beschützer der Westberliner hinzustellen.

Von uns wurde festgestellt, daß das Vierseitige Abkommen über Westberlin eine gute Grundlage für die Lösung aller praktischen Fragen bietet, die die Entwicklung der Stadt betreffen, insbesondere seiner wirtschaftlichen, kulturellen und sonstigen Verbindungen mit der BRD. Doch die westdeutsche Seite zieht es vor, wie die Erfahrungen zeigen, den Weg politischer Demonstrationen zu beschreiten. Was soll man zum Beispiel von der Tatsache halten, daß die von den Botschaften der BRD erteilten Einreisevisa bis heute folgende Formulierung enthalten: „Gültig für die Einreise in die Bundesrepublik Deutschland, einschließlich des Landes Berlin"? Insgesamt beweisen die sowohl von den Behörden der BRD als auch von der CDU/CSU geübten Praktiken, daß sie in der Westberlinfrage nicht auf den Positionen der Interessenwahrung der Einwohner der Stadt stehen, sondern ihre eigennützigen Ziele des Parteienkampfes verfolgen.

Kiep ließ diese Feststellung im Grunde unwidersprochen und sagte, daß er die Methoden lautstarker politischer Demonstrationen nicht gutheiße. Das Vorgehen der Regierung bei der Installierung des Bundesamtes für Umweltschutz in Westberlin betrachte er als plumpe und überflüssige Aktion. Das gleiche gelte auch für die Einrichtung eines EG-Zentrums für Berufsbildung in Westberlin, obwohl ihm scheine, daß vom formalen Standpunkt kaum etwas gegen einen solchen Schritt eingewandt werden könne. In den Westberliner Angelegenheiten müsse man äußerste Sorgfalt walten lassen und stets des neuralgischen Charakters dieser Stelle auf dem europäischen Kontinent eingedenk sein.

Was die Erwähnung des „Landes Berlin" in den Visa für die Einreise in die BRD betrifft, so sei das einfach eine Torheit, von der kaum jemand etwas wisse. Nach seiner Rückkehr nach Bonn werde er darauf aufmerksam machen, damit dieses Mißverständnis korrigiert wird. Ich bin damit einverstanden, sagte Kiep, daß man in der Westberlinfrage keine Demonstrationen unternehmen, sondern die praktischen Probleme auf der Grundlage eines konstruktiven Herangehens lösen muß. Eben das, nicht aber politische Ambitionen, sollten im Vordergrund stehen.

Zum Schluß des Gesprächs bemerkte Kiep, daß im Westen wegen der Abwesenheit L. I. Breshnews zahlreiche Spekulationen im Umlauf seien. Man spreche von möglichen Veränderungen in der sowjetischen Führungsspitze wie auch von einer Änderung des politischen Kurses der Sowjetunion. Unsolide politische Elemente seien bestrebt, auf der Grundlage solcher Gerüchte Unsicherheit und Nervosität anzuheizen. Er möchte nach seiner Rückkehr nach Bonn gern eine öffentliche Erklärung über die Unveränderlichkeit des außenpolitischen Kurses der Sowjetunion und über die Stabilität der sowjetischen Führung abgeben.

Von uns wurde ihm bedeutet, daß er eine solche Erklärung ohne Bedenken abgeben kann.

Kiep dankte für das Gespräch und sagte, daß er zur Fortsetzung der Kontakte mit Vertretern der KPdSU bereit sei, daß es ihn freuen würde, nochmals in Bonn oder in Moskau zusammenzutreffen.

Quelle: BArch, DA 5, 2310.

Dokument 6

Mitteilung an Erich Honecker, Erster Sekretär des ZK der SED, über ein Treffen von Herbert Häber mit Wadim Sagladin, Stellvertretender Leiter der Internationalen Abteilung des ZK der KPdSU, in Berlin am 14. Mai 1975[16]

Am Mittwoch, dem 14. 5. 1975, bin ich mit Genossen W. W. Sagladin, stellvertretender Leiter der Abt[eilung] Internationale Verbindungen beim ZK der KPdSU, zusammengetroffen. Genosse Sagladin informierte mich über die Vorstellungen der sowjetischen Genossen für die Tätigkeit der von unseren beiden Parteien beschlossenen Arbeitsgruppe zur Beratung von Problemen der Entwicklung in der BRD. Neben Genossen Sagladin werden von seiten der KPdSU die Genossen Schachnasarow, Modschalin und Jeshow beteiligt sein, alles Mitarbeiter des ZK der KPdSU.

Von den sowjetischen Genossen wird vorgeschlagen, sich zunächst mit folgenden Themenkomplexen zu befassen:

– Die Lage der BRD im Hinblick auf die Bundestagswahl 1976; Vorschläge für unser taktisches Verhalten.

– Der Kampf der DKP – Was kann man zu ihrer Unterstützung weiter tun?

Die Ergebnisse der Beratung sollen dann jeweils den beiden Parteiführungen vorgelegt werden.

Das erste Treffen der Arbeitsgruppe soll in der zweiten Hälfte des Monats Juni in Moskau stattfinden.

Bei dieser Gelegenheit kam Genosse Sagladin auf die Frage der Beteiligung an einem Seminar der Friedrich-Ebert-Stiftung während der Kieler Woche zu sprechen. Ich informierte ihn darüber, daß bei uns die Entscheidung getroffen wurde, an Veranstaltungen der Fried-

---

16 Die Hausmitteilung datiert vom 15. Mai 1975. Sie wurde von Honecker handschriftlich abgezeichnet und zur Information an ZK-Abteilungsleiter Paul Markowski gegeben.

rich-Ebert-Stiftung nicht teilzunehmen. Offenkundig gibt es bei den sowjetischen Genossen zu diesem Problem noch Überlegungen. Aus den Äußerungen von Genossen Sagladin war zu entnehmen, daß man meint, daß es auf die Dauer kaum möglich oder richtig ist, sich von der Friedrich-Ebert-Stiftung völlig fernzuhalten. Genosse Sagladin will sich zu dieser Frage noch einmal melden.

Ich möchte Dich davon in Kenntnis setzen, daß Herr Gaus mich erneut zu einem Essen eingeladen hat. Ich habe nicht zugesagt.

Quelle: SAPMO-BArch, DY 30/J IV 2/202/491.

Dokument 7

Information über ein Gespräch von Herbert Häber mit Walther Leisler Kiep, außenpolitischer Sprecher des Präsidiums, Bundesschatzmeister und Bundestagsabgeordneter der CDU, in Bonn am 26. Juni 1975[17]

Die Begegnung fand auf Einladung von Herrn Kiep am 26. 6. 75 von 17.00 bis 18.30 Uhr in Bonn im Abgeordnetenhaus des Bundestages statt. Herr Kiep verfügt dort über 4 Zimmer. In meiner Begleitung befand sich Genosse Behnke, Mitarbeiter der Ständigen Vertretung der DDR in der BRD.

Zu Beginn des Gesprächs erklärte Kiep, ich könne ruhig offen reden, es laufe bestimmt kein geheimes Tonband. Allerdings könne man in dieser Frage, wie ich ja weiß, in der BRD derzeit nicht völlig sicher sein.

Im ersten Teil des Gesprächs unterstrich er, daß der Vorsitzende Kohl, der Generalsekretär Biedenkopf und er, Kiep, in allen grundsätzlichen Fragen einer Meinung wären.

Ich beglückwünschte Herrn Kiep zu seiner Wiederwahl als Bundesschatzmeister der CDU. Er meinte dazu, für einen Schatzmeister, der gut gearbeitet und die Partei schuldenfrei gemacht habe, wären es eigentlich zu viele Gegenstimmen gewesen. Aber das liege wohl weniger an seiner Finanzpolitik als vielmehr an seiner gesamtpolitischen Haltung, die einigen Leuten nicht gefällt.

Ich stellte ihm die Frage, wie er den Verlauf des CDU-Parteitages beurteile. Kiep äußerte, Aufgabe des Parteitages sei vor allem gewesen, die Solidarität der Partei zu festigen, die Delegierten in gute Laune zu versetzen und in der Partei Optimismus zu verbreiten. Das sei nach seiner Meinung im großen und ganzen gelungen.

---

17 Die Information datiert vom 27. Juni 1975.

Strauß habe Kohl unfreiwillig (wörtlich) „mit der Scheiße vorher" einen großen Dienst erwiesen. Das Ergebnis des Parteitages könne Strauß nicht angenehm sein.

Kiep stimmte zu, daß die Strauß-Rede auf dem CDU-Parteitag nicht die gleiche gewesen sei wie in Sonthofen, wenn es auch bestimmte Anklänge daran gegeben habe.[18] Die Rede von Strauß sei genau genommen eine Verteidigungsrede gewesen. Vor allem leide er unter einem Komplex wegen seiner Haltung zum Grundlagenvertrag. In seiner Rede habe Strauß geschwindelt. Kiep erklärte, er wisse ja selbst ganz genau, daß Strauß damals intern für die Zustimmung zum Grundlagenvertrag plädiert hat. Deshalb sei nicht verwunderlich, daß Barzel auf dem Parteitag aufgetreten ist und Strauß zurückgewiesen hat.

Ich warf die Frage auf, warum der hessische CDU-Vorsitzende Dregger nicht in das Präsidium gewählt wurde. Kiep, der auch aus Hessen stammt, antwortete, Dregger sei eine Art Außenposten von Strauß in der CDU und darum nicht sehr beliebt. Mit dem Hinweis darauf, daß auch der Bezirk Westfalen unter Leitung von Windelen, einem üblen Revanchisten, bei den Vorstandswahlen Verluste erlitten hat, meinte Kiep, insgesamt hätten die rechten Kräfte in der CDU etwas an Position verloren.

Im Zusammenhang mit dem Parteitag appellierte Kiep an uns, die Dokumente genau zu lesen und sich von Wahlkampfparolen nicht beeindrucken zu lassen. Er legte Wert auf die Feststellung, daß es in der Rede des Parteivorsitzenden Kohl hinsichtlich der Haltung zur Entspannung, zu den Beziehungen zur Sowjetunion und zur DDR keine Verschlechterung gegeben habe. An dieser Stelle betonte er, Kohl werde im Herbst endlich in die Sowjetunion reisen. Das sei sehr wichtig.

Jetzt habe Kohl die Aufgabe, die verschiedenen Richtungen in der Partei zusammenzuhalten. Die nächsten Bewährungsproben für ihn wären die Bildung einer Regierungsmannschaft nach der Sommerpause, die Landtagswahlen in Baden-Württemberg im Frühjahr 1976 und evtl. die Wiederholung der Wahlen an der Saar.

Ich stellte ihm die Frage, was wir von dem Antrag halten sollen, der von einer Reihe CDU-Politikern zur sogenannten Deutschlandpolitik eingebracht worden ist und in dem Parolen über die Wiedervereinigung, die Selbstbestimmung usw. neu aufgewärmt werden. Kiep mußte einen Moment überlegen und sagte dazu: „Sie meinen den Antrag von Wrangel und Gradl!" Dieser Antrag sei einer unter

---

18 Strauß hatte am 18. November 1974 in Sonthofen eine für die CDU-Strategie wichtige Rede gehalten. Den Wortlaut vgl. in: Wolfram Bickerich: Franz Josef Strauß, S. 336 ff.

vielen und nicht bestätigt worden. Es handele sich um ein Papier von – wie er wörtlich äußerte – „CDU-Fanatikern". Sie sind von einer Art Nostalgie erfaßt und sehnen sich nach den „schönen" 50er Jahren zurück, als die Dinge ganz einfach waren: In der BRD gibt es nur gute Leute – in der DDR sind alle Verbrecher! Aber die Zeit sei über diese Vorstellungen längst hingegangen.

Ich warf die Frage auf, wie es zu erklären ist, daß auch in Parteitagsreden der CDU in verstärktem Maße die Parole von der Wiedervereinigung Deutschlands verbreitet wird. Will man etwa mit nationalistischer Propaganda den Wahlkampf zu den Bundestagswahlen führen? Ich verwies darauf, daß die CDU der Regierung vorwirft, sie habe mit ihrer Ostpolitik Erwartungen geweckt, die sich jetzt nicht erfüllen. Wenn man nunmehr die Wiedervereinigungspropaganda wieder forciert, dann erzeugt man in der Bevölkerung der BRD Erwartungen, die vollständig illusionär sind und die Enttäuschung muß noch größer sein.

Kiep äußerte dazu: Ja, es stimme, daß in jüngster Zeit wieder in verstärktem Maße über die Wiedervereinigung gesprochen werde. Das betreffe aber nicht nur die CDU/CSU, sondern auch die Koalition. Offensichtlich seien bestimmte Leute der Meinung, damit Resonanz in der Bevölkerung zu finden. Er erklärte sich mit meiner Feststellung einverstanden, daß eine solche Propaganda kaum die Entspannung fördern könne, sondern im Gegenteil die Verhandlungen nur belasten und behindern kann.

Er widersprach meiner Feststellung nicht, daß der Eindruck entsteht, man wolle mit der Wiedervereinigungspropaganda und mit Kampagnen gegen die DDR die Bevölkerung der BRD von den inneren Schwierigkeiten (Krise, Arbeitslosigkeit usw.) ablenken. Kiep meinte, ihm sei dieser Kausalzusammenhang noch nicht bewußt geworden, aber er könne nicht bestreiten, daß ein solcher Eindruck entsteht.

Er äußerte seine Besorgnis, daß es in der Entwicklung der Beziehungen zwischen der DDR und der BRD offenbar eine Stagnation gibt. Es sei nicht gut, daß durch Äußerungen in Bonn und entsprechende Äußerungen in der DDR, z. B. durch scharfe Artikel im ND, die Auseinandersetzung zugespitzt wird. Man müsse sehen: In der CDU/CSU aber auch in den Koalitionsparteien gebe es zwei Gruppen – der einen paßt die ganze Richtung nicht, die anderen aber wollen mit der Entspannung weitermachen.

Als ich ihn darauf hinwies, daß das großzügige Angebot der DDR vom Dezember vergangenen Jahres von Bonn mit Angriffen gegen die DDR beantwortet wurde, sich die führenden Repräsentanten unserer Republik in ihren Formulierungen aber bisher sehr zurückgehalten haben, stimmte er zu. Er wundere sich, daß die Regierung die Vorschläge der DDR nicht genügend genutzt hat, um für ihre Ostpolitik Propaganda zu machen.

Kiep meinte, es bestehe die Gefahr, daß die sogenannte Deutschlandpolitik zu einem zentralen Wahlkampfthema zu den Bundestagswahlen 1976 wird. Er würde das für ungünstig halten. Er sagte, die Sache läuft doch dann so: Die Opposition greift die Regierung an, weil sie zu viele Positionen der Bundesrepublik preisgibt; die Bundesregierung ist dann päpstlicher als der Papst und schlägt auf die DDR; Herr Schütz gibt dann noch einen drauf und Herr Genscher noch zwei. Auf meinen Hinweis äußerte er, daß er durchaus verstehe, daß Propagandakampagnen gegen die DDR, z. B. solche Reden wie am 17. Juni im Bundestag von Frau Renger und Herrn Carstens, die Verhandlungsatmosphäre nicht gerade fördern. Kiep stimmte zu, daß die Aktion mit dem ertrunkenen Türkenjungen eine bewußt hochgespielte Kampagne gegen die DDR war. Er zeigte lebhaftes Interesse für den wahren Sachverhalt.

Kiep sagte wörtlich: Wenn das so läuft, kann es passieren, daß wir Ende 1976 wieder da angelangt sind, wo wir vor Jahren mit der Entwicklung der Beziehungen zwischen der BRD und der DDR angefangen haben.

Ich stellte ihm die Frage, was nach seiner Meinung notwendig ist, damit es bei der Entwicklung der Beziehungen zwischen den beiden Staaten besser weitergehen kann. Darauf antwortete Leisler Kiep: Schmidt und Honecker müssen miteinander sprechen und den Knoten durchschlagen. Er bezweifelte allerdings, ob dazu in Helsinki bei der Abschlußsitzung der Europäischen Sicherheitskonferenz genügend Zeit sei.

Kiep fragte nach dem Stand der Verhandlungen auf einzelnen Gebieten. Zur Grenzmarkierung an der Elbe äußerte er: Wenn es gelingt, die Sachen zu regeln, die die Bewohner an den Elbufern bewegen (Verkehr von Sportbooten usw.), dann ist er einverstanden, wenn die Elbmitte als Grenze festgelegt wird.

Weiter äußerte sich Kiep über das Projekt eines von der BRD zu bauenden Atomkraftwerkes in Kaliningrad. Sowjetische Vertreter hätten ihm gesagt, daß die Verwirklichung dieses Projekts bis jetzt an der Haltung der DDR gescheitert sei.

Zur Europäischen Sicherheitskonferenz äußerte er: Er glaubt, daß die Konferenz jetzt in Kürze zu Ende gehen wird. Nach seiner Meinung sei erreicht worden, was möglich war in den Grenzen, die eine solche Konferenz hat. Der Westen habe auch einiges erreicht. Er sei vor allem auch darüber erfreut, daß sich auf dieser Konferenz die Solidarität der westeuropäischen Staaten gut entwickelt habe.[19]

---

19 Auf der Konferenz in Helsinki unterzeichneten am 1. August 1975 die Vertreter von 33 europäischen Staaaten sowie der USA und Kanadas die KSZE-Schlußakte. Am Rande der Beratungen traf Erich Honecker zweimal mit Bun-

Im Zusammenhang mit der Europäischen Sicherheitskonferenz kam Kiep auf Portugal zu sprechen. Die Entwicklung in Portugal sei nach seiner Meinung eine Verletzung der gemeinsamen Geschäftsgrundlage, denn dadurch würde der Status quo in Europa zugunsten der Sowjetunion verändert.[20] Der Westen habe sich – wenn auch zähneknirschend – bereit erklärt, die Situation in den sozialistischen Staaten Europas zu akzeptieren. Warum versuche jetzt Moskau, mit Hilfe von Cunhal in Westeuropa einen Einbruch zu erzielen? Ich äußerte dazu, er sei doch ein zu kluger Mensch, als daß er das Märchen von der Fernsteuerung der Entwicklung in Portugal aus Moskau glauben könne. Ihm sei doch sicher bewußt, daß sich in Portugal, Spanien, Italien usw. tiefgreifende gesellschaftliche Prozesse vollziehen, die auf eine Lösung drängen. Die Kommunisten kämpften eben am entschiedensten für echte fortschrittliche Lösungen.

Kiep äußerte, er habe vor Cunhal und den portugiesischen Kommunisten an und für sich Respekt. Sie waren die einzigen gewesen, die wirklich gegen die faschistische Diktatur gekämpft haben und viele von ihnen haben Jahre in Gefängnissen verbracht. Was aber jetzt in Portugal geschehe, sei mit den Prinzipien der Demokratie nicht vereinbar und verletze die Interessen des Westens. Wenn es dagegen in Italien zu einer Volksfrontregierung komme – was, wie er sagte, Gott verhüten möge – so müsse man sich damit abfinden.

Die Opposition, so erklärte er, wird von der Regierung verlangen, daß auf der Abschlußsitzung der Europäischen Sicherheitskonferenz Helmut Schmidt zu Portugal Stellung nimmt. Er, Leisler Kiep, komme gerade von Genscher und habe mit ihm darüber gesprochen. Man sei sich einig.

Zur Frage Westberlin äußerte Kiep, er halte die Diskussion über den Vier-Mächte-Status für ganz Berlin für Quatsch und für sinnlos. Er habe sich gemeinsam mit seinem Freund Lorenz für eine große Koalition in Westberlin eingesetzt, um auf diese Weise nach Möglichkeit das Westberlin-Problem aus dem Bundestagswahlkampf auszuklammern. Leider sei das nicht gelungen. Jetzt könne es passieren, daß die Westberlin-Frage zu einem Wahlkampfthema wird.

Ich stellte fest, daß die Rede von Helmut Kohl auf dem Parteitag eigentlich doch nur eine Wahlkampfrede war und eine echte Analyse der Situation sowie wirkliche Alternativen vermissen ließ. Kiep

---

deskanzler Helmut Schmidt zusammen. Vgl. die Gesprächsvermerke über die Treffen am 30. Juli und am 1. August 1975 in: Heinrich Potthoff: Bonn und Ost-Berlin, S. 329 ff.

20 In Portugal wurde am 25. April 1974 das Caetano-Regime gestürzt. An der neu gebildeten Regierung unter Ministerpräsident Vasco Goncalves waren von Juli 1974 bis September 1975 auch Vertreter der Portugiesischen Kommunistischen Partei beteiligt.

stimmte dem zu und meinte: Genau genommen könne eine CDU-Regierung keine andere Politik machen als sie Schmidt jetzt betreibt, vor allem auf wirtschaftlichem Gebiet.

Ich warf die Fage auf, was er von der von Strauß proklamierten Losung hält „Für ein freies Deutschland gegen ein sozialistisches Deutschland", ob er wirklich glaubt, daß die SPD in der BRD den Sozialismus verwirklichen will. Kiep antwortete, es sei durchaus möglich, daß diese Parole völlig ins leere geht. Es wird nach seiner Meinung der CDU nicht gelingen, Schmidt als einen Sozialisten hinzustellen. Der sei alles andere als das.

Wörtlich äußerte Kiep: Die Lage ist doch so – Schmidt tritt den linken Sozialdemokraten fast jeden Tag in den Bauch, und Brandt klopft ihnen hinterher auf die Schulter, sagt, es sei alles nicht so schlimm und hält so die Partei zusammen. Was Schmidt den linken Sozialdemokraten zumutet, sei kaum zu glauben und das habe vor ihm noch keiner gewagt. Die Frage sei allerdings, ob diese Arbeitsteilung zwischen Schmidt und Brandt bis zur Wahl 1976 funktioniert. Leisler Kiep stimmte der Feststellung zu, daß Strauß durch sein Verhalten die Disziplinierung der SPD fördert.

Die Losung der SPD für die Landtagswahlen in Nordrhein-Westfalen „Wählt den Aufschwung" sei eine gelungene Sache gewesen. Er, Kiep, habe vorher schon in der Führung der CDU gesagt, daß die Linie von Strauß „Die Scheiße muß erst noch größer werden", der CDU nur schaden kann. Kiep äußerte, die Leute lieben solche Politiker nicht, die ihnen unaufhörlich eine Verschlechterung der Lage prophezeien. Sie wenden sich eher Politikern zu, die ihnen Hoffnung machen, daß es bald wieder aufwärts geht.

Ich stellte die Frage: Man könne Meldungen lesen über die Gründung von Freundeskreisen für Strauß – wann denn ein Freundeskreis Walther Leisler Kiep gegründet werde? Kieps Antwort: Er verstehe, was ich meine. Aber er bitte darum, daß nicht ausgerechnet ich mit der Gründung eines solchen Kreises beginne.

Er habe sich Gedanken über die FDP gemacht und sich gefragt: Wo können sich Genscher, Friderichs, Ertl und Maihofer deutlicher profilieren – gemeinsam mit der SPD oder mit der CDU? Seine Antwort lautet: In der Koalition mit der SPD! Leute wie Friderichs und Genscher würden sich im Bündnis mit der CDU kaum hervorheben können, denn Leute von diesem Schlage habe die CDU selbst ein Dutzend. Darum meinte Kiep, daß die FDP wahrscheinlich die Koalition mit der SPD über 1976 hinaus verlängern will. Dennoch müsse sich die CDU um die FDP mehr kümmern. Aber nach der Parole: Immer daran denken, nicht darüber reden.

Wir sollten nicht übersehen, daß Genscher als Vorsitzender der FDP auch weiterhin Probleme habe. Obwohl sich Schmidt und Genscher in den Grundfragen der Außenpolitik einig wären, versuche Genscher doch immer wieder, noch schärfer als Schmidt zu sein. Da die Fragen der Beziehungen zur DDR nicht beim Außenministerium, sondern beim Bundeskanzleramt verankert sind, sei es Genscher egal, ob es hier positive Ergebnisse gibt, denn das gehe ja nicht auf sein Konto. An dieser Stelle wiederholte Kiep: Der Bundeskanzler müßte sich um den besseren Fortgang der Verhandlungen mit der DDR kümmern.

Kiep sagte, die DDR würde angenehm überrascht sein, wie vernünftig eine CDU-Regierung Politik machen würde. Ich äußerte, das sei eine interessante Feststellung, für die es aber keine Garantie gebe. Ich stellte ihm die Frage, wie er die Chancen für die Bundestagswahl 1976 beurteilt. Kiep antwortete, er sei ebenfalls der Meinung: Es ist alles offen, mit ein paar Pluspunkten für die Koalition. Allerdings könne in den nächsten 12 Monaten noch sehr viel geschehen, was die Dinge nach der einen oder anderen Seite verändert.

Kiep meinte, vieles werde von der Wirtschaft abhängen. 1975 sei kaum mit einer entscheidenden Verbesserung zu rechnen. Das sei frühestens im Frühjahr 1976 möglich, aber es wäre unsicher, wie kräftig der erhöhte Aufschwung wird. Gegenwärtig gebe es in der Industrie keine Lust an Investitionen, weil der Absatz und damit die Gewinne nicht gesichert sind. Kiep sagte, es investieren nur die großen Konzerne. Sie nehmen die Investitionsprämien der Regierung als Geschenk gern an. Aber zumeist sind es Rationalisierungsinvestitionen, die keinen neuen Arbeitsplatz schaffen. Schlecht sei es um die mittlere und kleinere Industrie bestellt. Kiep stimmte zu, daß die Exportsituation der BRD sich bedeutend verschlechtert habe. Das sei erstmalig seit vielen Jahren so.

Kiep erkundigte sich, wie die Bedingungen für die Arbeit der DDR-Vertretung in Bonn sind und wie die Sache mit der BRD-Vertretung in Berlin läuft. Ich sagte, ein Unterschied bestehe darin, daß vor der BRD-Vertretung in Berlin bisher keine BRD-Flaggen verbrannt wurden.

Am Ende des Gespräche kam Kiep plötzlich auf die DKP zu sprechen. Er sagte: Was soll passieren, wenn öffentlich Tatsachen auf den Tisch gelegt werden, daß die DKP durch die DDR finanziert wird? Er habe gehört, daß es dazu Unterlagen gibt. Es werde von 100 Millionen gesprochen, aber diese Zahl sei phantastisch. Er als Schatzmeister wisse genau, wieviel 100 Millionen DM sind. Kiep fügte hinzu, er verstehe, daß die SED der DKP hilft. Wenn aber Tatsachen nachgewiesen werden würden, müßte das die BRD ja als eine Einmischung in ihre inneren Angelegenheiten betrachten, obwohl für uns, wie er sagte, die DDR nicht Ausland ist.

Die Art und Weise der Äußerung von Kiep ließ den Eindruck entstehen, als wollte er einen Wink geben, daß bestimmte Leute ernsthaft versuchen, irgendwelche angeblichen Tatsachen an die Öffentlichkeit zu bringen und einen großen Skandal zu inszenieren, für den er nicht ist.

Kiep teilte seine Absicht mit, im August eine Privatreise in die DDR zu unternehmen. Außerdem habe sein Sohn vor, in den Ferien die DDR zu besuchen.

Er lobte die Bedingungen, unter denen seine letzte Reise stattgefunden hat. Es habe ihm in Berlin, Ballenstedt und Weimar gut gefallen. Den Krach nach seinem ersten DDR-Aufenthalt dürfe man nicht zu ernst nehmen. Leute, die seinen Rücktritt gefordert hatten, sind schnell ruhig geworden. Er sei daran interessiert, mich im August wieder zu einem Gespräch zu treffen. Wenn ich in Bonn bin, könne ich mich jederzeit melden.

Die gesamte Diskussion fand in einer sehr offenherzigen, freundlichen Atmosphäre und ohne jegliche provokatorische Zuspitzung statt.

Quelle: SAPMO-BArch, DY 30/37075/1.

Dokument 8

Information über ein Zusammentreffen von Herbert Häber mit Günter Gaus, Leiter der Ständigen Vertretung der Bundesrepublik in der DDR, in Berlin am 14. Juli 1975[21]

Wie festgelegt, folgte ich der Einladung von Gaus zu einem Mittagessen, das am 14. Juli 1975 in dessen Residenz stattfand. Auf Wunsch von Gaus verlief das Gespräch unter vier Augen. Er bezog sich darauf, daß er am Donnerstag, dem 10. Juli 1975, im Bundeskanzleramt in Bonn gewesen sei und einiges mitzuteilen habe. Er habe das Bundeskanzleramt darüber in Kenntnis gesetzt, daß er die Gelegenheit hat, mit mir zusammenzutreffen. Man gehe davon aus, daß durch mich der Erste Sekretär des ZK der SED informiert wird.

Im Verlaufe des Gesprächs äußerte sich Gaus vor allem zu folgenden Fragen:

1. Zur bevorstehenden Begegnung des Genossen Erich Honecker mit Helmut Schmidt in Helsinki: Gaus zeigte sich darüber informiert, daß für dieses Gipfeltreffen Vorgespräche im Gange sind.[22] Im Bundeskanzleramt sei man ernsthaft daran interessiert, daß die Begeg-

---

21 Die Information datiert vom 15. Juli 1975. Sie wurde von Erich Honecker, und von Willi Stoph, DDR-Staatsratsvorsitzender, handschriftlich abgezeichnet.
22 Vgl. Kap. 1, Anm. 19.

nung Honecker – Schmidt nicht nur gut verlaufe, sondern auch positive Wirkungen habe. Dazu sei es allerdings notwendig, daß beide Seiten Schlußfolgerungen aus den Ereignissen des vergangenen Jahres ziehen.

Im Herbst 1974 habe es ja bereits eine Verständigung zwischen den beiden Spitzenpolitikern durch interne Kontakte und einem Briefwechsel gegeben.[23] Die DDR habe daraufhin den Eindruck gehabt, daß alles klar ist. Als dann Schmidt im Kabinett auf Schwierigkeiten stieß und Gaus als Verhandlungsführer mit Problemen ankam, sei bei der Führung der DDR Verärgerung eingetreten und der Eindruck entstanden, als habe Bundeskanzler Schmidt sein Wort gebrochen. Dadurch sei offenkundig die weitere Verhandlungsführung belastet gewesen.

Bonn möchte eine ähnliche Entwicklung nach dem Zusammentreffen in Helsinki auf jeden Fall vermeiden. Immerhin könnten solche Begegnungen ja nicht häufig stattfinden. Also müßten beide Seiten daran interessiert sein, daß die Dinge in ihrem Ergebnis positiv verlaufen. Darum sei nach Bonner Meinung im Hinblick auf Helsinki zweierlei denkbar:

– Entweder es kommt vorher noch zu einem internen Gespräch von Spezialisten, die einige Dinge konkret vorbereiten, die nach dem Gipfeltreffen verwirklicht werden sollen. (Allerdings, so meinte Gaus, reiche dafür kaum noch die Zeit.)

– Oder man müsse sich darauf einrichten, daß es nach der Spitzenbegegnung für den Bundeskanzler in der einen oder anderen Frage bestimmte Schwierigkeiten geben kann, die besprochene Linie durchzusetzen. Man ersuche die DDR, nicht nervös zu reagieren. Bundeskanzler Schmidt habe Gaus bereits vor einiger Zeit aufgefordert, bei der Führung der DDR um Verständnis nachzusuchen, daß es – mit allem Respekt gesprochen – dem Bundeskanzler der BRD schwerer fällt, seine Ressortminister und den Koalitionspartner zum einheitlichen Vorgehen zu bewegen, als das beim Ersten Sekretär des ZK der SED der Fall ist.

2. In diesem Zusammenhang erklärte Gaus, es gebe den dringenden Wunsch, neben der Verhandlungsebene eine ständige politische Gesprächsebene zu etablieren, die nach Bedarf sofort und ohne ein umständliches Verfahren benutzt werden kann. Es wäre günstig, wenn man im Vorfeld von offiziellen Verhandlungen oder auch bei besonders komplizierten Situationen die Möglichkeit hätte, ohne Protokoll und Prestigerücksichten intern die Situation zu besprechen.

---

23 Vgl. die Schreiben bzw. Botschaften vom 6., 10. und 25. September, 25. Oktober und 4. November 1974 in: Heinrich Potthoff: Bonn und Ost-Berlin, S. 305 ff.

Diese Gesprächsebene müßte zweckmäßigerweise so beschaffen sein, daß ohne mehrere Zwischenstationen die Parteiführung der SED in Kenntnis gesetzt werden kann. Gaus kam auf diese Frage mehrfach zurück. Er erkundigte sich, ob auch die Gewähr bestehe, daß ich diesen Vorschlag weiterleite. Er seinerseits werde nach Bonn berichten, daß er diese Anregung mir vortragen konnte.

3. Gaus sagte, in Bonn habe man den Wunsch, möglichst viele Vereinbarungen mit der DDR so zu treffen,

– daß sie nicht im Bundestag zur Behandlung kommen und nicht im Bundesrat vorgelegt werden müssen und

– daß dabei die Frage nach einer Westberlin-Klausel überhaupt erst gar nicht auftauchen kann.

In einigen Fällen wird sich als Methode z. B. ein Briefwechsel anbieten, der dann durch Kabinettsbeschluß bestätigt werden kann. So ließen sich manche Dinge, insbesondere auch finanzielle Fragen, leichter klären, ohne daß sie die ganze parlamentarische Prozedur durchlaufen müssen und dann an die große Glocke gehängt werden. Es besteht die Absicht, nach der Sommerpause im Zusammenhang mit den laufenden Verhandlungen einige Vorschläge zu machen.

Wenn die Bonner Seite angeregt habe, intern über die ganze Angelegenheit der Ausdehnung oder Nichtausdehnung der in Arbeit befindlichen Abkommen auf Westberlin zu sprechen, so nicht – wie wir vermuteten – um eine Generalklausel für die Ausdehnung aller Abkommen auf Westberlin zu erreichen. Vielmehr ging es darum, intern einmal die ganze Frage durchzusprechen, um zu verhindern, daß es in jedem Einzelfall immer wieder zu Konfrontationen und damit zur Stagnation auf Gebieten komme, wo an und für sich unterschriftsreife Abkommen fertiggestellt sind. Gaus verwies dabei auf die Verhandlungen über das Post- und Fernmeldewesen sowie die wissenschaftlich-technische Zusammenarbeit.[24]

4. Bonn bittet die DDR-Führung, so äußerte Gaus, hinsichtlich des Fortgangs der Verhandlungen die Terminprobleme zu berücksichtigen, vor denen die Bundesregierung steht. Wenn Verhandlungsergebnisse für die Bundesregierung noch politisch zur Geltung kommen sollen, dann müßten sie bis Ende des Jahres, spätestens zu Beginn des kommenden Jahres, unter Dach und Fach sein. Da mit Jahreswechsel der Wahlkampf zu den Bundestagswahlen voll einset-

---

24 Das Abkommen zwischen der DDR und der Bundesrepublik auf dem Gebiet des Post- und Fernmeldewesens wurde am 30. März 1976 unterzeichnet. Hingegen konnte das „Abkommen über die Zusammenarbeit auf den Gebieten von Wissenschaft und Technik" erst während des Honecker-Besuchs in Bonn am 8. September 1987 unterzeichnet werden. Vgl. die Texte in: Beziehungen der Deutschen Demokratischen Republik zur Bundesrepublik Deutschland und zu Berlin (West), S. 84 ff. bzw. S. 147 ff.

zen wird, seien bis dahin ungeregelte Dinge erst im Herbst 1976 wieder regelbar. Auch auf diese Terminfrage kam Gaus im Verlaufe des Gesprächs mehrfach zurück.

5. Gaus kam darauf zu sprechen, daß seine Beauftragung als zentraler Verhandlungsführer von uns als Versuch betrachtet wurde, den Eindruck von „besonderen Beziehungen" zwischen der BRD und der DDR zu erwecken. Dies sei aber nicht die Absicht des Bundeskanzlers Schmidt gewesen, der in dieser Frage die Entscheidung persönlich getroffen habe. Gaus sagte wörtlich: „Einen Bundeskanzler, der sich um irgengwelche Besonderheiten in den Beziehungen mit der DDR so wenig schert, wird es kaum wieder geben." Schmidt habe mit der Beauftragung von Gaus die Absicht verfolgt, die Dinge von vornherein in seiner Hand zu behalten, um nicht erst hinterher die Ressortverhandlungen mit der DDR immer wieder koordinieren zu müssen. Als Finanzminister im Kabinett Brandt habe Schmidt zur Genüge erlebt, wie oft Ressortminister nebeneinander und manchmal auch gegeneinander arbeiten und wie schnell es gehen kann, daß der Regierungschef in wichtigen Fragen die Fäden nicht mehr in seiner Hand hat. Um deutlich zu machen, daß es Bonn nicht um Besonderheiten gehe, sei man ja auch sofort einverstanden gewesen, daß alle Verhandlungen, die Gaus führt, in Berlin stattfinden.

6. In Bonn sei registriert worden, daß die DDR und auch andere sozialistische Staaten sich auf Genscher einschießen. Gewiß habe Genscher seine Profilierungsprobleme und versuche deshalb, in vielen Fällen eine eigenständige Position einzunehmen. Wir möchten aber berücksichtigen, daß Schmidt ohne Genscher nicht weiterregieren kann. Wenn er abschwimmt, so sagte Gaus, so ist es mit der Koalition zu Ende. Deshalb bleibe Schmidt bei Angriffen auf Genscher gar nichts anderes übrig, als sich hinter ihn zu stellen. Er könne sich nicht öffentlich von ihm distanzieren. Im übrigen sei Genscher durchaus ansprechbar, und wir sollten das bedenken.

7. Im Verlaufe des Gesprächs äußerte sich Gaus zur Frage der Stiftung Preußischer Kulturbesitz. Er möchte bei dieser Gelegenheit nicht auf die rechtliche Problematik eingehen, obwohl nach Bonner Auffassung hier die Position der DDR keineswegs sehr stark sei. Vielmehr gehe es um die politische Seite des Problems. Gaus sagte, es sei absolut undenkbar, daß eine Bundesregierung der BRD – vor wem immer sie geführt wird, ob sie stark oder schwach ist – es wagen könnte, diese Stiftung, die eine Einrichtung der Länder und des Bundes sei, anzutasten. Wenn die DDR sich in dieser Hinsicht fest beißt, dann könne das eigentlich nur folgende Gründe haben:

– Entweder sei sich die DDR über die Situation in der BRD in dieser Frage nicht klar

– oder sie stelle diese Frage in den Vordergrund, weil sie den Abschluß eines Kulturabkommens auf ewig verschieben möchte.

Wenn es überhaupt in Richtung auf ein Kulturabkommen Fortschritte geben soll, dies sei die Bonner Meinung, dann müsse intern sondiert werden, wie man ohne Gesichtsverlust auf beiden Seiten vorgehen kann.[25]

8. Außerdem wurden im Verlauf des Gesprächs Fragen der allgemeinen internationalen Entwicklung sowie der innenpolitischen Situation in der BRD diskutiert. Gaus meinte, die Bundesregierung sei mit dem Blick auf die Wahlen vollständig auf die wirtschaftlichen Probleme fixiert. Sie erwarte von dort die Ergebnisse, die einen Wahlsieg 1976 sichern, obwohl noch ganz und gar nicht klar sei, ob die wirtschaftliche Belebung im nächsten Jahr so glanzvoll ausfallen wird, wie man das erhofft. Dabei passiert es, daß die Regierung auf dem Gebiet der Ostpolitik in der Öffentlichkeit das Feld der CDU/CSU überläßt. Rechte Kräfte der CDU/CSU bombardieren die Regierung mit Angriffen und Fragen zur Ostpolitik, und die Koalition ist – zumindest was das öffentliche Bild angeht – in der Defensive. Sie reagiert nur, anstatt selbst zu agieren. Er sehe darin eine Gefahr und habe in Bonn mehrfach darüber gesprochen. Er stimmte zu, daß Reden über die Wiedervereinigung und über das „Offenhalten der deutschen Frage" sowie Propagandakampagnen gegen die DDR dem Verhandlungsklima nicht förderlich sein können. Auch habe er die Erfahrung gemacht, und in der Bundesregierung sei man der gleichen Meinung, daß es nicht möglich sei, der DDR Prinzipien abzukaufen, auch nicht mit dem Swing.[26]

Abschließend äußerte Gaus die Hoffnung, daß es auf die Anregungen und Vorschläge, die er vorgetragen habe, eine positive Reaktion gebe. Er würde es begrüßen, wenn bei entsprechender Gelegenheit erneut die Möglichkeit zu einem internen Gespräch vorhanden sei.

Quelle: SAPMO-BArch, DY 30/J IV 2/202/491.

---

25 Vgl. Kap. 1, Anm. 9.
26 Als „Swing" wurde der zinslose Überziehungskredit bezeichnet, der im Berliner Abkommen über den innerdeutschen Handel vom 20. September 1951 von beiden Seiten dem jeweiligen Partner eingeräumt wurde.

KAPITEL 2

**Politik der kleinen Schritte
1976 bis 1979**

Dokument 9

**Information über eine Begegnung von Herbert Häber mit
Walther Leisler Kiep, CDU-Bundesschatzmeister und
Finanzminister von Niedersachsen, in Leipzig am 15. März 1976**

Wie festgelegt, bin ich am 15. März 1976 mit K[iep] in Leipzig zusammengetroffen. Herr K[iep] reagierte sofort positiv, als er von
meiner Anwesenheit erfuhr. Das Treffen fand am Vormittag des
Montag im Hotelzimmer von Herrn K[iep] im Interhotel „Am Ring"
statt. Die Art und Weise der Einladung durch K[iep] deutete darauf
hin, daß er die Aufmerksamkeit der BRD-Journalisten vermeiden
und auch den Ständigen Vertreter der BRD, Gaus, nicht zwischen-
schalten wollte. Herr K[iep] stellte mir seine Ehefrau vor. Am Gespräch nahm außer K[iep] dessen persönlicher Mitarbeiter, Herr Lützenkirchen, teil. Im Verlaufe des Gesprächs wurden von Herrn
K[iep] folgende Meinungen geäußert:
– Zu seinem Eintritt in die Landesregierung von Niedersachsen
als Finanzminister stimmte er der Auffassung zu, daß er dort eigentlich ein Minister zur besonderen Verfügung wäre. Mit dem Hinweis,
daß es in der niedersächsischen Landesregierung leider keinen Außenminister gebe, deutete er an, daß er sich auch künftig stark um
außenpolitische Fragen kümmern wird.
Er hielt diesen Schritt offenkundig für richtig, da bei den gegenwärtigen Mehrheitsverhältnissen in der CDU/CSU-Bundestagsfraktion in
Bonn sein Spielraum eingeengt war. K[iep] äußerte, es sei durchaus
richtig, wenn der CSU-Politiker Hoecherl kürzlich gesagt hat, mit Niedersachsen habe Kohl gegenüber Strauß gewonnen. Albrecht und Kiep
haben offenkundig die Absicht, in Hannover eine Art Zentrum der
CDU-Politik gegen das Münchner CSU-Zentrum zu schaffen.
– Herr K[iep], der seinen Eintritt in die niedersächsische Landesregierung mit dem Bundespräsidenten Scheel vorbesprochen hatte,
machte aus seiner Absicht keinen Hehl, durch sein Wirken mitzuhelfen, in der CDU dem liberalen Flügel zum Durchbruch zu verhelfen
und zugleich Voraussetzungen zu schaffen für eine Koalition mit der
FDP. K[iep] sagte, die FDP werde sicherlich im Mai, wie beabsichtigt, eine Erklärung über die Fortsetzung der Koalition mit der SPD
nach den Bundestagswahlen im Oktober abgeben. Diese Erklärung

werde aber jetzt weniger gefühlvoll und verbindlich ausfallen, als man das vor einigen Wochen noch wollte. Nach den Bundestagswahlen werde es mit Sicherheit im Saarland und in Niedersachsen zu Koalitionsregierungen von CDU und FDP kommen.

Zu den Aussichten der Parteien bei den Bundestagswahlen äußerte K[iep] die Meinung, die gegenwärtige Bonner Regierungskoalition habe noch immer eine Chance, zu gewinnen. Wenn es im Herbst in Bonn wieder zu einer Koalition SPD/FDP komme, dann werde dies aber das letzte Mal sein und vielleicht auch nicht die ganze Legislaturperiode so bleiben. Er hoffe selbstverständlich, daß die CDU nicht nur wählerstärkste Partei wird, sondern auch den Durchbruch zur Regierungspartei schafft.

– Zur Auseinandersetzung um den Abschluß des Vertrages mit der Volksrepublik Polen äußerte K[iep]: Man habe hoch gereizt, denn wenn dieser Vertrag gescheitert wäre, hätte es eine Zuspitzung der innenpolitischen Situation gegeben und die SPD hätte einen großen Trumpf im Wahlkampf gegen die CDU/CSU in der Hand gehabt. Zum Glück sei die Rechnung der CDU aufgegangen. Der Abschluß des Vertrages habe die Position der CDU verbessert. Die CDU habe bewiesen, daß sie in der Grundrichtung der Bonner Ostpolitik den gleichen Kurs fährt, aber in der Lage ist, mehr für die Bundesrepublik herauszuholen. Außerdem sei es dabei gelungen, die CSU abzuhängen. Allerdings sei man sich auch in der Führung der CDU noch nicht völlig klar darüber, wie das alles auf die Bevölkerung der Bundesrepublik gewirkt hat. Deshalb wolle er mit Prognosen über den Wahlausgang im Oktober vorsichtig sein.

– Im Verlaufe des Gesprächs äußerte sich Herr K[iep] über die Linie der Wahlkampfführung der CDU. Die wirtschaftlichen Fragen spielten zwar nach wie vor eine große Rolle, stünden aber nicht so im Zentrum, wie man das eigentlich angenommen hatte. Konjunkturell, so meinte er, werde sich im Sommer die Situation leicht verbessern. Was die ernsten Strukturprobleme der BRD-Wirtschaft angeht, so habe keine der Bonner Parteien ein überzeugendes Rezept für den Wahlkampf. Es bleibe langfristig nur der Weg, die Investitionstätigkeit wieder zu beleben, um damit auch neue Arbeitsplätze zu schaffen. Auf jeden Fall wolle sich die CDU stark für jene Jugendlichen einsetzen, die wegen Lehrstellenmangels arbeitslos sind oder keinen Beruf erlernen können. Herr K[iep] sagte: Im übrigen wird es so sein: Im Sommer werden 14 Millionen Bundesbürger ins Ausland in den Urlaub fahren, und wenn sie dann aus Italien, Spanien, Jugoslawien usw. zurück kommen, werden sie alle das Gefühl haben, daß in der BRD die Lage doch noch am günstigsten ist.

Durch die Vorgänge der zurückliegenden Wochen (CDU-Regierungsübernahme in Niedersachsen und Auseinandersetzung um den Vertrag mit der Volksrepublik Polen) sei das Wahlkampfkonzept der SPD etwas angeschlagen.[1] Es werde der SPD jetzt schwerer fallen, die Dinge so darzustellen, als sei Strauß der eigentliche Führer der CDU/CSU und Kohl nur sein Gehilfe. Jeder habe jetzt sehen können, daß Kohl, Albrecht und auch er (Kiep) eine eigene Politik verfolgen und nicht von Strauß gesteuert sind.

Weiter will die CDU ins Zentrum des Wahlkampfes den Unterschied zwischen Schmidt und der SPD stellen. Schmidt, so sagte K[iep], passe eigentlich besser zur CDU als zur SPD. Deshalb werde man kräftig die SPD angreifen, um den Wählern einzureden, daß sie nach links driftet.

Außerdem will die CDU in starkem Maße mit der Parole von der Sicherheit arbeiten. Kiep meinte, hierbei gehe es weniger um die Ausnutzung der Furcht vor Terroristen. Diese Sache sei eigentlich vorbei. Aber man will die Frage aufwerfen: Was wird in Italien? Was wird in Portugal? Es sei völlig klar, daß die Sowjetunion keinen Krieg will. Aber die weltweite sowjetische Außenpolitik schaffe Unsicherheit und Angst. Dafür sei Angola und der Einsatz der kubanischen Truppen der deutlichste Beweis. Die damit verbundene Verunsicherung von Teilen der Bevölkerung der BRD will die CDU benutzen, den Wählern begreiflich zu machen, daß in Bonn künftig eine von der CDU geführte Regierung ins Amt gehört, die nicht anfällig ist für Kontakte mit kommunistischen Parteien in Westeuropa und die gegenüber den sozialistischen Staaten nicht so nachgiebig ist.

Auf eine entsprechende Frage äußerte Herr K[iep]: Die gegenwärtige Führungsmannschaft der CDU aus 10 Politikern sei nicht gleichzusetzen mit einer künftigen Ministermannschaft. Wichtig sei, daß sich in der Partei solche Leute wie Kiep, Albrecht und andere weiter durchsetzen. Dann würde evtl. auch ein Mann wie Carstens wieder auf die richtige Seite gehen. Wenn zur Zeit wenig vom Generalsekretär der CDU Biedenkopf zu hören ist, so liege das daran, daß er vollständig eingespannt sei in die Vorbereitung und Organisierung des Wahlkampfes.

– Im Verlaufe der Unterhaltung äußerte Herr K[iep] den Wunsch, bei Gelegenheit eine ausführliche Diskussion über die Frage der Fortsetzung der Entspannung zu führen. Er sagte, ihn bewegten sol-

---

1 Entsprechend der Vereinbarungen zwischen der Bundesrepublik Deutschland und Polen vom 9. Oktober 1975 zahlte Bonn eine Pauschale von 1,3 Mrd. DM an die Warschauer Regierung, um alle Ansprüche und Kosten aus Renten- und Unfallversicherungen abzugelten. Polen verpflichtete sich, in den folgenden Jahren 125 000 Deutsche ausreisen zu lassen. Außerdem erhielt Polen einen Kredit in Höhe von 1 Mrd. DM zur Förderung der wirtschaftlichen und technischen Kooperation.

che Fragen wie: Was ist von der künftigen Politik der UdSSR zu erwarten? Welche Auswirkungen könnten sich, aus den Schwächen der USA-Politik ergeben? Ihn würde auch interessieren, wie wir die gegenwärtige und künftige Entwicklung in China einschätzen.

Herr Kiep brachte die Verweigerung der Einreisevisa für Mitarbeiter des „Deutschlandfunks" zur Sprache, ohne diese Angelegenheit jedoch in den Vordergrund zu rücken. Wir müßten aber bedenken, daß bereits jetzt alles in Bonn im Zeichen des Wahlkampfes stehe und auch dieser Vorgang dafür ausgenutzt würde. In diesem Zusammenhang kam es zu einer Diskussion über die Rolle des „Deutschlandfunks" und solcher Sender wie „Freies Europa".

Am Ende des Gesprächs äußerte Herr K[iep] den Wunsch, auch während seiner Amtszeit als Finanzmister in Hannover die Verbindung zu uns aufrechtzuerhalten. Er schlug als Termin für eine weitere Begegnung die Zeit der Hannover Messe vor, die Ende April/Anfang Mai stattfindet. Anläßlich eines Besuchs der Hannover Messe durch mich wäre es nach seiner Auffassung ohne Aufsehen möglich, erneut zusammenzukommen und einen Meinungsaustausch zu führen.

Quelle: SAPMO-BArch, DY 30/J IV 2/10.02/19.

Dokument 10

Information über eine Zusammenkunft von Herbert Häber mit Günter Gaus, Leiter der Ständigen Vertretung der Bundesrepublik in der DDR, in Berlin am 12. April 1976[2]

Wie festgelegt, habe ich eine Einladung von Herrn Gaus zu einem gemeinsamen Abendessen angenommen, das am Montag, dem 12. April, um 19.30 Uhr in dessen Residenz stattfand. Allgemeiner Gesprächsgegenstand war die Lage in der BRD nach den Landtagswahlen von Baden-Württemberg, der bevorstehende IX. Parteitag der SED sowie die Perspektiven der Politik der friedlichen Koexistenz.

Herr Gaus warf die Frage auf, ob damit gerechnet werden könne, daß die SED auch weiterhin am Fortbestand der SPD/FDP-Koalition in Bonn interessiert sei oder ob im Interesse eines „klareren Feindbildes" künftig eine CDU-geführte Bundesregierung als günstiger angesehen werde. Ich verwies darauf, daß unsere Haltung keinen Zweifel zuläßt. Dies sei in jüngster Zeit gerade in unseren Veröffentlichungen über die Reden von Bundeskanzler Schmidt wie auch

---

2 Die Information datiert vom 13. April 1976.

durch den ND-Kommentar vom Montag zur Anti-DDR-Hetze des CDU-Vorsitzenden Kohl deutlich geworden. Klar sei jedoch, daß die Entscheidung darüber, wer in Bonn regiert, in der Bundesrepublik fällt.

Zur Lage in der BRD meinte Gaus, das Ergebnis der Landtagswahlen von Baden-Württemberg könne möglicherweise noch rechtzeitig als heilsamer Schock für die Koalition wirken. Diese Wahlen hätten gezeigt, daß Genscher und die FDP ihre Politik der „Opposition in der Koalition" nicht übertreiben dürften. Wenn es gelingt, die Erfolge der Koalition deutlich herauszustellen, das große Ansehen des Bundeskanzlers Schmidt voll zu nutzen und die sich abzuzeichnende wirtschaftliche Belebung fortzusetzen, könne mit einem Wahlerfolg der Koalition auch jetzt noch gerechnet werden. Er sei der Meinung, daß die zu erwartende Erklärung Genschers über die Fortsetzung der Koalition mit der SPD nach den Bundestagswahlen ehrlich gemeint sein wird.

Auf meinen Hinweis, daß insbesondere Brandt und Schütz durch ihre scharfmacherischen Reden gegen die DDR gegen die vom Bundeskanzler erkennbar eingeschlagene Linie verstoßen und der CDU/CSU Stichworte liefern, äußerte Gaus: Brandt versuche sich immer wieder durch antikommunistische Erklärungen abzugrenzen, während Schütz bemüht sei, durch solche Äußerungen die Erscheinungen der Korruption und der „Filzokratie" in der Westberliner SPD-Spitze zu überdecken.

Zum IX. Parteitag interessierte ihn, ob damit zu rechnen sei, daß die ausländischen Botschafter und damit auch er eingeladen würden. Außerdem gab es ein kurzes Gespräch über den Verlauf der Volksdiskussion zu den Dokumenten des Parteitages.

Gaus nutzte die Begegnung, um mir folgendes mitzuteilen:
– Er werde nach Ostern für 2 Wochen Urlaub machen, aber zur Zeit unseres Parteitages wieder in Berlin sein. Außerdem habe der Bundeskanzler ihn beauftragt, während der Sommermonate auf den Urlaub zu verzichten und im Amte zu bleiben. Er soll darüber nachdenken und durch seine Anwesenheit mithelfen, um die zu erwartenden „Wahlkampfschäden" im Verhältnis zur DDR so gering wie möglich zu halten. Bundeskanzler Schmidt rechnet damit, daß angesichts des Auftretens der CDU/CSU und der von CDU-Politikern begonnenen Kampagne über die Frage der Menschenrechte in der DDR bei uns ein negativer Eindruck über die Entwicklung der Beziehungen zwischen beiden deutschen Staaten entstehen und scharfe Reaktionen herausgefordert werden könnten. Gaus soll immer parat stehen, um mögliche Mißverständnisse aufzuklären.
– Gaus bat zu prüfen, ob er nach unserem IX. Parteitag Gelegenheit zu einem internen Gespräch mit Genossen Erich Honecker be-

kommen könne. Ziel sei, zu besprechen, wie im Vorfeld der Bundestagswahlen in einigen Punkten die positive Entwicklung der Beziehungen zwischen der BRD und der DDR hervorgehoben werden könne. Es sei ihm und auch der Führung in Bonn klar, daß spektakuläre und größere Aktionen kaum denkbar sind. Mann habe aber den Wunsch, das positive Klima sichtbar zu machen, um der Bonner Regierung Anlaß zu geben, im Wahlkampf immer wieder auf die bisher erreichten Fortschritte in den Beziehungen hinzuweisen.

– Ende Mai/Anfang Juni will der Geschäftsführer der SPD-Bundestagsfraktion, Gerhard Jahn, ein Mitarbeiter von Wehner, erneut die DDR besuchen. Es wird angefragt, ob es die Möglichkeit zu einem Gespräch mit einer führenden Persönlichkeit der SED gibt. Außerdem will Gaus, wie vor einem Jahr, auch diesmal wieder eine Zusammenkunft in seiner Residenz arrangieren. Bonn sei daran interessiert, daß über diesen Aufenthalt von Jahn in der DDR und seine Begegnung mit Vertretern der SED eine Pressemitteilung veröffentlicht wird.

– Gaus stellte die Frage, ob es nicht möglich sei, das seit zwei Jahren in der Diskussion befindliche Problem der „Grenzempfehlungen" für die Familienangehörigen der in der DDR akkreditierten BRD-Journalisten positiv zu regeln. Er meinte, dies könnte klimatisch von günstiger Wirkung sein, ohne daß es der DDR etwas koste. Dabei kam Gaus darauf zu sprechen, daß der Bundeskanzler sich im Zusammenhang mit der Frage der Einreise von Korrespondenten des „Deutschlandfunks" und der „Deutschen Welle" in der DDR öffentlich verpflichtet hatte, bei Gelegenheit noch einmal nachzustoßen. Es sei damit zu rechnen, daß er, Gaus, in absehbarer Zeit in dieser Sache beim MfAA vorstellig werden müsse.

Bonn möchte die Sache nicht wieder hochspielen, aber man wolle auch vermeiden, daß andere Kräfte erneut die Einreise von Korrespondenten dieser Sender in die DDR beantragen lassen und im Falle einer neuerlichen Ablehnung öffentlich auf die Pauke schlagen und einen Stoß gegen die Regierung führen können. An eine ständige Akkreditierung solcher Journalisten sei sowieso nicht gedacht. Es gehe lediglich um die Möglichkeit, daß Vertreter dieser Sender als Reisejournalisten tätig werden können, wie z. B. die „Deutsche Welle" bei den Europameisterschaften der Gewichtheber in Berlin.

Demnächst will Herr Gaus an das MfAA den Vorschlag für die Neubesetzung des „Spiegel"-Büros in Berlin herantragen. Es sei beabsichtigt, der DDR Gelegenheit zu geben, den Namen des neuen „Spiegel"-Korrespondenten zu prüfen und erst nach unserem Einverständnis von der Redaktion des Spiegels einen offiziellen Antrag stellen zu lassen.

– Gaus äußerte sich über einige Probleme auf dem Gebiet des nichtkommerziellen Zahlungsverkehrs. Er werde in Kürze mit unserem Staatssekretär, Genossen Schmieder, zusammentreffen und einen Vorschlag unterbreiten, der auf diesem Gebiet Fortschritte ermöglichen soll. In Bonn hoffe man, daß es möglich ist, bis Mitte oder Ende Mai eine Antwort zu erhalten, ob wir diesen Vorschlag für akzeptabel halten oder nicht. Falls unsere Antwort negativ ausfallen sollte, wäre man an einem Vorschlag der DDR interessiert, den Bonn prüfen will.

– Von mir auf die Meldung angesprochen, daß die Ministerpräsidenten der BRD-Länder sich geeinigt hätten, daß die sogenannte „Deutsche Nationalstiftung" in Westberlin etabliert werden soll, äußerte Gaus: Er möchte betonen, daß die Bundesregierung nicht daran denke, in dieser Angelegenheit irgendeine Initiative zu ergreifen.

– Abschließend teilte er mit, daß der BRD-Außenminister Genscher gemeinsam mit seiner Ehefrau und mit einer befreundeten Familie nach Ostern privat in die DDR einreisen und die Bezirke Halle und Leipzig besuchen möchte. Gaus will am Dienstag Genossen Nier davon informieren.

Die obengenannten Punkte habe ich ohne konkrete Stellungnahme zur Kenntnis genommen. Nur im Hinblick auf die Rolle des „Deutschlandfunkes" wurde von mir dargelegt, daß Tätigkeit und Charakter dieses Senders nicht mit den Bestimmungen das Grundlagenvertrages vereinbar sind und Bonn sich endlich bequemen sollte, daraus Konsequenzen zu ziehen.

Quelle: SAPMO-BArch, DY 30/J IV 2/202/491.

Dokument 11

Information über einen Meinungsaustausch von Herbert Häber mit Wadim Sagladin, Kandidat des ZK der KPdSU und Erster Stellvertretender Leiter der ZK-Abteilung Internationale Verbindungen, in Moskau am 2. November 1976[3]

Am Dienstag, den 2. November 1976, wurde ich von Genossen Sagladin im Hause des ZK der KPdSU in Moskau zu einem mehrstündigen Gespräch empfangen. Anwesend waren weitere Mitarbeiter der Abteilung Internationale Verbindungen im ZK der KPdSU. Gegenstand der Beratung war die Lage in der BRD im Zusammenhang mit den Bundestagswahlen vom 3. Oktober 1976.

---

3   Die Information datiert vom 8. November 1976.

1. Zu Beginn der Begegnung hatte ich Gelegenheit, ausführlich den Standpunkt unserer Partei zum Ausgang der Bundestagswahlen in der BRD darzulegen, wie er in unserer Wahleinschätzung enthalten ist. Genosse Sagladin brachte das völlige Einverständnis mit dieser Einschätzung zum Ausdruck und äußerte seine Genugtuung, daß auch in dieser Beziehung zwischen der SED und der KPdSU eine völlige Identität der Auffassung besteht. Er betonte, daß nach der Bundestagswahl innenpolitisch in der BRD eine noch labilere Situation bestehe als zuvor. Die Position der Koalition sei schwächer geworden. Der Druck von rechts werde stärker, auch durch das Wirken der FDP innerhalb der Koalition. Damit sei das Feld für die Tätigkeit der Regierung enger geworden.

Es gehe darum, unter diesen Bedingungen alles Positive zu erhalten, was im Hinblick auf die BRD im Kampf um friedliche Koexistenz erreicht worden ist. Aber es werde schwieriger werden.

Man müsse beachten, so äußerte Genosse Sagladin, daß die Lage der BRD wesentlich auch durch äußere Faktoren beeinflußt sei. Die kapitalistische Welt befinde sich in einer eigenartigen Situation. Zum ersten habe die Entspannung nicht zu den von den kapitalistischen Ländern gewünschten Ergebnissen im Hinblick auf das Eindringen in die sozialistischen Länder geführt. Darüber herrsche Enttäuschung. Zum zweiten habe die Krise einen starken psychologischen Einfluß auf die führenden Kreise der kapitalistischen Länder. Die herrschenden Kräfte befürchten weitere Erschütterungen. Ihre Strategie der Krisenbewältigung hat sich nicht bewährt. Es ist für sie komplizierter geworden als früher, einen Ausweg aus der Krise zu finden. Die alten Methoden, die Krise nach außen zu verlagern, gehen nicht mehr. Dritter Faktor sei die tiefgreifende Veränderung in den Beziehungen zwischen den kapitalistischen Staaten und den Entwicklungsländern.

Außerdem müsse man sehen, daß in Westeuropa eine neue Situation entstanden sei. Welche Meinungsunterschiede es mit einigen Bruderparteien auch immer gebe, auf jeden Fall sind in Frankreich, Italien, Portugal und Spanien die linken Kräfte stärker geworden. Diese Situation beunruhigt die Weltbourgeoisie zutiefst.

Unter diesen Umständen, so erklärte Genosse Sagladin, gewinne nach Meinung der KPdSU die BRD für den gesamten Westen noch größere Bedeutung. Die USA und die NATO werden die BRD noch mehr unterstützen. Hauptlinie der NATO sei es, der gemeinsamen Front der Kommunisten, wie es auf der Berliner Konferenz der kommunistischen Arbeiterparteien sichtbar geworden ist, eine eigene rechte antikommunistische Front entgegenzusetzen.[4] Dabei komme

---

4 Am 29./30. Juni 1976 hatte die Konferenz führender Vertreter von 29 kommunistischen und Arbeiterparteien Europas „Für Frieden, Sicherheit, Zusammenarbeit und sozialen Fortschritt" in Berlin stattgefunden.

der BRD eine zentrale Position zu. Das beeinflußt auch die Innenpolitik der BRD, wenn auch in widerspruchsvoller Weise. Man müsse mit einer weiteren Annäherung in den Positionen der Opposition und der Koalition rechnen. Die Genossen der KPdSU sind der Meinung, daß im Wahlkampf bei aller verbaler Schärfe beide Seiten in der Auseinandersetzung miteinander vorsichtiger gehandelt haben, als das in einer anderen Lage der Fall gewesen wäre.

Genosse Sagladin betonte, daß man sich die Frage stellen müsse, warum die SPD im Wahlkampf einen so defensiven und zum Teil schwachen Eindruck hinterlassen habe. Es handele sich hierbei nicht nur um die Folge einer falschen Wahlkampftaktik oder organisationspolitischer Mängel. Als die Koalition in Bonn die Regierungsgeschäfte übernahm, habe die SPD klare Vorteile gehabt. Sie lagen auf dem Gebiete der Ostpolitik, aber auch im sozialpolitischen Bereich. Damals schien es tatsächlich so, als besitze die SPD ein langfristiges Konzept für die 70er Jahre. Heute sei festzustellen, daß sich diese Vorteile objektiv erschöpfen. Das Entspannungsthema hat noch Wirkung, aber nicht mehr so stark wie früher. Schmidt hat nun erklärt, er wolle das Problem der Abrüstung nach vorn rücken. Das sei ein Ausdruck des Suchens nach einem neuen zentralen Thema, wobei natürlich nicht damit zu rechnen sei, daß Schmidt ein echter Vorkämpfer für die Abrüstung geworden ist.

Innenpolitisch würde Schmidt als starker Mann ausgegeben, der die Krise bewältigen wird. Aber er hat es nicht geschafft. Sozialpolitisch ist in der nächsten Zeit für die Koalition nichts drin. Die SPD könnte nur Kraft entfalten, wenn sie sich auf die Arbeiterklasse stützt und deren Interessen energisch vertritt. Aber das wollen die Führer der SPD nicht. Diese Erschöpfung der Vorteile der SPD wird Veränderungen hervorrufen, die man sehr sorgfältig beobachten muß. Insbesondere müsse das Verhältnis zwischen den Gewerkschaften und der Bonner Koalition beachtet werden. Die Frage sei vor allem, ob Aussicht bestehe, daß in der nächsten Zeit in der BRD sich die Gewerkschaften weiter nach links bewegen.

Was die CDU/CSU betrifft, so sei auch sie auf der Suche nach neuen Ideen. Die heutige CDU besitze nur noch wenig Ähnlichkeit mit der alten CDU. Genosse Sagladin verwies auf ein Buch des französischen Staatspräsidenten. In diesem Buch habe er viele Thesen gefunden, die der Verfasser von Mitterrand und sogar von Marchais übernommen habe. Es sei – wie bei der CDU – der Versuch erkennbar, einen modernen reformistischen Konservatismus zu entwickeln. Das aber gehe an die Wurzeln der Sozialdemokratie.

Genosse Sagladin unterstrich die Notwendigkeit, die Veränderungen in der öffentlichen Meinung der BRD zu analysieren und zu prüfen, welche Faktoren sie beeinflussen. Er schlug vor, in einigen Monaten zu diesem Thema einen Gedankenaustausch durchzuführen.

2. Im weiteren Verlauf der Begegnung kam es zu einem Gedankenaustausch über die Entwicklung der DKP. Natürlich, so sagte Genosse Sagladin, stelle man sich manchmal die Frage, warum es trotz der Krise nicht schneller gehe mit der Erhöhung ihres Masseneinflusses. Man müsse aber immer die Spezifik der Bedingungen beachten, die die Entwicklung der DKP beeinflussen, und die langfristigen Tendenzen des Klassenkampfes in der BRD bedenken. Er äußerte sein Einverständnis mit der Orientierung, Schritt für Schritt die Partei weiter zu stärken und sie innerlich zu stabilisieren. Erstrangige Bedeutung habe dabei vor allem die Schulungsarbeit. Er sprach sich anerkennend über die große Hilfe der SED auf diesem Gebiet aus. Man sollte sich aber überlegen, ob man gemeinsam noch mehr tun könne.

Auch sei der Kurs der DKP richtig, die Kraft der Partei stärker auf Schwerpunkte zu konzentrieren. Das betreffe zum Beispiel die Orientierung auf mittlere Städte, die bei den zurückliegenden Kommunalwahlen zu Erfolgen geführt hat. Er begrüßte das Bemühen der DKP, sich zum Wortführer der nationalen Interessen der BRD zu machen. Es sei sehr richtig, auch an die örtlichen Traditionen in den verschiedenen Gegenden der BRD anzuknüpfen. Ebenso unterstützte er die Absicht der Partei, noch stärker als bisher – vor allem in Verbindung mit der im kommenden Jahr beabsichtigten Veröffentlichung eines Programmentwurfs – eine breite Diskussion mit allen linken, demokratisch eingestellten Kreisen der Bundesrepublik zu führen. Die Partei müsse sich als denkende Kraft mit konstruktiven Ideen zeigen und auch Gegner zur öffentlichen Diskussion herausfordern.

Nach seiner Meinung müsse man prüfen, wie die Tageszeitung der Partei, deren Verbesserung unübersehbar ist, eine noch breitere Wirkung erreichen könne. Es würden viele Bücher erscheinen, deren Nutzen groß ist. Dennoch müsse man überdenken, wie man sie noch interessanter für Menschen machen kann, die noch nicht mit der Partei verbunden sind. Allzuvieles sei nur für linke Intellektuelle verständlich.

Genosse Sagladin begrüßte noch einmal die Absicht der DKP, ein Parteiprogramm auszuarbeiten und erklärte die Bereitschaft, zu einem geeigneten Zeitpunkt durch eine Konsultation zum Gelingen dieses Programms beizutragen. Er gab der Erwartung Ausdruck, daß es künftig möglich sein wird, in kürzeren Abständen zusammenzukommen. Das Gespräch fand in einer außerordentlich herzlichen und vertrauensvollen Atmosphäre statt.

3. Während meines Aufenthaltes in der Sowjetunion hatte ich die Möglichkeit, an den Feierlichkeiten aus Anlaß des 59. Jahrestages

der Großen Sozialistischen Oktoberrevolution teilzunehmen, der Stadt Kiew einen Besuch abzustatten und dabei auch ein Informationsgespräch mit einem leitenden Mitarbeiter des ZK der Kommunistischen Partei der Ukraine zu führen. Außerdem bin ich in der Botschaft der DDR in Moskau in einer Versammlung vor Genossen unserer Partei aufgetreten.

Quelle: SAPMO-BArch, DY 30/J IV 2/10.02/16.

Dokument 12

Information über ein Gespräch von Herbert Häber mit Günter Gaus, Leiter der Ständigen Vertretung der Bundesrepublik in der DDR, in Berlin am 7. Februar 1977

Wie festgelegt, habe ich eine Einladung des Leiters der Ständigen Vertretung der BRD in der DDR, Gaus, zu einem Mittagessen am 7. Februar 1977 angenommen. Die Begegnung fand in der Residenz von Gaus statt. Er teilte anfangs mit, daß über dieses Zusammentreffen Bundeskanzler Schmidt sowie der Staatsminister im Bundeskanzleramt, Wischnewski, informiert sind.

Einleitend sagte Gaus zu seinem Interview im „Spiegel", dies sei nicht ein Alleingang von ihm. Allerdings bringe es die Politik mit sich, daß gelegentlich einflußreiche Leute, die eine Sache angeschoben haben, zunächst in der Deckung bleiben wollen. Das sei auch in diesem Falle so. Einen Mann, wie er es sei, könne man zur Not wieder zurückpfeifen. Gaus nannte jedoch keinen Namen. Das Interview sei als Angebot an die DDR gedacht, um eine Basis zu haben, wie man vernünftig weitermachen kann. Sollte die DDR darauf nicht reagieren, dann werde er – Gaus – allerdings allein im Regen stehenbleiben. In Bonn hoffe man jedoch, daß es von seiten der DDR eine positive Reaktion gibt, wenn auch zunächst nur intern. Auch sei die Erklärung zu beachten, die Herbert Wehner am vergangenen Freitag im Fernsehen der BRD abgegeben habe. Wehner habe betont, es sei notwendig zu überdenken, welche Vorschläge gemacht werden könnten, um etwas mehr Stetigkeit in den Beziehungen zur DDR zu erreichen.

Ich äußerte mich in der festgelegten Weise über das Interview von Gaus.

Auf meine Vorhaltungen, die Ständige Vertretung der BRD in der DDR mische sich in die inneren Angelegenheiten der DDR ein, erklärte Gaus, dies treffe nicht zu. Er behaupte, die Vorwürfe gegen die Tätigkeit der Vertretung seien nicht richtig. Er verstehe es durchaus, wenn von bestimmten Organen der DDR Leute in seine Vertretung entsandt werden, um zu testen, wie sich seine Mitarbeiter verhalten. Sie müßten aber dann wissen, daß seine Vertretung lediglich Auskünfte erteile. Es bestehe eine Weisung des Bundeskanzleramtes, Bürgern der DDR, die in die BRD übersiedeln wollen, mitzuteilen, daß dies der alleinigen Entscheidung der Organe der DDR unterliege und wenig aussichtsreich sei. Wenn in Veröffentlichungen davon die Rede war, daß die Ständige Vertretung der BRD gegenüber Bürgern der DDR Betreuungsaufgaben wahrnehme, so lehne er diese Definition ab. Er habe in seinem Interview gesagt, wie er zur Frage der Staatsbürgerschaft stehe. Die DDR erwarte sicherlich nicht, daß die Bundesregierung ihre Haltung in der Staatsbürgerschaftsfrage prinzipiell ändere. Das heiße aber nicht, daß die Ständige Vertretung der BRD die Bonner Staatsbürgerschaftskonzeption gegenüber Bürgern der DDR zur Anwendung bringe. Ausdrücklich habe er davon gesprochen, das Karlsruher Urteil sei nur ein Rahmen, aber keine Fessel.

Gaus äußerte, auch er sehe mit Besorgnis, daß im Zusammenhang mit dem Wahlkampf in der BRD und danach Emotionen gegen die DDR hochgetrieben wurden. Er verurteilte die Angriffe auf Genossen Michael Kohl. Jetzt sei die Frage, wie man „die Kuh wieder vom Eise bringt". Bonn wünsche – und das sei auch das Hauptziel des Interview im „Spiegel" –, mit der DDR wieder ins Gespräch zu kommen. Man hoffe, daß es möglich ist, wenn auch zunächst vielleicht in vertraulicher Weise, darüber zu diskutieren, wie man auf verschiedenen Gebieten zu „praktikablen" Lösungen kommen kann. Für solche Gespräche, evtl. mit Herrn Joachim Herrmann, stehe er jederzeit zur Verfügung. Das möchte er auch im Auftrage von Staatsminister Wischnewski sagen.

Gaus kündigte an, daß die Regierung der BRD die im Aidemémoire der DDR enthaltenen Beschuldigungen gegen die Tätigkeit der Ständigen Vertretung der BRD in der DDR zurückweisen werde. Er unterstrich mehrfach, es sei nicht ihre Absicht, sich in innere Angelegenheiten der DDR einzumischen. Die Bundesregierung halte jedoch mögliche Behinderungen der Tätigkeit der Ständigen Vertretung der BRD für eine sehr ernste Angelegenheit. Er sprach darüber, daß in den letzten Tagen weitere Erschwernisse eingetreten seien. Bis jetzt sei es möglich gewesen, daß sich die Vertretung in der Wahrnehmung von Interessen von Bürgern der BRD zum Beispiel an das Außenministerium der DDR gewandt hat, um darum zu bitten, ob nicht Bürger der DDR die Möglichkeit zu Verwandtenbesuchen in der BRD erhalten. Hierbei gehe es ihm ausschließlich um die Wahrnehmung von Belangen der Bürger der BRD. Heute Vormittag sei ihnen im Außenministerium mitgeteilt worden, daß dies nunmehr nicht mehr möglich sei. Er habe mündlich in Bonn darüber berichtet.

Gaus äußerte mehrfach, es gehe einfach darum, wieder ins Gespräch zu kommen. Er habe es auf sich genommen, mit seinem Interview dafür ein Zeichen zu setzen. Gegenwärtig werde er dafür von allen Seiten geprügelt. Von seiner Ablösung könne jedoch keine Rede sein. Es sei seine Absicht, mindestens noch zwei bis drei Jahre die Funktion als Leiter der Ständigen Vertretung der BRD in der DDR wahrzunehmen. Im übrigen halte er auch die Position der Koalition in Bonn für stabil genug, um die vor ihr stehenden schwierigen Aufgaben zu meistern.

Gaus bedankte sich für die Möglichkeit dieser Begegnung. Im Auftrage der Bundesregierung möchte er die Erwartung zum Ausdruck bringen, daß es möglich sein wird, über alle Probleme zu sprechen. Dabei sei ihm klar, daß mit größeren spektakulären Entscheidungen über die Entwicklung der Beziehungen nicht zu rechnen sei. Auch der Kampagne gegen die DDR, wie sie unbestreitbar von seiten der Massenmedien der BRD und bestimmten politischen Kräften geführt werde, könne man seines Erachtens am besten begegnen, wenn man über die anstehenden Probleme sachlich redet. Er betonte abschließend nochmals, daß er in Übereinstimmung mit Staatsminister Wischnewski die Bereitschaft zu solchen Gesprächen erklären möchte.

Quelle: SAPMO-BArch, DY 30/J IV 2/202/491.

Dokument 13

Mitteilung von Herbert Häber an Erich Honecker,
Generalsekretär des ZK der SED und
DDR-Staatsratsvorsitzender, am 14. März 1977

Am Montag, dem 14. März 1977, wurde ich von Genossen Jeshow, Mitarbeiter der Abteilung Internationale Verbindungen im ZK der KPdSU und verantwortlich für Fragen der BRD, aufgesucht. Er befand sich auf der Rückreise von der BRD nach Moskau. Im Verlaufe der Unterhaltung erhielt ich von Genossen Jeshow folgende Informationen:

1. Nach Meinung von Genossen Jeshow ist mit einem Besuch von Genossen Breshnew in der BRD im Verlaufe dieses Jahres kaum noch zu rechnen. In der Abteilung Internationale Verbindungen sei eine Vorlage für diesen Aufenthalt in der BRD ausgearbeitet worden. Die Behandlung dieser Vorlage ist aber bis jetzt ausgesetzt worden. Auch bei einem Gespräch mit Genossen Falin in Bonn sei von diesem geäußert worden, daß mit einem Besuch des Generalsekretärs der KPdSU in der Bundesrepublik im Jahre 1977 kaum noch gerechnet

werden könne. Genosse Breshnew werde auf jeden Fall im Frühsommer nach Frankreich reisen. Irgendwann stehe dann eine Begegnung mit dem US-Präsidenten Carter an. Dann sei es Herbst und es würden die Feierlichkeiten zum 60. Jahrestag der Oktoberrevolution stattfinden.

2. Genosse Jeshow hatte als Beobachter am Parteitag der CDU in Düsseldorf teilgenommen. Seine Information darüber ging nicht über das hinaus, was uns bereits bekannt ist. In innenpolitischen Fragen habe die CDU keinerlei Alternativkonzeption zur Regierungspolitik aufzuweisen. Dafür stachele sie den Revanchismus und Nationalismus gegen die DDR an und dabei beherrschen die rechten Kräfte immer mehr die Szene. In einem Gespräch mit dem Mitarbeiter des SPD-Parteivorstandes, Selbmann, habe dieser auf eine Äußerung von Wehner verwiesen, wonach der CDU-Parteitag erneut zeige, daß weitere Schritte auf dem Wege der Entspannung nur von der derzeitigen Koalition in Bonn zu erwarten sind.

3. Genosse Jeshow übermittelte mir Grüße von Herrn Walther Leisler Kiep, der erneut mit großer Mehrheit und ohne Gegenkandidat zum Bundesschatzmeister der CDU gewählt wurde und weiterhin als Finanzminister in Niedersachsen tätig ist. Kiep übermittelte mir eine Einladung zur Teilnahme an der Hannover Messe, die Ende April stattfindet. Er würde es begrüßen, mit mir nach einem Jahr Unterbrechung wieder einen Meinungsaustausch führen zu können. Auf jeden Fall sei ich in Hannover jederzeit willkommen.

4. In einem Gespräch mit Genossen Herbert Mies hat Genosse Jeshow vereinbart, daß Ende Mai ein gemeinsamer interner Gedankenaustausch zur Vorbereitung des Parteiprogramms der DKP stattfinden soll. Die Genossen der KPdSU schlagen vor, daß dieser Meinungsaustausch von Vertretern der DKP, der SED und der KPdSU in Berlin stattfindet. Eventuell würde Genosse Sagladin dazu nach Berlin kommen.

Ich werde voraussichtlich während der Osterfeiertage mit Genossen Herbert Mies zusammentreffen. Wir wollen dabei unser gemeinsames Vorgehen bei der Arbeit am Parteiprogramm der DKP besprechen. Außerdem will ich Genossen Mies ausführlich über die Beratung mit den 1. Kreissekretären der SED sowie über die 5. Tagung unseres ZK informieren.

5. Von Genossen Jeshow wurde die Frage aufgeworfen, ob in Vorbereitung des Parteitages der SEW ein leitender Genosse der SEW zur Konsultation nach Moskau kommen wird. Ich habe darauf hingewiesen, daß an der Rede noch gearbeitet wird. Soweit ich informiert bin, wollen sich nach ihrer Fertigstellung die Genossen der SEW mit den betreffenden Genossen der KPdSU in Verbindung setzen.

Quelle: SAPMO-BArch, DY 30/J IV 2/10.02/16.

Dokument 14

Information über einen Aufenthalt von Herbert Häber in der Bundesrepublik Deutschland vom 19. bis 27. April 1977[5]

1. Auf Einladung des Bundesschatzmeisters der CDU und niedersächsischen Finanzministers Walther Leisler Kiep weilte ich vom 19. bis 21. April in Hannover. Am 19. April empfing mich Herr Kiep in seinem Arbeitszimmer im Gebäude des Finanzministeriums zu einem Frühstück. Dabei kam es zu einem politischen Meinungsaustausch von zwei Stunden.

– Ich benutzte das Zusammentreffen, um zunächst in entschiedener Weise Stellung zu beziehen gegen die Politik der CDU gegenüber der DDR, wie sie kürzlich auf dem 25. Parteitag der CDU in Düsseldorf erneut verkündet worden ist. Dabei verwies ich darauf, daß diese Linie revanchistischen Charakter trägt, gegen die abgeschlossenen Verträge gerichtet ist, hinter den Grundlagenvertrag zurückführt und damit nur alles Erreichte in Frage stellen kann. Von mir wurde betont, daß es eine glatte Fehleinschätzung der Lage ist, wenn die Führung der CDU glaubt, mit Druck auf die DDR etwas erreichen zu können. Was Adenauer in den früheren Jahren nicht schaffte, wird den heutigen CDU-Führern erst recht nicht gelingen. Wer seine Politik auf Fehleinschätzungen aufbaut, wird Fehlschläge erleiden. Außerdem wandte ich mich gegen die Einmischung in die inneren Angelegenheiten der DDR. Basis für normale Beziehungen zwischen der BRD und der DDR kann nur der Grundlagenvertrag sein. Davon ist aber in den Reden von CDU-Politikern überhaupt nichts zu finden. Statt dessen beruft man sich auf das berüchtigte Urteil des Bundesverfassungsgerichts von 1973 sowie auf die Pariser Verträge.[6] Ohne die volle Respektierung der Prinzipien der Souveränität der Staaten und die Nichteinmischung in die inneren Angelegenheiten kann es keine normalen Beziehungen zwischen der BRD und der DDR geben. In diesem Zusammenhang setzte ich mich auseinander mit der verlogenen Propaganda von CDU-Führern über die Menschenrechte. Was die CDU/CSU-Führung unter Menschenrechten verstehe, sei neuerlich dadurch deutlich geworden, daß Dregger die Verhältnisse im Iran und Strauß die Verhältnisse in Südafrika verherrlichten.

---

5   Die Information datiert vom 2. Mai 1977.
6   Am 31. Juli 1973 stellte das Bundesverfassungsgericht auf eine Klage Bayerns hin fest, daß der Grundlagenvertrag zwischen der Bundesrepublik und der DDR mit dem Grundgesetz vereinbar sei. Vgl. den Text des Urteils des BVG in: Ingo von Münch (Hrsg.): Dokumente des geteilten Deutschlands. Bd. II, Stuttgart 1974, S. 359 ff.

– Kiep nahm dazu in folgender Weise Stellung: Es stimme, daß die Deutschlandpolitik derzeit in der CDU die Domäne einiger Leute sei, die nicht mehr zu ändern sind. Er nannte Marx, Abelein und Reddemann. Als ich darauf hinwies, daß der Vorsitzende Kohl die gleichen Töne von sich gibt, schwieg Kiep. Ich fragte, ob bestimmte Kräfte in der CDU dahin arbeiten, daß Kohl sich abwirtschaftet. Kiep widersprach nicht. Im Unterschied zu früheren Gesprächen gab es diesmal von seiten Kieps keinerlei positive Bemerkungen zum Parteivorsitzenden Kohl.

– Weiter äußerte Kiep: Eine von der CDU geführte Bundesregierung werde die Verträge einhalten. Sie könne sie gar nicht umschmeißen. Ich antwortete darauf: Die öffentliche Position der CDU sei nicht geprägt durch glaubhafte Bekenntnisse zur Vertragstreue, sondern durch unaufhörliche Angriffe auf die Prinzipien des Grundlagenvertrages sowie der Schlußakte von Helsinki. Allein danach können wir uns ein Urteil über die Haltung der CDU bilden. Sie bedeutet eine Neuauflage der bereits gescheiterten Politik der Alleinvertretungsanmaßung, wie das in der Entscheidung des Düsseldorfer Parteitages zum Ausdruck kommt. Kiep meinte dazu: Im Falle einer CDU-Regierung würden wir vertragstreue Partner vorfinden.

– Zur derzeitigen Situation der Bonner Regierung meinte Kiep: Er glaube, trotz aller Schwächen werde die Koalition vorerst weiter bestehen bleiben. Die FDP könne noch immer nicht ohne weiteres in Bonn aus der Koalition aussteigen und zur CDU/CSU übergehen. Das ertrage die Parteibasis der FDP nicht. In ihrer Mehrheit sei die Anhängerschaft der FDP auch jetzt noch auf ein Bündnis mit der SPD eingestellt. Er meinte aber, in den Bundesländern könne es weitere Schritte geben. Er rechnet mit einem CDU-Erfolg bei den Landtagswahlen in Hessen 1978. Dort könne die CDU unter Umständen sogar die absolute Mehrheit erreichen, wenn das nicht ganz geschafft wird, dann stehe eine Koalition mit der FDP auf der Tagesordnung. Allerdings gehe das nur ohne Dregger. Als ich fragte, ob er – Kiep – dann als Ministerpräsident Hessens zu erwarten ist, blieb er die Antwort schuldig.

– Bei den ebenfalls 1978 stattfindenden Landtagswahlen in Niedersachsen glaubt er an einen Erfolg der CDU. Wichtig sei, daß die FDP über fünf Prozent komme und damit sichtbar wird, daß sie an der Seite der CDU ihre Position verbessern kann. Wenn das gelingt, so äußerte Kiep, dann sei für ihn die Angelegenheit in Niedersachsen gelaufen.

– Zur Bundespräsidentenwahl 1979 äußerte er: Die CDU/CSU wird in der Bundesversammlung die Mehrheit besitzen. Ohne sie kann der Bundespräsident nicht gewählt werden. Kohl möchte, daß Scheel wiedergewählt wird und ein Geschäft mit der FDP für eine

Koalition abgeschlossen wird. Nach Meinung Kieps wird er sich jedoch damit in der CDU/CSU nicht durchsetzen können. Wahrscheinlich wird es einen eigenen CDU-Kandidaten für das Amt des Bundespräsidenten geben. Im Gespräch ist Weizsäcker, neuerdings auch Carstens. Übrigens so sagte Kiep, mache Carstens eine positive Metamorphose durch; man könne allmählich wieder vernünftig mit ihm reden.[7]

– Auf meine Frage nach den kompliziertesten innenpolitischen Problemen in Niedersachsen nannte Kiep die Auseinandersetzung um die Kernkraftwerke und die Arbeitslosigkeit. Der Widerstand gegen die Kernkraftwerke mache der Regierung beträchtliche Sorgen. Denn viele Bürger des Landes seien tatsächlich ernsthaft beunruhigt über die möglichen Gefahren. Hinsichtlich der Arbeitslosigkeit gebe es kaum Aussichten auf Besserung. Die Konjunktur sei weiterhin unsicher. Neben dem Schicksal für die Betroffenen sei die Arbeitslosigkeit auch ein großes finanzielles Problem. Rund eine Million Arbeitslose bedeuten 10 Milliarden Staatsausgaben für Arbeitslosenhilfe sowie 10 Milliarden Steuerausfall, also ein Verlust von 20 Milliarden pro Jahr. Das sei vorübergehend zu ertragen, aber langfristig gesehen werde das eine sehr ernste Sache.

– Kiep berichtete über seine Arbeit als Finanzminister. Niedersachsen ist jetzt im Bundesrat das Zünglein an der Wage. Dadurch sei er stark beschäftigt als Länderfinanzminister mit bundesweiten Aufgaben. In diesem Zusammenhang äußerte er, Niedersachsen habe starkes Interesse am Bau der Autobahn Berlin-Hamburg.[8] Das Einverständnis im Bundesrat könne erleichtert werden, wenn die Streckenführung durch Niedersachsen gehe. Eine Regelung des Grenzverlaufs Elbe-Mitte halte er vorerst für nicht möglich.

– Kiep teilte mit, daß er gemeinsam mit seiner Familie am 18. Mai in die DDR kommen will, um in Berlin Station zu machen und dann den Harz und Erfurt zu besuchen. Er äußerte Interesse an politischen Gesprächen während seines Aufenthalts in Berlin.

Insgesamt zeigte sich Kiep außerordentlich aufmerksam. Das machte die Einladung in seine Arbeitsräume deutlich, die Vorstellung leitender Beamte[r] seines Ministeriums sowie die Tatsache, daß er auf der Hannover-Messe Genossen Heinz Behrendt, Genossen Michael Kohl und mich demonstrativ begrüßte.

---

7   Bei der Bundespräsidentenwahl am 23. Mai 1979 in Bonn setzte sich Karl Carstens (CDU) gegen Annemarie Renger (SPD) durch.
8   Der Bau einer Transitautobahn zwischen Berlin und Hamburg wurde am 16. November 1978 vereinbart. Die Kosten für den Bau der Autobahn übernahm die Bundesrepublik. Vgl. dazu Beziehungen der Deutschen Demokratischen Republik zur Bundesrepublik Deutschlans und zu Berlin (West), S. 98 ff.

2. Am 20. und 21. April 1977 besuchte ich die Hannover-Messe und nahm an der Eröffnungsveranstaltung sowie an dem vom niedersächsischen Ministerpräsidenten Albrecht gegebenen Empfang teil.

In den Eröffnungsreden, gehalten vom Bundespräsidenten Scheel, vom Bundeswirtschaftsminister Friderichs und vom Präsidenten des Bundesverbandes der Industrie, Schleyer, gab es folgende Schwerpunkte:

– Die Krise dauert an. Es gebe zwar eine Belebung, aber keinen stabilen Aufschwung. Es wird von einer gespaltenen Konjunktur geredet.

– Die Arbeitslosigkeit ist das sozialpolitische Kernproblem. Eine Aussicht auf eine spürbare Senkung der Arbeitslosenzahl ist nicht vorhanden. Es gebe keine Möglichkeit, mit staatlichen Mitteln die Arbeitslosigkeit zu beseitigen.

– Es gehe darum, die Investitionslust der privaten Wirtschaft zu erhöhen. Dazu sei es notwendig, in größerem Umfang staatliche Steuervergünstigungen zu gewähren. Es müßten alle Maßnahmen unterbleiben, die die Gewinnerwartungen der Unternehmen mindern.

– Verhindert werden müsse vor allem eine Ausweitung der Konsumausgaben. Zurückhaltung bei Lohnforderungen sei weiter nötig. Die Gewerkschaften müßten mehr tun, um einen „Mißbrauch der sozialen Leistungen" durch die Werktätigen zu unterbinden.

– Eine große Rolle spielten Rohstoff- und Energieprobleme. Es sei nötig, rohstoff- und energiesparende Produktionen zu entwickeln. Außerdem müsse man aufhören, sich bei der Festlegung der Energiepolitik von Bürgerinitiativen und demoskopischen Umfragen beeinflussen zu lassen.

Auch diesmal waren die Eröffnungsveranstaltungen der Hannover-Messe eine reine CDU/FDP-Angelegenheit. Prominente SPD-Politiker haben sich nicht gezeigt.

3. Am 22. April stattete ich dem Forschungsinstitut der Gesellschaft für Auswärtige Politik in Bonn einen Besuch ab. Sie ist die einflußreichste Institution dieser Art in der BRD und setzt sich aus prominenten Vertretern der Bonner Parteien sowie der Großbourgeoisie zusammen. Präsident der Gesellschaft ist derzeit der Großindustrielle Kurt Birrenbach vom Thyssen-Konzern. Direktor des Forschungsinstituts ist Prof. Dr. Kaiser, den ich vor einiger Zeit auf einer internationalen Tagung in Potsdam kennengelernt habe. Vorheriger Direktor war der jetzige Bundestagspräsident Carstens. Es ist dort Praxis, daß der Direktor von der CDU und der stellvertretende Direktor von der SPD gestellt wird. Es kam zu einem Gespräch mit Prof. Kaiser und seinem Stellvertreter, Dr. Schulz. Dabei äußerten beide folgende Gedanken:

– Der USA-Präsident Carter durchlaufe gegenwärtig einen Lernprozeß. Trotz seines Versuchs, mit Moralprinzipien Politik zu machen, werde er sich mit den Realitäten der Welt abfinden müssen. Gegenüber der BRD habe er sich hinsichtlich des Atomgeschäfts mit Brasilien und der Wirtschaftsstrategie bereits korrigieren müssen.

– Beide großen Parteien in Bonn seien derzeit ohne Konzept für die Lösung der anstehenden Probleme. Die SPD sei fast dabei, politischen Selbstmord zu begehen. Die CDU zeige sich aber nicht in der Lage, die Schwächen der Koalition voll zu nutzen. Der CDU-Vorsitzende Kohl mache eine schlechte Figur. Bei der Bundestagssitzung über Fragen der inneren Sicherheit habe es sogar hämische Zwischenrufe aus der CDU/CSU-Fraktion gegeben, als Kohl sprach. Leider würden in der Ostpolitik die rechten Kräfte in der CDU noch immer den Ton angeben. Man streite sich in dieser Partei noch immer um die Probleme der 50er Jahre. Wenn man die Gesamtlage betrachte, könne man beinahe von einem Zustand der Unregierbarkeit sprechen.

– Die Koalition sei dennoch fester als sie aussieht. Die FDP könne nicht einfach umschwenken, sie laufe sonst Gefahr, bei den nächsten Wahlen unter die Fünf-Prozent-Grenze abzusinken. Außerdem kenne Genscher den CDU-Vorsitzenden Kohl genau und wisse, wie labil er als Bundeskanzler sein würde. Bei Schmidt weiß Genscher, woran er ist. Bei Kohl könne Genscher nicht sicher sein, wer dann die Regierung wirklich lenkt – Strauß oder Dregger. Allerdings können Überraschungen nicht ausgeschlossen werden, wenn die SPD weiter abwärts geht.

4. Am 23. April bin ich mit Genossen Hans Schneider, Bezirksvorsitzender der DKP Südbayern, in München zusammengetroffen. Genosse Schneider informierte mich über den Schwerpunktplan für die Kommunalwahlen in Bayern, die am 5. März 1978 stattfinden. Die Partei konzentriert ihre Kraft vorrangig auf die Stadt München, wo ihr bei den letzten Wahlen nur 700 Stimmen fehlten, um in den Stadtrat einzuziehen. Die SPD wird nach Meinung der Genossen in München mit Sicherheit nicht mehr die Mehrheit erreichen. Sie weiche überall zurück. Die CSU hingegen habe es verstanden, eine sehr konkrete bürgernahe Kommunalpolitik zu entwickeln. Genosse Schneider teilte mit, daß in Kürze evtl. mit dem Übertritt einer Gruppe Sozialdemokraten zur DKP zu rechnen ist.

5. Am 25. und 26. April weilte ich im Saarland. Ich nahm als Gast teil an einer Sitzung des Bezirkssekretariats der DKP, an einer Sitzung des Kreissekretariats von Saar-Pfalz (Homburg und St. Ingbert) sowie an einer Zusammenkunft mit Betriebsräten aus der saarländischen Stahlindustrie. Insgesamt zeigte sich:

– Die DKP spielt in der Bewegung gegen Massenentlassungen und Betriebsstillegungen eine führende Rolle. Ohne Übertreibungen läßt sich sagen, daß es der Initiative und dem Geschick der DKP-

Genossen zu verdanken ist, wenn es in den vergangenen Wochen zu solchen großen Arbeiterdemonstrationen wie in Neunkirchen, in Burbach und Völklingen gekommen ist. Die meisten sozialdemokratischen Gewerkschaftsfunktionäre und Betriebsräte hatten den Entlassungen zugestimmt, und sie wollten keine Massenaktionen. Unter dem Druck der Stimmung in den Betrieben und unter dem Einfluß des entschiedenen Verhaltens der DKP-Betriebsräte mußten sie die Aktionen mittragen. Das hat die Autorität unserer Genossen bedeutend gestärkt und ihr Verhältnis zu vielen SPD-Gewerkschaftern gefestigt. Die Betriebs- und Ortszeitungen der DKP finden große Beachtung. Bei einem Freiverkauf der UZ vor einem Stahlwerk konnten z. B. binnen kurzer Zeit 800 Exemplare verkauft werden.

Nach vielen Jahren fand am 1. Mai in Saarbrücken erstmals wieder eine vom DGB veranstaltete Mai-Demonstration statt. Die DKP hatte alle Vorbereitungen getroffen, damit sie zu einer machtvollen Manifestation des Kampfes für die Sicherung der Arbeitsplätze wurde. Die von der DKP ausgegebene Losung „Für das Recht auf Arbeit – das erste Menschenrecht" hat breite Zustimmung und Eingang auch in die Materialien des DGB und der SPD gefunden.

– Die Unternehmer, die Landesregierung und führende Gewerkschafter sind gegenwärtig bemüht, die Belegschaften der Stahlindustrie zu besänftigen. Es wird der Eindruck erweckt, als sei mit den bisher vollzogenen Entlassungen die Sache erledigt. In Wirklichkeit stehen aber weitere Entlassungen bis zu einem Umfang von 10 bis 15 000 Arbeitern und Angestellten bevor. Deshalb wird die DKP nach dem 1. Mai eine umfassende Aufklärungskampagne über die künftigen Absichten der Stahlkonzerne durchführen. Vor allem kommt es darauf an, Tendenzen der Resignation entgegenzutreten. Nicht wenige Arbeiter sagen: Wir haben demonstriert, aber trotzdem die Entlassungen nicht verhindern können. Hinzu kommt, daß die Unternehmensleitungen versuchen, die Belegschaften mit Hilfe sogenannter Sozialpläne aufzuspalten. Arbeitern wird angeboten, vorzeitig (mit 58 Jahren) in Rente zu gehen. Dafür gibt es eine Abfindung von 7 500 DM. Angestellte erhalten 10 000 DM. Es wird eine Stimmung gegen „Bummelanten" geschürt, gegen Arbeiter, die häufig den Krankenschein nehmen, die, wie es heißt, ein „ungünstiges Arbeitsbild" haben.

Alle Genossen berichteten von einem fast unerträglichen Leistungsdruck in den Betrieben, von verbreiteter Angst bei den Arbeitern, daß sie das Tempo nicht mehr durchhalten können. Die Unfallgefahr hat sich stark erhöht.

– Die Partei konzentriert sich darauf, das Ausmaß dessen klar zu machen, was auf die Bevölkerung des Saarlandes zukommt und die Öffentlichkeit zu alarmieren. Man muß den Arbeitern Antwort geben, was konkret zur Verteidigung der Arbeitsplätze getan werden kann. Deshalb steht an erster Stelle die Forderung: Kein Betriebsrat stimmt einer Entlassung zu. Es wird ein gesetzliches Verbot von Massenentlassungen verlangt. Die Partei bemüht sich, die Solidaritätsbewegung anderer Bevölkerungskreise mit den Belegschaften der Stahlbetriebe zu festigen und zu entwickeln.

– Am 27. Mai 1977 findet in Dortmund eine zentrale Konferenz der IG Metall zur Lage in der Stahlindustrie statt. Es werden daran auch die Betriebsratsvorsitzenden und ihre Stellvertreter teilnehmen. Darunter befinden sich Genossen der DKP. Es sind Vorbereitungen im Gange, um in Dortmund die Forderungen der von Entlassung bedrohten Arbeiter in gebührender Weise zu Gehör zu bringen.

– Es ist mein Eindruck, daß die Bezirksorganisation Saar der DKP erfolgreich dabei ist, eine Reihe Schwächen zu überwinden, die in den zurückliegenden Jahren die Arbeit erschwerten. Das betrifft besonders die bessere Unterstützung der Betriebsgruppen, die Zusammenarbeit zwischen den Betriebsgruppen und den Genossen in hauptamtlichen Betriebsratsfunktionen sowie die systematische Arbeit mit Betriebs- und Ortszeitungen. Auch sind Vorbereitungen getroffen, um für die nächsten Kommunalwahlen im Saarland nach dem Beispiel von Bottrop und Marburg die Kraft der Partei auf die Schwerpunkte Neunkirchen und Völklingen zu konzentrieren.

6. Am 27. April führte ich in Düsseldorf einen Meinungsaustausch mit Genossen Herbert Mies und Genossen Hermann Gautier. Ich wurde über die Arbeit der Partei zur Vorbereitung der Demonstrationen und anderer Veranstaltungen am 1. Mai 1977 informiert. Weiter stehen die Vorbereitungen auf die Manifestation für Frieden und Abrüstung am 21. Mai 1977 im Mittelpunkt der Arbeit der Partei. Unter den Personen, die den Aufruf für diese Kundgebungen unterzeichnet haben, befinden sich 284 Gewerkschaftsfunktionäre, 391 Betriebsräte, 602 Lehrer, 172 Kulturschaffende, 80 Professoren sowie Vertreter von 76 Organisationen. Es ist die bisher breiteste Beteiligung, die bei einer solchen Aktion in der BRD erreicht wurde.

Ein bedeutender Erfolg war der erste Kongreß der neugebildeten „Demokratischen Fraueninitiative" am 16. April 1977 in Oberhausen. Mehr als 1 000 Frauen haben daran teilgenommen. Die Vorbereitungen und Durchführung des Kongresses bestätigen die großen Möglichkeiten eines breiten Bündnisses im Kampf für die Gleichberechtigung der Frau. Mit dem Kongreß wurde die Grundlage für eine wirkungsvolle, fortschrittliche Frauenbewegung in der BRD geschaffen.

Die nächste Tagung des Parteivorstandes der DKP findet am 18. und 19. Juni 1977 statt. Wie im Arbeitsplan vorgesehen, wird sie sich mit Fragen der Bündnispolitik der Partei beschäftigen.

Während meines Aufenthaltes in der BRD besuchte ich die ständige Vertretung der DDR in der BRD.

Quelle: SAPMO-BArch, DY 30/37075/1.

Dokument 15

Information über eine Zusammenkunft von Herbert Häber mit Günter Gaus, Leiter der Ständigen Vertretung der Bundesrepublik in der DDR, in Anwesenheit von Walther Leisler Kiep, CDU-Bundesschatzmeister und Finanzminister von Niedersachsen, in Berlin am 18. Mai 1977[9]

Am 18. Mai 1977 habe ich gemeinsam mit Genossen Alexander Schalck vom Ministerium für Außenwirtschaft sowie Genossen Karl Seidel vom Außenministerium an einem Abendessen teilgenommen, zu dem der Leiter der Ständigen Vertretung der BRD in der DDR, Gaus, aus Anlaß des Besuchs des CDU-Politikers Kiep eingeladen hatte. Von Seiten der BRD waren außerdem anwesend der stellvertretende Leiter der BRD-Vertretung Bräutigam sowie der persönliche Mitarbeiter von Kiep, Lützenkirchen.

Im Verlaufe der Zusammenkunft kam es zu Diskussionen über folgende Probleme:

– Gaus äußerte, er halte es für dringend erforderlich, den Streit zwischen den beiden deutschen Staaten über den „Berlin-Status" zu beenden. Wenn diese Auseinandersetzung fortgesetzt würde, könne das die Lage nur weiter verschärfen. Von unserer Seite wurde darauf hingewiesen, daß diese Diskussion ja nicht aus heiterem Himmel gekommen ist. Mit der Londoner NATO-Ratstagung ist in dieser Frage ein provokatorischer Vorstoß unternommen worden, der nicht ohne Reaktion bleiben kann.

Angesprochen auf die Ausfälle von BRD-Kanzler Schmidt in Westberlin gegen die DDR äußerte Gaus, wir sollten sehen, daß Schmidt kurz danach in einem Interview versucht habe, die Sache herunterzuspielen. Außerdem mache das Interview von Wehner im „Stern" deutlich, wie man in Bonn über die weitere Gestaltung des Verhältnisses zur DDR denke.

– Sowohl Kiep als auch Gaus sprachen sich dafür aus, daß man versuchen müsse, auf vernünftige Weise an der Weiterentwicklung der Beziehungen zu arbeiten. Wir stellten die Frage, warum dann in der nächsten Woche im Bundestag erneut eine sogenannte Deutsch-

---

9 Die Information datiert vom 19. Mai 1977.

land-Debatte stattfinden soll, die sicherlich benützt werden wird, um die DDR anzugreifen und zu verleumden. Auch sei das beabsichtigte Auftreten des CDU-Vorsitzenden Kohl am 17. Juni in Westberlin keinesfalls ein Beitrag zur Verbesserung der Klimas. Die weitere positive Gestaltung der Beziehungen zwischen der BRD und der DDR ist unmöglich, wenn nicht Schluß gemacht wird mit der Hetzkampagne gegen die DDR.

– Unter Hinweis auf die mehrfachen konstruktiven Äußerungen des Generalsekretärs des ZK der SED, Genossen Honecker, haben wir unsere Grundposition zu den Fragen der Beziehungen zwischen den beiden deutschen Staaten dargelegt. Wir haben aber auch in aller Deutlichkeit betont, daß für die weitere Entwicklung der Beziehungen die Einhaltung der in den Verträgen niedergelegten Prinzipien absolute Voraussetzung ist, insbesondere des Prinzips der Achtung der Souveränität der Staaten und des Prinzips der Nichteinmischung. In diesem Zusammenhang haben wir uns mit der verlogenen Menschenrechtskampagne auseinandergesetzt, die darauf gerichtet ist, von den Mißständen in der Bundesrepublik und anderen westlichen Ländern abzulenken und sich in unverschämter Weise in die inneren Angelegenheiten der sozialistischen Staaten einzumischen. Auch das auf der Londoner NATO-Ratstagung beschlossene umfassende Rüstungsprogramm ist von uns angesprochen worden.

– Ausführlich äußerte sich Kiep über die Politik das neuen USA-Präsidenten Carter. Er halte es für falsch, wenn man seine Aktivitäten nur als Eskapaden eines unerfahrenen Politikers betrachte. Man müsse Carter ernst nehmen. Das betreffe seine Absicht, auf dem Gebiet der atomaren Rüstung zu Vereinbarungen zu kommen und die Weiterverbreitung von Atomwaffen zu verhindern, zu Regelungen im sogenannten Nord-Süd-Konflikt zu gelangen und die Beziehungen zu den Entwicklungsländern zu verbessern sowie für die Wahrung der Menschenrechte einzutreten. In der Frage der Menschenrechte gehe es Carter nicht um die Kampagne gegen die sozialistischen Länder. Seine Aktivitäten richteten sich auch auf die westlichen Länder. Er, Kiep, könne nur vor einer Unterschätzung der Absichten Carters warnen, sein Verhalten und auch manche spektakulären Schritte seien von der Absicht bestimmt, sich eine breite Zustimmung im amerikanischen Volk und die Unterstützung des Kongresses zu sichern.

– Kiep zeigte sich sehr interessiert am Stand der wirtschaftlichen Beziehungen zwischen der DDR und der BRD und an den damit verbundenen Problemen. Er brachte den Wunsch noch Kontakten zwischen der Norddeutschen Landesbank, die in Hannover ihren Sitz hat, mit der Staatsbank der DDR zum Ausdruck und bat Genossen Schalck um Vermittlung bei der Herstellung eines solchen Kontakts. Kiep warf die Frage auf, warum eigentlich nicht weiter gesprochen wird über die Frage der Sicherung der Energieversorgung von Westberlin. Gaus äußerte im Zusammenhang mit den Wirtschaftsfragen: Es wäre für die Bundesregierung günstig, wenn sie von der DDR rechtzeitig erfahren könnte, in welchem Umfang in den nächsten Jahren Kooperationsgeschäfte mit BRD-Firmen vorgesehen sind, um das Ausmaß der dafür erforderlichen Bundeskreditbürgschaften abschätzen zu können. Weiter wurde von Gaus und Kiep die Frage aufgeworfen, ob es nicht Fortschritte geben könne bei der Verbesserung des nichtkommerziellen Zahlungsverkehrs. Daran sei Bonn außerordentlich gelegen.

– Zu Beginn der Zusammenkunft teilte mir Kiep unter vier Augen mit, er habe seine Reise in die DDR mit „seinen Leuten" und auch mit Bundeskanzler Schmidt und Außenminister Genscher abgesprochen. Beim Gespräch mit Schmidt sei deutlich geworden, daß der Bundeskanzler sehr verärgert sei über den neuen Spionagefall im Bundeskanzleramt. Er betrachte das als Angriff gegen sich persönlich, denn er habe geglaubt, daß nach der Angelegenheit Guillaume das Bundeskanzleramt von derartigen Aktivitäten ausgenommen werde. Kiep äußerte, er möchte das uns ganz im Vertrauen wissen lassen.

– Im Juli wird Kiep nach Moskau fliegen und mit Genossen Sagladin zusammentreffen.

Kiep bedankte sich für die günstigen Bedingungen, die er und seine Familie hier vorgefunden haben sowie für die Unterstützung für seine Reise in den Harz und nach Thüringen. Er lobte ausdrücklich das neue Interhotel „Metropol",in dem er sich sehr wohl fühle. Auch gefalle ihm das Stadtzentrum sehr gut und er sei beeindruckt vom pulsierenden Leben in den Straßen der Hauptstadt.

Er bekräftigte, daß im Bedarfsfalle jederzeit die Möglichkeit besteht, ihn in Hannover aufzusuchen.

Quelle: SAPMO-BArch, DY 30/J IV 2/202/491.

Dokument 16

Information über einen Aufenthalt von Herbert Häber in der Bundesrepublik Deutschland vom 1. bis 8. Juli 1977 (Auszug)[10]

[...] 3. Während meines Besuches der Ständigen Vertretung der DDR in Bonn wurde ich vom Leiter der außenpolitischen Beratergruppe

---

10 Die Information datiert vom 14. Juli 1977. Auf etwa 5 Manuskriptseiten enthält sie in den ersten beiden Gliederungspunkten ausschließlich Aussagen über die Teilnahme Häbers an einigen Veranstaltungen der DKP. Auf den Abdruck dieses Teils wurde hier verzichtet.

der SPD-Bundestagsfraktion, Eugen Selbmann, zu einem Gespräch gebeten. Es fand am 5. 7. 1977 in den Räumen der SPD-Bundestagsfraktion im Bundeshaus statt. Selbmann zählt zu den engsten Mitarbeitern des SPD-Fraktionsvorsitzenden Herbert Wehner und hat auch engen persönlichen Kontakt zu Bundeskanzler Helmut Schmidt. Die Botschaften befreundeter Staaten in Bonn bewerten Selbmann als eine Schlüsselfigur im Spitzenapparat der SPD. Er verfügt über zahlreiche Beziehungen zu führenden Persönlichkeiten in sozialistischen Ländern, weilte mehrfach in der UdSSR, in der Volksrepublik Polen, in Jugoslawien usw.

Einleitend bekundete er sein großes Interesse an Gesprächen mit Persönlichkeiten der DDR und bedauerte, daß es dazu bisher kaum gekommen sei. Er betonte, daß die SPD auf die Entspannung und Erhaltung des Friedens in Europa festgelegt sei. Es müßte alles getan werden, damit die jetzige Koalition erhalten bleibt, denn nur sie könne die Fortsetzung der Politik der Entspannung in der Bundesrepublik garantieren. Diese Aufgabe habe absolute Priorität. Im Interesse dieses übergeordneten Zieles müsse man auch bereit sein, auf innenpolitischem Gebiet gegenüber der FDP Kompromisse einzugehen und Dinge zu schlucken, die man als Sozialdemokrat eigentlich gar nicht vertreten könne.

Diese Strategie werde aber innerhalb der SPD nicht überall verstanden. Herbert Wehner sei deshalb so erbost, weil auch bestimmte Parteifunktionäre und Abgeordnete diesen Zusammenhang nicht begreifen. Dazu gehörten vor allem jene, die meinen, daß die SPD in die Opposition gehen müsse, um sich dort zu regenerieren. Solche Leute gibt es. Einer sei der Bundestagsabgeordnete Manfred Coppik. Diese Auffassung sei aber grundfalsch; denn wenn man jetzt aus der Regierung ausscheide, so wäre das das Eingeständnis des Bankrotts. Ist die SPD erst einmal aus der Regierung heraus, wird sie so schnell nicht wieder hineinkommen, erklärte Selbmann. Zum großen Krach zwischen Wehner und Brandt vor einigen Wochen sei es deshalb gekommen, weil Brandt öffentlich Leuten, die gegen die Parteilinie gestimmt haben, seinen Respekt bekundet hat. Wer aber das in der SPD gültige Prinzip der Solidarität verletzt, darf nicht noch belobigt werden. Und wer generell anderer Auffassung ist, muß die Partei verlassen.

Die Lage in der Bundesrepublik sei gegenwärtig sehr ungewiß, so sagte Selbmann. Niemand wisse, wie es eigentlich weitergehen soll. In einem persönlichen Gespräch mit Selbmann habe Helmut Schmidt kürzlich geäußert, es könne innenpolitisch jetzt nur darum gehen, die bestehende Situation zu halten bzw. zu stabilisieren, damit der Rutsch nach unten nicht noch tiefer wird. Niemand sei in der Lage, ihm zuverlässige Daten über die zu erwartende Wirtschafts-

128

entwicklung zu geben. Deshalb sei es kaum möglich, eine längerfristig angelegte innenpolitische Konzeption zu erarbeiten.

Auf außenpolitischem Gebiet herrsche Ungewißheit über die Absichten des US-Präsidenten Carter. Geplante Initiativen zur Förderung der MBFR-Verhandlungen in Wien seien unterblieben, da Bonn sich nicht in offenen Gegensatz zu Washington stellen könne.

Nach dem Amtsantritt von Carter habe Schmidt zunächst eine sehr negative Meinung von ihm gehabt. Brandt war dann in den USA und sei mit einem etwas positiveren Eindruck zurückgekommen. Auf dem Gipfeltreffen in London habe Schmidt Carter kennengelernt und insgesamt ein günstigeres Bild gewonnen. Inzwischen sei dieser günstige Eindruck aber wieder verschwunden. Die jetzige Reise von Schmidt nach Washington soll Klarheit bringen. Ob Schmidt aber jetzt klüger zurückkommen werde, sei nicht gewiß.

In der Spitze der SPD sei man vor allem skeptisch gegenüber der lautstarken Menschenrechtskampagne von Carter. Auf diese Weise entstehe die Gefahr, daß die erreichten Verbesserungen in Frage gestellt und weitere Verbesserungen im Verhältnis zur DDR und zu den anderen sozialistischen Staaten blockiert werden.

Selbmann äußerte, es sei erfreulich, daß die UdSSR und die sozialistischen Staaten bisher mit Zurückhaltung auf die entspannungsfeindlichen Angriffe aus den USA reagiert haben. Er hob besonders hervor, daß Herbert Wehner und Helmut Schmidt die konstruktive Haltung der Führung der DDR auch in komplizierten Situationen hoch schätzen.

Alles in allem sei die gegenwärtige Lage kaum zu bewältigen. Obwohl die CDU/CSU keine bessere Politik vorzuweisen habe, verstärke sie den Druck auf die Regierung. Der Vorwurf gegen Schmidt, er habe in verfassungsfeindlicher Weise öffentliche Finanzmittel verwendet, habe ihn tief getroffen. Die Bundesregierung stehe außerdem gegenüber der DDR unter dem Zwang des Grundgesetzes und des Urteils des Bundesverfassungsgerichts.[11] Diese Festlegungen seien zwar außenpolitisch unreal und widersprechen in manchen Punkten den internationalen Abkommen, aber man könne daran nichts ändern. Angesprochen auf die Notwendigkeit, daß die SPD gegen die CDU/CSU ihrerseits eine Gegenoffensive entfalten müsse, stimmte Selbmann zu, meinte aber, er wisse nicht, wie das zu bewerkstelligen wäre. Man habe den Auftrag erteilt, Angriffspunkte gegen die CDU/CSU zu suchen, aber da sei noch nicht viel herausgekommen.

Der Artikel im „Spiegel" gegen Wehner habe sie sehr überrascht. Wehner wäre sehr empört und habe geäußert, alles sei erlogen.

---

11 Vgl. Kapitel 2, Anm. 6.

Schlimm sei, daß viele Leute immer noch glauben, der „Spiegel" stünde positiv zur Bonner Regierungskoalition. In Wirklichkeit werde die Koalition und besonders die SPD von ihm ständig angegriffen.

Hinsichtlich der Lage in der CDU/CSU meinte Selbmann, dort müsse sich kurz über lang die Frage klären: Wer wird die Nummer eins. Man dürfe Kohl nicht völlig unterschätzen, denn er kenne seine Schwächen. Leute wie Albrecht und Weizsäcker hätten ernste Bedenken, ob man mit Kohl 1980 zu den Bundestagswahlen noch einmal antreten könne.[12] In der CDU gäbe es nicht wenige Realisten, aber derzeit hätten sie keinen spürbaren Einfluß auf die Parteipolitik.

Selbmann äußerte den Wunsch, bei Gelegenheit das Gespräch weiterzuführen; auch wolle er einmal die DDR besuchen.

Im Zusammenhang mit dieser Begegnung wurde ich von Genossen unserer Vertretung unterrichtet, daß auch das Mitglied des SPD-Parteivorstandes Bruno Friedrich, Bundestagsabgeordneter und Bezirksvorsitzender der SPD von Franken, Interesse an einem Kontaktgespräch geäußert habe. Es war ihm nur zeitlich nicht möglich, mit mir zusammenzutreffen. Auch er kündigte an, demnächst die DDR besuchen zu wollen.

4. Während meines Aufenthaltes in Bonn kam es am 8. Juli zu einer kurzen Begegnung mit dem Bundesschatzmeister der CDU, Walther Leisler Kiep. Er hatte mich zu einem Gespräch ins Konrad-Adenauer-Haus, dem Sitz der Parteizentrale der CDU, gebeten. Kiep sagte mir, daß auch andere prominente CDU-Politiker den Wunsch haben, Gespräche mit den Vertretern der DDR zu führen. Er meint, dies könne nur gut sein für die Anhänger eines vernünftigen Kurses. Es gäbe mehr „Schwalben" in der CDU als man das sieht. Sie müßten sich nur zu einem Schwarm vereinigen. Besonderes Interesse an einem Kontakt habe das Mitglied des Präsidiums der CDU, Gerhard Stoltenberg, Ministerpräsident von Schleswig-Holstein, gezeigt. Wenn unsererseits Bereitschaft besteht, könnte er der nächste Partner für ein Gespräch sein.

Im Verlauf der Unterhaltung äußerte Kiep die Auffassung, daß sich die Lage der Bonner Regierungskoalition nach seiner Meinung leicht gebessert habe. Wie er meinte, nicht zuletzt dank der Unfähigkeit der CDU/CSU, überzeugende politische Vorstellungen auf den Tisch zu legen. Im Hinblick auf die Landtagswahlen im Jahre 1978 dürfe die CDU nicht zu selbstsicher sein. In Hessen z. B. komme Holger Börner, der jetzige SPD-Ministerpräsident, bei der Bevölke-

---

12 Zu den Bundestagswahlen vom 5. Oktober 1980 trat Franz Josef Strauß als Kanzlerkandidat der Union gegen Bundeskanzler Helmut Schmidt an. SPD und FDP konnten ihre Mehrheit gegenüber den Wahlen 1976 leicht ausbauen.

rung besser an, als man das vorher geglaubt habe. Für Dregger werde es schwerer, gegen Börner zu kämpfen als gegen den ehemaligen Ministerpräsidenten Osswald.

Bei den Wahlen in Niedersachsen müsse sich das „Modell Niedersachsen" bewähren. Das Verhalten des niedersächsischen Ministerpräsidenten Albrecht bei der jüngsten Abstimmung im Bundesrat über die Sozialgesetze habe seinem Ansehen geschadet. Die niedersächsische Landesregierung war auf die Situation nicht richtig vorbereitet und mußte sich deshalb dem Druck der FDP-Minister beugen. Albrecht stehe jetzt als Politiker da, der von der FDP erpreßt werden kann. Kiep hält sich aus der öffentlichen Diskussion über diese Frage heraus.

Auf die Frage, ob sich die CDU nun darauf einrichte, daß die Bonner Koalition bis 1980 durchhält, äußerte Kiep: Wenn einige Leute in der CDU/CSU so weitermachen wie jetzt, dann werden wir bis 1984 in der Opposition bleiben, dann gibt es für uns einen kalten Winter. Die CDU könne der SPD keinen größeren Gefallen tun, als Dregger weiter nach vorne zu schieben. Egon Bahr habe ihm gesagt: Macht Dregger statt Kohl zum CDU-Vorsitzenden! Kiep meinte, wenn bei der CDU/CSU Strauß und Dregger das Bild beherrschen, können SPD und FDP auch die Wahlen 1980 gewinnen.

Für die Bundesregierung habe in der Auseinandersetzung mit der Opposition die Außenpolitik wieder an Bedeutung gewonnen. Hier sei die Koalition der CDU/CSU auf jeden Fall überlegen und versuche deshalb Punkte für sich zu sammeln. Deshalb sei Schmidt auch an einer positiven Entwicklung der Beziehungen zu den sozialistischen Staaten interessiert, um mit dem Blick auf die Landtagswahlen im nächsten Jahr positive Ergebnisse vorweisen zu können. Darum sei er auch ungehalten über die grobe Menschenrechtskampagne von Carter, durch die sich die rechten Kräfte der CDU/CSU ermuntert fühlen.

Nach Kieps Meinung wird derzeit in der BRD kaum regiert. Die Koalition taktiere nur, um am Ruder zu bleiben. Und die Opposition taktiere nur, um die Regierung in Bedrängnis zu bringen. Die wirklichen Probleme, vor allem auf dem Gebiet der Innenpolitik, würden nicht diskutiert. Niemand habe dafür ein Konzept. Diese Situation könne sich schädlich für das ganze System auswirken. Die Strategie-Kommission von CDU/CSU habe zwar getagt, aber von einer Strategie sei nichts zu sehen.

Quelle: SAPMO-BArch, DY 30/37075/1.

Dokument 17

**Information über einen Aufenthalt von Herbert Häber
in der Bundesrepublik Deutschland vom 28. September bis
5. Oktober 1977**[13]

Wie festgelegt, fand am 30. 9. 1977 in der Parteiorganisation der
Ständigen Vertretung der DDR in der BRD die Eröffnung des Par-
teilehrjahres statt, wozu ich ein einführendes Referat hielt. Meine
Ausführungen standen voll im Zeichen der bedeutsamen Rede des
Generalsekretärs des ZK der SED, Genossen Erich Honecker, vom
26. 9. 1977 in Dresden, über „Die sozialistische Revolution in der
DDR und ihre Perspektiven"[14].

Anläßlich meines Aufenthaltes in Bonn hatte ich Gelegenheit,
mit folgenden Persönlichkeiten längere Gespräche zu führen: Hans
Koschnick, stellvertretender Vorsitzender der SPD und Bürgermeister von Bremen; Bruno Friedrich, stellvertretender Vorsitzender der
SPD-Bundestagsfraktion, Vorsitzender des SPD-Bezirks Franken
(Nürnberg); Karl Lietke, Vorsitzender des Parteirates der SPD und
stellvertretender Vorsitzender der SPD-Bundestagsfraktion; Helmut
Becker, Parlamentarischer Geschäftsführer der SPD-Bundestagsfrak-
tion; Eugen Selbmann, Leiter der außenpolitischen Beratungsgruppe
der SPD-Bundestagsfraktion; Walther Leisler Kiep, Mitglied des
Präsidiums und Bundesschatzmeister der CDU und Finanzminister
von Niedersachsen. Am Ende meines Aufenthaltes bin ich mit dem
Vorsitzenden der DKP, Genossen Herbert Mies, zusammengetroffen.
Zum Inhalt der einzelnen Gespräche:

Hans Koschnick, stellvertretender SPD-Vorsitzender, empfing
mich am 29. 9. 1977 im Gebäude der Landesvertretung Bremens in
der Bundeshauptstadt. Er hatte um einen ausführlichen Meinungsaustausch ersucht. Im Verlaufe der Unterredung, die zirka zwei
Stunden dauerte, äußerte er sich folgendermaßen: Er halte Gespräche
zwischen führenden Vertretern der SED und der SPD für notwendig,
um über die Frage der zukünftigen Entwicklung der Beziehungen
zwischen der BRD und der DDR zu diskutieren. Für ihn handele es
sich um zwei selbständige Staaten, die zwei unterschiedliche Systeme repräsentieren und für lange Zeit den zwei Bündnissen angehören. Was die Wiedervereinigung betrifft, so werde er zwar immer die
Hoffnung behalten, daß eines Tages ein Gesellschaftssystem entsteht, das die Vereinigung ermöglicht. Solche Erwartungen dürften
aber keine Auswirkungen auf die gegenwärtige Politik haben. Es sei
sinnlos, wenn einer versuche, den anderen aus seinem Bündnis her-

---

13 Die Information datiert vom 6. Oktober 1977.
14 Vgl. Erich Honecker: Reden und Aufsätze. Bd. 5, Berlin 1978, S. 465 ff.

auszulocken. Beide Staaten sind für die jeweiligen Bündnisse, denen sie angehören, viel zu wichtig. Für die Lage in Europa sei es aber bedeutsam, daß es zwischen den beiden deutschen Staaten möglichst normale Beziehungen gibt, ohne das die anderen Bündnispartner der BRD oder der DDR mißtrauisch werden. Um diese Beziehungen gut zu gestalten, müsse man gegenseitig die Souveränität und die jeweiligen Interessen respektieren.

Manche Leute in der SPD vertreten die Auffassung, die Frage des Nord-Süd-Konflikts sei heute die Hauptsache. Er bezog sich dabei offensichtlich auf Willy Brandt. Er, Koschnick, meine aber, das Problem der Ost-West-Beziehungen sei noch lange nicht erschöpft, denn davon hänge immerhin in hohem Maße der Frieden ab.

Von sich aus kam er auf die Frage der Staatsangehörigkeit zu sprechen. Ich benutzte die Gelegenheit, ausführlich und grundsätzlich unseren Standpunkt darzulegen und nahm dabei Bezug auf die Rede von Genossen Honecker in Dresden.[15] Koschnick äußerte keinen Widerspruch. Allerdings, so meinte er, sei es in absehbarer Zeit undenkbar, das Grundgesetz zu ändern. Er sei jedoch dafür, daß man sich in Bonn politisch so verhält, daß die Staatsbürgerschaftsfrage den Fortgang der Beziehungen nicht behindert.

Zur Lage in der BRD äußerte er: Entscheidend würden die Landtagswahlen in Hessen im kommenden Jahr sein. Wenn sich dort die CDU durchsetzt und die von der CDU regierten Ländern dann im Bundesrat alle politischen Entscheidungen der Bundesregierung blockieren könnten, müsse die SPD raus aus der Regierung. Er könne sich nicht vorstellen, daß die SPD in Bonn weiterregiert, aber immer auf die Zustimmung der CDU angewiesen ist. Dies sei seine persönliche Meinung.

Er widersprach meiner Feststellung nicht, daß die SPD keinen offensiven Kampf gegen die CDU/CSU führt. Er äußerte, es gebe gegenwärtig zu viele Widersprüche in der Partei. Ein Teil des Regierungsapparates spekuliere schon auf die Regierungsübernahme durch die CDU und arbeite deshalb ihr zu.

In der Führung der SPD werde die Frage diskutiert, ob die Sache noch zu retten sei oder ob es schon zu spät ist. Er persönlich vertrete die Auffassung, die Regierungskoalition könne noch gerettet werden. Koschnick erhofft sich viel vom SPD-Parteitag im November. Er wird dort selbst ein Hauptreferat halten.

---

15 Honecker hatte in Dresden erklärt: „Die Frage der Staatsbürgerschaft ist für uns im Grunde genommen keine Verhandlungsfrage. Wir erwarten, daß die BRD der Staatsbürgerschaft der DDR, die sich aus dem Völkerrecht ergibt, Rechnung trägt. Wenn dem die alte revanchistische Gesetzgebung der BRD angeblich entgegensteht, so muß man eben diese Gesetze entsprechend ändern." Ebenda, S. 471.

Koschnick äußerte sich über die Rolle des schleswig-holsteinischen SPD-Funktionärs Steffens. Es seien Leute am Werk, um eine linkssozialdemokratische Partei zu gründen, und es wird versucht, Steffen dafür zu gewinnen. Steffen habe zwar in seinem Denken marxistische Ansätze, aber er sei ein scharfer Antikommunist. Ein solcher Verein wäre auf jeden Fall antikommunistisch und antisowjetisch orientiert. Von der SPD sind dafür eventuell ein paar Intellektuelle zu gewinnen, aber keine Arbeiter. Er glaube auch nicht, daß es gelingen könnte, in die Reihen der DKP einzubrechen. Wenn eine solche Gruppierung entsteht, dann wäre es seines Erachtens eine Gruppe ohne Zukunft, aber sie könne Verwirrung stiften. Auch die Hoffnung auf den Eurokommunismus sei nach seiner Meinung trügerisch. Schon zeige es sich, daß dieser Eurokommunismus keine Einheit ist. Was Carillo mache, könne von Berlinguer und Marchais nicht unterstützt werden. Er teilte mir mit, daß er gelegentlich Gespräche mit Genossen Herbert Mies und Hermann Gautier gehabt habe. Die Rolle der DKP sei größer, als es die Zahl ihrer Mitglieder oder ihrer Wähler ausdrücke.

Koschnick bezeichnete den bevorstehenden Besuch des Genossen Breshnew in der Bundesrepublik als eine bedeutende Sache, aber nur wenn etwas herauskommt.[16] Sonst könne seiner Meinung nach die Enttäuschung größer sein, als wenn der Besuch nicht stattfindet.

Ich habe Koschnick gegenüber unsere Position zum Stand der Beziehungen zwischen DDR und BRD erläutert. Dabei äußerte ich mich kritisch zum Verlauf der Sondierungsgespräche und betonte, daß es zügiger vorangehen müßte. Im Zusammenhang mit der Staatsbürgerschaftsfrage verwies ich auf die Notwendigkeit, endlich die Behörde in Salzgitter aufzulösen,[17] Weinhold auszuliefern und Schluß zu machen mit jeglicher Einmischung in die Gestaltung der Konsular-Beziehungen zwischen der DDR und dritten Staaten. Auch forderte ich, daß Aktivitäten der Ständigen Vertretung der BRD in der DDR unterlassen werden, die eine Einmischung in die inneren Angelegenheiten der DDR bedeuten.

Weiter sprach ich über die Welle des Neonazismus in der BRD und die Rechtsentwicklung im Zusammenhang mit dem Ansteigen des Terrorismus. Koschnick meinte, auch er sei besorgt über diese Vorgänge. Er hoffe, daß die SPD nach ihrem Parteitag im November festen Tritt fassen wird.

Er habe die Absicht, bei Gelegenheit die DDR zu besuchen. Das Gespräch wurde von ihm mit dem Hinweis beendet, daß er anschlie-

---

16 KPdSU-Generalsekretär Leonid Breshnew besuchte die Bundesrepublik Deutschland vom 4. bis 7. Mai 1978.
17 Vgl. Heiner Sauer/Hans-Otto Plumeyer: Der Salzgitter-Report. Die Zentrale Erfassungsstelle berichtet über Verbrechen im SED-Staat, Eßlingen/München 1991.

ßend mit dem Vorsitzenden der Sozialistischen Partei Frankreichs, Mitterrand, zusammentreffen müsse. Koschnick äußerte den Wunsch, den Meinungsaustausch fortsetzen zu können.

Am 3. Oktober 1977 hatte mich der stellvertretende Vorsitzende der SPD-Bundestagsfraktion, Bruno Friedrich, zu einem Frühstück in sein Arbeitszimmer ins Bundeshaus eingeladen. Die Unterredung dauerte 2 ½ Stunden.

Friedrich teilte mir mit, die Geschäftsverteilung unter den Stellvertretern von Wehner sei neu geordnet worden. Er sei jetzt zuständig für Fragen der Außenpolitik, der Verteidigungspolitik und auch der sogenannten Ostpolitik. In Abstimmung mit dem Fraktionsvorsitzenden möchte er eine politische Gesprächsebene mit der SED herstellen, denn die staatliche Ebene reiche nicht aus. Er möchte Probleme der langfristigen Entwicklung der Beziehungen besprechen und zugleich sicherstellen, daß bei eventuellen Zuspitzungen nicht alles gleich wieder kaputt geht. Er betonte die große Rolle der SPD-Bundestagsfraktion, die als eine Art Drehscheibe fungiere, denn von ihr könne die Regierung, aber auch die Partei beeinflußt werden.

Man müsse ins Auge fassen, daß wir uns in einer neuen Phase der Entspannung befinden und aufpassen, daß es keinen Rückfall in den kalten Krieg gibt. So betrachte er die KSZE als einen Anfang für einen langen Prozeß. Er halte es für falsch, nur den Korb 3 zu sehen und sei dagegen, sich nur auf Konfliktpunkte zu orientieren. Angesichts der Revolution in der Waffentechnik sei ihm klar, daß von Schritten der Abrüstung viel abhänge.

Die These vom „Offenhalten der deutschen Frage" halte er für überlebt. Die Westintegration der BRD bedeute das Ende aller Wiedervereinigungsillusionen. Deshalb habe er sich eingesetzt für die Durchführung des sogenannten Hearings zu Fragen der Deutschlandpolitik, das in der vergangenen Woche im Bundestag stattgefunden hat. Sein Ziel sei es, realistischen Positionen stärkere Geltung zu verschaffen und das Urteil des Bundesverfassungsgerichts zum Grundlagenvertrag in seiner Wirkung zurückzudrängen.

Friedrich warf die Frage auf, warum für uns das Problem der Staatsangehörigkeit von so zentraler Bedeutung sei. Er bat um eine ausführliche Erläuterung unserer Auffassung. Ich benutze die Gelegenheit, um unsere Position ganz offen darzustellen. Dabei verwies ich darauf, daß die Bonner Haltung in der Frage der Staatsbürgerschaft in eklatanter Weise gegen die völkerrechtlichen Grundprinzipien der zwischenstaatlichen Beziehungen verstößt, wie sie im Grundlagenvertrag und in der Schlußakte von Helsinki niedergelegt sind. Auch gegenüber Friedrich forderte ich die Liquidierung der Behörde in Salzgitter und die Auslieferung von Weinhold. Da an diesem Tage in der Presse der BRD über das Urteil des Bundesgerichtshofes zur Verletzung des Transitabkommens berichtet wurde, prangerte ich dieses Urteil scharf an. Es erhebe sich angesichts solcher Urteile höchster BRD-Gerichte die Frage, wer in der BRD eigentlich regiert – die Bundesregierung oder die Gerichte in Karlsruhe, die offenkundig unter maßgeblichem CDU-Einfluß stehen.

Wenn Politiker der BRD die Meinung äußern, sie könnten das Grundgesetz nicht ändern, so sei das nicht unsere Sache. Niemand könne erwarten, daß die DDR dafür zum Schaden ihrer Bürger einen Preis zahlt. Wenn erklärt wird, eine Änderung des Grundgesetzes gehe nicht, dann müsse man zur Kenntnis nehmen, daß dann eben auch bei uns einiges nicht geht, und zwar so lange, wie die revanchistische Gesetzgebung noch in Kraft ist.

Weiter bat Friedrich um unsere Meinung über den Stand der Sondierungsgespräche. Auch ihm gegenüber verwies ich darauf, daß es zügiger vorangehen müßte. Wenn Herr Wischnewski weite Reisen unternehmen müsse, so dürfe das nicht zu einer Verzögerung der vorgesehenen Verhandlungen führen. An dieser Stelle ließ Friedrich durchblicken, daß er und auch Wehner keine allzu gute Meinung über die viel gerühmten Talente von Herrn Wischnewski hätten. Mit Gaus dagegen sei er, Friedrich, gut bekannt, und er schätze ihn sehr.

Zur innenpolitischen Situation äußerte Friedrich: Er sehe sie nicht so negativ, wie ich sie dargestellt habe. Die Arbeitslosigkeit sei gewiß ein großes Problem, aber die meisten Leute wären trotzdem zufrieden, denn das Netz der sozialen Sicherung habe noch immer gehalten.

Der CDU-Vorsitzende Kohl schwanke hin und her. Sein Mangel sei, daß er kein eigenes Programm habe. Wenn es in der CDU mal anders läuft und die vernünftigen Kräfte, die es dort auch gibt, Oberwasser bekommen, dann macht er auch dabei mit. Zur FDP äußerte sich Friedrich sehr negativ. Sie bereite sich auf eine eventuelle Koalition mit der CDU vor. Wenn die Konservatiren in Europa sich durchsetzen, so sagte Friedrich, komme eine kalte Zeit. Allerdings werden sich auch diese Kräfte den anstehenden Problemen nicht völlig entziehen können.

Zur Lage in der SPD äußerte er, die Schwächeperiode der Partei sei noch nicht zu Ende. Die alte Funktionärsgarde stirbt aus. Es vollzieht sich eine biologische Regeneration. Das sei gut. Es gehe jetzt aber um die Frage, ob die vielen jungen Leute, die zur SPD gekommen sind, wirklich die Partei politisch stärken. Er ist einverstanden mit der Feststellung, daß die SPD nicht genügend die Schlußfolgerung aus dem Bundestagswahlkampf beherzigt und sich gegenüber der CDU/CSU zu defensiv verhält.

Friedrich stellte die Frage, ob es nicht möglich ist, zwischen parteinahen Instituten der SED und der Friedrich-Ebert-Stiftung Verbindungen herzustellen. Ich äußerte, daß derzeit dafür keine Voraussetzungen bestehen, denn die offizielle SPD-Haltung zu kommunistischen Parteien, so auch zur SED, macht Beziehungen zwischen parteinahen Einrichtungen unmöglich. Es gibt bereits vielerlei Kontakte zwischen wissenschaftlichen Einrichtungen der DDR und der BRD. Um es aber offen zu sagen: Alles, was auf „innerdeutsche" Beziehungen hinausläuft, findet nicht statt. Darüber sollte es keine Mißverständnisse geben.

Friedrich äußerte sich über die sogenannten Europawahlen und das künftige Europaparlament. Dieses Parlament wird nicht viel zu sagen haben. Wenn es aber dort eine sozialistische Mehrheit gibt, kann man evtl. diese Einrichtung benutzen, um die konservativen Kräfte Westeuropas zu bremsen. Er sei der Verfasser des außenpolitischen Teils im Programm zu den Europawahlen und übe die Funktion des Vorsitzenden der Außenpolitischen Kommission im Bund der sozialdemokratischen Parteien Westeuropas aus.

Eine knifflige Sache sei die Einbeziehung Westberlins in die Europawahlen. Im übrigen sollten wir beachten, daß der Westberliner Bürgermeister Stobbe ein realistischer Mann sei. Er gehöre zu denen, die vorwärts gehen wollen.

Friedrich sagte anschließend, er werde das Gespräch mit Wehner und Schmidt auswerten. In Abstimmung mit Wehner plane er Anfang 1978 einen Besuch in der DDR. Er möchte dazu den Abgeordneten Schmude mitbringen, der den Arbeitskreis 1 (Außen- und Verteidigungspolitik) der SPD-Bundestagsfraktion leitet. Er bitte um die Möglichkeit für ein politisches Gespräch mit einem ranggleichen Vertreter der SED. Außerdem würde es ihn freuen, wenn er die Gelegenheit bekäme, sich in einem Bezirk evtl. in Dresden, mit der Entwicklung in der DDR bekanntzumachen. Er will sich Ende des Jahres in dieser Angelegenheit noch einmal an uns wenden.

Am Nachmittag des 3. Oktober 1977 hatte mich der Leiter der außenpolitischen Beratergruppe der SPD-Bundestagsfraktion, Selbmann, zu einer Diskussion in die Räume der SPD-Fraktion eingeladen. Selbmann informierte mich, daß Wehner an Grippe erkrankt ist und es deshalb bei ihnen mit einigen Terminen durcheinander ginge. Von sich aus nahm Selbmann Bezug auf die Rede des Genossen Honecker in Dresden. Er zeigte sich von dieser Rede stark beeindruckt. Dabei brachte er das Gespräch auf das Thema Staatsbürgerschaft. Er ließ erkennen, daß man sich in der SPD-Bundestagsfraktion Gedanken darüber macht, wie man in dieser Frage flexibler werden könne, um der DDR entgegenzukommen, allerdings ohne Änderung des Grundgesetzes. Man könne evtl. eine solche Formel schaffen, daß Bürger der DDR nicht mehr automatisch als Staatsbürger der BRD behandelt werden, wenn sie in die BRD kommen, sondern nur dann, wenn sie ausdrücklich die Staatsangehörigkeit der BRD beantragen. Ich äußerte dazu, daß taktische Überlegungen natürlich das Problem nicht aus der Welt schaffen. Dazu gehöre einiges mehr. Auch hier kam ich auf die sogenannte Erfassungsstelle in Salzgitter sowie auf das Urteil des Bundesgerichtshofes zu sprechen, durch das der verbrecherische Menschenhandel und damit der Mißbrauch des Transitabkommens ermutigt wird.

Selbmann unterstrich das Interesse der SPD an einem positiven Fortgang der Verhandlungen mit der DDR. Er meinte, daß einige Dinge schnellstens gelöst werden könnten. Eine Sache, an die bisher niemand gedacht habe, sei die Instandhaltung der Wasserwege durch die DDR. Er verstehe, daß es hier zu Regelungen kommen muß. Dann kam er auf die Tatsache zu sprechen, daß eine Reihe Bürger der DDR bei Banken der BRD Konten besitzen. Es handelt sich dabei um Geldbeträge, die aus Erbschaften usw. stammen. Bisher sei es nicht möglich gewesen, diese Geldbeträge in die DDR abzurufen. Darüber müßte verhandelt werden. Denn damit bekäme die DDR die Möglichkeit, zusätzliche Devisen zu erhalten. Die BRD könne aber nur dann einer Lösung zustimmen, wenn diese DM-Beträge nicht einfach 1:1 umgetauscht würden, sondern zumindest ein Teil der Valutamittel den DDR-Bürgern zur Verfügung stehen müßte, um sie in den Intershop-Läden auszugeben.

In der SPD-Fraktion überlege man, wie man bei den MBFR-Verhandlungen in Wien zu Fortschritten kommen kann. Befriedigung herrsche darüber, daß es offenbar eine Verbesserung bei den SALT-Verhandlungen gibt. Große Beachtung wurde der gemeinsamen Nahosterklärung der UdSSR und der USA geschenkt.

In scharfen Worten wandte sich Selbmann gegen Bestrebungen von Politikern der CDU/CSU, China für eine Einkreisungspolitik gegen die Sowjetunion auszunutzen. Er bezeichnete dies als eine für die BRD lebensgefährliche Sache.

Bei der Abstimmung im Bundestag über die Gesetze zur Abwehr des Terrorismus habe in der SPD-Fraktion eine explosive Stimmung geherrscht. Wehner sei zutiefst darüber verärgert, daß einige SPD-Abgeordnete nunmehr zum zweiten Mal gegen eine Vorlage der Bundesregierung gestimmt haben. Erstmals war jetzt die Regierung auf die Stimmen der CDU/CSU angewiesen, um ein Gesetz durchzubringen. Das müsse man sehr ernst nehmen.

Zum Thema Neonazismus äußerte Selbmann, man möge die Dinge nicht überbewerten. All das geschehe auf dem Hintergrund einer allgemeinen Nostalgie-Welle. Er mußte jedoch meiner Feststellung zustimmen, daß die gegenwärtige Entwicklung eine Ermutigung für alle ultrarechten und neonazistischen Kräfte bedeutet und daß die umfangreiche Propagierung faschistischen Gedankengutes durch Ki no, Fernsehen und Literatur äußerst bedenkliche Auswirkungen, vor allem auf große Teile der Jugend, haben kann.

Die antisemitischen Vorgänge auf der Bundeswehrschule in München bezeichnete er als eine schlimme Sache. Die Reaktion Lebers darauf werde in der Bundestagsfraktion als unzureichend betrachtet. Man müsse sich ernster mit diesen Fragen auseinandersetzen.

Auch er vertrat die Auffassung, daß die Landtagswahlen in Hessen entscheidende Bedeutung hätten. Für ihren Ausgang werde wesentlich sein, ob es gelingt, die Affäre um die Hessische Landesbank und die Folgen einer abenteuerlichen Schulpolitik vergessen zu machen.

Als ein kritisches Thema bezeichnete Selbmann die Auseinandersetzung um den Bau von Kernkraftwerken in der BRD. In der Angelegenheit sei die SPD gespalten. Sollte es dazu in den nächsten Monaten im Bundestag zu einer Abstimmung kommen, könne es wieder passieren, daß eine Gruppe von SPD-Abgeordneten gegen die Regierung stimmt.

Am 4. Oktober 1977 wurde ich vom Vorsitzenden des SPD-Parteirates, Karl Lietke, empfangen. Das Gespräch fand im Arbeitszimmer des Parlamentarischen Geschäftsführers der SPD-Fraktion, Helmut Becker, statt, der dem Gespräch ebenfalls beiwohnte.

Von seiten der SPD-Politiker wurden im Verlaufe der Diskussion folgende Ansichten geäußert:

Die SPD-Fraktion rechne, sobald der Fall Schleyer gelöst sein sollte, mit einer politischen Großoffensive der Unionsparteien.[18] Ziel dieses Angriffs sei, die Beunruhigung über den Terrorismus auszunutzen, um die SPD in die linke Ecke zu drängen, ihr die Schuld für den Terrorismus zuzuschieben und die Bundesregierung zu zermürben.

Auf meine Frage, mit welchem Gegenkonzept die SPD auftreten will, um diesem Angriff zuvorzukommen, wurde geäußert, die SPD verfolge eine „Offensive des Anstandes". Man habe das Gefühl, daß die bisherige Linie von Bundeskanzler Schmidt in großen Teilen der Bevölkerung Zustimmung findet. Deshalb werde die SPD keinen scharfen Vorstoß gegen die Opposition unternehmen und sich nicht dazu hinreißen lassen, auf den groben Klotz der CDU/CSU einen groben Keil zu setzen.

Lietke bezeichnete es als sehr wichtig, daß sich gegenwärtig eine Annäherung zwischen der SPD und der Gewerkschaftsführung vollzieht, nachdem in den zurückliegenden Monaten Gewerkschaftsfunktionäre oft scharfe Kritik an der Wirtschafts- und Sozialpolitik der Bundesregierung geäußert haben.

---

18 Der Arbeitgeberpräsident, Hanns-Martin Schleyer, war am 5. September 1977 von RAF-Terroristen entführt worden. Am 19. Oktober 1977 wurde er ermordet aufgefunden.

Für den Abend des 4. Oktober war eine gemeinsame Sitzung der Fraktionsführung mit Spitzenfunktionären des DGB vorgesehen, die aber wegen der Erkrankung von Wehner verschoben wurde. Lietke meinte, die Angriffe der CDU/CSU würden dazu beitragen, daß die Regierungskoalition und die Gewerkschaften wieder enger zusammenrücken.

Auf meine Frage, was sie von der Rechtsentwicklung in der BRD und insbesondere vom Anwachsen des Neonazismus halten, reagierten die anwesenden SPD-Funktionäre ausweichend. Sie betonten lediglich, daß die im westlichen Ausland geübte Kritik an der BRD übertrieben sei. Diese Kritik richte sich eigentlich gar nicht gegen die Neonazis. Dahinter stecke vielmehr die Absicht, die BRD insgesamt zu diffamieren, weil sie wirtschaftlich stark und auch militärisch eine immer größere Rolle spiele.

Zu einer ausführlichen Diskussion kam es über das Urteil des Bundesgerichtshofes und die damit verbundene Begünstigung von kriminellen Fluchthelferorganisationen. Ich hatte darauf hingewiesen: Wenn oberste Bundesgerichte offiziell zur Verletzung des Transitabkommens ermutigen und erklären, das Transitabkommen binde nur die Regierung, aber nicht die Bürger der BRD, dann werde damit die Frage der Vertragstreue und -fähigkeit der Bundesregierung aufgeworfen. Lietke beteuerte, er habe dieses Urteil noch nicht gelesen, werde es sich aber umgehend beschaffen.

Zu den jetzt laufenden Verhandlungen zwischen der BRD und der DDR brachten Lietke und Becker zum Ausdruck, daß sie positive Ergebnisse wünschen. Lietke betonte: Angesichts des Drucks der innenpolitischen Probleme sei es für die Regierung sehr wichtig, bei diesen Verhandlungen Schritt um Schritt positive Ergebnisse zu erreichen.

Lietke und Becker äußerten die Bereitschaft, dieses Gespräch zu gegebener Zeit fortzusetzen. Sie bedauerten, wegen der Erkrankung von Herbert Wehner unter Terminzwang zu stehen.

Am gleichen Tag, dem 3. 10. 1977, wurde ich von Walther Leisler Kiep, Mitglied des Präsidiums und Bundesschatzmeister der CDU, zu einem Mittagessen in das Rheinhotel „Dresden" gebeten. Kiep war am Tage vorher von einem Urlaubsaufenthalt in den USA und Kanada zurückgekehrt. Er äußerte im Verlauf der Zusammenkunft folgende Meinung:

Helmut Schmidt sei gerade gegenwärtig sehr stark an positiven Ergebnissen bei den Verhandlungen mit der DDR interessiert, denn die innenpolitische Lage sei verworren und deprimierend. Im Hinblick auf die Festigkeit der Bonner Koalition meinte Kiep, seine Zweifel wären stärker geworden, ob die FDP und die SPD bis 1980 durchhalten. Wichtig sei das Jahr 1978. Vor allem gehe es um die Wahlen in Hessen und in Niedersachsen. Wenn Dregger in Hessen die absolute Mehrheit erreicht, dann wird er zwei Tage später den Anspruch anmelden, Kanzlerkandidat der CDU/CSU zu werden. Wenn es Dregger in Hessen nicht schafft, dann ist Kohl vorerst gerettet. Sollte sich Dregger durchsetzen und an die Spitze der CDU gelangen, dann beginne in der CDU die Goldwater-Ära. Auch wenn sich Dregger im Wahlkampf einen liberalen Anstrich gibt, bleibt er ein Scharfmacher. Da dürfe man keine Illusionen haben.

Nach wie vor habe man keine Ahnung, wo Schleyer ist. Auch Kiep rechnet damit, daß es im Zusammenhang mit dem Fall Schleyer noch zu einer großen Auseinandersetzung kommen wird. Die CDU befinde sich in den Startlöchern für einen Gegenangriff auf die Bonner Koalition. Wieso der niedersächsische Ministerpräsident Albrecht jetzt mit dem Vorschlag aufgetreten sei, die sogenannten K-Gruppen zu verbieten, wisse er nicht, da er die vergangenen Wochen nicht im Lande war.

Was die Absage der Reise der CDU/CSU-Fraktion nach Potsdam betraf, so habe er mit Kohl darüber gesprochen. Es gäbe Verständnis für die Bemühungen der DDR, die Angelegenheit zu klären. Kohl sei darüber informiert, daß führende Politiker der CDU, wie Stoltenberg, den Wunsch haben, inoffiziell mit Vertretern der DDR zu sprechen. Kiep glaubt, daß noch in diesem Jahr ein entsprechender Vorschlag an uns herangetragen wird.

Kiep kam zu diesem Treffen in Begleitung eines Sicherheitsbeamten, der eine Maschinenpistole in den Händen trug und den Finger ständig am Abzug hatte. Die Anfahrt erfolgte mit einem Mercedes. Nach dem Verlassen des Hotels stieg Kiep unter dem Schutz eines Polizeikommandos, das vor dem Hotel gewartet hatte, in einen VW-Golf um, einen Kleinwagen, an dessen Steuer eine junge Frau saß.

Die von mir geführten Gespräche lassen meines Erachtens folgende generelle Feststellungen zu:

– Die Rede des Genossen Honecker in Dresden hat offensichtlich in führenden Kreisen der SPD große Wirkung hinterlassen. Bei meinem Besuch bei Selbmann lag das Exemplar des Neuen Deutschland mit der Rede demonstrativ auf dem Schreibtisch. Keiner der Gesprächspartner wagte es, grundsätzlich die Richtigkeit unserer Stellung zur Frage der Staatsbürgerschaft zu bestreiten.

– Die Regierung der BRD erhofft sich offenkundig von der Außenpolitik Entlastung angesichts der zugespitzten innenpolitischen Situation. Deshalb ist das Interesse an positiven Schritten bei der Weiterentwicklung der Beziehungen mit der DDR stark.

– In den Führungsgremien der SPD muß es in der zurückliegenden Zeit Gespräche über die weitere Gestaltung des Verhältnisses zur DDR gegeben haben. Anders ist die Bereitschaft solch prominenter SPD-Politiker zu ausführlichen Gesprächen mit mir nicht zu erklären. In den Gesprächen hat es keinerlei Polemik gegen uns gegeben.

– Es ist mein Eindruck, daß sich solche Leute wie Koschnick und Friedrich durch ein stärkeres persönliches Engagement in Fragen der Außenpolitik auch persönlich profilieren wollen. Möglicherweise sieht sich Koschnick als eventueller Nachfolger von Brandt und Friedrich als Nachfolger von Wehner.

– Die Gesamtposition der DDR wird als stabil und die SED als eine starke politische Kraft betrachtet, bei der man bei aller Gegensätzlichkeit der Positionen immer weiß, woran man ist.

– Auf dem Gebiet der Innenpolitik gibt es nach wie vor kein längerfristiges Konzept, sondern lediglich eine pragmatisch ausgerichtete Politik. Die innenpolitischen Hauptprobleme sind die Arbeitslosigkeit, die Frage der inneren Sicherheit sowie die Fragen der Energiepolitik. Auf allen drei Gebieten zeigen sich innerhalb der Koalition und auch innerhalb der SPD verstärkt Differenzen.

In Bonn patrouillieren noch immer Panzerwagen des Bundesgrenzschutzes. Einige Ministerien sind durch Stacheldrahtverhaue eingezäunt. Man sieht in großer Zahl Mannschaftswagen der Polizei. Vor vielen Gebäuden stehen Beamte des Bundesgrenzschutzes mit Maschinenpistolen. Auf dem Flugplatz Köln-Bonn finden, was bisher bei Flügen nach Westberlin nicht üblich war, Paßkontrollen und gründliche Leibesvisitationen statt.

Quelle: SAPMO-BArch, DY 30/37075/1.

Dokument 18

Information über ein Gespräch von Herbert Häber mit Günter Gaus, Leiter der Ständigen Vertretung der Bundesrepublik in der DDR, am 18. Oktober 1977[19]

Wie festgelegt, bin ich einer Einladung von Gaus zu einem Mittagessen gefolgt. Es fand am 18. Oktober 1977 in der Residenz von Gaus statt. Außer Gaus und mir waren keine anderen Personen anwesend.

Im Zusammenhang mit den Ereignissen um die entführte Lufthansa-Maschine äußerte Gaus zu Beginn: Er sei betroffen vom Selbstmord der Häftlinge im Gefängnis in Stammheim. Jeder müsse sich fragen, wie Baader und Raspe in den Besitz von Schußwaffen gekommen sind. Einer seiner Mitarbeiter habe die Meinung geäußert, daß in der Nacht die Häftlinge von bestimmten Kräften über den Ausgang der Flugzeugentführung informiert wurden und daß man ihnen Waffen zur Verfügung gestellt habe, um sie zum Selbstmord zu bewegen bzw. zu ermuntern. Er, Gaus, sei der gleichen

---

19 Die Information datiert vom 20. Oktober 1977.

Meinung. Es sei ein Glück, daß diese Sache in Baden-Württemberg passiert ist und ein CDU-Ministerpräsident (Filbinger) die Verantwortung dafür trägt.

Zum sogenannten Kontaktsperrengesetz sagte Gaus, er halte die Annahme dieses Gesetzes im Bundestag für eine bedenkliche Sache. Dieses Gesetz widerspreche seiner Auffassung von Demokratie. Im übrigen sei tatsächlich in den vergangenen Wochen in der Bundesrepublik eine Atmosphäre der Hexenjagd entstanden. Das einzige Gute an den Ereignissen der letzten Tage bestehe darin, daß die Position der Bundesregierung und vor allem die von Schmidt gestärkt sei, während es die CDU/CSU sehr viel schwerer haben wird, die Regierung zu bekämpfen. Wäre es anders gekommen, so äußerte Gaus, hätte man sich fürchten müssen. Er hoffe, daß die eingetretene Stärkung der Position der Regierung bis ins nächste Jahr hinein, bis zu den Landtagswahlen, ausstrahlen wird. Wenn Schmidt nicht durchdreht, wovon er öfters spreche, dann bestehe die Aussicht, daß die Regierung zumindest bis 1980 durchhalten kann.

Bedeutung habe der im November stattfindende SPD-Parteitag. Er werde in wichtigen Fragen kontroverse Positionen zeigen. Das betreffe vor allem das Problem des Baus von Kernkraftwerken. Wichtig sei, daß Helmut Schmidt auf dem Parteitag die Nerven behält.

Im Verlaufe der Zusammenkunft äußerte sich Gaus in zusammenhängender Weise zu Fragen der Beziehungen zur DDR und zu seiner eigenen Position. Dabei sagte er: Bei der Führung der SED bestehe möglicherweise die Meinung, daß er sauer sei, weil die Sondierungsgespräche in Bonn zwischen Michael Kohl und Wischnewski stattgefunden haben, und er sich abgehängt fühlt. Dies treffe nicht zu. Er habe Verständnis dafür, daß die Gesprächsführung in bestimmten Phasen in Bonn liegen muß, und die DDR ein Interesse daran hat, ihren Vertreter in der Bundeshauptstadt stärker ins Spiel zu bringen.

Auch sei die Annahme falsch, zwischen ihm und Bundeskanzler Schmidt herrsche dauernder Kriegszustand. Es stimme, daß Schmidt und Gaus sich nicht lieben. Dennoch funktioniere die Zusammenarbeit normal. Nach seinem „Spiegel"-Interview habe es bekanntlich einen großen Wirbel gegeben. Dennoch sei er, Gaus, nach wie vor im Amt.

Vielleicht gebe es hier die Auffassung, man könne mit Leuten besser zurecht kommen, von denen es heißt, daß sie auf dem Schoße des Bundeskanzlers sitzen. (Ohne daß ein Name fiel, bezog sich das auf Wischnewski.) Es gehe ihm überhaupt nicht um persönliche Ambitionen. Er sei nur der Meinung, was als Sondierungsgespräche bezeichnet worden ist, wären gar keine Sondierungen gewesen. Wenn bestimmte Leute (auch das war auf Wischnewski gemünzt) dabei ihren Text von vorbereiteten Blättern ablesen, so habe das mit einer wirklichen Sondierung nichts zu tun. Die künftigen Möglichkeiten und auch die Probleme bei der Entwicklung der Beziehungen zwischen den beiden deutschen Staaten seien nicht ausgelotet worden.

In der Führung der SPD gebe es – was das Verhältnis zur DDR betrifft – drei Gruppen. Die erste Gruppe umfasse Leute, die so antikommunistisch eingestellt sind, daß für sie die DDR gar nicht existiert. Diese Kräfte seien aber ohne wirklichen Einfluß. Bei der zweiten Gruppe handele es sich um die „Praktiker" und „Macher", die sich vor allem in der Regierung und im Regierungsapparat befinden. Für sie sei die Frage der Beziehungen zur DDR eine Angelegenheit, bei der man gelegentlich etwas tun muß, die aber kein konstruktives Konzept für die Weiterentwicklung der Beziehungen besitzen. Manches ließe sich mit ihnen regeln, aber ihr Engagement sei nicht sehr groß, wenn auf sie nicht Druck ausgeübt wird. Von ihrer Seite fallen dann auch solche Bemerkungen, daß man erst den Besuch Breshnews in der Bundesrepublik abwarten müsse, um dann mit der DDR zurecht zu kommen. (Das bezog sich auf Schmidt.) Einige von ihnen glauben immer noch, man müsse versuchen, über Moskau auf die DDR einzuwirken. Das gelte z. B. für Egon Bahr, mit dem er sonst persönlich befreundet sei.

Bei der dritten Gruppe handele es sich um Leute, für die die Normalisierung des Verhältnisses mit der DDR von zentraler Bedeutung für die Entspannungspolitik sei und die deshalb versuchten, über die Perspektiven und über die gegenseitigen Interessen nachzudenken. Sie seien besonders in der Bundestagsfraktion anzutreffen. Einer von ihnen sei der stellvertretende Fraktionsvorsitzende Bruno Friedrich, den er gut kenne. Er, Gaus, rechne sich zu dieser Gruppe. Auch diese Leute verfügten derzeit über kein längerfristiges Konzept, aber sie seien darum bemüht. Gestützt auf die Fraktion wollten sie auf die Regierung und den Regierungsapparat einwirken. Gerade für sie wäre der Verlauf der sogenannten Sondierungsgespräche unbefriedigend.

Gaus äußerte weiter, er werde mit Genossen Nier natürlich all die Fragen besprechen und regeln, die jetzt konkret anstehen. Es bleibe aber offen, wer mit wem intern über weiterreichende Probleme bei der Gestaltung der Beziehungen diskutieren könne.

Er nannte das Thema Staatsbürgerschaft und sagte, er werde sich hüten, dieses Thema noch einmal aufzugreifen, denn dann sei er tot. Er habe sich in dieser Angelegenheit schon einmal so weit aus dem Fenster gelehnt, daß er fast hinausgestürzt wäre. Aber dennoch sei er dafür, den Realitäten mehr Rechnung zu tragen und der DDR entgegenzukommen. Er sage das in diesem Gespräch, obwohl er wisse, daß er mit seiner politischen Existenz spiele. Auch in der Bundestagsfraktion werde bei einigen Leuten über dieses Thema nachgedacht. Eine Grundgesetzänderung sei nicht drin. Wenn Helmut Schmidt jetzt öffentlich verkünden würde, er wolle die Erfassungsstelle in Salzgitter abschaffen, würde er sich einen Bruch heben. Es sei jedoch denkbar, daß die BRD jegliche Aktivitäten gegen die Konsularbeziehungen der DDR mit dritten Staaten unterläßt und auch selbst sich gegen DDR-Bürger anders verhält als bisher.

Natürlich könne er als Vertreter der Bundesrepublik in dieser Frage nicht Genossen Nier einladen, um ihm mündlich oder schriftlich eine formale Erklärung darüber zu übermitteln. Das würde Genscher nie zulassen. Aber es müsse nach seiner Meinung möglich sein, über solche und ähnliche die Interessen der DDR berührende Fragen in echten Sondierungsgesprächen zu reden. Das könne mit Genossen Nier oder auch mit anderen Vertretern der DDR geschehen. Obwohl, wie er sagte, gewisse Leute das Recht auf Sondierung für sich gepachtet haben, meinte er, sollte die Möglichkeit bestehen, darüber zu sprechen, was die eine oder andere Seite will. Und was sie nicht will. Das wäre auch günstig für die dritte Gruppe in Bonn und die Möglichkeiten ihrer Einwirkung.

Ich habe in diesem Gespräch zu Fragen der politischen Entwicklung argumentiert, zu den von Gaus aufgeworfenen Problemen jedoch keine Stellung bezogen, sondern sie lediglich zur Kenntnis genommen.

Gaus stellte die Frage, wie ich die Ereignisse am Abend des 7. Oktober auf dem Alexanderplatz beurteile.[20] Ich antwortete im Sinne unserer Veröffentlichungen im ND. Daraufhin äußerte Gaus, auch er halte die Sache für einen relativ normalen Vorgang, denn früher habe es ja auf jeder Kirmes eine Schlägerei gegeben. So habe er auch nach Bonn berichtet.

Quelle: SAPMO-BArch, DY 30/J IV 2/202/491.

Dokument 19

Information über ein Gespräch von Herbert Häber mit Walther Leisler Kiep, CDU-Präsidiumsmitglied und -Bundesschatzmeister sowie Finanzminister von Niedersachsen, in Erfurt am 11. Dezember 1977[21]

Herr Kiep weilte mit seiner Ehefrau vom 9. bis 11. Dezember 1977 zu einem Privatbesuch in Erfurt. Auf seinen Wunsch bin ich mit ihm am 11. Dezember 1977 im Hotel Erfurter Hof zusammengetroffen.

---

20 Am 7. Oktober 1977 kam es am Rande der Feierlichkeiten zum 28. Jahrestag der DDR zu schweren Tumulten auf dem Berliner Alexanderplatz.
21 Die Information datiert vom 13. Dezember 1977.

Zunächst unterrichtete er mich davon, daß er zu Beginn des Monats Februar 1978 für eine Woche nach Moskau reisen wird. Er will dort politische Gespräche führen und wird u. a. auch von Genossen Sagladin, Kandidat des ZK der KPdSU und 1. Stellvertreter des Leiters der Abt. Internationale Verbindungen im ZK der KPdSU, empfangen werden.

Zur allgemeinen politischen Lage in der Bundesrepublik äußerte Kiep: Die Situation der Regierungskoalition habe sich verbessert. Vor allem sei der SPD-Parteitag glatter verlaufen, als man vorher damit rechnen konnte. Unbestreitbar besitze die SPD in Schmidt, Brandt und Wehner eine Führungsgruppe, der die CDU/CSU derzeit nichts Gleichwertiges entgegenzusetzen habe.

Ich benutzte die Gelegenheit, um scharf gegen die fortgesetzten Hetzaktionen von CDU-Politikern gegenüber der DDR Stellung zu nehmen. Auch der CDU-Vorsitzende selbst sei daran beteiligt. Es sei aber gewiß eine Täuschung, wenn er glaube, er werde eines Tages von Strauß oder Dregger geschont, wenn er jetzt die scharfmacherischen Parolen dieser Leute vertritt. Ein solcher Konfrontationskurs gegenüber der DDR, wie ihn prominente Mitglieder der CDU/CSU betreiben, sei auf jeden Fall aussichtslos. Die DDR werde alle diese Leute überleben.

Kiep bemerkte in diesem Zusammenhang, die Lage in der eigenen Partei sei noch immer kompliziert. Vor allem gebe es noch immer viele Leute, die – was das Verhältnis zur DDR betrifft – geistig über die 50er Jahre nicht hinausgekommen sind. Dennoch sehe er sich vor die Notwendigkeit gestellt, Kohl als Vorsitzenden gegenüber den Angriffen von Strauß und Dregger zu stützen.

Im Hinblick auf die Landtagswahlen 1978 meinte Kiep: In Hamburg (Wahltermin 4. 7. 1978) könne sich die Position der SPD sogar etwas verbessern. An der Spitze der CDU herrsche dort Uneinigkeit und die von der CDU präsentierten Personen wie Herr Echternach und Herr Blumenfeld machten keinen allzu großen Eindruck. Was Niedersachsen betrifft (Wahltermin ebenfalls 4. 7. 1978), so sei mit einem Fortbestand der Regierung Albrecht und der Koalition mit der FDP zu rechnen. Allerdings sei die FDP ärgerlich, daß die Wahlen in Hamburg und Niedersachsen am gleichen Tage stattfinden. So müßten die FDP-Redner innerhalb der Stadtgrenze von Hamburg für eine Koalition mit der SPD und außerhalb der Stadtgrenze von Hamburg für eine Koalition mit der CDU Propaganda machen.

In Bayern werde der Landtag im Oktober 1978 neu gewählt. Franz Josef Strauß kandidiert für die Funktion des bayerischen Ministerpräsidenten. Für ihn bestehe das Problem darin, das Spitzenergebnis von Alfons Goppel wieder zu erreichen (1974 62,1 % für die CSU). Jedes halbe Prozent darunter wäre eine Ohrfeige für Strauß.

In Hessen (Wahl im Oktober 1978) ist Dregger besorgt, daß er die absolute Mehrheit für die CDU nicht erreicht. Seine Wahlkampfführung gegen die SPD stoße ins Leere, da sich der hessische Ministerpräsident Börner nicht provozieren läßt. Dregger habe ihm, Kiep, gesagt, er überlege, ob er sein Wahlkonzept nicht noch ändere. Kiep wies erneut darauf hin, das im Falle einer Koalition von CDU und FDP in Hessen nicht mit Dregger als Ministerpräsident gerechnet werden könne. Dann gehe es um andere Personen, womit er sich selbst meinte. Es gebe in dieser Hinsicht Angebote von seiten der FDP.

Die Schwierigkeiten der CDU zeigten sich gegenwärtig auch in der großen Studentenaktion. Der RCDS, der Studentenverband der CDU, sei in dieser Bewegung völlig isoliert und abgemeldet. Das wäre aber nicht Schuld der jungen Leute, sondern der politischen Führung der CDU.

Wenn man als CDU-Redner jetzt irgendwo in einer Versammlung auftrete, brauche man zunächst eine halbe Stunde, um sich von Strauß und dessen Verbrüderung mit der chilenischen Junta zu distanzieren. Die Reise von Strauß nach Chile und seine Erklärungen sind nach Meinung von Kiep schädlich für die CDU/CSU. Befragt, warum Strauß sich so verhalten hat, äußerte Kiep: Strauß fühlt sich als der Größte und versucht jetzt, auf eigene Faust Außenpolitik zu machen. Pinochet habe den Ehrgeiz und die Eitelkeit von Strauß erkannt. Er habe ihm das Präsidentenflugzeug zur Rundreise zur Verfügung gestellt und sogenannte Chile-Deutsche in die Versammlungen geschickt, deren Verstand, wie Kiep äußerte, in der Zeit des deutschen Kaiserreiches stehengeblieben ist. Besonders seien die Erklärungen von Strauß nach seiner Rückkehr zu verurteilen, vor allem auch die Beschimpfung des ermordeten chilenischen Präsidenten Allende.

Die Weigerung der DDR, die niedersächsische Landtagsfraktion der FDP in die Hauptstadt einreisen zu lassen, habe bei diesen Herren große Aufregung verursacht. Ich äußerte mich in diesem Zusammenhang darüber, daß sich von seiten der BRD die Aktivitäten häufen, die gegen die Kernbestimmung des Vierseitigen Abkommens gerichtet sind. Wenn man dann als Parlamentsfraktion aus der BRD noch demonstrativ in die Hauptstadt der DDR fahren will, um so zu tun, als sei die Hauptstadt der DDR Teil eines zur Bundesrepublik gehörenden Gesamtberlin, müsse man sich über die entsprechende Reaktion unsererseits nicht wundern. Überraschung habe es hervorgerufen, daß wir einige FDP-Abgeordnete durchgelassen haben, andere nicht. Kiep äußerte, er habe dazu zum FDP-Fraktionsführer Hedergott gesagt: Offenbar hat die DDR nur die FDP-Leute durchgelassen, die wirkliche Liberale sind, während sie verkappte Reaktionäre zurückgewiesen hat.

Es kam in diesem Zusammenhang zu einer Diskussion über die verstärkten Versuche, Westberlin als zur westeuropäischen Gemeinschaft (EG) zugehörig zu behandeln.

Herr Kiep äußerte sich erfreut über den Kauf von VW-Wagen durch die DDR.[22] (Kiep ist als Vertreter des Landes Niedersachsen stellvertretender Vorsitzender des Aufsichtsrates von VW.) Er betrachte dies nicht nur als eine ökonomische, sondern auch als eine politische Entscheidung. Er hoffe, daß sich daran weitere Geschäfte anschließen werden. Für VW sei es am günstigsten, komplette PKW zu verkaufen. Aber er könne sich vorstellen, daß in Zusammenarbeit mit VW auch die Fahrzeugbetriebe der DDR modernisiert werden könnten. Vielleicht baut die DDR einmal einen Trabant II mit Ausrüstungen von VW. Falls ich wieder einmal in Hannover sein werde, könne er eine Besichtigung von VW Wolfsburg organisieren, auch jener Abteilungen, in die man Besucher sonst nicht führt.

Er gab seiner Hoffnung Ausdruck, daß die Geschäfte der DDR mit der Firma Hoechst gut verlaufen. Dazu muß man wissen, daß Herr Kiep Aktionär bei Hoechst ist. Sein Großvater hat die Hoechst-AG gegründet und war viele Jahre Chef dieses Unternehmens.

Kiep bat darum, Staatssekretär Schalck herzliche Grüße zu übermitteln. Er sei sehr befriedigt, daß der von ihm beauftragte Vertreter der Niedersächsischen Landesbank für beide Seiten nützliche Absprachen mit Staatssekretär Schalck treffen konnte.

Von sich aus kam Herr Kiep erneut darauf, daß er mit dem Parteivorsitzenden Kohl darüber beraten habe, welches weitere Mitglied des Präsidiums der CDU Gespräche mit Vertretern der SED führen soll. Wiederum nannte er den Namen des stellvertretenden CDU-Vorsitzenden und Ministerpräsidenten von Schleswig-Holstein, Gerhard Stoltenberg. Als möglichen Termin bezeichnete er den Februar 1978. Er wolle nach seiner Rückkehr aus Moskau die Sache arrangieren und mir eine Einladung zu einer Begegnung in Bonn oder Kiel zukommen lassen.

Abschließend teilte Herr Kiep mit, daß er in der Bundesrepublik noch immer als eine von Terroristen besonders bedrohte Person gelte. Er habe seinen bewaffneten Personenschutz an der Grenze zurücklassen müssen, da die DDR die Einreise bewaffneter Begleiter nicht dulde. Das sei ihm durchaus verständlich. Er fragte aber, ob es auf diesem Gebiet nicht eine technische Zusammenarbeit zwischen den entsprechenden Organen beider Staaten geben könnte. Im übri-

---

22 Die DDR importierte 1978 im Rahmen eines Kompensationsgeschäftes 10 000 PKW des Typs VW Golf.

gen habe seine Frau beim Eintreffen in der DDR geäußert: Endlich kann ich mich mal einige Tage bewegen, ohne daß Leute mit geladenen Maschinenpistolen um mich herumstehen.

Quelle: SAPMO-BArch, DY 30/J IV 2/202/497; 37075/1.

Dokument 20

Information über Gespräche von Herbert Häber mit Hans-Jürgen Wischnewski, Staatsminister im Bundeskanzleramt, außerhalb der offiziellen Beratung, am 27. und 28. Januar 1978[23]

1. Bereits am Abend der Ankunft zeigte sich W[ischnewski] überrascht, daß er normal und freundlich empfangen wurde. Offenbar hatte er angesichts der Ereignisse der vergangenen Wochen mit einer eisigen Atmosphäre und persönlicher Distanz gerechnet. Die Unterbringung bezeichnete er als ausgezeichnet. Im Falle eines Gegenbesuchs werde es der Bundesregierung schwerfallen, gleichzuziehen. Auch im weiteren Verlauf seiner Anwesenheit äußerte er sich mehrfach betont positiv über seine Aufnahme.

2. Seine erste Bitte nach seiner Ankunft am Freitagabend bestand darin, Herrn Gaus zu den Beratungen hinzuzuziehen. Dies sei auch der Wunsch des Kanzlers gewesen. Man wolle Spekulationen über Differenzen zwischen W[ischnewski] und G[aus] vermeiden. Als ich ihm weisungsgemäß noch einmal unseren Standpunkt sagte, erklärte er sich einverstanden. Ihn überzeugte der Hinweis, daß zwischen Genossen Erich Honecker und Herrn Schmidt eine Begegnung von persönlichen Beauftragten ausgemacht worden sei. Mit dieser Argumentation ist er, wie er mir dann sagte, gegenüber Gaus aufgetreten. Das hat er auch auf Befragen Pressereportern erklärt. Im gesamten Verlauf seiner Anwesenheit gab es von seiner Seite keinerlei Versuche, Herrn G[aus] ins Spiel zu bringen, auch nicht zu einem gemeinsamen Mittagessen.

3. Am Abend des Sonnabends bekräftigte er mehrfach seine Zufriedenheit mit dem Verlauf der Begegnung. Gerade die Offenheit der Aussprache habe ihm gefallen. Er werde so den Bundeskanzler informieren, der sicherlich auch die Dinge so positiv bewerten werde.

---

23 Wischnewski war außerdem am 28. Januar 1978 mit Hermann Axen, Oskar Fischer und Herbert Höller offiziell zusammengetroffen. Vgl. die Gesprächsniederschrift in: Heinrich Potthoff: Bonn und Ost-Berlin, S.405 ff. Dieser Gesprächsvermerk datiert vom 30. Januar 1978.

4. Im Hinblick auf meine Äußerungen während der Diskussion sagte W[ischnewski] halb scherzhaft, jetzt habe ich gemerkt, daß Sie ein „ganz Harter" sind. Ich hätte Hermann Axen noch zusätzlich „heiß gemacht". Damit meinte er meine Feststellung, daß man angesichts der Hetzkampagne gegen die DDR, gegen eine sogenannte doppelte Währung usw. über mögliche unangenehme Folgen für den Reiseverkehr nachdenken müsse. W[ischnewski] sagte: „Damit haben Sie an der Tapete gekratzt." Ich antwortete, man müsse gelegentlich an der Tapete kratzen, um festzustellen, ob sich dahinter noch eine tragfähige Wand befinde. Man müsse manchmal die Dinge zu Ende denken, um rechtzeitig unerwünschte Konsequenzen zu vermeiden. W[ischnewski] äußerte, er habe schon verstanden, was gemeint ist.

5. W[ischnewski] informierte mich, daß im Verlauf der nächsten Wochen eine Umbildung des Bundeskabinetts stattfinden soll. Schmidt habe ihn gefragt, ob er einen Posten im Kabinett übernehmen wolle. Er habe abgelehnt und erklärt, daß er im Kanzleramt bleiben möchte. Schmidt habe daraufhin gesagt, das hätte er von ihm auch erwartet. W[ischnewski] sagte dazu weiter, was er gegenwärtig mache, sei die wichtigste Tätigkeit, die er in seinem bisherigen Leben ausgeführt habe. Er äußerte: „Ich habe mich jetzt dem Ziel verschrieben, für diesen Kanzler zu arbeiten." Ich fragte nach dem Schicksal von Leber. W[ischnewski] erklärte, eigentlich müsse man Leber ablösen. Aber unter dem Druck der Kampagne der CDU/CSU werde das jetzt nicht geschehen. Ob es in den nächsten Wochen erfolgt, sei noch nicht ganz klar.

6. W[ischnewski] zeigte sich informiert über meine Gespräche mit verschiedenen Politikern der SPD sowie über die Kontakte zu Persönlichkeiten der CDU. Die Bundesregierung begrüße diese Gespräche, denn sie könnten nur von Vorteil sein. Er warf die Frage auf, warum wir kaum Verbindungen zu Politikern der FDP hätten. Wir sollten das verstärken, denn die FDP sei für das Schicksal der Regierungskoalition sehr wichtig. Er teilte mit, daß zur Leipziger Messe demnächst der FDP-Staatssekretär im Innenministerium, Herr Baum, in die DDR kommen wolle. W[ischneski] riet, mit ihm Verbindung aufzunehmen.

7. W[ischnewski] war sehr erfreut über die Möglichkeit, den Fernsehturm und den Palast der Republik zu besichtigen. Auf dem Fernsehturm gefiel es ihm gut. Der Besuch im Palast der Republik entsprach seinem Wunsch. Er lese häufig im Neuen Deutschland den Veranstaltungsplan des Palastes. Nun bitte er darum, dort selbst einen Besuch machen zu können. Die Führung im Palast verlief normal. Obwohl Hunderte von Menschen im Palast waren, gab es keinerlei Provokation oder peinliche Situation. W[ischnewski] verhielt

sich korrekt. Er unternahm nichts, um etwa die Aufmerksamkeit auf sich zu lenken. Interessiert erkundigte er sich nach Einzelheiten. Für den Besuch des Fernsehturms und des Palastes der Republik hatte er sich einen Fotografen bestellt. Auch ein Fotoreporter von ADN war dabei. Es ist damit zu rechnen, daß über den Aufenthalt von W[ischnewski] auf dem Fernsehturm und im Palast der Republik – wahrscheinlich im „Stern" – Bilder erscheinen. Das Abendessen am Sonnabend fand in der Zille-Stube im Hotel „Stadt Berlin" statt. Es verlief sehr gut. W[ischnewski] lobte die gemütliche Atmosphäre, die aufmerksame Bedienung, das gute Essen. Er fühlte sich sichtlich wohl.

8. W[ischnewski] erklärte, er nehme es mir übel, daß ich bei meinem Aufenthalt in Bonn ihn noch nicht aufgesucht habe. Er rechne bei meinem nächsten Besuch mit einem Zusammentreffen, denn er wolle mit mir noch ausführlich diskutieren. Außerdem wolle er mir auch sein neues Haus in der Nähe von Köln zeigen, das er kürzlich bezogen hat. W[ischnewski] verwies mehrfach auf seinen guten Kontakt zu Genossen Michael Kohl, der über ihn bestimmt nichts Negatives nach Berlin berichtet haben könne. W[ischnewski] betonte mir gegenüber, er fühle sich nach wie vor der Arbeiterbewegung zugehörig. Was die SPD betreffe, so halte er es mit Tucholsky, der gesagt hat: Die SPD hat zwei Eigenschaften – erstens ist sie für den Sozialismus und zweitens kommt man mit ihr niemals dorthin. [...]

Quelle: SAPMO-BArch, DY 30/J IV 2/202/491.

Dokument 21

Information über einen Aufenthalt von Herbert Häber in der Bundesrepublik Deutschland vom 15. bis 22. März 1978[24]

Während meiner Anwesenheit in der BRD bin ich mit dem Vorsitzenden der DKP, Herbert Mies, zu mehreren Gesprächen zusammengekommen (am 17. und 22. 3.). Ich informierte Genossen Mies über die Hauptergebnisse der Beratung der Sekretäre für ideologische und internationale Fragen der Bruderparteien in Budapest. Es gab über die dort getroffenen Einschätzungen und Festlegungen Übereinstimmung. Genosse Mies beabsichtigt, auf der nächsten Tagung des Parteivorstandes der DKP, am 11. April, in einem Schlußwort in entsprechender Weise darauf einzugehen. Diese PV-Tagung wird sich vor allem mit den Schlußfolgerungen aus dem Max-

---

24 Die Information datiert vom 27. März 1978.

Reimann-Aufgebot 1977 sowie mit dem Stande der Diskussion zum Programmentwurf der DKP befassen.

Genosse Mies und Genosse Gerns berichteten über den bisherigen Verlauf der Programmdiskussion. Insgesamt hat der Entwurf in der Partei eine sehr gute Aufnahme gefunden. Bei den zur Diskussion stehenden Themen handelt es sich um normale Fragen zur internationalen Entwicklung, zur Einschätzung des staatsmonopolistischen Kapitalismus, zur Bündnispolitik und zum Problem des Kampfes um eine Wende zu sozialem und demokratischem Fortschritt in der BRD. Es gibt Erkenntnisse darüber, daß feindliche Kräfte bemüht sind, mit Hilfe von ausgeschlossenen ehemaligen DKP-Mitgliedern eine Gegenplattform zusammenzuzimmern. Bisher sind diese Kräfte jedoch öffentlich noch nicht in Erscheinung getreten.

Im Präsidium des Parteivorstandes wird in Kürze beraten werden, welche Anträge zum Programmentwurf für die im Juni stattfindenden Bezirksdelegiertenkonferenzen vorbereitet werden sollen, um auf diese Weise beachtenswerte Vorschläge der Mitgliedschaft zur Ergänzung des Programmtextes in zusammenfassender Weise an die Programmkommission einzureichen.

Mit Genossen Herbert Mies wurden erste Gedanken für den Bericht des Parteivorstandes an den im Oktober in Mannheim stattfindenden nächsten Parteitag der DKP erörtert. Neben den generell zu behandelnden Problemen wird erwogen, mit dem Blick auf das Jahr 1979 zum 30jährigen Bestehen der Bundesrepublik unter dem Motto Stellung zu nehmen: „Lehren aus drei Jahrzehnten – Grundfragen der Gegenwart und der Zukunft der BRD." Außerdem wird es erforderlich sein, in der Rede auf dem Parteitag zu grundsätzlichen und aktuellen Problemen der Verknüpfung von allgemeiner und zyklischer Krise des Kapitalismus in der BRD sowie zu Fragen der wissenschaftlich-technischen Revolution und den damit verbundenen Konsequenzen für den Kampf der Arbeiterbewegung in der Bundesrepublik Stellung zu nehmen. Zu all dem wird es demnächst im Präsidium des Parteivorstandes einen ersten Meinungsaustausch geben. Vor der Sommerpause werden mit uns weitere Konsultationen stattfinden.

Am 18. März 1978 wurde ich vom Staatsminister im Bundeskanzleramt der BRD, Hans-Jürgen Wischnewski, zum Kaffee in seiner Privatvilla in der Nähe von Köln empfangen. In meiner Begleitung befand sich Genosse Michael Kohl. Außerdem war Herr Bräutigam, der im Bundeskanzleramt für DDR-Angelegenheiten zuständige Mitarbeiter, anwesend.

Wischnewski sprach über seine Bemühungen, als Beauftragter des Bundeskanzlers eine Beendigung des Streiks der Druckereiarbeiter der BRD herbeizuführen. Während unserer Anwesenheit wurde er regelmäßig per Telefon über den Stand der Verhandlungen unterrichtet. Nach seinen Worten versuche die Bundesregierung ebenfalls, den Lohnkampf in der Metallindustrie möglichst rasch zum Abschluß zu bringen. Die Bundesregierung sei vor allem über die Situation in der Automobilindustrie besorgt. Wischnewski sagte: „Wenn Bosch zwei Wochen streikt, steht die gesamte Autoindustrie." Wahrscheinlich werde es zu einem Abschluß kommen, der über fünf Prozent liegt.

Auf jeden Fall sei es notwendig, „die Kuh so schnell wie möglich vom Eise zu bringen", da diese Lohnkämpfe die innenpolitische Situation sehr belasten. Insgesamt habe die Regierung schwere Wochen hinter sich.

Die Maßnahmen zur Änderung der Rentengesetze stießen nach Meinung von Wischnewski bei der Bevölkerung auf viel Verständnis. Die Regierung habe hier mehr Ärger erwartet. Allgemein würde verstanden, daß die bisherige dynamische Rente nicht beibehalten werden könne. Die Maßnahmen zum Rentenabbau hätten aber das Verhältnis zum DGB belastet. In Gesprächen mit Gewerkschaftsführern werde versucht, die Lage zu verbessern. In den Landtagswahlen dieses Jahres äußerte Wischnewski: Wenn bei der Hessenwahl im Herbst die CDU siege, dann werde es kritisch. Dann entstünde faktisch eine große Koalition; ohne Zustimmung der CDU/CSU ginge dann nichts mehr. Er sei aber zuversichtlich, daß es in Hessen bei der SPD/FDP-Koalition bleiben wird. Die FDP könne noch nicht zur CDU umsteigen, die Parteibasis mache da nicht mit. Er habe vor wenigen Tagen erst mit Genscher darüber gesprochen. Es stimme übrigens nicht, daß der Einfluß Genschers in der FDP geschwächt sei.

Auf Befragen äußerte Wischnewski, daß nach seiner Meinung der CDU-Vorsitzende Kohl in der letzten Zeit seine Position stärken konnte. Dafür gebe es mehrere Gründe. Da Strauß sich entschlossen habe, das Amt des Ministerpräsidenten in Bayern zu übernehmen, werde er aus der Bundestagsfraktion ausscheiden. Dadurch würde automatisch die Rolle von Kohl in der Fraktion aufgewertet. Außerdem habe sich die Linie von Kohl, um die FDP zu werben, mehr und mehr durchgesetzt. Sogar Dregger sei jetzt für ein Bündnis mit der FDP und auch die CSU verhalte sich beweglicher.

Wischnewski teilte mit, daß er demnächst an einer Tagung der Sozialistischen Internationale in Dakar[25] teilnehmen werde. Im April wolle sich die Sozialistische Internationale auf einer Tagung in Helsinki[26]

5 Vom 12. bis 13. Mai 1978 fand eine Bürositzung der Sozialistischen Internationale in Dakar (Senegal) statt, auf der eine Studiengruppe zu Abrüstungsfragen unter Leitung von Kalevi Sorsa gebildet wurde.
6 Vom 24. bis 26. April 1978 fand in Helsinki eine Abrüstungskonferenz der Sozialistischen Internationale statt, an der 21 Mitgliedsparteien sowie u. a. als Gast Boris Ponomarjow, Kandidat des Politbüros der KPdSU, teilnahmen.

mit Fragen der Abrüstung befassen. Ich nahm diesen Hinweis zum Anlaß um zu fragen, ob mit einer Entschließung gegen die Neutronenwaffe gerechnet werden kann. Immerhin hätten einige Parteien der Sozialistischen Internationale sich bereits ablehnend zur Neutronenwaffe geäußert. Wischnewski war diese Frage sichtlich unangenehm. Das Problem Neutronenwaffe, so äußerte er, wolle man im Sinne der Parteitagsentschließung von Hamburg benutzen, um die Sowjetunion im Rahmen der Abrüstungsgespräche auf anderen Gebieten zum Einlenken zu bewegen. Er rechne jedoch nicht mit einem einheitlichen Standpunkt der Parteien der Sozialistischen Internationale zu diesem Thema. Einer weiteren Diskussion dieser Frage wich Wischnewski aus.

Zum Thema Bundespräsidentenwahl im Jahre 1979 äußerte er, es werde für die CDU schwer werden, gegen Scheel zu stimmen. Wenn das geschieht, verdirbt sie sich die Chancen einer Koalition mit der FDP nach 1980. Klar sei, daß Scheel weiter Präsident bleiben will.

Wischnewski benutzte die Zusammenkunft, um inoffiziell über die Entscheidung des Bundeskabinetts zur Fortzahlung der Transitpauschale zu berichten.[27] Genosse Michael Kohl hat darüber bereits informiert. In betonter Weise hob Wischnewski hervor, er persönlich habe sich stark dafür engagiert, eine Variante zu finden, die Streit mit der DDR ausschließt. Auch Herr Gaus habe sich für diese Variante eingesetzt. Man hoffe, daß von Seiten der DDR Bereitschaft besteht, über irgendeinen Zählmodus zu reden, der unterschiedliche Ergebnisse auf beiden Seiten ausschließt. Man wolle durchaus keine „innerdeutsche" Regelung. Man wolle vielmehr vermeiden, daß vom Haushaltsausschuß oder vom Bundesrechnungshof die Bundesregierung mit der Frage konfrontiert wird, warum sie weiterhin die Gesamtsumme an die DDR zahle.

Wischnewski ließ durchblicken, daß er nach seinem Besuch in Berlin ein Hintergrundgespräch mit führenden Journalisten geführt habe. Damit sei z. B. erreicht worden, daß das Thema Fluchthilfe in der Öffentlichkeit der BRD mit mehr Zurückhaltung behandelt werde, als früher.

Er bat darum, Genossen Hermann Axen herzliche Grüße zu übermitteln.

– Von Walther Leisler Kiep, Mitglied des Präsidiums und Bundesschatzmeister der CDU, Finanzminister von Niedersachsen, wurde ich am 17. 3. zu einem Treffen eingeladen. Es fand in der Privatwohnung von Kiep in Bonn-Godesberg statt, die er unter einen

---

27 Am 16. November 1978 wurde von Vertretern der DDR und der BRD ein Protokollvermerk unterzeichnet, der die Neufestlegung der Transitpauschale für die Jahre 1980 bis 1989 in Höhe von 525 Millionen DM jährlich regelte.

Tarnnamen gemietet hat. Das Treppenhaus zu dieser Wohnung war von mehreren mit Maschinenpistolen bewaffneten Sicherheitsbeamten besetzt.

Zunächst berichtete Kiep über seinen Besuch in Moskau. Er hält die dort geführten Gespräche, vor allem einen ausführlichen Meinungsaustausch mit Genossen Sagladin, für sehr nützlich. Ihm sei verständlich, daß die Politik von Carter Unsicherheit in die internationale Lage gebracht habe. Auch sei er der Meinung, daß die Einführung der Neutronenwaffe verhindert werden müsse. Allerdings werde das nur möglich sein, wenn die Sowjetunion auf einigen anderen Gebieten den westlichen Vorschlägen entgegenkomme. Darüber habe er in Moskau gesprochen, und man habe ihn interessiert angehört.

Auf meine Frage, wie er die Stellungnahme der CSU-Landesgruppe zur sogenannten Deutschlandpolitik beurteile, die kürzlich veröffentlicht worden ist, äußerte Kiep: Pressemeldungen, wonach die CDU diesem Papier zugestimmt habe, seien falsch. Weder die Fraktion noch der Parteivorstand hätten sich damit befaßt. Man könne dieses Papier vergessen, denn es sei noch nicht einmal repräsentativ für die gesamte CSU. Es sei von Leuten verfaßt und herausgegeben worden, die offenbar keinerlei Verständnis für die Erfordernisse der Politik hätten.

In diesem Zusammenhang entwickelte sich eine Diskussion, in der ich in scharfer Weise die provokatorischen Reden des Parteivorsitzenden Kohl gegen die DDR anprangerte. Ich verwies darauf, daß es einem Oppositionsführer, der Bundeskanzlerkandidat sein möchte, besser anstünde, eine vernünftige und sachliche Position zur Frage der Beziehungen zur DDR einzunehmen, als sich als Helfershelfer von Provokationen aufzuspielen. Es sei überhaupt die Frage zu stellen, wer in der CDU/CSU das nötige Verantwortungsbewußtsein aufbringt, um hinsichtlich des Verhältnisses zur DDR eine Linie der Vernunft zur Geltung zu bringen. Man müsse bedenken, daß durch solche Reden von Kohl und anderer CDU-Politiker Porzellan zerschlagen werde, daß man eines Tages noch einmal gebrauchen wird.

Kiep unterstrich seine Entschlossenheit, in der Führung der CDU auf eine Verbesserung des Verhältnisses zur DDR hinzuwirken. Pressemeldungen, wonach er von Kohl und Strauß wegen seiner Verbindungen zu uns kritisiert worden ist, bezeichnete er als Fehlinformationen. Kohl wisse über seine Kontakte Bescheid. Strauß habe er mitgeteilt, wenn er was von ihm wolle, möge er sich melden.

In meinem Beisein telefonierte Kiep mit Gerhard Stoltenberg, dem stellvertretenden Parteivorsitzenden der CDU und Ministerpräsidenten von Schleswig-Holstein. Er informierte ihn über meine Anwesenheit in der BRD und über die Möglichkeit eines Zusammentreffens in Kiel. Stoltenberg richtete telefonisch an mich Grüße aus. Er äußerte seine Bereitschaft zu einer Begegnung. Allerdings sei sie in der Osterwoche nicht möglich, da er am gleichen Tage für kurze Zeit mit seiner Familie zum Skilaufen in die Schweiz fliege und erst wieder nach Ostern in Kiel sein werde. Man müsse sich über einen Termin noch einmal verständigen. Im übrigen ließ er mich wissen, daß er beabsichtige, im September der Leipziger Messe einen Besuch abzustatten. Stoltenberg ist in diesem Jahr Präsident des Bundesrates der BRD und nimmt in Abwesenheit des Bundespräsidenten dessen Stellvertretung wahr.

Im Zusammenhang mit dem Thema Leipziger Messe teilte mir Kiep mit, der Vorsitzende des VW-Konzerns, Schmücker, habe sich sehr befriedigt von der Leipziger Frühjahrsmesse und den dort getätigten Geschäften gezeigt. (Kiep ist stellvertretender Vorsitzender des Aufsichtsrates von VW.)

Zur Hannover-Messe (Ende April) will Kiep für die offizielle Delegation der DDR ein spezielles Essen geben und dabei die Vertreter der DDR mit prominenten Industriellen der BRD zusammenbringen. Er bat um eine Mitteilung, welche Herren aus der DDR die Hannover-Messe besuchen werden.

Mir gegenüber äußerte er den Wunsch zu einem weiteren Zusammentreffen unmittelbar nach den niedersächsischen Landtagswahlen am 4. Juni dieses Jahres. Er hoffe, dann noch Finanzminister zu sein, sei jedoch auch für die Fortsetzung des Kontaktes, falls die CDU in Hannover ihr Wahlziel nicht erreichen sollte.

– Von Kiep wurde ich informiert, daß Peter Lorenz, Vorsitzender der CDU in Westberlin und Präsident des Westberliner Abgeordnetenhauses, ihn ersucht habe, ein vertrauliches Gespräch mit mir zu arrangieren. Lorenz tauchte in der Wohnung von Kiep auf. Ich erklärte mich bereit, das Gespräch zu führen, äußerte dabei aber, daß Bonn eigentlich nicht der richtige Ort für eine Begegnung mit dem Präsidenten des Westberliner Abgeordnetenhauses sei. Ich würde ihn nicht in dieser Eigenschaft, sondern als Mitglied des Parteivorstandes der CDU anhören.

Lorenz äußerte, das Treffen mit einem Vertreter der SED sei für ihn ein außergewöhnlicher Schritt. Zum ersten Mal seit 30 Jahren spreche er wieder mit einem Mitglied der SED. Er verwies darauf, daß er im Jahre 1947 mit Genossen Erich Honecker und dann auch mit Genossen Paul Verner Kontakt hatte, dem er übrigens noch eine Schachtel Zigaretten schulde.

Er bat um absolute Vertraulichkeit: Wenn das meine Leute in Westberlin erfahren, dann steinigen sie mich. Ich muß sie erst allmählich daran gewöhnen.

Lorenz machte längere Ausführungen über die Motive seines Schrittes. Ihm mache die Situation Westberlins und die Zukunft der Stadt Sorgen. Die Hauptstadtfunktion sei dahin. Als Land der Bundesrepublik könne sie sich auch nicht voll entwickeln, denn dagegen stände das Vier-Mächte-Abkommen. Die Westmächte redeten mit und manchmal ginge es dabei mehr um Prestige-Interessen als um Sachprobleme. Alles in allem: Ihm sei klar geworden, daß man die Frage der Zukunft dieser Stadt nicht klären könne, ohne auch mit der DDR und dort vor allem mit der SED darüber zu reden.

Lorenz meinte, für viele seiner Parteifreunde in Westberlin sei die SED zwar der schlimmste Feind in Europa. Er aber habe begriffen, daß man mit der SED leben und auch mit ihr reden muß. Dabei sei er sich über die tiefgreifenden Meinungsverschiedenheiten völlig klar. Er möchte aber die Frage aufwerfen, wie wir die Dinge sehen, ob von unserer Seite Gesprächsbereitschaft vorhanden ist.

Ich legte ebenso grundsätzlich und ausführlich unsere Position zur Westberlin-Frage und zur Einhaltung des Vierseitigen Abkommens dar. Dabei wandte ich mich gegen die ständigen Versuche, vor allem von CDU/CSU-Politikern, das Vierseitige Abkommen zu unterlaufen, in demonstrativer Weise die angebliche Zugehörigkeit Westberlins zur BRD zu unterstreichen, Westberlin für Provokationen gegen die DDR zu mißbrauchen usw.

Ich forderte Lorenz auf, seinerseits damit zu beginnen, um auch in dieser Frage Schritt um Schritt das Klima gegenüber der DDR zu verbessern. Dazu muß man Schluß machen mit der Kette von Besuchen von CDU-Fraktionen aus der BRD in Westberlin, und man muß einige Thesen, die bisher auch in den Reden von Herrn Lorenz einen festen Platz hatten, zumindest weglassen. Gegenüber Westberlin hat es seitens der DDR an konstruktivem Verhalten nie gefehlt. Entscheidend wird sein, wie sich die führenden Politiker Westberlins verhalten, ob sie tatsächlich die Interessen der Stadt im Auge haben oder einer Linie der Provokation gegenüber der DDR folgen. Gesprächsbereitschaft unsererseits ist gegeben. Allerdings, so sagte ich, sei es zweckmäßig, daß ein nächstes Gespräch zwischen mir und Lorenz in Westberlin stattfindet.

Lorenz äußerte, daß er unsere prinzipiellen Positionen gewiß kenne, aber meine Erläuterungen mit Interesse entgegennehme. Man müsse jedoch verstehen, daß gewisse Dinge nur langsam gebaut werden könnten. Er werde z. B. versuchen, im Zusammenhang mit Veranstaltungen zum 17. Juni mäßigenden Einfluß zu nehmen. Auch wolle er dahin wirken, daß die Junge Union keine Aktionen durchführt, die als Provokation gegen die DDR aufgefaßt werden können.

Er möchte sein Interesse an zunächst vertraulichen Diskussionen mit Vertretern der SED bekräftigen. Möglicherweise sei er nächstes Jahr Regierender Bürgermeister. Im Falle einer CDU-Regierung in Bonn sei er Kandidat für ein Ministeramt. Deshalb wolle er schon jetzt Kontakte zu uns herstellen.

Zu Kiep gewandt äußerte er, man müsse tatsächlich mehr tun, damit nicht Leute wie Abelein und Marx namens der CDU das Wort gegen die DDR führen. Außerdem habe man es auch mit der CSU zu tun. Wenn man jedoch Strauß unter vier Augen spricht, so äußerte er mir gegenüber, dann rede auch der oft anders als es in öffentlichen Erklärungen der CSU steht.

Lorenz erklärte, er wolle versuchen, daß es Ende Mai zu einem Zusammentreffen in Westberlin kommen kann. Allerdings müsse er erst noch darüber nachdenken, wie das zu bewerkstelligen sei. Bis jetzt wisse nur seine Sekretärin im Abgeordnetenhaus von seinem Treffen mit mir. Sie sei absolut vertrauenswürdig. Die Leute in seinem Anwaltsbüro dürften aber noch nichts davon erfahren. Er werde sich melden und evtl. noch einmal Herrn Kiep um Vermittlung bitten.

– Am 16. März hatte ich außerdem Gespräche mit Parlamentariern der SPD, FDP und CDU. So bin ich mit Eugen Selbmann, dem außenpolitischen Berater von Herbert Wehner, in den Räumen der SPD-Bundestagsfraktion zusammengetroffen. Es gab eine Diskussion zu den Kommunalwahlen in Schleswig-Holstein und Bayern. Das Ergebnis von Schleswig-Holstein wird günstig bewertet. Das Ergebnis von Bayern sei erwartet worden. Es gehe auf die jahrelangen Streitigkeiten in der Münchener SPD zurück. Nach seiner Meinung sei München auf Jahre hinaus für die SPD verloren.

Die Personalpolitik sei überhaupt ein schwieriges Problem für die SPD. Er habe kürzlich ein Gespräch mit Wehner und Schmidt darüber gehabt und beide gefragt, was geschehen würde, wenn einem von beiden einmal das Schlimmste passiert. Beide hätten geantwortet, sie wüßten es auch nicht. Praktisch gebe es derzeit für Schmidt und Wehner keinen Ersatz. Auf diese Situation in der Personalpolitik wirke auch die föderalistische Struktur der Partei ein. Jeder Parteibezirk sei ängstlich darauf bedacht, sich in seine Personalpolitik durch den Parteivorstand nicht hineinreden zu lassen.

Es gab eine kurze Diskussion über die Ablösung von Leber und darüber, wie man es zulassen kann, daß ein Minister durch den Geheimdienst abgeschossen wird, statt daß der Minister den Geheimdienst in der Hand hat. Selbmann erklärte dazu, das Verteidigungsministerium sei ein „schwarzer Haufen". Im ganzen Ministerium gebe es nur 80 SPD-Mitglieder. Alle anderen stünden auf der Seite der CDU und machten mit der Opposition im Bundestag gemeinsame Sache.

Von mir wurde die Frage der Haltung der SPD zur Neutronenwaffe aufgeworfen. In zugespitzter Weise stellte ich die Frage, ob sich die Sozialdemokratische Partei eigentlich ihrer Verantwortung bewußt sei, die sie übernimmt, wenn eine von ihr geführte Bundesregierung die Einführung und Stationierung der Neutronenwaffe billigen und damit den Startschuß für eine neue Runde des Wettrüstens geben wird.

Selbmann antwortete darauf: Die Frage der Neutronenwaffe sei sehr kompliziert und schwierig. Bis jetzt habe die SPD die Absicht, sich an den Beschluß des Hamburger Parteitages zu halten, der besagt, es sollten Voraussetzungen geschaffen werden, daß die Stationierung der Neutronenwaffe nicht nötig wäre. Es bestehe die Absicht, das Thema Neutronenwaffe in die Wiener Verhandlungen einzufügen. Ihm sei durchaus klar, daß Carter auch in dieser Frage vom militärisch-industriellen Komplex der USA beeinflußt sei. Dieser habe ihm den Wahlkampf finanziert und fordere nun die Einlösung der Versprechungen. Man kenne auch hinreichend den sicherheitspolitischen Berater Brzezinski und wisse, was dieser vorhabe.

Das Gesamtverhalten von Carter verunsichere insgesamt die Lage. In den USA zeichne sich ganz deutlich eine Rechtsentwicklung ab. Das berühre auch die Beziehungen zwischen den USA und der BRD. Der Druck Carters auf die Bonner Wirtschaftspolitik und seine Forderung, die Bundesrepublik solle inflationistische Maßnahmen ergreifen, um den Eurokommunismus zu bekämpfen, sei hanebüchener Unsinn.

Selbmann betonte, daß man sich demnächst in der Fraktionsführung mit dem Thema Neutronenwaffe befassen wolle. Schmidt hoffe auf den Breshnew-Besuch, um über all diese Fragen zu reden. Man erwarte, daß man nach der Aussprache mit Genossen Breshnew klarer sehe und evtl. auch entschiedener gegen die USA auftreten könne.

Wehner, Schmidt und auch er hätten in Gesprächen mit sowjetischen Politikern immer wieder darauf hingewiesen, daß der Kurs der USA nicht identisch ist mit der Haltung der BRD. Sie hätten ihren sowjetischen Partnern geraten, sich von Carter nicht provozieren zu lassen.

Zur Belgrader Konferenz[28] äußerte Selbmann: Man sei froh, daß sie überhaupt noch so ausgegangen sei, wie sie gelaufen ist. Der USA-Vertreter Goldberg habe die Sowjetunion fortlaufend herausgefordert. Keine Großmacht könne sich aber auf die Anklagebank setzen lassen.[29]

Der bevorstehende Besuch von Genossen Husák in der BRD müsse als ein historisches Ereignis gewertet werden, denn es sei der erste Besuch eines tschechoslowakischen Staatsoberhauptes in diesem Teil Deutschlands. Selbmann hatte Wehner bei seinem kürzlichen Aufenthalt in der ČSSR begleitet. Über die Reise von Wi-

---

28 Am 9. März 1978 wurde das Belgrader KSZE-Nachfolgetreffen mit einem Schlußdokument beendet.

29 Der tschechoslowakische Partei- und Staatschef Gustav Husák besuchte vom 10. bis 13. April 1978 die BRD.

schnewski nach Berlin zeigte sich Selbmann zufrieden. Es sei unerklärlich, daß in der Öffentlichkeit behauptet worden ist, Wehner habe Kritik an dieser Reise geübt.

Am gleichen Tag kam es zu einem Gespräch mit Helmut Becker, Parlamentarischer Geschäftsführer der SPD-Bundestagsfraktion. Obwohl an diesem Tage eine Bundestagsdebatte stattfand und Becker sehr belastet war, hatte er sich für dieses Gespräch freigemacht.

Zur Lage der Koalition äußerte er: Nach seiner Überzeugung werde sie sich auf jeden Fall bis Herbst 1978 halten. Wie es dann weiter gehen wird, werde sich erst nach der Hessen-Wahl entscheiden. Wenn in Hessen die CDU in die Landesregierung einzieht, dann wird sich alles neu gestalten. Dann steht die Frage der Regierungsfähigkeit der Bonner Koalition, dann steht die Frage, wie sich die FDP in Bonn verhalten wird, und dann würden auch die Linken in der SPD wahrscheinlich ihr Verhalten neu bestimmen. Dann könne auch die Frage einer vierten Partei unter Strauß und sogar einer fünften linkssozialistischen Partei auftauchen. Nicht unwichtig sei, welche Rolle die sogenannten „Grünen Listen" spielen werden. Sie könnten unter Umständen ein Potential für eine von Strauß gesteuerte vierte Partei werden.

Hinsichtlich der Bundespräsidentenwahl äußerte Becker: Für ihn sei klar, daß die CDU/CSU einen eigenen Kandidaten wählen werde und nicht Scheel. Kandidaten der CDU wären Carstens oder von Weizsäcker. Auch sei noch immer der Versuch denkbar, Kohl auf diesen Posten abzuschieben.

Becker stimmte der Auffassung zu, daß die SPD auf dem Gebiet der Entspannungspolitik offensiver als bisher die Demagogie und die entspannungsfeindlichen Äußerungen von CDU/CSU-Politikern zurückweisen müsse. Wenn es nach ihm gegangen wäre, so hätten die Auseinandersetzungen mit der CDU/CSU im Bundestag anläßlich des „Berichts zur Lage der Nation" schärfer ausfallen müssen.

In diesem Zusammenhang teilte Becker folgendes mit: Unter seiner Leitung sind Bemühungen in Gang gesetzt worden, um so weit wie möglich die Kundgebungen zum 17. Juni zu beeinflussen. Gegenwärtig sei das „Kuratorium Unteilbares Deutschland" dabei, alle diese Veranstaltungen an sich zu ziehen. Die SPD wolle aber versuchen, diese Veranstaltungen mit ihren Leuten zu besetzen, um zu verhindern, daß sie zu reinen Hetzkundgebungen der CDU/CSU werden. Ganz werde das nicht gelingen. Aber unter seiner Leitung sei eine Gruppe von 15 Abgeordneten dabei, alles nur denkbare zu versuchen. Leider habe die SPD in den zurückliegenden Jahren nicht aufgepaßt und zugelassen, daß das „Kuratorium Unteilbares Deutschland" voll und ganz in das Fahrwasser der CDU/CSU geraten ist.

Im Zusammenhang mit dem Besuch von Wischnewski in Berlin sagte er, er habe den Eindruck, daß sich die Beziehungen zur DDR bereits gebessert haben und ein besseres Klima bestehe. Man müsse Sorge tragen, daß nicht durch Provokateure oder Dummköpfe erneut Schaden angerichtet würde. Die Fraktionsführung sei sich der Bedeutung bewußt, die ein gutes Verhältnis zur DDR für die sozialliberale Koalition habe.

Bei diesem Gespräch mit Becker – ebenso wie mit Selbmann – bestand eine ausgesprochen freundliche und offenherzige Atmosphäre. Beide betonten ihre Bereitschaft, jederzeit den Gesprächskontakt fortzusetzen.

– Während meines jetzigen Besuchs war ich erstmalig Gast eines verantwortlichen Politikers der FDP-Bundestagsfraktion. Durch Vermittlung unserer Vertretung traf ich am 16. März 1978 mit Kurt Spitzmüller, dem parlamentarischen Geschäftsführer der FDP, zusammen. Da er angesichts einer laufenden Bundestagsdebatte wenig Zeit hatte, kam es nur zu einem kurzen Meinungsaustausch.

Zur Rentenproblematik, die zu diesem Zeitpunkt im Plenum diskutiert wurde, führte Spitzmüller aus, daß es sich hierbei um eine Angelegenheit handele, die vor allem von den Unionsparteien aufgebauscht worden sei. In der Bevölkerung würde diese Frage viel ruhiger betrachtet werden. Vielmehr seien die Menschen schon froh, wenn die Zahlungen überhaupt gesichert sind bzw. ein Inflationsausgleich zugeschlagen würde.

Die FDP sei gegenwärtig bemüht, sich so viel wie möglich ins Gespräch zu bringen. Dazu nutze sie auch die Koalitionsangebote der CDU auf Länderebene aus. Wenn die CDU jetzt um die FDP werbe und ihr gegenüber gute Worte finde, um so weniger könne sie später, wenn die FDP sich erneut für eine Koalition mit der SPD entscheide, über die FDP herfallen.

Das gelte auch für die FDP in Hessen. Seine Partei betrachte den Wahlkampf in Hessen als besonders wichtig für die Entwicklung der Bundesrepublik. Sie rechne aber nicht mit einer absoluten Mehrheit für die CDU; ein knappes Wahlergebnis sei jedoch durchaus möglich. Auch eine Pattsituation werde nicht ausgeschlossen. Im letzteren Fall werde die FDP vor eine schwierige Entscheidung gestellt. Nach seiner Meinung könnte es dann geschehen, daß die FDP in Hessen ein Bündnis mit der CDU schließt.

Bei der Präsidentenwahl werde Scheel wieder kandidieren. Die FDP verfolge die Absicht, es der CDU/CSU so schwer wie irgend möglich zu machen, einen eigenen Kandidaten als Bundespräsidenten zu wählen. Spitzmüller meinte, es werde für die CDU schwierig sein, einen überzeugenden Gegenkandidaten zu Scheel aufzustellen. Scheel genieße großes Ansehen in der Bevölkerung, und wenn die CDU einen so erfolgreichen Bundespräsidenten abwählen will, dann müsse sie dafür schon gute Argumente haben. Sie müßte einen Mann aufstellen, der mindestens gleiche Qualitäten wie Scheel besitze. Dafür käme eigentlich nur von Weizsäcker in Frage. Carstens sei auch im Gespräch, aber nicht so einfach durchzusetzen.

Auf Befragen äußerte Spitzmüller, die FDP denke nicht daran, die Wahl des Bundespräsidenten mit einem Koalitionsversprechen gegenüber der CDU zu koppeln. Sie sei nicht bereit, in diesem Zusammenhang der CDU gegenüber eine verpflichtende Erklärung abzugeben. Die FDP sei überhaupt dagegen, die Wahl des Bundespräsidenten an Bedingungen zu knüpfen.

Insgesamt gehe man in der Führung der FDP davon aus, daß die jetzige Koalition bis 1980 bestehen bleibt. Bedenklich seien allerdings die Aufweichungserscheinungen in der SPD. Wenn das weitergehe, könne es kritisch werden. Eine Abstimmungsniederlage im Bundestag könne die Koalition verkraften, eine zweite aber nicht. Dann wäre es sicherlich aus.

Im übrigen sei es für ihn persönlich schwer vorstellbar, wie man mit der CDU/CSU gemeinsam regieren könne. Darüber habe er noch gar nicht nachgedacht. Man dürfe aber auch nicht zu intensiv darüber nachdenken, denn je länger man das macht, um so mehr gewöhne man sich an den Gedanken.

– Bei meinem Besuch im Bundeshaus kam es zu einem Gespräch mit dem CDU-Bundestagsabgeordneten Dr. Ottfried Hennig. Er gehört zu jenen CDU-Politikern, die sich seit längerem für sachliche Beziehungen zur DDR einsetzen. Mit Wissen des Parteivorsitzenden Kohl hält er die Verbindung zu unserer Ständigen Vertretung in Bonn. Auch dieses Gespräch wurde genutzt, um nachdrücklich das provokatorische und entspannungsfeindliche Verhalten führender Persönlichkeiten der CDU, darunter auch des Parteivorsitzenden, gegenüber der DDR zu verurteilen.

Hennig hat sich diese Ausführungen angehört ohne zu widersprechen. Er sagte, auch in der CDU sei die Diskussion über die Haltung zur DDR verstärkt in Gang gekommen. So habe man sich in einem Kreis von Abgeordneten mit der Frage befaßt, wie man sich künftig zum Problem Fluchthilfe verhalten soll. Offenkundig gehe es nicht mehr wie bisher.

Hennig äußerte, die DDR möge aber berücksichtigen, daß es in der CDU Kräfte gibt, die nach wie vor jede Beziehung ablehnen. Außerdem gebe es im innenpolitischen Kampf für die CDU die Notwendigkeit, die Ostpolitik der Regierung scharf anzugreifen, und das tangiere dann auch das Verhältnis der CDU gegenüber der DDR.

Zu den Landtagswahlen äußerte er, Dregger habe es in Hessen gegen Börner wesentlich schwerer als Albrecht in Niedersachsen. Wichtig sei auch die Landtagswahl in Schleswig-Holstein im Frühjahr 1979, da sie noch vor der Wahl des Bundespräsidenten stattfin de. Sollte dort die CDU empfindliche Verluste erleiden, könne dadurch das Stimmenverhältnis in der Bundesversammlung zugunsten der Koalition beeinflußt werden.

In der CDU bestehe die überwiegende Neigung, für den Bundespräsidenten einen eigenen Kandidaten aufzustellen. Scheel werde von der CDU nur gewählt werden, wenn die FDP verbindliche Zusagen für eine Koalition mit der CDU nach 1980 machen wird. Hennig meinte, bei dem unsicheren Verhältnis innerhalb der Koalition sei es denkbar, daß sie jeden Tag auseinanderfallen könne. Aber vermutlich werde der Regierungswechsel erst 1980 stattfinden. Eher könne die FDP nicht. Noch sei die FDP-Basis in ihrer Mehrheit nicht dazu bereit, und Genscher würde einen Bruch der Bonner Koalition nicht überleben.

Hennig betonte abschließend, er gehöre zu jenen Abgeordneten, die für vernünftige Kontakte zur DDR eintreten. Er sei zwar nach wie vor für die Wiedervereinigung Deutschlands, aber dieses Ziel sei jetzt nicht real. Die Kontakte sollten auch bestehen bleiben, wenn sich die CDU/CSU in der Regierung befindet.

Er werde den Parteivorsitzenden Kohl über das Gespräch und die von mir dargelegte Position informieren und anregen, die seinerzeit verschobene Begegnung zwischen dem Generalsekretär der CDU, Geißler, und Botschafter Michael Kohl demnächst möglich zu machen.

– Zum Abschluß meines Aufenthaltes in der BRD berichtete mir Genosse Herbert Mies über den Inhalt eines Informationsgesprächs, das der Botschafter der UdSSR in der BRD, Genosse Falin, kürzlich mit ihm geführt hatte.

Ausgangspunkt waren die wachsenden Schwierigkeiten im Verhältnis zwischen den USA und der Sowjetunion. Carter gehe mehr und mehr über zu einer Strategie der Konfrontation, auch aus innenpolitischen Gründen. In der Außenpolitik der USA sei eine starke Ideologisierung zu verzeichnen. Es würden Fragen der Gesellschaftssysteme aufgeworfen. Außerdem laufe die USA-Politik darauf hinaus, die positiven Ergebnisse in den Beziehungen zu den sozialistischen Ländern zurückzuschrauben. Die Elemente der Konfrontation würden bereits die der Kooperation überwiegen. Besonders ernst sei die Forcierung des Wettrüstens. Die USA seien nicht ernsthaft an Abrüstungsschritten interessiert. Man glaube, der UdSSR werde es schwerfallen, mit den Anforderungen der modernen Rüstung Schritt zu halten.

Die USA sind mit ernsten wirtschaftlichen Problemen konfrontiert. Dabei kollidieren ihre Interessen mit denen ihrer Verbündeten, vor allem auch der BRD. Aus allen Gesprächen mit führenden Leuten in Bonn gehe hervor, daß man gegenüber den USA gereizt sei.

Carter habe die anerkannten Regeln der Zusammenarbeit zwischen den USA und der BRD in Frage gestellt. In Bonner Kreisen herrsche eine große Verunsicherung über die Frage, wie sich die USA weiter verhalten werden.

Genscher gehe davon aus, daß die ökonomischen Widersprüche zu den USA ernsthafter Natur sind und nicht einfach überdeckt werden können. Um sie auszugleichen und zu verhindern, daß daraus politische Widersprüche erwachsen, tritt er für mehr Entgegenkommen zu den USA in Fragen der Außenpolitik ein. Deshalb verhalte sich die BRD zu Abrüstungsfragen auch negativ. Deshalb habe sich die FDP für die Neutronenwaffe ausgesprochen. Deshalb gebe es kein konstruktives Verhalten in der Ostpolitik, wie Belgrad gezeigt habe.

Die Ost-West-Beziehungen seien wieder komplizierter geworden. Mit weniger Bestimmtheit könne man sagen, daß die Entspannungsergebnisse unwiderruflich sind.

Zur Neutronenwaffe habe man sich hier im Prinzip bereits entschieden. Es gehe nur noch um die Frage, wann und unter welchen Bedingungen sie in Westeuropa stationiert werden soll.

Die Haltung Genschers zur Außenpolitik der USA schmälert die gemeinsame Basis der FDP mit der SPD und erweitert die Gemeinsamkeiten mit der CDU/CSU. Am Anfang der Koalition stand der Gegensatz der FDP zur Außenpolitik der CDU und die Übereinstimmung mit der SPD. Jetzt ändere sich das.

Von Genscher sei bereits alles bedacht für den Partnerwechsel. Sein Problem bestehe darin, daß seine Partei noch nicht so weit sei. Er habe Angst, daß ein größerer Teil der Mitglieder nicht mitzieht und fürchte die Gefahr der Spaltung.

Bei der CDU/CSU verfolgen bestimmte Kreise, voran Strauß, folgenden Plan: Man versucht, im Bundestag solche Probleme auf die Tagesordnung zu setzen, die – wie die Anti-Terror-Gesetze – die SPD als labilen Partner zeigen. Das gleiche gelte für die Rentenfrage. Man versucht, eine Diskussion im Bundestag zur Neutronenwaffe zu provozieren, um öffentlich die innere Zerrissenheit der SPD deutlich zu machen. Es handele sich um eine ganze Kette von Themen, mit denen man die SPD immer wieder in Schwierigkeiten bringen will.

Wenn sich die Sache mit den vier Abgeordneten mehrfach wiederholen sollte, und die SPD ihre Leute nicht mehr im Griff hat, dann glauben bestimmte Kreise der FDP, noch in dieser Legislaturperiode ihre Minister zurückziehen zu können. Darüber wird zumindest philosophiert.

Die wichtigste Sorge der SPD-Spitze, vor allem von Wehner, sei Genscher den Wechsel nicht zu erleichtern. Deshalb sei man darauf aus, bei einer der nächsten Landtagswahlen der FDP eine Niederlage zu bereiten – evtl. in Niedersachsen. Wenn die FDP einen Dämpfer bekommt, dann sei der Fortbestand der Koalition evtl. gesichert.

Der Parteivorsitzende der CDU, Kohl, setze darauf, die Regierungsübernahme bereits Ende des Jahres vollziehen zu können. Deshalb werbe Kohl intensiver um die FDP. Scheel habe in jüngster Zeit dabei Schützenhilfe geleistet. Er habe sich öffentlich für die CDU-Aktion gegen die Schulpolitik der Landesregierung in Nordrhein-Westfalen ausgesprochen. Außerdem habe er kürzlich erklärt, auch wenn die CDU/CSU regiere, bedeute das kein Unglück. Er schiele auf die nächste Präsidentenwahl und sei dabei, sich die Loyalität der CDU zu erwerben.

Strauß habe aber sein letztes Wort noch nicht gesprochen. Er will auf jeden Fall bis zu den Bayernwahlen im Oktober warten, um seine Entscheidung zu treffen.[30] Er hält die Übernahme der Regierungsgeschäfte in diesem Jahr für noch zu früh. Die gegenwärtigen wirtschaftlichen Schwierigkeiten sind auch von der CDU/CSU nicht zu bewältigen. Würde sie regieren, müßte sie sich auf Konflikte mit den Gewerkschaften gefaßt machen. Strauß meint, man müsse die Zeit nutzen, um dem Ansehen der Sozialdemokratie noch weiteren Schaden hinzuzufügen und sie vor allem voll für die labile wirtschaftliche Lage verantwortlich machen. Es geht ihm darum, die nächsten Landtagswahlen zu nutzen, um vor allem die Macht der SPD im kommunalen Bereich zu brechen und zugleich die Basis der CDU zu stärken.

So soll eine solide Grundlage für eine längere Regierungszeit der CDU/CSU geschaffen werden.

Strauß habe die Meinung: Wenn Dregger im November keinen Erfolg hat, dann soll es Anfang 1979 doch die vierte Partei geben. Sollte es zu dieser vierten Partei nicht kommen, dann müsse auf jeden Fall Kohl auf die Funktion des Kanzlerkandidaten verzichten. Statt Kohl sei als Kanzlerkandidat auch Carstens im Gespräch. Kiep habe dazu geäußert, Carstens sei noch rechter als Strauß, er sei ein erzkonservativer Deutsch-Nationaler.

Wenn die SPD die nächsten 12 Monate gut übersteht, so wurde erklärt, dann könne sie auch bei den Bundestagswahlen 1980 bestehen. In der SPD-Spitze habe sich die Erkenntnis durchgesetzt, daß derzeitig die Gefahr für die BRD von rechts, vom Konservatismus komme. Die Frage sei, mit welchem gesellschaftspolitischen Konzept die SPD unter diesen Umständen auftreten soll. Es gebe die Meinung, daß man mit linker Reformpolitik nicht weiterkommen kann. Man ersuche deshalb, sich an die konservative Richtung anzupassen und eine Art Links-Mitte-Konzept zu entwickeln.

---

30 Bei den Landtagswahlen in Bayern am 15. Oktober 1978 erreichte die CSU 59,1 Prozent. Die SDP kam auf 31,4 Prozent und die FDP erreichte 6,2 Prozent der Wählerstimmen.

– Während der Begegnung mit dem Geschäftsführer der SPD-Bundestagsfraktion, Becker, wurde mir unter Bezugnahme auf Gespräche mit Herbert Wehner die Frage gestellt, welche Möglichkeiten es für SPD-Bundestagsabgeordnete zum Besuch der DDR gebe. Eine Reihe Abgeordneter würde sich mit dieser Absicht tragen. Auch Eugen Selbmann hatte dieses Thema angeschnitten. Es war die Rede vom Abgeordneten Bayerl, von Marie Schlei und bei Selbmann auch von Bruno Friedrich.

Ich äußerte, daß SPD-Abgeordnete gewiß die Möglichkeit haben, die DDR zu besuchen. Es wäre jedoch wünschenswert, jeweils zu wissen, ob die Reisepläne von der Fraktionsspitze unterstützt werden. Auf diese Weise könnte man rechtzeitig Komplikationen ausschalten. Am besten wäre es, wenn Reiseabsichten von Mitgliedern der SPD-Bundestagsfraktion im Auftrage der Fraktionsspitze über Herrn Becker an uns herangetragen würden. Dann könnte man über den Charakter des Aufenthaltes, über das Programm usw. reden. Becker zeigte sich für diesen Vorschlag sehr aufgeschlossen und versprach, diese Überlegung dem Fraktionsvorsitzenden mitzuteilen. Da die vorgesehene Reise nach Kiel wegen der Abwesenheit von Stoltenberg ausfiel, hatte ich zwei Tage Zeit. Ich benutzte sie, um am Wochenende nach längerer Zeit wieder einmal Genossen Richard Scheringer zu besuchen und einen Tag auf seinem Bauernhof zu verbringen. Bei der Bahnreise von Bonn nach Ingolstadt und dann zurück nach Düsseldorf befand ich mich in Begleitung von jeweils drei jüngeren Herren, offensichtlich Beamte der Sicherungsgruppe Bonn. Sie hielten sich zwar in angemessenem Abstand, ließen aber deutlich ihre Anwesenheit erkennen und blieben immer in Sichtweite. Einer von ihnen war mit einer Tragetasche ausgerüstet, in der sich wahrscheinlich ein Sprechfunkgerät befand.

Quelle: SAPMO-BArch, DY 30/37075/1.

Dokument 22

Information über ein Gespräch von Herbert Häber mit Walther Leisler Kiep, CDU-Präsidiumsmitglied und -Bundesschatzmeister sowie Finanzminister von Niedersachsen, in Erfurt am 3. Juni 1978[31]

Anläßlich eines privaten Aufenthaltes von Herrn Kiep bin ich mit ihm am 3. 6. 78 im Hotel „Erfurter Hof" zu einem Gespräch zusammengetroffen. Dabei standen folgende Fragen im Mittelpunkt:

---

31 Das Gespräch datiert vom 6. Juni 1978.

– Herr Kiep überbrachte mir die Mitteilung, daß der stellvertretende CDU-Vorsitzende und Ministerpräsident von Schleswig-Holstein, Stoltenberg, erneut sein Interesse an einer baldigen Begegnung mit mir geäußert habe, und Herr Kiep will in den nächsten Tagen einen konkreten Termin vorschlagen. Zugleich äußerte er sein Interesse, mit mir im Verlaufe des Monats Juni auf jeden Fall noch einmal zusammenzukommen, um einen Meinungsaustausch über die nach den Wahlen in Hamburg und Niedersachsen entstandene Situation zu führen.

– Der Besuch von Genossen Breshnew in Bonn ist nach Kieps Meinung positiv verlaufen. Er habe dazu beigetragen, den Willen zur Fortsetzung der Entspannungspolitik zu unterstreichen. Das sei nach Kieps Meinung wichtig, da angesichts der verstärkten Bestrebungen zur Forcierung der Rüstung und der Ereignisse in Afrika die Gefahr bestehe, daß dies alles auch auf Europa durchschlägt. Kiep teilte mit, daß der Bundespräsident der BRD, Herr Scheel, ihn – Kiep – Genossen Breshnew vorgestellt habe.

– Kiep äußerte sich dann zur Frage des Fortgangs der Beziehungen zwischen der BRD und der DDR. Er habe den Eindruck, daß man in Bonn mit einer Einladung an Helmut Schmidt zu einem Besuch der DDR rechne. Selbstverständlich müsse die Sache gut vorbereitet sein. Obwohl er ein Oppositionspolitiker ist, so sagte Kiep, sei er doch dafür, daß ein solcher Besuch stattfindet. Das könne für die Position des Bundeskanzlers wichtig sein.

Als er in diesem Zusammenhang äußerte, die DDR könne durch Entgegenkommen auf dem Gebiet des Reiseverkehrs zu einem erfolgreichen Verlauf eines Schmidt-Besuchs in der DDR beitragen, äußerte ich: Mir sei nicht ganz verständlich, wieso man von der DDR erwarte, daß sie einen politischen Preis dafür bezahlen muß, falls der Bonner Kanzler die DDR besuche. Wir seien bisher ohne einen solchen Besuch ganz gut ausgekommen und könnten das auch weiter ertragen. Vielmehr sei die Gegenfrage zu stellen, was denn die Regierung in Bonn zu tun gedenke, um das Klima und die Voraussetzungen für einen solchen Besuch zu schaffen. Auf dem Gebiet der Staatsbürgerschaft gibt es kaum ein spürbares Entgegenkommen. Man hat zwar darüber geredet, daß man etwas gegen den Mißbrauch des Transitverkehrs unternehmen wolle, aber geschehen sei nicht viel. Die kriminellen Menschenhändlerorganisationen bleiben unbehelligt, weil die bundesrepublikanischen Geheimdienste schützend die Hand über sie halten. Die sogenannte Erfassungsstelle in Salzgitter existiert noch immer. Wir hätten also auch einige Fragen an Bonn, wenn von der Vorbereitung auf einen eventuellen Besuch von Schmidt in der DDR die Rede ist.

– Kiep brachte zum Ausdruck, die niedersächsische Landesregierung möchte ihr großes Interesse bekunden, daß die Autobahn Berlin Hamburg nach Möglichkeit über niedersächsisches Gebiet verlaufe. In sehr betonter Weise äußerte er, Niedersachsen werde sich dafür im Rahmen eines Pakets erkenntlich zeigen, wenn die Entscheidung der DDR so ausfalle. Er wisse, daß sich Bundeskanzler Schmidt noch nicht auf eine bestimmte Trassenführung festgelegt habe. Auch bewege das Land Niedersachsen das Problem der Kaliabwässer in die Werra. Was die Regelungen auf dem Gebiet des nichtkommerziellen Zahlungsverkehrs betrifft, so halte er Fortschritte für möglich, ohne daß für die DDR Devisenverluste eintreten.[32]

Großen Ärger habe die CDU gegenwärtig mit Filbinger. Die Enthüllung über die Vergangenheit Filbingers hätte in der Partei ziemliche Unruhe geschaffen. Leider sei dieser Mann, nicht zum Rücktritt zu bewegen. Kiep äußerte Besorgnis über die Zunahme neonazistischer Gruppen, vor allem im Land Niedersachsen. Die Untersuchungen des Verfassungsschutzes hätten ergeben, daß es sich weniger um eine neonazistische Bewegung à la NPD handele, als vielmehr um die Bildung von Gruppen fanatisierter, militanter junger Menschen, die sich zum Teil bewaffnen und darauf vorbereiten, einen Terrorismus von rechts zu organisieren.

– Außerdem führten wir eine Diskussion über die Entwicklung in Afrika. Er äußerte, seine Besuche in den USA hätten ergeben, daß man dort über die Ausdehnung des sowjetischen Einflusses in Afrika tatsächlich sehr besorgt sei. Er habe das auch bei seinem Aufenthalt in Moskau gesagt. Er konnte jedoch nicht bestreiten, daß die Verschärfung des internationalen Klimas nicht von der Sowjetunion, sondern von einflußreichen Kreisen in den USA und der NATO hervorgerufen wird.

Quelle: SAPMO-BArch, DY 30/J IV 2/10.02/19.

Dokument 23

Information über einen Aufenthalt von Herbert Häber in der Bundesrepublik Deutschland vom 19. bis 22. Juni 1978[33]

Während meines Aufenthaltes hatte ich in Bonn Begegnungen mit führenden Persönlichkeiten der im Bundestag vertretenen Parteien SPD, FDP sowie CDU. Außerdem besuchte ich die Bezirksvorsitzenden der DKP des Saarlandes und von Hessen.

---

32 Am 16. November 1978 unterzeichneten Vertreter beider deutschen Staaten ein Protokoll über den „Transfer von Guthaben in bestimmten Fällen". Text des Protokolls in: Beziehungen der Deutschen Demokratischen Republik zur Bundesrepublik Deutschland und zu Berlin (West), S. 104 f.
33 Das Gespräch datiert vom 27. Juni 1978.

Zu den Begegnungen im einzelnen:

– Am 20. Juni 1978 war ich Gast von Herrn *Wischnewski, Staatsminister im Bundeskanzleramt*, der mich zu einem Abendessen in das Hotel „Excelsior" in Köln eingeladen hatte. W[ischnewski] unterrichtete mich, daß auf Einladung der Bundesregierung am 19. und 20. April die in der DDR akkreditierten BRD-Journalisten zu einem Informationsaufenthalt in Bonn weilten. Sinn der Sache sei, sie über die Absichten und Auffassungen der Regierung zu unterrichten. Man gehe davon aus, daß es auf diese Weise möglich sei, zu einer Versachlichung der Atmosphäre beizutragen. Bei dieser Gelegenheit habe er selbst auch darauf hingewirkt, daß die Vorkommnisse in Berlin Unter den Linden nicht hochgespielt werden. Die Bundesregierung sei sehr befriedigt über die Haltung der DDR und die sofort eingeleitete Hilfe für den verletzten Mitarbeiter der Ständigen Vertretung der BRD.[34]

Im Anschluß daran versuchte W[ischnewski] den am gleichen Tag vorgebrachten Protest der Regierung der DDR gegen die Reden aus Anlaß des 17. Juni zu kritisieren. Ausgerechnet den Bundesminister Schmude hätten wir uns ausgesucht, obwohl wir doch wissen müßten, daß er ein Ziehkind von Herbert Wehner und keineswegs ein Scharfmacher ist. Schmude sei wegen der gleichen Rede sowohl von der SPD als auch von der CDU kritisiert worden. Im übrigen könne uns doch nicht entgangen sein, daß der Kanzler an diesem 17. Juni völlig geschwiegen und auch andere Koalitionspolitiker keine Erklärungen abgegeben hätten.

Ich forderte ihn auf – da ich den genauen Text der Rede von Schmude nicht kannte –, mir die von uns kritisierten Ausführungen von Schmude vorzulesen. Anhand des Textes wies ich dann darauf hin, daß Schmude als Bundesminister ein Beispiel dafür geliefert habe, wie selbst von Regierungsvertretern zur Vergiftung des Klimas beigetragen wird und die in der DDR akkreditierten BRD-Journalisten nicht zur Mäßigung angehalten, sondern zur Fortsetzung ihrer vertragswidrigen Einmischungsaktivitäten aufgefordert werden. Wenn ein Bundesminister derartige Erklärungen abgibt, dann werde damit die Geschäftsgrundlage für den Aufenthalt der BRD-Journalisten in der DDR in Frage gestellt. Der Protest der Regierung der DDR sei also vollauf berechtigt, zumal auch andere führende Persönlichkeiten der BRD, wie z. B. Bundespräsident Scheel, Reden gehalten hätten, die mit Buchstaben und Geist des Grundlagenvertrages unvereinbar sind.

---

34 Im Juni 1978 wurde ein Mitarbeiter der Ständigen Vertretung der Bundesrepublik an der Straßenkreuzung Unter den Linden/Friedrichstraße von einem auf der Flucht befindlichen Soldaten der in der DDR stationierten sowjetischen Armee angeschossen und schwer verletzt.

Wir führten einen kurzen Meinungsaustausch über die von Brzezinski verfolgte Politik. W[ischnewski] äußerte, er sei kürzlich in den USA gewesen und habe dort auch Brzezinski gesprochen. Er sei ein fanatischer polnischer Nationalist, woraus sich seine besonders scharfe antisowjetische Haltung ergebe. Außerdem sei er auch antideutsch eingestellt.

Von sich aus brachte W[ischnewski] das Gespräch auf den Brief von Genossen Erich Honecker an Schmidt.[35] Er habe ihn sehr aufmerksam studiert und hält ihn für positiv. Allerdings habe er den Eindruck, daß unser Interesse an einer Begegnung zwischen Helmut Schmidt und Erich Honecker nicht mehr so groß sei, wie es schon einmal war.

Es sei zwar keine Absage erfolgt, aber er habe den Eindruck, als würden wir eine Hinhaltetaktik verfolgen. Ein solches Treffen sei nur sinnvoll, wenn beide Seiten daran Interesse hätten. Ein Besuch Schmidts in der DDR könne dann stattfinden, wenn die jetzt wieder in Gang gebrachten Verhandlungen soweit gekommen sind, daß auf einigen wichtigen Gebieten ein erfolgreicher Abschluß möglich ist. Außerdem sei ein Besuch von Schmidt in der DDR nur möglich, wenn es, wie er sagte, im humanitären Bereich zu spürbaren Verbesserungen kommt, eventuell durch eine Senkung des Reisealters.

Ich nahm dazu nicht Stellung. Auf jeden Fall ist erkennbar, daß Schmidt die Absicht hat, im Zusammenhang mit einem Besuch in der DDR für DDR-Bürger größere Möglichkeiten für Reisen in die BRD zu erreichen.

Zu den im Oktober stattfindenden Wahlen im BRD-Land Hessen erklärte W[ischnewski], sie seien „von entscheidender Bedeutung". Wenn es die Regierungskoalition dort schafft, dann werde sie auch die Möglichkeit haben, nach 1980 in Bonn weiter zu regieren. Der SPD-Ministerpräsident von Hessen habe seine Position verbessert. Es bestehe die Möglichkeit, durchzukommen. Die SPD werde alles unternehmen, um den Wählern in Hessen deutlich zu machen, daß es bei dieser Wahl nicht um Landesprobleme, sondern in erster Linie um Bundeskanzler Schmidt gehe. Er habe dieser Tage den Wahlkampfplan für Schmidt geprüft und dabei die Zahl der vorgesehenen Auftritte in Bayern erheblich reduziert, dafür aber die Zahl der Auftritte in Hessen erweitert.

---

35 Gemeint ist das Schreiben von Erich Honecker an Helmut Schmidt vom 13. Juni 1978, das der Leiter der Ständigen Vertretung der DDR in der Bundesrepublik, Michael Kohl, am 14. Juni 1978 bei einem persönlichen Gespräch dem Bundeskanzler übergab. Vgl. den Text des Honecker-Briefes sowie des Gesprächsvermerkes in: Heinrich Potthoff: Bonn und Ost-Berlin, S. 418 ff. bzw. 422 ff.

Mit großer Entschiedenheit äußerte W[ischnewski] den Standpunkt, daß der nächste Bundespräsident ein Mann der CDU/CSU sein werde. Voraussichtlich werde es der jetzige Bundestagspräsident Carstens sein. Was Scheel dann mache, sei nicht klar. Man nehme aber an, daß er sich nicht aufs Altenteil zurückziehe, sondern noch einmal an die Spitze der FDP treten wolle. Wenn es dafür auch bisher keinen Präzedenzfall gäbe, so würde ein solches Verhalten von Scheel doch viel Verständnis finden. An Ansehen würde er jedoch erheblich einbüßen, falls er einen Posten in der Industrie annähme, um das große Geld zu machen.

Schmidt habe versucht, Genscher dazu zu bewegen, die Funktion des Innenministers wieder zu übernehmen. Wenn er das getan hätte, würden alle vor Genscher den Hut ziehen. Aber Genscher habe sich davor gedrückt. Er fährt offenkundig viel lieber als Außenminister in der Welt umher.

Befragt nach der Haltung von Franz Josef Strauß gegenüber den sozialistischen Staaten äußerte W[ischnewski], als künftiger Ministerpräsident Bayerns sei Strauß an der Entwicklung des Ostgeschäftes zugunsten der bayerischen Industrie interessiert. Strauß sei auch beeindruckt vom positiven Echo nach seinem Treffen mit Genossen Breshnew. Das habe ihm gefallen, auch, daß von ihm ein Bild im „Neuen Deutschland" erschienen ist. Anläßlich des Besuches von Genossen Breshnew habe Strauß den CDU-Vorsitzenden Kohl vorgeschickt, um sozusagen die Dreckarbeit zu machen, während er selbst sich als weitsichtiger Staatsmann zeigte. Kohl sei so dumm gewesen, dieses Spiel mitzumachen.

Zur Situation in der SPD-Führung meinte W[ischnewski], die Lage sei besser als vor einigen Jahren. Denn jetzt gäbe es keinen solchen Streit mehr wie früher. Es stimme, daß Brandt viel umherreise. Ohne Außenpolitik könne dieser Mann aber nicht leben. Dadurch würden manche Parteiaufgaben vernachlässigt, aber in der SPD gäbe es deshalb derzeit kaum Kritik an Brandt. Wehner altere sehr; seine Kraft lasse spürbar nach. Ein Nachfolger für Wehner stehe aber nicht bereit. Ehmke sei genannt worden. Da er jedoch als „Linker" gilt, werde er keine größere Mehrheit in der Fraktion bekommen. Apel, der ebenfalls als Nachfolger von Wehner im Gespräch war, stünde nicht mehr zur Verfügung. Den Posten des Verteidigungsministers könne man nicht dauernd wechseln. Die Arbeit dort sei ohnehin schon schwierig genug.

Auch der Name Wischnewski sei im Zusammenhang mit der Wehner-Nachfolge erwähnt worden. Aber das werde wohl nicht gehen. Bruno Friedrich, jetzt stellvertretender Fraktionsführer, wird zur nächsten Bundestagswahl aus dem Bundestag ausscheiden und nicht wieder kandidieren. Seine Tätigkeit liegt künftig im sogenannten Europa-Parlament.[36] Im übrigen habe die SPD große finanzielle Probleme. Wenn Wilhelm Dröscher so plötzlich gestorben sei, dann auch aus Sorge um die Finanzlage der Partei.

W[ischnewski] teilte mit, daß er kürzlich ein internes Gespräch mit dem Leiter der Ständigen Vertretung der BRD in der DDR, Gaus, über dessen Zukunft geführt habe. Gaus habe die Hoffnung geäußert, nach Möglichkeit noch mehrere Jahre in der DDR bleiben zu können. Das sei aber, so sagte W[ischnewski], eine Fehleinschätzung. Für den Einsatz von BRD-Botschaftern gilt der Grundsatz, daß sie nicht weniger als 3 Jahre und nicht mehr als 5 Jahre auf ihrem jeweiligen Posten bleiben. Auch bei Gaus werde es keine Ausnahme geben. Das Problem bestehe darin, daß noch nicht klar sei, was nach einer Rückberufung von Gaus mit ihm weiter geschehen soll.

W[ischnewski] gratulierte zum großen Erfolg der DDR-Ausstellung in den USA.[37] Auch nach den Berichten der BRD-Botschaft in Washington laufe die Sache für die DDR sehr gut. In Bonn sei das Zusammentreffen von Genossen Oskar Fischer mit dem USA-Außenminister Vance aufmerksam beobachtet worden. Einige Leute hätten intern die Frage gestellt, wer das vermittelt habe. Er, W[ischnewski], habe zur Ruhe gemahnt und davor gewarnt, irgendwelche falschen Äußerungen zu machen.

Alles in allem: Man hege die Hoffnung, daß es bis zu den Landtagswahlen im Oktober nach Möglichkeit keinen Ärger mit der DDR und angemessene Fortschritte bei den Verhandlungen gibt.

Im Anschluß an das Abendessen lud mich W[ischnewski] ein, mit ihm gemeinsam noch sein Stammlokal aufzusuchen (Restaurant „Bei Paul", Köln, Gereons-Hof 34). Gegen 24.00 Uhr verabschiedete ich mich dort.

W[ischnewski] erneuerte sein Angebot, ihn bei Besuchen in der BRD wieder aufzusuchen.

– Am 19. 6. 1978 führte ich auf dessen Wunsch ein Gespräch mit *Ministerialdirektor Dr. Weichert* vom Bundesministerium für „Innerdeutsche Fragen". Weichert arbeitet dort seit der Zeit, als Wehner Minister war und gilt als sein Vertrauensmann. Er gehörte zur Begleitung von Wischnewski bei dessen Reise in die DDR. Wei-

---

36 Die ersten Direktwahlen zum Europäischen Parlament fanden am 10. Juni 1979 statt. Die SPD erhielt dabei in der Bundesrepublik 40,8 Prozent der Stimmen und entsandte 35 Abgeordnete. CDU und CSU erhielten gemeinsam 42 Mandate, die FDP 4 Mandate. Vgl. Alf Mintzel/Heinrich Oberreuter (Hrsg.): Parteien in der Bundesrepublik Deutschland, Bonn 1990, S. 408.
37 Vom 31. Mai 1978 bis 3. Juni 1979 wurde in Washington, New York und San Francisco die Ausstellung „Die Pracht Dresdens – Fünf Jahrhunderte Kunstsammlungen" mit 700 Meisterwerken aus acht DDR-Museen gezeigt. Sie wurde von 1,5 Millionen Personen besucht.

chert besuchte mich im Gebäude unserer Vertretung, da von vornherein klar war, daß ich die Räume seines Ministeriums nicht betrete.

Zunächst richtete ich an ihn die Frage, warum nach dem konstruktiven Angebot der DDR zur Fortsetzung der Verhandlungen am 17. Juni solche Reden gehalten wurden wie z. B. die des Bundespräsidenten Scheel. Warum hat sich Herr Scheel in provokatorischer Weise über die inneren Verhältnisse in der DDR geäußert und die DDR öffentlich beschimpft, anstatt auf die Fortschritte in den Beziehungen zu verweisen und deutlich zu machen, daß es nur gut weitergehen kann, wenn man sich an den Grundlagenvertrag hält. Von den Verträgen und der Notwendigkeit ihrer Einhaltung war aber in seiner Rede kein Wort zu finden.

Weichert sagte, die Initiative der DDR werde in Kreisen der Regierungskoalition allgemein begrüßt, und auch er persönlich sei sehr froh, daß es jetzt positiv weitergehen kann. Aus seiner Sicht habe Scheel mit seiner Rede versucht, den Scharfmachern entgegenzuwirken und die Linie der Koalition zu unterstützen. Er gab aber zu, daß es günstiger gewesen wäre, wenn zumindest in einigen Sätzen auf die Bedeutung der abgeschlossenen Verträge hingewiesen worden wäre.

Ich stellte weiter die Frage, worin er das Hauptproblem für die weiteren Verhandlungen sähe. Weichert meinte, es müsse vor allem zu Klimaverbesserungen kommen. Ich forderte ihn auf, sich dazu konkreter zu äußern. Er sagte, die DDR solle durch Entgegenkommen im humanitären Bereich es der Bundesregierung erleichtern, in den Ministerien und auch in den parlamentarischen Gremien die Dinge durchzubringen und vor allem das Geld für die großen Projekte wie Autobahnbau und Wasserstraßen-Reparatur locker zu machen.[38]

Ich äußerte meine Verwunderung, daß einseitig von der DDR Schritte zur Klimaverbesserung verlangt werden. Bei den zur Verhandlung anstehenden Projekten gibt es in jedem Falle auch ein echtes Interesse der BRD. Deshalb sei mir völlig unverständlich, wieso wir noch zusätzlich Vorleistungen erbringen sollen. Vielmehr müsse man fragen, welche Schritte die BRD-Seite zur Verbesserung des Klimas unternehmen wolle. Gerade weitere Fortschritte auf dem Gebiet der sogenannten humanitären Maßnahmen würden doch dadurch behindert, daß die Regierung der BRD z. B. auf dem Gebiet

---

38 Am 16. November 1978 unterzeichneten Vertreter beider deutscher Staaten Vereinbarungen über den Bau der Autobahn zwischen Berlin und Hamburg sowie über den Ausbau von Wasserstraßen und legten die Transitpauschale für 1980 bis 1989 in einer Höhe von 525 Millionen DM jährlich fest. Vgl. Beziehungen der Deutschen Demokratischen Republik zur Bundesrepublik und zu Berlin (West), S. 98 ff. sowie 199 ff.

der Staatsbürgerschaft kaum Entgegenkommen zeige. Man denke nur an die noch immer uneingeschränkte Tätigkeit der Ermittlungsstelle in Salzgitter. Weichert antwortete dazu kleinlaut mit den bekannten Argumenten, wonach die Bundesregierung hierauf angeblich keinen Einfluß besitze.

Abschließend äußerte er, die nächsten Wochen brächten für ihn viel Arbeit und an Urlaub sei nicht zu denken. Er müsse jetzt an die Ausarbeitung der Verhandlungskonzeptionen herangehen und die Dinge mit den verschiedenen Ministerien koordinieren. Weichert äußerte den Wunsch, bei Gelegenheit den Kontakt fortsetzen zu können.

– Zu einer Aussprache mit *Vertretern des Vorstandes der SPD-Bundestagsfraktion* kam es am 21. 6. 1978 in der Residenz von Genossen Kohl. Auf seine Einladung waren die parlamentarischen Geschäftsführer der SPD-Bundestagsfraktion Becker und Jahn sowie der Leiter der außenpolitischen Beratergruppe der SPD-Bundestagsfraktion Selbmann erschienen.

Auch hier kam es zunächst zu einer Diskussion über die Reden von BRD-Politikern aus Anlaß des 17. Juni. Im Sinne der Erklärung unserer Regierung trug ich erneut den Standpunkt vor, daß diese Reden, insbesondere die des Bundespräsidenten Scheel, im Widerspruch zu Buchstaben und Geist des Grundlagenvertrages standen. Ebenso verwies ich gegenüber diesen SPD-Abgeordneten auf die Rede von Schmude, die darum so besonders bedenklich sei, weil hier ein Bundesminister in unverschämter Weise zur Einmischung in die inneren Angelegenheiten aufgerufen habe. Wenn man mir sage, Schmude sei kein Scharfmacher, und wir sollten das berücksichtigen, so müsse ich darauf antworten, daß es um so schlimmer sei, daß ausgerechnet er in dieser Richtung aufgetreten ist.

Es zeigte sich, daß die SPD-Politiker durch diese Fragestellung gezwungen waren, zumindest teilweise unserer Kritik zuzustimmen. Sie betonten, die Scheel-Rede sei aber insgesamt für die Koalition positiv gewesen, und meinten, daß eine solche positive Rede von einem BRD-Bundespräsidenten nicht mehr zu erwarten sei, wenn statt Scheel Herr Carstens dieses Amt ausübe.

Zu den Landtagswahlen in Hessen wurde von den SPD-Funktionären eine leicht optimistische Haltung an den Tag gelegt. Man hoffe auf einen Sieg Börners. Sie meinten, daß eventuell ein Erfolg der SPD auch bei Ausscheiden der FDP aus dem hessischen Landtag möglich sein könnte. In jedem Fall werde die Hessenwahl bundesweite Auswirkungen haben. Hinsichtlich der „Grünen Listen" sei noch vieles offen, aber sie bildeten vor allem eine Gefahr für die FDP. Für eine „Steuer-Partei" könne es zwar nur begrenzte, vorübergehend aber doch echte Chancen geben. Das Thema Steuerpolitik gewinne in der innenpolitischen Debatte an Bedeutung.

Von Selbmann wurde die Lage von Afrika ins Gespräch gebracht. Mit dem Hinweis auf die kürzliche Reise von Genossen Heinz Hoffmann durch mehrere afrikanische Staaten[39] versuchte er zu begründen, daß die DDR sich hier mehr Zurückhaltung auferlegen müsse. Wir Deutsche, so meinte er, müßten besonders vorsichtig sein. Von meiner Seite wurde darauf hingewiesen, daß es hier nicht um *die* Deutschen gehe. Afrika sei ein Kontinent, der sich in einem gewaltigen sozialen und politischen Umwälzungsprozeß befindet. Die Frage sei: Wer hilft wem? Wir helfen Neto und die BRD hilft Mobuto. Daran könne man den ganzen Unterschied erkennen. Ich erinnerte an die positiven Traditionen der deutschen Arbeiterbewegung, auch der deutschen Sozialdemokraten, im Kampf gegen die imperialistische Kolonialpolitik. Die DDR handele im Geiste dieser Traditionen. Und es wäre zu wünschen, daß die Sozialdemokraten der BRD nicht die Politik des Neokolonialismus zugunsten der multinationalen Konzerne und der NATO unterstützen.

– Am 20. 6. 1978 bin ich im Gebäude unserer Vertretung mit drei SPD-Bundestagsabgeordneten aus Hessen zusammengetroffen. Es handelte sich um die Abgeordneten Dr. Kreutzmann, Mitglied des Auswärtigen Ausschusses sowie des Ausschusses „für innerdeutsche Beziehungen" des Bundestages, Daubertshäuser, Unterbezirksvorsitzender der SPD, sowie Topmann, stellvertretender Unterbezirksvorsitzender und Bürgermeister von Altanz.

Im Gespräch mit ihnen ging es vor allem um die Situation in Hessen. Sie äußerten, die SPD in Hessen sei entschlossen, einen Sieg zu erkämpfen. Allerdings sei das Abschneiden der FDP völlig ungewiß. Die FDP versuche jetzt eine Art Doppelstrategie. Einerseits möchte sie mit ihrem offiziellen Bekenntnis zur Koalition mit der SPD die Kontinuität der bisherigen Landespolitik demonstrieren, andererseits versuche sie, durch die Diskussionen um eine Steuerreform ihr Wählerpotential zu stabilisieren bzw. zu erweitern. Die Steuerfrage besitze bei vielen Anziehungskraft. Einmal gehe es um die Unübersichtlichkeit der Steuergesetzgebung, die viele Leute verärgert. Zum anderen gehe es um mehr Steuergerechtigkeit. Vor allem erwarteten höher verdienende Facharbeiter, mittlere Angestellte, Angehörige der Intelligenz, Gewerbetreibende, die von der gegenwärtigen Steuerprogression besonders benachteiligt sind, eine Änderung zu ihren Gunsten. Die Haushaltslage lasse aber Steuersenkungen gar nicht zu.

---

39 Eine Militärdelegation der DDR unter der Leitung des Verteidigungsministers, Armeegeneral Heinz Hoffmann, zugleich SED-Politbüromitglied, besuchte vom 2. bis 17. Mai 1978 die afrikanischen Staaten Guinea, Nigeria, Angola, Volksrepublik Kongo und Tunesien.

Die SPD-Politiker meinten, daß der hessische CDU-Vorsitzende Dregger alles unternehmen werde, um durchzukommen. Er kämpfe auch um seine persönliche Perspektive, denn wenn er in Hessen unterliegen sollte, würde auch sein Einfluß in der CDU geschwächt.

Auch mit ihnen wurde die Diskussion über die Reden zum 17. Juni und über das provokatorische Verhalten von BRD-Journalisten in der DDR im obengenannten Sinne geführt. Sie meinten, wir müßten berücksichtigen, daß die BRD-Journalisten immer darauf aus seien, Sensationen zu verkaufen und deshalb auch vor Unwahrheiten nicht Halt machten.

Die Gesprächspartner begrüßten die Aufnahme von Verhandlungen über den Autobahnbau in Richtung Hamburg. Sie meinten, die Bundesregierung scheue sich, den Streit zwischen Hamburg, Schleswig-Holstein und Niedersachsen um die Trassenführung zu schlichten. Sie vertraue darauf, daß sich die DDR aus ihrer Interessenlage heraus ohnehin nur auf die Nord-Variante einlassen werde. Die SPD-Bundestagsabgeordneten bekundeten Interesse an weiteren Gesprächen dieser Art.

– Am 22. 6. 1978 folgten einige führende *Persönlichkeiten der FDP-Bundestagsfraktion* der Einladung von Genossen Kohl zu einem Abendessen. Es handelte sich hierbei um die stellvertretenden Vorsitzenden der FDP-Bundestagsfraktion Hoppe, Jung, Engelhard sowie den parlamentarischen Geschäftsführer der FDP Spitzmüller. Sie überbrachten die Grüße des noch immer erkrankten Fraktionsvorsitzenden Mischnick, der sein Bedauern ausdrückte, an dieser Begegnung nicht teilnehmen zu können.

Die FDP-Politiker äußerten ihre Befriedigung über die Initiative der DDR zur weiteren Ausgestaltung der Beziehungen zwischen den beiden Staaten. Auch mit ihnen kam es zu einer freimütigen Auseinandersetzung über die Belebung des Nationalismus in der BRD im Zusammenhang mit den Reden am 17. 6. 1978. Sie mußten zustimmen, daß es besser gewesen wäre, wenn Bundespräsident Scheel auf einige Formulierungen über die DDR verzichtet und statt dessen die Notwendigkeit der Beachtung der Verträge betont hätte. Das Argument wurde vorgebracht, daß Scheel nicht genügend Zeit gehabt hätte, selbst an der Rede zu arbeiten. Auch ihnen gegenüber brachte ich zum Ausdruck, daß ein Widerspruch bestehe zwischen den dauernden Forderungen an die Adresse der DDR, auf dem Gebiet des Reiseverkehrs noch mehr Entgegenkommen zu zeigen, und gleichzeitigen Erklärungen, daß man die menschlichen Kontakte vor allem in Sinne des Offenhaltens der deutschen Frage gegen die Interessen der DDR mißbrauchen wolle. Wer den Nationalismus schürt, legt weiteren Verbesserungen im humanitären Bereich Barrieren in den Weg. Auch müsse man sehr verwundert darüber sein, daß Scheel in seiner Rede das längst gescheiterte Konzept aufwärmte, die DDR eines Tages aus der sozialistischen Staatengemeinschaft herauslösen zu können. Es frage sich, warum Herr Scheel solche Verbeugungen gegenüber der CDU/CSU mache, wo doch ohnehin klar sei, daß er mit seiner Wiederwahl nicht rechnen könne.

Die FDP-Politiker hielten sich in der Diskussion zurück. Ihr Wortführer war der als rechtsorientiert geltende Herr Hoppe (ehemaliger Justizsenator von Westberlin), der sich aber ebenfalls sachlich verhielt. Es war zu spüren, daß sie keine Neigung zeigten, über die innere Situation der FDP und über die Aussichten ihrer Partei in Hessen zu reden.

– Am 20. 6. 1978 führte ich ein Gespräch mit den *Bundestagsabgeordneten der CDU* Dr. Hennig und Daweke. Das Treffen fand in den Räumen von Hennig im Bundeshaus statt (Hennig war 1967 - 1971 persönlicher Referent des CDU/CSU-Fraktionsvorsitzenden Barzel und 1972-1973 Bundesgeschäftsführer der CDU).

Einleitend betonte Hennig, er habe diese Begegnung in Absprache mit Kohl und Marx arrangiert. Ich eröffnete die Diskussion mit der Frage, wie es eigentlich zu vereinbaren sei, daß Politiker der CDU ihre Vertragstreue beteuern, aber gleichzeitig politische Aktionen unternehmen und Reden halten, die keinesfalls mit den Prinzipien des Grundlagenvertrages und auch der Schlußakte von Helsinki zu vereinbaren sind. Das betreffe auch das Auftreten des CDU-Vorsitzenden Kohl persönlich. Man möge sich vor der Illusion hüten, daß man auf die DDR Druck ausüben und sie so zu irgendwelchen Zugeständnissen bewegen könne.

Da es sich bei den Herren Hennig und Daweke um relativ junge Menschen handelt (Jahrgang 1937 bzw. 1943), erlaubte ich mir den Hinweis, sie sollten sich mehr mit der Geschichte der Nachkriegszeit beschäftigen, um zu erkennen, daß die heute von der CDU-Führung eingenommenen Positionen bereits zur Zeit Konrad Adenauers gescheitert sind. Das betrifft Versuche der ökonomischen Erpressung der DDR. Das betrifft auch die hoffnungslose Erwartung, man könne einen Keil zwischen die UdSSR und die DDR treiben und irgendwann die DDR aus dem Bündnis mit der UdSSR lösen.

Man müsse die Frage stellen, warum sich Herr Kohl eigentlich so unstaatsmännisch verhält. Franz Josef Strauß sei offenbar klüger. Auch einem Oppositionsführer stünde es besser an, sich gegenüber der DDR bei aller Gegensätzlichkeit eines sachlichen Tones zu befleißigen und deutlich zu machen, daß er in der Lage ist, im Bedarfsfalle mit führenden Persönlichkeiten der DDR zu reden. Im Interesse der Beziehungen zwischen den beiden deutschen Staaten und gerade auch der von CDU-Politikern dauernd beschworenen humanitären Erleichterungen müsse das mit aller Deutlichkeit gesagt werden. Wer

177

sich so wie die führenden CDU-Politiker verhält, der belastet die Beziehungen zwischen den beiden Staaten und stellt bereits Erreichtes in Frage.

Hennig äußerte, er werde die von mir vorgetragenen Gedanken Herrn Kohl und Herrn Marx weitervermitteln. Selbstverständlich werde die CDU die bestehenden Verträge einhalten, und er verstehe nicht, wieso immer wieder daran Zweifel geäußert würden. Die DDR werde mit einer von der CDU geführten Bundesregierung letztendlich besser zurecht kommen als mit der labilen sozialliberalen Koalition. Konservative Politiker hätten weit mehr Möglichkeiten, mit der DDR zusammenzuarbeiten als die jetzige Regierung.

Die Rede von Strauß im Bundestag nach dem Besuch von L. Breshnew habe in der CDU große Aufmerksamkeit gefunden und zum Teil Überraschung ausgelöst.[40] Er meine, was Strauß gesagt hat, sei eigentlich die alte Linie der CDU/CSU. Allerdings, so sagte Hennig, gäbe es in der CSU auch mehr Pharisäer als in der CDU.

Zu den Landtagswahlen in Hessen äußerten die CDU-Abgeordneten die Erwartung, daß Dregger diese Wahlen gewinnen wird. Bis 1980 müßte er dann auf jeden Fall Ministerpräsident in Hessen bleiben. Es sei auch wenig wahrscheinlich, daß Dregger einen Anspruch auf die Funktion des CDU-Parteivorsitzenden erhebe. Gegenwärtig sei es wahrscheinlicher, daß Helmut Kohl Parteivorsitzender bleibt und voraussichtlich auch Kanzlerkandidat der CDU/CSU werden wird. Sollte die CDU in Hessen zwar stärkste Partei werden, aber wegen einer erneuten SPD/FDP-Koalition nicht die Regierung stellen können, dann müsse ernsthaft mit der bundesweiten Ausdehnung der CSU gerechnet werden. Er selbst sei ursprünglich dieser Idee gegenüber ablehnend gewesen. Sie finde aber auch in der CDU mehr und mehr an Boden. Praktisch würde das bedeuten, daß bei den kommenden Wahlen CDU und CSU in allen Wahlkreisen parallele Listen, aber nur jeweils einen Direktkandidaten anbieten würden.

Für die CDU stehe es fest, daß der nächste Bundespräsident von ihr gestellt wird. Mit ziemlicher Sicherheit werde es Herr Carstens sein.

Die CDU-Abgeordneten wiesen darauf hin, daß es in der Spitze der CDU in jüngster Zeit mehrfach kritische Diskussionen über die Kontakte zwischen Herrn Kiep und mir gegeben habe. Man sei nicht gegen die Kontakte, aber darüber verärgert, daß es immer wieder zu Presseveröffentlichungen komme. Man vermute, daß sie von Herrn Kiep lanciert würden. Außerdem habe Herr Kiep kürzlich in einem Rundfunkkommentar Formulierungen gebraucht, die von der DDR

---

40 Der sowjetische Generalsekretär Leonid Breshnew besuchte vom 4. bis 7. Mai 1978 die Bundesrepublik. Währen des Besuches unterzeichneten Vertreter beider Staaten ein langfristiges Abkommen über wirtschaftliche Zusammenarbeit.

stammen könnten. Im übrigen befindet sich Kiep als niedersächsischer Finanzminister in der Provinz und sei an vielen Entscheidungen der Zentrale nicht beteiligt.

Ich äußerte dazu, daß es Angelegenheit der CDU sei, interne Unstimmigkeiten zu bereinigen. Falls andere CDU-Politiker den Wunsch haben, zu uns Kontakt aufzunehmen, so müssen sie uns das wissen lassen. Vom anwesenden CDU-Abgeordneten Daweke, der das erste Mal einem solchen Gespräch beiwohnte, wurde geäußert, daß es in der CDU/CSU-Fraktion eine ganze Menge jüngere Abgeordnete gäbe, die an Diskussionen mit DDR-Vertretern interessiert seien. Er äußerte seinen Wunsch, gemeinsam mit anderen Kollegen künftig ebenfalls Kontaktgespräche zu führen. Herrn Kiep konnte ich diesmal nicht treffen, obwohl er um Nachricht gebeten hatte. Er ließ mitteilen, daß er sich in London aufhalte. Möglicherweise hängt seine Absage mit dem auf ihn ausgeübten Druck zusammen. Meinerseits sehe ich jedoch keinen Grund, die Verbindung abreißen zu lassen.

– Am 21. und 22. 6. 1978 besuchte ich den *Bezirksvorstand der DKP im Saarland* und führte Gespräche mit Genossen Rolf Priemer, der seit der kürzlich durchgeführten Bezirksdelegiertenkonferenz die Funktion des Bezirksvorsitzenden ausübt. Genosse Priemer, früher Vorsitzender der SDAJ und Mitglied des Präsidiums der DKP, berichtete mir, daß er einen guten Start gehabt hat. Die Bezirksdelegiertenkonferenz sei sehr positiv verlaufen, und er besitze auch die volle Unterstützung des Sekretariats des Bezirksvorstandes. Er äußerte die Zuversicht, daß er einige Probleme, die sich aus dem Verhalten des bisherigen Bezirksvorsitzenden Heinz Merkel ergaben, gemeinsam mit dem Kollektiv des Bezirkssekretariats bewältigen wird. Nur vereinzelt zeigt sich bei Genossen noch eine ablehnende Haltung ihm gegenüber, weil er nicht aus dem Saarland stamme und „von oben" eingesetzt worden sei. Er ist dabei, gemeinsam mit dem Sekretariat und den Kreisvorsitzenden ein Konzept für die Entwicklung der Parteiarbeit an der Saar auszuarbeiten und Schritt um Schritt die auf einigen Gebieten eingetretene Stagnation zu überwinden. Genosse Priemer bedankte sich für den Besuch, denn er sei ein Zeichen dafür, daß er das Vertrauen der SED genieße, was gerade für die Arbeit an der Saar nicht unwichtig sei.

– Am 23./24. 6. 1978 bin ich in Frankfurt am Main mit Genossen *Jepp Mayer, Bezirksvorsitzender der DKP Hessen*, zusammengetroffen. In einem Gespräch informierte mich Genosse Mayer über den Kampf der Partei. Er verwies vor allem auf wichtige Fortschritte auf dem Gebiet der Gewerkschaftspolitik. Erstmalig seit Bestehen der DKP habe z. B. die IG Druck und Papier in einem offiziellen Schreiben an den Bezirksvorstand der DKP für die erwiesene Solidarität im Streik der Druckereiarbeiter gedankt. Die gewerkschaftlichen Positionen der Partei sind stärker geworden. Auch haben sich die Kontakte zu vielen sozialdemokratischen Funktionären in den zurückliegenden Monaten weiter gefestigt.

Von großer Bedeutung sei die Massendemonstration gegen die neonazistischen Umtriebe gewesen, die am 17. Juni in Frankfurt stattfand. Aus der Sicht der DKP war es vor allem wichtig, daß erstmals seit vielen Jahren die SPD, der DGB und die DKP in Frankfurt in einer solchen Aktion gemeinsam aufgetreten sind und die Sprecher der DKP gleichberechtigt und ohne Diskriminierung in Erscheinung treten konnten. Hieran wurde deutlich, daß es möglich ist, im Kampf gegen den Neonazismus die Aktionseinheit mit den Sozialdemokraten herzustellen und zu festigen und ein breites Bündnis demokratischer antifaschistischer Kräfte zu schaffen. Dabei erwachsen für die VVN-Bund der Antifaschisten neue wichtige Aufgaben. Um so mehr sei es notwendig, schnell darauf hinzuwirken, daß einige politische Schwächen in der Führung dieses Bundes überwunden werden. Zugleich erweist es sich als richtig, daß die DKP die VVN unterstützt, aber auch in diesem Bündnis als selbständige Kraft in Erscheinung tritt.

Die Partei stehe jedoch vor einigen komplizierten Fragen. Angesichts der Landtagswahl im Oktober haben Sozialdemokraten gegenüber unseren Genossen schon zum Ausdruck gebracht, daß sie bei dieser Wahl jede Stimme brauchen, damit Dregger nicht durchkommt. Deshalb wollen sie ihren Wahlkampf so führen, daß nach Möglichkeit auch Leute, die bei den Kommunalwahlen vor zwei Jahren für die DKP gestimmt haben, diesmal ihre Stimme der SPD geben. Die DKP könne doch nicht Verantwortung dafür übernehmen, daß Dregger durchkomme. Die Situation der SPD ist um so schwieriger, als sie ja bei den zurückliegenden Kommunalwahlen fast alle Großstädte verloren hat. Auch stellt sie nur noch 6 von 22 Landräten in Hessen.

Hinzu kommt, daß auch in Hessen die sogenannten Grünen Listen zur Wahl stehen werden. Für Frankfurt am Main ist nach dem Muster von Hamburg auch eventuell mit einer „Bunten Liste" zu rechnen. Diese Kräfte werden mit Sicherheit versuchen, bestimmte Kräfte, vor allem Jugendliche, anzusprechen, die zwar mit der DKP sympathisieren, aber politisch-ideologisch nicht gefestigt sind. Genosse Mayer verwies auf die Parolen der Umweltschützer wie „Atomkraft – nein Danke" oder „Stoppt die Atomindustrie – Rettet das Leben", die gerade bei vielen Jugendlichen sehr populär sind. Mit Wohlgefallen berichtete die Massenpresse der BRD gerade in den vergangenen Tagen über Defekte an Kernkraftwerken, über das Entweichen radioaktiven Dampfes usw., wodurch die von Umweltschutzgruppen angefachte Stimmung gegen die moderne Technik als Feind der Zivilisation und des Lebens noch bestärkt wird.

Die Partei ist also in diesem Wahlkampf prinzipiell gefordert. Neben der Erläuterung ihrer Wahlziele muß sie vor allem auch ihre grundsätzliche Position zur Frage des Verhältnisses von wissenschaftlich-technischem Fortschritt und gesellschaftlicher Entwicklung überzeugend darlegen.

Insgesamt, so meinte Genosse Mayer, ist der Ausgang der Hessenwahl völlig offen. Bei der FDP herrsche ein großes Zittern. Dregger habe bereits einen Riß in der FDP erreicht. Auf dem letzten Landesparteitag der FDP haben immerhin 113 Delegierte von 286 faktisch für ein Bündnis mit der CDU gestimmt. Allerdings gäbe es auch bei Anhängern der FDP einen gewissen Solidarisierungseffekt angesichts der eklatanten Niederlage in Hamburg und Niedersachsen.

Als Resümee meiner Eindrücke läßt sich feststellen:

– Die innenpolitische Lage in der BRD ist sehr labil. Widersprüchliche Äußerungen verwirren das Bild zusätzlich. Während Wischnewski mir sagte, der Bundeskanzler habe erklärt: Wir nehmen es noch einmal für vier Jahre auf, hat Genosse Falin Genossen Michael Kohl wissen lassen, die Stimmung bei Schmidt und Wehner wäre sehr deprimiert. Von Mitarbeitern des SPD-Vorstandes war zu hören, daß viele Spitzenfunktionnäre die Ohren hängen lassen.

– Entscheidend für diese Labilität ist die Tatsache, daß die Regierung zwar um ihren Bestand ringt, aber derzeit die Krise sozusagen nur verwaltet und in Wirklichkeit ohne innenpolitisches Konzept regiert. Auch die SPD-Führung hat kein Konzept, wie es politisch in diesem Land weitergehen soll. Die Mitgliedschaft der SPD weiß nicht, wofür sie sich in den Wahlkämpfen eigentlich einsetzen soll. Es fehlt an notwendigen Motivationen für die Entwicklung der Aktivität. Die SPD hat auch keine Linie für die Auseinandersetzung mit der CDU/CSU, und insgesamt wird die Partei darauf nicht orientiert. Das begünstigt die CDU/CSU, die zu einer Mitgliederpartei geworden ist, über einen straff organisierten Apparat verfügt und inzwischen vor allem viele junge Menschen gewonnen hat, die sich aktiv für diese Partei engagieren.

– Unübersehbar sind die Bestrebungen, den Nationalismus zu schüren und anzuheizen. Es ist nicht zufällig, daß führende Politiker sowohl der Koalitionsparteien als auch der CDU/CSU heute wieder häufiger als in der zurückliegenden Zeit die Phase vom „Offenhalten der deutschen Frage" propagieren und von der „Wiedervereinigung" reden. Es ist nicht nur so dahin gesprochen, wenn der Bundespräsident Scheel am 17. Juni dazu aufforderte, vor allem die Jugend der BRD im Geiste des Nationalismus stärker zu beeinflussen und sich dabei vor allem an die Lehrer gewandt hat. Der BRD-Minister für Bildung und Wissenschaft, Schmude, äußerte am gleichen Tag, daß sich die Kultusministerkonferenz mit einer neuen Empfehlung der „Behandlung der nationalen Frage im Unterricht annehmen will".

Andere ideologische Leitlinien wie die These von der Wohlstandsgesellschaft und von der Sozialpartnerschaft verlieren angesichts der andauernden Krise an Wirksamkeit. Die herrschende Krise der BRD beantwortet das mit einer deutlichen Belebung des Nationalismus. Es wird sich als notwendig erweisen, weiterhin die nationalistischen Positionen mit Entschlossenheit zurückzuweisen und zu zeigen, daß diese neue Art von großdeutschem Chauvinismus gegen den Frieden in Europa gerichtet ist, insbesondere die Nachbarstaaten der BRD mit Besorgnis erfüllen muß, dem Buchstaben und dem Geist der abgeschlossenen Verträgen widerspricht, aber zugleich völlig aussichtslos ist.

– Die DKP steht vor der Aufgabe, bei weiterer Konzentration ihrer Kräfte auf den Ausbau ihr Positionen in den Betrieben und in den Gewerkschaften den Entwicklungen der außerparlamentarischen Bewegung große Beachtung zu schenken, weil vor allem Jugendliche davon erfaßt sind. Das betrifft die Aktivitäten im Umweltbereich ebenso wie die Feministinnen-Bewegung wie auch die verschiedenartigen Bürgerinitiativen. Dabei ist zu berücksichtigen, daß möglicherweise maoistische Kräfte verstärkt versuchen, sich in solchen Gruppierungen Einfluß zu verschaffen und durch ein beweglicheres Verhalten als bisher Positionen zu gewinnen. Hier werden der Partei ein hohes Maß an Prinzpienfestigkeit und zugleich Flexibilität abverlangt.

Während meines letzten Aufenthaltes wurde mir mitgeteilt, daß im Verlaufe des 2. Halbjahres voraussichtlich Kontaktgespräche möglich sein können mit: Koschnick, stellvertretender Vorsitzender der SPD, Geißler, Generalsekretär der CDU, Zimmermann, stellvertretender Vorsitzender der Landesgruppe der CSU in Bonn, sowie dem stellvertretenden CDU-Vorsitzenden und Ministerpräsident von Schleswig-Holstein, Stoltenberg. Der Westberliner CDU-Politiker Lorenz hat sich noch nicht wieder gemeldet.

Quelle: SAPMO-BArch, DY 30/37075/1.

Dokument 24

Information über ein Gespräch von Herbert Häber mit Walther Leisler Kiep, CDU-Präsidiumsmitglied und -Bundesschatzmeister sowie Finanzminister von Niedersachsen, am 3. September 1978[41]

Herr Kiep weilte am 3. 9. 1978 in seiner Eigenschaft als stellvertretender Vorsitzender des Aufsichtsrates des VW-Konzerns und Vor-

---

41 Die Information datiert vom 4. September 1980.

standsvorsitzender der Messe-AG Hannover in Leipzig. Er hatte bereits vor Wochen über unsere Vertretung in Bonn um eine Begegnung ersucht. In Leipzig bat er mich, das Treffen nicht, wie er ursprünglich vorgeschlagen hatte, im Hotel „Stadt Leipzig" durchzuführen, weil dort zu viele Journalisten aus der BRD untergebracht sind. Daraufhin führten wir das Gespräch in meinem Zimmer im Hotel „Astoria".

Herr Kiep betonte, daß – entgegen anders lautenden Pressemeldungen – seine Kontakte mit uns stets mit Wissen des CDU-Vorsitzenden Kohl stattfinden. Manchen Kräften in der CDU/CSU gefalle das nicht, und sie versuchen, dagegen anzugehen. Auf einer Vorstandssitzung habe Kohl kürzlich jedoch in einem Anflug von bei ihm seltenen Mannesmutes die Beziehung von Kiep zur SED unterstützt. Kiep sagte, es falle ihm schwer, volle Vertraulichkeit zu sichern. Er nehme an, daß seine Telefongespräche mit unserer Vertretung in Bonn abgehört werden und auf diesem Wege auch bestimmte Presseorgane, z. B. der Springerkonzern, Informationen erhalten. Er vermute, daß es auch in der Vertretung der BRD in Berlin undichte Stellen gibt. Er warf die Frage auf, ob ich einen besseren Weg der Geheimhaltung wüßte. Ich antwortete darauf, daß ich es nicht für zweckmäßig halte, irgendwelche besonderen konspirativen Methoden anzuwenden, denn der Kontakt sei mittlerweile ohnehin bekannt. Selbstverständlich müsse man nicht jedem alles auf die Nase binden.

Ich richtete an Kiep die Frage, was er von der gegenwärtigen Agentenhysterie in Bonn halte. Kiep äußerte, die Sache mit dem rumänischen Überläufer sei für ihn eine höchst faule Angelegenheit. Offenbar versuchen einflußreiche Kreise mit Hilfe des USA-Geheimdienstes einen Stoß gegen die Bonner Regierung und ihre Ostpolitik zu führen. Auf meine Frage, ob nach seiner Meinung daran Brzezinski und die USA-Regierung beteiligt seien, um ihren Kurs der Verschärfung gegenüber den sozialistischen Ländern auch in Bonn durchzusetzen, antwortete Kiep, er glaube nicht, daß die USA-Regierung beteiligt ist. Aber einflußreiche Kreise stünden bestimmt hinter dieser Aktion.

Im übrigen sehe er mit Sorge, daß in den USA die Entwicklung weiter nach rechts geht. Er verfolge aufmerksam USA-Zeitungen, wie die „New York Times", die vor Jahren als liberal galten und die Entspannungspolitik unterstützten. Jetzt sei in diesen Zeitungen davon nichts mehr zu spüren. In der Republikanischen Partei versuche der ultrarechte Politiker Ronald Reagan, sich als Präsidentschaftskandidat aufzubauen. Wenn es auch jetzt so aussehen würde, als ob Carter nur eine Periode im Amt sein wird, so meine er, daß Carter dennoch versuchen will, noch einmal für das Präsidentenamt zu kandidieren.

Was die Situation in der BRD betrifft, so sei bis zu den Hessen-
wahlen alles offen. Sollte die CDU unterliegen und in Hessen eine
SPD/FDP-Koalition weiter regieren, werde es mit Sicherheit zur sogenannten vierten Partei kommen. Er persönlich hält aber weiterhin
davon nicht viel. Er glaube nicht, daß sich daraus für die CDU/CSU
ein echter Zugewinn ergeben kann. Es werde nach seiner Meinung
lediglich zu einer Umverteilung der Kräfte kommen. Wenn gegenwärtig in der CDU/CSU-Bundestagsfraktion von 250 Abgeordneten
50 der CSU angehören, so würden es dann vielleicht 125 CSU-
Abgeordnete sein. Damit hätte Franz Josef Strauß sein eigentliches
Ziel erreicht. Ihm gehe es ausschließlich darum, in Bonn die Richtli-
nien der Politik bestimmen zu können.

Trotz mancher öffentlicher Kritik sei die Position des Parteivorsitzenden Kohl gegenwärtig stabil. Wenn jetzt ein CDU-Parteitag
stattfinden würde, könnte Kohl mit seiner Wiederwahl rechnen. Bis
jetzt hat sich niemand als ernstzunehmender Gegenkandidat gezeigt.

Von meiner Seite wurde dann in grundsätzlicher Weise unsere
Position zur Frage der Gestaltung der Beziehungen zwischen der
DDR und der BRD dargelegt. Ich betonte, daß es um die Frage geht,
ob im Sinne der Prinzipien der friedlichen Koexistenz mit dem Blick
auf die 80er Jahre die Beziehungen weiter im positiven Sinne gestaltet werden können oder ob es unter dem Einfluß der von der
NATO hervorgerufenen Verschärfung der internationalen Situation
zu einer Stagnation kommt und bereits Erreichtes wieder in Frage
gestellt wird. Ich verwies in diesem Zusammenhang auf die Beschlüsse der Washingtoner NATO-Ratstagung[42] sowie auf vielfältige
entspannungsfeindliche Aktivitäten bestimmter Kreise in der Bundesrepublik, darunter auch von Kräften der CDU/CSU. In diesem
Zusammenhang verwies ich auf den von CDU-Abgeordneten ver-
faßten Katalog von Maßnahmen zur Ausübung von Druck gegen die
DDR. Ich hob hervor, daß niemand sich Hoffnung machen soll, auf
dieser Grundlage mit der DDR umgehen zu können. Das einzige was
damit erreicht werden kann ist, daß auch hier evtl. über solch einen
„Negativkatalog" nachzudenken ist. Man möge beachten, daß wir
uns noch immer sehr großzügig verhalten und manches tun, wozu
wir laut Vertrag und Abkommen gar nicht verpflichtet sind.

Kiep sprach die Fälle Bahro und Hübner an. Ich sagte ihm, daß
man damit Schluß machen soll, sich in die inneren Angelegenheiten
der DDR einzumischen. Bahro ist nach Recht und Gesetz verurteilt
worden. Er hatte vorher selbst angekündigt, daß er mit einer Strafe
von 10 bis 12 Jahren rechnet. Unsere Gerichte haben sogar noch

---

42 Auf der 5. Tagung des NATO-Rates in Washington am 30./31. Mai 1978
beschloß die Militärkoalition ihr „Langzeitprogramm".

184

Milde walten lassen. Was Hübner betrifft, so möge die CDU ihre Kampagne einstellen. Wir hätten uns bisher zurückgehalten und nicht mitgeteilt, auf welche Weise der CDU nahestehende Personen diesen jungen Mann für staatsfeindliche Tätigkeit angeworben haben. Was da geschehen ist, sei für eine Partei, die sich christlich nennt, nicht gerade ehrenvoll.

Kiep warf die Frage auf, ob irgendwann an eine Wiedereröffnung des „Spiegel"-Büros in der DDR zu denken sei.[43] Ich äußerte, das aus meiner Sicht keinerlei Anlaß besteht, über diese Frage nachzudenken. Der „Spiegel" beweise beinahe in jeder Ausgabe, daß er im Hinblick auf die DDR auch weiterhin nur mit Falschmeldungen und gezielten Artikeln provokatorischen Charakters zu wirken gedenkt.

Kiep brachte seine Befriedigung darüber zum Ausdruck, daß es in dieser Woche zu einem Gespräch zwischen mir und Stoltenberg kommen wird. Stoltenberg besitzt als stellvertretender Parteivorsitzender der CDU und als Ministerpräsident von Schleswig-Holstein ein großes Ansehen in den Reihen der CDU und überhaupt in der Öffentlichkeit der BRD. Sein Kontakt mit der SED könne von positivem Einfluß auf die politische Haltung der Führung der CDU/CSU sein.

Herr Kiep sprach darüber, daß die CDU/CSU-Bundestagsfraktion im Verlaufe des Septembers erneut die Absicht habe, über ein Reisebüro Potsdam zu besuchen. Falls wir die Durchführung dieser Reise für nicht akzeptabel halten, bitte er über die Ständige Vertretung der DDR in Bonn um einen Hinweis, weil er dann seinen Einfluß geltend machen will, damit es zu keiner öffentlichen Polemik kommt.

Kiep lud mich abschließend zu einem Besuch des Messestandes des VW-Konzerns ein. Im Verlaufe des Nachmittags weilte ich für 10 Minuten auf diesem Stand. Dort wurde ich bekanntgemacht mit Frau Breuel, der neuen Wirtschaftsministerin von Niedersachsen, sowie mit dem Vorstandsmitglied von VW, Herrn Schmidt. Während meiner Anwesenheit gab es lediglich belanglose Gespräche über Fragen der Marktanteile von VW in Westeuropa und in den USA.

Bei der in einer Pressemeldung aufgestellten Behauptung, Kiep habe auf den Zusammenhang von menschlicher Freizügigkeit und wirtschaftlicher Kooperation mit der DDR hingewiesen, kann es sich nur um eine Schutzbehauptung seinerseits handeln. Im Verlauf unseres Gesprächs ist von ihm in dieser Richtung kein Wort gesprochen worden. Im Gegenteil. Er hat sein besonderes Interesse am Ausbau der wirtschaftlichen Beziehungen mit der DDR unterstrichen und

---

43 Das Büro des „Spiegel" in Ost-Berlin wurde durch die DDR am 10. Januar 1978 trotz Protest der Bundesregierung geschlossen.

dabei vor allem auf seine neue Funktion als Vorsitzender der Hannover-Messe-AG hingewiesen. Dort sei die DDR seit langem ein guter Kunde, und er hoffe, daß das auch künftig so bleibt.

Quelle: SAPMO-BArch, DY 30/J IV 2/202/491.

Dokument 25

Information über ein Gespräch von Herbert Häber mit Gerhard Stoltenberg, stellvertretender CDU-Vorsitzender und Ministerpräsident von Schleswig-Holstein, am 5. September 1978[44]

Am 5. September 1978 bin ich mit Stoltenberg auf seinen Wunsch in Dresden erstmalig zu einer Begegnung zusammengetroffen. Sie fand im Hotel „Newa" statt, wo Stoltenberg während seines Aufenthaltes in Dresden übernachtete und dauerte – in Verbindung mit einem Abendessen – ca. 2 Stunden.

Einleitend verwies ich darauf, daß wir es für nützlich erachten, auch mit führenden Persönlichkeiten der CDU/CSU im Interesse des Friedens und der normalen Gestaltung der Beziehungen zwischen der DDR und der BRD Gesprächskontakte aufnehmen zu können. Ich legte kurz unsere grundsätzliche Haltung zu den Beziehungen dar und betonte vor allem, daß sie sich nur positiv weiterentwickeln können, wenn auch die führenden Kreise in der BRD in vollem Umfang die völkerrechtlichen Grundsätze der zwischenstaatlichen Beziehungen respektieren.

Außerdem verwies ich auf die durch den forcierten Rüstungskurs der NATO eingetretene Verschärfung der internationalen Situation. Da sich offenkundig bestimmte Kräfte in der BRD dadurch und auch durch die zugespitzte antisowjetische Politik der USA-Regierung ermuntert fühlen, die provokatorischen Aktivitäten gegen die DDR zu verstärken, erhebe sich die Frage, ob es möglich sein wird, die Normalisierung der Beziehungen zwischen der DDR und der BRD mit dem Blick auf die 80er Jahre fortzusetzen oder ob es zu einem Rückfall in die Zeit des kalten Krieges kommen wird, wodurch die erreichten Ergebnisse ernsthaft gefährdet würden.

In diesen Zusammenhang müsse man sich fragen, welches die wirkliche Haltung der Führung der CDU ist. Zwar wird immer wieder erklärt, auch die CDU/CSU wolle die Verträge einhalten. Zugleich aber unternehmen führende Persönlichkeiten Aktivitäten, die

---

44 Die Information datiert vom 6. September 1978.

eine Verletzung der Prinzipien der zwischenstaatlichen Beziehungen bedeuten, auf eine Einmischung in die inneren Angelegenheiten der DDR abzielen und das Klima zwischen den beiden Staaten vergiften. Manche Leute in der CDU scheinen bei ihrem Verhalten zu den abgeschlossenen Verträgen zu vergessen, daß es jeweils eine Präambel gibt, in denen die Grundnormen formuliert sind, deren Einhaltung unabdingbar ist, wenn es auf Einzelgebieten vorwärts gehen soll.

Stoltenberg äußerte dazu: Es sei das Ziel der CDU, sich für den Frieden und die friedliche Regelung aller Streitfragen einzusetzen. Wenn die Verträge und ihr Zustandekommen in der CDU umstritten waren, so sei das inzwischen Geschichte. Für die CDU besäßen die Verträge volle Gültigkeit. Seine Partei setze sich auch für den Ausbau der wirtschaftlichen Beziehungen ein. Die Anwesenheit von CDU-Politikern auf der diesjährigen Leipziger Messe sei dafür ein Zeichen. Allerdings sei es die Absicht der CDU, stärker darauf zu drängen, daß es größere Vorteile für die Menschen gibt. Dabei gehe es um die Erweiterung der Reisemöglichkeiten, um die Frage der Senkung des Rentenalters u. a. Hier wolle die CDU mehr erreichen als die gegenwärtige Bundesregierung.

Er teile die Auffassung, daß sich die internationale Lage verschärft habe und auch Anlaß zur Sorge bestehe. Über die Ursachen dieser Verschärfung habe er allerdings eine andere Auffassung als ich. Was die Reden über eine antisowjetische Achse zwischen Westeuropa und Peking betrifft, so halte er von solchen Überlegungen nichts. China sei eine Großmacht in Asien. Es sei jedoch sinnlos anzunehmen, mit Hilfe Chinas könne es möglich sein, die Lage in Europa für den Westen günstiger zu gestalten.

Stoltenberg, der sich im Zusammenhang mit seiner Reise durch die DDR sehr beeindruckt vom Umfang des Wohnungsbaus zeigte, stellte die Frage, ob wir beabsichtigen, die bestehenden Reisemöglichkeiten einzuschränken. Er habe in den letzten Tagen bei Gesprächen mit Bürgern der DDR solche Befürchtungen festgestellt. Auch vermute man, daß die „Intershop-Geschäfte" demnächst geschlossen würden. Darüber gebe es viele Spekulationen. Er frage sich, ob es evtl. von Verbündeten der DDR die Forderung gebe, das Ausmaß der Kontakte zur Bundesrepublik zu reduzieren.

In Erwiderung darauf äußerte ich, daß all diese Vermutungen an der Wirklichkeit vorbei gehen. Wenn die Beziehungen zwischen der DDR und der BRD gefährdet sind, dann infolge der gegen die Entspannung gerichteten Politik der NATO und der andauernden provokatorischen Aktionen gegen die DDR. Gerade auch Politiker der CDU tragen immer wieder dazu bei, durch Hetzreden und Unterstützung von Provokationen die Lage zu komplizieren. Außerdem müsse man zur Kenntnis nehmen: Die Normalisierung der Verhältnisse auf dem Gebiet des Reiseverkehrs wird durch die völkerrechtswidrige Position der BRD in Fragen der Staatsbürgerschaft blockiert. Auch muß in diesem Zusammenhang über die sogenannte Erfassungsstelle in Salzgitter gesprochen werden, deren Existenz und Tätigkeit eine permanente Verletzung des Grundlagenvertrages darstellt.

Die Kernfrage ist und bleibt, wie man es mit den Grundsätzen der Nichteinmischung, der Achtung der Souveränität und des gegenseitigen Vorteils hält. Wer, wie bestimmte CDU-Politiker, Kataloge für die Organisierung von Druck auf die DDR ausarbeitet, wird nicht nur nichts erreichen, sondern wirkt weiteren Verbesserungen entgegen. Statt dessen sollte die Führung der CDU im Hinblick auf die künftige Entwicklung der Beziehungen zwischen der BRD und der DDR besser positive Signale setzen.

Stoltenberg bedankte sich für das Gespräch. Er betrachte es als nützlich und gehe davon aus, daß es bei Gelegenheit fortgesetzt werden kann. Bei aller Gegensätzlichkeit müsse man nach übereinstimmenden Punkten suchen. Auf dem Gebiet der Staatsbürgerschaft sei jedoch im Grundsätzlichen nichts zu ändern. Über die Tätigkeit der Stelle in Salzgitter wolle er sich informieren.

Was Herrn Kiep betrifft, so sei er ein angesehenes Mitglied des Präsidiums der CDU und durchaus ein kompetenter Gesprächspartner für uns, auch wenn er gelegentlich wegen mancher seiner Äußerungen kritisiert werde. Kieps Kontakte mit uns hätten die Zustimmung des Parteivorsitzenden und auch des Generalsekretärs der CDU.

Zu einem ausführlichen Meinungsaustausch über die innere Entwicklung in der BRD kam es nicht. Ich warf lediglich die Frage auf, welche Prognose er für die Hessen-Wahl stellen könne. Er äußerte, daß dafür eine Voraussage nicht möglich sei. In der Tat sei gegenwärtig innenpolitisch vieles offen. Falls die FDP in Hessen scheitert, würde nach seiner Auffassung dennoch die Bonner Koalition nicht auseinandergehen. Die Grünen Gruppen würden zwar nicht von Dauer sein, aber für eine bestimmte Zeit beeinflussen sie die politische Landschaft. Über die mögliche Bildung einer sogenannten 4. Partei könne nach seiner Auffassung mit der CDU erst im Frühsommer 1979 gesprochen werden. Im März des nächsten Jahres finden in Schleswig-Holstein Landtagswahlen statt. Offensichtlich hat Stoltenberg kein Interesse, daß es bei diesen für ihn wichtigen Wahlen in seinem Land eine Konkurrenzliste der CSU gibt.

Quelle: SAPMO-BArch, DY 30/J IV 2/202/491.

Dokument 26

Information über ein Gespräch von Herbert Häber mit Walther Leisler Kiep, CDU-Präsidiumsmitglied und -Bundesschatzmeister sowie Finanzminister von Niedersachsen, in Erfurt am 10. Dezember 1978[45]

Wie festgelegt, bin ich am 10. 12. 1978 in Erfurt im Hotel „Erfurter Hof" mit Kiep, der zu einem Privatbesuch in der DDR weilte, zusammengetroffen.

Er informierte mich eingangs darüber, daß er im Oktober in Ludwigshafen mit Genossen Sagladin vom ZK der KPdSU ein Gespräch geführt hat, der ihn während des DKP-Parteitages aufgesucht hatte. Genosse Sagladin hat Kiep eingeladen, möglichst bald zu einem erneuten Besuch nach Moskau zu kommen.

Kiep äußerte sich über den kürzlich in Ludwigshafen durchgeführten CDU-Parteitag. Das dort beschlossene Programm sei ein Versuch der CDU, Schritte in Richtung zur Mitte zu gehen, um neue Wähler anzusprechen. Er selbst habe in einer Rede betont, es komme nicht darauf an, aus 100%igen CDU-Anhängern 150%ige zu machen, sondern Leute anzusprechen, die bisher noch nicht CDU gewählt haben. Auch habe er sich öffentlich dagegen gewandt, auf dem Gebiet der Ostpolitik die alten Schlachten immer wieder neu zu schlagen. Hinsichtlich der Vertragspolitik mit den sozialistischen Ländern gehe es nicht mehr um das Ob, sondern nur noch um das Wie.

Bemerkenswert sei, daß Herbert Wehner das neue CDU-Programm offenkundig sehr ernst nehme. Wehner habe veranlaßt, daß der Wortlaut des CDU-Programms, verbunden mit kommentierenden Texten, an die unteren Gliederungen der SPD verteilt wird.

Das Jahr 1979 werde schwierig, so äußerte Kiep, weil beinahe unaufhörlich Wahlen stattfinden. Es gibt mehrere Landtagswahlen (Westberlin, Rheinland-Pfalz, Schleswig-Holstein) und außerdem noch einige Kommunalwahlen (Saarland, Bremen, Nordrhein-Westfalen). Dazu kommen noch die „Europawahlen" im Juni.[46] Für die aktiven Politiker sei das beinahe eine Katastrophe und führe allmählich zur Erschöpfung. Man müsse damit rechnen, daß jede dieser Wahlen zu einer Art Vorentscheidung für die Bundestagswahlen 1980 hochstilisiert wird. Die wirklichen Probleme, die in den Ländern und Gemeinden anstehen, blieben dabei vielfach unbeachtet.

Die dauernden Wahlkämpfe erweckten bei der Bevölkerung sowieso einen falschen Eindruck. Die CDU/CSU müsse immer so tun, als vertrete sie eine grundlegend andere Politik als die Koalition. Das

---

45 Die Information datiert vom 11. Dezember 1978.
46 Vgl. Kap. 2, Anm. 36.

sei aber gar nicht der Fall. In allen wesentlichen innen- und außenpolitischen Fragen könne die CDU kaum einen anderen Kurs verfolgen als die Regierung. Die Bandbreite für Änderungen sei außerordentlich gering.

Zur Frage der Neuwahl des Bundespräsidenten im Mai 1979 sagte Kiep: Er bedaure, daß die von ihm und anderen angestrebte Variante nicht möglich sei. Er meinte damit eine Übereinkunft zwischen CDU und FDP, über die Wiederwahl von Scheel als Vorstufe für eine Koalition der beiden Parteien in Bonn. Die Diskussion um die Kandidatur von Carstens verlaufe unglücklich. Es sei nicht gut, einen Mann als Kandidaten für das höchste Staatsamt zu präsentieren, gegen den gerichtliche Verfahren anhängig sind. Als ich fragte, ob er nun mit der Wahl von Carstens rechne oder nicht, antwortete Kiep: Wenn vorher nicht noch etwas passiert. Offenkundig ist er mit dieser Entwicklung nicht sehr zufrieden. Kohl stehe auf jeden Fall für dieses Amt nicht zur Verfügung.

Als Vorsitzender der CDU sei Kohl in seinem Amt ziemlich sicher. Anders sei die Lage, wenn in der CDU/CSU-Bundestagsfraktion über die Kanzlerkandidatur 1980 entschieden werden muß. Daß Strauß jetzt den CDU-Politiker Biedenkopf öffentlich als möglichen Kanzlerkandidaten bezeichnete, betrachtet Kiep als Versuch, die CDU weiter in Unruhe zu halten und eine Kandidatur von Kohl als fraglich hinzustellen.

Kiep äußerte sich befriedigt über die kürzlich getroffenen Vereinbarungen zwischen der DDR und der BRD, über das Grenzprotokoll und die Verträge auf dem Gebiet des Verkehrswesens.[47] Die Regierung von Niedersachsen habe sich dazu positiv verhalten. Er stimmte zu, daß diese Vereinbarungen vor allem eine große politische Bedeutung haben, denn sie reichen ja in die nächste Legislaturperiode hinein und sind darum auch wichtig für eine Bundesregierung, die nach 1980 in Bonn amtiert.

Kiep äußerte, er mache sich Gedanken, wie es langfristig in Europa weitergehen könne. Er könne sich nicht vorstellen, daß bis zum Jahre 2000 alles so bleibt, wie es jetzt ist. An dieser Stelle äußerte ich mich zu der durch die NATO hervorgerufenen Verschärfung der internationalen Situation. Die NATO mache ganz und gar nicht den Eindruck, als habe sie die Absicht, sich aufzulösen. Auch die BRD

---

47 Neben den Vereinbarungen über den Bau der Nordautobahn sowie den Ausbau von Wasserstraßen vom 16. November 1978 hatten Vertreter von DDR und Bundesrepublik am 29. November 1978 ein Protokoll „über die Überprüfung, Erneuerung und Ergänzung der Markierung" der Grenze zwischen beiden deutschen Staaten unterzeichnet. Vgl. den Text des Protokolls in Beziehungen zwischen der Deutschen Demokratischen Republik zur Bundesrepublik Deutschland und zu Berlin (West), S. 105 ff.

spiele bekanntlich nicht eine untergeordnete Rolle in diesem Militärbündnis. Kiep hänge doch etwa nicht der absurden Hoffnung an, es sei möglich, die DDR eines Tages in die NATO einzubeziehen. Also bleibe nur der Weg der Vernunft und der Beziehungen auf gleichberechtigter Grundlage.

In diesem Zusammenhang ergab sich eine Diskussion um die in der BRD betriebene nationalistische Propaganda zum Thema der angeblichen „offenen deutschen Frage". Auf meine Kritik antwortete er, man dürfe in der BRD die Frage der Nation nicht ultrarechten oder auch ultralinken Kräften überlassen, die sich dieses Themas bemächtigen wollen. Verantwortungsbewußte Kräfte müßten diese Frage in der Hand behalten, damit es nicht zu einer unkontrollierbaren Welle von Nationalismus käme.

Ich äußerte, daß sich führende Politiker der BRD aus den verschiedenen Parteien mit ihrer nationalistischen Propaganda selbst der Schürung nationalistischer Gefühle und Erwartungen schuldig machen, von Erwartungen, die ohnehin enttäuscht werden müssen. Dabei verwies ich auf den neuen Beschluß der Kultusminister der BRD-Länder zur Behandlung der „deutschen Frage im Unterricht". Man müsse sich fragen, wohin das führen soll. Hier geht es doch nicht nur um irgendwelche weltanschauliche Positionen oder um Gebete in der Kirche, sondern eine solche Verhaltensweise vergiftet das Klima in den Beziehungen zwischen den beiden Staaten und wirkt sich negativ auf den weiteren Prozeß der Normalisierung aus.

Kiep behauptete daraufhin, auch in den Medien der DDR würde ein entstelltes Bild von der Bundesrepublik gezeichnet. Ich äußerte, daß das nicht zutreffe. Es gehe auch gar nicht um diese oder jene Pressemeldung oder Fernsehsendung. Vielmehr geht es um die Tatsache, daß sich die offiziellen Kreise der BRD und auch die meisten Medien gegenüber der DDR so verhalten, als sei unser Land ein vorläufig noch nicht greifbarer Teil der Bundesrepublik. Diese, den Verträgen widersprechende revanchistische Linie ist es, die die Probleme schafft. Dementsprechend verhalten sich z. B. auch in der DDR stationierte BRD-Journalisten, die sich endlich daran gewöhnen müssen, daß sie Gäste in einem souveränen Staat mit einer eigenen Gesetzlichkeit sind.

Kiep ließ erkennen, daß er und seinesgleichen sich offenkundig davon getroffen fühlen, daß die DDR sich auf die positiven Traditionen der deutschen Geschichte beruft. Es gehe nicht an – so sagte er –, daß wir alles Gute in Anspruch nehmen, während wir für die BRD nur den Hitler-Faschismus übrig lassen. Ich äußerte, daß es nicht unsere Schuld ist, wenn die Bundesrepublik bei der Bewältigung der deutschen Geschichte Schwierigkeiten hat und die reaktionären Traditionen sichtbar werden. Schließlich haben nicht wir – um nur ein Beispiel zu nehmen – die Namen für die Bundeswehrkasernen ausgesucht.

Im weiteren Verlauf des Gesprächs äußerte Kiep, er möchte – selbstverständlich unverbindlich – zunächst deutlich machen, was im Hinblick auf den weiteren Ausbau der Beziehungen zwischen der DDR und der BRD für Niedersachsen von besonderem Interesse wäre:

– Die niedersächsische Regierung hoffe fest, daß es nach dem Bau der Autobahn in Richtung Hamburg zum Bau der Straße in Richtung auf das Gebiet Lückow-Dannenberg kommt. Für die Strukturentwicklung in diesem Gebiet des Landes Niedersachen wäre das von großer Bedeutung.

– Wichtig sei für sie auch das Problem der salzigen Abwässer in die Werra, denn von dort würde alles in die Weser fließen, die Niedersachsen durchquert. In Verbindung mit dem Bau von Kraftwerken und der damit hervorgerufenen Erwärmung des Wassers der Weser ergebe sich eine auf die Dauer unhaltbare Lage. Kiep äußerte: Ihm sei vollauf bewußt, daß in diesem Punkt auch die DDR Interessen hat, die berücksichtigt werden müssen. Er sei dafür, daß die Experten beider Seiten sich weiterhin damit befassen. Den Plan, eine Rohrleitung zur Nordsee zu legen, um das salzhaltige Wasser dorthin zu leiten, halte er nicht für gut. Das würde die Probleme nur von der Werra in die südliche Nordsee verlagern. Er könne sich vorstellen, daß mit Beiträgen der Bundesrepublik auf dem Territorium der DDR Anlagen gebaut werden könnten, um die Abwässer zu entsalzen.

– Als Vorsitzender der Hannover-Messe-AG möchte er sein Interesse bekunden, die DDR-Präsenz auf der Hannover-Messe weiter anzuheben. Er und die niedersächsische Landesregierung wollen sich bemühen, für DDR-Aussteller und Interessenten besonders günstige Bedingungen zu schaffen. Er hoffe auf möglichst hohe Prominenz auf der Messe im kommenden Jahr. Er wolle persönlich dafür Sorge tragen, für die Besucher aus der DDR Begegnungen mit wichtigen Vertretern der BRD-Industrie zu arrangieren.

– Er möchte die Frage stellen, ob für den kleinen Grenzverkehr in die DDR nicht eine Erweiterung möglich sei, z. B. durch die Einbeziehung von Hannover.

Was diese von ihm vorgetragenen Punkte angeht, so habe ich seine Darlegungen nur angehört, ohne mich dazu im einzelnen zu äußern. Ich habe zwischendurch lediglich bemerkt, daß die niedersächsische Regierung sicher daran denkt, daß es auch Interessen der DDR gibt, z. B. hinsichtlich einer Übereinkunft über den Verlauf der Staatsgrenze im Elbe-Abschnitt entsprechend dem internationalen Recht. Außerdem hoffe ich, daß die Landesregierung in Hannover bei den Plänen zur Einrichtung der Atommüll-Deponie in Gorleben beachtet, daß hier die DDR sehr nahe ist und auch hierbei ihre Interessen nicht verletzt werden dürfen.

Zur Frage nach der Einbeziehung von Hannover in den für Tagesausflüge in die Grenzgebiete berechtigten Kreis von BRD-Orten habe ich lediglich bemerkt: Ich persönlich hätte dagegen Bedenken, denn wir müßten ja auch Rücksicht nehmen auf die in den Grenzgebieten wohnenden DDR-Bürger. Sie sind an Wochenenden und Feiertagen bereits jetzt vielerorts schon einer Art Invasion von BRD-Bürgern ausgesetzt, die die Gaststätten bevölkern und auch ziemlich preisgünstig bei uns einkaufen.

Gegen Ende des Gesprächs betonte Kiep, als Bundespolitiker befürworte er sehr stark die Idee eines Treffens zwischen Bundeskanzler Helmut Schmidt und dem Vorsitzenden das Staatsrates der DDR, Erich Honecker. Ich antwortete, er kenne sicher unseren Standpunkt, daß dafür Voraussetzungen vorhanden sein müssen, die gegenwärtig nicht gegeben sind. Vor allem sei es meines Erachtens keinesfalls förderlich, wenn die Absicht eines Besuchs von Schmidt in der DDR mit der Forderung verbunden wird, die DDR möge sogenannte menschliche Erleichterungen als Preis zugestehen.

Hier kam es zu einer Unterhaltung, bei der ich erneut auf die Probleme der Staatsbürgerschaft, auf die Existenz der Erfassungsstelle in Salzgitter und auf die verbrecherischen Umtriebe der Menschenhändlerorganisationen auf den Transitstrecken hinwies, die von BRD-Medien noch dazu öffentlich gelobt werden wie in der neuesten Ausgabe der Illustrierten „Quick".

Schließlich äußerte Kiep, er möchte noch einige Gedanken zur Frage der Energieversorgung von Westberlin vortragen. Er sei für den Plan, daß durch Firmen der BRD in der DDR ein Kraftwerk auf der Basis von Braunkohle errichtet wird, dessen Bau durch Stromlieferungen an die BRD und nach Westberlin bezahlt werden soll. Man sei in der BRD bereit, eine spezielle Technologie für die in der DDR verfügbaren Braunkohlesorten zu entwickeln. Es wäre aber seiner Meinung nach günstig, parallel dazu Westberlin mit dem westdeutschen Energieverbundnetz zu verbinden für den Fall von „Netzschwankungen". Als ich zurückfragte, was er damit meinte, äußerte er, er meine das tatsächlich im technischen Sinn. Wenn es zu einem militärischen Konflikt komme, was man nicht hoffe, dann könne die DDR ohnehin jegliche Verbindung zwischen Westberlin und der BRD unterbrechen.

Kiep hatte sich offensichtlich darauf vorbereitet, alle die vorgenannten Probleme zur Sprache zu bringen. Ich sagte, er trete auf wie der Außenminister der BRD, obwohl er nicht zur Regierung gehört. Darauf meinte Kiep, er gehöre zwar der CDU an, habe aber keine Bedenken, die Bundesregierung auf all den Gebieten zu unterstützen, wo sie eine richtige Politik betreibt. Mein Eindruck war, daß er über die Verhandlungen mit der DDR gut informiert ist und offenkundig einen sehr guten Kontakt zur Spitze der Bonner Regierung haben muß.

Kiep warf die Frage auf, ob es möglich ist, die begonnenen Gespräche zwischen mir und prominenten CDU-Politikern weiterzuführen. Er würde das für sehr nützlich halten. Der stellvertretende CDU-Vorsitzende und Ministerpräsident von Schleswig-Holstein, Stoltenberg, habe sich über den ersten Kontakt befriedigt geäußert. Ihm habe vor allem die Offenheit des Meinungsaustausches zugesagt. Kiep meinte, es wäre günstig, wenn die aufgenommene Verbindung zu Stoltenberg demnächst durch eine weitere Begegnung in der BRD ausgebaut werden könnte.

Interesse an einem solchen Kontakt habe inzwischen auch der führende CDU-Politiker von Weizsäcker bekundet, der gegenwärtig Spitzenkandidat der CDU in Westberlin für die Wahlen zum Abgeordnetenhaus ist. Kiep sagte, seine Hoffnung ist, daß Weizsäcker dazu beitragen kann, der Westberliner CDU etwas mehr Vernunft auf dem Gebiet des Verhältnisses zur DDR und zu anderen sozialistischen Staaten beizubringen. Allerdings sei es offenbar schwerer, als er das vorher angenommen hatte. Kiep war selbst kürzlich auf einer Wahlversammlung in Westberlin und mußte erleben, wie fanatisiert noch immer Teile der Westberliner CDU sind, wenn es um die Beziehungen zur DDR geht.

Anfang März 1979, so teilte Kiep mit, wird er zu politischen Gesprächen in die USA reisen. Er stellte die Frage, ob es möglich sein wird, vorher mit mir noch einmal zu einer Diskussion zusammenzutreffen. Er wolle auch versuchen, für diese Zeit evtl. ein neues Gespräch mit Stoltenberg zu arrangieren.

Während der Begegnung gab es eine Unterhaltung über den „Kreisauer Kreis", eine Gruppe der bürgerlich-antifaschistischen Widerstandsbewegung gegen Hitler. Anlaß dafür war das Erscheinen eines Buches über diesen Kreis in der DDR. Ein Onkel von Kiep, Otto Karl Kiep, war Angehöriger dieser Gruppe und ist 1944 von der Hitlerfaschisten hingerichtet worden. Kiep sagte, er besitze Informationen, daß derjenige, der seinen Onkel damals bei der Gestapo denunziert hat, in der DDR lebe. Es handele sich um einen ehemaligen Arzt der Berliner Charité mit Namen Reckzeh. Ich habe Kiep aufgefordert, alle Angaben, die er dazu besitzt, unverzüglich an die Ständige Vertretung der DDR in der BRD zu geben, damit sie geprüft werden können und ihnen gegebenenfalls nachgegangen werden kann.

Quelle: SAPMO-BArch, DY 30/J IV 2/10.02/19; 37075/1.

Dokument 27

Information über ein Gespräch von Herbert Häber mit Wladimir Semjonow, Botschafter der UdSSR in der Bundesrepublik Deutschland, in Bonn am 1. März 1979

Während des Empfangs des Parteivorstandes der DKP aus Anlaß des 50. Geburtstages von Genossen Herbert Mies bat mich Genosse Semjonow zu einem persönlichen Gespräch zur Seite. Er erinnerte an seine Tätigkeit in Berlin und betonte, er halte die ihm von der DDR verliehenen Auszeichnungen hoch in Ehren. Er sei stolz darauf, Ehrenbürger der Hauptstadt der DDR zu sein. Er habe nicht gedacht, nach seiner längeren Tätigkeit im Außenministerium noch einmal in Richtung Westen und diesmal etwas weiter als früher – entsandt zu werden.

Er sähe seine Aufgabe darin, den Vertrag zwischen der BRD und der UdSSR von 1970 und die Ergebnisse der Besuche des Genossen Breshnew in der BRD zu verwirklichen. Dafür sei jetzt die Perspektive von 25 Jahren abgesteckt. Inzwischen habe er manche Kontakte hergestellt, sowohl mit Politikern als auch mit Wirtschaftlern. Das BRD-Großkapital brauche Märkte. Man stehe vor Energie- und Rohstoffproblemen. Die BRD-Exportwirtschaft sei einer starken Konkurrenz ausgesetzt. Die UdSSR verfolge das Ziel des Ausbaus der wirtschaftlichen Beziehungen. In der Vergangenheit habe es einige Probleme der Handelsbilanz gegeben. Diese Lage werde geändert.

Das Hauptproblem sei jetzt die Verhinderung der Einführung der Mittelstreckenraketen in der BRD. Die Meinungen seien dazu in der BRD geteilt. Er habe seinen Gesprächspartnern offen gesagt: Wer diese Raketen einführt, macht die BRD zum Hauptzielgebiet der sowjetischen Raketen. Man möge alle Folgen bedenken. Raketen aus den USA brauchten bis zur UdSSR 30 Minuten, die Raketen aus der UdSSR brauchten bis zur BRD erheblich weniger Zeit.

Genosse Semjonow sprach kurz über seine Begegnung mit Strauß. Er sei nicht aggressiv aufgetreten. Strauß habe erklärt, er sei weder Kanzler noch Außenminister. Er habe an die Diskussion mit Genossen Breshnew erinnert und sie positiv gewürdigt.

Bei allen seinen Gesprächen, so äußerte Genosse Semjonow, habe das Problem der Wiedervereinigung entweder gar keine Rolle gespielt oder es sei lediglich gesagt worden, dies wäre ein Problem künftiger Generationen. Er meinte, dies sei ein Fortschritt. Deshalb brauchten wir das Thema jetzt auch nicht aufzuwerfen, das würde sonst die andere Seite nur zu Gegenäußerungen herausfordern.

Wenn er sich etwas mehr umgesehen hat, wolle er einen Besuch in der DDR – und wie er sagte – auch in Westberlin machen. Er bedankte sich für die guten Wünsche von Genossen Erich Honecker

195

sowie für die Geburtstagsgrüße von Genossen Oskar Fischer. Er bat mich, Genossen Erich Honecker zu grüßen. Ein gutes Einvernehmen mit Genossen Honecker sei für ihn sehr wichtig.

Als alter Bolschewik, der immer die Aufträge der Partei erfüllt hat, wolle er sich bemühen, auch seine neuen Aufgaben in Bonn gut zu erledigen. Genosse Semjonow äußerte Interesse, bei einem Besuch in Bonn gelegentlich mit mir sprechen zu können.

Quelle: SAPMO-BArch, DY 30/J IV 2/10.02/16; 2.036/89.

Dokument 28

Information über ein Gespräch von Herbert Häber mit Hans Koschnick, Bürgermeister von Bremen sowie stellvertretender SPD-Vorsitzender, in Leipzig am 15. März 1979[48]

Koschnick, der als Bürgermeister von Bremen offiziell die Leipziger Messe besuchte, hatte meine Einladung zu einem Frühstück am 15. März 1979 angenommen. Die Begegnung fand im Gästehaus des Rates des Bezirkes Leipzig unter vier Augen statt.

Er äußerte anfangs, er sei zur Leipziger Messe gereist, um seinerseits zur weiteren Verbesserung des Klimas zwischen der BRD und der DDR beizutragen. Die Beziehungen zwischen den beiden Staaten müßten langfristig weiter stabilisiert werden, und dabei wolle er mitwirken. Außerdem gibt es in Bremen große wirtschaftliche Probleme. Aus diesem Grunde sei er für den Ausbau der Wirtschaftsbeziehungen zur DDR. Er würdigte die im Jahre 1978 zwischen der DDR und der BRD getroffenen Vereinbarungen[49] als sehr bedeutsam und sprach sich dafür aus, nach neuen Feldern zu suchen, auf denen die Zusammenarbeit entwickelt werden könne. Auch er nannte bei dieser Gelegenheit den Bereich der Energieversorgung. Andere Fragen der Beziehungen zwischen der DDR und der BRD warf er nicht auf.

Während der Begegnung kam es zu einer Unterhaltung über die Personalprobleme in der Spitze der SPD. Wenn er sich dafür entschieden habe, auf dem nächsten SPD-Parteitag im Herbst nicht wieder für die Funktion des stellvertretenden Parteivorsitzenden zu kandidieren, so habe das nichts mit Spannungen in der Führungsspitze zu tun. Das Hauptproblem für ihn sei derzeit, unter allen Umständen die Position der SPD in Bremen auszubauen und nichts zu riskieren.

---

48 Das Gespräch datiert vom 16. März 1979.
49 Vgl. Kap. 2, Anm. 38, 47.

Das sei wichtig wegen der im Oktober bevorstehenden Wahlen in Bremen und auch mit dem Blick auf die Bundestagswahlen 1980. Die CDU habe das Gerücht verbreitet, Koschnick werde von Bremen weggehen und nach Bonn übersiedeln, um die SPD-Wähler in Bremen zu verunsichern. Dieses Spiel will er durchkreuzen.

Außerdem sei die Situation in der Führung der SPD derzeit unbefriedigend. Es sei dringend notwendig, die Aufgaben zwischen dem Vorsitzenden und seinen Stellvertretern klarer abzugrenzen. Er kann nicht Bürgermeister von Bremen sein und dann immer in Bonn einspringen, wenn der Vorsitzende nicht da ist. Brandt ist nach seiner Kur zwar erholt wiedergekommen, aber er muß unbedingt entlastet werden. Bundeskanzler Schmidt steht als stellvertretender Parteivorsitzender für die Parteiarbeit nicht zur Verfügung. Deshalb braucht man einen stellvertretenden Parteivorsitzenden, der sich voll für die Leitung der Parteiarbeit verantwortlich fühlt und auch in Bonn stationiert ist. Das kann keiner der SPD-Landesministerpräsidenten machen. Für die Funktion eines Generalsekretärs gibt es in der Führung der SPD keine Liebe. Daß Egon Bahr 1980 aus der Funktion des Geschäftsführers wieder ausscheidet, war von vornherein vereinbart.

Im Herbst wird deshalb ein neuer stellvertretender Parteivorsitzender gewählt werden müssen. Einen Namen nannte Koschnick nicht. Aber er betonte allerdings, daß dieser stellvertretende Vorsitzende mit großer Wahrscheinlichkeit nicht der Anwärter für die Nachfolge von Brandt sein wird. Koschnick sagte: Wenn sich die Frage des Nachfolgers für Brandt oder auch für Wehner stellt, wird jemand da sein. Sollte die Partei mich unbedingt in Bonn brauchen, dann stehe ich zur Verfügung. Im Moment ist jedoch die Lage nicht so. Er verwies darauf, daß er Mitglied des Parteivorstandes bleibe und auch weiter für Fragen der Außen- und Sicherheitspolitik zuständig sein wird.

Aus diesen Darlegungen war zu entnehmen, daß Koschnick durchaus sich selbst auch künftig noch als Anwärter für die Funktion des Parteivorsitzenden betrachtet.

Zur FDP äußerte er, sie befinde sich infolge Genschers Krankheit in einer schwierigen Lage. Es gibt keinen Kandidaten für die Nachfolge von Genscher. Der Innenminister Baum, der als Vertreter des linken Flügels gilt, und der Wirtschaftsminister Lambsdorff, der den rechten Flügel repräsentiert, neutralisieren sich gegenwärtig. Mischnick ist zwar ein guter Fraktionsvorsitzender und genießt Ansehen in der Partei, ist aber als Parteivorsitzender nicht geeignet. Außerdem ist auch Mischnick nicht gesund.

Was die CDU angeht, meinte Koschnick, so werden die Dinge in der Führung weiter in der Schwebe bleiben. Kohl hat zwar Unterstützung in der Partei, aber kaum in der Bundestagsfraktion der CDU/CSU. Im internen Gespräch z. B. zu Fragen der Ostpolitik sei Kohl mehr für die Linie von Kiep und Weizsäcker. Aber er redet öffentlich anders, um die Fraktion zusammenzuhalten. Das stärke nicht gerade seine Glaubwürdigkeit.

Ich warf auch gegenüber Koschnick die Frage auf, warum sich die SPD oder ihre Führer nicht eindeutig gegen die Aggression Chinas gegen Vietnam[50] ausgesprochen haben. Warum schweigt die Sozialistische Internationale. Ich verwies darauf, daß von seiten der SPD auch nicht Stellung genommen wird gegen die in den meisten Massenmedien der BRD betriebene prochinesische Propaganda. Koschnick zeigte sich sehr verlegen. Er versuchte sich herauszuwinden, indem er sagte, dafür hätten doch Wehner und andere SPD-Führer die Frage der Rüstungsbegrenzung und Abrüstung offensiv auf die Tagesordnung gesetzt. Er persönlich stehe in diesen Fragen voll hinter Wehner. Man müsse alles vermeiden, was nach einer Politik der Einkreisung gegen die Sowjetunion aussieht. Deshalb werde die Bundesrepublik angeblich keine Waffengeschäfte mit China tätigen. Er sei unbedingt für den Abschluß von SALT II. Es gehe jetzt bei den Fragen der Nuklearrüstung um strategische Entscheidung, und deshalb müsse man einer neuen Rüstungsrunde Einhalt gebieten. Ich verwies an dieser Stelle darauf, daß aber doch das NATO-Langzeitprogramm für 15 Jahre bereits beschlossen ist. Er meinte hier, dabei gehe es lediglich um die konventionelle Modernisierung der Streitkräfte. Wichtig sei eine neue Rüstungsspirale auf dem Gebiet der Atomwaffen abzublocken.

Koschnick zeigte großes Interesse für die Entwicklung in der DDR. Ich gab ihm eine ausführliche Information über die Verwirklichung der Beschlüsse des IX. Parteitages. Er äußerte die Absicht, nach den Bremer Wahlen im Oktober eventuell für eine Woche privat in die DDR zu kommen, um sich mit unserer Entwicklung eingehend vertraut machen zu können. Nach seinem Besuch in Leipzig ist Koschnick über die ČSSR nach Ungarn weitergereist.

Quelle: SAPMO-BArch, DY 30/J IV 2/10.02/20; 2.036/88.

---

50 Die vom 17. Februar bis 18. März 1978 währenden militärischen Aktionen Chinas gegen die nördlichen Grenzprovinzen Vietnams hatten zu internationalen Protesten vor allem der Ostblock-Staaten geführt.

Dokument 29

Information über ein Gespräch von Herbert Häber mit Walther Leisler Kiep, CDU-Präsidiumsmitglied und -Bundesschatzmeister sowie Finanzminister von Niedersachsen, in Bonn am 18. September 1979[51]

1. Kiep meint, Wahlkampf wird außerordentlich hart geführt werden. Er möchte beitragen, daß dadurch Beziehungen BRD zu sozialistischen Staaten nicht belastet werden, besonders zur DDR.

Sieht in Sondierungen, über die ihn Gaus in Berlin informiert habe, Chance, negativen Entwicklungen in Beziehungen zur DDR entgegenzuwirken. Stichstraße nach Niedersachsen, Ausbau Wartha, Versalzung der Weser und Regelung der Besteuerung für LKW seien für BRD vordergründig.

Kiep bedauerte Stagnation im Handel, unterstrich Interesse BRD-Industrie am DDR-Geschäft. Sprach sich für langfristige Regelungen mit Hinweis auf Begegnung Gen. Mittag mit Lambsdorff in Leipzig Frühjahr 1979 aus.[52]

Kiep an politischen Kontakten interessiert. Spricht sich für Kontakte Strauß zu sozialistischen Staaten, einschließlich DDR aus. Auf meine Frage, ob er darüber mit Strauß gesprochen habe – verneinte er. Es sei seine politische Überzeugung im Interesse der Entspannung. In diesem Sinne habe er sich auch während seines Aufenthaltes in VR Polen ausgesprochen.

Habe unterstrichen, daß DDR an guten Beziehungen interessiert. Kontroverse Politik zieht kontroverses Reagieren nach sich. Für konstruktive Gedanken DDR aufgeschlossen, wenn sie Interessenlage DDR entsprechen. Politische Forderungen, Handel mit DDR zu beeinträchtigen – wie in Vergangenheit seitens BRD-Vertreter praktiziert –, haben sich als untauglich erwiesen. Interesse BRD an Auswirkung Handel nehmen wir zur Kenntnis. Hinweis auf Ausführungen Gen. Honecker in Leipzig.

2. Kiep schätzt innenpolitische Entwicklung zugunsten SPD, genauer Schmidts, ein.

Wenn Konjunktur anhält, Schmidt Verbindung zu seiner Partei hält, kann er Autorität weiter ausbauen.

---

1 Die Information wurde in Form eines Telegrammes aus der Ständigen Vertretung der DDR in der Bundesrepublik am 18. September 1979 nach Berlin gesandt. Sie war an Honecker, die SED-Politbüromitglieder Axen und Mittag sowie an DDR-Außenminister Fischer adressiert.

2 Gemeint ist die Begegnung von Politbüromitglied Günter Mittag mit BRD-Wirtschaftsminister Otto Graf Lambsdorff während der Leipziger Frühjahrsmesse, die vom 11. bis 18. März 1979 stattfand.

Industriekreise wollen Sicherheit. Schmidt hat bewiesen, daß er Gewerkschaften disziplinieren und mit Industriekreisen zusammenarbeiten kann.

Strauß kann Industrie keine Sicherheiten bieten. Entwicklung mit Strauß ist für Industrie nicht kalkulierbar. CDU/CSU hat sich nicht zusammengefunden. In CDU wartet man nach wie vor ab. Kaum Bereitschaft, sich zur Handlung mit Strauß voll zu engagieren. Strauß ist selbst nicht so begeistert über seine Rolle als Kanzlerkandidat wie es scheint.

Es kann diesbezüglich auch noch Änderungen geben, vor allem wenn Aussichten von Strauß auf Wahlerfolg schwinden. Es ist noch viel offen. Die vierte Partei wird sicher kommen.

3. Kiep besorgt über Verhältnis SU-USA. Sozialistische Länder sollten Probleme Carters nach Unterzeichnung SALT II nicht unterschätzen. Rüstungsleistungen SU, Engagement UdSSR, DDR, Kuba in Afrika, Militärberater auf Kuba mobilisieren einflußreiche Kräfte in USA gegen SALT II. Wenn dies nicht ratifiziert werden kann, wachsen Unsicherheiten – Übereinkommen bei Reduzierungsverhandlungen in Wien rückt in Ferne. Carter muß den Weg, neue Waffen zu produzieren, wählen, was von ihm unterzeichnetes Abkommen SALT II, ob er will oder nicht, gefährdet.

Habe mit Hinweis auf Rüstungswettlauf, verursacht durch westliche Staaten, Stützpunktpolitik USA um SU herum, verstärktes Einwirken auf Entwicklungsländer durch Druck mit ökonomischen Mitteln, mit Ziel Entwicklung im Sinne westlicher Vorstellungen zu beeinflussen, aufgezeigt und Bedrohungslüge entlarvt.

Kiep nahm Darlegungen zur Kenntnis und meinte, sozialistische Staaten sollten nicht übersehen, daß zwischen BRD und USA beträchtliche Meinungsunterschiede bestehen.

Anmerkung:

Trotz mehrerer Zwischenfragen hat Kiep seine politische Position nicht genauer definiert.

Am selben Tage hatte er Gespräch mit polnischen Botschafter. Hat gefragt, ob polnische Seite mit Besuch Strauß in Polen noch 1979 einverstanden. Er habe keinen Auftrag dazu, hält das aber politisch für zweckmäßig. Antwort polnischer Botschafter: Voraussetzung ist Anerkennung Integrität polnischen Territoriums durch Strauß.

Gleichzeitig Feststellung von Kiep, er reist mit Albrecht nach Polen. Antwort polnischer Botschafter: Es liegt keine Einladung vor, wenn Wunsch zu reisen, wird polnische Seite prüfen.

Quelle: SAPMO-BArch, DY 30/42170.

Information über einen Aufenthalt von Herbert Häber in der Bundesrepublik Deutschland vom 9. bis 17. Oktober 1979[53]

Während meines Aufenthaltes hatte ich Gelegenheit zu Gesprächen mit folgenden Persönlichkeiten: den Mitgliedern des Fraktionsvorstandes der SPD, den Bundestagsabgeordneten Gerhard Jahn, Marie Schlei, Helmut Becker, Eugen Selbmann und Hans Büchler, mit dem Bundesgeschäftsführer der SPD, Egon Bahr, dem Staatsminister im Bundeskanzleramt, Hans-Jürgen Wischnewski, dem stellvertretenden Fraktionsvorsitzenden der FDP, Hans-Günter Hoppe, dem Präsidiumsmitglied der FDP, William Borm, dem Parlamentarischen Geschäftsführer der FDP-Fraktion, Torsten Wolfgramm, dem stellvertretenden Fraktionsvorsitzenden der CDU/CSU, Heinrich Windelen, dem CDU-Bundestagsabgeordneten Olaf von Wrangel, dem CDU-Abgeordneten Ottfried Hennig sowie mit dem Präsidiumsmitglied und Schatzmeister der CDU, Walther Leisler Kiep, Finanzminister in Niedersachsen.

Vorgesehene Gespräche mit den stellvertretenden CSU-Vorsitzenden Zimmermann sowie mit dem Präsidiumsmitglied der CSU, Kiesl, konnten, obwohl ursprünglich feste Zusagen gemacht worden waren, nicht verwirklicht werden, weil Strauß nach dem Treffen mit Genossen Moldt angewiesen hatte, daß vorerst weitere Kontakte unterbleiben sollen. Um eine Aussprache hatte sich außerdem der CDU-Bundestagsabgeordnete und ehemalige Fraktionsvorsitzende Barzel bemüht. Da er zu lange mit einem Termin zögerte, habe ich die Einladung nicht angenommen. Bereitschaft für spätere Gespräche haben zu erkennen gegeben der Bundesgeschäftsführer der CDU, Geißler sowie der SPD-Ministerpräsident von Hessen, Börner.

Während meines Aufenthaltes besuchte ich den Parteivorstand der DKP und führte im Parteihaus mit Genossen Hermann Gautier, stellvertretender Vorsitzender der DKP, sowie Genossen Karl Heinz Schröder, Sekretär des Parteivorstandes, einen Meinungsaustausch über aktuelle Fragen, vor allem der Entwicklung der Bewegung gegen die NATO-Rüstungspolitik.

Im Ergebnis der teilweise mehrstündigen Diskussionen möchte ich zusammenfassend folgende Eindrücke wiedergeben:

– Die von Genossen L. I. Breshnew und von Genossen Erich Honecker in ihren bedeutsamen Reden aus Anlaß des 30. Jahrestages der DDR ergriffenen Initiativen zu Fragen der Rüstungsbegrenzung und Abrüstung[54] sowie zu den Beziehungen zwischen der DDR und

---

53 Die Information datiert vom 18. Oktober 1979.
54 Anläßlich des 30. Jahrestages der DDR hatte der sowjetische Generalsekretär Leonid Breshnew vom 4. bis 8. Oktober 1979 die DDR besucht. Auf ei-

der BRD standen im Mittelpunkt aller Gespräche. Jeder der Gesprächspartner befand sich unter dem Eindruck dieser weitreichenden Initiativen und hatte auch das Bedürfnis, darüber zu reden. Alle werteten sie als positiv und in höchstem Maße beachtenswert.

– Zugleich aber wurde von den Politikern der SPD, FDP und CDU deutlich gemacht, daß die für Anfang Dezember vorgesehenen Beschlüsse der NATO über die Aufnahme der Produktion neuer Systeme von US-Mittelstreckenraketen und über ihre beabsichtigte Stationierung in der Bundesrepublik und in anderen westeuropäischen Staaten dennoch gefaßt werden. Zwischen den Vertretern der Regierungsparteien und denen der CDU gab es gewisse Unterschiede in der Begründung. So hoben die SPD- und FDP-Politiker vor allem hervor: Man werde zugleich an die Adresse der Sowjetunion ein Verhandlungsangebot richten, das, wenn es zum Erfolg führt, die geplante Stationierung der neuen Nuklearraketen unnötig machen soll. An der Tatsache, daß im Dezember die geplanten Beschlüsse gefaßt werden sollen, ließen aber auch die SPD-Politiker keinen Zweifel. Der außenpolitische Berater der SPD-Bundestagsfraktion Selbmann äußerte: Der Beschluß werde auf jeden Fall gefaßt werden. Egon Bahr sagte, der Beschluß über die Produktion amerikanischer Mittelstreckenwaffen auf der NATO-Ratstagung sei sicher.[55] Mit ihm werde auch ein Beschluß über die Stationierung gefaßt, der aber an „auflösende Bedingungen geknüpft ist". Wischnewski sagte: Die Bundesregierung habe sich große Mühe gegeben, auch andere westeuropäische NATO-Partner zu gewinnen, die Stationierung auf ihrem Territorium zu akzeptieren. Es sei undenkbar, daß die BRD von ihrer Absicht, den Beschlüssen zuzustimmen, abrücken könne. In diesem Zusammenhang wurden vor allem folgende Argumente vorgebracht:

– Die Vorschläge von Genossen Breshnew änderten nichts daran, daß der Westen einen Nachholbedarf habe. Im eurostrategischen Waffenbereich sei ein Ungleichgewicht vorhanden bzw. im Entstehen (Bahr). Auch die angekündigte Zurücknahme der Raketen ändert nichts daran, daß die modernen sowjetischen Raketen auch aus Sibirien Westeuropa erreichen können. Insofern sei die NATO gehalten,

---

ner Festveranstaltung am 6. Oktober 1979 gab er den Beschluß der sowjetischen Regierung bekannt, 20 000 Militärangehörige, 1 000 Panzer und weitere Militärtechnik aus der DDR abzuziehen. In einer Erklärung von SED-Politbüro und DDR-Ministerrat wurde diese sowjetische Initiative begrüßt. Vgl. Dokumente der SED. Bd. XVII, Berlin 1981, S. 322 f.
55 Auf der NATO-Ministerratstagung vom 12. bis 14. Dezember 1979 in Brüssel wurde der sog. NATO-Doppelbeschluß gefaßt, der Verhandlungen mit der Sowjetunion über die Reduzierung ihrer SS-20-Raketen ebenso wie die Stationierung neuer amerikanischer Mittelstreckenraketen in Westeuropa vorsah.

ihrerseits Konsequenzen für die Nachrüstung zu ziehen (Selbmann). Der Westen werde in jedem Falle nachziehen müssen (Wrangel). Die bereits in der NATO eingeleiteten Entscheidungen seien nicht mehr zu korrigieren (Hennig). Lediglich in der Formulierung der Beschlüsse könnten einige Nuancen anders gesetzt werden (Bahr).

– Die Vertreter der Regierungsparteien, aber auch CDU-Politiker betonten, es komme bei der gegenwärtigen Situation vor allem darauf an, den USA-Präsidenten Carter für die Ratifizierung von SALT II zu unterstützen. Es sei für die BRD unmöglich, jetzt auszuscheren und Carter allein zu lassen (Hoppe). Der Beschluß dar NATO müsse auch deshalb gefaßt werden, um jene Kräfte in den USA zu beruhigen, die die Ratifizierung von SALT II verhindern wollen (Selbmann).

– Zu dem angekündigten Verhandlungsangebot wurde erläuternd geäußert: Scheitern die Verhandlungen, würde die NATO das volle Kontingent stationieren. Gibt es positive Teilergebnisse, würde die NATO nur einen Teil zusätzlich stationieren. Bei einem vollen Verhandlungserfolg könnte eine Stationierung gänzlich entfallen (Bahr). Außerdem, so wurde erklärt, habe ja Genosse Breshnew nicht davon gesprochen, daß der Beschluß über die Aufnahme der Produktion die Lage verschärfen würde, sondern er habe ausdrücklich auf die Stationierung hingewiesen. Das aber könne ohnehin erst in drei bis vier Jahren erfolgen. In der Zwischenzeit müsse nun verhandelt werden. Je nach dem Fortgang der Verhandlungen bestehe die Möglichkeit, in jeder Entwicklungsstufe das Raketenprogramm zu unterbrechen (Selbmann). Unser Hinweis, daß die UdSSR aus dem Munde von Breshnew ausdrücklich erklärt, nach SALT II unmittelbar in die Verhandlungen zu SALT III überzugehen und damit die Antwort über ein Verhandlungsangebot, das die NATO angeblich machen wolle, in positiven Sinne bereits vorliegt, wurde von den SPD-Politikern zwar zur Kenntnis genommen, aber nicht akzeptiert. Der Westen könne erst dann mit der UdSSR und dem Warschauer Pakt mit Aussicht auf Erfolg verhandeln, wenn er in einer gleichwertigen Position wäre (Selbmann).

– Die in der Rede von Genossen Erich Honecker bekundete konstruktive Haltung zur Entwicklung der Beziehungen zwischen der DDR und der BRD wurde durchweg begrüßt. Von den SPD-Vertretern wurde in diesem Zusammenhang geäußert, für die positive Gestaltung der Beziehungen benötigt die DDR in der Bundesrepublik einen Partner und dieser könne nur die gegenwärtige Koalition sein. Die CDU-Politiker unterstrichen, die DDR könne sicher sein, daß auch die CDU/CSU in vollen Maße die Verträge einhalten wolle. Kiep äußerte die Meinung: Er bleibe dabei, daß die DDR mit einer von der CDU/CSU geführten Bundesregierung besser zurecht kommen könne, denn auf der Basis klar abgegrenzter Interessen könne man sich besser arrangieren als mit Leuten, die ständig mit der Ideologie des demokratischen Sozialismus in die DDR hineinwirken wollen. Wrangel sagte, die CDU wolle nicht nur die Vertragspolitik fortsetzen, sondern auch neue Verträge in der DDR schließen, und gerade auf wirtschaftlichem Gebiet sei da noch manches möglich. In ähnlichem Sinne äußerte sich der CDU-Politiker Windelen. Er wolle ausdrücklich versichern, auch in Namen von Helmut Kohl, daß es sich bei aller Zuspitzung im Auftreten der CDU nicht um eine Auseinandersetzung der CDU mit der DDR handele, sondern um eine Auseinandersetzung der CDU mit der Bundesregierung.

– Zur innenpolitischen Situation und zu den Perspektiven im Hinblick auf die Bundestagswahlen 1980 wurde sichtbar, daß sowohl die Vertreter der Regierungskoalition als auch die der CDU derzeit davon ausgehen, daß Helmut Schmidt und die Regierungsparteien die größere Chance haben, die Wahlen zu gewinnen. Entscheidend sei dafür, ob die gegenwärtige relativ positive konjunkturelle Entwicklung fortgesetzt und ein wirtschaftlicher Einbruch 1980 vermieden werden kann.

Die Stimmung bei den CDU-Politikern kann man mit gedämpftem Optimismus bezeichnen. Man spricht davon, daß man eine reale Chance habe zu gewinnen, daß aber der Erfolg noch längst nicht sicher sei. Von keinem war zu hören, daß die Nominierung von Strauß die Partei in ein Gefühl der Siegeszuversicht versetzt habe. Es gab im Gegenteil kritische Äußerungen über die ersten Aktivitäten von Strauß als Kanzlerkandidat. Kiep sagte, es gebe bei vielen Menschen in der BRD durchaus den Wunsch nach einem Wechsel in Bonn. Wenn es aber dann konkret um die Entscheidung zwischen Strauß und Schmidt gehe, so habe der gegenwärtige Bundeskanzler, mit dem er persönlich eng verbunden ist und häufig diskutiert, die größere Unterstützung.

Die Vertreter aller drei Parteien zeigen sich beeindruckt vom Auftreten der „Grünen Bewegung". Sie rechnen damit, daß diese Bewegung bei den Bundestagswahlen, auch wenn sie nicht die 5-Prozent-Klausel überspringt, einschneidende Wirkungen erzielen kann. Kiep äußerte: Wenn die „Grünen" drei Prozent erhalten, dann kann die CDU/CSU sogar mit weniger Stimmen als bei den früheren Bundestagswahlen die Mehrheit der Mandate gewinnen. Wischnewski betonte: Man müsse die Entwicklung mit Aufmerksamkeit verfolgen, und sie sei durchaus ernst zu nehmen. Deshalb habe die Bundesregierung in Hinblick auf die Demonstration der Umweltschützer am 14. Oktober in Bonn beschlossen, zwei Bundesminister als Gesprächspartner anzubieten. Er glaube aber dennoch, daß die „Grünen" für die Bundestagswahlen keine ernste Gefahr sind. Bei den Landtagswahlen im kommenden Frühjahr in solchen Flächenstaaten wie Nordrhein-Westfalen und Baden-Württemberg würden ihre durchschnittlichen Werte weit niedriger liegen. Das könne die Erwartungen wieder dämpfen. Außerdem würde die Angst vor Strauß die ehrlichen und wirklich Linken in dieser Bewegung schließlich doch dazu bringen, die SPD zu wählen.

Zu den Gesprächen im einzelnen:

Abendessen mit den *SPD-Politikern* Jahn, Schlei, Becker, Selbmann und Büchler am 9. Oktober in der Residenz des Botschafters der DDR.

Hauptinhalt der Aussprache waren zunächst die Vorschläge von Genossen Breshnew und Genossen Honecker, wie im Bericht einleitend dargelegt.

Ihnen wurde von mir die Frage gestellt, was man von der am Montag, dem 8. Oktober, vom Regierungssprecher Bölling abgegebenen Erklärung zu halten habe, die Regierung der BRD „lasse sich durch Reden nicht in ihren Entscheidungen über die Sicherheit der Bundesrepublik beeinflussen" und ob diese arrogante Reaktion der Tragweite und dem Ernst der gemachten Vorschläge entspreche. Die SPD-Politiker zeigten sich betroffen und äußerten, man sollte sich an das halten, was der Bundeskanzler erklären wird. Herbert Wehner habe in der Fraktion geäußert, die Vorschläge dürften nicht zerredet werden. Eugen Selbmann legte zusammenhängend die Position der SPD dar, die darin mündete, daß die NATO-Beschlüsse gefaßt werden müßten und dann in Verhandlungen dafür gesorgt werden müsse, daß im sogenannten eurostrategischen Raum das Gleichgewicht gesichert ist. Alle unsere vielfältigen Argumente wurden mit der Behauptung zurückgewiesen, das Ungleichgewicht bestehe und müsse überwunden werden. Dabei wurde auf den Besuch der Delegation der Sozialistischen Internationale in Moskau[56] verwiesen und so getan, als hätten die Auffassungen der Sozialdemokraten bei den sowjetischen Gesprächspartnern „Nachdenken ausgelöst".

Im Gespräch wurde sichtbar, welch großen Respekt Herbert Wehner in der Fraktionsführung weiterhin genießt. Allerdings fiel auch auf, daß die anwesenden SPD-Funktionäre unverblümt untereinander spöttische Reden über ihren Fraktionsvorsitzenden führen, so z. B. „Was Herbert uns am Tage predigt, das lernen wir alle in der Nacht auswendig".

Der Abend wurde genutzt, ausführlich über die Entwicklung der DDR und über die Feiern aus Anlaß des 30. Jahrestages zu sprechen.

---

56 Vom 1. bis 4. Oktober 1979 besuchte eine Studiengruppe für Abrüstungsfragen der Sozialistischen Internationale unter Leitung von Kalevi Sorsa die Sowjetunion und traf mit Generalsekretär Leonid Breshnew zusammen.

Einige der anwesenden SPD-Politiker äußerten ihr Interesse, in die DDR zu fahren und sich mit dem gesellschaftlichen Leben, mit den Fortschritten unserer Entwicklung bekanntzumachen.

Meinungsaustausch mit Egon Bahr, Bundesgeschäftsführer der SPD. Die Zusammenkunft fand am 12. Oktober 1979 im Arbeitszimmer von Bahr im Gebäude des Parteivorstandes der SPD statt. Bahr wurde gefragt, was von Pressemeldungen zu halten sei, wonach er zum Thema Mittelstreckenraketen eine abweichenden Haltung als die der Bundesregierung habe. Bahr bestritt, daß es Meinungsverschiedenheiten gebe. Die beiden Großmächte würden sich durch SALT II neutralisieren, was ihre Neigungen fördern könnte, einen atomaren Konflikt in Europa stattfinden zu lassen. Dem könne man nicht tatenlos zusehen. Deshalb sei der vorgesehene NATO-Beschluß ein Mittel, die westeuropäischen Interessen stärker zu wahren und ein Abkoppeln von den amerikanischen Sicherheitsinteressen zu vermeiden.

Bahr gestand zu, daß der Abrüstungswille der UdSSR eindeutig sei, man aber gleiches nicht von den USA sagen könne. Er äußerte Zweifel an der Abrüstungsbereitschaft maßgeblicher Kreise in den USA. Der Verzicht der USA auf die Produktion der Neutronenwaffe sei eine Vorleistung gewesen, die die UdSSR mit einer gleichen Zusage beantwortet habe. Ein ähnliches Vorgehen wäre bei den Mittelstreckenwaffen wünschenswert, d. h. die UdSSR hätte auf ihre moderne Raketenproduktion verzichten sollen und auf dieser Basis einen entsprechenden Verzicht der NATO erwirken können.

Im übrigen versuche er auch, sich in die Situation sowjetischer Politiker zu versetzen. Sie könnten doch nach der Ratifizierung von SALT II erklären, daß sie die Bedrohung sowjetischen Territoriums durch zusätzliche Mittelstreckenwaffen, die in Westeuropa stationiert werden, nur kompensieren können, wenn auch die UdSSR solche Mittelstreckenwaffen außerhalb ihres Territoriums in Reichweite amerikanischer Gebiete stationieren würde. Man könne die Forderung erheben, daß beide Großmächte auf die Stationierung von Mittelstreckenwaffen außerhalb ihres Territoriums verzichten.

Im Verlaufe des Gesprächs wurde an Bahr die Frage gerichtet, was er bezwecke, wenn er in Reden diffamierende Äußerungen über die DDR mache, wie er das kürzlich getan hat. Er reagierte defensiv und versuchte, die Sache herunterzuspielen. Er wurde darauf hingewiesen, daß die noch immer auf vollen Touren laufenden Hetz- und Verleumdungskampagnen der BRD-Medien gegen die DDR und auch die Reden mancher offizieller Politiker keineswegs als konstruktive Beiträge zum positiven Fortgang der Beziehungen zwischen den beiden deutschen Staaten betrachtet werden können, sondern ganz in Gegenteil das Klima vergiften. Wem es ernst ist um die Entwicklung der Beziehungen, der muß seinen Einfluß geltend machen, um die Hetze zurückzudrängen und darf nicht selbst Stichworte für verleumderische Angriffe gegen die DDR liefern.

Bahr versuchte, die Maßnahmen der DDR gegen die Wühltätigkeit der BRD-Korrespondenten sowie die Änderung des Strafrechts der DDR zur Sprache zu bringen. Es wurde unterstrichen, daß Einmischungsversuche in die inneren Angelegenheiten der DDR heute und auch künftig unterbunden werden. Es wurde ihm bedeutet, sich mit den zahlreichen Änderungen des BRD-Strafrechts zu befassen, die es in den zurückliegenden Jahren gegeben hat und die darauf gerichtet waren, demokratische Rechte einzuschränken und abzubauen.

Abendessen mit *Hans-Jürgen Wischnewski*, Staatsminister im Bundeskanzleramt, am 11. Oktober 1979 in der Residenz des Botschafters der DDR. Anwesend waren Genosse Ewald Moldt und seine Frau sowie die Frau von Herrn Wischnewski.

Wie einleitend geschildert, fand eine Diskussion über das Problem der geplanten Produktion und Stationierung von neuen Nuklearraketen in der Bundesrepublik statt. Wischnewski ließ keinerlei Zweifel daran, daß der NATO-Beschluß gefaßt werden wird. Er bereite sich darauf vor, auf dem kommenden SPD-Parteitag in Westberlin ein Hauptreferat zu Fragen der Sicherheit und Außenpolitik zu halten. Dabei werde er ausführlich den Standpunkt der SPD erläutern. Auf jeden Fall könne es nicht so bleiben, daß die Sowjetunion mit ihren Mittelstreckenraketen jeden Punkt in Westeuropa zu erreichen vermag, während die in der BRD stationierten Raketen nur bis in die DDR und ein Stück nach Polen hineinreichen. Die Drohungen in der Rede Breshnews würden die Haltung des Westens nicht günstig beeinflussen. Er und auch der Bundeskanzler seien überzeugt, daß Breshnew den Frieden wolle. Sie hätten durchaus Vertrauen. Die Frage sei allerdings, was komme nach Breshnew.

Zur Situation in der Bundesrepublik äußerte er, daß er überzeugt sei, daß die Koalition die Wahlen gewinnen werde. Allerdings sehe er vier Gefahrenmomente für die Regierung:

– die anhaltenden Preiserhöhungen mit nunmehr über fünf Prozent. Es sei aber zu erwarten, daß der Preisauftrieb Anfang des Jahres nachlasse.

– Ein Konjunktureinbruch könne die Regierung erschüttern. Deshalb halte man Sonderprogramme bereit, um die Bauwirtschaft zu stützen und man hoffe auch, daß die PKW-Produktion nicht zurückgehe. Aus diesem Grunde würden vorerst keine Geschwindigkeitsbegrenzungen auf den Autobahnen der BRD festgelegt, um die Autoproduzenten und Autokäufer nicht zu verunsichern.

– Gefahr kann für die Regierung entstehen, wenn sich internationale Krisen entwickeln. Man hoffe in Bonn, daß es nirgendwo in der Welt zu dramatischen Zuspitzungen komme.

– Schließlich könnten Schwierigkeiten bei der Entwicklung der Beziehungen zwischen der BRD und der DDR die Regierung gefährden. Man glaube aber, daß damit nicht zu rechnen sei, sondern vielmehr neue Fortschritte in Aussicht sind. Er finde es sehr beachtenswert, daß sich Erich Honecker in seiner Rede ausdrücklich auf eine Formulierung des Bundeskanzlers bezogen hat.

Positiv für die Regierung sei vor allem das große Ansehen von Helmut Schmidt. Er stehe gegenwärtig besser da denn je. Strauß habe sein Wahlkampfkonzept noch nicht gefunden. Er habe auch falsche Ratgeber um sich.

Die Bundesregierung sei nicht so dumm, das zu tun, was Strauß fordert und bereits 1980 Steuersenkungen durch[zu]führen. Wenn das im ersten Halbjahr 1980 erfolgen würde, wäre die Sache bei der Wahl schon wieder vergessen. Die Regierung wird im nächsten Jahr konkrete Angaben darüber machen, in welchem Umfang ab Januar 1981 die Steuern gesenkt würden. Wenn man das als Wahlspeck bezeichnet, so könne er nichts dagegen sagen. Seine Bemerkungen zu Strauß bedeuteten aber nicht, daß er diesen Mann unterschätze. Man müsse ihn als politische Potenz sehr ernst nehmen.

Zu seiner bevorstehenden Wahl zum stellvertretenden Vorsitzenden der SPD meinte er, er gehe nicht gern aus dem Bundeskanzleramt und habe lange überlegt, aber er werde voll einsteigen. Bei seinem Besuch im Hause des Parteivorstandes habe er den dort Beschäftigten erklärt, es gebe nur eine Lösung: Den Wahlsieg erkämpfen! Kleinkarierte Gestalten werde er rechts und links liegenlassen.

Die Lage in der Partei sei nicht sehr gut. Die Zusammensetzung der Mandatsträger und auch der Funktionäre entspreche nicht der Zusammensetzung der Mitgliedschaft und der Wähler. Es gebe zu viele Intellektuelle, Lehrer usw. in den Funktionen. Arbeiter fühlten sich in der Partei nicht mehr wohl und blieben deshalb auch bei Wahlen zu Hause. Das müsse geändert werden. Ein großes Problem der SPD sei die Frage der Nachfolger für Spitzenpositionen. Wehner sei 75. Dann kämen Brandt und Schmidt. Im Verlaufe der nächsten fünf Jahre müßten für alle drei Spitzenpositionen Nachfolgekräfte gefunden werden. Aber wer? Zu diesem Thema äußerte er sich nicht konkreter.

An Genossen Moldt richtete er die Bitte, seinem Nachfolger im Bundeskanzleramt bei der Einarbeitung zu helfen. Er persönlich möchte ebenfalls weiterhin in Kontakt bleiben. Seine Tür im Parteivorstand stehe immer offen, vor allem, wenn die Notbremse gezogen werden muß.

Gespräch mit dem stellvertretenden Fraktionsvorsitzenden der FDP am 11. Oktober 1979, Hans-Günter Hoppe. Die Begegnung fand in den Räumen der FDP-Bundestagsfraktion im Bundeshaus statt.

Hoppe äußerte, daß es in der FDP-Fraktion nur positive Stimmen zur Erklärung von Genossen Breshnew gegeben habe. Bei allen noch vorhandenen offenen Fragen sei die Rede eine ernstzunehmende weitreichende Initiative. In diesem Sinne habe sich auch Genscher vor der Fraktion geäußert. Es sei aber zugleich völlig klar, daß der zu erwartende NATO-Beschluß zu Pershing II im Dezember gefaßt werden wird. Dann bestünden drei Jahre Zeit, um in den Verhandlungen mit der UdSSR voranzukommen. Er habe ferner auch die Hoffnung, daß es auf der Wiener Konferenz positiv vorangehen werde. Hoppe betonte, die FDP rechne damit, daß der NATO-Beschluß im Dezember eine kritische Reaktion von seiten des Warschauer Paktes hervorrufen werde. Er hoffe jedoch, daß diese Reaktion nicht zu einer politischen Kampagne gegenseitig ausarten wird. Es könne eine Durststrecke geben, die aber gemeinsam überwunden werden müsse.

Ausdrücklich begrüßte er die Initiative der DDR zur Fortsetzung der Beziehungen mit der BRD. Das Gespräch wurde genutzt, auch ihn auf die anhaltende Hetzkampagne gegen die DDR hinzuweisen. In diesem Zusammenhang kam auch eine Rede zur Sprache, die er selbst aus Anlaß des 30. Jahrestages gehalten hatte und in der er dazu aufgefordert habe, sich um das Wohl der DDR-Bürger zu kümmern. Ihm wurde die Frage gestellt, ob er Abgeordneter der Volkskammer der DDR wäre. Dann sei das seine Pflicht. Als Abgeordneter des Bundestages mag er sich um das Wohl der Bürger der BRD bemühen. Da Hoppe mit dem Präsidenten des Sportbundes der BRD, Weyer, bekannt ist, wurde er auf die Erklärung von Genossen Ewald zu den hinterhältigen Versuchen zur Abwerbung von Spitzensportlern der DDR aufmerksam gemacht und ihm bedeutet, daß Diversionspraktiken dieser Art keinen günstigen Einfluß auf die Entwicklung der Beziehungen, besonders auf sportlichem Gebiet, haben werden.

Gespräch mit *Torsten Wolfgramm*, Parlamentarischer Geschäftsführer der FDP, am 11. Oktober in dessen Büro im Gebäude des Bundestages.

Auch er berichtete, daß sich die FDP-Fraktion mit den Reden der Genossen Breshnew und Honecker beschäftigt habe. Sie würden begrüßt. Aber es sei auch darüber gesprochen worden, daß die Rede von Genossen Breshnew auch Ösen und Haken hätte, daß die sowjetischen Raketen nicht ausreichend weit genug von den Grenzen Westeuropas abgezogen würden.

Wolfgramm setzte sich für die Weiterentwicklung der Beziehungen zwischen der BRD und der DDR ein. Ihn bewegen die Fragen, auf welchen konkreten Gebieten es vorangehen könnte. Er nannte vor allem die Energiepolitik und sprach sich für eine europäische Energiekonferenz aus. Die DDR und die BRD könnten nach seiner Meinung auf diesem Gebiet wesentlich enger zusammenarbeiten. Das sollte nach seiner Meinung auch im Bereich des Umweltschutzes erfolgen.

Zur inneren Lage der Koalition äußerte er, sie sei nicht ernsthaft gefährdet. Es gebe Meinungsverschiedenheiten, vor allem in der Steuer- und Rentenpolitik. Aber es sei nicht mit Zuspitzungen zu rechnen. Das, was über Differenzen von den Medien berichtet wird, sei übertrieben und aufgebauscht.

Die Koalition könne bei einigem Andauern der Konjunktur die Wahlen gewinnen. Der Wahlkampf werde zu einer scharfen Konfrontation zwischen Strauß und Schmidt führen. Die FDP sei durchaus hoffnungsvoll. Sie rechne mit einem Zuwachs an Stimmen aus jenem Kreis von CDU-Wählern, die nicht für Strauß sind.

Gespräch mit *William Borm*, Präsidiumsmitglied der FDP, Vorsitzender des Bundesausschusses der FDP für Außen- und Sicherheitspolitik. Das Treffen fand am 11. 10. im Privatbüro von Borm in Bonn-Bad Godesberg statt.

Borm ist 84 Jahre alt, gilt als Senior der FDP, ist noch immer politisch sehr aktiv, von großer geistiger Regsamkeit und wohlinformiert. Mit großer Bestimmtheit sagte er: Strauß werde bei den Bundestagswahlen 1980 nicht durchkommen. Strauß verkörpere Unsicherheit. Die Mehrheit der Menschen habe aber ein Bedürfnis nach Sicherheit und Geborgenheit. Ob zu Recht oder zu Unrecht, Strauß gelte als unberechenbar. Allerdings bedeute eine Bundesregierung mit Strauß auch keinen Hitlerismus in der BRD.

Borm schilderte seine Auffassungen von der gegenwärtigen Lage. Die Menschheit befinde sich in einem Übergang von einer Epoche zur anderen. Es sei dieses der Übergang vom Ich zum Wir. Die Marxisten würden sagen: vom Kapitalismus zum Sozialismus. Die anstehenden Probleme seien mit der kapitalistischen Beschränktheit auf das Ich nicht lösbar.

Die Kommunisten hätten die richtige Idee. Die Form, in der wir diese Idee verwirklichten sei noch nicht attraktiv genug. Er wolle dies nicht als Kritik aufgefaßt wissen. Aber die Idee des Sozialismus sei richtig.

Er habe enge Verbindungen zur Jugend. Bei vielen Jugendlichen in der Bundesrepublik gebe es Skepsis und Angst. Die Gesellschaft der BRD gebe der Jugend keine Ziele und sie könne es auch nicht. Die DDR gebe ihrer Jugend ein Ziel. Es mag sein, daß manche Jugendliche dieses Ziel doch nicht unterstützen, aber sie haben ein Ziel.

Die BRD biete ihren Bürgern ein sattes Leben. Er wisse, wie die Lage in der DDR sei, denn er habe bei uns Verwandte, christlich eingestellte Menschen. Er sagte deshalb: Die BRD hat Lebensstandard, die DDR aber hat Lebensqualität. Viele begriffen diesen Unterschied noch nicht. Aber dennoch ist es so.

Er komme aus einer Familie des Großunternehmertums. Er habe einmal einen Betrieb mit 4 000 Beschäftigten besessen. Er wisse genau, wie in diesen Kreisen gedacht wird und wie dort Entscheidungen zustande kommen. Er sei Konrad Adenauer wegen einer Entscheidung dankbar. Er sei froh darüber, daß Adenauer 1952 den Vorschlag der UdSSR zur Wiedervereinigung abgelehnt hat.[57] Dadurch hat sich die DDR selbständig weiterentwickelt. Wenn es die DDR nicht gebe, so müßte man sie auf der Stelle sofort erfinden. Die DDR habe eine überragende Bedeutung für die Friedenserhaltung.

Zur Situation in der Bundesrepublik äußerte Borm: Die Parteienstruktur der BRD decke sich nicht mit den politischen Strömungen. Die Notwendigkeit, unterschiedliche und gegensätzliche Strömungen in sich zu vereinen, mache die Schwäche der großen Parteien aus. Dieser Prozeß der innerparteilichen Aufspaltung werde immer deutlicher. Die CDU/CSU ist zusammengeflickt aus der Bayerischen Volkspartei, aus dem Rechtskonservatismus und dem Zentrum. Die Flügel triften auseinander. Sollte diese Partei nicht wieder die Regierung stellen, dann müßten die Konflikte zwischen den Richtungen aufbrechen. Es könne heute nicht gesagt werden, wie lange die CDU/CSU in dieser Struktur und Formation noch existieren werde. Aber ihre Spaltung sei unausweichlich. Eine verlorene Bundestagswahl 1980 könne diesen Prozeß beschleunigen.

Die SPD-Spitze sei heute nur noch ein Haufen wildgewordener Kleinbürger. Wenn Bebel noch lebte, wie würde er sich schämen. Die SPD habe ihr eigentliches Anliegen längst verraten und sei zu einem Verwalter des heutigen Systems geworden. Brandt sei endgültig über den Wolken verschwunden. Er sei leer und vom ihm sei nichts mehr zu erwarten. Schmidt könne zwar gut regieren, aber er habe keine Idee für die Zukunft. Auch die SPD könne nicht auf die Dauer mit einer inneren Spaltung existieren. Er meine, daß langfristig die Abspaltung einer Art USPD zu erwarten ist. Das meine er nicht kurzfristig, sondern mit dem Blick auf die nächsten 20 Jahre.

Die FDP leide ebenfalls unter der Spaltung in zwei Flügeln. Aber alle Politiker seien klug genug, eine offene Spaltung zu vermeiden. Er selbst kenne die führenden Herren der FDP genug. Mit vielen sei er befreundet. Genscher sei ein Mann, der nicht verwinden kam, daß er ein Emigrant aus der DDR ist. Außerdem sei er Formal-Jurist. Er habe keinen Mut zum Risiko und keine Ausstrahlung. Genscher

---

7 Gemeint ist der Friedensvertragsvorschlag der Sowjetunion vom 10. März 1952, der als „Stalin-Note" in die Geschichte eingegangen ist.

könne es passieren wie einem Berufsmilitär, dem man die Uniform ausziehe und der dann zusammensacke wie eine Qualle.

Scheel sei noch gefährlicher als Genscher. Er habe eine große Ausstrahlungskraft und sei in der Lage, die ganze Partei auf eine bestimmte Linie festzulegen. Aber er tue dies nur, wenn es ihm nützt. Er sei ein eigennütziger Mensch.

Graf Lambsdorff vertrete den Wirtschaftsliberalismus. Aber unter den Bedingungen der heutigen Wirtschaft – die Marxisten würden sagen, des Monopolkapitals – reicht diese Art von Liberaliamus nicht aus, um liberale Politik zu machen. Die aber brauche die FDP.

Die Rede des Genossen Breshnew wurde von Borm als ein ehrliches Angebot zur Abrüstung und Entspannung gewertet. Befragt, wie er die künftige Entwicklung einschätzt, antwortete er mit Bestimmtheit: Die Pershing II wird gebaut werden. Sie wird in der BRD stationiert werden und auch in anderen westeuropäischen Ländern, wobei die BRD sogar bereit ist, anderen die Kosten für die Stationierung zu erstatten. Man wird den sozialistischen Ländern ein Verhandlungsangebot machen, aber so verhandeln wie in Wien, also positive Ergebnisse verschleppen. Er meint, es gebe starke Kräfte, die auf jeden Fall die Raketenstationierung wollen. Bei seiner Meinung stütze er sich auf Gespräche mit Genscher.

Ausdrücklich möchte er betonen, daß die sozialistischen Staaten niemals das ganze Ausmaß des militanten Antikommunismus übersehen dürfen, der noch ständig anwachse. Deshalb würden die guten Vorschläge von Breshnew diskreditiert, nur weil sie von einen Kommunisten gemacht worden sind.

Obwohl er nach dem Krieg neun Jahre in der DDR inhaftiert war hege er keinen Groll. Die Zeit der Haft habe ihn reif gemacht. Danach sei er erst ein richtiger Mensch geworden.

Über den Besuch habe er sich ehrlich gefreut. Er stelle die Frage ob es erlaubt ist, Erich Honecker unbekannterweise herzliche Grüß zu übermitteln. Nach seiner Auffassung sollten politische Gegensätze persönliche Sympathien nicht ausschließen und die möchte er genüber Herrn Honecker bekunden.

Gespräch mit *Olaf von Wrangel*, Bundestagsabgeordneter de CDU, am 10. 10. 1979 in dessen Büro im Bundestag.

Herr Wrangel wurde gefragt, wie es zu vereinbaren ist, daß au der einen Seite CDU-Politiker die Gültigkeit des Grundlagenvertrages beschwören, aber der CDU-Vorsitzende, Herr Kohl, zum 30. Jahrestag der DDR in Reden und Artikeln Ausfälle gegen di DDR unternimmt und sich so verhält, als gäbe es den Grundlager vertrag nicht. Wrangel zeigte sich überrascht. Er kenne die Veröffentlichung von Herrn Kohl nicht. Es sei für die CDU völlig kla und er spreche auch in Namen von Herrn Kohl, daß die bestehende

Verträge eingehalten werden. Kohl sei ein vielbeschäftigter Parteiführer. Irgend jemand werde ihm die Stellungnahme geschrieben und dabei den Hinweis auf den Grundlagenvertrag vergessen haben. Ich antwortete, daß dies natürlich eine sehr fragwürdige Auskunft sei.

Wrangel teilte mit, er habe am Vortage ein mehrstündiges Gespräch mit dem Mitglied den Außenpolitischen Ausschusses des Obersten Sowjets, Genossen Shukow, gehabt. Das jetzige Gespräch mit einem Vertreter der DDR betrachte er als eine sehr nützliche Ergänzung.

Die Erklärung von L. I. Breshnew habe er aufmerksam gelesen. Er werte sie positiv. Aber durch die sowjetischen Mittelstreckenraketen fühle sich der Westen ernst bedroht. Er stütze sich bei diesem Urteil auf Studien des Londoner Strategischen Instituts, auf Hinweise aus der NATO und auf Mitteilungen der Bundesregierung. Danach werde der Westen in jedem Fall nachziehen müssen.

Als Herr Wrangel die Militärparade zum 30. Jahrestag der DDR kritisieren wollte und erklärte, sie sei eine schlechte Begleitmusik zu den Vorschlägen von Genossen Breshnew gewesen, erhielt er eine entsprechende Antwort. Er wurde gefragt, wieviel tausend Bundeswehrsoldaten eigentlich kürzlich wenige Flugminuten von der Grenze zur DDR ein Großmanöver durchgeführt haben und wieviel NATO-Soldaten es im vorigen Jahr gewesen sind. Die Bundeswehr rasselt nicht nur mit dem Säbel, sondern mit Panzerketten usw. Es gebe also keinerlei Grund für irgendwelche Empfindlichkeiten wegen der Parade in der Hauptstadt der DDR.

Wrangel beteuerte, die Erhaltung des Friedens habe für ihn wesentliche Bedeutung, er wolle keinen Krieg. Der Gewaltverzicht würde von ihm sehr ernstgenommen. Er sei dafür, daß SALT II unbedingt ratifiziert wird,

Auf die Beziehungen zwischen der DDR und der BRD und auf die Rede von Genossen Honecker eingehend, sagte er, die DDR müsse verstehen, daß die Opposition, weil sie die Regierung beseitigen wolle, stets mehr fordern müsse und manchmal auch zugespitzt. Insofern sollte die Polemik der Opposition zur Ostpolitik in der DDR nicht falsch verstanden werden.

Ihm sei völlig klar, daß es fundamentale Unterschiede in der Ideologie und auch in den Rechtsstandpunkten zwischen der DDR und der CDU gebe. Diese Unterschiede seien nicht zu beseitigen. Aber gleichzeitig trete er dafür ein, sie nur zur Kenntnis zu nehmen und zur Regelung praktischer Fragen überzugehen. Ihn interessiere die Frage, auf welchen Gebieten nach Meinung der DDR künftig Fortschritte in den Beziehungen möglich wären. Er denke z. B. an gemeinsame Projekte auf dem Gebiete der Entwicklungshilfe.

Er würde es begrüßen, wenn zwischen Vertretern der DDR und Politikern der CDU ein internes Gespräch stattfinden könnte, bei dem man einmal Punkt für Punkt den Grundlagenvertrag durchgehe und die beiderseitigen Vertragsinterpretationen diskutiere. Dabei könnte man sich besser kennenlernen und damit sollten künftig unnötige öffentliche Polemiken vermieden werden. Er sei überhaupt an regelmäßigen Gesprächen zwischen Vertretern der DDR und Vertretern der CDU interessiert. Unabhängig von der Öffentlichkeit könnte manches diskutiert werden. Auch er deutete mehrfach an, daß die CDU auch hinsichtlich der wirtschaftlichen Beziehungen manches tun könnte.

Das Gespräch verlief sehr sachlich und offen. Es war das deutliche Bemühen zu erkennen, ein gutes Gesprächsklima zu sichern. Wrangel deutete an, daß er gern auch die Bekanntschaft des Botschafters der DDR machen möchte.

Gespräch mit *Heinrich Windelen*, stellvertretender Vorsitzender der CDU/CSU-Bundestagsfraktion, am 12. Oktober 1979 in dessen Büro im Bundeshaus.

Windelen war vom CDU-Vorsitzenden Kohl beauftragt worden, das Gespräch zu führen. Er teilte mit, daß er anschließend Kohl unterrichten werde, und bat um Zustimmung, daß sein persönlicher Referent einige Notizen macht.

Windelen erklärte, er nehme gern die Gelegenheit wahr, den Standpunkt der CDU zur Frage des Verhältnisses zwischen der BRD und der DDR zu erläutern. Er möchte ausdrücklich versichern, daß Äußerungen der CDU und von CDU-Politikern zu Fragen der sogenannten Ost- und Deutschlandpolitik an die Adresse der Bundesregierung gerichtet sind. Es handele sich nicht um eine Auseinandersetzung gegen die DDR. Da er diesen Spruch im Verlaufe der Unterredung dreimal wiederholte, war zu erkennen, daß er offenkundig den Auftrag hatte, dies vorzubringen.

In der Zeit der Ausarbeitung des Grundlagenvertrages habe die Bundesregierung der Opposition bestimmte Interpretationen gegeben. Jetzt weiche die Regierung davon ab. Der CDU gehe es nun darum, die Regierung auf die ursprüngliche Interpretation zurückzuführen. Das sei eine Angelegenheit, bei der die DDR nicht direkt berührt werde, sondern mit der die Regierungskoalition fertig werden müßte.

Meinerseits wurde dazu gesagt, daß ich das zur Kenntnis nehme. Allerdings sei die Sache nicht ganz so einfach. Häufig genug gibt es Angriffe direkt gegen die DDR und gegen die Vertragsgrundsätze. In diesem Zusammenhang verwies ich auch auf die Position der CDU/CSU in der Auseinandersetzung um die Bonner Steuergesetze. Windelen behauptete, die Diskussion über den Begriff „Inland" sei nicht Schuld der CDU/CSU. Die Bundesregierung habe nicht rechtzeitig genug einen Kompromißvorschlag angeboten.

Weiter wurde im Verlaufe der Aussprache auf die Absicht der CDU verwiesen, ein Weißbuch über angebliche Menschenrechtsverletzungen in der DDR auszuarbeiten und es der Konferenz von Madrid zu unterbreiten. Windelen wurde darauf aufmerksam gemacht, daß wir durchaus in der Lage wären, Schwarzbücher oder Weißbücher über die Lage in der Bundesrepublik zu erarbeiten. Die Frage sei aber, was denn nun die Führung der CDU eigentlich wolle – Beiträge zu leisten, um auf der Grundlage der Verträge die Beziehungen zur DDR positiv zu fördern oder mit öffentlichen Attacken das Klima zu vergiften. Windelen äußerte, die CDU werde sich zum Thema Menschenrechte niemals den Mund verbieten lassen. Er könne aber sagen, auch in dieser Hinsicht sei noch nicht die letztendliche Entscheidung gefallen. Man sei überhaupt in der CDU dabei, die Position gegenüber der DDR zu überdenken.

Windelen äußerte, die CDU halte es für nützlich, das die DDR ihre Position zum Grundlagenvertrag eindeutig bestimmt habe, im Unterschied zur Bundesregierung, die dauernd schwanke. Die CDU könne die Position der DDR zwar nicht teilen, aber sie wolle sie als gegeben akzeptieren. Man begrüße die Klarheit der Position der DDR, weil nur auf der Grundlage eindeutiger Verträge und Vertragsauslegungen eine Entwicklung der Beziehungen möglich sei. Abschließend wurde von mir noch einmal darauf hingewiesen, wenn die CDU die Verträge einhalten wolle, dann müsse sich das auch in ihrem öffentlichen Verhalten widerspiegeln.

Gespräch mit *Ottfried Hennig*, Bundestagsabgeordneter der CDU, am 11. Oktober 1979, in dessen Büro im Bundeshaus.

Die Initiative Breshnews sei eine echte Überraschung gewesen. Innerhalb der CDU habe man geglaubt, der Kreml sei nicht mehr handlungsfähig. Jetzt habe sich genau das Gegenteil herausgestellt und der Westen müsse reagieren. Das westliche Bündnis sei in einer schwierigen Lage. Carter sei angeschlagen und befinde sich als Präsident im Niedergang. Die USA-Aktion gegen Kuba wegen der 3 000 sowjetischen Militärangehörigen sei der Gipfel des Dilettantismus gewesen.

Bei den Bundestagswahlen gehe es für die CSU und für die SPD um alles oder nichts. Für Strauß steht viel, fast alles, auf dem Spiel, aber auch für Schmidt. Wenn die wirtschaftliche Lage stabil bleibt, dann werde Schmidt gewinnen, andernfalls habe die CDU/CSU eine echte Chance.

Er teilte mit, daß er sich in der Fraktion für die Nominierung von Strauß als Kanzlerkandidat eingesetzt habe. Er habe sogar Unterschriften gegen Kohl gesammelt. Dabei sei er davon ausgegangen, daß die Union nur mit Strauß als Kandidat Aussicht auf einen Wahlsieg habe. Im Gegensatz zu den öffentlichen Angriffen wegen seiner angeblichen Unbeherrschtheit habe Strauß dort, wo er ein Amt bekleidet habe, sich stets als Politiker erwiesen, der überlegt vorgehe und durchaus kein Unsicherheitsfaktor sei.

Gespräch mit *Walther Leisler Kiep*, Präsidiumsmitglied und Bundesschatzmeister der CDU, am 17. 10. 1979 in seinem Privathaus in Hannover.

Kiep begrüßte es, daß sowohl die UdSSR durch L. I. Breshnew als auch die DDR durch Erich Honecker die internationale Politik belebt haben. Er sei kein Militärfachmann und könne sich nur auf Veröffentlichungen stützen. Deshalb meint er, ein militärisches Gleichgewicht zwischen Ost und West sei jetzt durchaus gegeben. Es müsse aber gehalten werden. Er sei aber auch der Meinung, daß die Rolle der Raketenstationierung in der BRD auch aus eigenen nationalen Interessen hochgespielt werde. Man will sie haben.

Gegenwärtig gebe es einige Unsicherheiten und Probleme. Im Westen diskutiere man die Frage, was nach Breshnew wird. Es werde stark spekuliert. Wird es einen Bruch in der Politik geben? Er persönlich meint: Nein, denn die sowjetische Politik ist langfristig angelegt.

Dazu komme die Schwäche der USA. Das schaffe Verunsicherungen und Gefahren. Er bestätigte, das es in den USA einflußreiche Kräfte gibt, die keine Rüstungsbegrenzung wollen, sondern auf eine neue Runde im Wettrüsten abzielen. Er finde es schäbig, was Kissinger jetzt macht. Kissinger verhalte sich als Opportunist und handele wider besseren Wissens, wenn er jetzt die Politik des Ausgleichs mit der Sowjetunion beschimpft, die er selbst als Außenminister betrieben hat. Kiep verwies darauf, daß er persönlich in Washington mit Kissinger mehrfach zusammengesessen habe.

Kiep sagte, er würde es begrüßen, wenn eine Begegnung von Helmut Schmidt mit Erich Honecker zustande käme. Er selbst mache sich Gedanken, auf welchen Gebieten die Beziehungen ausbaufähig sind. Er erinnerte an das Gespräch von Lambsdorff mit Genossen Günter Mittag und äußerte die Hoffnung, daß die Ergebnisse dieses Gesprächs nicht verloren gehen möchten.

Zur Lage in der Bundesrepublik sagte Kiep: Im Hinblick auf die Bundestagswahlen gibt es für die CDU/CSU keinen Grund zu großem Optimismus. Die Regierung liegt vorn, vor allem durch Helmut Schmidt, weniger durch die SPD. In der SPD wird viel diskutiert aber trotz großem Unmut in der Partei („Sind wir ein Kanzler-Wahlverein?") wird der Regierung die Stange gehalten. Man wird nach dem Motto verfahren: Lieber mit Schmidt in der Regierung bleiben, als ohne Schmidt in die Opposition gehen.

Für die CDU/CSU gibt es nur eine gute Aussicht, wenn eine erhebliche Verschlechterung der wirtschaftlichen Lage eintritt ode-

ernste außenpolitische Verschärfungen eintreten. Allerdings äußerte Kiep auch die Meinung, daß drei Prozent für „Grüne Listen" der CDU/CSU die Mehrheit der Sitze im Parlament bringen könnten.

Ich stellte ihm die Frage, welche Rolle er eigentlich jetzt spielt und was es zu bedeuten hat, daß er in einer Mannschaft mit Strauß für die nördliche CDU als Spitzenkandidat auftritt. Seine Antwort lautete: Er fühle sich nicht als liberales Feigenblatt für Strauß. Vielmehr wolle er neben Strauß die eigene Position der „Nordlichter" in Fragen der Innen- und Außenpolitik zur Geltung bringen. Das betrifft auch die Haltung zur DDR. Er habe öffentlich gegen den Irrsinn von Strauß Stellung genommen, der die Sozialisten mit den Nazis gleichsetzt. Strauß hatte seinen Generalsekretär Stoiber deshalb nach Hannover geschickt. Aber das Gespräch blieb ohne Ergebnis.

Ob er seine Linie im Wahlkampf völlig durchhalten kann, wisse er noch nicht. Aber er wolle es versuchen. Kiep sagte, er sei jetzt in einer besseren Position als früher. Jetzt sei er nicht mehr Einzelkämpfer, sondern er habe eine Hausmacht hinter sich, die CDU von Niedersachsen und Schleswig-Holstein einschließlich Albrecht und Stoltenberg.

Die Nord-CDU muß nach seiner Meinung 1980 auf jeden Fall ein gutes Wahlergebnis bringen. Das ist wichtig bei einem Wahlsieg, damit man bei der Regierungsbildung ein gewichtiges Wort mitreden kann. Wenn er in ein Kabinett Strauß aufgenommen werden sollte, wozu ein Einverständnis von Strauß noch nicht vorliegt, dann komme für ihn nur das Ressort des Außenministers in Frage. Aber auch im Falle einer Wahlniederlage muß die CDU im Norden gut dastehen, damit nicht sie, sondern Strauß die Verantwortung für den Mißerfolg zu tragen hat.

Was den bisherigen Wahlkampf von Strauß betrifft, so meint er, fast alles sei bis jetzt in die Hose gegangen. Man könne nicht fragen, ob Strauß gut oder schlecht beraten sei, offenbar sei er überhaupt nicht beraten.

Er sei dafür, daß Strauß Gelegenheit erhalte, Besuche in sozialistische Länder zu machen. L. I. Breshnew habe ihn ja bereits in Bonn empfangen. Es gehe ihm darum, daß Strauß bei solchen Besuchen nach Möglichkeit zu öffentlichen Erklärungen in Fragen des Friedens und der Entspannung bewegt wird, die ihn und seine Anhänger dann binden. Er weiß, daß sich die Sowjetunion sehr zurückhalte. Vor kurzem habe er mit dem Botschafter der UdSSR in der BRD, Semjonow, ein ausführliches Gespräch gehabt.

Nebenbei bemerkte er, wir müßten ja dank einiger Sekretärinnen sehr gut wissen, was in der CDU/CSU so alles los sei. Biedenkopf habe dazu noch die Eigenschaft, alles, was irgendwie aufzuschreiben geht, auch schriftlich festzuhalten.

Er zeigte sich besorgt über die Entwicklung in der Türkei. Bekanntlich hatte er als persönlicher Beauftragter von Bundeskanzler Schmidt in den zurückliegenden Monaten bei der internationalen Hochfinanz mehrere Milliarden Dollar für die Sanierung der Türkei und ihre engere Bindung an die NATO beschafft. Er persönlich habe in Gesprächen mit dem jetzt zurückgetretenen türkischen Ministerpräsidenten Ecevit versucht, eine große Koalition mit Demirel herbeizuführen. Die beiden Politiker hassen sich aber wie die Pest. Deshalb bestände jetzt die Gefahr, daß sich Demirel mit den türkischen Faschisten verbündet.

Kiep teilte mit, daß er demnächst nach Indonesien reisen wird. Im Verlaufe des Herbstes werde er gemeinsam mit Ministerpräsident Albrecht die Volksrepublik Polen besuchen. Für Anfang des Jahres 1980 habe er eine Einladung nach Moskau. Anfang Dezember wolle er einen Adventsbesuch bei seinen Bekannten in Erfurt machen und hoffe, mich dort treffen zu können.

Quelle: SAPMO-BArch, DY 30/IV 2/2.036/85; 37075/1.

KAPITEL 3

Veränderte weltpolitische Großwetterlage
1980 bis 1982

Dokument 31

Information über ein Treffen von Herbert Häber mit Günter Gaus, Leiter der Ständigen Vertretung der Bundesrepublik in der DDR, und Karl Ravens, SPD-Landesvorsitzender und -Landtagsfraktionsvorsitzender in Niedersachsen sowie SPD-Parteivorstandsmitglied, in Berlin am 17. Januar 1980[1]

Anwesend waren neben Ravens und Gaus der parlamentarische Geschäftsführer der SPD-Landtagsfraktion Niedersachsen Scheibe sowie die Herren Bertele und Arndt, der Stellvertreter bzw. persönliche Referent von Gaus [sic!]. Von unserer Seite war neben mir Genosse Karl Seidel, Leiter der BRD-Abteilung im MfAA, anwesend.

Ravens äußerte, er habe seit längerem die Absicht gehabt, Herrn Gaus zu besuchen, zumal er noch nie in der DDR gewesen ist. Jetzt sei vor der Reise nach Berlin die Frage erwogen worden, ob es in der gegenwärtig zugespitzten internationalen Situation richtig sei, zu fahren. Er habe am Dienstag mit Bundeskanzler Schmidt darüber gesprochen. Schmidt habe ihm zugeredet, gerade jetzt die Reise zu unternehmen. Ravens äußerte, dies sei als deutliches Signal des guten Willens gedacht. Die Bundesregierung wünsche trotz aller Ereignisse nicht, daß sich die Politik in Europa ändert. Es gehe darum, den Gesprächsfaden nicht abreißen zu lassen und man hoffe, daß die DDR die Dinge auch so sieht.

In diesem Zusammenhang ergab sich eine Unterhaltung, in deren Verlauf Ravens und auch Gaus äußerten, wenn in einer Region der Welt eine schlimme Lage eintrete[2], dann müsse man nicht noch anderswo eine schlimme Lage herbeiführen, schon gar nicht in Europa. In diesem Sinne sei die Entspannung durchaus teilbar. Man hoffe, daß wir aus der Regierungserklärung von Bundeskanzler Schmidt die Absicht entnommen haben, daß Bonn die Politik der Entspannung unbedingt fortsetzen, möchte. Gaus verwies auf die Äußerung

---

1 Die Information datiert vom 18. Januar 1980. Bei dem Treffen handelte es sich um ein gemeinsames Mittagessen in der Residenz von Günter Gaus.

2 Gemeint ist offenbar der Einmarsch sowjetischer Truppen in Afghanistan, der am 27. Dezember 1979 begann.

von Schmidt, daß er sich mit Herrn Honecker treffen und auch nach Moskau reisen wolle. Diese Position sei angesichts der Lage, vor allem angesichts des Wahlkampfes und der verbreiteten Stimmung, nicht ohne Risiko. Gaus ließ erkennen, daß er am Mittwoch in Bonn war, um – wie er sagte – sich mit der Linie bekanntzumachen.

Es kam dann zu einer Diskussion über die USA-Politik, wobei von unserer Seite an Hand von Fakten gezeigt wurde, daß seit langem die USA einen Kurs der Verschärfung der internationalen Lage steuern. Die entscheidenden Beschlüsse über die Forcierung der Aufrüstung, auch über die Eingreiftruppe sind lange vor der sowjetischen Hilfsaktion für Afghanistan gefaßt worden usw. Bei den Vertretern der BRD gab es wenig Neigung, darüber zu sprechen, zumal es ihnen schwerfiel, von uns genannte Tatsachen über die USA-Politik zu bestreiten. Gaus sagte, manches davon stimme schon, aber die USA wären eben ihre Verbündeten.

Wir kamen dann auf die Raketenbeschlüsse von Brüssel und den diesbezüglichen Beschluß des SPD-Parteitages zu sprechen. Von uns wurde darauf hingewiesen, daß alle Argumente, mit denen den Delegierten und der Mitgliedschaft der SPD die Zustimmung zu den NATO-Raketenbeschlüssen schmackhaft gemacht werden sollten, sich inzwischen als haltlos erwiesen haben. Zu diesem Thema wurde von den BRD-Vertretern das bekannte Argument vorgebracht, man hätte eben eher über die Begrenzung der Mittelstreckenraketen sprechen müssen. Schmidt habe sich beim Besuch von Genossen Breshnew in Bonn dazu geäußert, aber es sei wohl zu dieser Zeit auf beiden Seiten nicht erkannt worden, welche Zuspitzung diese Sache erfahren könne.

Es sei jedoch jetzt nicht vorrangig, über Vergangenes zu reden, sondern darüber, wie es in Europa weitergehen könne. Gaus äußerte, in einer Situation, da jeden Tag in der Welt Schlimmes passieren kann, müsse man die europäische Karte spielen. Er meine damit, daß von Europa aus Impulse für die Verbesserung der Weltsituation ausgehen sollten. Es gebe ja den französischen Vorschlag und auch im Kommuniqué der jüngsten Tagung des Warschauer Paktes seien Anregungen enthalten. Was in Europa machbar sei, sollte man aufgreifen.

Herr Ravens brachte zum Ausdruck, daß er als niedersächsischer Politiker besonderes Interesse habe an Fortschritten in den Beziehungen zwischen den beiden deutschen Staaten. Wünschenswert seien weitere Verbesserungen im Eisenbahnverkehr[3], im grenznahen

---

3 Am 30. April 1980 unterzeichneten Vertreter beider deutscher Staaten einen Briefwechsel zur Verbesserung des Eisenbahntransitverkehrs zwischen der Bundesrepublik und Westberlin. Vgl. den Text des Briefwechsels in: Beziehungen zwischen der Deutschen Demokratischen Republik zur Bundesrepublik Deutschland und zu Berlin (West), S. 113 f.

Reiseverkehr[4], evtl. einen Grenzübergang im Bereich des Harzes. Er würde es auch für begrüßenswert halten, wenn es alsbald zur Regelung im Hinblick auf die Werra[5] käme, damit man auch die Verschmutzung der Weser vermindern könne. Diese Äußerungen von Herrn Ravens blieben im Raum stehen. Wir sind darauf nicht eingegangen.

In einem kurzen Gespräch über die Rolle der „Grünen" in der Bundesrepublik zeigte sich erneut, daß bei den führenden SPD-Politikern eine beträchtliche Unsicherheit besteht, welche Rolle diese Kräfte bei den Bundestagswahlen spielen können. Man hofft noch immer, daß ihr Zulauf schließlich doch in Grenzen gehalten werden kann, wenn sich im Laufe des Jahres und des sich entwickelnden Wahlkampfes die Auseinandersetzungen zwischen dem Kandidaten Schmidt und dem Kandidaten Strauß verschärfen werden.

Herr Ravens stellte die Frage, ob es möglich sei, daß im Frühsommer eine Gruppe von etwa 40 Mitgliedern der SPD-Landtagsfraktion Gelegenheit zu einer touristischen Reise in die DDR erhalten könne. Sie würde keinesfalls über Westberlin einreisen wollen. Ihr Wunsch sei es, neben touristischen Besichtigungen Gelegenheit zu bekommen zu Gesprächen über Fragen der Stadtsanierung und die Entwicklung der Landwirtschaft in der DDR. Herrn Ravens wurde empfohlen, über die Ständige Vertretung der BRD in der DDR einen entsprechenden Antrag an das MfAA mit Terminvorstellungen zu richten.

Ravens lud mich ein, bei meinem nächsten Aufenthalt in der Bundesrepublik ihn unbedingt zu besuchen. Er wäre sehr daran interessiert, einmal in Ruhe ein ausführliches politisches Gespräch zu führen.

Quelle: SAPMO-BArch, DY 30/J IV J/202 492; IV 2/2.036/88.

Dokument 32

Information über einen Aufenthalt von Herbert Häber in der Bundesrepublik Deutschland vom 2. bis 8. März 1980

Während meines Aufenthalts hatte ich Gelegenheit, mit folgenden Politikern Gespräche zu führen:

---

4   Mit einer Anordnung vom 15. Dezember 1979 ließ die DDR eine Erweiterung des grenznahen Verkehrs zu.
5   Am 13. Dezember 1984 unterzeichneten Vertreter beider deutscher Staaten zwei Vereinbarungen über den grenzüberschreitenden Kaliabbau sowie Fragen der Bergbausicherheit im Werra-Kalirevier. Vgl. den Text der Vereinbarungen in: Beziehungen zwischen der Deutschen Demokratischen Republik zur Bundesrepublik Deutschland und zu Berlin (West), S. 121 ff.

Gunter Huonker, neueingesetzter Staatsminister im Bundeskanzleramt; Hans-Jürgen Wischnewski, stellvertretender Vorsitzender der SPD; Egon Bahr, Bundesgeschäftsführer der SPD; Karl Lietke, Vorsitzender des SPD-Parteirates und stellvertretender Vorsitzender der SPD-Bundestagsfraktion; und mit ihm Helmut Becker, parlamentarischer Geschäftsführer der SPD-Fraktion; Marie Schlei und Hans Büchler; SPD-Bundestagsabgeordneter Karl Ravens, Landesvorsitzender der SPD von Niedersachsen; Walther Leisler Kiep, Schatzmeister der CDU, Finanzminister von Niedersachsen (während der Leipziger Messe); Richard von Weizsäcker, Mitglied das Präsidiums der CDU, Vizepräsident des Bundestages, Präsident des Evangelischen Kirchentages der BRD; Olaf von Wrangel, CDU-Bundestagsabgeordneter; Prof. Dr. Hellwege, Geschäftsführer des Wirtschaftsrates der CDU, sowie Hans-Günter Hoppe, stellvertretender Vorsitzender der Bundestagsfraktion der FDP. Außerdem bin ich mit dem stellvertretenden Vorsitzenden der DKP, Genossen Hermann Gautier, sowie den Sekretären des Parteivorstandes, Genossen Kurt Fritsch und Karl Heinz Schröder, zusammengetroffen.

Alle Begegnungen mit den Vertretern der Bonner Parteien habe ich benutzt, um z. T. in ausführlicher Weise auf die von langer Hand vorbereitete Veränderung in der Politik der USA als Ursache für die Verschärfung der internationalen Lage hinzuweisen, die Carter-Doktrin der Politik der Stärke, der Drohung und der Vorherrschaft anzuprangern, die Lüge zu entlarven, wonach die Hilfsaktion der UdSSR in Afghanistan die Zuspitzung der internationalen Situation verursacht habe sowie vor allem auf den NATO-Raketenbeschluß vom Dezember des vergangenen Jahres als entscheidenden Schritt zur Veränderung des militärischen Gleichgewichts in Europa, zur Gefährdung der Entspannung und des Friedens einzugehen. Im folgenden werde ich die von mir vertretene Position nur insoweit wiedergeben, als es für das Verständnis der Information von Bedeutung ist.

Generell läßt sich im Ergebnis der Gespräche sagen:

– Bei der Diskussion über die Verschärfung der internationalen Lage und ihre Ursachen wurde mir zunächst fast überall die Behauptung entgegengesetzt, die Ereignisse in Afghanistan wären der Auslöser gewesen. Dennoch konnten die Tatsachen nicht bestritten werden, die beweisen, daß seit längerem, vor allem im vergangenen Jahr, die Politik der USA mehr und mehr auf einen Konfrontationskurs gegen die Sowjetunion eingeschwenkt ist, und daß die Grundsätze der sogenannten Carter-Doktrin bereits vor dem Ereignis in Afghanistan formuliert und entsprechende Beschlüsse zur Aufrüstung, für die US-Eingreifarmee usw. gefaßt worden waren.

Bahr sagte, es treffe zu, daß der Kern der Krise darin bestehe, daß Carter eine Politik der Stärke und der Überlegenheit proklamiert habe. Er hoffe, daß sich Bundeskanzler Schmidt in den USA gegen das Konzept der militärischen Überlegenheit und internationaler Strafaktionen wende. Allerdings sei das aus der gemeinsamen Erklärung zu seinem Bedauern nicht erkennbar.

Wischnewski, der gerade aus den USA zurückgekehrt war, meinte in diesem Zusammenhang, er sei betroffen, in welchem Ausmaß die Öffentlichkeit in den USA aufgeputscht sei. Auch im Senat und im Kongreß habe er viele US-Politiker angetroffen, die einem Kurs der Konfrontation das Wort reden. Hauptanlaß sei nach seiner Auffassung der Zusammenbruch der USA-Position im Iran und vor allem die Geiselnahme in Teheran, der die USA als Großmacht hilflos zusehen muß. In der Öffentlichkeit sei die Stimmung noch schärfer als bei den Leuten der Administration.

Kiep, der ebenfalls in den USA geweilt hatte, sagte dazu, in den USA vollziehe sich nach seiner Einschätzung eine Umorientierung der gesamten US-Außenpolitik, die bis weit in die 80er Jahre hinein reichen werde. Der Wahlkampf habe manches zusätzlich verschärft, sei aber nicht die Ursache für die Veränderungen in der amerikanischen Politik. Vor allem die Unfähigkeit einer Großmacht, etwas zur Rettung der Geiseln im Iran tun zu können, habe alle Emotionen aufgewühlt.

Bei den Äußerungen zu Afghanistan trifft man auf eine Art Doppelzüngigkeit. Bei einer Reihe von Gesprächspartnern wie Ehmke, Lietke, Becker und Bahr gab es Äußerungen, daß man für die Motive der Hilfsaktion der UdSSR durchaus Verständnis habe. Bahr äußerte sogar, es sei zu wünschen, daß die Sowjetunion die Ziele ihrer militärischen Aktion möglichst rasch erreiche. Zugleich aber wird so getan, als habe die Sowjetunion damit die Verschärfung der internationalen Situation verursacht.

Von Huonker wurde im Gespräch die Frage gestellt, welche Meinung ich zu dem Neutralisierungsvorschlag der EG für Afghanistan habe. Ich antwortete, daß die Kernfrage die Einstellung der Einmischung von außen, die Beendigung des nichterklärten Krieges, ist. Wenn sich die EG mit Fragen von Truppenabzug befassen wolle, so möge sie sich um den Abzug der britischen Truppen aus Nordirland kümmern.

Von Wischnewski wurde mitgeteilt, er habe in Washington erfahren, daß bei Carter die Absicht bestehe, noch in diesem Jahr SALT II zur Ratifizierung zu bringen.[6] Kiep äußerte sich ähnlich. Er meinte,

---

6 Aufgrund des sowjetischen Einmarsches in Afghanistan hatte der amerikanische Präsident Carter am 4. Januar 1980 die Ratifizierung von SALT II ausgesetzt und Wirtschaftssanktionen gegen die Sowjetunion sowie den Boykott der Olympischen Sommerspiele in Moskau angekündigt.

wenn Carter die Vorwahlen gewinnt und die Geiseln in Teheren freikommen, werde es die Chance zur Ratifizierung von SALT II geben. Außerdem habe er erfahren, daß Carter seinen Beauftragten für Abrüstungsfragen, Earl, kürzlich zu Sondierungsgesprächen zu Genossen Semjonow nach Bonn sowie zu den sowjetischen Delegationsleitern bei den Verhandlungen in Wien und in Genf entsandt habe.

– Von keinem der Gesprächspartner wurde von sich aus die Rede auf die Raketenbeschlüsse der NATO vom Dezember 1979 gebracht. Es war stets notwendig, daß ich dieses Thema aufwarf und darauf hinwies, daß dieser Beschluß und seine Verwirklichung ein verhängnisvoller Schlag gegen die Entspannung und gegen das Prinzip des militärischen Gleichgewichts ist.

Marie Schlei äußerte, man habe jetzt auch den Eindruck, daß die Wirkung dieses Beschlusses auf die sozialistischen Länder unterschätzt worden sei. Schmidt sei zu selbstsicher in dem Glauben gewesen, daß der Westen mit der UdSSR nach dem Beschluß weiter verhandeln könne, als sei nichts geschehen. Huonker sagte dazu, es habe eben Mißverständnisse auf beiden Seiten im Vorfeld des Beschlusses gegeben. Ehmke bemerkte, er habe auf dem SPD-Parteitag in Westberlin mit dem sowjetischen Pressevertreter, Genossen Portugalow, darüber diskutiert. Portugalow habe die Meinung geäußert, wahrscheinlich sei die Initiative von Breshnew einige Monate zu spät gekommen.

In diesem Sinne versuchen die Bonner Leute, den schwarzen Peter uns zuzuspielen. Die Forderung, den NATO-Raketenbeschluß aufzuheben oder auszusetzen, um Verhandlungen zu ermöglichen, spielt im Denken der Gesprächspartner nach meinem Eindruck keinerlei Rolle. Ehmke sagte, er habe angeblich gehört, die Staaten des Warschauer Vertrages würden demnächst auch einen ähnlichen Beschluß fassen. Dann gebe es auf jeder Seite einen Beschluß und man könne verhandeln.

– Bei der Diskussion über das Verhalten der BRD in der gegenwärtigen Situation spürt man das ganze Dilemma der Bonner Politik. Auf der einen Seite gab es kaum einen Gesprächspartner, der sich nicht in irgendeiner Weise abfällig über die USA-Politik und Carter äußerte. Wischnewski: Die führenden Leute in Washington haben keine Ahnung, wie die Lage in Europa ist. Wenn man das Verhalten der USA bei der Abstimmung um Israel im Sicherheitsrat sieht, muß man sich an den Kopf greifen. Hoppe: Es ist verständlich, wenn sich die UdSSR wegen der Verschleppung von SALT II besorgt zeigte. Karl Lietke: Der Beschluß von Carter zum Boykott der Olympischen Spiele ist ein Fehler, und das an die UdSSR gerichtete Ultimatum war eine Dummheit. Die Carter-Politik ist hysterisch, unberechenbar und nicht durchkalkuliert. Kiep: Mit dem Olympia-Boykott wird völlig unnötigerweise die Auseinandersetzung auf ein Gebiet getragen, das dafür nicht geeignet ist. Wrangel: Die USA sind gegenwärtig mit einem verwundeten Tiger zu vergleichen, der in einem solchen Zustand besonders gefährlich ist.

Zugleich wird in weitgehender Übereinstimmung die Notwendigkeit der Bündnissolidarität mit den USA betont. Wischnewski: Wir sind kein neutrales Land, wir sind im Bündnis. Daran müssen wir uns halten. Das Gerede über Vermittlung ist Quatsch. Wenn wir den Wahlkampf gegen die USA führen, werden wir im Herbst verlieren.

Im Zusammenhang damit sagte Lietke, der sich dabei auf ein Vorgespräch mit Herbert Wehner berief, wenn jetzt von seiten der sozialistischen Länder in Presseartikeln oder in öffentlichen Reden die BRD aufgefordert werde, sich stärker von den USA zu distanzieren, dann könne das nur zum Gegenteil dessen führen, was damit bezweckt ist. Jeder Appell dieser Art könne von Bonn nur mit verstärkten Treueschwüren gegenüber den USA beantwortet werden. Diese Demonstration der Solidarität müßte trotz bestehender Meinungsunterschiede zu den USA und trotz der Kritik an der Carter-Politik erfolgen. Dies sei vor wenigen Tagen führenden Vertretern der Botschaft der UdSSR im Auftrage von Wehner mitgeteilt worden. Auch Bahr äußerte sich in ähnlicher Weise, woraus zu entnehmen ist, daß dieses Thema in der SPD-Spitze besprochen worden ist.

Was die verstärkten Rüstungsmaßnahmen der BRD angeht, so wird versucht, sie in ihrer Tragweite uns gegenüber runter zu spielen. Bahr sagte, gegenüber den USA müsse der militärische Beitrag der Bundesrepublik besonders groß aussehen.

In Wirklichkeit drehe man aber nicht an der Rüstungsschraube. Man werde nur die Mittel für die angestiegenen Treibstoffkosten der Bundeswehr erhöhen, die Munitionsvorräte auf NATO-Norm bringen und die Mittel für die Türkei auf die Verteidigungskosten anrechnen, was den USA nicht paßt.

Von fast allen Gesprächspartnern wurde unterstrichen, daß man daran interessiert sei, im Verhältnis zu den sozialistischen Staaten, vor allem auch zur DDR, so viel wie möglich „Normalität" zu bewahren. Man sei dankbar dafür, daß es in den Beziehungen zur DDR keine Zuspitzungen gebe, sondern weiter gut vorangehe. Dies nütze der Bundesregierung, um sich dem Druck aus den USA zu erwehren und dies sei auch von Vorteil in der Auseinandersetzung mit der Opposition. (Lietke) Vor allem gelte das für den Bereich der Wirtschaft. Das Auftreten führender Industrieller gegen den von den USA geforderten Wirtschaftsboykott habe die Position der Bundesregierung beträchtlich gestärkt. Auch Kiep äußerte sich in diesem Sinne und sagte: Die Methode des Boykott stamme doch aus einem zurückliegenden Jahrhundert und passe nicht in die heutigen internationalen Beziehungen.

Dennoch ist von allen Gesprächspartnern geäußert worden, daß mit sehr großer Wahrscheinlichkeit die Bundesrepublik sich dem von den USA proklamierten Boykott der olympischen Sommerspiele in Moskau anschließen werde. Wrangel: Dieser Zug ist längst abgefahren und nur ein Wunder könnte ihn noch aufhalten. Aber ich glaube nicht an Wunder. Lietke: Wir haben keine andere Wahl, auch wenn wir den Boykott für falsch halten. Wir wissen, daß das große emotionelle Wirkungen hat und auch die Sportbeziehungen mit der DDR schädigen kann. Aber damit müssen wir zurecht kommen. Hoppe: Den olympischen Boykott wird die BRD unterstützen müssen, denn wenn Bonn die USA in dieser Frage allein läßt, würde die Regierung Strauß damit die Wähler in die Arme treiben.

Schlei: Die SPD-Fraktion ist in der Frage des Olympia-Boykotts gespalten. Sie selbst, wie auch Wehner, sei für die Teilnahme der BRD. Man habe Daume zu einem Gespräch in den Arbeitskreis Außenpolitik der BRD eingeladen. Daume habe sich engagiert für die Fahrt noch Moskau ausgesprochen. Ehmke: Die BRD wird den Boykott unterstützen. Das ist so sicher wie das Amen in der Kirche. Kiep: Der Olympia-Boykott ist sehr ärgerlich, aber nicht mehr änderbar. Hoffentlich gibt es neben Folgen für den Sport nicht auch Folgen in anderen Bereichen der Beziehungen zur DDR.

Man hat den Eindruck: Führende Leute in Bonn sind erschrocken über die enorme Verschärfung der internationalen Situation und die daraus eventuell erwachsenden Folgen. Man versucht nun, in einer Art Slalom durch Lavieren aus der Klemme zu kommen: mit den USA weiter an einem Strang – Vorteile der Entspannung erhalten –, eigene Interessen zur Geltung bringen, ohne bei anderen Bündnispartnern allzuviel Mißtrauen zu wecken.

– Zur innenpolitischen Situation in der BRD wurde übereinstimmend die Meinung geäußert, daß viele Menschen von Kriegsangst erfaßt sind. Dazu hätten die Massenmedien erheblich beigetragen. Es zeige sich aber auch, daß die Mehrheit der Leute gerade in dieser Situation ein ruhiges und besonnenes Vorgehen der Regierung wünsche. Wischnewski: Die Leute haben Angst um ihr Häuschen und ihren Lebensstandard. Bahr: Zum ersten Mal schlägt eine solche Situation nicht negativ für die SPD zu Buche. Der Wunsch nach Fortsetzung der Entspannungspolitik ist stark. Kiep: Aus vielen Gesprächen der letzten Wochen weiß ich, daß gerade Bürger, die regelmäßig in die DDR reisen, Furcht davor haben, sie könnten diese Vorteile verlieren. Das ist eine starke Lobby für die Entspannung. Das muß auch Strauß berücksichtigen.

Es wird eingeschätzt, daß im Hinblick auf die Bundestagswahlen im Oktober Schmidt und die Regierungskoalition eine leichte Verbesserung ihrer Position verzeichnen können. Strauß komme noch immer nicht in dem erhofften Maße zur Entfaltung. Viele Anhänger von Strauß hätten sich über die gemäßigten Töne ihres Kanzlerkandidaten sehr verwundert gezeigt. Die SPD hofft, daß Strauß bald wieder explodiert. In den Wahlversammlungen in Baden-Württemberg, wo am 16. März Landtagswahlen stattfinden, stünden Fragen der Außenpolitik ganz vorn.

Die wirtschaftliche Situation zeigt Tendenzen der Verschlechterung. Es wird jedoch mit keinem gravierenden Einbruch bis zum Herbst gerechnet. Das negative Moment sei derzeit die sich wieder verstärkende Inflation. Die wichtigsten innenpolitischen Themen sind neben den Preisen Fragen der Steuerreform sowie der Rentenentwicklung. Alles in allem zeigten sich die Vertreter der Regierungskoalition optimistisch. Bei den CDU-Politikern ist die Stimmung weiterhin gedämpft. Weizsäcker sagte, er rechne nicht mit einem Sieg von Strauß. Kiep meinte, aus der Sicht von heute liege noch immer die Regierungskoalition vorn.

Ergänzende Bemerkungen zu den Gesprächen in einzelnen:

Gespräch mit Gunter Huonker, Staatsminister im Bundeskanzleramt, am 4. 3. 1980 in seinem Arbeitszimmer auf der Kanzler-Etage des Bundeskanzleramtes. Zugegen waren Genosse Ewald Moldt sowie Herr Bräutigam.

Huonker begrüßte die Möglichkeit des Kennenlernens. Da er aus Baden-Württemberg stammt und dort aktiv am Wahlkampf teilnimmt, berichtete er zunächst über die Wahlvorbereitungen. Fragen der Außenpolitik würden gegenwärtig alles überschatten. Die Leute möchten eine ruhige Haltung der Regierung. Sie wollen nicht verlieren, was durch die Entspannung erreicht wurde. Die Rede von Strauß im Bundestag habe gezeigt, daß er auch versucht, sich dieser Lage anzupassen. Deshalb dürfe man ihn auch weiterhin nicht unterschätzen.

Im Verlaufe eines längeren Gesprächs über die außenpolitische Entwicklung äußerte Huonker: Nach Auffassung der Regierung wollen die USA SALT II doch noch ratifizieren. Auch über die Frage der Raketen müsse man zu Verhandlungen kommen. Der Bundeskanzler sei sehr froh gewesen, im Telefongespräch mit Herrn Honecker[7] die Gefahr eines großen Mißverständnisse beseitigen zu können. Gerade in kritischen Situationen, wo von den Spitzenleuten oft schnelle und weitreichende Entscheidungen getroffen werden müssen, sei die Möglichkeit eines persönlichen Kontaktes von ganz

---

7   Bundeskanzler Helmut Schmidt und SED-Generalsekretär Erich Honecker hatten am Abend des 19. Februar 1980 ein 14 Minuten langes Telefongespräch geführt. Vgl. den Wortlaut des Telefonats in: Heinrich Potthoff: Bonn und Ost-Berlin, S. 496 ff.; Detlef Nakath: Dokumentation von Telefongesprächen Erich Honeckers mit Helmut Schmidt und Helmut Kohl, in: Geächtet oder geachtet? Die DDR in der internationalen Staatengemeinschaft, Berlin 1994, S. 68 ff.

großem Wert. Man rechne damit, daß Schmidt die Möglichkeit erhält, nach Moskau zu reisen und in die DDR zu kommen.[8]

Gespräch mit Hans-Jürgen Wischnewski, stellvertretender Vorsitzender der SPD, am 5. 3. 1980 in seinem Arbeitszimmer im Gebäude des Parteivorstandes der SPD:

Wischnewski berichtete, daß er einen Tag zuvor aus den USA zurückgekommen ist. Zweck der Reise war es, im Vorfeld des Kanzlerbesuches die Lage zu sondieren und deutlich zu machen, daß für die BRD die Dinge etwas anders aussehen. Er sei betroffen von der Stimmung, die er vorgefunden habe. Es gebe dort Leute im Senat, die eine Besetzung von Kuba forderten. Carter sei im Verhältnis dazu fast noch gemäßigt.

Die Regierung gehe davon aus, daß die Solidarität mit den USA für die Sicherheit der Bundesrepublik unerläßlich ist. Dabei komme es aber darauf an, die eigenen Interessen zu berücksichtigen. Bonn wolle keine Konfrontation mit der Sowjetunion und all das erhalten, was in Europa mit der Politik der Entspannung erreicht wurde.

Die USA verlange von der BRD mehr Aufrüstung. Er habe geantwortet, in der BRD gebe es die Wehrpflicht, in den USA nicht. Carter habe es nicht einmal geschafft, die Zustimmung für die Mittel zu erhalten, um die Wehrpflichtigen zu registrieren. Da solle man doch von Bonn nicht Dinge fordern, die man selbst nicht kann.

Ihm sei gesagt worden, vor allem die BRD sei vom Öl des Persischen Golfs abhängig. Deshalb müßte die BRD sich auch um die Sicherung dieser Region kümmern. Er habe geantwortet, die UdSSR will nicht zum Persischen Golf. Gefahr droht dort von der inneren Lage der Golf-Staaten. Er weiß das, er war dort.

Aus heutiger Sicht habe Carter die meisten Chancen, wieder Präsident zu werden. Kennedy komme nicht durch, auch Reagan nicht und auch nicht Bush. Möglich sei, daß Ford noch einmal kandidiert. Außenminister Vance werde nach den Wahlen zurücktreten. Als Nachfolger ist nicht Brzezinski in Aussicht genommen, sondern der Präsidentenberater Cutler.

Man hoffe in Bonn, daß die Geiselaffäre beendet werden kann. Dann sei zu erwarten, daß die angeheizte Stimmung in den USA etwas abklingt, und daß die innenpolitischen Fragen stärker nach vorn rücken. Immerhin betrage die Inflationsrate 20 Prozent und der Zinssatz beinahe 19 Prozent.

---

8 Bundeskanzler Helmut Schmidt reiste in Begleitung von Außenminister Hans-Dietrich Genscher vom 30. Juni bis 1. Juli 1980 zu politischen Gesprächen nach Moskau. Mit SED-Generalsekretär Erich Honecker traf Schmidt am 8. Mai 1980 in Belgrad anläßlich der Trauerfeierlichkeiten für den jugoslawischen Präsidenten Tito zusammen.

In Bonn sei man verunsichert über die Haltung der UdSSR. Botschafter Semjonow habe den Kanzler besucht und in einer sehr scharfen Tonlage, die Schmidt stark erregt habe, eine Erklärung zur Olympiafrage übermittelt. Sonst bewege sich derzeit gar nichts.

Er habe den Auftrag, den SPD-Wahlaufruf zu verfassen. Noch nie sei ihm eine Ausarbeitung so schwer gefallen. In allen Versammlungen, die stattfinden, überwiegt die Außenpolitik. Auf innenpolitischem Gebiet gab es etwas Ärger in der Rentenfrage. Das von der Wehner-Kommission ausgearbeitete Rentenkonzept mußte in der Sitzung des Parteivorstandes beschnitten werden, denn es wäre auf die Dauer nicht zu finanzieren. Die Teuerung wird ein immer größeres Problem. Andere Fragen wären jetzt nicht dramatisch.

Im Verhältnis zur DDR und den anderen sozialistischen Ländern müsse man so viel Normalität wie möglich erhalten. Die jetzige Lage, so sagte er, ist nicht so, daß sie uns froh stimmen könnte. Es bleibt nur die Hoffnung, daß die Großen den Faden wiederfinden.

Gespräch mit Egon Bahr, Bundesgeschäftsführer der SPD, am 7. 3. 1980 in seinem Arbeitszimmer im Gebäude des Parteivorstandes der SPD:

Bahr äußerte, daß die SPD-Führung persönliche Gesprächskontakte mit Vertretern der DDR gerade in Zeiten stärkerer Spannungen für wichtig hält. Da an diesem Tage die Gemeinsame Erklärung BRD – USA veröffentlicht wurde sagte Bahr, sie verdiene ein gründliches Studium, da sie sehr auslegungsfähige Formulierungen enthalte. Für besonders wichtig erachte er, daß es hinsichtlich der Konsequenzen aus der Entwicklung in Afghanistan keine Identität der Auffassung gebe. Phantastisch sei es, daß Carter den Hinweis auf die Erklärung BRD – Frankreich akzeptiert habe. Auch fehle jeder Hinweis auf die Errichtung von Militärstützpunkten. Hinsichtlich der Wirtschaftsboykotte habe Carter akzeptieren müssen, daß die Lage für die BRD anders sei als für die USA.

In einem Punkt sehe er allerdings noch nicht klar. Er betreffe die Kernfrage der künftigen Ost-West-Beziehungen. Erst nach Rückkehr von Schmidt werde einzuschätzen sein, ob es ihm möglich war, Carter von seinem Konzept der Überlegenheit zugunsten der USA abzubringen. Die Preisgabe des Prinzips der Gleichberechtigung durch Carter sei schwerwiegend. Sollte es Schmidt nicht gelingen, ihn in dieser Richtung zu beeinflussen, wäre eine kritische Entwicklung abzusehen, die langfristige Überlegungen seitens der BRD erforderlich machen würde.

Ihm sei klar, daß die Sowjetunion nicht veranlaßt werden kann, das Ziel ihrer Aktion in Afghanistan preiszugeben. Er hoffe deshalb, daß nach der Schneeschmelze eine weitere Stabilisierung im Lande erreicht werden kann.

Bahr unterstrich das Interesse der BRD an einer Fortsetzung der Verhandlungen über Rüstungsbegrenzung. In bezug auf den Raketenbeschluß der NATO versuchte auch er, die Schuld der Sowjetunion zu geben, die mit ihrer Abrüstungsinitiative zu spät gekommen sei. Außerdem habe das Angebot eines Produktionsstopps für Mittelstreckenraketen gefehlt. Nunmehr müsse man auf eine eventuelle Ratifizierung von SALT II hoffen, um mit SALT III beginnen zu können. Sollte es dazu nicht kommen, befürwortet die BRD eine Abkopplung der Verhandlungen über die Mittelstreckenwaffen von den SALT-Verhandlungen, um weiteren Zeitverlust zu verhindern.

Gespräch mit Horst Ehmke, stellvertretender Fraktionsvorsitzender der SPD, am 4. 3. 1980 in seinem Arbeitszimmer im Bundestag:

Auf die Rolle Genschers eingehend, sagte Ehmke, er nütze gegenwärtig seine Position als Außenminister, um sich auch als Parteivorsitzender im Wahljahr aufzuwerten. In der Sache gebe es kaum Unterschiede zum Bundeskanzler. Differenzen können in sozialpolitischen Fragen und in der Wirtschaftspolitik auftreten.

Wenn es nach Ehmke ginge, würde er die Wahlen in Baden-Württemberg um 4 Wochen hinausschieben, weil dann die Chancen der Grünen noch mehr zurückgehen würden. Das Abschneiden der Grünen werde das einzig Bedeutsame bei den dortigen Landtagswahlen sein. Das Interesse an ihnen habe durch die internationale Entwicklung nachgelassen. Noch sei aber nicht vorauszusagen, ob sie in den Landtag einziehen oder ihr Ziel knapp verfehlen.

Wenn Strauß die Bundestagswahlen verliere, dann werde er aus der Bundespolitik weg sein und sich nach Bayern zurückziehen. Die jetzige Politik von Strauß sei ein schrittweises „Godesberg" der CDU, also ein schrittweiser Übergang auf die außenpolitischen Positionen der Bundesregierung. Wenn Strauß im Oktober scheitert, dann hat er mit seiner jetzigen Konzeption dazu beigetragen, daß nicht die Scharfmacher wie Dregger und Wörner nach vorn kommen, sondern Leute wie Weizsäcker, Kiep, Albrecht und Stoltenberg.

Gespräch mit Karl Lietke, stellvertretender Vorsitzender der SPD-Bundestagsfraktion und Vorsitzender des Parteirates der SPD sowie mit Helmut Becker, parlamentarischer Geschäftsführer der SPD-Fraktion, am 4. 3. 1980 anläßlich eines Abendessens im Restaurant „Tulpenfeld" im Bonner Regierungsviertel:

Beide äußerten, daß sie das Gespräch mit Wissen von Herbert Wehner führen. Auch hätten sie sich mit Bundeskanzler Schmidt abgesprochen. Bei ihnen war ein großes Einverständnis anzutreffen, daß die Wende in der USA-Politik schon vor Afghanistan eingesetzt hat. Dennoch blieben sie bei ihrer Meinung, die sowjetische Hilfsaktion in Afghanistan sei ein schwerwiegendes Ereignis und sogar ein Fehler gewesen. Sie würden zwar die Motive verstehen, die die

UdSSR zu diesem Schritt veranlaßten, aber die Auswirkungen wären doch größer als es vielleicht berechnet worden sei.

Für die BRD sei eine sehr komplizierte Situation entstanden. Einerseits sei man besorgt über die Unkalkulierbarkeit der USA-Politik; andererseits sei man verunsichert hinsichtlich der zu erwartenden Haltung der UdSSR. Lietke äußerte, wenn sich in der politischen Haltung der beiden Großmächte nicht bald mehr Klarheit abzeichne, dann werde der Manövrierraum für die BRD von Tag zu Tag immer enger. Dies habe auch Bundeskanzler Schmidt in einem persönlichen Gespräch am Vortage geäußert.

Lietke sagte, daß die Führung der SPD für die Verschiebung der Tagung der Ständigen Wirtschaftskommission BRD – UdSSR zu Beginn des Jahres volles Verständnis gehabt habe. Inzwischen habe man aber die Botschaft der UdSSR wissen lassen, daß es dringend geboten sei, diese Kommission einzuberufen, um Zeichen der Fortsetzung der Beziehungen zu setzen. Man rechne mit einer Einladung und werde unverzüglich kommen.

Beide Gesprächspartner erklärten ihre Genugtuung darüber, daß sich Frankreich in Abstimmung mit der BRD noch weitgehender von der USA-Politik absetze. Dies erleichtere die Situation für Bonn. Aber angesichts der heutigen Spannungen zwischen den Großmächten habe die BRD gespürt, wie klein sie doch trotz ihrer Spitzenposition auf dem Gebiet der Währung und Wirtschaft tatsächlich sei, wenn es weltpolitisch hart auf hart gehe.

Wehner habe hinsichtlich des Verhältnisses zur DDR Zufriedenheit mit dem gegenwärtigen Stand der Beziehungen und dem Verlauf der Verhandlungen geäußert. Es sei hoch zu bewerten, daß es trotz der internationalen Komplikationen in den letzten Wochen möglich gewesen ist, in den deutsch-deutschen Beziehungen Ruhe zu bewahren, nichts kaputt gehen zu lassen und positive Punkte zu setzen.

Zum Auftreten von Strauß äußerten sie, man dürfe auf ihn nicht hereinfallen. Er versuche immer, sich in die Bahn eines realistischen Kurses einzufädeln, aber sein Weltbild sei nach wie vor und unverändert von der Vorstellung geprägt, das sowjetische Expansionsstreben stelle das eigentliche weltpolitische Hauptproblem dar. Die SPD erwarte, daß Strauß die gemäßigtere Taktik nicht lange durchhalten und bald wieder explodieren werde. Andererseits hoffe Strauß auf Angriffsflächen bei der SPD, die man ihm nicht bieten dürfe.

Bei den jüngsten Besuchen von SPD-Politikern in den USA habe man mit Erschrecken festgestellt, daß man in den letzten Jahren dort das Feld völlig CDU/CSU-Politikern überlassen habe. Von seiten der SPD sei fast keine politische Arbeit geleistet worden, um für ihre Vorstellungen Verständnis zu schaffen. Dies soll nun verstärkt nachgeholt worden.

Gespräche mit den SPD-Bundestagsabgeordneten der BRD Marie Schlei und Hans Büchler am 3. 3. 1980 in den Räumen der parlamentarischen Gesellschaft in Bonn:

Die Verschärfung der internationalen Situation wird in der SPD-Fraktion mit Besorgnis beobachtet. Man wolle sich weiterhin um die Entspannungspolitik bemühen und sei deshalb besorgt über die überspitzte USA-Reaktion, die auch für die Bundesregierung zu einem begrenzteren Handlungsspielraum geführt habe. Große Zufriedenheit wurde von den beiden SPD-Politikern, die zur Fraktionsführung um Wehner gehören, darüber geäußert, daß die Vereinbarung über die Verschiebung des Termins eines Treffens zwischen Helmut Schmidt und Erich Honecker in einer so konstruktiven Form erfolgt ist.[9] In vielen Versammlungen sei das gut angekommen, weil daraus auf gut funktionierende Beziehungen geschlossen wurde.

Marie Schlei äußerte sich zur Auseinandersetzung im Bundeskabinett, die dann zum Telefonanruf von Schmidt bei Erich Honecker geführt habe.[10] Gaus habe in der ihm eigenen arroganten Weise den Bundeskanzler über die anstehenden Vorhaben berichtete. Dabei sei dem Bundeskanzler der Kragen geplatzt, und er habe sich im Kabinett zu einem emotionellen Ausbruch hinreißen lassen. Dies sei dann in die Öffentlichkeit lanciert worden. Zum Glück habe der Bundeskanzler schnell zum Telefonhörer gegriffen. Die Reaktion der DDR, d. h. der umgehende Empfang von Gaus durch Erich Honecker wurde von der Führung der SPD als ausdrückliches Zeichen gewertet, die Beziehungen zur BRD mit Besonnenheit weiterzuführen. Dem habe man sehr große Bedeutung beigemessen.

Der Bundestagsabgeordnete Büchler, der dem sogenannten innerdeutschen Ausschuß des Bundestages angehört, informierte darüber, daß Abgeordnete der CDU/CSU darauf hinwirken, ein öffentliches Hearing über die Lage in den Haftanstalten der DDR zu inszenieren. Büchler äußerte, man wolle uns wissen lassen, die SPD habe das nicht gewollt und auch Wehner sei persönlich sehr darüber verärgert. Aber die Geschäftsordnung des Bundestages biete keine

---

9 SED-Generalsekretär Erich Honecker hatte Bundeskanzler Schmidt am 28. Januar 1980 auf dem Wege einer persönlichen Botschaft mitgeteilt, „daß es in dieser gegenwärtig so zugespitzten und undurchsichtigen Situation, in der niemand weiß, was sich durch die Unberechenbarkeit der augenblicklichen USA-Politik entwickeln kann, für beide Seiten nichts einbringen würde, wenn man sich jetzt träfe". Schmidt erwiderte gegenüber dem Übermittler der Honecker-Botschaft, Rechtsanwalt Wolfgang Vogel, er bedauere sehr, verstehe aber durchaus, „daß der Staatsratsvorsitzende das in Aussicht genommene Treffen für den gegenwärtigen Augenblick nicht ins Auge fassen kann". (Heinrich Potthoff: Bonn und Ost-Berlin, S. 489, 491.)
10 Vgl. Kap. 3, Anm. 7.

Handhabe, um die Sache völlig abzudrehen. Büchler habe in Gesprächen mit dem CDU-Abgeordneten Wrangel, der sich nach seiner Ansicht sehr gemäßigt verhält, den Versuch unternommen, dieser Veranstaltung einen nicht öffentlichen Charakter zu geben. Wrangel habe sich einverstanden erklärt, aber er konnte sich gegen seine eigenen Leute nicht durchsetzen.

Im Verlaufe der Unterredung wurde auch der CDU-Abgeordnete Dr. Hennig genannt, der, wie zu hören war, stets über interne Informationen über die Lage in der DDR verfüge, wie sie Abgeordneten normalerweise nicht zur Verfügung stehen. In Verbindung damit fiel das Wort „Pullach".

Gespräch mit Walther Leisler Kiep, Mitglied des Präsidiums und Bundesschatzmeister der CDU, Finanzminister von Niedersachsen (am 9. 3. 1980 anläßlich der Leipziger Messe im Gästehaus des Rates des Bezirkes Leipzig):[11]

Kiep berichtete, daß er in den USA war, um dort die Lage zu sondieren. Es sei dort ein Überdenken der gesamten USA-Außenpolitik in Gange. Dies werde auch für Westeuropa Konsequenzen haben. Die BRD müsse dabei ihre Interessen einbringen. Er sei mit der Bundesregierung der Meinung, in Europa müsse man auf dem Gebiet der Entspannung erhalten, was zu erhalten ist, vor allem im Verhältnis zwischen BRD und DDR. Er habe in den vergangenen Tagen mehrere Stunden mit Strauß über Fragen der Außenpolitik gesprochen. Obwohl er ihn als Kanzlerkandidaten nicht gewollt und gewählt habe, müsse er im Interesse der Einheit der Partei mit ihm zusammenarbeiten. Dabei bleibe er, wie im Oktober bereits geäußert, bei seiner Absicht, darauf hinzuwirken, daß im Wahlkampf so wenig wie möglich Porzellan zerschlagen wird, das man vielleicht einmal braucht, um gemeinsam mit der Sowjetunion, der DDR und anderen sozialistischen Ländern zu essen.

In einem Gespräch, das er kürzlich mit Carter hatte, habe ihm der USA-Präsident erläutert, warum er persönlich eine so plötzliche Wendung vollzogen hat. Carter habe gesagt, wenn es ihm gelungen wäre, im Dezember 1979 die Ratifizierung von SALT II zu schaffen und zwei Wochen später hätte die UdSSR Truppen nach Afghanistan geschickt, wäre sein politisches Schicksal im Hinblick auf die Präsidentenwahl besiegelt gewesen.

Strauß hat sich in seinen Reden bisher stark zurückgehalten. Auch er spürt, daß es in der Bevölkerung der BRD Angst vor dem

---

11 Das Gespräch mit Walther Leisler Kiep führte Herbert Häber unmittelbar nach seiner Rückkehr aus der Bundesrepublik am Rande der Leipziger Frühjahrsmesse. Offenbar aus systematischen Gründen hat er die Gesprächsergebnisse in diesen Bericht einbezogen.

Krieg gibt, aber auch Angst davor, in den Beziehungen zwischen der BRD und der DDR könnte etwas kaputt gehen. Die Situation zwischen Strauß und Schmidt sei, was das Stimmungsbarometer angeht, im Prinzip unverändert mit einem geringen Vorsprung für Schmidt. Von Bedeutung werden die kommenden Landtagswahlen sein, vor allem die Wahlen in Nordrhein-Westfalen. Wenn die Frage diskutiert wird, ob Strauß sich evtl. nach einer CDU-Niederlage in NRW wieder zurückzieht, so halte ich das zwar für nicht wahrscheinlich, aber ganz undenkbar sei es nicht. Strauß sei ein Mann, der in Wirklichkeit das Risiko nicht liebt.

Er möchte uns intern mitteilen, daß Strauß sich mit der Idee trägt, zu Pfingsten gemeinsam mit seinen Kindern privat in die DDR zu reisen. Darüber sei aber noch niemand informiert, auch nicht in Bonn.

Kiep selbst rechnet mit der Möglichkeit, im Laufe der nächsten Monate nach Moskau fahren zu können. Er deutete an, daß er es nach wie vor ablehne, mit Peking gegen die Sowjetunion zu arbeiten, wie das bestimmte Leute in seiner Partei betreiben. Er verwies auf Dregger und Marx.

Er zeigte sich stark beeindruckt von der Begegnung mit Genossen Erich Honecker und anderen Genossen der Parteiführung während ihres Besuchs auf dem Messestand der Firma Krupp. Fragen der sogenannten menschlichen Erleichterungen hat er im Gespräch mit mir nicht angeschnitten.

Gespräch mit Richard von Weizsäcker, Mitglied des Präsidiums der CDU, Vizepräsident des Bundestages, Präsident des Evangelischen Kirchentages der BRD, am 4. 3. 1980 in seinem Arbeitszimmer im Gebäude des Bundstages.

Anfangs erzählte Weizsäcker über seine Erlebnisse bei der Beisetzung von Kardinal Bengsch. In einem sehr freimütigen Gespräch äußerte Weizsäcker, hinsichtlich des Verhältnisses zur DDR gebe es in der CDU/CSU keine einheitliche Linie. Das entspreche ihrer Lage als Oppositionspartei. Verschiedene Leute vertreten verschiedene Positionen. Er sei schon sehr zeitig als Kirchenmann für die Verträge mit den sozialistischen Ländern eingetreten und deshalb in der eigenen Partei stark kritisiert worden. Bekanntlich sei der Kanzler der Großen Koalition, Kiesinger, wegen erster zaghafter Schritte in der Ostpolitik aus den eigenen Reihen abgeschossen worden.

Nach seiner Meinung gebe es bei Strauß in außenpolitischen Fragen jetzt eigentlich keine substantiellen Unterschiede mehr gegenüber Schmidt und Genscher. Strauß sei nicht der Favorit bei der Bundestagswahl. Er glaubt, daß er es kaum schaffen wird. Strauß sei nicht risikofreudlich und häufig verklemmt. Daher komme sein oftmals rabiates Auftreten. Wenn es ernst wird, ist Strauß immer zögernd und zurückhaltend.

Was Helmut Kohl angeht, so erweise es sich als ein Fehler, daß er von Mainz nach Bonn gegangen ist. Er wird niemals Kanzler und besitze auch nicht die Fähigkeiten dafür. Auf den zwei Hauptfeldern, auf die es ankommt – Wirtschafts- und Außenpolitik – habe er nichts dazu gelernt. Kohl überspiele seine Schwäche durch grobe Worte und scharfe Formulierungen. Weizsäcker ist offensichtlich noch immer darüber verärgert, daß er von Kohl nach Westberlin abgeschoben worden ist.

In den letzten Wochen habe es aus den USA geradezu eine Invasion von Leuten gegeben, die den Auftrag hatten, auf die politischen Kräfte in Bonn einzuwirken. Auch bei der CDU sind Abgeordnete vorstellig geworden. Unter anderem hätten sie davor gewarnt, die Verbindungen zur DDR noch weiter auszubauen, denn es bestehe die Gefahr, daß man dann gegenüber der Sowjetunion zu nachgiebig ist, um die bestehenden Beziehungen, an die sich die Bevölkerung der BRD gewöhnt hat, nicht zu gefährden.

Weizsäcker erkundigte sich nach dem Stand der Verhandlungen über die anstehenden Projekte. Bei ihm klang durch, was auch bei anderen CDU-Politikern noch immer anzutreffen ist: Man glaubt noch immer, Projekte im wirtschaftlichen Bereich an Zugeständnisse bei den sogenannten menschlichen Erleichterungen binden zu können.

Ich habe ihm in aller Deutlichkeit gesagt, daß alles, was bisher geschah und weiter geschieht, gegenseitigen Interessen entspricht. Junktims sind untaugliche Verfahren. Natürlich gibt es politische Zusammenhänge, aber entscheidend ist Treue zu den Verträgen, keine böswilligen Kampagnen gegen die DDR. Druck führt zum Gegenteil.

Gespräch mit Olaf von Wrangel, Bundestagsabgeordneter der CDU, am 3. 3. 1980 in dessen Büro im Bundestag:

Wrangel äußerte zur internationalen Situation: Die weltpolitische Rolle der USA sei angeschlagen. Deshalb seien sie jetzt um die Wiederherstellung ihrer Rolle bemüht. Die UdSSR habe in den letzten Jahren Schritt um Schritt in den verschiedenen Regionen der Erde ihre Position ausgebaut. Hierbei seien die schwachen Stellen der USA ausgenutzt worden.

Die CDU sei für die feste Bindung und die Solidarität zu den USA. Sie stehe dazu und wolle die Solidarität nicht erschüttern lassen. Aber es gehe nicht nur um die Unterstützung für die USA, es gehe auch um das eigene Interesse Westeuropas, und speziell der BRD. Die USA könnten sich bei entsprechendem Arrangement mit Kanada aus eigenen Ressourcen mit Erdöl voll selbst versorgen. Die UdSSR könnte dies in gewisser Weise auch. Nur Westeuropa sei auf die Öllieferungen aus persischen Regionen angewiesen und damit abhängig.

In den Beziehungen zur DDR sei die CDU bereit, die vertraglichen Vereinbarungen einzuhalten. Aber man überlege, ob angesichts der angespannten Situation die Beziehungen zunächst nicht auf Sparflame gehalten werden sollten. Als ich ihn sofort fragte, was damit gemeint sein könnte, äußerte er, die ins Gespräch gebrachten größeren Projekte sollte man besser etwas hinausschieben. Das Geld, daß jetzt für die Türkei oder andere Länder eingesetzt werde, könne nicht mehr für die Beziehungen zur DDR zur Verfügung stehen.

Die widersprüchliche Haltung von Wrangel wurde aber im gleichen Moment sichtbar, denn er fragte, wie es denn weitergehen sollte, vor allem auf dem Gebiet der kulturellen Beziehungen, bei Familienzusammenführung usw. Als das Stichwort Häftlingsfreikauf fiel, verwies ich darauf, daß die CDU hier sich offensichtlich doppelzüngig verhält. Auf der einen Seite inszenieren CDU-Politiker und andere Propagandakampagnen gegen die DDR, und in internen Gesprächen ersucht man darum, in größerer Zahl entlassenen Häftlingen die Übersiedlung zu gestatten. Diese Rechnung gehe nicht auf. Im übrigen wäre es das beste, man würde die verbrecherischen Aktivitäten gegen die DDR unterbinden, dann brauchten wir nicht so viele Leute einzufangen und einzusperren.

Wrangel setzte sich für das Stattfinden der Madrider Konferenz ein und meinte, er sehe sie nicht gefährdet.[12] Er befürwortete, daß sich die USA und die UdSSR gemeinsam über die Weltenergie-Situation verständigen, weil dies gute Auswirkungen auf das gesamte internationale Klima haben würde.

Auch er äußerte, daß die Fragen der Außenpolitik im Bundestagswahlkampf eine größere Rolle spielen werden, als ursprünglich angenommen. Dies würde für die CDU/CSU die Lage nicht wesentlich erleichtern, weil nach seiner Meinung auf dem Gebiet der Außenpolitik die Übereinstimmung zwischen der Bundesregierung und der Opposition relativ groß sei. Nach seiner Darstellung gebe es hier eine Rollenverteilung zwischen Bundesregierung und Opposition, aber keine grundlegenden Meinungsverschiedenheiten. Dies gelte auch für die Beziehungen zur DDR.

Gespräch mit Prof. Dr. Hellwege, Bundesgeschäftsführer des Wirtschaftsrates der CDU, am 5. 3. 1980 im Gebäude dieser Einrichtung in Bonn. (Der Wirtschaftsrat der CDU ist eine Vereinigung von Industriellen und Bankiers, die der CDU besonders nahe stehen bzw. ihr angehören, so z. B. Peter von Siemens, Alfons Horten, Eberhard Brauchitsch – Flick, Joachim Zahn – Daimler Benz, Karl Heinz Kürten – August-Thyssen-Hütte u. a.)

Befragt über die Situation der CDU/CSU in der gegenwärtigen Lage meinte er, die meisten Unternehmer seien für Schmidt. Das sei

---

12 Die erste Phase des KSZE-Nachfolgetreffen in Madrid fand vom 11. November bis 19. Dezember 1980 statt. Das Madrider Treffen wurde am 15. Mai 1983 abgeschlossen.

für die CDU/CSU zwar ärgerlich, und der Wirtschaftsrat versuche, dagegen anzugehen, aber mit recht geringem Erfolg. Was Strauß als Kanzlerkandidat anbelangt, so gebe es für ihn einen gewissen Auftrieb. Innerhalb der Unionsparteien sei der Streit um die Nominierung von Strauß endgültig beendet worden. CDU und CSU stellten sich gemeinsam auf den Wahlkampf ein. Außerdem zeige die internationale Entwicklung, daß Strauß mit seinen politischen Einschätzungen Recht behalten habe.

Trotz dieser positiven Momente sei es Strauß aber noch immer nicht genügend gelungen, seine Persönlichkeit voll einzusetzen. Aus Angst, als Scharfmacher und Schwarzmaler zu gelten, übertreibe Strauß jetzt nach der anderen Seite. Er trete so zahm auf, daß sich seine Anhänger die Haare raufen und viele enttäuscht sind. Er sei ohnehin ein Zauderer, dem es am liebsten ist, wenn Entscheidungen ohne sein Zutun fallen und er sich dann nur noch anzuschließen braucht. Hellwege sagte, man habe stillschweigend ein geplantes großes Jugendtreffen der CDU in Essen abgesagt, aus Furcht, es könnte schieflaufen.

Auf die Frage, warum es keine Wahlmannschaft der CDU/CSU gebe, sagte Hellwege: Dies sei ein sehr kompliziertes Thema. Strauß nenne keinen Namen, um andere nicht zu verärgern. „Viele haben schon ihre schwarzen Schuhe geputzt."

Er sei der Meinung, die Wahl im Oktober habe für die Entwicklung der BRD eine große Bedeutung. Wer dann die Regierung stellt, wird für 10 Jahre im Amt bleiben. Die Idee, die in Teilen der Opposition diskutiert werde, sich auf die Bundestagswahl 1984 zu orientieren, halte er für fatal. Allerdings sei er überzeugt, das Helmut Schmidt ein Kanzler auf Zeit sein wird, daß er 1982 dieses Amt aufgeben werde.

In der Spitze der CDU gebe es Ärger über die Rolle der Berater von Strauß. Hellwege sagte, daß er mit Stoiber fast befreundet sei. Was sich Stoiber aber jetzt leiste, zeige, daß er für dieses Amt unfähig ist. Man hoffe, daß er noch ausgewechselt wird. Noch immer führt die CSU den Wahlkampf auf bayerische Art. Das Bonner Büro, das sich Strauß eigens für den Wahlkampf geschaffen hat, sei eine Einrichtung, die man besser nicht besuche, weil man sonst nur Zeit verschwende.

Im Verlaufe der Begegnung kam es zu einer längeren Unterhaltung über die Entwicklung in der DDR, zu der Hellwege eine Fülle von Fragen hatte. Außerdem bestand die Möglichkeit, ausführlich unseren Standpunkt zur internationalen Entwicklung darzulegen.

Gespräch mit Hans-Günter Hoppe, stellvertretender Vorsitzender der FDP-Bundestagsfraktion, am 3. 3. 1980 in seinem Büro im Bundestag:

Zu außenpolitischen Fragen äußerte er: Die BRD habe die Absicht, ihrer Solidaritätspflicht gegenüber den USA vor allem auf nichtmilitärischem Gebiet nachzukommen. Er verwies auf die von

Genscher vertretene Konzeption, größte Aufmerksamkeit den Entwicklungsländern zu widmen. Wie lange jedoch die BRD ihre Politik durchhalten könne, sei ungewiß und hänge wesentlich von dem Druck ab, den die USA auf die BRD ausübt. Wir müssen warten, wie schmalbrüstig wir dastehen, wenn Schmidt und Matthöfer aus den USA zurückkommen, sagte Hoppe.

Zur Rolle Genschers meinte er, es sei nicht richtig, ihn als einen Scharfmacher zu bezeichnen. Genscher sage die Dinge wie sie sind. Er mache den sozialistischen Staaten nichts vor und erzeuge bei ihnen auch keine Illusionen wie andere.

Auf die Frage, ob es eigentlich liberale Außenpolitik sei, wenn man sich mit dem Staatchef von Pakistan verbünde, der den Liberalen in seinem Land den Kopf abschlägt, reagierte Hoppe erregt. Er habe Genscher geraten, auf gar keinen Fall diesen General zu besuchen oder sich mit ihm fotografieren zu lassen. Hoppe sagte, es erfülle ihn mit Sorge, daß die USA jetzt den alten Fehler wiederholen und auf politische Kräfte setzen, die in ihren Ländern ohne Zukunft sind.

Der Boykott der Olympischen Spiele werde nach Meinung von Hoppe von großer psychologischer Wirkung mit Langzeiteffekt sein. Er werde das allgemeine politische Klima weiter verschlechtern. Die FDP sei sich der Auswirkungen einer Teilnahme der BRD am Boykott bewußt und es sei auch klar, daß die DDR ihrerseits Solidarität mit der UdSSR üben wird. Aber auch er glaubt nicht, daß der Boykott noch zu umgehen ist.

Bei dem Treffen mit dem Vorsitzenden der SPD von Niedersachsen, Karl Ravens, handelte es sich lediglich um eine Erwiderung seines kürzlichen Besuchs bei uns. Zu besonders bemerkenswerten Ausführungen ist es dabei nicht gekommen.

Quelle: SAPMO-BArch, DY 30/IV 2/2.036/85; 37075/1.

Dokument 33

Information über ein Treffen von Herbert Häber mit Walther Leisler Kiep, CDU-Präsidiumsmitglied und -Bundesschatzmeister, in Berlin am 27. Juni 1980[13]

An dem Abendessen, das Gaus aus Anlaß des Besuchs von Kiep, de zur engeren Wahlkampfmannschaft von Strauß gehört, gegeben hat nahm von unserer Seite außer mir Genosse Karl Seidel, Leiter de

---

13 Die Information datiert vom 30. Juni 1980. Das Treffen fand anläßlich ei nes Abendessens in der Residenz des Leiters der Ständigen Vertretung de Bundesrepublik in der DDR, Günter Gaus, statt.

Abt. BRD im MfAA, sowie von BRD-Seite der stellvertretende Leiter der Politischen Abteilung der BRD-Vertretung, Lehmann, teil.

Auf meine direkte Frage, welchen Zweck er mit seinem Besuch in der DDR verfolgt, antwortete Kiep, er möchte gerade in der jetzigen Zeit erkennen lassen, daß er für die Fortsetzung der Kontakte und für die Weiterführung der Beziehungen der BRD zur DDR ist. Offensichtlich bestand seine Absicht darin, nach seiner Aufnahme in die Mannschaft von Strauß deutlich zu machen, daß sich an seiner grundsätzlichen politischen Position zur Frage der Verträge mit den sozialistischen Ländern und in seinem Verhalten zur DDR nichts verändert hat.

Er äußerte, daß der Wahlkampf eine große Schärfe annehmen kann. Deshalb wolle er sich dafür einsetzen, daß die Kontinuität der bisherigen Außenpolitik der BRD in Richtung Osten, vor allem gegenüber der DDR, gewahrt bleibt. Es sollte im Wahlkampf möglichst wenig Porzellan in der Frage der Beziehungen zur DDR zerschlagen werden. Deshalb habe er auch die Absicht, im September wieder zur Messe nach Leipzig zu kommen.

Im Verlaufe des Gesprächs erklärte Kiep, zu Beginn der 80er Jahre stehe die Welt vor sehr komplizierten Problemen, die keine Seite allein lösen könne. Die gegenseitige Abhängigkeit zwischen Ost und West sei so groß, und sie werde in den 80er Jahren weiter wachsen, daß es nur eine Alternative gebe, die des Friedens und des friedlichen Zusammenlebens. Es müsse unbedingt weltweit eine tragfähige Grundlage für diese Zusammenarbeit erhalten bzw. wieder geschaffen werden. Wenn das nicht gelinge, werde es sehr bedrohlich.

In diesem Zusammenhang war es bemerkenswert, daß Kiep auf entsprechende Vorhaltungen zu den scharfmacherischen Auftritten von Strauß und Kohl in der letzten Zeit nichts tat, um diese zu verteidigen. Er sagte, falls die CDU /CSU die Wahlen gewinnt, könne man sicher sein, daß Strauß als Bundeskanzler sofort nach Moskau fahren werde, um über die Weiterentwicklung der Beziehungen zu sprechen. Eine Wahlniederlage bei den Bundestagswahlen würde bedeuten, daß die CDU/CSU überhaupt einen ganz neuen Anlauf nehmen müsse, und dabei werde die Frage des Verhältnisses zur DDR sowie zu den anderen sozialistischen Ländern eine wichtige Rolle spielen. Er erklärte, die CDU/CSU habe nach der Wahlniederlage 1969 die Chance verpaßt, sich auf die neuen Entwicklungen einzustellen. Die Gruppe, zu der er gehöre, habe sich noch nicht durchsetzen können. Seine Position und die seiner Freunde sei aber stärker als früher. Kiep widersprach der Auffassung von Gaus nicht, daß man im Grunde davon ausgehen könne, daß aus der Sicht von heute die Wahlen für die SPD/FDP-Koalition gelaufen seien.

Auf die Frage, ob er sich mit dem Wahlprogramm der CDU/CSU eigentlich wohlfühlt und die von seiner Partei verkündeten Parolen über die „Moskaufraktion" in der SPD usw. glaubt, antwortete er: Wahlprogramme geben nur die Richtung an und sind interpretierbar. Sie werden zwar gedruckt, aber keiner geht davon aus, daß sie von den Wählern gelesen werden. Er könne mit dem Wahlprogramm leben. Außerdem sei es eine Sache, was man im Wahlkampf, wo oft zugespitzt wird, sagt. Eine andere Sache sei, was man selber glaubt. Er teilte mit, daß er 140 Wahlversammlungen zu bestreiten habe.

Offensichtlich ärgert es die CDU/CSU-Spitze sehr, daß die SPD erfolgreich mit der Parole des Friedens und der Entspannung auftritt. Es gab in diesem Zusammenhang eine Diskussion über Forderungen von CDU/CSU-Politikern nach uneingeschränkter Unterstützung der Carter-Politik, nach der Entsendung von BRD-Truppen nach dem Persischen Golf usw.

Zu internationalen Problemen versuchte Kiep – ebenso wie Gaus – erneut die Wende in der USA-Außenpolitik zur Konfrontation mit der sowjetischen Hilfsaktion für Afghanistan zu rechtfertigen. Kiep berichtete über ein persönliches Gespräch, das er vor einigen Monaten mit Carter hatte, über dessen angebliche Enttäuschung im Zusammenhang mit den Ereignissen in Afghanistan. Carter habe erklärt, er habe sein politisches Schicksal weitgehend mit SALT II verbunden gehabt und sei durch die Aktion der UdSSR desavouiert worden.

Auf unsere Hinweise, daß die Wende in der USA-Politik zur Konfrontation langfristig geplant sei und keineswegs ursächlich mit Afghanistan verbunden ist, meinte Kiep, es treffe zu, daß man in den USA dabei sei, für lange Frist die eigenen Interessen neu zu bestimmen. Er verwies dabei auf die „Identitätskrise" der USA nach Vietnam, Watergate usw. Es sei eine Illusion zu glauben, am Tage nach den Präsidentenwahlen werde die Welt wieder in Ordnung sein. Kiep schloß einen Wahlsieg von Reagan nicht aus. Wenn er Präsident werde, würden sich die Aussichten für SALT II noch verschlechtern. Eine Amtsübernahme von Reagan sei keinesfalls günstiger als die Präsidentschaft von Carter. Mit Reagan verlagere sich der Schwerpunkt der USA-Politik vollständig nach Kalifornien. Dort denke man scharf rechts. Er teilte mit, daß er in den nächsten Tagen in die USA reisen werde, um mit den Beratern von Reagan zu sprechen.

Es gab eine ausführliche Debatte über den Raketenbeschluß der NATO. Von Kiep und auch von Gaus wurde die Hoffnung geäußert, daß es während des Besuchs von Bundeskanzler Schmidt in Moskau[14] zu einer Übereinkunft kommt, die zur Aufnahme von Verhandlungen über die Mittelstreckenraketen führte. Die öffentliche For-

---

14 Vgl. Kap. 3, Anm. 8.

derung nach Aufhebung des Beschlusses könne die Meinungsbildung in Westeuropa nur erschweren. Günstig wäre, wenn man sich zunächst stillschweigend über den gegenseitigen Verzicht verständigen könnte.

Von uns wurde darauf hingewiesen, daß es immer deutlicher wird, daß von seiten der USA und auch der NATO auf die rasche Stationierung der Raketen gedrängt wird und Verhandlungen über die Mittelstreckenraketen gar nicht gewünscht werden. Die Kernfrage der heutigen internationalen Situation bestehe darin, daß die USA-Politik darauf gerichtet ist, dem Westen die militärische Überlegenheit zu verschaffen. Das ist die Wurzel der Verschärfung der Lage. Kiep äußerte dazu, jegliches Streben nach Überlegenheit sei Wahnsinn, denn das führe zum Konflikt. Wichtig sei eine Politik des Gleichgewichts. Es sei zu hoffen, daß man auf unserer Seite von der BRD nicht erwarte, sich vom Bündnis mit den USA zu lösen, daß wir nicht auf lokale taktische Vorteile ausgehen.

Im Verlaufe der Zusammenkunft kam es zu einer Diskussion über die veränderten außenwirtschaftlichen Bedingungen für die DDR und die BRD sowie die damit verbundenen Konsequenzen. Es ging um Fragen der 12. Tagung des ZK der SED, der Baukonferenz usw.[15] Dabei wurde deutlich, daß die BRD-Vertretung offenkundig besondere Aufmerksamkeit den Fragen der Versorgung in der DDR zuwendet und regelmäßig darüber nach Bonn berichtet.

Gaus teilte mit, daß er in dieser Woche nach Bonn fahren wird, um an der Ausarbeitung von Unterlagen für die eventuelle Reise von Bundeskanzler Schmidt in die DDR mitzuarbeiten.

Im Zusammenhang mit einer beabsichtigten touristischen Reise des Vorsitzenden der CDU-Sozialausschüsse, Norbert Blüm, von 15. bis 18. August 1980[16] bat Kiep um die Vermittlung geeigneter Gesprächspartner. Die Position von Blüm sei ja bekannt, er zähle zu den realistischen Kräften in der CDU.

Quelle: SAPMO-BArch, DY 30/J IV 2/10.02/19; 37075/1; IV/2/2.036/87.

---

15 Die 12. Tagung des SED-Zentralkomitees fand am 21. und 22. Mai 1980 statt. In seiner Rede bekräftigte Erich Honecker die Bereitschaft der DDR zur Fortsetzung des Ost-West-Dialogs. Zugleich hob er den „besonderen Stellenwert" seines Treffens mit Bundeskanzler Helmut Schmidt in Belgrad am 8. Mai 1980 hervor: „Es unterstrich die Verantwortung beider deutscher Staaten für den Frieden gerade in einer Zeit, in der die internationale Lage komplizierter geworden ist." (Erich Honecker: Reden und Aufsätze. Bd. 7, Berlin 1981, S. 240.) Die 7. Baukonferenz des SED-Zentralkomitees und des DDR-Ministerrates fand am 19. und 20. Juni 1980 in Berlin statt. An dieser Konferenz nahm auch SED-Generalsekretär Erich Honecker teil und hielt das Schlußwort. Vgl. den Text der Honecker-Rede in: ebenda.
16 Vgl. Dok. 34.

Information über ein Zusammentreffen mit Norbert Blüm, CDU-Bundestagsabgeordneter und Vorsitzender der CDU-Sozialausschüsse, in Berlin am 19. August 1980

Aus Anlaß eines Mittagessens, gegeben vom Ständigen Vertreter der BRD in der DDR, Gaus, bin ich mit Norbert Blüm auf dessen Wunsch erstmals zusammengetroffen. Er hatte gemeinsam mit dem Publizisten Franz Alt, der offenbar auch der CDU angehört, eine touristische Reise durch die DDR unternommen.

Das Gespräch war im großen und ganzen allgemeiner Natur und betraf die generelle politische Situation. Dabei ging es vor allem um die Lage in der Bundesrepublik vor den Bundestagswahlen. Es bestätigte sich erneut, daß selbst bei prominenten Mitgliedern der CDU wenig Hoffnung besteht, daß ihre Partei unter der Führung von Strauß die Bundestagswahl gewinnen könnte. Blüm meinte zwar, aus seiner Sicht sei die Lage noch nicht völlig aussichtslos. Alt erklärte hingegen, er sei der festen Überzeugung, daß Schmidt weiter regieren werde.

Es kam zu einem Meinungsaustausch über die Haltung der CDU/CSU zu den Fragen der Entspannungspolitik, insbesondere zum Verhältnis zwischen der BRD und der DDR. Dabei traten allerdings keine zusätzlichen Gesichtspunkte zu den uns bisher bekannten Auffassungen zutage. Es bestätigte sich jedoch, daß Blüm offenkundig zu jenen Kräften in der CDU/CSU zählt, die für ein vernünftiges und realistisches Verhalten eintreten. Er äußerte Interesse, das Gespräch fortzusetzen und forderte mich auf, bei einem meiner nächsten Aufenthalte in Bonn ihn zu besuchen.

Im Verlaufe der Unterhaltung richtete er an mich die Frage, ob das bevorstehende Treffen von Erich Honecker mit Helmut Schmidt positiv verlaufen und „etwas Handfestes" herauskommen werde.[17] Ich antwortete in allgemeinen Worten, daß von unserer Seite alles getan wird, damit das Arbeitstreffen im Interesse des Friedens und der Beziehungen zwischen den beiden deutschen Staaten positiv verläuft, und daß wir die Erwartung haben, daß auch die Bundesregierung dazu beitragen wird.

Naturgemäß kam die Rede auf die Ereignisse in Polen. Dabei wurde sowohl von Gaus als auch von Blüm die Meinung geäußert

---

17 Gemeint ist die für Ende August 1980 in Aussicht genommene Reise von Bundeskanzler Helmut Schmidt in die DDR, die dieser am 22. August 1980 wegen der Lage in Polen absagte. Vgl. den Vermerk über ein Telefonat zwischen Schmidt und Honecker am 22. August 1980 in: Heinrich Potthoff: Bonn und Ost-Berlin, S. 544 f.

daß die Dinge sich hoffentlich nicht so zuspitzen, daß die Begegnung zwischen Erich Honecker und Helmut Schmidt gefährdet würde oder es überhaupt zu einer Einschränkung der Beziehungen zwischen den sozialistischen Staaten und der Bundesrepublik kommt. Auf die Frage, ob die Absage von Genossen Gierek auch das Arbeitstreffen am Werbellinsee in Frage stellen könnte, antwortete ich, daß meines Erachtens für solche Vermutungen oder Spekulationen keinerlei Anlaß besteht.

Quelle: SAPMO-BArch, DY 30/J IV 2/10.02/19; 37075/1.

Dokument 35

Information über einen Aufenthalt von Herbert Häber in der Bundesrepublik Deutschland vom 5. bis 14. September 1980[18]

Während meines Aufenthaltes, der vor allem dem Studium des Wahlkampfes im Vorfeld der Bundestagswahlen am 5. Oktober diente, habe ich Wahlveranstaltungen bzw. Kundgebungen der SPD, der CDU, der FDP und der DKP besucht. Ich führte Gespräche mit dem stellvertretenden SPD-Vorsitzenden Wischnewski, dem stellvertretenden Vorsitzenden der SPD-Bundestagsfraktion Ehmke, dem Bundesgeschäftsführer der SPD, Bahr, dem Parlamentarischen Geschäftsführer der SPD-Bundestagsfraktion, Becker, dem Ministerpräsidenten des BRD-Landes Hessen und Mitglied die Präsidiums der SPD, Börner, dem Mitglied des Präsidiums der CDU und Bundestagsvizepräsidenten, Weizsäcker, dem Mitglied des Präsidiums der CDU und Schatzmeister, Kiep, dem stellvertretenden Vorsitzenden der FDP-Bundestagsfraktion, Hoppe, dem Bundesgeschäftsfüher der FDP, Fliszar sowie dem Hauptgeschäftsführer des Deutschen Industrie- und Handelstages (DIHT), Schoser. Außerdem bin ich zu Beginn sowie zum Abschluß meines Aufenthaltes mit dem Vorsitzenden der DKP Herbert Mies zusammengetroffen.

Zum gegenwärtigen Stand des Wahlkampfes:

Insgesamt kann gesagt werden, daß nach Meinung all der von mir aufgesuchten Persönlichkeiten und auf Grund eigener Eindrücke auch weiterhin mit einem Erfolg der SPD/FDP-Koalition gerechnet werden kann. Allerdings hat sich in den zurückliegenden Wochen die Position der Regierungsparteien, insbesondere die der SPD und des Bundeskanzlers, etwas verschlechtert, während die CDU/CSU und speziell auch Strauß Boden gutgemacht haben.

---

18 Die Information datiert vom 15. September 1980.

Wischnewski äußerte, das Wahlklima habe sich zum Negativen verändert, wenn auch von einem Stimmungsumschwung nicht gesprochen werden könne. Bahr gab eine relativ pessimistische Einschätzung der aktuellen Situation der SPD. Es sei ein Nachlassen ihres Angriffsschwungs zu verzeichnen, und sie befinde sich in einer gewissen Defensive. Zwar sei der Wahlsieg der Koalition nicht gefährdet, aber das Ziel der SPD, stärkste Partei zu werden, das noch vor wenigen Wochen als erreichbar schien, sei fraglich geworden. Weizsäcker meinte, die Situation für die CDU habe sich etwas verbessert. Auch Kiep vertrat diese Ansicht. Beide äußerten jedoch, daß nach wie vor die CDU/CSU nicht der Favorit dieser Wahl sei. Genosse Mies erklärte, nach seiner Auffassung sei der Spielraum für Strauß größer geworden. Die CDU stoße mit Erfolg vor. Die Koalition sei jetzt defensiv. Sie rechtfertige ihre Politik, mache aber keine Aussage, wie es weitergehen soll.

Maßgeblich für diese Entwicklung sind vor allem folgende Faktoren:

– Die Kampagne der SPD gegen Strauß hat an Wirksamkeit eingebüßt. Ohnehin wird sie relativ unpolitisch geführt, denn man greift ihn vor allem an wegen „Unbeherrschtheit" und „Unkalkulierbarkeit". Dazu trägt bei, daß die SPD-Führung selbst dazu aufruft, auf öffentliche Aktionen und Demonstrationen gegen Strauß zu verzichten und die von ihr ins Leben gerufenen Anti-Strauß-Komitees zurückgepfiffen hat. Begründet wird das damit, daß solche Aktionen die CDU/CSU-Wähler fester um Strauß zusammenschließen würden und daß es Strauß nur nutzen könnte, wenn Sozialdemokraten mit DKP-Mitgliedern gemeinsame Sache machen.

– Auch die Wirkung der von Schmidt und der SPD-Führung propagierten Friedens- und Entspannungsparolen ist geringer geworden. Einmal ist gegenwärtig die Angst vor einem militärischen Konflikt in der Bevölkerung der BRD nicht mehr so groß wie vor einigen Monaten. Zum anderen bleiben die Friedensparolen unverbindlich, weil die Redner der SPD darüber schweigen, was zur Sicherung des Friedens getan werden müßte. Es wird kaum über die Notwendigkeit der Ratifizierung von SALT II gesprochen und es wird auch über die erforderlichen Verhandlungen über die Fragen der Mittelstreckenraketen geschwiegen.

Derzeit reduziert sich die Friedenspropaganda der SPD-Führung auf die allgemeine Betonung der Notwendigkeit von Gesprächen und Verhandlungen mit den sozialistischen Staaten. Daß Schmidt in Moskau war, spielt kaum noch eine Rolle. Der ausgefallene Besuch aus Polen wird von der CDU/CSU genutzt, um zu betonen, die gesamte Schmidtsche Ostpolitik sei auf Sand gebaut. Die Absage des Arbeitstreffens mit Genossen Erich Honecker hat dazu geführt, daß auch die Beziehungen zur DDR in ein Zwielicht geraten sind.

Bahr äußerte, die SPD sei voll darauf eingestellt gewesen, die Themen Entspannung und Friedenssicherung offensiv einzusetzen. Nunmehr habe sie Schwierigkeiten, sich zu artikulieren. Die Verschiebung der Begegnung Schmidts mit Erich Honecker, die viele Fragen aufgeworfen habe, hätten der SPD fest eingeplante Aktivposten für den Wahlkampf genommen. Alles habe den Eindruck verstärkt, daß gegenwärtig auf dem Feld der Entspannungspolitik wenig läuft.

– Die Ereignisse in Polen wirken im Zusammenhang mit der Hetzkampagne der BRD-Medien zugunsten der CDU/CSU. In den Wahlversammlungen betreiben die CDU-Redner mit dem Hinweis auf die Lage in Polen scharfe antikommunistische Hetze und erklären, es sei notwendig, das gesamte Konzept der Ostpolitik hinsichtlich ihrer Ziele und Methoden neu zu durchdenken.

– Der CDU/CSU ist es gelungen, einige für die Koalition unangenehme innenpolitische Themen wirkungsvoll in den Wahlkampf einzuführen. Das betrifft vor allem die hohe Staatsverschuldung. Mit großer Demagogie werden diese Schulden, die auch von den CDU-geführten Bundesländern mit hervorgerufen und von der CDU-Mehrheit im Bundesrat mit beschlossen wurden, voll auf das Konto der Bundesregierung geschoben. Die SPD-Redner müssen viel Zeit aufwenden, um in den Wahlversammlungen dazu Erläuterungen zu geben. In ähnlicher Weise ist die Diskussion um die Frage der Renten sowie über die Probleme der Familienpolitik aufgebrochen. Die CDU zielt dabei vor allem auf ältere Menschen und Frauen. Auch wurde ein Angriff gegen den Innenminister[19] gestartet, dem die Regierung bisher nicht offensiv entgegengewirkt hat. Die Schwäche der Position der Regierungsparteien besteht darin, daß sie zwar feststellen, alles sei nicht so schlimm, wie es die CDU darstelle, aber nicht sagen können, wie es denn in den nächsten Jahren konkret weitergehen wird.

– Insgesamt ist der Wahlkampf dadurch geprägte, daß über die wirklich anstehenden Probleme der Innen- und Außenpolitik kaum sachlich geredet wird (Arbeitslosigkeit, Inflation, Bildungsfragen usw.). Man behilft sich mit demagogischen Schlagworten. Ausdruck dafür ist das absurde Theater in der sogenannten Schiedsstelle, in der man sich darüber streitet, ob Begriffe wie Betrüger oder Falschmünzer usw. im Wahlkampf erlaubt sind oder nicht. So meinte Herr Schoser vom Industrie- und Handelstag, daß die eigentlichen kon-

---

9 Bundesminister des Innern war in der Zeit von 1977 bis 1982 der als linksliberal geltende FDP-Politiker Gerhart Rudolf Baum.

troversen Sachthemen übergangen würden. Es sei der lahmste Wahlkampf seit langem. Bei manchen Wählern, besonders bei jungen, ergebe sich die Frage, ob es sich überhaupt lohne, zur Wahl zu gehen. Er bezog sich dabei auf Meinungen aus seinem Bekanntenkreis und auf seinen eigenen Sohn. Vielleicht, so meinte er, gebe es sogar eine Überraschung bei der Wahlbeteiligung.

– Was die FDP angeht, so wird damit gerechnet, daß sie auf jeden Fall in den Bundestag einziehen wird. Manche rechnen sogar mit einem überraschend guten Ergebnis, so daß die FDP vielleicht einen weiteren Ministerposten im Kabinett beanspruchen wird (Becker, Ehmke). Hoppe äußerte, die FDP stelle absichtlich Lambsdorff in den Vordergrund, weil er aus dem Kreis der CDU Wählerstimmen für die FDP herausbrechen soll. Baum habe auch eine Funktion zu erfüllen, nämlich die linksorientierten FDP-Wähler bei der Stange zu halten. Die FDP-Führung habe erst kürzlich in ihrem Präsidium eingeschätzt, daß diese Taktik aufgehe und sich auch bewähre.

Börner äußerte zum voraussichtlichen Wahlausgang, die SPD werde etwas weniger erhalten als sie verdiene und als vor einigen Wochen erwartet worden sei. Die FDP werde etwas mehr erhalten als sie verdiene, und die CDU/CSU werde es trotz punktueller Verbesserungen nicht schaffen.

Zur Frage der Beziehungen zwischen der BRD und der DDR:

Bei allen Gesprächen spielte diese Frage eine große Rolle. Aus Äußerungen von Wischnewski und Bahr konnte ich entnehmen, daß es während des zentralen SPD-Treffens am 6. 9. in Dortmund zwischen Schmidt, Brandt, Wischnewski und Bahr zu einer Unterhaltung darüber gekommen war, wer sich mit mir trifft und welche Fragen gestellt werden sollen. Daraufhin bin ich für Sonntag, den 7. 9. nachmittags, zu Wischnewski in die Wohnung eingeladen worden und erhielt auch feste Termine von Bahr, Ehmke und Börner, obwohl sie eigentlich alle im Wahlkampfeinsatz unterwegs sind.

Wischnewski äußerte, die Bonner Spitze habe sehr aufmerksam die Veröffentlichungen im ND über das Fernsehgespräch von Schmidt, das Interview von Genossen Honecker mit Maxwell[20] und vor allem die Äußerungen des Generalsekretärs der SED auf der Leipziger Messe verfolgt. Dann sei die Veröffentlichung im ND über die Revanchepolitik der BRD gegenüber Polen gekommen.[21] Das habe überrascht, aber man habe aufmerksam gelesen und die darin

---

20 SED-Generalsekretär Erich Honecker hatte am 4. Juli 1980 dem britischen Verleger Robert Maxwell ein Interview gegeben. Vgl. ND, 5. Juli 1980.

21 „Neues Deutschland" veröffentlichte am 4. September 1980 eine Dokumentation des Instituts für internationale Politik und Wirtschaft der DDR (IPW über „Revanchistische Aktivitäten und Forderungen aus der BRD gegenübe der Volksrepublik Polen". Vgl. ND, 4. September 1980.

enthaltenen Nuancen erkannt. Wie eine kalte Dusche aber habe die ADN-Meldung über den Terminkalender von Genossen Honecker gewirkt. Man entnehme daraus, daß die DDR offenkundig nicht vor der zweiten Hälfte des nächsten Jahres mit einem Treffen zwischen Schmidt und Honecker rechne. Wischnewski beteuerte zugleich, die Bundesregierung habe mit der Meldung im „Spiegel" über die angebliche Anberaumung des Treffens auf der Insel Vilm nichts zu tun. Er forderte mich auf, einen Rat zu geben, was Schmidt tun soll, damit sich das Verhältnis zu Erich Honecker nicht verschlechtert und durch Mißverständnisse nicht etwas verbaut wird.[22]

Ich antwortete, daß ich natürlich nicht Berater des Bundeskanzlers bin, sondern mich zum Studium des Wahlkampfes in der BRD aufhalte. Was die ADN-Meldung angeht, so muß man sie richtig lesen. Was damit gemeint ist, steht drin. Ich bin nicht zu Gesprächen über das Thema des Treffens beauftragt, aber ich habe eine Meinung. Nach meiner Auffassung müßte auf jeden Fall damit Schluß gemacht werden, daß in der Bundesrepublik unaufhörlich öffentliche Spekulationen über die Durchführung eines Arbeitstreffens angestellt und durch Indiskretionen durch Regierungsseite genährt werden. Es sei unakzeptabel, daß eine Seite andauernd spekulative Äußerungen über Ort, Zeit und Umstände eines solchen Treffens lanciert, wie das im Vorfeld der geplanten Begegnung in permanenter Weise geschehen ist. Die DDR habe ein hohes Maß an Zurückhaltung gezeigt und deshalb sei mir die Aufregung über die ADN-Meldung vom Ende der vergangenen Woche völlig unverständlich. Man müsse sich endlich daran gewöhnen, daß die DDR ein souveräner Staat ist. Ganz persönlich möchte ich hinzufügen, daß man sich klar werden muß, ob man ein Arbeitstreffen zwischen dem Bundeskanzler der BRD und dem Generalsekretär der SED wünscht oder ob man auf eine Showveranstaltung aus ist, bei der es dann am wichtigsten ist, ob irgend jemand irgendwo Orgel spielen kann. Manöver, wie wir sie in den vergangenen Monaten erleben mußten, lassen gelegentliche Zweifel an der Ernsthaftigkeit der BRD-Seite aufkommen und werden der Bedeutung eines Treffens zwischen den führenden Repräsentanten der beiden deutschen Staaten in keiner Weise gerecht.

Wischnewski nahm diese Ausführungen entgegen und beteuerte, all das, was sich davor ereignet habe, sei zu bedauern, man habe das nicht böse gemeint, wir wüßten ja, wie der Bundeskanzler sei, in Bonn könne man eben nichts geheim halten usw.

---

22 Bundeskanzler Helmut Schmidt richtete am 5. Oktober 1980, unmittelbar nach Bekanntwerden seines Wahlsieges ein Schreiben an den SED-Generalsekretär, in dem er es für „unverändert wichtig" erachtet, ein Treffen mit Honecker anzustreben. Vgl. den Text des Schreibens in: Heinrich Potthoff: Bonn und Ost-Berlin, S. 546 f.

Bahr verwies im Gespräch auf die zum Zeitpunkt der Entscheidung unübersichtliche Entwicklung der Vorgänge in Polen und unterstellte auch unserer Seite ein gewisses Interesse an der Verschiebung des Arbeitstreffens. Er ließ erkennen, daß er angesichts der jetzigen Lage und der entstandenen Probleme der SPD im Wahlkampf das Nichtstattfinden der Begegnung anders bewerte. Vor der Regierungserklärung, die im Falle eines Wahlerfolges im Dezember zu erwarten sei, sei seiner Ansicht nach eine neue Vereinbarung nicht möglich. Ehmke meinte, es sei richtig gewesen, daß die BRD das Gespräch abgesagt habe. Man sollte das Thema aus der öffentlichen Diskussion heraushalten. In gleicher Richtung äußerte sich Börner. Vielleicht sollte man im Februar die Lage prüfen und dann neu herangehen. Wichtig sei, daß die Beziehungen zwischen den beiden deutschen Staaten durch die Ereignisse nicht beschädigt werden.

Zur Frage der Konfrontationsstrategie der USA und der NATO-Raketenbeschlüsse:

Alle Gesprächspartner habe ich aufgefordert, mir ihre Meinung zur Präsidenten-Direktive 59 über die neue Atomstrategie der USA zu sagen. Jetzt sei doch wohl endgültig klar, daß die Raketen-Beschlüsse vom Dezember 1979 nicht zur „Nachrüstung", sondern zur Durchführung dieser Strategie des atomaren Erstschlages bestimmt sind. Fast alle haben sich um eine Antwort gedrückt. Zumeist wurde gesagt, man müsse die Wahlen in den USA abwarten. Dann erst sei es möglich, die künftige USA-Politik einzuschätzen. Wischnewski äußerte, wenn Reagan Präsident werde, stünde es um SALT II schlecht. Falls Carter gewinnt, könne es evtl. noch zur Ratifizierung von SALT II kommen. Aber auch das sei noch nicht völlig sicher. Die Regierung der BRD versuche, die vorhandenen Gegensätze zur Politik der USA bis zur Wahl zu überspielen. Dann aber würden sie zutage treten. Die Interessen der BRD hinsichtlich ihrer Ostpolitik blieben aber unverändert, das zeige das 25-Jahre-Abkommen mit der UdSSR.

Bahr sagte zu diesem Thema, sollte Carter Präsident bleiben, müsse man sehen, welcher Zusammenhang zu SALT II entstehe und ob die Direktive tatsächlich in Kraft gesetzt werde. Im Falle eines Wahlsieges von Reagan werde es etwa 6 Monate dauern, bevor klar werde, welche Außenpolitik in den USA gemacht würde. Das gegenwärtige Schweigen der BRD-Regierung zur Direktive 59 habe auch wahltaktische Gründe. Die SPD müsse alles vermeiden, was von der Opposition als Angriff auf die USA-Politik interpretiert werden könnte. Nach den amerikanischen Wahlen werde man sich auf alle Fälle äußern. Damit wäre dann auch das Phänomen beendet, das gegenwärtig auf eine amerikanische Entscheidung, die die Lebensinteressen Westeuropas zutiefst berührt, keines der betroffenen

Länder reagiert. Die BRD schweige wegen der Wahl, Frankreich, weil es sich in dem eigenen Bestreben nach Loslösung von den USA bestärkt sieht, Italien, weil die BRD und Frankreich nichts sagen usw. Bahr verwies auf seine unveränderte Ablehnung der Neutronenwaffe.

Ehmke äußerte in diesem Zusammenhang, er selbst rechne jetzt mit einem Wahlsieg von Carter. Wenn dennoch Reagan gewinnen sollte, werde es Konflikte zwischen Westeuropa und den USA geben. Er glaube, daß es in den nächsten Jahren zu einer pazifistischen Welle in der BRD kommen werde.

Börner sagte, der Unterschied zwischen Carter und Reagan sei derselbe wie zwischen Pest und Colera. Man sei in Bonn jedoch der Auffassung, daß es mit Carter doch etwas leichter gehen könne. Anfang des Jahres werde man klarer sehen, wie es weitergeht mit den geplanten Verhandlungen über die Raketen. Auf jeden Fall würden die Interessen Westeuropas durch die zu erwartende Politik der USA stark berührt. Er persönlich sei ein starker Befürworter der Rüstungsbegrenzung.

Auch Weizsäcker zeigte sich von einem Wahlsieg Carters überzeugt. Damit werde aber ein Präsident gewählt, der zwar einen Wahlkampf führen könne, aber kein befriedigendes Konzept für die internationale Politik habe. Es gehe natürlich nicht an, daß die USA der UdSSR ständig auf die Füße treten und gleichzeitig betonen, sie wollten mit ihr gedeihliche Abrüstungsverhandlungen führen.

Kiep vertrat die Ansicht, daß die Chancen für Reagan geringer und für Carter wieder besser geworden seien. Reagan habe mit seinen außenpolitischen Äußerungen wesentliche Fehler gemacht. Kiep sprach sich für das Prinzip des militärischen Gleichgewichts aus und lehnte das Konzept der militärischen Überlegenheit der USA ab. Carter habe sich in diesen Fragen bereits etwas korrigiert.

Ergänzung zu den einzelnen Unterredungen:
Gespräch mit Hans-Jürgen Wischnewski, stellvertretender SPD-Vorsitzender, an 7. September in seiner Privatwohnung in Köln:
Zusätzlich zu den bereits genannten Themen äußerte sich Wischnewski über das zentrale SPD-Treffen in Dortmund vom Vortage mit etwa 150 000 Teilnehmern. Das Treffen habe drei Ziele gehabt:

– Man wollte zeigen, daß die SPD die stärkste Partei ist.
– Es ging darum, das Selbstbewußtsein der Parteimitglieder zu stärken.
– Es war ein SPD-Familientreffen, wie man es lange nicht veranstaltet hatte und soll die Zusammengehörigkeit der Partei festigen.

Im Hinblick auf die Entwicklung in Polen kam es zu einer Diskussion über die von der SPD-Führung so verdächtig laut verkündete Position der Nichteinmischung. Wischnewski rühmte sich, daß

er Bestrebungen bestimmter Leute in der SPD verhindert habe, Geld-
sammlungen für die polnischen Arbeiter zu organisieren. Als echter
Sozialdemokrat könne er allerdings Sympathie für streikende Arbeiter nicht verbergen. Ich antwortete, daß mir das im Hinblick auf die
Haltung zu Streiks in der BRD noch nicht aufgefallen sei. Außerdem
würde mich interessieren, seit wann die SPD für Gewerkschafts-
spaltung eintrete. Ich nutzte die Gelegenheit, um auf den Artikel von
Stobbe in der Westberliner SPD-Zeitung „Berliner Stimme" vom
6. 9. 1980 hinzuweisen, der eine freche Einmischung in die inneren
Angelegenheiten der Volksrepublik Polen darstellt und eindeutig auf
konterrevolutionäre Veränderungen abzielt. Wischnewski versuchte,
die Sache zu verniedlichen, indem er sagte, Stobbe sei für die SPD-
Führung nicht repräsentativ und die genannte Zeitung sei ja auch
nicht gerade ein Millionenblatt.

Um seine Wichtigkeit hervorzukehren, teilte Wischnewski mit, er
gehöre nach wie vor zum „Kleeblatt" im Kanzleramt und werde zu
allen wichtigen Beratungen hinzugezogen. Von sich aus kam er auf
den Gesundheitszustand von Herbert Wehner zu sprechen und betonte, trotz dessen Arbeitsenergie sei nicht mehr sehr viel zu erwarten. [...]

*Gespräch mit Egon Bahr am 9. September im Gebäude des Par-
teivorstandes der SPD:*

Zur Situation der Volksrepublik Polen nahm Bahr nur allgemein
Stellung. Er sehe als Ursache der Ereignisse vor allem innere Spannungen, vor denen Polen wie auch andere Industriestaaten stehen.
Diese Probleme bzw. Widersprüche würden für die Industriegesell-
schaften, unabhängig von ihrer sozialen und politischen Struktur, in
annähernd gleicher Weise auftreten. Ihm scheine allerdings, daß die
westlichen Gesellschaften besser damit fertig würden.

Auch er behauptete, den Artikel von Stobbe nicht zu kennen. Er
beteuerte, die Regierung der BRD werde an dem Kurs der Nichteinmischung festhalten. Man erwarte aber auch das gleiche von den sozialistischen Ländern.

Viel Hoffnung setzte man in den Wochen vor der Wahl noch auf
die viermalige Verteilung einer Sonntags-Wahlzeitung der SPD mit
einer Auflage von je 15 Millionen Exemplaren.

*Gespräch mit Horst Ehmke, stellvertretender Vorsitzender der
SPD-Bundestagsfraktion, am 10. September in seinem Büro im Gebäude des Bundestages:*

Ehmke äußerte seine Sorge, daß vor dem Wahltag Terroranschlä-
ge erfolgen könnten. Man befürchte vor allem noch immer einen An-
schlag gegen Schmidt. Hinsichtlich der Entwicklung in Polen meinte
er, die BRD werde wirtschaftliche Hilfe leisten, obwohl noch kein
Aufforderung an Bonn ergangen sei. Nach seiner Meinung seien in

Danziger Papier²³ Festlegungen enthalten, die niemals verwirklicht werden können. Er hoffe, daß es Kania gelingen werde, die Entwicklung in Polen in den Griff zu bekommen.

Bei Ehmke wie auch bei anderen war zu erkennen, daß man Sorge hat, von seiten der USA könnten durch offene Formen der Einmischung in Polen (Geldspenden usw.) „Dummheiten" begangen werden, die die von der BRD angestrebte längerfristigere, dafür um so sichere Aufweichung in Polen stören könnten.

Gespräch mit Helmut Becker, Geschäftsführer der SPD-Bundestagsfraktion, am 10. September in seinem Wahlkreis Techlenburg/Westfalen:

Becker äußerte sich unter vier Augen über zu erwartende personelle Veränderungen in der SPD-Bundestagsfraktion für den Fall eines Wahlsieges der Koalition. Herbert Wehner wird wieder das Amt des Fraktionsvorsitzenden übernehmen. Er denke nicht daran, zurückzutreten. Es sei aber geplant, Wischnewski als stellvertretenden Vorsitzenden vorzusehen. Er gelte derzeit als chancenreichster Anwärter auf den Fraktionsvorsitz, falls Wehner einmal ausfallen sollte. Schmidt sei damit bereits einverstanden. Weitere Anwärter für den Fraktionsvorsitz seien Ehmke und Rhode. Sie hätten aber, wenn Wischnewski nominiert werde, gegen ihn kaum eine Chance.

Apel werde auf jeden Fall in der Bundesregierung bleiben. Obwohl sein Name bereits genannt worden ist, komme er für die Fraktion nicht infrage.

Wenn das Ministerium für Post und Verkehr geteilt werden sollte, so könnte Gescheidle evtl. Postminister bleiben (ohne Bundestagsmandat). Volker Hauff, bisher Minister für Wissenschaft und Technik, werde dann mit Sicherheit das Verkehrsministerium übernehmen.

Aus Westberlin komme Korber neu in den Bundestag. Er habe bereits angekündigt, daß er in den „innerdeutschen" Ausschuß entsandt werden wolle. Die Fraktionsführung will das verhindern. Auch Wehner sei dagegen. Als Begründung wolle man angeben, die Arbeit in diesem Ausschuß sei nichts für Neulinge.

Da Mattick als Vorsitzender des „innerdeutschen" Ausschusses ausscheidet, müsse auch für ihn Ersatz gefunden werden. Im Gespräch dafür seien Maria Schlei, Hans Büchler und der Abgeordnete Hofmann aus Kronach. Es sei allerdings noch nichts entschieden. Auf jeden Fall wolle man einen Politiker nehmen, der kein Scharfmacher ist.

---

3 Gemeint ist die Vereinbarung der polnischen Regierung mit Vertreter des überbetrieblichen Streikkomitees in der Lenin-Werft in Gdansk vom 30. August 1980, in dem die Zulassung der unabhängigen Gewerkschaft „Solidarność" vereinbart worden ist.

Egon Bahr werde voraussichtlich doch für längere Zeit Bundesgeschäftsführer der SPD bleiben.

Innerhalb der Bundestagsfraktion der SPD würde es nach den
Wahlen einige Veränderungen geben. Die Zahl der sogenannten
„Linken" werde sich von rund 28 auf ca. 40 vergrößern. Man müsse
allerdings beachten, daß diese Linken keine einheitliche Ideologie
aufweisen und auch kein gemeinsames Konzept vertreten. Die bisher
als links bekannten Bundestagsabgeordneten sind bei ihrer Wieder-
aufstellung ausdrücklich darauf vergattert worden, daß sie sich bei
Abstimmungen im Bundestag der Mehrheitsentscheidung in der
Fraktion fügen müssen. Wer aus dieser Disziplin noch einmal ausbricht, sei das letzte Mal im Bundestag gewesen. Zu den „Kanal-
arbeitern", einer rechten Gruppe von Abgeordneten unter Führung
von Egon Franke äußerte Becker, sie würden auch weiterhin eine
Biertrinkergesellschaft bleiben. Neben dem sogenannten Metzger
Kreis werde es wahrscheinlich eine neue Gruppe von Gewerk-
schaftsfunktionären geben, die in der Fraktion einige Bedeutung er-
langen könnten.

*Gespräch mit Holger Börner, Ministerpräsident des Landes Hes-
sen, am 12. September in seiner Residenz in Wiesbaden:*

Börner, den ich zum ersten Mal traf, bekundete das besondere
Interesse des Landes Hessen an der weiteren positiven Entwicklung
der Beziehungen zwischen der BRD und der DDR. Er sei sehr erfreut darüber, daß trotz der Absage des Treffens am Werbellinsee
durch Schmidt die vereinbarten Gespräche über eine Regelung der
Probleme an der Werra[24] begonnen haben. Er nutze das im Wahlkampf stark aus. Es sei von großer Bedeutung, daß die Beziehungen
zwischen der BRD und der DDR in den zurückliegenden Monaten
eine beträchtliche Stabilität gezeigt haben. Für die SPD sei das im
Wahlkampf günstig. Schlimm würde es, wenn die CDU behaupten
könne, daß Helmut Schmidt auf dem Scherbenhaufen seiner Illusionen sitze.

Börner, der als aussichtsreicher Anwärter auf die Funktion des
SPD-Vorsitzenden nach Brandt gilt, zeigte sich interessiert an In
formationen über die Entwicklung in der DDR und betonte den
Wunsch, bei nächster Gelegenheit das Gespräch fortzusetzen. Anwe
send war der Landesgeschäftsführer der SPD von Hessen, Paul Giani

*Gespräch mit Richard von Weizsäcker, Mitglied des Präsidium
der CDU, am 11. September im Gebäude des Bundestages:*

Weizsäcker stellte die Frage, was die DDR darunter verstehe, da
von deutschem Boden aus kein Krieg mehr ausgehen dürfe. Er ver
wies darauf, daß dieser Satz, der richtig sei, vor Jahren zuerst von

---

24 Vgl. Kap. 3, Anm. 5.

der DDR mit einer kritischen Stoßrichtung gegenüber der BRD geprägt worden sei. Ihn bewege, was die DDR und die BRD gemeinsam für die Erhaltung des Friedens tun können.

Im Zusammenhang mit dem bevorstehenden Treffen in Madrid[25] richtete ich an Weizsäcker die Frage, wie die am gleichen Tage in der Presse erwähnte „Große Anfrage" der CDU/CSU-Fraktion zum Thema „Menschenrechtsverletzungen" in sozialistischen Ländern zu verstehen sei, ob man erneut eine Hetzkampagne gegen die DDR inszenieren wolle. Weizsäcker meinte, daß diese Anfrage nicht mehr zum Tragen kommen werde, da der jetzige Bundestag seine Tätigkeit beende. Er versuchte, die Sache herunterzuspielen. Allerdings sei es Auffassung der CDU/CSU, daß es keine internationale Konferenz wie in Madrid geben könne, ohne dort über die Menschenrechte zu sprechen. Das betreffe auch den sowjetischen Einmarsch in Afghanistan.

Weizsäcker bemerkte, daß sich im Falle eines Wechsels der Bundesregierung in den Beziehungen der BRD zur DDR grundsätzlich nichts ändern würde. Er verwies auf das Gespräch zwischen Breshnew und Strauß, das gezeigt habe, daß Strauß doch ein realistischer Politiker sei. Insgesamt ließ die Haltung von Weizsäcker erkennen, daß er kaum mit einem Wahlsieg der CDU/CSU rechnet.

Gespräch mit Walther Leisler Kiep, Mitglied des Präsidiums der CDU, am 8. September in Frankenthal (Rheinland-Pfalz):

Neben den bereits genannten Themen äußerte sich Kiep ausführlich zur internationalen Entwicklung. Er wiederholte seine Ansicht, daß revolutionäre Bewegungen in Afrika, Asien und Lateinamerika nicht, wie oft behauptet, von Moskau ausgelöst würden. Es handele sich vielmehr nach seiner Ansicht um autonome Prozesse, die sich aus der jeweiligen Lage in den betreffenden Ländern ergeben. Die UdSSR würde das allerdings ausnutzen.

Nach Ansicht von Kiep hätten sowohl der Westen als auch der Osten ein gemeinsames Interesse daran, daß sich aus Eruptionen in Entwicklungsländern keine Gefährdungen für den Weltfrieden ergeben. Man müsse bedenken, daß die Weltpolitik nicht nur vom Ost-West-Gegensatz, sondern zunehmend auch vom Nord-Süd-Konflikt beeinflußt werde. Ost und West sollten den Entwicklungsländern mehr Aufmerksamkeit zuwenden und dabei enger zusammenarbeiten. So sei die islamische Revolution im Iran zugleich antiwestlich und antisowjetisch.

Kiep betonte, in den Wahlversammlungen werde zwar seitens der CDU so getan, als ob es einen großen Spielraum für Veränderungen in der Außenpolitik der BRD gebe. In Wirklichkeit ginge das aber nicht. Auch unter Strauß sei keine radikale Änderung der außenpoli-

---

25 Vgl. Kap. 3, Anm. 12.

tischen Linie der BRD zu erwarten. Er brachte erneut zum Ausdruck, daß er bei einer Regierungsübernahme durch die CDU/CSU fest damit rechnet, Außenminister zu werden.

Gespräch mit Hans-Günter Hoppe, stellvertretender Vorsitzender der FDP-Bundestagsfraktion, am 9. September im Gebäude des Bundestages:

Hoppe berichtete, daß er kürzlich zu einem privaten Besuch in der DDR gewesen sei. Ihn habe interessiert, angesichts der Lage in Polen die Stimmung der Bevölkerung in der DDR kennenzulernen. Er habe – wie er sagte, zu seiner Freude – feststellen können, daß die Lage in der DDR normal und gut sei und eine große Gelassenheit hinsichtlich der Ereignisse in Polen herrschte. Wiederholt habe er die Meinung gehört, man solle in Polen erst einmal mehr arbeiten.

Hoppe nahm von sich aus Bezug auf das vorgesehene Gespräch zwischen dem Außenminister der DDR und dem Außenminister der BRD in New York. Er begrüße es, daß dieses Gespräch zwischen Fischer und Genscher erstmalig einen offiziellen Charakter tragen soll und man von der „Zufallsbegegnung" weggekommen sei. Genscher habe sich viel Zeit reserviert, um mit Fischer alle interessierenden Fragen ausführlich besprechen zu können. Hoppe betonte, wenn die DDR es wolle, stehe er zur Verfügung, um Genscher die von uns gewünschten Gesprächsthemen vorzutragen. Genscher sei für inhaltliche Anregungen offen.

Gespräch mit dem Bundesgeschäftsführer der FDP, Fliszar, am 11. September im Gebäude des FDP-Vorstandes in Bonn:

Er rechnet mit einem guten Abschneiden der FDP. Entscheidend werde sein, daß die FDP vor allem Zweitstimmen bekommt. Er glaubt nicht, daß sie ihren hauptsächlichen Zugewinn aus Kreisen von CDU-Wählern erhalten wird. Vielmehr sieht er die Reserven der FDP im Wählerbereich der SPD.

Er führte aus, es sei schon jetzt erkennbar, daß nach dem Wahlkampf wichtige Sachprobleme zur Lösung anstehen, die sowohl innerhalb der beiden Koalitionsparteien als auch zwischen ihnen zu kritischen Diskussionen führen werden. Das betrifft den notwendigen Abbau der Staatsverschuldung, die Energiepolitik, die Forschungspolitik, die Mitbestimmung. Für die gesetzliche Regelung der Mitbestimmungsprobleme sieht er die Chance für eine Kompromißlösung zwischen der SPD und FDP, die auch vom DGB getragen werden kann.

Nach einer Wahlniederlage der CDU/CSU erwartet er eine tiefgehende Auseinandersetzung in dieser Partei, die länger andauern kann. Er hat Zweifel, daß Strauß und seine Anhängerschaft sich freiwillig nach Bayern zurückziehen werden. Es gebe in der CDU allerdings gegenwärtig keinen Politiker, der bereit und fähig wäre, sofort entschlossen gegen Strauß Front zu machen und die gesamte CDU umzuorientieren. Er halte es für denkbar, daß das Thema der bundesweiten Ausdehnung der CSU wieder akut werden kann.

Gespräch mit dem Hauptgeschäftsführer des DIHT (Deutscher Industrie- und Handelstag) Schoser am 10. September im Gebäude des DIHT in Bonn:

Aus der Sicht der Industrie gebe es keine eigentliche Unternehmerpartei mehr. Früher sei die Auffassung vorherrschend gewesen, daß man unter der Regierung der SPD-Genossen nicht kapitalistisch wirtschaften könne. Dies sei aber inzwischen widerlegt. Natürlich gebe es eine Reihe Vorbehalte bei Industriellen gegenüber der jetzigen Regierung. Sie seien aber nicht gravierend.

Die CDU leide unter der Angst, als Unternehmerpartei abgestempelt zu werden. Sie sei nicht mehr die Partei der Wirtschaft. Ihr linker Flügel sei heute näher bei der SPD als bei der FDP. Auch die FDP könne nicht mehr eine Wirtschaftspartei werden, wie sie es einmal war. Dafür habe sich ihre Zusammensetzung zu sehr geändert. In Kreisen der Wirtschaft bestehe aber der Wunsch, daß die FDP im Wahlkampf gut abschneide und die Lambsdorff-Linie in der Bundesregierung ein starkes Gewicht bekomme.

Er meint, daß in der nächsten Legislaturperiode in einer Reihe von Fragen die Differenzen zwischen der FDP und der SPD größer sein werden als zwischen der FDP und der CDU. Das betreffe besonders wirtschafts- und gesellschaftspolitische Fragen.

Nach der Bundestagswahl rechnet die Industrie mit einer umfassenden Lohnbewegung, die deshalb besonders problematisch sein werde, weil es dabei weder um Arbeitszeitverkürzung noch um Fragen des Rahmentarifes, sondern ausschließlich um eine beträchtliche Lohnerhöhung gehen wird, was aber die Kostenlage der Unternehmen nicht zulasse.

Die Bundesrepublik stehe vor großen Problemen. Er nannte vor allem die Entwicklung der Leistungsbilanz. Sie erfordere die Senkung des Ölanteils an der Energie, die Orientierung auf die Kernkraft sowie eine weitere verstärkte Exportoffensive. Es gebe eine konjunkturelle Abschwächung, die bis 1981 reichen werde, aber keinen schroffen Einbruch. Die Lage auf dem Investitionssektor sei noch günstig, was sich in einigen Monaten auch im Konjunkturbild zeigen werde.

Für ihn sei noch völlig offen, ob Strauß nach Bayern gehen werde, falls die CDU/CSU die Wahl verliert. Die Bildung einer vierten Partei halte auch er für möglich. Dies könnte die einzige Alternative für Strauß sein, sich langfristig noch zu behaupten. Kohl würde wohl CDU-Vorsitzender bleiben. Ob er aber der nächste Kanzlerkandidat der CDU wird, sei fraglich. Auf jeden Fall brauche die CDU einen neuen Generalsekretär. Geißler sei unmöglich. Die Einwilligung Stoltenbergs, im Wahlkampf in einer Mannschaft von Strauß anzutreten, sei ein mutiger Schritt gewesen. Ob das Stoltenberg honoriert werde, bezweifle er allerdings, denn in der CDU sei es nicht üblich, mutige Schritte zu honorieren.

Schoser zeigte sich sehr interessiert an Informationen über die Entwicklung der DDR, insbesondere über die Bildung der Kombinate.

Gespräch mit Genossen Herbert Mies, Vorsitzender der DKP, am 13. September in Frankfurt a. M.:

Genosse Mies äußerte seine Einschätzung der gegenwärtigen Situation im Wahlkampf, die mit den von mir genannten Punkten völlig übereinstimmt. In diesem Zusammenhang verwies er darauf, daß die Gesamthaltung der SPD defensiv ist und vor allem nicht darüber gesprochen wird, wie es in der Bundesrepublik weitergehen soll. Es sei ein Wahlkampf der Alternativlosigkeit. Von den Bonner Parteien werden die Fragen der Arbeitslosigkeit, der Inflation, des sozialen Abbaus usw. ausgeklammert. Auch hinsichtlich der Friedenspolitik verhalten sich die Koalitionsparteien defensiv, weil sie es nicht wagen, die Fragen der Rüstungsbegrenzung und Abrüstung konkret aufzuwerfen. Sie tragen dazu bei, die bisherigen Ergebnisse der Entspannungspolitik in den Augen der Wähler zu entwerten.

Im Verlaufe das Wahlkampfes ist es zu einer Vorwärtsentwicklung der demokratischen Bewegung gekommen. Die Linie der Partei hat sich als richtig erwiesen, den Kampf nicht nur gegen die Person Strauß zu richten, sondern für breite demokratische Aktivitäten gegen die Rechtsentwicklung, für Frieden, Entspannung und Abrüstung aufzunehmen. Vielerorts in der Bundesrepublik ist es zu gemeinsamen Aktionen vor allem von jungen Sozialdemokraten mit Genossen der DKP, der SDAJ und anderen demokratischen Kräften gekommen. Das Thema Aktionseinheit von Sozialdemokraten und Kommunisten ist zu einem Thema des Wahlkampfes geworden. Das ist von großer Bedeutung für die Zeit nach der Wahl. Es kommt darauf an, die in der Wahlbewegung entstandenen Bündnisse nach der Wahl zu erhalten und weiterzuführen.

Wichtig ist auch eine genaue Analyse der Gewerkschaftskonferenzen, die gegenwärtig stattfinden. Auf ihnen werden in Anträgen und Beschlüssen zahlreiche Forderungen angemeldet und wird auf viele ungelöste Probleme hingewiesen, die für den Kampf in der kommenden Zeit von Bedeutung sein können.

Genosse Mies unterrichtete mich davon, daß er am 3. 9. 80 in einem Brief an den polnischen Botschafter in der BRD, Genossen Chylinski, seine Verwunderung darüber ausgedrückt hatte, daß die Regierung der BRD für ihre angeblich zurückhaltende Position ge genüber der Entwicklung in Polen öffentlich der Dank ausgesprochen wurde. Der polnische Botschafter bat sofort um ein persönliches Gespräch mit Genossen Mies, in dem er berichtete, daß er von Genscher hereingelegt worden sei. Er habe aus Warschau den Auftrag gehabt, der Regierung der BRD eine Information über die Lage zu geben. Genscher hat das benutzt, um einen Auftritt mit Fernsehen, Rundfunk und Presse zu inszenieren. Außerdem habe Genscher vorgeschlagen, über den Besuch des polnischen Botschafters bei ihm ein Kommuniqué zu veröffentlichen, dessen Text bereits vorbereitet war. Diesem Text habe er zugestimmt und damit sich überrumpeln lassen.

Weiter teilte Genosse Mies mit, er wisse aus der Botschaft der UdSSR in Bonn, daß Genosse Ceauşescu wegen eines Besuches in der BRD bei der Bundesregierung vorsprechen ließ. Bonn soll sich bis jetzt zögernd verhalten.

Am 13. Oktober 1980 wird Genosse Mies nach Berlin kommen, um mit uns Fragen der Vorbereitung der PV-Tagung am 26. Oktober zu besprechen, auf der die Einberufung des nächsten Parteitages der DKP für Mai 1981 nach Hannover beschlossen werden soll.

Wischnewski, Ehmke und Kiep bedankten sich bei mir für die Übermittlung des biographischen Buches von Genossen Erich Honecker durch unsere Vertretung in Bonn. Alle hatten schon darin gelesen und zeigten sich stark beeindruckt.

Quelle: SAPMO-BArch, DY 30/37075/1; 2/2.036/85.

Dokument 36

Information über einen Aufenthalt von Herbert Häber in der Bundesrepublik Deutschland vom 16. bis 22. Februar 1981[26]

Während meines Aufenthaltes hatte ich Gelegenheit zu Gespräche mit folgenden Persönlichkeiten: *H.-J. Wischnewski*, stellvertretender Vorsitzender der SPD und stellvertretender Vorsitzender der SPD-Bundestagsfraktion, *H. Ehmke*, stellvertretender Vorsitzender der SPD-Bundestagsfraktion, *K. Lietke*, Vorsitzender des Parteirates der SPD und stellvertretender Vorsitzender der SPD-Bundestagsfraktion, *E. Bahr*, bisheriger Bundesgeschäftsführer der SPD und Mitglied des Parteipräsidiums, *H. Börner*, Ministerpräsident von Hessen, Mitglied des Parteivorstandes der SPD, *P. Corterier*, SPD-Bundestagsabgeordneter, *H. Büchler*, SPD-Bundestagsabgeordneter,

---

26 Die Information datiert vom 24. Februar 1981.

E. Selbmann, außenpolitischer Berater der SPD-Bundestagsfraktion, *W. L. Kiep*, stellvertretender Vorsitzender der CDU-Bundestagsfraktion, Mitglied des Präsidiums der CDU, *R. v. Weizsäcker*, Vizepräsident des Bundestages, Mitglied des Präsidiums der CDU, *O. v. Wrangel*, CDU-Bundestagsabgeordneter, *H.-G. Hoppe*, stellvertretender Vorsitzender der FDP-Bundestagsfraktion, *U. Ronneburger*, Mitglied des Parteivorstandes der FDP, Landesvorsitzender von Schleswig-Holstein, Vorsitzender des Bundestagsausschusses für „innerdeutsche Beziehungen" sowie *F. Schoser*, Hauptgeschäftsführer des Deutschen Industrie- und Handelstages der BRD.

Außerdem besuchte ich den DKP-Bezirksvorstand Rheinland-Pfalz in Mainz sowie die DKP-Ortsgruppe in Oppenheim, die bei den Komunalwahlen 1979 in ihrer Stadt 13 Prozent der Stimmen erreichte.

Aus den Gesprächen ergeben sich für die Einschätzung der Lage folgende generelle Gesichtspunkte:

1. Alle Gesprächspartner, gleich welcher Partei, stimmten im großen und ganzen darin überein, daß sich die von der SPD geführte Bundesregierung in einer komplizierten Lage befindet und daß vor allem die SPD schwierigen Zeiten entgegengeht. Wischnewski sagte: Die SPD hat sich schon in einer besseren Lage befunden – rosige Zeiten stehen uns nicht bevor. Lietke äußerte, die SPD stehe vor der schwierigsten Periode ihrer Regierungstätigkeit. Kiep meinte, die Bundesregierung stehe vor dem Widerspruch zwischen den ökonomischen Notwendigkeiten und dem, was die SPD bereit sei, zu akzeptieren. Von Schoser wurde erklärt, bei Abgeordneten der Koalition sei festzustellen, daß sie über keinerlei konzeptionelle Vorstellungen für die Bewältigung der Probleme verfügen. Mit dem Blick auf die am 22. März in Hessen stattfindenden Kommunalwahlen äußerte Börner, die SPD werde dort „eins auf die Mütze bekommen", nicht wegen schlechter Kommunalpolitik, sondern wegen des gegenwärtigen Zustandes der Bundespartei.

2. Als Gründe für die krisenhafte Situation der SPD wurden von Wischnewski genannt: Enttäuschung über das Wahlergebnis bei den Bundestagswahlen, Ärger über das Koalitionspapier mit der FDP, die „Dummheit" mit den beabsichtigten U-Boot-Lieferungen nach Chile und den Panzerlieferungen an Saudi-Arabien, die scharfen Sprüche aus den USA, die das Raketenthema hochkommen lassen, die schwierigen Wirtschaftslage und die daraus erwachsenden Folgen.

Ehmke meinte, der Kanzler habe eine Reihe vermeidbarer Fehler gemacht. Man habe zu viel Zeit verstreichen lassen bis zur Regierungserklärung. Der FDP sei zu viel Spielraum gegeben worden. Außerdem hätte sich Schmidt nicht in die Frage Brokdorf einmischen sollen. Nun habe er sich die Finger verbrannt. Außerdem werde zu viel geredet. In diesem Sinne äußerte auch Lietke: Man werde noch so lange öffentlich diskutieren, bis alles durcheinander sei.

3. Die CDU-Politiker zeigen große Zufriedenheit und legen Gelassenheit an den Tag. Nach Meinung von Wrangel befindet sich die CDU gegenwärtig in einer sehr guten Verfassung. Sie habe im Moment keine Konflikte und zeichne sich durch große Geschlossenheit aus. Weizsäcker äußerte, die CDU habe allen Anlaß zur Ruhe und Gelassenheit. Sie brauche nicht mit Schaum vor den Mund gegen die Koalition zu kämpfen und könne vielmehr den Gang der Dinge abwarten.

4. Bei allen Gesprächspartnern war die Meinung anzutreffen, daß man nicht mit einem sehr schnellen Bruch der jetzigen Regierungskoalition rechne, wenn auch Überraschungen nicht ausgeschlossen seien. Der CDU-Abgeordnete Vogel sagte, wenn der Bundeskanzler die Nerven behält, könne die Koalition durchaus halten. Weizsäcker äußerte dazu, er rechne damit, daß die Koalitionsregierung bis Ende der Legislaturperiode durchhalte, wenn auch die Koalition ihrem Ende näher sei als ihrem Anfang.

Kiep erwartet kein schnelles vorzeitiges Ende der Koalition. Falls die SPD jedoch in Westberlin die Wahlen verliert, seien allerdings nicht vorhersehbare Entwicklungen denkbar. Wenn es vor Ende der Legislaturperiode zu einer Änderung in Bonn käme, würde Kohl Bundeskanzler werden. Schoser sagte, aus der Sicht der Industrie sei die Koalition stabiler, als es nach außen scheint. Von Bahr wurde erklärt, die SPD befinde sich in ernsten Schwierigkeiten, die Situation der Regierung aber sei nicht kritisch. Sie verfüge über eine komfortable Mehrheit im Bundestag. Von Hoppe wurde dazu gesagt, die Zusammenarbeit mit den SPD-Politikern verlaufe bemerkenswert gut. Er rechne mit einem Fortbestand der Koalition, wenn auch die Situation in der SPD sehr problematisch sei.

In führenden FDP-Kreisen gibt es die Meinung, daß eine bürgerliche Koalition in Bonn in der derzeitigen Lage noch weniger Durchsetzungsvermögen hätte als die SPD/FDP-Koalition. Die CDU könne die notwendigen Abstriche in der Sozialpolitik gegen den Widerstand der Gewerkschaften, einer oppositionellen SPD, auch von Teilen der Union, nicht garantieren. Vor allem aber sei die beschlossene Stationierung amerikanischer Mittelstreckenraketen in der Bundesrepublik kaum vorstellbar, wenn die SPD in der Opposition stünde und ihrer pazifistischen Grundströmung ungehemmt nachgeben könnte. Offenkundig ist es im besonderen Maße die Absicht von Genscher, auf jeden Fall „ein Weichwerden" der SPD in Fragen der Raketenrüstung abzublocken.

5. Erstmals verwiesen die meisten Gesprächspartner, ohne eine

Frage meinerseits, auf die Entwicklung einer in der BRD seit langem nicht gekannten tiefgreifenden Bewegung hin. Ehmke sagte, er habe mir bereits im Herbst vorhergesagt, daß in der BRD eine breite pazifistische Stimmung aufkomme. Jetzt sei es soweit. Es sei eine große Bewegung im Gange, „die sich mit Gottes und Eurer Hilfe" weiter verstärke. Aus seiner Sicht sei vor allem wichtig die Verbindung der Ökologiebewegung mit dem Widerstand gegen die Atomraketen. Wischnewski sprach ebenfalls von einer tiefgehenden pazifistischen Welle, von der vor allem auch die evangelische und die katholische Kirche erfaßt sei. Unter Hinweis auf Gespräche mit Vertretern der evangelischen Jugend meinte er, der Evangelische Kirchentag, der im Juni in Hamburg stattfindet, werde eine große Manifestation gegen die Rüstung werden.

Auch Kiep äußerte sich über diese Bewegung. Nach seiner Meinung sei sie nicht militant, aber man habe es mit einer breiten Stimmung von politisch Enttäuschten zu tun, die vor allem von der Besorgnis erfaßt seien, daß es in der Abrüstung keine Fortschritte gibt. Wrangel verwies auf Gespräche, die er in seinem Wahlkreis mit Jugendlichen über die geplante Demonstration in Brokdorf geführt habe. Bei den in Brokdorf vorgesehenen Demonstrationen ginge es nicht mehr um die Frage eines Kernkraftwerkes. Brokdorf sei ein Kristallisationspunkt für Proteste und Äußerung von Unmut und Unzufriedenheit überhaupt geworden.

6. Alle Gesprächspartner äußerten sich auf entsprechende Fragen über die Politik der USA-Regierung unter Reagan. Durchweg wurde versucht, die von der USA-Regierung betriebene Verschärfung der internationalen Lage in ihrer Tragweite herunterzuspielen. Die Regierung müsse noch Tritt fassen (Wischnewski). Man habe es jetzt wie bei einem Schachspiel mit einer Eröffnungspartie zu tun (Vogel). Es sei sicher, daß die USA auf Abrüstungsverhandlungen mit der Sowjetunion eingehen und den SALT-Prozeß fortsetzen werden (Kiep). Weizsäcker meinte, nach seiner festen Überzeugung werde es in absehbarer Zeit Verhandlungen zwischen den USA und der Sowjetunion geben. Allerdings müsse man mit einem entschiedeneren Vertreten der amerikanischen Position rechnen.

Ehmke äußerte, es müsse noch etwa ein halbes Jahr vergehen, um zu wissen, was seitens der US-Administration nur Sprüche sind und was reale Politik ist. Die Bundesregierung müsse auf Reagan mäßigend einwirken. Allerdings sei es auch möglich, daß man damit scheitere. Im gleichen Sinne äußerte sich Börner. Noch sei es nicht möglich, das endgültige Vorgehen der USA-Regierung zu beurteilen. Er hoffe auf ein vernünftiges Verhalten und auf die Wiederaufnahme des Dialogs der USA mit der UdSSR. Es könne sich aber auch herausstellen, daß man mit Zitronen gehandelt habe.

Von Bahr wurde gesagt, die BRD-Regierung sei mit ihrem Urteil über die amerikanische Regierungspolitik noch nicht rtig. Er persönlich betrachte vieles mit Sorge. Hauptanliegen der BRD-Regierung müsse es sein, sich Einflußmöglichkeiten auf die USA-Politik zu erhalten. Deshalb wäre es ein Fehler, den USA jetzt öffentlich in die Kniekehlen zu treten. Ähnlich wie Ehmke äußerte Bahr den Standpunkt, wenn es zu Konflikten mit den USA kommt, müsse deutlich sein, daß es an den USA liegt und nicht an der BRD.

7. Von allen Politikern, auch denen der SPD, wurde unmißverständlich zum Ausdruck gebracht, daß aus ihrer Sicht mit einer Korrektur des NATO-Raketenbeschlusses nicht zu rechnen sei. Der NATO-Raketenbeschluß, so sagte Ehmke, sei der einzige Hebel, um die USA zur Fortsetzung der Verhandlungen mit der Sowjetunion über die Mittelstreckenraketen zu drängen. Ähnlich äußerte sich Bahr. Die BRD habe sich mit Frankreich und Großbritannien verständigt, auf die Amerikaner Druck auszuüben, um eine Weiterführung der Verhandlungen sowohl über die interkontinentalen Waffen als auch über die eurostrategischen Nuklearwaffen zu erreichen.

Auf die direkte Frage, ob es nicht in Wirklichkeit so sei, daß auch führende Politiker der BRD, wie Schmidt und Genscher, die Stationierung neuer amerikanischer Nuklearraketen in Westeuropa wollen, antwortete Bahr: Über Genscher wolle er nicht sprechen. Er kenne aber die Meinung von Schmidt sehr genau und wolle darum „ohne Schmus" sagen: Schmidt wäre es am liebsten, wenn er „die ganze Scheiße" vermeiden könnte. Der Kanzler glaube aber nicht, daß es möglich sei, in Verhandlungen mit der UdSSR ein solches Ergebnis zu erreichen, daß auf die Stationierung neuer Raketen in Westeuropa völlig verzichtet werden könne. Eine solche „Ideallösung" sei offenkundig nicht drin. Bei realistischer Betrachtung könne lediglich eine „Absenkung" der Zahl der vorgesehenen Raketen erreicht werden.

8. Bei allen Gesprächspartnern war erkennbar, daß sie die jüngsten Äußerungen von Genossen Erich Honecker zum Verhältnis zwischen der DDR und der BRD mit großer Aufmerksamkeit zur Kenntnis genommen haben. Durchweg wurde der konstruktive Charakter dieser Äußerungen hervorgehoben.

Fragen gab es vor allem zu den Ausführungen von Genossen Honecker auf der Bezirksdelegiertenkonferenz unserer Partei in Berlin. Die dort getroffene Feststellung, daß eines Tages der Sozialismus auch an der Tür der BRD anklopfen wird und in diesem Zusammenhang die Frage der Wiedervereinigung der beiden deutschen Staaten zur Entscheidung stehen könnte, hat sie alle aufgescheucht. Angesichts dieser offensiven Argumentation zeigten sich die Gesprächspartner verunsichert, weil sie spürten, daß damit ihrer nationalistischen Demagogie ein Schlag versetzt wurde. Fragen, ob mit dieser Äußerung eine eventuelle Abkehr von unserer Position der Entwicklung einer eigenständigen sozialistischen Nation in der DDR angekündigt werde, wurden entsprechend klar beantwortet.

Sowohl von Politikern der CDU, wie Weizsäcker und Wrangel, als auch der SPD, wie Bahr, wurde erklärt, die DDR könne nicht damit rechnen, daß die BRD ihre prinzipielle Haltung zur Staatsbürgerschaft[27] ändere. Hier gebe es keinen Millimeter Spielraum. Allerdings könne man über Fragen der praktischen Handhabung nachdenken bzw. reden.

Mehrfach wurde Bezug genommen auf die Erhöhung des Mindestumtausches[28] bei Besuchen in der DDR und gefragt, ob da mit Änderungen zu rechnen sei. Dabei zeigte sich, daß unsere entschiedene Haltung doch Klarheit darüber geschaffen hat, daß es aussichtslos wäre, eine Änderung unserer Regelung zur Vorbedingung für künftige Verhandlungen zwischen der DDR und der BRD zu klären.

Zu den Gesprächen im einzelnen:

Gespräch mit H.-J. Wischnewski, stellvertretender Vorsitzender der SPD und Stellvertreter des Vorsitzenden der SPD-Bundestagsfraktion, am 18. Februar 1981 in seinem Büro im Parteihaus der SPD.

Er meinte, die SPD gehe keinen rosigen Zeiten entgegen, aber man werde es packen. Es gibt eine Menge Schwierigkeiten, so in Westberlin und auch in Hamburg. Es wurde schon über einen Nachfolger für Klose, dem jetzigen Hamburger Bürgermeister, nachgedacht. Allerdings sei das personelle Reservoir der SPD fast erschöpft. Wenn Klose kippt, dann wird wahrscheinlich Anke Fuchs, zur Zeit Staatssekretärin im Ministerium für Arbeit und Sozialpolitik, als Nachfolgerin vorgeschlagen. Sie ist die Tocher des langjährigen Hamburger Bürgermeisters Nevermann.

Es gehe nicht so weiter, daß Wehner auf den Parteivorstand schimpft. „Wir – Brandt und ich – fühlen uns alle getroffen." Bei den Sitzungen im SPD-Hause sage Wehner nichts, aber öffentlich prügele er auf alle ein. „Das können wir uns nicht mehr länger gefallen lassen." Übrigens werde Wehner für einige Wochen ins Krankenhaus gehen müssen.

Die Regelung mit Glotz als Bundesgeschäftsführer der SPD und

---

27 Zur Frage der Staatsbürgerschaft hatte sich SED-Generalsekretär Honecke. in seiner „Geraer Rede" am 13. Oktober 1980 geäußert. Darin forderte er al: Bestandteil der vier Geraer Forderungen von der Bundesrepublik die Anerken nung der Staatsbürgerschaft der DDR. Vgl. Erich Honecker: Reden und Aufsät ze. Bd. 7, Berlin 1982, S. 432 f.
28 Am 9. Oktober 1980 hatte die DDR den Mindestumtausch für westlich Be sucher von 13 auf 25 DM pro Tag erhöht.

Vorsitzender der SPD in Westberlin könne nicht gut gehen. Wischnewski sagte: „Ich mache da nicht mit. Ich kann nicht noch mehr arbeiten als bisher. Diese Sache ist noch nicht ausgestanden."

Was die USA angeht, so müsse die Reagan-Administration noch Tritt fassen. Bonn erwarte bald Gespräche zwischen den USA und der UdSSR. Streit kann es mit den USA geben wegen El Salvador. „Wir sind bemüht, über die Sozialistische Internationale die Führer der Befreiungsbewegung mit dem Präsidenten Duarte ins Gespräch zu bringen. Wenn das nicht gelingt, wird es schwierig."

Die CDU/CSU konzentriere sich jetzt darauf, Apel abzuschießen. Natürlich hat Apel gewußt, was los ist. Aber er hat gedacht, er kann das Problem überspielen, denn er wollte nicht, daß es darüber im Bundestagswahlkampf zu einer Diskussion kommt. Apel wird die Sache überleben.

Man habe dieser Tage ein Gespräch mit Vertretern der evangelischen Jugend geführt. „Das hat uns gezeigt, wie verbreitet der Pazifismus ist. Die Vertreter der evangelischen Jugend haben berichtet, daß es eigentlich nur zwei Gruppen bei den Pfarrern gibt: Auf der einen Seite die Militärpfarrer und auf der anderen Seite Pfarrer, die gegen die Rüstung sind."

Was Polen angeht, so sei man in Bonn dadurch in Schwierigkeiten, weil man Kania nicht kenne. Auch der neue Ministerpräsident sei ihnen nicht bekannt. Gut kenne man lediglich Rakowski, der jetzt stellvertretender Ministerpräsident geworden ist.

Wischnewski interessierte sich für die Lage in der DDR und sagte in diesem Zusammenhang, man wisse in Bonn gut, daß die Lage bei uns stabil sei und bemerkenswerte ökonomische Fortschritte zu verzeichnen sind.

Gespräch mit H. Ehmke, stellvertretender Vorsitzender der SPD-Bundestagsfraktion, am 17. Februar 1981 im Bundestag:

E[hmke] bat zunächst um Auskunft über die Entwicklung in der DDR, worauf er eine ausführliche Antwort erhielt.

Zur Lage in der BRD äußerte er: Sicher sei die Lage in der SPD kompliziert, aber vieles werde in der Öffentlichkeit dramatischer dargestellt als es in Wirklichkeit ist. Er halte es für falsch, über die Spaltung der SPD zu reden. Er habe einigen Politikern gegenüber gesagt, „ihr seid alte Säcke geworden". Er meinte damit Wehner und auch Schmidt. Der Bundeskanzler hätte sich in die Angelegenheit Brokdorf nicht einmischen sollen. Darüber sollen die Sozialdemokraten von Schleswig-Holstein und Hamburg als die eigentlich Verantwortlichen allein entscheiden. Er halte die Linie der SPD von Schleswig-Holstein für richtig. Kritisch äußerte er sich zu Klose, denn der Hamburger Senat habe fünf Jahre lang die Dinge schleifen lassen.

Ein ähnlich überflüssiges Thema seien die Waffenlieferungen der BRD. Das U-Boot-Geschäft mit Chile sei eine große Dummheit gewesen. Das sei jetzt vom Tisch. Es werde nicht geliefert. Bei dem Panzergeschäft mit Saudi-Arabien sei es ähnlich. Die ganze Diskussion laufe falsch. Natürlich war vorher bekannt, daß Israel aufschreien würde. In Wirklichkeit sei aber Israel nicht gegen Panzerlieferungen an Saudi-Arabien, wenn es auf diesem Wege selbst die gleiche Anzahl Panzer erhalten könne. Es sei dumm gewesen, sich gegenüber Saudi-Arabien ins Wort zu begeben. „Ich habe den Kanzler gefragt, was er denn für Berater habe, daß solche Fragen nicht besser abgesichert werden können." Außerdem gehe es Saudi-Arabien nicht nur um Waffen. Bestimmte arabische Länder wollen die BRD als eine Art Schutzmacht anstelle der USA. Für die BRD sei das aber sehr riskant. Man dürfe sich da nicht hineinziehen lassen.

Ein umfassendes Konjunkturprogramm gegen die jetzigen ökonomischen Schwierigkeiten sei nicht vorhanden. Unter dem Druck der Basis seien jedoch einige Maßnahmen erforderlich. Möglich sei einiges im Energiebereich und im Wohnungsbau. Bei den jetzigen Bodenpreisen sei aber an eine sinnvolle Stadtsanierung nicht zu denken. Das beste wäre ein Sanierungskonzept für Altbauten, die dann zu billigen Mieten zur Verfügung gestellt werden müßten. Aber das sei nicht real. Die Wohnungsfrage und die Mietpolitik seien das komplizierteste und explosivste Problem der Innenpolitik. Jetzt werden nur Wohnungen gebaut für den gehobenen Bedarf, für Leute, die die hohen Mieten bezahlen können. Für einfache Menschen, für Arbeiter und Studenten, bleibe wirklich nur, leerstehende Wohnungen zu besetzen. Die Äußerungen der Bundesregierung sind nicht zufriedenstellend. Der Arbeiter in der BRD will nicht wissen, ob in den USA eine zu hohe Zinspolitik betrieben werde, sondern wo er in der BRD Arbeit und Wohnung bekomme. Darauf müsse die SPD antworten.

Im Land gibt es eine große Bewegung. „Mit Gottes und Eurer Hilfe" entwickelt sie sich zusehends. Vor Jahren gab es eine Antiatombewegung, die aber für die Kernkraft war. Dann gab es die Bewegung gegen Atomkraftwerke, die aber die Atomraketen unbeachtet ließ. Jetzt entsteht eine Verbindung zwischen beiden Seiten. Das ist eine sehr ernste Sache.

Diese pazifistische Welle richtet sich voll und ganz gegen die SPD, weil allgemein erwartet wird, daß die SPD in den Fragen der Sicherheit, der Abrüstung und Entspannung etwas tun müßte. Für die SPD ergebe sich jetzt die Frage, wie sie diese Bewegung packen soll. So wie Eppler es macht, geht es nicht. Er redet wie ein Kirchenmann, aber nicht wie ein verantwortlicher Politiker, der Mitglied des Präsidiums der SPD ist.

Im Kern gehe es doch um folgende Frage: Wird in Bonn weiter

eine Bundesregierung amtieren, die auf die USA-Administration mäßigend einwirkt oder wird in Bonn eine CDU/CSU-Regierung tätig sein, die Reagan in seiner Konfrontationspolitik noch ermuntert.

Um Einfluß auf die USA-Regierung nehmen zu können, müsse die SPD am Doppelbeschluß der NATO festhalten. Insofern sei die jetzige Diskussion dazu schädlich. Hansen, Eppler und andere begriffen nicht, um welche Probleme es tatsächlich ginge. Wenn wir im vorigen Jahr nach Afghanistan nicht gegengehalten hätten, wäre damals von seiten der Carter-Regierung schon mehr passiert. Die Einflußnahme auf die USA setze voraus, daß die Position des Bundeskanzlers stark sei und die Partei zu ihm stehe. Deshalb dürfe man dem Bundeskanzler jetzt nicht in den Rücken fallen.

Ehmke brachte zum Ausdruck, er hoffe und erwarte, daß vom Parteitag der KPdSU neue Initiativen für Verhandlungen zwischen der UdSSR und den USA ausgehen werden.[29]

Gespräch mit K. Lietke, Vorsitzender des Parteirates der SPD und stellvertretender Vorsitzender der SPD-Bundestagsfraktion, sowie mit den SPD-Bundestagsabgeordneten H. Büchler und P. Corterier am 17. Februar 1981 in der Residenz von Genossen Ewald Moldt:

Die SPD stehe vor der schwierigsten Zeit ihrer ganzen Regierungsperiode. Allerdings werden manche Probleme auch nur herbeigeredet. Wenn das so weiter geht, wird alles durcheinander geraten. Wenn Wehner von der Gefahr einer Parteispaltung sprach, dann nicht, weil sie bevorsteht, sondern deshalb, um diejenigen zu schokken, die aus der Reihe tanzen.

Die Kernkraftfrage ist eine komplizierte Angelegenheit, aber nicht das schwerste Problem. Viel schwieriger sei der ganze Bereich der Wohnungs- und Mietpolitik. Hier stehe die SPD noch vor großen Belastungen.

Die SPD ist mit Bundeskanzler Schmidt diejenige Kraft, die auf die USA mäßigend einwirken kann. Der Bundeskanzler habe die Absicht, seinen Einfluß geltend zu machen. Deswegen müsse man ihn stützen und ihm nicht das Rückgrat brechen. Deshalb seien die Diskussionen gegen die Mittelstreckenraketen schädlich.

Eine Prognose über die Politik der USA könne noch nicht gegeben werden. Nach den bisherigen Äußerungen von Reagan und Haig sei die Entwicklung jedoch ernst und bedrohlich. Allerdings müsse die SPD auf dem Doppelbeschluß der NATO bestehen. Sonst habe man eine schwierige Position gegenüber den USA. Außerdem sei die westliche Nachrüstung berechtigt und notwendig.

---

29 Der 26. Parteitag der KPdSU fand vom 23. Februar bis 3. März 1981 statt. Die KPdSU-Führung schlug auf dem Parteitag ein Moratorium für die Stationierung neuer Mittelstreckenraketen durch die Sowjetunion und die NATO vor.

Man frage sich, warum im „Neuen Deutschland" den Äußerungen der SPD-Linken so breiter Raum gegeben werde. Es sei doch nicht richtig, auf diese Weise die Politik Schmidts anzugreifen. Darauf wurde von unserer Seite geantwortet.

Was die Beziehungen zur DDR betrifft, so habe die Erhöhung des Mindestumtauschsatzes die Lage erschwert. Man glaube uns nicht, daß diese Festlegung vor allem aus ökonomischen Gründen getroffen worden sei. Hinsichtlich der Staatsbürgerschaft der DDR sei von seiten der BRD mit keiner Veränderung zu rechnen.

Bis zum Sommer dieses Jahres sind keine Aktivitäten zur Wiederaufnahme von Verhandlungen über die beiderseitigen Beziehungen zu erwarten. Allerdings wolle man sich für Gespräche mit der DDR nach der Sommerpause vorbereiten.

Gespräch mit E. Bahr, bisheriger Bundesgeschäftsführer der SPD und Mitglied des Parteipräsidiums, am 20. Februar 1981 im Gebäude des SPD-Parteivorstandes:

Bahr äußerte, er unterscheide zwischen der Situation der Regierung und der Lage der SPD. Die Regierung sei stabil und verfüge über eine komfortable Mehrheit im Bundestag. Zwar müsse die Regierungspolitik den unerwartet vielen und komplizierten weltwirtschaftlichen Erschwernissen Rechnung tragen und ihre Ansprüche auf das Machbare reduzieren, die Gesamtsituation sei aber für die Regierung nicht kritisch.

Anders sei die Lage für die SPD. Sie befinde sich in ernsten Schwierigkeiten. Diese kommen vor allem daher, daß die Partei nicht imstande sei, gültige Aussagen zu perspektivischen Fragen anzubieten. Es sei gegenwärtig nicht die Zeit für Programme und längerfristige Zielsetzungen. Allerdings habe das alles nicht nur negative Seiten. Die SPD sei mit Diskussionen vorweg, die in anderer Parteien der BRD ebenso anstehen. Er unterstrich, nach seiner persönlichen Auffassung werde die SPD aus den gegenwärtigen Auseinandersetzungen gestärkt hervorgehen.

Natürlich fragen viele Mitglieder heute, was an der Bonner Regierungspolitik eigentlich noch sozialdemokratisch ist. Darum sei es erforderlich, der Regierungspolitik wieder sozialdemokratische Stempel aufzudrücken. Das werde beim Thema Waffenexport geschehen und auch auf anderen Gebieten. Allerdings könne die Regierung eine arbeitsplatzfördernde Konjunkturpolitik gegenwärtig nicht durchführen, da eine Zinssenkung lediglich zu einem Abfluß der D-Mark ins Ausland führen würde. Schmidt werde bei seinem USA-Aufenthalt die amerikanische Zinspolitik ansprechen müssen.

Auf die Frage, worauf sich die Hoffnung stütze, daß die Außenpolitik der USA-Regierung in Richtung auf Entspannung beeinflußbar sei, antwortete Bahr: Er persönlich betrachte vieles, was jetzt i den USA geschieht, mit Sorge und Bedenken. Er sei aber ebenfalls der Auffassung, daß es ein Fehler wäre, die USA jetzt öffentlich zu bedrängen. Um die Chance einer Beeinflussung der amerikanischen Politik zu haben, dürfe man nicht öffentlich das Feuer auf sie richten. Er sagte wörtlich: „Mein Verhalten gegenüber der jetzigen USA-Regierung ist taktischer Natur." Die von ihm empfohlene Zurückhaltung stimme nur optisch mit der Haltung der CDU/CSU überein. Die Opposition habe die Hoffnung, daß die USA es der UdSSR kräftig zeigen werde. Er trete für ein abwartendes Verhalten ein, um Einflußmöglichkeiten auf die USA in Richtung auf Rüstungskontrolle und Rüstungsbegrenzung zu schaffen. Reagan habe sich bereits etwas in die richtige Richtung bewegt. Im Wahlkampf sei er noch generell gegen die SALT-Prozesse aufgetreten. Mittlerweile habe er sich für die Fortsetzung des SALT-Prozesses ausgesprochen und auch seine Äußerungen zu SALT II hätten sich verändert. Diese positive Entwicklung dürfe nicht gestört werden.

Bahr stellte die Frage, ob sich die DDR bewußt sei, daß die Position der BRD zur Staatsbürgerschaft nicht zu verändern sei. Es könne nur eine gewisse praktische Beweglichkeit angestrebt werden. Ihm wurde bedeutet, daß die Bonner Haltung in Fragen der Staatsbürgerschaft neben ihrer Völkerrechtswidrigkeit dazu führt, daß es in der BRD für Bürger der DDR keine Rechtssicherheit gibt und daß Bürger der DDR durch die Bonner Position im Grunde genommen zur Illoyalität gegenüber der verfassungsmäßigen Ordnung der DDR ermuntert werden. Dies könne sich weiterhin nur erschwerend auf die Normalisierung der Beziehungen zwischen den beiden deutschen Staaten auswirken.

Bahr nahm Bezug auf die Äußerung des Genossen Erich Honekker zu Fragen der Wiedervereinigung. Er wollte die Bestätigung hören, daß sie keine Änderung der Politik der DDR zur nationalen Frage beinhalte. Er meine, daß noch für Jahrzehnte von der Existenz von zwei deutschen Staaten und ihrer gesellschaftlichen Unterschiedlichkeit ausgegangen werden müsse. Er unterstrich noch einmal, daß er mit den von Gaus in seinem Interview geäußerten Auffassungen übereinstimme.

Bahr wird künftig als Bundestagsabgeordneter und Mitglied des Präsidiums der SPD einen Parlamentsausschuß leiten, der sich mit Fragen der Rüstungskontrolle und Abrüstung befassen soll.

Gespräch mit H. Börner, Ministerpräsident des Landes Hessen, Landesvorsitzender der SPD und Mitglied des Parteivorstandes, am 19. Februar 1981 in der Hessischen Landesvertretung in Bonn:

Börner äußerte, daß er alles tun werde, damit die SPD an der Macht bleibt. Ein Ausscheiden der SPD aus der Regierung hätte einen längerfristig wirkenden Rechtsruck in der BRD, ähnlich wie in

Großbritannien, zur Folge. Damit würde in Westeuropa der Konservatismus gestärkt. Außerdem wäre es für die innerparteiliche Entwicklung ungünstig und würde vor allem all das gefährden, was im Entspannungsprozeß erreicht wurde.

Bedauerlicherweise zeigten nicht alle Politiker der SPD ein richtiges Verhältnis zur Macht. Das sei in der Geschichte der SPD ohnehin immer ein Problem gewesen. Er kenne keine Partei in Westeuropa, die sich in der Opposition regeneriert hätte. Die Koalition sei keine Schön-Wetter-Regierung, und es sei falsch, bei schwerem Seegang den Steuermann auszuwechseln. Richtig sei, daß die innere Lage der BRD angespannter würde. Die Verteilungskämpfe nehmen zu. Bei wirtschaftlichem „Nullwachstum" könne dann nur etwas verteilt werden, wenn anderen etwas weggenommen wird.

Dennoch sei er, was die Koalition angeht, optimistisch. Sie werde bis 1984 durchhalten können. Bei den Kommunalwahlen in Hessen am 22. März 1981 wird die SPD jedoch Verluste haben. Er rechnet mit vier bis fünf Punkten weniger. Unter den gegebenen Umständen sei es undenkbar, die Stadt Frankfurt wieder für die SPD zurückzuerobern. Der CDU-Bürgermeister Wallmann könne es sich leisten, in Urlaub zu fahren. Der Wahlkampf laufe automatisch für ihn.

Auch Börner äußerte die Meinung, daß sich in der BRD eine starke pazifistische Strömung ausbreitet. Es handele sich jedoch um eine sehr schwammige, teilweise sogar unpolitische Stimmung. Er glaube nicht, daß man auf die pazifistische Bewegung eine praktische Politik aufbauen könnte.

Zur außenpolitischen Situation meinte er, es sei noch nicht möglich, das endgültige Verhalten der USA-Regierung zu beurteilen. Aber was er bisher aus Washington gehört habe, stimme ihn sehr bedenklich. Man könne nur hoffen, daß jene Leute in der amerikanischen Regierung, die die Lage in Europa gut kennen, ihren Einfluß geltend machen. Er selbst hoffe auf ein vernünftiges Verhalten der USA-Regierung, hält es aber für möglich, daß diese Erwartungen enttäuscht werden.

Börner sagte, daß er mit großem Interesse die jüngste Äußerung des Vorsitzenden des Staatsrates der DDR zur Kenntnis genommen habe. Er begrüße es, daß von der DDR auch gegenüber den USA eine konstruktive Haltung eingenommen werde. Das abgesagte Spitzengespräch zwischen dem Bundeskanzler und dem Generalsekretär der SED halte er nach wie vor für erforderlich, wenngleich gegenwärtig dafür noch nicht die Zeit gekommen ist.

Börner unterstrich, er sei ein entschiedener Anhänger der Friedenspolitik. Er begrüße es sehr, daß die Staatsführungen beider deutscher Staaten dafür eintreten, daß von deutschem Boden nie wieder ein Krieg ausgeht. Er wolle persönlich alles tun, damit der Frieden in

Europa erhalten wird. Börner betonte sein großes Interesse an Gesprächen solcher Art.

Gespräch mit W. L. Kiep, stellvertretender Vorsitzender der Bundestagsfraktion der CDU und Mitglied des Präsidiums der CDU, am 18. Februar 1981 im Bundestag:

Nach Meinung von Kiep befindet sich die Bundesregierung gegenwärtig in einer sehr komplizierten Situation. Die Diskussionen in der SPD seien tiefgehend. Es ginge um Meinungsverschiedenheiten in Grundsatzfragen. Dennoch rechne er nicht mit einem schnellen Bruch der Koalition. Es sei eine bedenkliche Situation entstanden: Die Regierung lasse die Geschäfte laufen, und die Opposition dränge nicht genug, um die Regierung zu aktiverem Handeln zu bewegen. Opposition und Koalition haben beiderseits Angst, durch eigene Aktivitäten dem anderen Vorteile zu verschaffen, dem anderen Angriffspunkte zu bieten.

Die FDP sei nur darauf bedacht, sich von dem Verdacht freizuhalten, daß sie bei einem möglichen Ende der Koaliton die Schuld für den Bruch trage. In der FDP mehren sich nach Meinung von Kiep die Stimmen für eine Koalition mit der CDU.

Allerdings könne eine CDU-geführte Bundesregierung in der praktischen Politik kaum große Änderungen vornehmen. Sie wäre ebenfalls an objektive Zwänge gebunden. Insgesamt verhalte sich die CDU in ihrer Kritik an der Bundesregierung zurückhaltend. Allerdings werde die Auseinandersetzung um die Finanzierung des „Tornado" dazu führen, daß Apel sein Amt räumen muß. Er sei nicht mehr zu halten. Ähnlich sieht Kiep die Lage bei Ertl.

Zur Diskussion in der CSU um Strauß meinte Kiep, auch Strauß stünde nunmehr zunehmend unter Kritik. Nachdem er die Wahl verloren hat, gilt er auch in der CSU nicht mehr als gottähnliches Wesen. Die CSU wünsche einen Ministerpräsident, der sich mehr als bisher um die Probleme in Bayern kümmert. Die Diskussionen in der CSU um Strauß könnten jedoch nicht als politische Richtungskämpfe gewertet werden. Nach seiner Auffassung sei die Gründung einer vierten Partei jetzt völlig außerhalb der Diskussion. Im Bundestagswahlkampf habe die CSU erfahren müssen, wie kompliziert es ist, bundesweit wirksam zu werden.

Kiep bestätigte, daß von SPD-Politikern in Gesprächen mit CDU-Leuten häufig die Frage nach einer großen Koalition angesprochen wird. Dahinter stecke vor allem die große Wut in der SPD über die FDP.

Das Auftreten der USA-Regierung sei gegenwärtig noch stark innenpolitisch geprägt. Das Hauptproblem für Reagan bestehe in der Wirtschaftspolitik. Reagan möchte einen wirtschaftlichen Umschwung erreichen.

In außenpolitischer Hinsicht habe sich die neue Administration noch nicht völlig festgelegt. Er halte es für sicher, daß die USA auf Abrüstungsverhandlungen eingehen und den SALT-Prozeß fortsetzen werden. Allerdings sei der bereits ausgehandelte SALT II-Vertrag hinfällig.

Ihm sei bekannt, daß der Außenminister Haig genau wisse, daß ein Atomkrieg nicht regional geführt und nicht unter Kontrolle gehalten werden könne. Deshalb rechnet Kiep mit einem Einlenken der USA in der Kernwaffenfrage. Er habe mit Haig darüber selbst gesprochen. Demnächst werde er wieder in den USA sein und mit einer Reihe der neuen Minister konferieren.

Kiep bedauerte das Ausscheiden von Gaus. Das Interview von Gaus bezeichnete er als sehr durchdenkenswert, da er in verschiedenen Fragen völlig recht habe. Das Anliegen von Gaus sei in der Presse entstellt worden. Zur Problematik der Staatsbürgerschaft erklärte er, daß die BRD unverändert vom Grundgesetz ausgehen werde und eine Änderung der bisherigen Haltung nicht möglich sei. Die Regelung praktischer Fragen sei jedoch denkbar. Kiep kündigte an, daß er die Leipziger Messe besuchen wird.

Gespräch mit R. v. Weizsäcker, Vizepräsident des Bundestages, Kandidat der CDU für das Amt des Regierenden Bürgermeisters in Westberlin, am 19. Februar 1981 im Bundestag:

Im großen und ganzen rechne er damit, daß die jetzige Regierung bis zum Ende der Legislaturperiode bestehen bleibt. Allerdings sei diese Koalition ihrem Ende näher als ihrem Anfang. Die CDU habe allen Anlaß zur Ruhe und Gelassenheit. Für die tiefen Konflikte in der SPD gebe es viele Gründe. Einer liege mit Sicherheit auch be Schmidt selbst. Er verstehe es nicht, seine Politik gegenüber der SPD-Mitgliedschaft genügend verständlich zu machen. Vielmehr schaffe er ständig neue Reizsituationen. Es sei ein unverzeihliche Fehler von Schmidt gewesen, daß er nicht zum Landesparteitag der SPD in Hamburg gegangen ist und sich nicht der Diskussion um die Kernenergie gestellt hat. In der SPD herrsche eine große Wut wegen des ständigen Nachgebens gegenüber der FDP. Lambsdorff nutze die Situation weidlich aus. Genscher betreibe eigentlich nur eine Alibi-Politik. Falls es zu einem Bruch der Koalition kommt, möchte Genscher schuldlos dastehen. Eine solche Haltung sei vielleicht parteitaktisch zu verstehen, es sei aber keine verantwortungsvolle Staatspolitik.

Weizsäcker meinte, daß Apel wohl gehen müsse. Er sei ei schlechterer Verteidigungsminister als Leber oder Schmidt. In de Bundeswehr sei Apel wegen seiner Kaltschnäuzigkeit nicht beliebt Außerdem sei die Finanzlücke beim Tornado-Projekt ein viel z großer Brocken, als daß man dies durchgehen lassen könne.

Die Situation in Westberlin sei, was die Wahl im Mai betrifft, völlig offen. Es könne noch immer Veränderungen in der Stimmung geben. Den Einsatz von Vogel bezeichnete Weizsäcker für die SPD als die beste Lösung. Für ihn selbst sei Vogel der denkbar stärkste Gegner. Die Zuckungen der FDP in Westberlin, vor allem wegen der Haltung zur Koalitionsfrage, zeigten, daß es in dieser Partei erhebliche Spannungen gebe. Weizsäcker äußerte, obwohl bekanntlich Westberlin nicht von der BRD aus regiert werden dürfe, wolle man den SPD-Bundesgeschäftsführer Glotz zum Landesvorsitzenden der SPD in Westberlin machen. Hier begehe die SPD einen großen Fehler.

Weizsäcker unterstrich, er und auch Vogel seien für eine Regelung, um die S-Bahn in das Westberliner Verkehrssystem einzubeziehen.[30] Auf die Frage nach den konkreten Vorstellungen der DDR zu diesem Projekt wurde ihm geantwortet, daß es dazu notwendig ist, Gespräche bzw. Verhandlungen mit den zuständigen Stellen der DDR aufzunehmen.

Zur internationalen Lage äußerte Weizsäcker, die Wende in der USA-Politik sei schon vor Reagan eingetreten. Die Wahl Reagans sei der Ausdruck einer allgemeinen Rechtsentwicklung in den USA. Vorteilhaft sei, daß viele Persönlichkeiten der jetzigen Administration in Westberlin gut bekannt sind. Als die Carter-Administration ins Amt trat, habe man niemand gekannt. Deshalb sei die USA-Politik jetzt eher berechenbar. Nach seiner festen Überzeugung werde es in absehbarer Zeit zu Verhandlungen zwischen den USA und der Sowjetunion kommen. Im allgemeinen muß man einer neuen Regierung ein halbes Jahr Einarbeitungszeit zugestehen. Auf dem Gebiet der Ost-West-Beziehungen müsse man allerdings darauf drängen, daß es schneller zu Fortschritten kommt.

Weizsäcker meinte, von seiten der Bundesrepublik müsse dahingehend Einfluß auf die USA ausgeübt werden. Er wandte sich jedoch gegen jene Kräfte in der SPD, die den NATO-Raketenbeschluß in Zweifel ziehen. Das müsse in den USA den Eindruck erwecken, als würde sich die BRD von diesem Beschluß lösen. Das könne sich nur ungünstig auf das Verhalten der USA auswirken. Er erklärte sein Interesse an der Fortsetzung der Gespräche, auch wenn er in Westberlin tätig sein wird.

Gespräch mit F. Vogel, Bundestagsabgeordneter der CDU, am 16. Februar 1981 im Bundestag:

---

30 Am 30. Dezember 1983 unterzeichneten Vertreter des DDR-Ministeriums für Verkehrswesen und des Westberliner Senats eine Vereinbarung „über die künftige Durchführung des S-Bahnverkehrs in Berlin (West)". Vgl. den Text der Vereinbarung sowie des Briefwechsels und der Protokollvermerke in: Beziehungen zwischen der Deutschen Demokratischen Republik zur Bundesrepublik Deutschland und zu Berlin (West), S. 206 ff.

Er gehe nicht von einer vorzeitigen Beendigung der Koalition SPD/FDP aus. Die CDU habe fast 10 Jahre gebraucht, um sich auf die Oppositionsrolle einzustellen. Dies sei ihr jetzt im wesentlichen gelungen. Mit gewissen Vorbehalten treffe das auch auf die CSU zu.

Die SPD befinde sich in einer tiefen Krise. Es sei sicher mehr als nur eine Mißstimmung. Jetzt bestätige sich, daß die SPD aus Gründen des Wahlkampfes die inneren Widersprüche nur zugedeckt habe. Jetzt aber müsse die Regierung Entscheidungen treffen. Damit brechen die Gegensätze auf.

Gerechterweise müsse man aber sagen, daß die SPD eine hocheinzuschätzende staatspolitische Leistung vollbracht habe, als sie in den 60er Jahren den Großteil der Kräfte der außerparlamentarischen Opposition integriert habe. Allerdings habe sie sich nicht rechtzeitig wieder von einigen getrennt. Was die SPD an der linken Flanke macht, muß die CDU/CSU auf der rechten Seite tun, d. h. alle dort befindlichen Kräfte „ans Gummiband nehmen".

Wenn die CDU jetzt die Regierungsverantwortung übernehmen müßte, hätte sie es ebenfalls nicht leicht. Die objektiven Daten der Weltwirtschaft geben keinen großen Spielraum. Natürlich würde die CDU/CSU in manchen Bereichen eine andere Richtung einschlagen, aber eine völlig neue Politik sei nicht zu erwarten. Im übrigen werde das Regieren von Jahr zu Jahr schwieriger und je später die CDU/CSU die Verantwortung übernehme, um so schwerer werde sie es haben.

Die jetzige Außenpolitik der USA könnte man ähnlich wie beim Schachspiel als die Eröffnungspartie betrachten. Die CDU sehe keinen Grund, besonders besorgt zu sein. Die neue Administration sei kalkulierbarer als Carter. Allerdings müsse man davon ausgehen, daß Reagan mit größerer Entschiedenheit die amerikanischen Interessen vertritt. Für die UdSSR sei dieses Vorgehen wahrscheinlich ungewohnt. Auch er sei der Überzeugung, daß Verhandlungen zu Fragen der strategischen Rüstung zwischen den USA und der Sowjetunion zustande kommen werden.

Zur Frage der Raketenbeschlüsse der NATO brachte Vogel die bekannten Argumente vor, wonach der Westen nachziehen müsse. Er äußerte jedoch die Erwartung, daß Verhandlungen aufgenommen werden.

Gespräch mit O. v. Wrangel, Bundestagsabgeordneter der CDU am 18. Februar 1981 im Bundestag:

Nach seiner Meinung befinde sich die CDU gegenwärtig in einer idealen Verfassung. Sie habe keine inneren Konflikte und zeichne sich durch große Geschlossenheit aus. Die CDU/CSU sei auf viele Jahre Opposition eingestellt. Sie werde sich jedoch darauf einrichten, auch vorzeitig die Regierung zu übernehmen.

Wrangel wiederholte die These, daß der Westen sich in einem Nachrüstungszwang befinde. Ausdrücklich betonte er, daß er damit nur das wiedergebe, was der Bundeskanzler selbst ständig erklärt. Er stütze sich auch immer auf die Zahlen, die von der Bundesregierung zur Verfügung gestellt werden.

Wrangel, auf dessen Schreibtisch das ND lag, betonte, er habe mit großer Aufmerksamkeit die Äußerungen von seiten der DDR zur Wiedervereinigung und die damit verbundene Betonung des Nationalen verfolgt. Er frage sich, ob dies als ein Abgehen von der Position einer eigenständigen sozialistischen Nation betrachtet werden könne. Ihm wurde in entsprechender Weise geantwortet.

Die beiderseitigen Beziehungen befinden sich nach Meinung von Wrangel im Zustand der Stagnation. Er bedauere das. Er sei dafür, Felder abzustecken, auf denen die Beziehungen fortgeführt werden können. Dabei meine er vor allem praktische Fragen. Bei den vom Staatsratsvorsitzenden in Gera genannten Punkten[31] werde wohl kaum etwas bewegt werden können.

Nach seiner Meinung werde die Bundesrepublik in Wahrnehmung ihrer Bündnispflichten gegenüber den USA künftig höheren Belastungen ausgesetzt sein. Allerdings glaube auch er, daß es in absehbarer Zeit Verhandlungen zwischen der UdSSR und den USA über die Fortsetzung des SALT-Prozesses geben wird.

Gespräch mit H.-G. Hoppe, stellvertretender Vorsitzender der FDP-Bundestagsfraktion, am 18. Februar 1981 im Bundeshaus:

Zur Lage der Regierungskoalition äußerte Hoppe, die Mitgliedschaft der FDP sei derzeit höchstens zu einem Drittel bereit, einen Wechsel zur CDU zu unterstützen. Anders sei es in der FDP-Wählerschaft. Dort würden bereits über die Hälfte zur Koalition mit der CDU neigen.

Er rechne aber mit einem Fortbestand der SPD/FDP-Koalition. Die Zusammenarbeit mit den SPD-Politikern verlaufe erstaunlich gut.

Die Situation in der SPD sei sehr problematisch. Die Versuche der SPD-Führung, die Diskussion über die innerparteilichen Zwistigkeiten zu beenden, schafften die Probleme nicht aus der Welt. Auch in der FDP sind einige der anstehenden Probleme, so z. B. die Haltung zur Kernenergie, umstritten. Ebenso gibt es Meinungsverschiedenheiten zur Frage der U-Boot-Lieferung an Chile und zum Panzerexport an Saudi-Arabien. Diese Widersprüche würden jedoch nicht so kraß in Erscheinung treten wie in der SPD.

---

31 SED-Generalsekretär Erich Honecker forderte in seiner Geraer Rede am 13. Oktober 1980 von der BRD die Anerkennung der DDR-Staatsbürgerschaft, die Umwandlung der Ständigen Vertretungen beider deutscher Staaten in Botschaften, die Auflösung der „Zentralen Erfassungsstelle Salzgitter" sowie die Festlegung des Grenzverlaufs auf der Elbe in Flußmitte. Vgl. Kap. 3, Anm. 27.

Was das Schicksal von Apel angeht, so sei er der Meinung, daß es ohne Konsequenzen nicht abgeht. Die Finanzexperten im Verteidigungsministerium hätten die Probleme rechtzeitig erkannt. Man hätte aber geglaubt, die Sache wegdrücken zu können. Hoppe sagte, es gebe bereits Gerüchte, daß Vogel, wenn er am 10. Mai in Westberlin nicht gewinnt, Apel als Verteidigungsminister ersetzen soll.

Zur Lage in Westberlin meinte Hoppe, daß für die SPD der Wahlsieg nicht sicher sei. Vogel habe lediglich eine Chance, mehr nicht. Aber auch die CDU könne sich ihres Erfolges noch nicht sicher sein. Er erwartet in etwa folgendes Wahlergebnis: Die CDU bleibt stärkste Partei und erhält einige Zugewinne. Die SPD wird Verluste haben und sich bemühen müssen, diese Verluste in Grenzen zu halten. Wenn die SPD zwischen 35 und 40 Prozent der Stimmen erhält, dann hat Vogel eine große Leistung vollbracht. Die FDP wird gut bedient sein, wenn sie sechs Prozent erreicht. Es sei jedoch auch nicht ausgeschlossen, daß sie aus dem Parlament ausscheiden muß. In diesem Fall werde es in Westberlin eine große Koalition geben. Wenn es den sogenannten Alternativen Kräften gelingt, sich zu vereinheitlichen, könnten sie zwischen 6 und 8, vielleicht sogar 10 Prozent der Stimmen erhalten. Allerdings, so meinte auch Hoppe, kann sich in Westberlin in den kommenden Wochen die Stimmungslage noch verändern.

Zur Politik der USA äußerte Hoppe: Die scharfen Töne aus Washington hätten in der Koalition Besorgnis ausgelöst, und zwar vor allem deshalb, weil eine antiamerikanische Strömung in Westeuropa Auftrieb erhält. Koalitionspolitiker sind bemüht, den USA zu einem taktisch klügeren Vorgehen zu raten. Das gelte auch für El Salvador. Man müsse die USA davor bewahren, sich in ein zweites Vietnam zu verrennen. Die bevorstehende Reise Genschers in die USA habe das Ziel, das den amerikanischen Politikern deutlich zu machen.

Zur Frage der Beziehungen zwischen der DDR und der BRD meinte Hoppe, gegenwärtig seien die allgemein-politischen Rahmenbedingungen noch nicht klar genug, um bereits jetzt sagen zu können, wie die Beziehungen weiterentwickelt werden sollten. Das werde man erst im Sommer genauer erkennen können.

Angesprochen auf die Geldaffäre um Minister Ertl hat Hoppe geäußert, Ertl hätte klein beigeben und mitteilen sollen, daß er nach der jetzigen Regierungsperiode aus dem Amt ausscheiden wird. Es sei ein Fehler von ihm gewesen, dem „Spiegel" den Fehdehandschuh hinzuwerfen. Jetzt gehe es diesen Kräften nur noch darum zu beweisen, daß Ertl nicht mehr länger Minister sein kann.

Gespräch mit U. Ronneburger, Bundestagsabgeordneter der FDP, am 18. Februar 1981 im Bundestag:

Da es die erste Begegnung mit Ronneburger war, erwies es sich als notwendig, ausführlich und sehr grundsätzlich unseren Standpunkt über die Grundfragen der Beziehungen zwischen der DDR und der BRD darzulegen. Obwohl sich Ronneburger in den zurückliegenden Wochen mehrfach realistisch zur Staatsbürgerschaft der DDR geäußert hatte, erklärte er im Gespräch, eine Änderung der Position der BRD sei nicht zu erwarten.

Auf konkrete Fragen nach der Auflösung der Erfassungsstelle in Salzgitter brachte er die altbekannte Argumentation vor, bei dieser Einrichtung handele es sich um eine Länderinstitution, auf die der Bund keinen Einfluß habe usw. Der Bund sei lediglich mit 55 000 DM Unterstützung beteiligt. Er versuchte zu beweisen, daß auch die DDR an einer Debatte über die Erfassungsstelle in Salzgitter nicht interessiert sein könne, weil damit eine öffentliche Diskussion über die Staatsgrenze, das System der Grenzbefestigung der DDR, den „Schießbefehl" und andere Fragen ausgelöst werden würde.

In diesem Zusammenhang wurde ihm in aller Deutlichkeit gesagt, daß die Entwicklung der Beziehungen nur möglich ist, wenn die BRD ohne Einschränkung von der Existenz von zwei souveränen deutschen Staaten ausgeht und die aussichtslosen, aber störenden Versuche aufgibt, sich eine Vormundschaft gegenüber der DDR und ihren Bürgern anzumaßen. Ronneburger wurde mit Nachdruck darauf verwiesen, daß es infolge der Bonner Haltung in der BRD für Bürger der DDR keine Rechtssicherheit gibt und Fortschritte in bestimmten Bereichen nicht möglich sind, solange dieser Zustand anhält.

Trotz einer gewissen Schärfe der Diskussion zeigte sich Ronneburger offenkundig erfreut, daß er von uns angesprochen wurde. Er äußerte die Erwartung, daß es nicht das letzte Gespräch gewesen sein möge.

Gespräch mit F. Schoser, Hauptgeschäftsführer des Deutschen Industrie- und Handelstages der BRD, am 17. Februar 1981 im Gebäude der Leitung des DIHT in Bonn:

Schoser meinte, er habe nach den Bundestagswahlen nicht mit einer so raschen Zuspitzung der innenpolitischen Schwierigkeiten gerechnet. Die wirtschaftliche Situation habe sich verschlechtert, wenn sie auch nicht so dramatisch sei, wie es von außen aussieht. Aber alles in allem herrsche in der Unternehmerschaft eine ungute Stimmung. Keiner wisse genau, wie es weitergehen werde. Allerdings könne man bei einer großen Zahl von Unternehmern im Unterschied zur Krise in der Mitte der 70er Jahre eine gewisse Gelassenheit feststellen. Man verfüge mittlerweile über eine Art „Krisenerfahrung".

Verunsicherung für die Wirtschaft gibt es auch aus dem politischen Raum. Die Unentschlossenheit der Bundesregierung auf dem Gebiet der Energiepolitik z. B. wirke sich hemmend aus. Man könne Maßnahmen der Wirtschaftsbelebung im Kernkraftbau und auch im Straßenbau in Gang bringen. Dazu aber müßten bremsende Einflüsse zurückgedrängt werden, die von Umweltschützern und Bürgerinitiativen aller Art ausgehen.

Er meint, die Koalition sei stabiler, als es nach außen scheint. In der SPD herrsche doch noch eine ziemliche Disziplin. Außerdem wolle die FDP nicht Schuld an einem Scheitern der Koalition sein.

Schmidt werde als Bundeskanzler in der Unternehmerschaft noch immer als ein Mann mit großer Durchsetzungskraft angesehen. Das Problem von Schmidt sei die Situation in seiner Partei.

Die CDU könne froh sein, daß sie jetzt nicht regiert, und es würde für sie sehr schwierig werden, müßte sie die Regierungsgeschäfte übernehmen. Schoser deutete an, daß die SPD erst noch ihre Aufgaben erfüllen solle. Das heißt vor allem, die Auswucherungen im Sozialbereich zu beschneiden.

Die Möglichkeiten einer großen Koalition werde zwar diskutiert. In den Parteien gebe es dazu jedoch sehr unterschiedliche Standpunkte. Unter veränderten Bedingungen könne sich aber auch eine andere Meinung dazu herausbilden. Allerdings dürfe man nicht die Gefahr übersehen, daß bei einer großen Koalition auch eine neue außerparlamentarische Opposition entstehen könne. Im Unterschied zu den 60er Jahren würde diese APO stärker politisiert und radikalisiert sein. Sie könnte auch die Chance haben, in den Bundestag zu kommen.

Was die USA-Außenpolitik angeht, so erklärte Schoser, Wolff von Amerongen, sein Chef, und der bisherige Präsident des Bundesverbandes der Industrie, Rodenstock, seien erst kürzlich dort gewesen. Ihr Eindruck war, daß auf wirtschaftlichem Gebiet eine Aufbruchstimmung herrscht. Während die Carter-Regierung zu einflußreichen Wirtschaftskreisen der USA wenige Beziehungen hatte, seien jetzt Unternehmerpersönlichkeiten in der Administration direkt vertreten. Dies habe in Wirtschaftskreisen der BRD Erleichterung hervorgerufen. Es herrsche die Meinung, daß man mit der neuen Administration besser reden könne als mit der alten.

Zugleich gebe es auch in Unternehmerkreisen wachsende Besorgnis angesichts einer Reihe von Untertönen bei USA-Politikern. Dazu gehöre das Gerede über eine militärische Vorherrschaft und die Orientierung auf Westeuropa als dem Kampffeld eines künftigen Atomkrieges. Wenn sich das verstärkt, werde sich in der BRD eine breite pazifistische und zugleich antiamerikanische Welle herausbilden. Es könne durchaus passieren, daß sich in der BRD antiamerikanische Tendenzen in ähnlicher Weise entwickeln wie in der Zeit des Vietnam-Krieges.

Einer Antwort auf meine Frage nach dem Sinn der Waffengeschäfte der BRD-Industrie wich Schoser aus. Er meinte lediglich, sie seien auf keinen Fall ein Ventil zur Krisenbeseitigung.

Am Mittwoch, dem 18. Februar 1981, wurde ich bei meiner Ankunft vor dem Gebäude des Bundestages überraschend von einer Kameragruppe des ZDF gefilmt. Ein Ausweichen zu einem anderen Eingang erwies sich als nutzlos, da auch dort eine Kameragruppe stationiert war. Auf die Frage, ob ich zu einem Gespräch bereit sei, habe ich geantwortet, daß ich nicht nach Bonn gekommen bin, um Interviews zu geben. Auf die dann gestellte Frage, worin der Sinn meiner Gespräche bestehe, wurde von mir in einem Satz geantwortet, der Sinn bestehe in der Entwicklung der Beziehungen zwischen den beiden deutschen Staaten. Dann bin ich in das Gebäude gegangen. Es stellte sich heraus, daß die Leute vom ZDF auf dem Parkplatz des Bundestages mehrere Stunden warteten, um meine Abfahrt in einem Wagen unserer Vertretung zu filmen.

Quelle: SAPMO-BArch, DY 30/IV 2/2.036/85.

Dokument 37

Information von Herbert Häber an Erich Honecker, Generalsekretär des ZK der SED und DDR-Staatsratsvorsitzender, vom 26. Februar 1981

Ich möchte Dich von Folgendem unterrichten: Am Donnerstag, dem 26. Februar, war ich von Genossen Beletzky, Gesandter in der Botschaft der UdSSR, zu einem Mittagessen eingeladen. Ich hatte zugesagt, zumal ich Genossen B[eletzky] seit seiner früheren Tätigkeit in unserer Republik kenne. Im Verlaufe der Unterhaltung wurde von ihm folgendes zur Sprache gebracht.

Er teilte mit, es gebe Informationen aus USA-Diplomatenkreisen, wonach die USA-Regierung auf einen Wechsel in Bonn dränge und darauf hinarbeite, die Schmidt-Regierung noch in diesem Jahr zum Abtreten zu bringen. Ebenso sei ihm bekannt, daß auch in Westberlin von den Amerikanern ein Wahlsieg der CDU angestrebt werde. Die CDU sei dabei, mit Wissen und Unterstützung der Amerikaner die Alternative Liste zu fördern, um der SPD und auch der FDP bei den Wahlen am 10. Mai Stimmen zu entziehen. In diesem Zusammenhang stellte Genosse B[eletzky] die Frage, ob es von seiten der DDR Überlegungen gebe, wie man die Wahl von Vogel begünstigen könnte. Ich äußerte dazu, daß mir nicht recht klar sei, was er damit meine. Meines Erachtens habe die Krise des Westberliner Senats tiefgehende innere Ursachen.

Weiter warf Genosse B[eletzky] die Frage auf, wie das Treffen auf der Krim im August 1980[32] bei uns ausgewertet worden sei, ob und wie die Ausführungen von Genossen Breshnew und auch die Ausführungen von Genossen Gromyko beim Aufenthalt von Genossen Oskar Fischer in Moskau bei der Vorbereitung unseres X. Parteitages Berücksichtigung finden werden. Ich habe darauf nur mit allgemeinen Feststellungen geantwortet, daß unsere Partei diese Begegnungen hoch einschätzt und unsere politische Linie selbstverständlich entsprechend der abgestimmten Konzeption ausgearbeitet wird. Genosse B[eletzky] wollte weiter wissen, auf welche Art und Weise im Bericht an den X. Parteitag die Frage der Beziehungen der DDR zur BRD behandelt wird. Dazu bemerkte ich, daß an der Rede noch gearbeitet wird. Im übrigen sei ihm ja unsere Position genügend bekannt.

Von Genossen Ewald Moldt bin ich davon unterrichtet worden, daß der Bürgermeister von Hamburg, Klose, die Leipziger Messe besuchen wird und Interesse an politischen Kontakten bekundet habe. Auch Kiep wird zur Messeeröffnung in Leipzig sein und hat erneut Interesse an einem Gespräch mit mir gezeigt. Ich habe die Absicht, mich mit beiden zu treffen und bitte um Zustimmung.

Außerdem übersende ich Dir anbei Auszüge aus neueren vertraulichen Unternehmerinformationen der BRD.

Quelle: SAPMO-BArch, DY 30/J IV 2/10.02/16.

Dokument 38

Information über Gespräche von Herbert Häber mit Walther Leisler Kiep, stellvertretender Vorsitzender der CDU/CSU-Bundestagsfraktion, Präsidiumsmitglied und Bundesschatzmeister der CDU, sowie Hans-Ulrich Klose, Senatspräsident und Erster Bürgermeister von Hamburg, in Leipzig am 15. März 1981[33]

Kiep, der sich in Begleitung von Birgit Breuel (CDU), Wirtschaftsminister von Niedersachsen, befand, brachte zum Ausdruck:
– Er sei sehr beeindruckt von der starken Beteiligung Japans an der Leipziger Messe. Er habe außerhalb Japans noch nie so viele prominente japanische Wirtschaftsleute auf einmal gesehen. Wenn man weiß, wie gründlich die Japaner sich solche Schritte überlegen

---

32 Am 11. August 1980 war SED-Generalsekretär Erich Honecker auf der Krim mit dem sowjetischen Parteichef Leonid Breshnew zusammengetroffen.
33 Die Information datiert vom 16. März 1981.

ist es als großes Kompliment für die DDR und ihre Wirtschaft zu betrachten.

– Auf die Frage nach seiner Haltung zu den Vorschlägen von L. I. Breshnew[34] äußerte Kiep, er sei in der vergangenen Woche in den USA gewesen und habe dort mit Außenminister Haig gesprochen. Im Verlaufe des Jahres werde es zu Spitzenverhandlungen zwischen den USA und der UdSSR kommen, aber noch nicht in den nächsten Monaten. Gegenwärtig sei die Washingtoner Politik noch wesentlich innenpolitisch bestimmt. Präsident Reagan muß seinen Wählern zeigen, daß er von anderem Kaliber ist als sein Vorgänger. Außerdem will er erst seine Programme im Kongreß durchbringen: Das Wirtschaftsprogramm sowie die Programme zur militärischen Stärkung. Außerdem wollen die USA sich mit ihren Verbündeten abstimmen, um ein gemeinsames Konzept zu erreichen. Wenn das erledigt ist, wird Reagan mit Breshnew verhandeln, also voraussichtlich im Spätsommer oder Herbst.

– Zu den Beziehungen zwischen der BRD und der DDR meinte er: Er frage sich, wie es weitergehen soll. Auf welcher Ebene sollen die nächsten Gespräche geführt werden? Erneut warf er die Frage auf, ob hinsichtlich des Mindestumtausches nicht irgendwann mit dem Einlenken der DDR zu rechnen ist. Das führte dazu, daß von mir erneut unsere Position dargelegt wurde. Fragen der ökonomischen Beziehungen wie etwa das Problem des Swing[35] sind in unserem Gespräch nicht berührt worden.

– Zur Situation in Polen äußerte er: Dieses Problem hänge wie ein Damoklesschwert über allem, auch über den Beziehungen zwischen der BRD und der DDR. Man frage sich, wann es endlich zu einer Stabilisierung kommt und ob es die jetzige Mannschaft schaffen wird. Er hoffe immer noch, daß es zu einer Bewältigung der Probleme durch die Polen selbst komme. Aber allmählich sei das zweifelhaft. Die polnische Situation erzeuge Unruhe, und das sei schon fast nicht mehr erträglich. Er berichtete, daß es offensichtlich Versuche gegeben hat, bzw. noch gibt, die polnische Seite zu bewegen, einen Kredit des internationalen Währungsfonds zu akzeptieren und sich den Bedingungen des IWF unterzuordnen.

Das Gespräch mit dem Bürgermeister von Hamburg, Klose, diente vor allem zunächst dem gegenseitigen kennenlernen, da es bisher zu ihm noch keinen Kontakt gegeben hat. Er hatte seinen Vertrauten Bissinger, Leiter der Pressestelle des Senats, sowie den

---

34 Vgl. Kap. 3, Anm. 29.
35 Gemeint ist der zinslose Überziehungskredit (Swing) im innerdeutschen Handel. Der Swing war für die Jahre von 1976 bis 1981 in einer Höhe von 850 Millionen Verrechnungseinheiten (VE) festgelegt worden. Diese Regelung lief zum Endes des Jahres 1981 aus.

Leiter seines persönlichen Büros, Koslik, mitgebracht. Klose sagte mir, dies sei der Kreis, in dem von ihm alle Probleme diskutiert würden.

Er sei das erste Mal in Leipzig und habe gute Eindrücke gewonnen. In der Diskussion äußerte er zum NATO-Raketenbeschluß: Obwohl es dazu in der SPD viele unterschiedliche Meinungen gebe und manche die Forderung stellen, den Beschluß aufzuheben, glaube er, daß es bei diesem Beschluß bleiben wird. Eine Aufhebung halte er nicht für realistisch. Man müsse die Chance des Doppelbeschlusses wahrnehmen und die USA zu Verhandlungen mit der Sowjetunion bewegen.

Auch mit Klose kam es zu einer Diskussion über Fragen des Mindestumtausches. Als ich ihm unseren Standpunkt erläutert hatte, sagte er, so habe er das bisher nicht gesehen. Er verstehe die Haltung der DDR, ich möge das aber nicht weitersagen. Klose meinte, obwohl er sich als informierten Menschen betrachte, wisse er zu wenig über die DDR, zum Beispiel über ihre ökonomische Politik.

Zur weltpolitischen Situation äußerte er ebenfalls, vor dem Sommer werde sich zwischen USA und UdSSR nichts bewegen. Immerhin sei beachtenswert, daß im Kommuniqué über das Treffen zwischen Genscher und Haig davon gesprochen wird, es sei notwendig, das Ost-West-Verhältnis zu stabilisieren und Mäßigung in den internationalen Beziehungen an den Tag zu legen. Die Bundesregierung versuche, die Rahmenbedingung für ihr eigenes Handeln zu klären. Klose meinte, wenn es auf der obersten Ebene zwischen den USA und der UdSSR derzeit schwer vorangeht, dann sollte man vielleicht auf anderen Feldern positive Punkte setzen, so zwischen der DDR und der BRD, zumindest durch Gespräche.

Zur Situation der SPD äußerte er: Sie stehe vor einer schwierigen Strecke. Ihr innenpolitischer Spielraum sei durch die wirtschaftliche Lage erheblich eingeengt. Auf dem Parteitag 1979 habe man nicht nur zur Raketenfrage, sondern eigentlich zu allen wichtigen Fragen Doppelbeschlüsse gefaßt, aus denen jeder herauslesen konnte, was ihm paßte. Jetzt wirke sich das in der Partei aus.

Dieses erste Gespräch mit Klose verlief in sehr sachlicher und freimütiger Weise. Er sprach die Einladung aus, ihn gelegentlich in Hamburg aufzusuchen.

Quelle: SAPMO-BArch, DY 30/J IV 2/10.02/19; IV 2/2.036/87.

Dokument 39

Information über einen Aufenthalt von Herbert Häber in der Bundesrepublik Deutschland vom 23. bis 25. Juni 1981[36]

Während meines Aufenthaltes in Bonn hatte ich Gelegenheit zu Gesprächen mit folgenden Personen:

Hans-Jürgen *Wischnewski*, Stellvertretender Parteivorsitzender der SPD, Horst *Ehmke*, Stellvertretender Vorsitzender der SPD-Bundestagsfraktion; Egon *Bahr*, ehemaliger Bundesgeschäftsführer der SPD, Vorsitzender des Unterausschusses Abrüstung/Rüstungskontrolle im Auswärtigen Ausschuß des Bundestages; Helmut *Bekker*, Staatssekretär im Postministerium, langjähriger Fraktionsgeschäftsführer der SPD; Karsten *Voigt*, SPD-Bundestagsabgeordneter; Gerhard *Schröder*, SPD-Bundestagsabgeordneter, ehemaliger Vorsitzender der Jungsozialisten; Walther *Leisler Kiep*, Stellvertretender Vorsitzender der Bundestagsfraktion der CDU/CSU; Olaf v. *Wrangel*, CDU-Bundestagsabgeordneter; Hans-Günter *Hoppe*, Stellvertretender Vorsitzender der Bundestagsfraktion der FDP; Dr. Franz *Schoser*, Hauptgeschäftsführer des Deutschen Industrie- und Handelstages.

Weiter hatten sich für Gespräche interessiert:

K. *Lietke*, Vorsitzender des Parteirates der SPD und Stellvertretender Vorsitzender der Bundestagsfraktion; H. *Börner,* Ministerpräsident von Hessen sowie E. *Selbmann*, Außenpolitischer Berater von Herbert *Wehner*.

Die genannten Personen konnten aber aus zeitlichen Gründen die vorgeschlagenen Termine nicht wahrnehmen, betonten aber ihre Gesprächsbereitschaft bei nächster Gelegenheit. Der neue Bundesgeschäftsführer der SPD P. *Glotz* hat aus terminlichen Gründen abgesagt.

1. Zur generellen Situation der Koalition:

Nachdem es in den zurückliegenden Monaten viele Hinweise und auch Spekulationen über einen möglichen baldigen Bruch der Koalition gegeben hatte, habe ich alle Gesprächsteilnehmer nach iher Meinung dazu befragt. Übereinstimmend wurde von den Politikern aller drei Parteien und auch vom Sprecher des Industrie- und Handelstages zum Ausdruck gebracht, daß sich die Situation derzeit stabilisiert habe. Vor Wochen noch hätten viele mit einem persönlichen Bruch gerechnet. Der FDP-Parteitag in Köln, bei dem in der Raketenfrage ein Drittel der Delegierten gegen Genscher gestimmt hat, habe jedoch der FDP-Spitze deutlich gemacht, daß sie es sich vorerst ohne großen Schaden für die FDP nicht erlauben kann, die Koalition mit der SPD aufzukündigen. Auch die bevorstehenden, sehr schwierigen Verhandlungen der SPD mit der FDP über die beabsichtigten drasti-

---

᛫ Die Information datiert vom 29. Juni 1981.

schen Kürzungen des Bundeshaushaltes werden nach Meinung aller Gesprächspartner voraussichtlich nicht dazu führen, daß es zu einem Scheitern der Koalition kommt.

Wischnewski sagte: „Ende Juli und im September wird es im Zusammenhang mit dem Bundeshaushalt kritische Wochen geben, aber es ist möglich, die Probleme zu bewältigen. Der FDP-Parteitag hat gesiegt. Genscher kann nicht so einfach aussteigen. Die FDP würde einen Schock erleiden. Die größere Schwierigkeit ist die Lage in der SPD." Ein Teil der SPD entwickle, wie die Ereignisse in Hamburg zeigten, sich als eine Art ökologische Bewegung.

Ehmke erklärte, daß sich die Koalition wieder in einer besseren Verfassung befindet. Sie sei jedoch noch nicht über den Berg. Die Kürzung des Haushalts sei schon zu schaffen, werde aber der SPD viele Probleme bringen.

Schröder äußerte, nach seiner Meinung werde die Auseinandersetzung über den Bundeshaushalt nicht zum Ende der Koalition führen. In der SPD sei die Bereitschaft gewachsen, im Interesse der Fortsetzung der Regierung die Kröte der Haushaltskürzungen zu schlucken. Entgegen der in den Zeitungen geäußerten Auffassung sei der eigentliche Konflikt nicht so sehr die Sozialpolitik, sondern die Raketenfrage.

Von *Becker* wurde zum gleichen Thema gesagt, er habe ursprünglich gedacht, nach seinem Einsatz im vorigen Herbst nur wenige Monate im Amt eines Staatssekretärs zu verbleiben, denn Anfang des Jahres habe es so ausgesehen, als werde sich die Koalition nicht mehr lange halten. Jetzt jedoch habe sie sich gefangen und es gäbe Grund zu der Voraussage, daß sie sich auch bis zu den nächsten Wahlen halten werde.

Karsten *Voigt*: Er habe der Koalition vor 1 bis 2 Monaten kaum noch eine Chance gegeben. Jetzt habe sich die Lage verbessert. Zu den Haushaltskürzungen werde es zwischen den Koalitionsparteien zu einer Übereinstimmung kommen. Aber die parlamentarische Bewältigung dieses Problems sei eine Sache. Das politische Echo in der Öffentlichkeit und die Reaktion in der SPD seien eine andere Sache. Die Auseinandersetzungen darüber können hart werden. Doch sei die Einsicht, daß gespart werden muß, in der Bevölkerung durchaus vorhanden. Wenn es jetzt zu Bundestagswahlen käme, hätte die SPD allerdings keine Chancen, in der Regierung zu verbleiben.

Kiep äußerte mit Entschiedenheit die Auffassung, daß seines Erachtens die Koalition bis 1984 durchhalten werde. In seiner Partei hätten viele mit einem baldigen Scheitern gerechnet. Darauf sei die bisherige Taktik der CDU gerichtet gewesen – die Koalition nicht zu sehr zu attackieren, um sie nicht zusammenzuschweißen. Da aber ein so schneller Zerfall nicht eingetreten ist, beginne in der CDU jetzt die Diskussion über die Frage, ob man sich weiter zu zurückhalten zeigen kann oder nicht eine aktive Oppositionspolitik machen müsse. Dabei betonte Kiep, es sei für die CDU schwer, ein eigenes politisches Profil zu zeigen, da sie in wesentlichen Fragen mit der Politik der Koalition einverstanden sein kann. So sei es der CDU kaum möglich, in den Fragen der Sicherheitspolitik eine andere Haltung einzunehmen. Mit Lambsdorff sei man ohnehin einverstanden, und wenn jetzt der SPD-Minister Matthöfer auch davon spricht, daß man die Gewinnchancen der Unternehmer verbessern müsse, dann habe die CDU eigentlich auch daran nichts zu kritisieren.

Wrangel: Wenn die Koalition mit dem Haushalt 1982 einigermaßen fertig werde, und das Jahr 1981 überlebt, dann habe sie Aussichten, noch einige Jahre weiter zu existieren. Auf die SPD kämen jedoch harte Anforderungen zu, und es erhebe sich die Frage, wie sie das innerparteilich verkraften wird. Die Opposition befinde sich in einer guten Verfassung. Es gebe in der CDU eine vielschichtige Diskussion über mögliche Varianten der Ablösung der Bundesregierung. Für die FDP sei es schwer, aus der Regierung auszusteigen. In den meisten Landesverbänden der FDP gebe es eine positive Grundhaltung für die Koalition mit der SPD. Ein Ende der jetzigen Koalition könne eigentlich nur durch eine Identitätskrise der SPD herbeigeführt werden. Er wisse, daß viele SPD-Mitglieder mit den sozialen Abstrichen und der Nachrüstung nicht einverstanden sind. Zahlreiche Kollegen der SPD-Fraktion hätten Angst davor, daß sich die SPD spaltet oder zumindest eine größere Absplitterung erfolgt. Insgesamt, so meinte Wrangel, gebe es in wesentlichen Fragen der Politik ein deutliches Zusammenrücken aller Bundestagsparteien. Das betreffe vor allem die Nachrüstungsfrage, wo die CDU/CSU voll hinter dem Bundeskanzler steht.

Auch der FDP-Politiker Hoppe äußerte, die Koalition könne jetzt etwas zuversichtlicher sein. Auf eine entsprechende Frage äußerte er unumwunden, insgesamt gebe es in der FDP-Mitgliedschaft keine große Bereitschaft für einen Übergang zur CDU. Die Ereignisse in Westberlin hätten das in dramatischer Weise gezeigt.[37] Noch sei in der FDP die Überzeugung vorherrschend, daß die FDP eine liberale Politik nur gemeinsam mit der SPD verwirklichen kann. Außerdem sei er auch der Meinung, daß die notwendigen Korrekturen im Staatshaushalt besser zu verwirklichen sind, wenn die SPD in der Regierung ist und wenn der DGB sozusagen als förderndes Mitglied der Koalition auf die Bundesregierung eingeschworen ist. Bei einer

---

7 Bei den Wahlen zum Berliner Abgeordnetenhaus am 10. Mai 1981 wurde die CDU mit 48,0 Prozent stärkste Partei. Die FDP erreichte nur 5,6 Prozent. 1979 hatte die FDP noch 8,1 Prozent der Stimmen erreicht. Die SDP kam auf 3,3 Prozent.

grundsätzlich wohlwollenden Haltung der Gewerkschaft zur Regierung seien die geplanten Dinge leichter zu verwirklichen als von einer Bundesregierung, die bei den Gewerkschaften auf Haß stoßen würde. Nach Meinung Hoppes wachse in der SPD die Bereitschaft, im Bundeshaushalt einen radikalen Schnitt zu machen. Auch in der Bevölkerung entwickle sich eine Art „Schmerzbewußtsein". Viele begreifen, daß man sparen muß und hoffen, daß die entsprechenden Beschlüsse bald getroffen werden. Eine Verschiebung der Haushaltskürzungen hält er für grundsätzlich falsch. Mit einigen kosmetischen Korrekturen könne man zwar die Schlinge, die um den Hals der Koalition liegt, etwas lockern, aber in 2 bis 3 Jahren würde sie dann um so fester zugezogen werden. Dann würde die Koalition vor den Bundestagswahlen, wie man auf gut „neudeutsch" sagt, in der Scheiße stehen. Deshalb sei die Radikalkur jetzt erforderlich.

Schoser vom Industrie- und Handelstag sagte auf die Frage nach der Haltung hiesiger Wirtschaftskreise, die Industrie erwarte ein konsequentes Vorgehen der Bundesregierung. Otto Wolff v. Amerongen, der Präsident des DIHT habe sich in Briefen an die Regierung gewandt. Die Industrie trete für Entschlossenheit bei der Kürzung des Haushalts ein. Nach Meinung von Schoser ist in der Bundesrepublik eine gewisse Senkung des Lebensstandards unvermeidlich. Er stellte jedoch die Prognose, daß die Koalition die Haushaltskürzungen politisch bewältigen werde. Die SPD werde deshalb nicht aus der Regierung gehen. Aber es werde natürlich einen Riesen-Radau geben, wenn die Einzelheiten bekannt werden. Er meine, die Frage des Doppelbeschlusses sei sehr viel ernster. Auf diesem Gebiet sei eine sehr emotionsgeladene Situation entstanden, die an die 50er Jahre erinnert. Die Friedensbewegung in der BRD werde vor allem von der Jugend getragen, die nicht bereit ist, sich damit abzufinden, daß eines Tages hier geschossen wird und sie mit der Gefahr der Existenzvernichtung konfrontiert ist.

2. Zur Frage der Raketenrüstung:

Alle Gesprächspartner haben auf meine entsprechenden Fragen beteuert, daß es nach ihrer Meinung voraussichtlich noch in diesem Jahr zu Verhandlungen zwischen den USA und der UdSSR über die Fragen der Mittelstreckenraketen kommen werde.

Wischnewski sagte, die USA wollen in der Raketenfrage verhandeln. Allerdings sei es schlimm, daß von USA-Politikern ständig Erklärungen abgegeben werden, die Zweifel auslösen. Reagan aber habe begriffen, daß bei der gegenwärtigen Lage in Westeuropa der Zusammenhalt des Bündnisses gefährdet werde, wenn es nicht zu Verhandlungen mit der Sowjetunion kommt und wenn diese Verhandlungen nicht ernsthaft geführt werden. Bonn wolle sich dabei energisch einschalten. Zwischen der BRD und den USA gebe es auch weiter Differenzen. Das betreffe vor allem die Haltung zu der

Staaten der dritten Welt, zu El Salvador, zu Nikaragua und auch zu Namibia. Hier sei das, was die USA wollen, mit den Auffassungen der SPD und der Sozialistischen Internationale nicht in Übereinstimmung zu bringen. Wischnewski will sich demnächst öffentlich dazu äußern.

Ehmke meinte, nach seiner Auffassung werde es zu Verhandlungen kommen. Allerdings seien in den USA noch Kämpfe zwischen den Befürwortern und den Gegnern der Verhandlungen im Gange. Er hoffe, daß sich jene Kräfte durchsetzen, die substantielle Verhandlungen befürworten. Allerdings werden diese Verhandlungen sehr kompliziert werden. Schon in der Frage des Zählens gebe es wesentliche Unterschiede in den Ansichten beider Seiten. Er verstehe, daß die Sowjetunion bestrebt sei, die amerikanischen seegestützten Raketensysteme einzubeziehen. Eine Null-Option, die von Egon Bahr vertreten werde, halte er für undenkbar. Er könne sich nicht vorstellen, daß die UdSSR ein Verhandlungsangebot unterbreitet, das auf westlicher Seite einen so weitgehenden Verzicht ermögliche. Vielleicht wollen dies die Politiker, aber gewiß nicht die Militärs. Er glaube nicht, daß die Sowjetunion die teuren Raketen produziert hat, um sie dann alle zu verschrotten. Als ich die Frage stellte, warum die Bonner Führung den sowjetischen Vorschlag auf ein Moratorium in der Raketenfrage abgelehnt hat, zugleich aber ständig Meldungen in die Welt setzt über eine angebliche Beschleunigung der sowjetischen Raketenrüstung, antwortete Ehmke unwirsch. Er wollte über dieses Thema nicht sprechen. Es zeigte sich, daß man über dieses Thema nicht sprechen möchte, weil es ihnen schwerfällt, für die ablehnende Haltung eines Vorschlages, der von Schmidt selbst gekommen ist, überzeugende Argumente vorzubringen.

Egon *Bahr* nahm folgendermaßen Stellung: Der amerikanische Präsident will verhandeln. Einige Leute wollen es nicht, so Weinberger und auch der NATO-Oberbefehlshaber Rogers. Wenn überhaupt, dann wollen sie nur Verhandlungen zum Schein. Reagan weiß, wenn es keine ernsthaften Verhandlungen gibt, bricht das Bündnis und dann würde es mit Sicherheit keinerlei Stationierung neuer Raketen geben. Bahr ist dafür, bei den Verhandlungen die Null-Variante anzustreben. Er hält das für die vernünftigste und eigentlich auch für die einfachste Lösung. Nach seiner Aussage seien Schmidt und auch Genscher schon fast für diese Position gewonnen. Die Realisierbarkeit dieser Variante hänge aber von der entsprechenden Bereitschaft der Sowjetunion ab. Er habe das bei seinem kürzlichen Besuch in Moskau klargestellt. Dort beginne man das zu begreifen. Willy Brandt werde hoffentlich schon etwas mehr darüber erfahren.[38]

---

38 Der SPD-Vorsitzende Willy Brandt traf am 30. Juni 1981 in Moskau mit KPdSU-Generalsekretär Leonid Breshnew zusammen und informierte sich über

Insgesamt war zu erkennen, daß die führenden Politiker in Bonn eine solche Linie beziehen: Die USA sind angeblich zu Verhandlungen bereit, die Verhandlungen können aufgenommen werden im Rahmen des Doppelbeschlusses der NATO, von dem man sich keinesfalls lösen will. Zu welchen Ergebnissen sie aber führen – dafür trage die Sowjetunion die Verantwortung.

Bahr sagte, die Sowjetunion dürfe nicht glauben, daß die Friedensbewegung in der BRD den Doppelbeschluß außer Kraft setzen könne. Entscheidend sei ein so großzügiges Angebot der UdSSR, daß man den Amerikanern den völligen Verzicht auf die Stationierung neuer Raketen schmackhaft machen könne. Das entscheidende Jahr werde nach Meinung von Bahr das Jahr 1983 sein, wenn die USA dann eventuell trotz der geführten Verhandlungen die Raketen stationieren wollen. Darauf müsse man sich vorbereiten. Er habe dafür Vorstellungen, über die er reden möchte.

Becker sagte in diesem Zusammenhang, er könne sich nur auf das stützen, was er von seinen Parteifreunden gehört habe, die in den USA gewesen sind. Danach sei die Reagan-Administration darauf eingestellt, auf Verhandlungen mit der Sowjetunion einzugehen. Es sei klar, daß seitens der Bundesregierung weiterhin Druck auf die USA ausgeübt werden müsse, um die Ansätze zur Verhandlungsbereitschaft zu stärken. Aus seiner Teilnahme an Kabinettssitzungen der letzten Woche wisse er, daß Schmidt mehrfach nachdrücklich aufgefordert habe, in die USA zu fahren und mit allen Bekannten, die man dort habe, zu sprechen. Becker stimmte der Einschätzung zu, daß die SPD, wenn sie die Verantwortung für die Stationierung der Mittelstreckenraketen im Jahr 1983 übernimmt, bei den Bundestagswahlen 1984 den Bach runter gehen wird. Mit dieser Stationierung würde die bisherige Friedens- und Sicherheitspolitik der SPD in einer Weise erschüttert werden, daß sie in weiten Teilen der Mitgliedschaft und der Wähler nicht mehr glaubwürdig wäre. Eine interne Umfrage habe schon jetzt in Hamburg ergeben, daß derzeit die SPD mit einem niederschmetternden Ergebnis von nur 27 Prozent rechnen müsse.

Auch *Voigt* äußerte, es werde zu Verhandlungen kommen. Allerdings werde das Ergebnis von beiden Seiten abhängen. Leider seien die BRD und die DDR nicht direkt an den Verhandlungen beteiligt. Die BRD werde aber den Verhandlungsverlauf sorgfältig beobachten und sich bei ihrem Urteil sowohl auf Informationen aus den USA wie aus der Sowjetunion stützen. Auf die Frage nach dem Zweck der

---

die sowjetische Position in der Frage der Mittelstreckenraketen. Brandt war in seiner Funktion als Präsident der Sozialistischen Internationale (SI) vom 30. Juni bis 2. Juli 1981 nach Moskau gereist.

Veröffentlichung in der BRD über eine angebliche achtfache Überlegenheit der Sowjetunion und nach den Gründen für die Verschärfung der antisowjetischen Tonlage in den Reden des Bundeskanzlers, gab Voigt die Antwort: Diese Art der Argumentation hänge mit der sowjetischen Darstellung der Probleme zusammen. Die sowjetischen Darstellung der Bedrohung durch die NATO „füttere" die hiesige Friedensbewegung. Deshalb sei es logisch, daß jetzt von Seiten der BRD hart akzentuiert auf die sowjetische Bedrohung eingegangen werden muß. Nach seiner Meinung werde es auf dem SPD-Parteitag im April 1982 auf jeden Fall einen Beschluß geben, der es Schmidt erlaubt, weiter zu regieren. Er selbst werde dazu beitragen, und er müßte ein Idiot sein, wenn er sich anders verhalten würde. Diejenigen, die eine schärfere Position vertreten, würden auf dem Parteitag in der Minderheit bleiben. Die jüngsten Landesparteitage der SPD in Hamburg und Hessen hätten erneut gezeigt, daß immer, wenn es um die Frage des Weiterregierens geht, sich bei allen Meinungsverschiedenheiten eine Mehrheit findet.

Schröder nahm wie folgt Stellung: Die eigentliche kritische Frage für die SPD sei nicht die Sozialpolitik, sondern die Stationierung der Mittelstreckenraketen. Er halte es für einen positiven Schritt, daß durch das Drängen von ihm und seiner Freunde in der Fraktion erreicht wurde, daß durch den Parteivorstand und die Regierung für die vorgesehenen Verhandlungen eine Null-Option ins Auge gefaßt wird. Dies sei insbesondere durch Willy Brandt in seiner Bundestagsrede bekräftigt worden. Nach Meinung Schröders müsse versucht werden, auch die CDU in der Raketenfrage unter Druck zu setzen. Er habe in den vergangenen Wochen die Erfahrung gemacht, daß auch konservative Kräfte für die Friedensbewegung zu gewinnen sind. Schröder sagte, die DGB-Führer nähmen in der Raketenfrage eine unmögliche Haltung ein. Es sei für ihn sehr seltsam, in der innerparteilichen Friedensdiskussion auf das Beispiel der Kirche verweisen zu müssen statt auf Initiativen der Gewerkschaften. Da es aber eine Menge gute gewerkschaftliche Beschlüsse zur Friedensfrage gibt, komme es jetzt darauf an, dazu die Diskussion in den Gewerkschaften zu entwickeln.

Kiep, der in der zurückliegenden Woche in Washington weilte, äußerte, er sei überzeugt, daß die Reagan-Administration Verhandlungen mit der Sowjetunion wolle. Dies habe ihm der Sicherheitsbeater des Präsidenten, Allen bestätigt, obwohl der ja eigentlich für eine sehr harte Haltung bekannt ist. Die USA wollen die Verhandlungen auf die sogenannten eurostrategischen Waffen begrenzen, aber ihre seegestützten Raketensysteme nicht mit einbeziehen lassen. Hinsichtlich der SALT-Vereinbarungen sei man jetzt in Washington dabei zu überprüfen, ob es möglich ist, einen Teil der bisherigen

Vereinbarungen in die neuen Verhandlungen mit einzubeziehen. Vor Anfang 1982 werde es dazu jedoch keine verbindlichen Positionen geben. Es treffe zu, daß inzwischen das Rüstungsprogramm in den USA voll weiterlaufe.

Kiep äußerte die Hoffnung, daß es möglichst bald zu einer Begegnung zwischen Breshnew und Reagan komme. Er glaube, daß es möglich sei, daß sich bei einem persönlichen Treffen Breshnew und Reagan gut verstehen. Trotz aller anders gearteten Propaganda habe Reagan eine sehr gewinnende Art. So seien der kanadische Ministerpräsident Trudeau und der mexikanische Präsident Portillo von ihm sehr eingenommen gewesen. Noch immer habe für Reagan das Wirtschaftsprogramm Vorrang. Dreiviertel seiner Zeit und Energie widme er den innenpolitischen Fragen. Kiep meinte, eigentlich müßte das Wirtschaftsprogramm funktionieren. Er sehe aber auch, daß die gewaltige Ausdehnung der Rüstung, die die inflationäre Entwicklung in starkem Maße anfacht, die Erfolge dieser Wirtschaftspolitik in Frage stellen kann.

Der FDP-Politiker Hoppe äußerte auf die Frage, ob sich denn die Rahmenbedingungen für die Politik der Koalition inzwischen geklärte hätten, nachdem man mir im Februar gesagt hatte, daß man im Sommer die Dinge deutlicher erkennen werde, dies sei noch nicht in dem gewünschten Maß erreicht. Erstens könne man im Westen noch immer nicht ganz klar sehen, wohin die USA-Politik gehen wird. Zweitens sei im Osten noch nicht geklärt, wie sich die Dinge in Polen entwickeln und zu welch internationalen Folgen das noch führen wird.

Trotz aller Stellungnahmen aus den USA, die immer wieder Fragen aufwerfen, glaube er, daß Bereitschaft zu Verhandlungen besteht. Immerhin hätten sowohl Schmidt als auch Genscher ihr politisches Schicksal mit Verhandlungen im Rahmen des Doppelbeschlusses verbunden. Daß die USA jetzt ankündigen, eventuell Waffen nach China zu liefern, gehöre zu ihrer Verhandlungsvorbereitung und soll nicht überschätzt werden. Die USA seien dabei, ihre Karten für das Verhandlungsspiel zu mischen und der Sowjetunion anzudeuten, welche Karten sie alle zur Verfügung haben, auch die chinesische Karte. Auf eine entsprechende Frage, ob die Methode der israelischen Regierung etwa jetzt zur Regelung internationaler Fragen angewandt werden soll, meinte Hoppe: Der israelische Bombenangriff sei eine ganz fürchterliche Angelegenheit. Man könne nur hoffen, daß das internationale Leben nicht „israelisiert" werde. Das beste wäre, wenn Breshnew und Reagan bald persönlich zusammenträfen. Nach Ansicht von Hoppe hätten beide die Mentalität, eine gemeinsame Sprache zu finden.

3. Zu den Beziehungen zur UdSSR und DDR:

Mehrere Gesprächspartner äußerten sich zu dem geplanten Besuch von Genossen Breshnew in der BRD.[39] Wischnewski sagte, man wünsche sehr, daß Breshnew nach Bonn kommt. Er teilte mit, daß er wenige Tage zuvor dem Botschafter der UdSSR, Genossen Semjonow, die Antwort der SPD auf den Brief der KPdSU zu den Problemen der Abrüstung übergeben habe. Dieser Antwortbrief soll in Moskau sein, bevor Brandt in die Sowjetunion fährt.[40] Der Brief der KPdSU sei sachlich und im freundlichen Ton gehalten. Man habe ebenso sachlich geantwortet. Über den Inhalt äußerte sich Wischnewski nicht. Man habe sich gegen die Angriffe in der sowjetischen Presse auf Bundeskanzler Schmidt gewandt. Als ich auf die scharfen antisowjetischen Ausfälle in den jüngsten Reden von Schmidt hinwies, war das Wischnewski sichtlich unangenehm. Er äußerte, die Erklärung des Bundeskanzlers zum 40. Jahrestag des Überfalls auf die Sowjetunion sei ja schon in einem anderen Ton gehalten. Das Gespräch mit Genossen Ponomarjow, das vor wenigen Wochen in Bonn stattgefunden hat, sei aus seiner Sicht enttäuschend verlaufen. Man sei über allgemeine Floskeln nicht hinausgekommen.

Schröder nahm ebenfalls Stellung zur Frage des Besuchs von Genossen Breshnew. Obwohl nicht klar sei, was eigentlich konkret dabei herauskommen soll, halte er ihn für wichtig, da er zur Entkrampfung in den Beziehungen führen könne. Die Bedrohungspropaganda sei die Hauptbegründung für den NATO-Raketenbeschluß. Deshalb könne es hilfreich sein, wenn durch Breshnew und den positiven Verlauf dieses Besuchs dieser Propaganda entgegengewirkt werden könnte. Außerdem ergebe sich durch einen solchen Besuch für die Koalition die Chance, sich in der Friedens- und Abrüstungsfrage wieder aktiver zu zeigen. Dabei müsse allerdings beachtet werden, daß nicht die BRD mit der Sowjetunion über die Raketenfrage zu verhandeln hat, sondern die USA.

Es ist unverkennbar, daß in führenden Bonner Kreisen Interesse daran besteht, durch außenpolitische Aktivitäten den Eindruck von initiativreichem Handeln in der Friedensfrage zu erwecken und dabei auch aus der Friedensbewegung, wie Bahr andeutete, die Luft herauszulassen. Es ist zudem anzunehmen, daß Schmidt den Wunsch hat, im Hinblick auf den im April nächsten Jahres stattfindenden SPD-Parteitag seine Position dadurch zu verbessern, daß er auf Begegnungen mit Staatsmännern sozialistischer Länder hinweisen kann.

Darauf deutet auch die Antwort hin, die ich von Wischnewski auf meine Frage erhielt, was denn von den Meldungen zum Thema Tref-

39 In der Zeit vom 22. bis 25. November 1981 besuchte der sowjetische Generalsekretär Leonid Breshnew zum dritten Mal die Bundesrepublik.

40 Vgl. Kap. 3, Anm. 38.

fen zwischen Erich Honecker und Helmut Schmidt zu halten sei, die in den vergangenen Wochen in die BRD-Presse lanciert worden sind. Ich hatte die Frage gestellt, ob man den alten Fehler erneut wiederholen will und ohne jegliche Voraussetzung dieses Thema in der Öffentlichkeit hochzuspielen beabsichtigt. Wischnewski antwortete: „Wir sind der Auffassung, wenn es möglich ist, daß Breshnew nach Bonn kommt, dann muß es auch möglich sein, daß Schmidt kurz danach in die DDR fährt. Wir möchten nicht den Eindruck entstehen lassen, daß es mit der Sowjetunion in den Beziehungen weiter geht und mit der DDR nicht. Das entspräche nicht dem Stand der Beziehungen zur DDR." Er verwies noch einmal darauf, daß von ihm die Absage Schmidts im August des vergangenen Jahres für falsch gehalten worden ist.

Becker nahm dazu wie folgt Stellung: Er geht davon aus, daß nach dem Besuch des Genossen Breshnew in der BRD das Treffen zwischen dem Bundeskanzler und Erich Honecker stattfinden werde. In der SPD-Fraktion gebe es eine allgemeine Erwartung dieser Art. Becker äußerte, er habe bisher angenommen, daß es über den speziellen Vertrauten von Schmidt, Bölling, bereits Absprachen mit der DDR gebe.

Ich nahm meinen Besuch bei Ehmke und Bahr am 24. Juni zum Anlaß, um in deutlicher Weise die an diesem Tag im Bundestag beschlossene Resolution über die Wahlen der Volkskammer in der DDR zurückzuweisen.

4. Zur Friedensbewegung in der BRD:

Beinahe alle Gesprächspartner fühlten sich veranlaßt, mit mir über die Friedensbewegung in der BRD zu reden. Es war interessant, mit welcher Selbstverständlichkeit sowohl Politiker der SPD als auch der CDU den Begriff „Friedensbewegung" gebrauchen. Es ist nicht zu übersehen, daß sie alle vom Umfang und dem engagierten Auftreten dieser Bewegung stark beeindruckt sind. *Bahr* äußerte, die Friedensbewegung sei doch eigentlich eine fabelhafte Sache. Sie habe mitgeholfen, ein entsprechendes Problembewußtsein für die Fragen des Friedens und der Sicherheit zu schaffen. Allerdings soll niemand annehmen, daß die Stationierung von Mittelstreckenraketen durch diese Friedensbewegung verhindert werden könne. Dies sei nur in Verhandlungen erreichbar. Wenn die Verhandlungen beginnen, werde bei der Friedensbewegung die halbe Luft raus sein.

Ehmke meinte in diesem Zusammenhang, die Friedensbewegung habe eine falsche Zielstellung. Er gebe in Gesprächen mit Vertretern dieser Bewegung stets den Rat, daß sie sich in ihren Zielen auf die Frage der Verhandlungsergebnisse orientieren soll.

Von *Becker* wurde dazu gesagt, er erhalte sehr viele Briefe von SPD-Mitgliedern, die an die friedensbewahrende Pflicht der SPD mahnen. In seinem Wahlkreis, dessen SPD eigentlich ruhig veranlagt sei, würden an ihn viele kritische Fragen wegen des Sozialabbaus und der gleichzeitigen Steigerung der Rüstungsausgaben gestellt. Unruhe sei auch in der katholischen Kirche vorhanden. In einem kürzlichen Gespräch mit dem katholischen Bischof von Münster habe dieser ihm gegenüber geäußert, er wisse nicht mehr, wie er mit den jungen Leuten in seinen Seminaren zurecht kommen soll. Sie stellten energische Fragen nach der friedlichen Zukunft. Nach ihrer Ansicht gebe es schon genug Massenvernichtungsmittel, und man müsse unbedingt mit der Abrüstung beginnen. Wenn das andere nicht tun, so wurde von den Jugendlichen geäußert, dann müsse eben die BRD damit anfangen. Becker verwies darauf, daß auch die Junge Union in seinem Wahlkreis in die Diskussion über Frieden und Abrüstung verwickelt und dabei in zwei Lager gespalten sei.

Kiep sagte in diesem Zusammenhang: Die Friedensbewegung habe ein großes Ausmaß angenommen. Dies müsse auch von der CDU ernst genommen werden. Vor allem durch junge Menschen würden die bisherigen Grundpositionen der Politik aller Bonner Parteien in Frage gestellt werden. Für den Fall, daß 1983 in der BRD die Mittelstreckenwaffen stationiert werden, erwarte er eine große innenpolitische Unruhe.

Wrangel richtete an mich die Frage, wie von uns die Friedensbewegung in der BRD beurteilt werde und ob wir nicht ein Überschwappen dieser Friedensbewegung auf die DDR befürchten, da sich die DDR-Bürger über das Westfernsehen ja ständig mit dieser Entwicklung vertraut machen könnten. Ich antwortete ihm, daß es mir etwas schwerfällt, zu diesem Thema Stellung zu nehmen, da ja in den Westmedien und durch BRD-Geheimdienste hin und wieder behauptet wird, die SED und sogar ich persönlich würden diese Friedensbewegung konspirativ steuern.

Wenn der Begriff vom „Überschwappen" überhaupt angebracht ist, dann hat die Friedensbewegung aus der DDR in die BRD übergeschwappt. Ich erinnerte daran, daß in der DDR vor knapp zwei Jahren ca. 13 Millionen Bürger durch ihre Unterschrift gegen die Raketenstationierung Stellung genommen haben und verwies auf die große Übereinstimmung zwischen der Bevölkerung der DDR und unserer Regierung in den Fragen des Friedens und der Entspannung. Die Friedensbewegung in der BRD ist jedoch nicht importiert, sie erwächst aus der zunehmenden Erkenntnis, daß es angesichts der abenteuerlichen USA-Politik für die Bevölkerung der BRD in der Tat ums Überleben geht. Darum ist es nicht verwunderlich, wenn sich insbesondere junge Menschen, die den Wunsch nach einem friedlichen Leben haben, in wachsender Zahl und mit großer Leidenschaft in der Friedensbewegung engagieren. Außerdem sei für viele Bürger der Bundesrepublik noch niemals zuvor der enge Zusammenhang zwischen sozialer Abrüstung und militärischer Aufrüstung sichtbar geworden wie gegenwärtig, wo kaum ein Tag vergeht, an dem nicht neue soziale Einschränkungen und zugleich neue Erhöhungen des Rüstungsetats angekündigt werden usw.

5. Weitere Fragen, die in den Gesprächen eine Rolle spielten:

Von *Wischnewski* wurde mir mitgeteilt, daß Mitte Juli in Bonn ein Treffen führender Politiker der Sozialistischen Internationale stattfinden wird, zu dem Willy Brandt die Initiative ergriffen hat. Ende Juli wird sich die Fraktion der SPD ausführlich mit dem Problem der Haushaltskürzung befassen. Anschließend finden darüber Koalitionsgespräche mit der FDP statt.

Bahr nahm im Gespräch Stellung zur Änderung der Französischen Regierung. Er sei sehr erfreut über die Stärkung der Position der Sozialisten in Frankreich und auch in Italien. Er hoffe auch auf solche Erfolge bei den bevorstehenden Wahlen in Norwegen. Damit sei bewiesen, daß es keineswegs, wie behauptet, einen unaufhaltsamen konservativen Trend in Westeuropa gebe. Die Stärkung des Einflusses der Sozialisten werde sich auch positiv für das Bemühen um Rüstungskontrolle auswirken. Der Eintritt von Kommunisten in die Französische Regierung wurde von ihm mit der zynischen Bemerkung kommentiert, Mitterrand sei es gelungen, als erstes die Kommunisten „zu verstaatlichen".[41] *Wischnewski* hatte zu dieser Frage geäußert, die FKP habe überraschend viel geschluckt, um in die Regierung aufgenommen zu werden. Er glaube aber nicht, daß die Minister der FKP sehr lange im Amt sein werden. Mitterrand werde angesichts der ökonomischen Probleme in Frankreich nicht nur mit sozialen Verbesserungen regieren können, sondern in absehbarer Zeit auch unpopuläre Maßnahmen durchführen müssen. Ob die FKP dann noch die Dinge mittragen kann, bezweifle er.

Schoser vom Industrie- und Handelstag hatte dazu geäußert, der bundesdeutschen Industrie schmecke dieses Ergebnis ganz und gar nicht. Man verstehe natürlich, daß Mitterrand mit der Hereinnahme von FKP-Ministern ins Kabinett vor allem die mächtige CGT-Gewerkschaft neutralisieren wolle. Besonders ärgerlich sei aus Sicht der Industrie der BRD das Konzept zur Verstaatlichung wichtiger

---

41 Am 22. Juni 1981 hatten sich in Frankreich die Sozialistische Partei und die FKP in einem Abkommen auf die Regierungsbeteiligung der Kommunistischen Partei verständigt. Vier kommunistische Minister traten in die Regierung ein, die nach dem Wahlsieg der Linken am 14. und 21. Juni 1981 gebildet worden ist. Bereits am 10. Mai 1981 hatte der Vorsitzende der Sozialistischen Partei, François Mitterrand, die Präsidentschaftswahlen im zweiten Wahlgang mit Hilfe der FKP gewonnen.

Industriebereiche. Man befürchte weniger außenwirtschaftliche Schwierigkeiten als vielmehr die gesellschaftspolitische Signalwirkung solcher Maßnahmen.

Schröder nahm Stellung zum Einsatz von Dohnanyi als neuer Bürgermeister von Hamburg. Dieser Einsatz sei von Brandt betrieben worden. Dohnanyi sei ein „Brandt-Mann". Schmidt sei nicht so begeistert gewesen. Klose beabsichtige, Landesvorsitzender der SPD in Hamburg zu werden. Wenn sich Klose taktisch klug verhalte, werde er zusammen mit Dohnanyi ein gutes Gespann abgeben. Beide seien keine Leute von Schmidt. Die Schmidt-Anhänger in Hamburg seien die Rechten wie Staak und andere, die gegen Klose intrigiert haben. Dohnanyi sei durchaus in der Lage, bei den nächsten Wahlen in Hamburg dem von der CDU ausersehenen Spitzenkandidat Kiep Konkurrenz zu bieten. *Wischnewski* hatte zu diesem Thema geäußert, wenn in Hamburg gewählt wird, wird voraussichtlich die FDP wieder in die Bürgerschaft kommen.

Bei der Zusammensetzung der FDP in Hamburg wird es mit ziemlicher Sicherheit wieder eine Koalition mit der SPD geben. Deshalb habe die CDU auch mit Kiep in Hamburg kaum eine Chance. Es sei bekannt, daß Kiep von Kohl aus Bonn weggelobt werden soll. Wischnewski meinte, Kiep könne gar nicht von Bonn verdrängt werden, denn er sei es, der als Schatzmeister der CDU die besten Beziehungen zur Industrie hat und dort das Geld locker macht. Ansonsten sei nicht zu übersehen: Derzeit ist Kohl in der Fraktion der CDU/CSU unbestritten wie kaum zuvor. Er verfügt über eine starke Position und es wird gegenwärtig keiner gegen ihn antreten.

Kiep sagte zur Frage nach seinem weiteren politischen Schicksal, er habe wenig Interesse nach Hamburg zu gehen, sondern sehe seine Aufgabe in Bonn. Es gebe jedoch noch keine endgültige Entscheidung, aber wenn es nach ihm ginge, würde er den Wechsel nach Hamburg nicht vollziehen.

Alle Gesprächspartner nahmen Bezug auf die Lage in Polen und stellten an mich die Frage, wie wir die Dinge sehen. Ich antwortete unter Berücksichtigung des Personenkreises entsprechend unserer prinzipiellen Einschätzung.

Lebhaftes Interesse zeigten die meisten Gesprächspartner, insbesondere Wischnewski, Bahr, Kiep, Wrangel und Schoser an den Ergebnissen des X. Parteitages und den Fortschritten der DDR.[42] Meine diesbezüglichen Ausführungen wurden aufmerksam entgegengenommen. Schoser vom Industrie- und Handelstag sagte, man verfolge mit großer Aufmerksamkeit die außenpolitischen und außenwirtschaftlichen Aktivitäten der DDR, wobei er besonders auf die

---

42 Der X. Parteitag der SED fand vom 11. bis 16. April 1981 in Berlin statt.

Reise von Genossen Erich Honecker nach Japan Bezug nahm.[43] Er habe seinen Leuten schon mehrfach gesagt, daß man hinsichtlich der außenwirtschaftlichen Strategie von der DDR noch etwas lernen könne.

Quelle: SAPMO-BArch, DY 30/IV 2/2.036/85.

Dokument 40

Information über Gespräche von Herbert Häber mit Gerhard Stoltenberg, stellvertretender CDU-Vorsitzender und Ministerpräsident von Schleswig-Holstein, sowie Walther Leisler Kiep, stellvertretender Vorsitzender der CDU/CSU-Bundestagsfraktion und Bundesschatzmeister der CDU, in Leipzig am 7. September 1981

– Das Zusammentreffen mit Stoltenberg fand auf dessen Wunsch am Montag, dem 7. 9. 1981 unter vier Augen im Hotel „Merkur" in Leipzig statt. Zunächst gab S[toltenberg], der vor drei Jahren das letzte Mal in der DDR war, einige Eindrücke wieder, die er während seines bisherigen Aufenthaltes in Magdeburg, Quedlinburg und Naumburg gewonnen hat. Er habe ein gutes Klima angetroffen. Nach seinen Eindrücken und den von ihm bisher geführten Privatgesprächen sei der Lebensstandard stabil.

Zur Lage in der BRD äußerte er, die Koalition befinde sich in einer angespannten Situation. Allerdings könne man über ihr Schicksal nur Spekulationen anstellen. Niemand könne genau sagen, was wird. Die beschlossenen Haushaltskürzungen werden nach seiner Meinung in den beiden Parteien durchgesetzt werden. Wichtiger sei jedoch, was bei den Koalitionsbesprechungen von beiden Seiten zu Protokoll gegeben worden ist. (Im Falle des weiteren Anstiegs der Arbeitslosigkeit: SPD für Beschäftigungsprogramm, was die FDP ablehnt; die FDP für Kürzung des Arbeitslosengeldes, wogegen die SPD ist.) Mit diesem für eine Regierungskoalition absolut unüblichen Verfahren sei der weitere Konflikt vorprogrammiert. Es sei fraglich, ob die Koalition noch einmal einen wirklichen Aufschwung erleben wird. Die CDU/CSU werde im Verlaufe der nächsten Tage ihre Vorstellungen zu den Sparbeschlüssen der Regierung bekannt geben. Seine Partei könne gelassen sein. Ihre Position verbessere sich, ihr Ansehen steige. In dem Maße, wie in Bonn das Geld knapp wird, treten die unterschiedlichen Positionen von SPD und FDP in der Wirtschafts- und Sozialpolitik schärfer als früher zutage.

---

43 Honecker weilte vom 27. Mai bis 1. Juni 1981 in Japan.

Im Gespräch über die internationale Situation äußerte S[toltenberg], er halte den Nachrüstungsbeschluß der NATO für richtig, bekenne sich aber auch ebenso eindeutig zu Verhandlungen über die Rüstungsbegrenzung. Natürlich könne es keinen einseitigen Verzicht des Westens geben. In diesem Zusammenhang brachte er die bekannten Argumente über die angeblich übersteigerte Aufrüstung der Sowjetunion vor. Ich legte unsere Position dar und verwies darauf, daß nicht endlose Debatten über Zahlen und Zählverfahren angebracht sind, sondern daß es auf den politischen Willen ankommt, mit substantiellen Verhandlungen zu beginnen und Lösungen in Richtung auf Rüstungsbegrenzung und Abrüstung anzustreben. S[toltenberg] äußerte, er sei mit diesem Standpunkt einverstanden. Er sehe weniger die Gefahr, daß es in Europa zu kriegerischen Verwicklungen kommt. Vielmehr bestehe das Problem darin, daß Konflikte in anderen Regionen der Erde auf Europa durchschlagen könnten.

Hinsichtlich der Beziehungen zwischen der BRD und der DDR meinte S[toltenberg], er würde es begrüßen, wenn es zu einem Treffen zwischen Bundeskanzler Schmidt und dem Staatsratsvorsitzenden der DDR, Erich Honecker, komme. Natürlich müsse man dabei über die Weltpolitik und über Fragen der Abrüstung reden. Aber es gäbe auch andere Themen, die beide deutsche Staaten betreffen. Er könne sich nicht vorstellen, daß Schmidt darauf verzichtet, die Frage des Mindestumtausches aufzuwerfen. Nachdem ich unsere Haltung dazu erneut dargelegt hatte, äußerte er, im Grundsatz sei ja gegen die Maßnahme der DDR nichts einzuwenden. Es sei durchaus normal, wenn nach mehreren Jahren die Quote verändert wird. Das Problem liege nach seiner Meinung bei den Rentnern und bei Familien mit mehreren Kindern, für die der Umtauschsatz zu hoch sei. Er sei auch der Meinung, daß für künftige Gespräche keine Seite Bedingungen stellen kann. Die Öffentlichkeit der BRD erwarte aber vom Bundeskanzler, daß er bei einem Besuch in der DDR auch mit Ergebnissen auf diesem Gebiet zurückkommt. Die CDU/CSU werde in diese Richtung drängen.

Wir sollten in Rechnung stellen, daß der finanzielle Spielraum der Bonner Regierung enger geworden sei. Das könne auch Konsequenzen für neue Abmachungen mit der DDR haben. Es sei schwer denkbar, in der Bundesrepublik das Kindergeld zu kürzen und dann Milliarden aufzuwenden für andere Dinge. Er sei erfreut darüber, daß es nach seinen Informationen Fortschritte bei den Expertengesprächen über die Fragen der Werra-Entsalzung gebe. Eine ernste Frage sei auch die Vergiftung der Elbe im Bereich des Hamburger Hafens und der Elbmündung. Auch hier müsse eigentlich die DDR ein Interesse an Verbesserungen haben, denn in einer bestimmten Zeit könne sich diese Vergiftung der Elbe bis nach Magdeburg auswirken.

Er meinte, die CDU/CSU habe mittlerweile eine klare Position hinsichtlich des Verhältnisses zur DDR. Das betreffe ihn auch persönlich, wobei er nicht mit jeder Äußerung mancher seiner Parteifreunde unbedingt übereinstimme.

Er interessierte sich für die Entwicklung in der DDR, und ich hatte Gelegenheit zu Ausführungen über den vom X. Parteitag beschlossenen Kurs. Er stellte die Frage nach unserer Einschätzung über die Lage in Polen. Nach seiner Meinung sei eine Entwicklung zu wünschen, die durch ein Übereinkommen zwischen der PVAP und „Solidarność" bestimmt sei. Für besonders bedenklich hält er, daß es noch keine Anzeichen gibt für eine Stabilisierung der wirtschaftlichen Situation.

In Gesprächen habe er erfreut zur Kenntnis nehmen können, daß sich das Verhältnis zwischen Staat und Kirche in der DDR in den vergangenen zwei Jahren spürbar verbessert habe. Allerdings gäbe es „hier und da" noch Schwierigkeiten, die nicht sein müßten. Er hoffe, daß sich die positive Entwicklung fortsetze.

S[toltenberg] bedankte sich für die Möglichkeit des Meinungsaustausches und bekräftigte den Wunsch, den Kontakt aufrechtzuerhalten. Er äußerte die Hoffnung, daß ich ihn gelegentlich in Kiel besuchen werde.

S[toltenberg] teilte mit, daß in der DDR-Haftanstalt Bautzen ein BRD-Bürger namens Horst Hering, geboren am 17. 7. 1920 in Leipzig, einsitze, der 1980 wegen Spionage zu lebenslänglicher Haft verurteilt worden sei. Ihm sei mitgeteilt worden, daß dieser Mann an einer schweren Lebererkrankung leide und im Grunde genommen todkrank sei. Obwohl er ihn nicht kenne, möchte er die Frage übermitteln, ob es nicht möglich ist, unter Berücksichtigung des Gesundheitszustandes diesen Mann auf die Austauschliste zu setzen. Ich habe diese Mitteilung lediglich entgegengenommen.

– Das Gespräch mit Walhter Leisler Kiep fand am 6. 9. 1981 im Hotel „Astoria" statt. Er befand sich in Begleitung von Frau Breuel, Wirtschaftsminister von Niedersachsen.

Er zeigte sich sehr beeindruckt von seiner Teilnahme am Gespräch von Genossen Erich Honecker mit den Vertretern der Firma Hoechst. Er verwies auf die gelockerte und optimistische Atmosphäre und fühlte sich offenkundig durch die Tatsache geehrt, daß Genosse Honecker ihn während dieses Gesprächs namentlich angesprochen hatte. (Ein Vorfahre von Kiep hat die Farbwerke Hoechst gegründet, er selbst ist Aktionär.) Sehr zufrieden war er auch von der Unterredung mit Genossen Gerhard Beil, die er gemeinsam mit Frau Breuel vor dem Treffen mit mir hatte.

Die Auseinandersetzung in der Bonner Koalition sei nicht nur ein Schauboxen gewesen, sondern widerspiegelte eine kritische Lage

Was jetzt abgelaufen ist, sei die bisher größte Belastung des Regierungsbündnisses von SPD und FDP seit seinem Bestehen. Man habe sich gegenseitig Dinge gesagt, wie niemals zuvor. Wahrscheinlich werde aber die Koalition zunächst noch halten. Wenn sie weiter regiert, dann könne es jedoch eigentlich nur ein Dahinsiechen sein, ohne große Handlungsfähigkeit. Vom Standpunkt der Staatsinteressen der Bundesrepublik sei das eine ungute Situation.

Er und auch Frau Breuel verwiesen darauf, daß in der Bevölkerung der BRD generell eine tiefe Verunsicherung zu spüren sei. Keiner wisse, was wird. Dies sei auch für die Wirtschaft und ihre Dispositionen sehr schlecht.

Die CDU/CSU sei natürlich jederzeit bereit, die Regierung in Bonn zu übernehmen. In der gegenwärtigen Situation würde man es aber nicht sehr gern tun. Alles ist ziemlich verfahren. Im Falle einer Regierungskrise könnten nach Meinung von Kiep auch Neuwahlen ins Haus stehen. Ein direkter Übergang der FDP aus einem Bündnis mit der SPD in eine Koalition mit der CDU sei für die FDP-Führung schwer machbar. Große Teile der FDP sind noch immer nicht dafür.

Er gehe davon aus, daß Herbert Wehner voraussichtlich nicht noch einmal für die Funktion des SPD-Fraktionsvorsitzenden kandidiere. Auch dies sei ein weiterer Unsicherheitsfaktor für das Bündnis mit der FDP, denn Wehner habe da mit *Mischnick* viel dafür getan. Die Ärzte hätten Wehner dringend aufgefordert, daß er sein Amt abgibt und auch auf sein Abgeordnetenmandat verzichtet. Er leide unter einer schweren Diabetes. Die Frage der Nachfolge ist offen. Wehner selbst sei wohl dafür, daß Hans Apel Fraktionsvorsitzender wird. Ehmke werde keine genügende Unterstützung durch die Fraktion haben. Der bisherige Finanzminister Matthöfer, der ebenfalls in Frage käme, stünde nicht zur Verfügung, weil ihn Schmidt unbedingt im Kabinett braucht. Ob Wischnewski noch eine Chance hat, sei nicht genau zu bestimmen.

Kiep teilte mit, daß er vor wenigen Tagen in Bonn mit dem Sicherheitsberater des US-Präsidenten, Richard Allen, gesprochen hat. Er habe ihm deutlich zu machen versucht, daß die BRD vor allem wegen ihrer Beziehungen zur Sowjetunion und auch speziell zur DDR ein besonderes Interesse am Erhalt der Entspannungspolitik habe. Der Präsidenten-Berater habe das sehr aufmerksam zur Kenntnis genommen und geäußert, man wolle das in Washington beachten. Kiep sprach die Erwartung aus, daß mit den Gesprächen zwischen Haig und Gromyko die Verhandlungen zwischen den USA und der UdSSR in Gang kommen. Er meinte, man dürfe allerdings keine Illusionen haben, es würden sehr komplizierte Verhandlungen werden.

Kürzlich sei Wadim Sagladin zu einem internen Besuch in Bonn gewesen und habe auch ihn, Kiep, aufgesucht. Bei der Sowjetunion seien starke Zweifel erkennbar, ob seitens der USA überhaupt mit ernsthaften Verhandlungen zu rechnen ist. Kiep meinte, für Reagan stünde noch immer die Stabilisierung der wirtschaftlichen Situation in den USA im Vordergrund. Schon jetzt sei erkennbar, daß von daher ein Zwang ausgehe, die gewaltig erhöhten Rüstungsausgaben doch wieder etwas zu reduzieren. Kiep wird Ende Oktober nach Moskau reisen.

Angesprochen auf seine Rolle als Spitzenkandidat der CDU für das Amt des Bürgermeisters in Hamburg äußerte er, daß er eigentlich diese Aufgabe nicht übernehmen wollte. Es war aber unvermeidbar und deshalb nehme er sich der Sache jetzt voll an. Die CDU habe die Chance, ihre Position erheblich zu verbessern, ob sie aber alleine eine Mehrheit schafft, sei aus der gegenwärtigen Sicht noch wenig wahrscheinlich. Allerdings gäbe es in der Hamburger Bevölkerung eine starke Stimmung in Richtung auf einen Wechsel im Rathaus. Nach jetzigen Umfragen habe die FDP nicht allzuviel zu erhoffen. Besser seien die Aussichten der Grünen. Kiep zeigte sich informiert über die Bemühungen zu einem Wahlbündnis zwischen den Grünen und der DKP in Hamburg.

Er äußerte sich erfreut, daß der Oberbürgermeister von Frankfurt am Main die DDR besucht hat und mit mir ins Gespräch gekommen ist. Er habe ihm das angeraten. Eigentlich, äußerte Kiep scherzhaft, müsse die DDR ihm intern einen Orden für Pionierarbeit bei der Herstellung von Kontakten zwischen der CDU und der DDR verleihen. (Stoltenberg hatte über Wallmann geäußert: Dies sei ein Mann, der in der CDU noch eine große Zukunft habe.)

Es wurde angeboten, durch die Vermittlung von Kiep oder von Frau Breuel, eine Begegnung zwischen mir und dem Ministerpräsidenten von Niedersachsen, Albrecht, anzuberaumen. Ich habe im allgemeinen Sinne Interesse bekundet.

Quelle: SAPMO-BArch, DY 30/J IV 2/10.02/19; IV 2/2036/87.

Dokument 41

**Information von Herbert Häber an Erich Honecker,
Generalsekretär des ZK der SED und
DDR-Staatsratsvorsitzender, vom 19. Oktober 1981**

Im Zusammenhang mit Äußerungen des FDP-Politikers Ronneburger über seine Gespräche in der Hauptstadt der DDR möchte ich folgendes mitteilen: Ich war am Mittwoch, dem 13. Oktober 1981, Teilnehmer des Abendessens, das Bölling aus Anlaß des Besuches von Ronneburger in seiner Residenz gegeben hat. Nach Beendigung der Zusammenkunft war ich mir mit Genossen Seidel, Leiter der Abteilung BRD im MfAA, einig, daß es keinen Anlaß gibt, über diesen Abend eine Information anzufertigen. Herr Bölling hatte einen solch gemischten Kreis eingeladen, der eine ernstzunehmende und informative Diskussion mit Ronneburger nicht möglich machte. Ich selbst hatte lediglich Gelegenheit, Herrn Ronneburger zu begrüßen und ihm dann auf Wiedersehen zu sagen, verbunden mit dem Hinweis, daß wir uns eventuell bei Gelegenheit in Bonn einmal sprechen werden. Außerdem hatte ich keine Neigung, in Anwesenheit der Botschafter der USA und Großbritannien sowie von BRD-Journalisten wie Schwarze und Cramer eine intensive Diskussion mit Herrn Ronneburger zu führen. Die Gespräche von Ronneburger mit Genossen Seidel sowie mit Genossen Max Schmidt waren ebenfalls nach Auskunft der beiden Genossen ganz allgemein und bezogen sich lediglich auf die besondere Verantwortung beider deutscher Staaten für den Frieden. Möglicherweise war Herr Ronneburger gar nicht sehr froh darüber, zum Abendessen eine Runde von fast 20 Personen vorzufinden, wodurch eine ordentliche Unterhaltung nicht gelingen konnte.

Herrn Borm (FDP), der ebenfalls geladen war, habe ich in einem kurzen Gespräch zum großen Erfolg der Friedensmanifestation in Bonn[44] gratuliert und dabei seine verdienstvolle Rolle in der Bewegung gegen die NATO-Raketenpolitik gewürdigt. Er zeigte sich sehr erfreut, bekräftigte seine Entschlossenheit, auch weiterhin alles für die Stärkung der Friedensbewegung zu tun.

Die in Kürze in Genf beginnenden Verhandlungen zwischen der UdSSR und dem USA[45] beurteilte er sehr skeptisch, denn, so sagte er, die Amerikaner wollen keine Verhandlungsergebnisse. Die Umstände des Abends ließen es aber auch nicht zu, ausführlicher mit Herrn Borm zu sprechen.

Quelle: SAPMO-BArch, DY 30/IV 2/2.036/87.

---

44 Am 10. Oktober 1981 fand in Bonn eine Großdemonstration der Friedensbewegung der Bundesrepublik mit Hunderttausenden Teilnehmern statt.
45 Am 30. November 1981 wurden in Genf die sowjetisch-amerikanischen Verhandlungen über die Reduzierung der Mittelstreckenraketen in Europa (INF) wieder aufgenommen.

Information über einen Aufenthalt von Herbert Häber in der Bundesrepublik Deutschland vom 1. bis 6. Februar 1982[46]

Während meines Aufenthaltes in der BRD hatte ich Begegnungen mit folgenden Persönlichkeiten (in zeitlicher Reihenfolge der Gespräche):

Gerhard *Stoltenberg*, Ministerpräsident von Schleswig-Holstein, Stellvertretender Vorsitzender der CDU, am 1. Februar 1982 in Kiel; Hans *Koschnick*, Senatspräsident und Bürgermeister von Bremen, Mitglied des Präsidiums der SPD, am 2. Februar 1982 in Bremen; Günter *Verheugen*, Generalsekretär der FDP, am 3. Februar 1982 im Gebäude des Parteivorstandes der FDP in Bonn; Walther *Leisler Kiep*, Stellvertretender Vorsitzender der CDU-Bundestagsfraktion, Schatzmeister der CDU, am 3. Februar 1982 im Bundeshaus in Bonn; Wolfgang *Mischnick*, Vorsitzender der FDP-Bundestagsfraktion, am 4. Februar 1982 im Bundeshaus in Bonn, Egon *Bahr*, Mitglied des Präsidiums der SPD, Vorsitzender des Bundestagsunterausschusses für Rüstungskontrolle und Abrüstung, am 4. Februar 1982 in seinem Büro Bonn/Tulpenfeld; Dr. Franz *Schoser*, Hauptgeschäftsführer des Deutschen Industrie- und Handelstages (DIHT), am 4. Februar 1982 in der Zentrale des DIHT in Bonn; Hans-Günter *Hoppe*, Stellvertretender Vorsitzender der FDP-Bundestagsfraktion, am 4. Februar 1982 im Bundeshaus in Bonn; Karl *Lietke*, Stellvertretender Vorsitzender der SPD-Bundestagsfraktion und Vorsitzender des Parteirates der SPD, am 5. Februar 1982 im Bundeshaus in Bonn; William *Borm*, Alterspräsident der FDP, am 5. Februar 1982 in seiner Wohnung in Bonn; Horst *Ehmke*, Stellvertretender Vorsitzender der SPD-Bundestagsfraktion, am 5. Februar 1982 im Bundeshaus in Bonn; Herbert *Mies*, Vorsitzender der DKP, am 5. Februar 1982 in seiner Wohnung in Düsseldorf.

Außerdem waren an Gesprächen interessiert, die aber aus zeitlichen Gründen nicht stattfinden konnten:

Hans-Jürgen *Wischnewski*, Stellvertretender Vorsitzender der SPD; Klaus von *Dohnanyi*, Bürgermeister von Hamburg; Klaus *Matthiesen*, Landesvorsitzender der SPD von Schleswig-Holstein; Holger *Börner*, SPD-Ministerpräsident von Hessen; Günter *Gaus*, ehemaliger Leiter der Vertretung der BRD in der DDR sowie Walther *Wallmann*, CDU-Oberbürgermeister von Frankfurt am Main.

Zu den Ergebnissen der Gespräche:

– zu den Vertrauensfragen des BRD-Kanzlers Helmut Schmidt Angesichts der plötzlichen Entscheidung von Schmidt, im Bundestag die Vertrauensfrage zu stellen, war dies das vorherrschenden Thema

---

46 Die Information datiert vom 8. Februar 1982.

bei all meinen Gesprächen. Von den Spitzenpolitikern der SPD, der FDP und auch der CDU wurde zum Ausdruck gebracht, daß dieser Entschluß von Schmidt kurzfristig gefällt worden war und allgemeine Überraschung ausgelöst hatte. Generell wurde zum Ausdruck gebracht, daß sowohl die SPD- und auch FDP-Fraktion mehrheitlich diesen Schritt für überflüssig erachtete – *Lietke* (SPD) äußerte, die Vertrauensfrage wäre die ganz persönliche Entscheidung von Schmidt gewesen: „Die Fraktion war überrascht und in ihrer Mehrheit dagegen. Schmidt hatte seinen Schritt weder mit Brandt oder Wehner abgesprochen." Egon *Bahr* (SPD): „Das ist eine völlig überflüssige Angelegenheit." Horst *Ehmke* (SPD): „Nach Ansicht der SPD-Fraktion war es unnötig, die Vertrauensfrage zu stellen." Nun müsse man das Beste daraus machen und vor allem für positive Schlagzeilen in der Presse sorgen. Wolfgang *Mischnick* (FDP) erklärte, er habe dem Kanzler abgeraten, in dieser Situation die Vertrauensfrage zu stellen. Günter *Verheugen* (FDP) äußerte, für die FDP sei es total überraschend gekommen, daß Schmidt die Vertrauensfrage stellt, ohne sie an ein Sachproblem zu knüpfen. Man könne dies nur als ein Zeichen der Schwäche deuten.

Kiep (CDU) äußerte, die Vertrauensfrage des Kanzlers sei ein geschickter Schachzug Schmidts, um seine Position in der Koalition und in der SPD zu stärken. Zugleich sei sie geeignet, von den eigentlichen Sachfragen abzulenken.

Hoppe (FDP) meinte: „Die Vertrauensfrage des Bundeskanzlers ist überflüssig und nicht gut." Eigentlich gebe es keine Notwendigkeit in der Sache, um zu diesem Mittel zu greifen. Der Zusammenhalt der Koalition habe sich verbessert. Der Bundeshaushalt 1982 sei mit einer klaren Mehrheit verabschiedet worden. Auch das Beschäftigungsprogramm sei zwischen der FDP und SPD vereinbart worden und könne mit Mehrheit verabschiedet werden. Keiner stelle gegenwärtig die Koalition in Frage. „Obwohl Helmut Schmidt sich gesundheitlich etwas erholt habe, müsse er psychologisch doch wohl unter einem starken Druck stehen, wenn er sich so überraschend entschließt, die Vertrauensfrage im Parlament zu stellen und damit einen Schritt zu tun, den man in einer Legislaturperiode nur einmal unternehmen kann." Bei den FDP-Politikern zeigte sich eine gewisse Verärgerung darüber, daß Schmidt ohne jede vorherige Absprache mit Genscher dieses Manöver unternommen hat.

Auf die Frage, worum es dabei gehe, wurden unterschiedliche Antworten gegeben. Die FDP-Politiker meinten, es ginge vor allem um die Disziplinierung der SPD-Fraktion. Diese Auffassung wurde auch von den Vertretern der CDU geäußert. Von den SPD-Politikern wurde übereinstimmend gesagt, daß es einmal darum gehe, nach vielen Diskussionen nunmehr Ruhe „im eigenen Laden" herbeizuführen, daß dieser Schritt aber vor allem auch darauf gerichtet sei, gegenüber den USA deutlich zu machen, daß Schmidt fest im Sattel sitze und eine völlig handlungsfähige Regierung leitet.

Ehmke (SPD) sagte: „Die Zielstellung des Kanzlers ist sowohl innen- als auch außenpolitischer Natur. Man soll vor allem in den USA nicht glauben, daß man mit dem Kanzler umspringen kann wie man will." Egon *Bahr* (SPD) vertrat die Meinung, dieser Schritt müsse vor dem Hintergrund der scharfen Angriffe aus den USA und auch aus Frankreich gegen Helmut Schmidt gesehen werden. *Lietke* (SPD) meinte, die Handlungsfähigkeit des Kanzlers nach innen und außen, insbesondere auch gegenüber den USA, soll deutlich gemacht werden. Durch die Vertrauensdemonstration der Koalitionsfraktion soll die vollständige Handlungsfähigkeit der Regierung herausgestellt werden.

Schoser vom Industrie- und Handelstag äußerte sich sehr spöttisch und ironisch über den Vorgang. Er sagte: „Morgen werden sie rufen: Helmut Schmidt, wir lieben dich alle!" Aber die Lage sei danach genauso kritisch wie zuvor. Genau genommen sei dieser Schritt ein Ausdruck der Labilität der gegenwärtigen Regierung.

– Eine große Rolle spielte bei den Diskussionen das von den Koalitionsparteien erarbeitete Beschäftigungsprogramm. Das Anwachsen der Arbeitslosenzahlen auf über 2 Millionen hat die Regierung in Zugzwang gebracht. *Stoltenberg* (CDU) äußerte, die Beschäftigungspolitik sei zur zentralen innenpolitischen Frage geworden. Was Bonn dazu beschließen wird, werde aber an der Lage der Wirtschaft nichts verbessern. Steuererhöhungen sind falsch. Schmidt und Lambsdorff wissen das. Aber sie brauchen etwas, um dem Druck ihrer Anhänger Rechnung zu tragen. Lambsdorff schwankt zwischen der Einsicht, daß Steuererhöhungen falsch sind und der Koalitionsdisziplin. Im Kabinett sind bei der Diskussion um die Beschäftigungspolitik sehr harte Worte gefallen. Stoltenberg fügte hinzu, daß auch die CDU keine Möglichkeit sehe, rasch etwas zu verändern. Auch bei einer – wie er meint – besseren Politik werde es mehrere Jahre dauern, ehe die wirtschaftliche Situation in der BRD spürbar verbessert werden könne.

Lietke (SPD) äußerte zu diesem Thema, 2 Millionen Arbeitslose seien eine gravierende Herausforderung. Eine solch große Zahl von Arbeitslosen und eine SPD-Regierung – das passe nicht zusammen. Es mußte deshalb unbedingt etwas geschehen. Das Programm habe in erster Linie eine politische Funktion. Man will sichtbar machen, daß sich die Regierung ihrer Verantwortung bewußt ist und aktiv Schritte unternimmt. Der Erfolg der SPD bestehe darin, daß damit ein Signal gegeben wurde, daß die Bekämpfung des Arbeitslosenproblems eine Angelegenheit des Staates sei. Man könne die Sache nicht, wie die FDP meinte, den sogenannten freien Kräften der Wirtschaft überlassen. Wirklich bewegen könne das Programm allerdings fast nichts. Man hoffe auf saisonale Verbesserung im Frühjahr, die man dann dem Beschäftigungsprogramm der Regierung zuschreiben könne.

Bahr (SPD) zum gleichen Thema: Es ist der SPD gelungen, die FDP in dieser Frage „über den Tisch zu ziehen". Natürlich habe auch die FDP etwas erreicht. Was der SPD am meisten weh tut, sei die Neuregelung des Mieterschutzes. Diesen Preis habe man zahlen müssen. Durchschlagende Wirkungen werde das Programm aber nicht haben. Günstigenfalls bringe es 100 000 Arbeitsplätze. Die Arbeitslosigkeit habe tiefere Ursachen. Die labile wirtschaftlichen Lage sei ein internationales Problem. Dafür gebe es als Hauptgründe: zu wenig Investitionen und die enormen Rüstungslasten mit inflationären Folgen.

Ehmke (SPD): Das Beschäftigungsprogramm kann nur die Stimmung verbessern und das innenpolitische Klima günstiger gestalten. Viel mehr werde damit nicht erreicht werden können. Außenwirtschaftlich stehe es für die BRD derzeit nicht schlecht. Wenn sich im Sommer die Wirtschaftslage noch etwas verbessert, könne es wenigstens so aussehen, als ob die Regierung ein wirksames Rezept besitze. Falls die CDU-regierten Länder die Verwirklichung des Beschäftigungsprogramms durch die Ablehnung der Erhöhung der Mehrwertsteuer behindern, werde man bei den kommenden Wahlkämpfen die CDU hart als Partei attackieren, die Maßnahmen zum Abbau der Arbeitslosigkeit blockiert. Gefahren drohten vor allem durch die katastrophale USA-Wirtschaftspolitik. Wenn das Wirtschaftskonzept von Reagan scheitert – und es muß scheitern – werde das schlimme Rückwirkungen auf die BRD haben. Außerdem schlägt die amerikanische Hochzinspolitik die positiven wirtschaftlichen Ansätze in Westeuropa kaputt. Auch *Koschnick* (SPD) meinte, das Beschäftigungsprogramm werde nicht viel bewegen. In Bremen schon gar nicht. Dort gibt es über 10 Prozent Arbeitslose. Eigentlich müsse man anstreben, die Arbeitslosenzahl wieder unter 1 Million zu drücken. Aber daran sei derzeit überhaupt nicht zu denken. Es müsse jedoch zumindest deutlich werden, daß von der Regierung etwas getan wird.

Verheugen von der FDP sagte zu diesem Thema, vom Beschäftigungspaket seien kaum tiefgreifende Wirkungen zu erwarten. Eigentlich gehe es um die Beruhigung der Gewerkschaften, um den Erhalt des sozialen Friedens. Lambsdorff habe sich nicht nur im Zickzack bewegt, sondern sei einen Kreis gefahren. Die FDP könne dem Programm aber zustimmen, denn ordnungspolitisch sei das „reiner Kapitalismus". Der Hauptreizpunkt für die SPD sei die Lockerung des Mieterschutzes, die Einführung der Staffelmieten, was praktisch eine jährliche Mieterhöhung um 10 Prozent bedeute. Daran werde die SPD schwer zu schlucken haben. In einem halben Jahr werde man, was die Arbeitslosigkeit betrifft, wieder vor der gleichen Situation stehen wie jetzt. Auch *Hoppe* (FDP) erklärte, das Beschäftigungsprogramm habe vor allem eine psychologische Funktion.

– In bezug auf die generelle Situation der Koalition wurde von allen Gesprächspartnern die Meinung geäußert, die Lage sei weiterhin äußerst labil. Aber man könne damit rechnen, daß das Regierungsbündnis zwischen SPD und FDP vorerst noch halte, zumindest bis Anfang 1983. *Lietke* (SPD) sagte, die SPD-Politik habe sich außenpolitisch an der Entspannung und innenpolitisch an Vollbeschäftigung und sozialer Sicherheit orientiert. Diese Grundpositionen seien gegenwärtig alle erschüttert. In seiner langjährigen politischen Tätigkeit könne er sich an keine so komplizierte Situation erinnern. Bedenklich sei vor allem, daß sich die Stimmungslage der Bevölkerung sehr negativ verändert habe. Bisher habe sich der Bundesbürger stets in einer sicheren Lage gefühlt – sowohl was die außenpolitische Entwicklung betrifft als auch was die soziale Seite angeht. Nun sei alles verunsichert. Das erzeuge einen psychologischen Effekt, der noch schlimmer sei als die wirkliche Situation. Darunter habe vor allem die SPD zu leiden. Sie befindet sich auf einem Tiefpunkt. Einerseits besitze zwar der Kanzler nach wie vor ein großes Ansehen – im Gegenteil zu Kohl. Das Ansehen der SPD liege jedoch weit darunter. Dabei wachse der Einfluß der CDU/CSU.

Entscheidend für den Fortbestand der Bonner Koalition wird die Wahl in Hessen sein (September). Aus der Sicht von heute besitze die SPD keine Chance, diese Wahl zu gewinnen. Natürlich könne bis zum September noch manches geschehen. Maßgeblich sei auch hier das Problem der Arbeitslosigkeit. Sollte Hessen tatsächlich verlorengehen, hält er es fast für sicher, daß es 1983 zu vorgezogenen Neuwahlen kommt. Natürlich werden CDU/CSU durch den Bundesrat nicht sofort die Bremsen anziehen, sondern den Druck langsam verschärfen. Die Entscheidung wird Anfang 1983 kommen, wenn die Beschlußfassung über den Bundeshaushalt ansteht. Er glaubt nicht, daß die CDU/CSU den Haushalt durchgehen lassen wird.

Eine ähnliche Meinung vertrat *Koschnick* (SPD). Er sagte, wenn jetzt allgemeine Wahlen stattfinden würden, würde die CDU/CSU zwei Drittel der Mandate im Bundestag erreichen. In Niedersachsen könne die SPD vielleicht im Vergleich zu den Kommunalwahlen des Vorjahres ihre Position etwas verbessern. Aber Albrecht werde CDU-Ministerpräsident bleiben. Die Frage wird nur sein, ob er weiter allein regieren kann oder die FDP dazu braucht. In Hamburg, wo im Juni gewählt wird, deute sich jetzt eine Patt-Situation an. Falls die FDP in die Bürgerschaft kommt, werde die SPD mit ihr weiter regieren können. Vielleicht aber bleibt die FDP auch draußen und die

Grünen bzw. Alternativen ziehen ins Parlament ein. Dann entstehe eine Situation ähnlich wie in Westberlin. Die Schlüsselfrage ist die Hessenwahl. Er hoffe zwar auf den Erhalt der SPD-Regierung, aber er glaube gegenwärtig nicht, daß es zu schaffen sein wird. Was dann geschieht? Auch er ist der festen Meinung, es werde im Frühjahr 1983 vorgezogene Neuwahlen zum Bundestag geben. Seines Erachtens springe die FDP in Bonn nicht ab. Sie würde dabei einen Teil ihrer Anhängerschaft verlieren.

Auch William *Borm* (FDP) vertrat den Standpunkt, daß 1983 unter Umständen mit vorzeitigen Neuwahlen zum Bundestag gerechnet werden müsse. Zugleich äußerte er, man solle sich nicht davon täuschen lassen, daß Genscher gegenwärtig wieder enger mit Schmidt zusammenarbeite und Einheitlichkeit in der Koalition demonstriere. Nach wie vor dienten alle Schritte Genschers als Alibi für ein beabsichtigtes Paktieren mit der CDU. Wenn er diesen Schritt vollzieht, wird er sagen können, daß er vorher alles für den Bestand der Koalition mit der SPD getan habe.

Ganz anders reagierten *Ehmke* (SPD) und *Bahr* (SPD) zur Frage eventueller vorzeitiger Bundestagswahlen. Ehmke äußerte, er sehe darin keinerlei Vorteil. Weder die SPD noch die FDP könnten daran interessiert sein, denn sie hätten nicht allzuviel zu gewinnen. Die CDU alleine könne Neuwahlen nicht erzwingen. Bei vorgezogenen Neuwahlen könne es der FDP passieren, daß sie überhaupt nicht wieder in den Bundestag kommt. Eher springt die FDP ab. In Niedersachsen müsse man den SPD-Genossen von Bonn aus eine wirksame Wiedergutmachung leisten, weil sie ja die Kommunalwahlen im Vorjahr nicht aus eigener Schuld, sondern „wegen der Scheiße in Bonn" verloren hätten. In Hessen sei die Lage sehr kritisch. Aber es gebe noch eine Chance, den Sieg aus dem Feuer zu reißen, wenn innen- und außenpolitisch alles in die richtige Richtung laufe.

Egon *Bahr* (SPD) war ebenfalls der Auffassung, vorgezogene Neuwahlen seien undenkbar. So was mache man nur, wenn sich die eigenen Chancen verbessern. Das sei aber nicht der Fall.

Verheugen (FDP) machte deutlich, daß die FDP darauf hofft, bei den Landtagswahlen in Niedersachsen in eine Koalition mit der CDU zu kommen. Das wäre nach seiner Meinung auch günstig für die Bonner Koalition, denn damit könne der FDP-Einfluß im Bundesrat verstärkt werden. Aus gegenwärtiger Sicht habe die SPD in Hessen keine Chance, die Wahlen zu gewinnen. Möglicherweise wird die FDP dann mit der CDU zusammengehen. Aber auch ein CDU-Sieg in Hessen müsse kein Grund sein, daß die Regierung in Bonn stürzt. Er halte vorgezogene Neuwahlen ebenfalls für unreal. Daran könne nur die CDU ein Interesse haben. Er sieht gute Chancen, daß die Koalition bis 1984 hält. Die DDR könne sich darauf einstellen, daß sie mit der gegenwärtigen Koalition in Bonn bis 1984 leben muß bzw. rechnen kann.

Die Hauptklammer für die Koalition liege auf dem Gebiet der Außenpolitik, die nicht in die Hände von Strauß und Zimmermann fallen dürfe. Er sei ein entschiedener Verteidiger der Koalition, weil es vor allem um den Erhalt und die Fortführung der Entspannungspolitik gehe. Dazu gebe es nach wie vor keine vernünftige Alternative, unabhängig vom Verlauf der internationalen Entwicklung, die allerdings noch komplizierter werden könne.

Befragt nach innenpolitischen Zielen der Koalition, wurde von *Verheugen* und auch von anderen Gesprächspartnern lediglich auf das Haushaltssparprogramm verwiesen. Es wurde sichtbar, daß die Bonner Regierung und die sie tragenden Parteien gegenwärtig keinerlei überzeugendes und geschlossenes innenpolitisches Konzept für die nächsten 2 bis 3 Jahre besitzen.

Mischnick (FDP) sagte zu den Perspektiven der Regierung, auch ein negativer Ausgang der Landtagswahlen sei kein ausreichender Grund, in Bonn die Koalition zu brechen. Von seiten der FDP sei ein Bruch nicht zu erwarten. Unwägbar und unberechenbar seien allerdings die Auswirkungen auf die SPD und auf den Kanzler persönlich.

In ähnlichem Sinne äußerte sich *Hoppe* (FDP). Rein mehrheitsmäßig könne man auch dann in Bonn weiterregieren, wenn die SPD bei den Landtagswahlen Niederlagen erleidet. Offen seien jedoch die politisch-psychologischen Folgen in der SPD, besonders wenn Hessen verloren geht. Vor allem aber wisse man nicht, wie dann der Kanzler reagiert. Wenn Helmut Schmidt schon jetzt ohne wirkliche Notwendigkeit mit der Vertrauensfrage im Bundestag deutlich macht, daß er einen solchen dramatischen Akt für seine Selbstbestätigung braucht – wie will er dann die zu erwartenden Wahlniederlagen verdauen, wenn seine Genossen ihm die Schuld dafür vor seine Tür kippen werden. Die Opposition sei gegenwärtig in einem zerflatterten Zustand. Sie habe zwar die Aussicht auf Stimmengewinne aber nicht wegen eigener Leistung, sondern vor allem infolge der Enttäuschung in der Bevölkerung über die Politik der Regierung Strauß sei dabei, Kohl als Kanzlerkandidaten zu demontieren. Hoppe rechnet damit, daß für 1984 Stoltenberg als Kanzlerkandidat der CDU antreten wird. Er verstehe etwas von der Wirtschaft und er sei auch ein Mann, der sich von Strauß nicht gängeln läßt. Selbst SPD-Kollegen hätten ihm erklärt, daß sie auch mit Stoltenberg regieren könnten. Innenpolitisch sei für die Koalition in den nächsten Jahren nicht mehr viel drin. Sie werde vom Druck der Umstände getrieben statt mit einem klaren Konzept zu handeln. Er würde es für klüger halten, dem Wahlvolk die ganze Wahrheit über die Lage zu sagen als mit Stückwerk sich treiben zu lassen.

Kiep (CDU) meinte, er habe schon immer die Meinung vertreten, daß die gegenwärtige Koalition bis 1984 hält. Die wahrscheinlichen Aussichten für die Landtagswahlen seien differenziert zu betrachten. In Niedersachsen gehe es aus seiner Sicht nur um die Frage, ob Albrecht mit oder ohne FDP regiert. In Hamburg könne es eine SPD/FDP-Koalition geben. Die CDU, deren Spitzenkandidat er ist, werde auf jeden Fall erstmals in dieser Stadt stärkste Partei werden. Schon das wäre ein respektables Ergebnis. Die Lage könne sich allerdings durch zu erwartende hohe Gewinne der Grünen und Alternativen komplizieren. Auch Kiep deutete an, daß ein künftiger CDU-Bundeskanzler wahrscheinlich nicht Kohl heißen wird.

Stoltenberg (CDU) vertrat den Standpunkt, insgesamt habe sich die Lage der Koalition weiter verschlechtert. Allerdings werde nach seiner Meinung die FDP jetzt nicht abspringen. Die CDU werde bei den bevorstehenden Wahlen sehr gut abschneiden. In Hessen wird man gewinnen. Ob es dann bei der Regierung in Bonn bleibt, weiß man bei den Spitzen der Koalition wahrscheinlich selbst noch nicht. Man wird dann sehen müssen, ob die SPD die Niederlage verkraftet. Er sei auch weiterhin vorsichtig in seinem Urteil über die Zukunft der Bonner Koalition. Er meint eher, daß sie bis 1984 „weiter wurstelt", als daß sie vorher auseinandergeht.

Es gibt in Bonn offenkundige Pläne, in absehbarer Zeit einige Veränderungen im Bundeskabinett vorzunehmen. Es war aber nicht möglich, darüber nähere Auskünfte zu erhalten. Herr *Schoser* vom Industrie- und Handelstag sagte mir, diese Angelegenheit werde äußerst geheim behandelt. Er wisse nur so viel, daß Matthöfer wahrscheinlich aus gesundheitlichen Gründen sein Amt aufgeben wird. Wer Nachfolger werden soll, wisse er nicht. Im allgemeinen werde der Name Vogel hochgehandelt, nur wisse man nicht, wie man Herrn Vogel ohne Schaden für die Westberliner SPD wieder nach Bonn holen könne.

– Alle Gesprächspartner äußerten sich zum Treffen am Werbellinsee. [47] Durchweg zeigten sie sich vom Verlauf dieses Treffens zwischen dem Generalsekretär des ZK der SED, Erich Honecker, und dem Bundeskanzler der BRD, Helmut Schmidt, stark und im positiven Sinne beeindruckt. *Kiep* (CDU) machte deutlich, daß er von Helmut Schmidt, mit dem er befreundet ist, offenkundig über alle Einzelheiten unterrichtet worden ist. Nach seiner Meinung sei das Zustandekommen des Treffens schon „ein Wert an sich". Natürlich

47 Vom 11. bis 13. Dezember 1981 hatte Bundeskanzler Helmut Schmidt die DDR besucht und war im Schloß Hubertusstock am Werbellinsee mehrfach mit SED-Generalsekretär Erich Honecker zusammengetroffen. Vgl. die Dokumente zu diesem Treffen in: Detlef Nakath/Gerd-Rüdiger Stephan: Von Hubertusstock nach Bonn, S. 57 ff.; Heinrich Potthoff: Bonn und Ost-Berlin, S. 652 ff.

müsse man für eine endgültige Beurteilung abwarten, was an konkreten Ergebnissen herauskommt. Auch *Stoltenberg* (CDU) äußerte sich in diesem Sinne. Durch das Treffen in der DDR habe Schmidt deutlichen Aufwind erhalten. Die Ereignisse in Polen hätten aber diesen Effekt zum Teil zunichte gemacht. Endgültig werde die CDU ihr Urteil abgeben, wenn die angekündigten Ergebnisse vorliegen. Nach Meinung von *Bahr* (SPD) habe das Treffen sehr große Bedeutung. Er habe alles gelesen, was aufgeschrieben wurde und sich darüber hinaus informieren lassen. Das Klima zwischen Honecker und Schmidt müsse hoch veranschlagt werden. „Die können miteinander." Das sei außerordentlich wichtig auch für die Zukunft und für noch schwierigere Situationen. Unter Hinweis auf die Reaktion bei den Verbündeten der BRD meinte *Bahr*: Gewisse Kräfte in den USA und auch in Frankreich sind solange ruhig, solange sich die DDR und die BRD in der Wolle haben. Wenn wir uns aber die Hand geben, werden sie nervös. Brandt habe bei seinem Besuch in Paris Mitterrand darauf aufmerksam machen müssen, daß es illusorisch sei zu glauben, Schmidt gehe nur deshalb jeden Tag ins Bundeskanzleramt, um an der Wiedervereinigung zu arbeiten.

Von *Mischnick* (FDP) war zu hören, daß er über das Treffen am Werbellinsee eine sehr hohe Meinung habe. Lambsdorff sei eigentlich ein sehr nüchterner Mensch. Aber er sei sehr stark beeindruckt gewesen über das Klima am Werbellinsee. Von *Verheugen* wurde dazu gesagt, er begrüße es vor allem, daß beide deutsche Staaten über Fragen der Abrüstung gesprochen haben und hier ihre gemeinsamen Bemühungen verstärken wollen. Darum seien die vorgesehenen Gespräche und Konsultationen der Außenministerien wichtig. Beide deutsche Staaten sollten in ihren Bündnissen für eine Politik der Vernunft und der Besonnenheit eintreten.

– Großen Raum haben bei allen Gesprächen die Fragen der internationalen Entwicklung, speziell die Beziehung zwischen der BRD und den USA, eingenommen. *Lietke* (SPD) sagte, die Außen- und Wirtschaftspolitik Reagans bereite der BRD-Regierung große Schwierigkeiten. Der Druck auf Bonn hält an. Nach den jüngsten Absprachen im NATO-Bündnis werden weitere Schritte in der Sanktionspolitik gegenüber Polen und der Sowjetunion verlangt. Zugleich befänden sich alle westeuropäischen Staaten ökonomisch in der Klemme, weil sie von der Hochzinspolitik der USA an die Wand gedrückt werden. Das betreffe auch Frankreich. Mitterrand bleibe mit seinem Wirtschaftsprogramm auf der Strecke, weil es durch die USA zunehmend abgewürgt werde. Ein Scheitern Mitterrands würde jedoch bedeuten, daß in Frankreich auf Jahrzehnte hinaus die sozialistische Partei nicht mehr an die Macht käme. Das weiß Mitterrand. Deshalb unterstütze er jetzt die eigenständigere Politik der BRD und halte auch fest am Gasröhrengeschäft.[48] Dieser Trend werde noch zunehmen. *Lietke* äußerte die Befürchtung, daß der Druck aus den USA auch Auswirkungen auf das deutsch-deutsche Verhältnis haben könnte. Er rechne damit, daß die CDU/CSU mit Beginn der Swing-Verhandlungen[49] eine politische Kampagne starten werde, um von der Regierung ein härteres Verhalten gegenüber der DDR zu verlangen. Wenn man nicht aufpaßt, kann das nicht zu unterschätzende politische Folgen haben. Man hoffe darauf, daß die DDR in der Frage des Mindestumtausches ein Zeichen des guten Willens gebe.

Bahr (SPD) nahm wie folgt Stellung: Der Druck aus Washington nimmt weiter zu. Die Bundesrepublik sei aber jetzt in einer günstigeren Position als Ende Dezember. Damals stand sie isoliert gegen die USA-Politik und auch gegen die westeuropäischen Bündnispartner. Jetzt werde die Politik der BRD und ihre Ablehnung gegenüber wirtschaftlichen Sanktionen von allen westeuropäischen Ländern unterstützt und die USA gerieten in dieser Frage in die Isolierung. Schmidt habe bei seinem Treffen mit Reagan eine große Leistung vollbracht. In Formulierungen habe er nachgegeben, aber in wichtigen substantiellen Fragen seine Position behauptet.

Bahr meint, daß die zunehmenden Schwierigkeiten der USA-Wirtschaftspolitik die außenpolitische Abenteuerlichkeit der Reagan-Regierung noch erhöhen können. Der Druck kann noch mehr zunehmen, auch im Hinblick auf das Verhältnis der Bundesrepublik zur

---

48 Am 20. November 1981 wurde ein Erdgas-Röhren-Abkommen mit der Sowjetunion abgeschlossen. Am Erdgas-Röhren-Geschäft waren neben der Bundesrepublik mehrere westeuropäische Staaten, darunter Frankreich und Italien beteiligt. Die westdeutsche Industrie lieferte im Rahmen dieses Geschäfts Großröhren für den Bau der Erdgastrasse von Sibirien nach Westeuropa. Die Sowjetunion bezahlte diese Lieferungen auf Kompensationsbasis mit Erdgaslieferungen. Die USA kritisierte dieses Abkommen. Auf dem Weltwirtschaftsgipfel in Versailles vom 4. bis 6. Juni 1982 brach ein von der US-Administration provozierter offener Streit um die Fortsetzung dieses Abkommens mit der Sowjetunion aus. Wenig später dehnte der amerikanische Präsident Ronald Reagan am 18. Juni 1982 die amerikanischen Wirtschaftssanktionen gegen die UdSSR auch auf Anlagen zur Öl- und Gasförderung aus, die mit amerikanischer Lizenz arbeiten oder von amerikanischen Tochterfirmen im Ausland hergestellt werden.

49 Die Swing-Vereinbarung vom 12. Dezember 1974, die für die Jahre 1976 bis 1981 eine Größenordnung von 850 Millionen VE vorsah, ist im Ergebnis der Gespräche am Werbellinsee zunächst für sechs Monate bis zum 30. Juni 1982 verlängert worden. Mit der neuen Swing-Vereinbarung vom 18. Juni 1982, die bis 1985 galt, wurde der Kreditrahmen stufenweise auf 600 Millionen VE reduziert. Ab 1986 war wieder ein zinsloser Überziehungskredit von 850 Millionen vereinbart. Vgl. Detlef Nakath: Zur Geschichte der deutsch-deutschen Handelsbeziehungen. Die besondere Bedeutung der Krisenjahre 1960/61 für die Entwicklung des innerdeutschen Handels (hefte zur ddr-geschichte 4), Berlin 1993, S. 19 f.

DDR. Es gibt aus den USA Stimmen, die von der BRD die Unterbrechungen der Wirtschaftsbeziehungen zur DDR verlangen. Wenn das eintritt, müsse die BRD den USA deutlich – zumindest inoffiziell – nein sagen. Hier gehe es um substantielle Interessen der Bundesrepublik.

Er sei der Auffassung, die besonnene Haltung des Bundeskanzlers in den zurückliegenden Wochen, die ihm im westlichen Ausland viel Kritik eingebracht hat, habe innenpolitisch die Position des Kanzlers verbessert. Die Schwierigkeit bestehe darin, von den USA Abstand zu halten, aber das Bündnis nicht reißen zu lassen.

Bahr sprach sich dafür aus, daß die BRD und die DDR gemeinsam Abrüstungsinitiativen ergreifen und bezog sich dabei auf den jüngsten Briefwechsel der Außenminister Fischer und Genscher. Nach seiner Auffassung gewinne ein Thema noch größere Brisanz als das der Neutronenwaffe: Das Problem der Lagerung von chemischen Waffen.

Ehmke (SPD) äußerte: Was die USA angehe, so habe Bonn Sorge um die Weiterführung der Verhandlungen in Madrid.[50] Die USA wolle eine große Schau wegen Polen abziehen und die Verhandlungen unterbrechen. Die BRD und die anderen westeuropäischen Staaten wollen zwar auch über Polen reden, aber dann so schnell wie möglich zum eigentlichen Thema der Konferenz zurückkehren. Ehmke berichtete, daß er von der Delegation der Sozialistischen Internationale Informationen über ihre Moskau-Reise erhalten habe. Man habe den Eindruck gewonnen, daß Leonid Breshnew wegen der Situation bei den Genfer Verhandlungen und wegen Madrid in pessimistischer Stimmung sei.[51] Angeblich gebe es in Moskau Überlegungen, von Madrid wegzugehen, wenn es dort zur Diskussion über Polen kommt. Das wäre eine Katastrophe. Das würde sich mit Sicherheit negativ auf die Verhandlungen in Genf[52] auswirken. Neue SALT-Verhandlungen rückten dann ebenfalls in weite Ferne, zumal die USA sich bisher auf keinen Termin eingelassen haben.

Mischnick (FDP) äußerte dazu, in Madrid müsse es zu Ergebnissen kommen hinsichtlich eines Mandats für eine europäische Abrüstungskonferenz. In der gegenwärtigen Situation sei es im Interesse der Entspannung notwendig, auf vielen Ebenen Pflöcke zu setzen und an möglichst vielen Verhandlungstischen zu sitzen. Darin bestünde auch die Bedeutung des Briefwechsels zwischen Genscher und Fischer. Es sei immerhin bemerkenswert, daß dieser Vorgang in der BRD-Presse nicht unter Beschuß genommen wurde. Dieser Dia-

---

50 Vgl. Kap. 3, Anm. 12.
51 Vom 1. bis 4. Februar 1982 hatte sich eine Delegation der Sozialistischen Internationale unter Leitung von Kalevi Sorsa in Moskau aufgehalten und war am 3. Februar 1982 mit Generalsekretär Leonid Breshnew zusammengetroffen.
52 Vgl. Kap. 3, Anm. 45.

log müsse weitergeführt werden, wenn auch praktisch vorerst nicht viel zu bewirken sei.

Koschnick (SPD) sprach sich ganz entschieden gegen den Konfrontationskurs der USA aus. Es sei notwendig, die Interessen der BRD und die der Europäer deutlich zur Geltung zu bringen. Welche Perspektive soll es für Europa geben, wenn die Reagan-Politik fortgesetzt wird? Wir Europäer würden eines Tages alles auf den Kopf bekommen. Er ist für Besonnenheit, Stabilität und für eine berechenbare Lage auf beiden Seiten. Niemand soll vom anderen Unmögliches verlangen. Er habe sich entschlossen, im März zur Leipziger Messe zu reisen, denn gerade jetzt müßten von seiten der BRD Zeichen für die Fortsetzung der Politik der Zusammenarbeit gesetzt werden.

Hoppe (FDP) meinte, außenpolitisch stünden jetzt die Verhandlungen in Madrid im Vordergrund. Es gelte zu verhindern, daß die USA wegen der Polenfrage die Konferenz zum Scheitern bringe. Es sei darum sehr bedeutsam, daß beide deutsche Staaten versuchen, ihren Beitrag zur Fortsetzung der Entspannungspolitik zu leisten. Die BRD betrachte Sicherheit und Entspannung als eine Einheit. Das müsse man auch von den USA verlangen. Natürlich tangiere die Politik der USA auch das Verhältnis zwischen der BRD und der DDR. Es sei schon immer so gewesen, daß sichtbare Fortschritte in den Beziehungen der beiden deutschen Staaten ein „internationales Stirnrunzeln" hervorrufen. Um den Argwohn der USA gegenüber der Politik der BRD nicht noch zu nähren, sei es notwendig, gegenüber Washington vor allem auf die vereinbarten Grundlagen der gemeinsamen Sicherheits- und Entspannungspolitik zu verweisen und nicht zu sehr die Sonderinteressen der BRD in ihrem Verhältnis zur DDR in den Vordergrund zu stellen. Gegenwärtig weile der Chef der USA-Propaganda-Schau über Polen in der BRD. Mit großem Erstaunen stelle er fest, daß es fast durchweg eine negative Reaktion gibt. Offensichtlich gibt es in den USA bessere Schauspieler als Politiker.

Kiep (CDU) sagte, er habe schon seit längerem darauf hingewiesen, daß die USA in der Frage der Entspannungspolitik grundsätzlich eine andere Haltung als die BRD einnehmen, für die diese Politik große Vorteile gebracht habe. Das sei das Kernproblem des gegenwärtigen Verhaltens der USA-Regierung. Auch er meinte, daß der Druck aus den USA noch zunehmen kann. Das könne sich auch auf das Verhältnis zwischen den beiden deutschen Staaten beziehen. Möglicherweise werde die BRD vor die Frage gestellt, was sie als wichtiger betrachte: Die Bündnistreue oder die Wahrnehmung ihrer Sonderbeziehungen zur DDR. Kiep machte deutlich, daß er entschieden für die Verwirklichung des Gas-Röhren-Geschäfts eintritt[53].

---

3 Vgl. Kap. 3, Anm. 48.

Als ein klassisches Exportland müsse die BRD immer wieder glaubhaft zeigen, daß sie abgeschlossene Verträge einhält. Auf die Frage, wie nach seiner Meinung die Haltung des Kanzlers der BRD in den zurückliegenden Wochen gegenüber dem Druck aus den USA politisch gewirkt habe, gab Kiep zu verstehen, daß die Politik der Besonnenheit und Mäßigung mehrheitlich bei der Bevölkerung Zustimmung findet. Das gelte auch für die Anhängerschaft der CDU/CSU. Die Scharfmacher seien nur eine Minderheit. Auch die heftige Kritik im Ausland an Schmidt habe dessen Position bei der BRD-Bevölkerung eher gestärkt als geschwächt. Das zeige sich auch in der Haltung zu Polen. Viele Menschen seien zwar bereit, Pakete zu schicken. Es gebe aber wenig Bereitschaft, sich an politischen Demonstrationen zu beteiligen und wegen der Entwicklung in Polen auf die Vorteile der Entspannungspolitik zu verzichten. Er führte selbst Beispiele an, die deutlich machten, daß der sogenannte Solidaritätstag am 30. Januar in der Bundesrepublik durchweg eine Pleite gewesen ist. An einer Demonstration in Hamburg, bei der Kiep mitmarschiert war, wurden kaum 600 Teilnehmer gezählt. Nach seiner eigenen Meinung fand sie wenig Verständnis bei der Bevölkerung.

Stoltenberg (CDU) sagte zu diesem Thema, er glaube, daß die USA in ihrer Sanktionspolitik noch weitergehen werden, ohne allerdings die Beziehungen zur UdSSR völlig zu unterbrechen. Die Westeuropäer werden teilweise mitmachen, wenn auch nicht in allen Fragen.

Schoser vom Industrie- und Handelstag äußerte sich in gleicher Richtung. Auch er befürchte, daß der Druck der USA auf die BRD-Politik noch zunehmen kann. Der Präsident des Bauernverbandes der BRD, Heeremann, habe ihm dieser Tage nach einer USA-Reise erzählt, daß die amerikanischen Farmer mit ihrem Einkommen auf dem Stand von 1932 angekommen sind. Der daraus entspringende Druck werde die USA zwingen, auch weiter Getreide an die UdSSR zu verkaufen und es so Präsident Reagan erschweren, seine Boykottpolitik durchzuführen.

Es hat kein Gespräch gegeben, in dem von den Gesprächspartnern nicht auf die Situation in Polen Bezug genommen wurde. Von *Stoltenberg* (CDU) wurde die bekannte Linie vertreten, daß eine Stabilisierung in Polen nur zu erwarten sei, wenn der sogenannte Reformkurs weiter verfolgt wird. Von SPD-Politikern, wie *Ehmke* wurde der Standpunkt vertreten, man sehe keine Zeichen, daß sich die Lage in Polen politisch und vor allem auch wirtschaftlich wirklich stabilisiert. Auf die Dauer könne man mit dem Kriegsrecht nicht zurecht kommen, wenn sich nicht die politischen Kräfte formieren. Er habe darüber lange mit Richard Wojna aus Warschau gesprochen. Nach Ehmkes Meinung sei die PVAP zerfallen und die führenden

Leute zerstritten. Wenn die Stabilisierung nicht rascher vorangeht, könne Jaruzelski gezwungen sein, doch noch sowjetische Hilfe anzufordern.

Ich habe in den Gesprächen, mit besonderer Deutlichkeit bei den Vertretern der CDU, unseren Standpunkt zur Verschärfung der internationalen Lage dargelegt. Vor allem ging es mir darum, deutlich zu machen, daß mit der Politik der Konfrontation, der Sanktionen und der Einmischung das Gesamtsystem des europäischen Vertragswerkes in Frage gestellt wird. Man möge sich einmal vorstellen, wir würden wegen der Lage in der Türkei oder in El Salvador den Standpunkt vertreten, daß bis zur Wiederherstellung der Menschenrechte in diesen Ländern die Wirksamkeit bestimmter Verträge, z. B. des Vierseitigen Abkommens über Westberlin oder des Transitabkommens ausgesetzt werden müßten? Auf die Dauer kann es wohl nicht so sein, daß eine Seite Sanktionspolitik betreibt und die Normen des Völkerrechts mißachtet, während von der anderen Seite erwartet wird, daß sie sich an die vertraglichen Abmachungen hält. Wer mit besorgter Stimme darüber redet – wie das mir gegenüber geschehen ist –, daß sich die Lage in Polen hoffentlich stabilisiert, der muß vor allem aufhören, sich in die polnischen Angelegenheiten einzumischen und Konterrevolutionäre in diesem Lande zu stützen und zu ermuntern.

– Mit Egon Bahr kam es zu einem Gespräch über den bevorstehenden SPD-Bundesparteitag (April in München). Dabei sagte Bahr, er gehe davon aus, daß in München eine klare Mehrheit von 70 bis 80 Prozent der Delegierten dem Leitantrag zur Sicherheitspolitik zustimmen wird. Ihm wäre es lieber, wenn es nur 70 Prozent sind. Es würde zur Stärkung der Position des Kanzlers gegenüber den USA beitragen, wenn darauf verwiesen werden kann, daß ein beträchtlicher Teil der SPD in Fragen der Raketenstationierung weitergehende Forderungen vertritt. Das könne als ein Instrument zur Behauptung des eigenen Standpunktes dienen.

Bei seinem kürzlichen Besuch bei der NATO in Brüssel habe er große Aufregung über den Leitantrag der SPD festgestellt. Man habe ihn gefragt, ob die SPD neben der UdSSR und den USA die dritte Weltmacht sei. Das sei die SPD sicher nicht, aber er habe deutlich gemacht, daß es ohne die Zustimmung der SPD keine Stationierung von neuen Mittelstreckenraketen geben wird. Die Verlagerung der Entscheidung auf 1983 halte er für günstig. Wenn bis dahin die Verhandlungen zu Ergebnissen geführt haben, ist die Sache ohnehin erledigt. Wenn die Verhandlungen noch laufen und es Aussicht auf Ergebnisse gibt, werde man das Problem des Moratoriums ins Spiel bringen. Sollten die Verhandlungen gescheitert sein, werde man sich gründlich mit der Frage befassen, wer dann die Schuld trägt und sich dementsprechend verhalten.

Er könne sich denken, daß 1983 mit dem Blick auf die dann in die Nähe gerückten Bundestagswahlen 1984 gesagt wird: keine Zustimmung zur Raketenstationierung vor den Bundestagswahlen.

– Ich habe den Eindruck gewonnen, daß die Führung der FDP offenbar bemüht ist, gegenüber der DDR eigene politische Aktivitäten zu entwickeln. Mir war schon aufgefallen, daß ich bei meinem jetzigen Besuch erstmals sowohl vom Fraktionsvorsitzenden Mischnick, von seinem Stellvertreter Hoppe als auch von Generalsekretär Verheugen empfangen worden bin. Die Gespräche waren ungemein freundlich, und man hatte auch viel Zeit für mich. Dabei bemerkte Verheugen, daß ihn die Idee beschäftige, ob nicht im Verlaufe dieses Jahres eine hochrangige Parteidelegation der FDP die DDR besuchen könne. Auf meine Frage, was unter hochrangig zu verstehen ist, meinte er, es sollte sich um eine Delegation des Präsidiums handeln. Ob der Parteivorsitzende selbst mitfahren würde, sei allerdings noch nicht klar. Insgesamt sei diese Idee vom Präsidium der FDP noch nicht bestätigt worden. Er wolle das aber vorbringen, um gelegentlich von uns inoffiziell zu erfahren, wie wir überhaupt dazu stehen. Es ginge ihnen nicht, so Verheugen, um die Aufnahme von speziellen Beziehungen zur LDPD in der DDR. Bei meinem darauffolgenden Besuch bei Mischnick kamen ähnliche Überlegungen zur Sprache. Der Mitarbeiter von Mischnick verwies darauf, vor Jahren habe es von seiten der DDR angeblich eine Kritik gegeben, weil die FDP einer Einladung zu einem Parteitag der LDPD in der DDR nicht Folge geleistet habe. Mischnick fing diesen Ball auf und sagte, man wisse, daß in Kürze wiederum ein Parteitag der LDPD stattfinde. Sollte es diesmal eine Einladung geben, werde man ihr bestimmt nachkommen. Dies sei allerdings nicht so zu verstehen, daß man sich aufdrängen wolle. Ich habe diese Bemerkung lediglich zur Kenntnis genommen.

– Im Gespräch mit William *Borm* (FDP) wurde von ihm mitgeteilt, daß unter seiner maßgeblichen Mitwirkung neue Initiativen der Friedensbewegung ergriffen wurden. Das betreffe vor allem die Vorbereitung der Ostermärsche. Borm bekräftigte seine Auffassung, daß die Friedensbewegung in aller Breite weitergeführt werden müsse und man eine Einengung oder gar Parteigründung nicht zulassen dürfe. Durch neue Aktivitäten müsse der Gefahr einer Erlahmung der Bewegung gegen die Raketenhochrüstung begegnet werden.

Zu den Bemühungen der ehemaligen SPD-Bundestagsabgeordneten Coppik und Hansen zur Gründung einer linkssozialistischen Partei meinte Borm, er halte die Bildung der USPD seit langem für notwendig. Wie es Coppik und Hansen anfangen sei aber wenig hoffnungsvoll. Darüber habe er mit Coppik diskutiert. Borm informierte außerdem über einen für den 27./28. Februar nach Düsseldorf anberaumten Kongreß linksliberaler FDP-Politiker. Gestützt auf die programmatischen Parteibeschlüsse von Freiburg, soll innerhalb der FDP die Front gegen den Genscher-Kurs weiter formiert werden.

Schließlich meinte Borm, bei allen politischen Schwächen halte er gegenwärtig allein Helmut Schmidt als Kanzler für fähig und auch willens, im Verhältnis sowohl zu den USA als auch gegenüber den sozialistischen Ländern eine vernünftige und besonnene Politik zu betreiben. Wenn es überhaupt möglich ist, daß die BRD eine gewisse Standfestigkeit gegenüber der gefährlichen Politik der USA zeige, dann nur mit der jetzigen Regierungskoalition. In einer möglichen künftigen CDU-Regierung sieht er Stoltenberg als den kommenden Mann.

– Bei Begegnungen mit Koschnick, Bahr und Ehmke ist von ihnen davon gesprochen worden, man habe sich im Präsidium der SPD kürzlich mit der Politik und dem Verhalten der DKP befaßt. Man besitze angeblich Informationen, daß die DKP mehr und mehr zu gewalttätigen Aktionen übergehe. Dies sei in Frankfurt am Main bei der Auseinandersetzung um die Startbahn West festgestellt worden und auch bei einer Versammlung in Köln, die sich mit der Entwicklung in Polen befaßte. Dort hätten angeblich DKP-Mitglieder den DGB-Vorsitzenden Vetter und den anwesenden SPD-Vorsitzenden Brandt niedergeschrien bzw. persönlich beschimpft. Man frage sich, ob die DKP ihre Politik geändert habe. Sollte das der Fall sein, könne das nicht ohne Folgen bleiben.

Ich habe darauf hingewiesen, daß ich diese Anwürfe für absurd halte, aber nicht die Adresse für solche Feststellungen bin. Koschnick sagte, er wolle mit Genossen Gautier, den er gut kenne, sprechen.

Für mich waren diese Äußerungen jedoch Anlaß, in gewisser Weise Genossen Herbert Mies unter vier Augen davon zu unterrichten. Offenkundig ist es so, daß an verschiedenen Stellen der BRD sogenannte Marxistische Gruppen, die sich aus ehemaligen maoistischen Kräften rekrutieren, in verstärktem Maße mit scheinradikalen Aktivitäten auftreten. Diese Aktivitäten werden der DKP in die Schuhe geschoben. Es bestand Übereinstimmung, daß sich die DKP selbstverständlich die Ziele und die Formen ihres politischen Kampfes nicht von der Regierung vorschreiben lassen kann. Dennoch ist zugleich darauf zu achten, daß man nicht Opfer von Provokationen wird und in aufgestellte Messer rennt. Ich habe die Gelegenheit genutzt, um mich von Genossen Mies über seine Rede auf der Parteivorstandstagung am nächsten Tag, dem 6. Februar 1982, unterrichten zu lassen.

Quelle: SAPMO-BArch, DY 30/IV 2/2036/85.

Dokument 43

Information über Gespräche von Herbert Häber mit Klaus von Dohnanyi, Erster Bürgermeister von Hamburg, sowie mit Walther Leisler Kiep, stellvertretender Vorsitzender der CDU/CSU-Bundestagsfraktion und Bundesschatzmeister der CDU, in Leipzig am 14. März 1982[54]

– Dohnanyi befand sich in Begleitung des Hamburger Senators für Wirtschaft Kern. Er äußerte, er sei sehr besorgt über die Situation der Koalition. Hoffentlich sei der DDR und den anderen sozialistischen Staaten klar, daß ein Regierungswechsel sehr bedenkliche Folgen für die Lage in ganz Westeuropa und damit für die Gesamtsituation in Europa haben würde. Bei aller Bedeutung der Rolle Frankreichs hänge doch eigentlich alles von der Bundesrepublik ab. Er wünschte sehr mehr Aktivitäten von seiten der sozialistischen Staaten, um die Bemühungen der Bonner Regierung zu stützen, die europäischen Interessen gegenüber den USA stärker zur Geltung zu bringen. Es gehe ihm nicht schlechthin um die Rettung der Bonner Koalition, sondern um die Bewahrung einer Politik, der Politik der Zusammenarbeit. Er würde es z. B. sehr begrüßen, wenn die DDR und die ČSSR mit der BRD gemeinsam ein Projekt der Elbe-Sanierung in Angriff nehmen würden. Das könnte ein deutliches Zeichen für friedliche Zusammenarbeit in Europa sein.

Insgesamt ist er der Meinung, daß sich die Politik noch stärker europäisieren werde. Im Verhältnis zwischen der Bundesrepublik und den USA gehe es weniger um Meinungsverschiedenheiten, sondern eigentlich um gewichtige Interessengegensätze. Er ist auf jeden Fall gegen eine Politik der Sanktionen und will das durch seinen Besuch in Leipzig unterstreichen. Es sei notwendig, unbedingt im Geiste des Treffens am Werbellinsee[55] weiterzumachen.

Die Lage in der Bundesrepublik sei sehr kompliziert. Allerding meinte er, in Wirklichkeit kommen jetzt für die BRD in wirtschaftliche Hinsicht „normale" Zeiten. Er meinte damit, daß günstige Sonderfaktoren, die in den zurückliegenden Jahren die Situation der BRD vorteilhaft beeinflußt haben, jetzt nicht mehr wirken. Darüber habe er mit Helmut Schmidt gesprochen, der ihn ganz erstaunt angesehen habe. Dohnanyi sagte, in der Bundesrepublik habe man zulange geglaubt, daß alles so günstig weiterläuft wie bisher. Es sei aber eigentlich notwendig gewesen, sich rechtzeitiger auf Veränderungen einzurichten. Im Bereich der Wirtschaft, der Industriestruktur, der Technologie. Da man das nicht früh genug getan hat, schaffe jetzt große Probleme.

---

54 Die Information datiert vom 16. März 1982.
55 Vgl. Kap. 3, Anm. 47.

Den bevorstehenden Wahlen in Hamburg schaut er mit gemischten Gefühlen entgegen. Er glaubt zwar, daß die SPD weiter regieren kann, aber das prozentuale Abschneiden der SPD wird sicherlich unter den früheren Ergebnissen liegen. Offen ist nach wie vor, ob die FDP in die Bürgerschaft kommt und offen ist, was geschieht, wenn die Grünen in Hamburg sich mit der Alternativen Liste vereinigen (was inzwischen erfolgt ist). Der Idee vorgezogener Neuwahlen zum Bundestag steht er absolut ablehnend gegenüber. Solange man in Bonn eine Mehrheit besitze, müsse weiter regiert werden. Was durch Gesetze nicht mehr zu regeln ist, muß man dann eben auf andere Weise klären.

Er zeigte lebhaftes Interesse an Erläuterungen über die Entwicklung in der DDR. In Zusammenhang mit einer Information über unsere Agrarpolitik äußerte er: Er halte es für richtig, die Lebensmittelversorgung so zu sichern, daß von außen niemand dran drehen kann. Er warf die Frage auf, wie wir die Situation in Polen beurteilen und welche Rückwirkungen die dortige Entwicklung auf die DDR gehabt habe.

Dohnanyi lud mich ein, ihn bei Gelegenheit in Hamburg aufzusuchen.

– Kiep befand sich in Begleitung von Frau Birgit Breuel, Wirtschaftsministerin von Niedersachsen. Er teilte mir mit, daß er seine beabsichtigte USA-Reise, die er eigentlich am vergangenen Montag antreten wollte, etwas verschoben habe. Er wollte damit vermeiden, als ob er im Gefolge von Franz Josef Strauß reist. Auch habe er inzwischen erfahren, daß in Kürze Gerhard Stoltenberg eine USA-Reise antreten wird. Auf jeden Fall werde er, Kiep, im Laufe des Monat März noch mit dem Präsidentenberater Meese, dem Sicherheitsberater Clark mit, Außenminister Haig, mit Finanzminister Regan sowie mit dem Präsidenten der USA-Bundesbank zusammentreffen.

Befragt nach dem Sinn der gegenwärtig verstärkten Aktivitäten von Franz Josef Strauß meinte Kiep, Strauß hoffe doch noch darauf, in einer CDU/CSU-geführten Bundesregierung ein Ministeramt zu bekommen. Sollte in Kürze in Bonn ein Wechsel stattfinden, werde Strauß mit ziemlicher Sicherheit Finanzminister werden.

Zur Situation in der Bonner Koalition meinte er, im Vergleich zu unserem Gespräch vor einigen Wochen sei er jetzt in seinem Urteil unsicherer geworden. Er habe eigentlich immer geglaubt, daß die Koalitionsregierung bis 1984 hält. Die Äußerung von Genscher, auch in Fragen der Außenpolitik gebe es eine deutliche Annäherung der Haltung der CDU/CSU an die Position der FDP, bewerte er als ein Zeichen dafür, daß sich Genscher auf das Absetzen aus der Bonner Koalition einrichtet.

Kiep äußerte sich erneut sehr positiv über das Treffen am Werbellinsee. Ihn bewege die Frage, ob die DDR genügend Spielraum habe, um die dort getroffenen Absprachen einzuhalten. Mit großem Interesse sehe man den Gesprächen von Wirtschaftsminister Lambsdorff mit Günter Mittag entgegen. Er bedankte sich für die Möglichkeit, am Montag mit Frau Breuel den VEB Umformtechnik in Erfurt besuchen zu können. Mitte Juni beabsichtige er, nach Berlin zu kommen und wenn möglich mit Politikern der DDR Gespräche zu führen.

Frau Breuel erneuerte an mich das Angebot, bei meinem nächsten Besuch in der BRD mit dem Ministerpräsidenten von Niedersachsen, Albrecht, zusammenzutreffen.

Quelle: SAPMO-BArch, DY 30/J IV 2/10.2/13.

Dokument 44

Information über ein Gespräch von Herbert Häber mit Wolfgang Mischnick, Vorsitzender der FDP-Bundestagsfraktion, in Dresden am 5. Mai 1982[56]

Mischnick, der kurz zuvor mit Bonn telefoniert hatte, äußerte sich zunächst auf meine Frage zur Haltung der FDP in der Bonner Koalition. In der FDP sei man ziemlich nervös. Der Verlauf des SPD-Parteitages habe dazu noch beigetragen, vor allem die Beschlüsse zu Fragen der Wirtschafts- und Beschäftigungspolitik. Er selbst sähe das nicht so dramatisch. Er betrachte diese Beschlüsse als Spielwiese für die SPD-Mitglieder und als Preis, um die anderen Beschlüsse durchzubringen. Wenn aus der SPD-Mitgliedschaft aber der Druck wächst, diese wirtschafts- und sozialpolitische Linie zu verwirklichen, wird es schwierig, denn mit der FDP ist das nicht zu machen. Er glaubt jedoch, daß die Führung der SPD die Dinge im Griff behält und ihrerseits alles versuchen wird, um an der Koalition mit der FDP festzuhalten.

Auf meine Frage, was denn auf der internen Klausurtagung der FDP-Führung, von der die Presse berichtet hat, wirklich los war, antwortete Mischnick: Die Klausurtagung hat tatsächlich stattgefunden. Leider habe wieder einmal jemand darüber gequatscht. Man habe von mittags bis spät in die Nacht die Gesamtsituation der FDP eingeschätzt und dabei alle Varianten der künftigen Entwicklung durchgesprochen, auch die eventuelle Notwendigkeit eines Koalitionswechsels und die damit verbundenen Probleme. Das sei geschehen, nicht weil man unbedingt den Wechsel will, sondern um Klar-

---

56 Die Information datiert vom 6. Mai 1982.

heit zu bekommen, vor welchen Problemen die FDP in der nächsten Zeit stehen wird und wie sie ihre Handlungsfähigkeit erhalten kann.

Von großer Bedeutung, so sagte Mischnick, werden die Wahlen am 6. Juni in Hamburg sein. Wenn die SPD dort ihre Position etwas verbessern kann, die FDP ins Parlament kommt und eine gemeinsame Regierung möglich ist, dann wird es auch zu schaffen sein, die hessische FDP für eine Koalitionsaussage mit der dortigen SPD zu gewinnen. Wenn die Wahl in Hamburg jedoch für die SPD negativ ausgeht, wird das kaum gelingen. Außerdem redet man in Hamburg sogar schon von einer Großen Koalition von CDU und SPD. Das ist für die FDP alarmierend. Sollte dann noch die Hessenwahl für die SPD verloren gehen, würde man Ende September/Anfang Oktober vor einer sehr komplizierten Situation stehen. Es könnten dann Entwicklungen eintreten, die vielleicht nicht zu beherrschen sind.

Die FDP hat Angst davor,

– daß sie in den Abwärtssog der SPD, wenn er anhält, mit hineingezogen wird;

– daß sich der Aufwärtstrend der CDU weiter fortsetzt und die CDU in Hessen und dann vielleicht auch bei den Bundestagswahlen die FDP für eine Koalitionsbildung nicht mehr braucht. Das würde die politische Rolle der FDP erheblich schwächen;

– daß die Grünen mehr und mehr stärker werden als die FDP.

Er persönlich ist der Auffassung, daß eine von der CDU geführte Bundesregierung eine sehr negative Sache wäre. Für die FDP entstünde dabei außerdem noch folgendes Problem: Wenn Kohl regiert, wird es so sein, daß Strauß der starke Mann ist, ob im Kabinett oder außerhalb des Kabinetts. Mit einem schwachen Kanzler Kohl an der Seite von Genscher, mit Strauß im Genick und gegen eine oppositionelle SPD mit Schmidt wäre schwer Politik zu machen. Es könne passieren, daß dann im Hinblick auf die Bundestagswahl 1984 einflußreiche Leute der CDU Kurs nehmen auf einen anderen Kanzlerkandidaten der Union und die FDP stünde im Abseits, weil sie sich jetzt mit Kohl verbündet hat. Das alles müsse man bedenken.

Für die unmittelbar nächste Zeit sieht Genscher nicht die Gefahr des Bruchs in Bonn. Darauf deute schon die Tatsache, daß Herbert Wehner zu einem Genesungsurlaub nach Schweden gereist sei. Wenn die Lage wirklich brenzlich wäre, hätte sich Wehner bestimmt nicht von Bonn entfernt.

Ich brachte dann das Gespräch auf die uns zugegangene Mitteilung, daß Herr Genscher die Verhaltensweise von Minister Franke kritisiert habe, der zu Fragen des Swings eine öffentliche Polemik gegen die DDR begonnen hat. Mischnick äußerte, er wisse davon. Ihm sei auch nicht klar, wieso ausgerechnet Franke, der sich bisher doch zumeist sehr vernünftig auf diesem Gebiet verhalten hat, so etwas macht. Genscher und er seien ganz entschieden dagegen, das Thema öffentlich zu debattieren.

Sie seien für die Verlängerung des Swings aus vielen Gründen. Genscher und er hätten von Schmidt verlangt, daß die Entscheidung über den Swing nicht in irgendeiner Ministerrunde getroffen wird, sondern nur im Beisein der beiden Fraktionsvorsitzenden, also von Wehner und Mischnick. Wörtlich äußerte Mischnick: Ich möchte Ihnen sagen, der Swing ist für uns kein Kopplungsgeschäft.[57]

Es war meinerseits nicht nötig, ausführlich dazu zu argumentieren, daß zwischen Swing und Mindestumtausch kein Junktim besteht und auch die unrechtmäßige Spekulation mit der Mark der DDR von Banken der BRD und Wechselstuben weitergeführt wird usw. Mischnick reagierte darauf mit der Bemerkung, er kenne das alles. Ihre Meinung zum Thema Mindestumtausch bleibe bestehen. Aber mit dem Swing sei es so, wie er eben dargelegt habe.

Auf meine Frage, ob ich die Dinge richtig sehe, daß die FDP offenkundig bemüht ist, auf dem Gebiet der Beziehungen zur DDR als Partei selbst aktiver zu werden, um damit auch ihr politisches Profil im Hinblick auf mögliche kommende Entwicklungen zu stärken, erklärte Mischnick: Offen gesagt – so ist es. Die FDP wolle, was die Beziehungen zur DDR angeht, soviel wie möglich feste Tatbestände schaffen. Das geschehe auch mit dem Blick auf einen möglichen Koalitionswechsel in Bonn. Man wolle von der bisherigen Politik mit der DDR soviel wie möglich dann mitnehmen. So sei auch die Bitte zu verstehen, die er im Zusammenhang mit dem LDPD-Parteitag an uns herangetragen hatte. Er bedanke sich für die sehr schnelle und positive Entscheidung und für die Möglichkeit, daß Politiker der FDP als Beobachter an diesem Parteitag teilnehmen konnten. Er teile die von mir geäußerte Meinung, daß man in dieser Hinsicht Schritt für Schritt vorgehen müsse und die Erwartungen nicht zu hoch schrauben dürfe, die dann eventuell enttäuschen würden.

In diesem Zusammenhang kam Mischnick auf den geplanten Privatbesuch von Genscher in der DDR zu sprechen. Er wolle im Mai an einer Hochzeitsfeier in Halle teilnehmen. Der genaue Termin sei ihm, Mischnick, im Augenblick nicht erinnerlich. Mischnick sagte, Genscher habe die Hoffnung, dabei auch politische Gespräche führen zu können. Auf meine Frage, was darunter konkret zu verstehen sei, äußerte Mischnick, am liebsten wäre es ihnen, wenn Genscher die Möglichkeit hätte, mit dem Generalsekretär des ZK der SED, Erich Honecker, zusammenzutreffen.

Ich stellte daraufhin die Frage, ob das ein offizielles Gespräch mit Presseveröffentlichung oder eine interne Unterredung sein soll. Darau

---

57 Vgl. Kap. 3, Anm. 49.

meinte Mischnick, das sei ihnen selbst noch nicht klar. Er wolle nach seiner Rückkehr mit Genscher die ganze Angelegenheit besprechen. Man wolle auch noch einmal darüber reden, ob eine solche Begegnung in der DDR wenige Wochen vor dem NATO-Gipfel in Bonn[58] günstig wäre. Er selbst befürworte ein Gespräch von Genscher mit Erich Honecker nachdrücklich und werde in diesem Sinne auch Genscher in seiner Absicht bestärken. Er wolle mir das jetzt nur inoffiziell mitteilen. Sie würden sich baldmöglichst in dieser Angelegenheit melden.

Im übrigen sei auch der Privatbesuch von Innenminister Baum, der vom 20. bis 22. Mai mit seiner Familie in die DDR kommt, in diesem Gesamtzusammenhang zu sehen.

Mischnick äußerte sich zur Ablösung von Bölling und zum Einsatz von Bräutigam als Leiter der Ständigen Vertretung der BRD in der DDR. Er halte Bräutigam für einen sehr guten und fähigen Mann. Bräutigam genieße beim Bundeskanzler großes Ansehen und habe immer auch einen guten Draht zum Außenminister. Er frage sich, ob die Rücknahme des prominenten Herrn Bölling und der Einsatz des nicht so prominenten Herrn Bräutigam als dessen Nachfolger von der DDR als eine Kränkung empfunden wird. Ich antwortete darauf, er könne sicher sein, daß uns in diesem Zusammenhang solche Gefühle nicht quälen.

Abschließend sagte Mischnick, falls Herbert Wehner ausfallen sollte und wir einen Kontakt für interne Fragen brauchten, dann stünde er jederzeit zur Verfügung.

Quelle: SAPMO-BArch, DY 30/J IV 2/10.2/20; IV 2/2.036/87.

Dokument 45

**Information von Herbert Häber an Erich Honecker,
Generalsekretär des ZK der SED und
DDR-Staatsratsvorsitzender, vom 9. Juni 1982**

Am gestrigen Abend habe ich, wie festgelegt, an einem Essen teilgenommen, das der Leiter der BRD-Vertretung, Hans Otto Bräutigam, aus Anlaß des Besuchs von Walther Leisler Kiep gab. In der Begleitung Kieps befand sich der neue Vorsitzende des Vorstandes von VW, Carl Hahn. Von unserer Seite waren anwesend Genosse Ger-

---

58 Die NATO-Gipfelkonferenz tagte am 10. Juni 1982 erstmals in Bonn. In der „Bonner Erklärung" wurden Sicherheit und Abrüstung als gleichwertige Ziele der NATO-Politik definiert und eine „wirkliche" Entspannung gefordert.

hard Beil sowie Genosse Karl Seidel vom MfAA. Am Nachmittag waren Kiep und Hahn gesondert mit Genossen Gerhard Beil zusammen.

Im Laufe der abendlichen Zusammenkunft gab es zu folgenden politischen Problemen bemerkenswerte Äußerungen:

– Bräutigam berichtete, daß er am Vormittag in Bonn an der Minister-Besprechung beim Bundeskanzler über die Frage der weiteren Gestaltung der Beziehungen zur DDR teilgenommen habe. Er komme sehr befriedigt zurück, denn die Dinge seien auf einem guten Weg. Es sei alles in dem von ihm erwarteten Sinne verlaufen. Zwischen allen Teilnehmern, unter denen sich auch der Westberliner Bürgermeister Weizsäcker sowie die Fraktionsvorsitzenden der SPD und FDP, Wehner und Mischnick, befunden haben, habe es volle Übereinstimmung gegeben, alle anstehenden Fragen im konstruktiven Geiste zu behandeln. Allerdings sei es noch nicht zu endgültigen Festlegungen gekommen. Dazu habe die Zeit nicht gereicht. Man werde sich in Kürze erneut damit befassen. Er sei aber sehr hoffnungsvoll, wobei er offenkundig die Swing-Regelung[59] meinte. Kiep äußerte dazu, ihn freue es sehr, daß die Dinge in eine solche Richtung laufen. Zu Einzelheiten der Beratung in Bonn machte Bräutigam keinerlei Angaben.

– Kiep nutzte eine kurze Tischrede, um uns gegenüber zu betonen, wir könnten fest davon ausgehen, daß es in der Politik der BRD gegenüber der DDR auch künftig volle Berechenbarkeit und Kontinuität geben werde. Das gelte auch für den Fall eines Wechsels in Bonn. Wenn jetzt, wie er sagte, die Winde des Wechsels heftig wehen, so brauchten wir nicht beunruhigt zu sein. Er verwies darauf, daß er und auch andere CDU-Politiker – dabei nannte er ausdrücklich Bundespräsident Carstens – bei aller Treue zum Bündnis mit den USA dafür eintreten, daß die besonderen Interessen der BRD vor allem auch in ihrem Verhältnis zur DDR respektiert werden. Er und seine Freunde würden ebenso wie die jetzige Regierung die Auffassung vertreten, daß gerade angesichts der komplizierten weltpolitischen Lage beide deutsche Staaten alles tun sollten, um auf die internationale Situation mäßigend einzuwirken und im Verhältnis zueinander keine zusätzlichen Komplikationen zu schaffen. Falls die CDU/CSU die Regierung in Bonn übernimmt – womit er persönlich kurzfristig auch weiterhin nicht rechnet –, werde es in den Beziehungen zur DDR kontinuierlich weitergehen wie bisher und sich höchstens in Nuancen etwas ändern.

– Zur Situation in Hamburg nach den Wahlen ließ Kiep erkennen, daß es offensichtlich die Linie der CDU ist, die SPD die Folgen

---

59 Vgl. Kap. 3, Anm. 49.

ihrer Niederlage voll auskosten zu lassen.[60] Er konnte auch keinerlei konkrete Hinweise geben, wie es in Hamburg auf die Dauer weiter gehen soll. Die CDU bleibt bei ihrer Forderung, daß der bisherige Senat zurücktreten soll. Wenn die Hamburger Wahl zu einer Testwahl für den Bund erhoben wurde, so sei das vor allem die Schuld des Bundeskanzlers und des FDP-Vorsitzenden Genscher. Deshalb müßten sie jetzt mit den Folgen leben. Erneut äußerte er die Meinung, daß Genscher kaum die Entschlußkraft aufbringen wird, demnächst den Übergang zur CDU zu vollziehen. Er fürchtet das damit verbundene Risiko für die FDP. Wenn Scheel die FDP noch führen würde, wäre möglicherweise der Übergang bereits vollzogen. Genscher aber gehöre nicht zu den Leuten mit besonderer Entschlußkraft. Der Wahlausgang in Hamburg habe die Situation der Bonner Koalition zwar weiter erschwert, aber bedeutet nicht automatisch das Ende der jetzigen Regierung. Er, Kiep, meine immer noch, der Wechsel stehe erst 1984 an. Allerdings seien Kohl und Strauß anderer Meinung, sie hätten es eilig.

Bräutigam äußerte in diesem Zusammenhang, das Wahlergebnis von Hamburg, vor allem das Scheitern der FDP, sei das schlimmste, was der Bonner Koalition gegenwärtig passieren konnte. Günter Gaus habe ihm gesagt, er gebe der Regierungskoalition nur noch wenige Monate.

Am kommenden Montag werde ich, wie von Dir bestätigt, in die BRD reisen und um 17.00 Uhr Gelegenheit haben, in Hannover mit dem Ministerpräsidenten von Niedersachsen, Ernst Albrecht, zusammenzutreffen[61]. Anschließend fahr ich dann nach Bonn.

Quelle: SAPMO-BArch, DY 30/J IV 2/10.02/13.

Dokument 46

Information über einen Aufenthalt von Herbert Häber in der Bundesrepublik Deutschland vom 14. bis 21. Juni 1982[62]

Während meines Besuches in der BRD führte ich Gespräche mit: Ernst *Albrecht* (CDU), Ministerpräsident von Niedersachsen; Birgit

---

60 Bei der Wahl zur Hamburger Bürgerschaft am 6. Juni 1982 war die CDU mit 43,2 Prozent stärkste Partei geworden. Die SPD hatte fast neun Prozent verloren und erreichte 42,7. Während die Grünen 8,7 Prozent erreichten, scheiterte die FDP mit 4,9 Prozent erneut knapp.
61 Vgl. die Information Herbert Häbers über das Gespräch mit Ernst Albrecht in Dok. 46.
62 Die Information datiert vom 22. Juni 1982.

Breuel (CDU), Wirtschaftsminister von Niedersachsen, Günter *Verheugen*, Generalsekretär der FDP; *Wolfgang Mischnick*, Vorsitzender der Bundestagsfraktion der FDP; *Hans-Jürgen Wischnewski* (SPD), Staatsminister im Bundeskanzleramt; Karsten *Voigt*, Vorsitzender des Arbeitskreises Außen- und Sicherheitspolitik der SPD-Bundestagsfraktion; Egon *Bahr*, Mitglied des Präsidiums der SPD; Horst *Ehmke*, stellvertretender Vorsitzender der SPD-Bundestagsfraktion; Karl *Lietke*, Vorsitzender des Parteirates der SPD und stellvertretender Vorsitzender der Bundestagsfraktion; Klaus *Bölling* (SPD), Leiter des Bundespresseamtes; Walter *Wallmann* (CDU), Oberbürgermeister von Frankfurt am Main; Oskar *Lafontaine*, Landesvorsitzender der SPD Saar und Oberbürgermeister von Saarbrücken. Zum Schluß meines Aufenthaltes besuchte ich das Pressefest der UZ.

Zum Gespräch mit Ernst *Albrecht* (CDU), Ministerpräsident von Niedersachsen, am 14. Juni 1982 in seinem Arbeitszimmer in der Staatskanzlei in Hannover:

Nach einigen einleitenden Worten der Begrüßung kam Albrecht von sich aus sofort auf das Problem der Elbgrenze zu sprechen. Er gehe noch immer davon aus, daß entsprechend dem Londoner Protokoll die Grenze zur DDR im Elbbereich am Ostufer verlaufe. Der Bundeskanzler habe mit ihm gesprochen und ihm angekündigt, die Bundesregierung wolle Unterlagen liefern, die Niedersachsen nicht besitze. Dann werde noch einmal alles auf den Tisch gepackt und sorgfältig geprüft. Er richtete an mich die Frage, warum eigentlich die DDR so sehr darauf aus sei, in der Frage der Elbgrenze zu der angestrebten Regelung zu kommen. Was sind die Hintergründe, was hat die DDR eigentlich davon?

Ich gab eine ausführliche Darstellung unserer Position und hob vor allem hervor, daß zu normalen Beziehungen zwischen zwei souveränen, voneinander unabhängigen Staaten auch unbedingt die klare Markierung der Grenze gehört, wie das entsprechend den internationalen Normen üblich ist. Das ist auch eine Frage des Friedens und der Sicherheit. Nachdem auf dem Lande durch die Arbeit der Grenzkommission alles normal geregelt werden konnte, sei es unverständlich, warum das im Bereich der Elbe nicht möglich sein soll. Außerdem werde davon die Regelung einer Reihe von Fragen berührt, wie die Frage der Elbfischerei, der Benutzung durch Sportboote sowie auch das Problem der Gewässergüte. Daran ist bekanntlich Niedersachsen auch interessiert.

Albrecht versuchte zu beweisen, daß es auch andere Fälle gibt, wo die Fluß-Grenze zwischen Staaten nicht in der Talsohle Mitte, sondern an einem der Ufer verlaufe. Er unterstrich aber noch einmal, daß er zur erneuten Prüfung bereit sei, wenn die angekündigten Unterlagen aus Bonn zur Verfügung stehen. Er vermied jedoch jede Andeutung, die als Bereitschaft zu einer Korrektur seiner bisherigen Haltung ausgelegt werden könnte. Fragen des sogenannten kleinen Grenzverkehrs warf er nicht auf.

Albrecht äußerte sich zur innenpolitischen Lage in der Bundesrepublik. Die Koalition sei eigentlich politisch am Ende. Keines der anstehenden Sachprobleme werde gelöst. Die SPD bestehe genau gesehen aus zwei Parteien. In allen wichtigen Fragen sei sie gespalten. Das betreffe die Sicherheitspolitik, die Energiepolitik, die Frage der Staatsfinanzen. Der SPD laufen scharenweise die Wähler weg. Wenn Brandt fortfährt, eine Annäherung an die Grünen zu betreiben, wird es noch mehr Verluste bei den Arbeitern geben.

Genscher sei kein Mann, der die Entscheidung sucht. Er wartet, daß die SPD ihm den Bruch liefert. Den Gefallen werden die ihm aber nicht tun. Die Mehrheit der FDP-Führung ist für den Übergang zur CDU.

Nach Albrechts Meinung gibt es 60 Prozent Wahrscheinlichkeit, daß die Regierung bis 1984 im Amte bleibt und 40 Prozent Wahrscheinlichkeit, daß sie vorher auseinanderbricht. Insgesamt meint er, die Chance, daß die Koalition in Bonn noch in diesem Jahr zu Ende geht, sei größer geworden.

Zur Position der CDU sagte er: Wir haben es eigentlich nicht eilig. Wenn die CDU jetzt in Bonn die Führung übernehmen müßte, wäre es auch für sie sehr schwierig, denn man brauche mehrere Jahre, um die Lage zum Besseren zu ändern.

Zur Entwicklung in Hamburg meinte Albrecht, es werde schließlich darauf hinauslaufen, daß ein geduldeter Minderheitssenat der SPD im Amte bleibt. Der Vorschlag von Kiep, einen Senat von Einzelpersönlichkeiten ohne direkte Parteibindung zu bilden, sei als taktischer Zug gedacht, um es Dohnanyi zu erschweren, einfach auf seinem Sessel sitzen zu bleiben. Verwirklichen lasse sich der Vorschlag von Kiep nicht. Eventuell werde es im Frühjahr des nächsten Jahres erneut Wahlen in Hamburg geben müssen.

Albrecht äußerte sich ausführlich über die Grünen. Die CDU betrachte die Entwicklung der Grünen mit großer Gelassenheit. Sie schwächen das Potential der SPD und verringern die Rolle der FDP. Die CDU hat davon keinen Schaden. Für einige Jahre, so meinte Albrecht, werden die Grünen ein politischer Faktor bleiben. Gerade ihr chaotischer Zustand, die Ablehnung einer festen Parteiorganisation, mache sie für viele junge Leute so interessant.

Die CDU rechnet damit, daß die Grünen zu den Bundestagswahlen kandidieren. Am besten wäre es, so Albrecht, wenn die Grünen 4,5 Prozent erreichen würden und nicht in den Bundestag kämen. Das würde der CDU auf jeden Fall die absolute Mehrheit der Mandate verschaffen. Oder die Grünen kommen mit knapp 5 Prozent in den Bundestag. Dann wird es für die SPD und die FDP nicht mehr möglich sein, eine Regierungsmehrheit in Bonn zustandezubringen. Es sei denn, sie verbündeten sich mit den Grünen, was für große Teile der SPD und auch für die FDP völlig undenkbar ist.

Albrecht sagte, wir sollten auf jeden Fall damit rechnen, daß es im Verlauf der nächsten zwei Jahre in Bonn eine von der CDU/CSU geführte Bundesregierung gibt.

Abschließend stellte ich die Frage, wann eigentlich die sogenannte Erfassungsstelle in Salzgitter aufgelöst wird, denn ihre Existenz ist mit dem Grundlagenvertrag absolut unvereinbar. Albrecht hörte sich meine Argumente an und äußerte lediglich, dieses Problem lasse sich gegenwärtig nicht lösen. Ich machte noch einmal darauf aufmerksam, daß gerade die Existenz dieser Dienststelle ein Hindernis ist bei der Regelung wichtiger Fragen im sogenannten menschlichen Bereich, an dem auch die BRD interessiert ist. Das Problem des Mindestumtauschs wurde von Albrecht nicht angesprochen. Er interessierte sich für unsere Einschätzung über die Lage in Polen. Ich gab ihm eine kurze Darstellung der Entwicklung der DDR.

Die Tatsache, daß Albrecht erstmalig bereit war, einen Vertreter der SED zu empfangen, ist ohne Zweifel positiv zu bewerten.

Zum Gespräch mit Birgit *Breuel* (CDU), Wirtschaftsminister von Niedersachsen, am 14. Juni 1982 in ihrem Ministerium in Hannover:

Sie äußerte, die Stimmung in Wirtschaftskreisen sei durchweg ungut. Die Lage in Bonn ist furchtbar, alles sei verunsichert, kein Unternehmer kann richtig kalkulieren, keiner weiß, wie es weitergehen wird.

Sie verwies darauf, daß sie Helmut Schmidt persönlich gut kenne, denn er sei mit ihrem Vater, dem Bankier Mönkemeier in Hamburg, befreundet. Sie halte Schmidt für einen bedeutenden Mann, aber nunmehr erlebe man den Niedergang eines Kanzlers, der ein anderes Schicksal verdient habe. Es gehe mit ihm sichtbar bergab.

In Bonn gibt es keinerlei Konzept, wie man aus der Krise herauskommen kann. Auf die Zwischenfrage, welches Konzept denn die CDU besitze, äußerte sie, auch da müsse man die Erwartungen dämpfen. Sicher werde die CDU für die Wirtschaft bessere Rahmenbedingungen schaffen können, sie sage aber in ihren Versammlungen auch immer, daß Wunder nicht zu erwarten sind.

Frau Breuel unterstrich noch einmal, daß die BRD-Wirtschaft nicht für Boykott und Sanktionen sei. Insgesamt habe sich die BRD in Versailles und auch in Bonn gegenüber den USA ganz gut behauptet.[63]

---

63 Vgl. Kap. 3, Anm. 48, 58.

Sie rechnet auch noch immer damit, daß die Bonner Regierung noch bis 1984 durchhalten kann. Die FDP habe den Zeitpunkt für den Absprung im vorigen Sommer verpaßt.

Zum Gespräch mit Günter *Verheugen*, Generalsekretär der FDP, am 15. Juni 1982 im Parteihaus der FDP:

Die innenpolitische Situation, so äußerte Verheugen, sei nach den Wahlen in Hamburg komplizierter geworden. Die Führungsdiskussion in der CDU/CSU beweise, daß Strauß, Albrecht, Stoltenberg und Späth nicht an einem sofortigen Sturz der Bonner Regierung interessiert seien. Für diese Haltung gäbe es unterschiedliche Motive. Die Forderungen von Strauß, selbst Außenminister zu werden, zeigen, daß auch er für einen Aufschub plädiere und der FDP einen Übergang zur CDU gegenwärtig erschweren wolle.

Die SPD-Führung habe auf Äußerungen der FDP in den letzten Tagen sehr nervös reagiert. Diese Angriffe auf die FDP haben viel Verärgerung verursacht. Es sehe fast so aus, als ob nicht Kohl und die CDU, sondern der Koalitionspartner FDP der Gegner der SPD sei.

Die FDP wolle in der Haushaltsdebatte ihren Willen zur Fortführung der Bonner Koalition demonstrieren. Aber in wesentlichen Punkten (Höhe der Nettokreditaufnahme, Kürzung von Subventionen und Sozialleistungen des Staates) sind die Positionen bisher unvereinbar. Die SPD müsse deutliche Zugeständnisse machen. Die FDP-Führung dränge auf eine rasche Entscheidung in den Haushaltsfragen, um die Festigkeit der Koalition zu demonstrieren.

Die Entscheidung der FDP in Hessen für eine Koalition mit der CDU sei nicht abzuwenden. Verheugen hofft, daß sie nicht als Signal für Bonn betrachtet werde. In Bonn gelte es, Zeit zu gewinnen. Er stimmte der Auffassung zu, daß durch den Koalitionsstreit der Parteien die politischen Sachverhalte in den Hintergrund gedrängt werden.

Es sei offensichtlich, daß eine Wählermehrheit die Politik der Koalition satt habe. Die Gewinne der CDU resultieren aus der Enttäuschung der Wähler und der Schwäche und dem Streit der Koalition untereinander.

Die Ergebnisse der NATO-Konferenz und des Besuches Reagans in Bonn seien aus der Sicht der FDP befriedigend. Es hätte schlimmer kommen können. Reagan mußte Zugeständnisse machen und die Politik der Rüstungsbegrenzung, der gleichen Sicherheit und der Entspannung in den Ost-West-Beziehungen bestätigen. In Versailles habe die USA der BRD „an die Wäsche gehen" wollen. Das sei abgewendet worden.

Befragt zum Verhalten von Genscher im Zusammenhang mit seinem Besuch in der DDR, vertrat Verheugen die Ansicht, daß Genscher Angst vor der eigenen Courage bekommen habe. Sein Interesse an einer Begegnung bestehe jedoch weiter. Die FDP trete auch weiterhin für einen Ausbau der Beziehungen mit der DDR ein. Was die Kontakte zur LDPD beträfen, sei er dagegen, wenn sich die FDP ausschließlich darauf fixiere. Die Fragen müßten in Ruhe und ohne Übereilung weiterverfolgt werden.

Zum Gespräch mit Wolfgang *Mischnick*, Vorsitzender der FDP-Bundestagsfraktion, am 15. Juni 1982 im Bundestagsgebäude in Bonn:

Die Diskussion in der Koalition um den schwierigen Haushalt 1983 werde zeigen, ob sich Schmidt mit seiner Regierungspolitik noch in der SPD durchsetzen könne. In der Regierung bestünde in wichtigen prinzipiellen Fragen des Haushalts weitgehende Übereinstimmung. Aber zwischen Regierung und SPD-Bundestagsfraktion bestünden Meinungsverschiedenheiten grundsätzlicher Art. Der SPD-Parteitag habe für die SPD keine Stabilisierung gebracht.

Das Wahlergebnis in Hamburg war das schlimmste, was der FDP passieren konnte. Er sehe den Hauptgrund in der „Wackelei" der FDP zur Frage der Koalitionsmöglichkeiten. Genschers Interview kurz vor der Wahl habe diese Tendenz verstärkt. Seine falsch wiedergegebene Auffassung konnte nicht rechtzeitig von ihm korrigiert werden.

Insgesamt zeige nach Mischnicks Meinung Hamburg, daß eine Wählermehrheit die derzeitige Regierungskoalition in Bonn nicht mehr wolle. Das sei auch die Ursache für die zu erwartende Koalitionsaussage der FDP für die CDU in Hessen. Er selbst sei dagegen, könne aber nichts entscheidendes unternehmen. Er werde versuchen, trotzdem die bundespolitischen Aspekte im Griff zu behalten und deutlich machen, daß eine absolute Mehrheit für Dregger viele eigene Vorstellungen durchsetzen könne, weil Dregger nur nach außen stark erscheine, aber angeblich wenig Sachkenntnisse besitze. Auch für Entscheidungen des Bundesrates könnte sich eine CDU/FDP-Koalition in Hessen als günstig erweisen. Sollte die FDP nicht in den hessischen Landtag einziehen, dann sei wahrscheinlich auch in Bonn alles zu Ende, weil dann nichts mehr gehe.

Zum Genscher-Besuch in der DDR: Genscher habe Angst gehabt, daß eine Begegnung mit Erich Honecker den Kanzler verärgern könne. Außerdem hätte es eine schlechte Koordinierung gegeben. Prinzipiell wäre die Bereitschaft weiter vorhanden. Er selbst als Fraktionsvorsitzender stünde stets für eine Begegnung zur Verfügung.

Zur Haltung der CDU/CSU sagte Mischnick, die „Angebote" der Opposition sollen die Bonner Koalition und die FDP verunsichern. Strauß betreibe eine Politik des Streichelns und der Schläge gegenüber der FDP. In der CDU/CSU sehen viele Politiker die Zeit für personalpolitische Diskussionen gekommen, um ihre Interessen rechtzeitig anzumelden.

Zum Ergebnis des NATO-Gipfels äußerte er, Reagan habe in Bonn und Westberlin einfühlsame Reden gehalten.[64] Es sei aber nicht alles nur Show gewesen. Der Einfluß des Kanzlers und von Genscher auf den USA-Präsidenten und seine Politik zeige Wirkung. Natürlich seien noch lange nicht alle Differenzen erledigt, aber die USA müssen beginnen, sich anders zu verhalten. Das verstärkte seine Hoffnungen auf einen günstigen Verlauf der Genfer Verhandlungen. Er befürchte allerdings, daß die BRD und die DDR nur zu ausführenden Organen ihrer Bündnispartner werden. Er sei aber dafür, die Konsultationen zwischen den beiden deutschen Staaten über die Abrüstungsproblematik dennoch weiterzuführen.

Zur Problematik Elbe-Grenze sagte er, daß Albrecht seine Positionen entsprechend seinen Karriereabsichten bestimmt. Wenn es ihm persönlich nutzt, wird er auf die Vorschläge der Bundesregierung eingehen. Wenn er glaubt, es schade seiner Position, dann nicht. Vielleicht will er auch warten, bis es eine von der CDU geführte Regierung gibt.

Gespräch mit Hans-Jürgen Wischnewski, Staatsminister im Bundeskanzleramt, am 15. Juni 1982 in seinem Dienstzimmer im Bundeskanzleramt:

Wischnewski äußerte sich zunächst zu den in dieser Woche noch in Gang befindlichen Verhandlungen über die Swing-Regelung. Er regte sich darüber auf, daß die DDR angeblich nicht genug Entgegenkommen zeigt. Was vorliege, könne die Bundesregierung nicht befriedigen. Die ganze Sache hätte sich leichter lösen lassen, wenn beim Mindestumtausch zumindestens ein sozialer Schritt getan worden wäre. Damit meinte er, wie bekannt, die Regelung für Rentner und Kinder. So sei es gekommen, daß Weizsäcker, der eigentlich um eine vernünftige Haltung bemüht ist, seine Zustimmung zu der jetzt getroffenen Vereinbarung versagte.

Zur Elb-Frage bezog sich Wischnewski ebenfalls auf das Gespräch des Bundeskanzlers mit Albrecht. Albrecht sei im Grunde ablehnend, aber doch bereit, noch einmal darüber zu reden. Der ehemalige SPD-Ministerpräsident von Niedersachsen, Diederichs, werde an Albrecht zur Elb-Frage einen Brief schreiben. Außerdem wolle man noch andere Unterlagen nach Hannover schicken. Dann wird sich der Kanzler noch einmal mit Albrecht treffen.

Er, Wischnewski, sei der Auffassung, wenn die DDR die Bereitschaft erkennen ließe, Hannover und Hamburg in den kleinen

---

64 USA-Präsident Ronald Reagan hatte neben seiner Teilnahme am NATO-Gipfel am 9. Juni 1982 eine Rede vor dem Bundestag gehalten. Einen Tag nach dem NATO-Gipfel reiste Reagan am 11. Juni 1982 nach West-Berlin.

Grenzverkehr mit einzubeziehen, werde das mit Sicherheit die Haltung Albrechts beeinflussen.

Zur innenpolitischen Lage in der Bundesrepublik meinte Wischnewski, das Ergebnis von Hamburg sei sehr schlimm. In Bonn versuche man zwar, die Ruhe zu bewahren, aber kein Sozialdemokrat werde mehr bereit sein, allzu große Zugeständnisse an die FDP hinzunehmen. Wenn die Meldung kommt, daß in Bonn die SPD mit Rücksicht auf die FDP soziale Kürzungen akzeptiert und daneben in der Zeitung steht, daß die FDP in Hessen auf CDU-Kurs geht, dann erträgt das die SPD-Mitgliedschaft nicht. Verbreitet ist die Stimmung anzutreffen: Jetzt muß man es der FDP geben – wer mit Dregger gehen will, der muß verlieren.

Auf sich selbst bezogen, sagte Wischnewski: Auch ich kann nicht nur an dieses Amt denken, in dem ich mich befinde, sondern ich muß auch an das Schicksal meiner Partei denken. Wenn hier die Sache schon zu Ende geht, dann aber nicht so, daß die SPD die ganze Zeche bezahlt. Wir können auch in der Opposition weiter leben, die FDP aber spielt mit ihrem Untergang. Nach den Hessenwahlen am 26. September kann es kritisch werden. Wörtlich: Ich bin auch nicht mehr so sicher wie vor einigen Wochen, daß es hier bis 1984 weitergeht. Genscher schwankt, Lambsdorff ist für die CDU, Baum ist für die jetzige Koalition. Ertl hat sich eigentlich schon aufs Altenteil abgesetzt.

Was die CDU/CSU in den zurückliegenden Tagen gemacht hat, sei für sie ein Fehler. Er bezog sich auf Meldungen, wonach die CSU Baum nicht als Innenminister akzeptieren will und Strauß Anspruch auf das Außenministerium erhebt. Wischnewski sagte dazu: Man stelle sich vor, daß Genscher nicht mehr Außenminister ist – das ist doch sein Lieblingsjob! Der Kanzler will auf jeden Fall weitermachen. Wir liefern der FDP nicht das Alibi für den Wechsel.

Zum Reagan-Besuch äußerte sich Wischnewski ähnlich wie die anderen Bonner Politiker. Man sei sehr zufrieden, denn es wäre gelungen, Reagan in einem gewissen Sinne weg von alten Positionen zu bewegen. Schmidt habe im persönlichen Gespräch mit Reagan gesagt: In den USA wird alle vier Jahre eine andere Politik gemacht. Das geht bei uns nicht. Wir brauchen Kontinuität.

Reagan habe erlebt, daß die Europäer eigene Interessen haben, die man nicht einfach ignorieren kann. Zu diesem Zeitpunkt waren allerdings die Meldungen über die verschärfte Sanktionspolitik der USA-Regierung noch nicht bekannt.[65]

[...]

---

65 Am 18. Juni dehnte die USA ihre Embargo-Politik auf das Erdgas-Röhren-Geschäft Westeuropas mit der Sowjetunion aus. Vgl. Kap. 3, Anm. 48.

Zum Gespräch mit Karsten *Voigt*, Vorsitzender des Arbeitskreises Außen- und Sicherheitspolitik der SPD-Bundestagsfraktion, am 15. Juni 1982 im Bundeshaus:

Voigt betonte, daß er in sehr gelassener und entspannter Stimmung sei, denn bei all der schwierigen Problematik sei die Lage für die SPD jetzt zunehmend klarer. Er habe die Geschlossenheit der Partei verstärkt. Die Wahlergebnisse in Hamburg sind natürlich eine Niederlage, aber für ihn nicht überraschend und enttäuschend, denn er habe mit keinem besseren Ergebnis gerechnet. Natürlich wäre es gut gewesen, wenn die SPD vor der CDU geblieben wäre, aber es hätte auch noch schlimmer kommen können.

Nach den Hamburger Wahlen haben sich die Fronten auch in der Koalition geklärt. Da Genscher und die Mehrheit der FDP-Führung offensichtlich zur CDU überwechseln wollen, muß die SPD zwar darauf achten, daß sie der FDP dafür keinen Grund und Anlaß bietet. Sie brauche aber nunmehr auch keine Rücksicht mehr nehmen und unaufhörlich gegenüber der FDP zurückweichen. In diesem Sinne seien auch in der SPD-Führung und in der Fraktion in den letzten Tagen andere Töne zu hören gewesen, was die FDP nervös mache. Die SPD müsse ihre Geschlossenheit in den Vordergrund stellen, um die FDP „bei der Stange zu halten" oder mit großer Geschlossenheit bei einem Bruch der Koalition in die Opposition gehen zu können. Die SPD könne es sich nicht erlauben, sich bei einem Koalitionswechsel der FDP defensiv zu verhalten, sondern muß ohne Zeitverzug ihre Geschlossenheit offensiv nutzen. So werde sie auch bei der zu erwartenden Koalitionsaussage der hessischen FDP für die CDU den Wahlkampf in Hessen führen. Diese Meinung habe sich in der SPD-Fraktion durchgesetzt.

Unter diesem Gesichtspunkt müsse man auch die Diskussion über einen Koalitionswechsel innerhalb der CDU und der FDP sehen. Äußerungen und Spekulationen der führenden Politiker der CDU/CSU in den letzten Tagen seien Ausdruck dafür, daß hier „über mehrere Bande" gespielt werde. Die SPD könne das mit Gelassenheit betrachten. Genscher habe bereits den günstigsten Zeitpunkt für einen Absprung verpaßt – nun ginge es nur noch ums Überleben der FDP als parlamentarische Kraft. Das Risiko für die FDP werde immer größer.

Mit der Koalitionsaussage für die CDU der FDP in Hessen habe man rechnen müssen. Die konservative Haltung der FDP sei dort seit langem bekannt, es gäbe nur einige „linke Einsprengsel". Im übrigen sei das auch nicht mehr entscheidend, denn mit einem Wahlsieg der SPD/FDP-Koalition ist in Hessen sowieso nicht zu rechnen.

Zu den Ergebnissen des Reagan-Besuches und des NATO-Gipfels meinte Voigt, aus den Dokumenten gehe hervor, daß jeder Partner seine Position darin untergebracht habe. Nur so sei ein Kompromiß erreicht worden. Das sei aber in der gegenwärtigen Situation schon ein Erfolg. Die USA hätten ihre Linie in wesentlichen Fragen nicht durchsetzen können. Reagan habe sich anpassen müssen, was aber keineswegs bedeute, daß er in der Substanz seine Positionen aufgegeben habe. Die Dokumente erlauben es andererseits, daß die BRD-Regierung ihre bisherige Politik des Gleichgewichts von Sicherheit und Entspannung fortführen könne und sich auch ihre bisherige Haltung zu den Ost-West-Wirtschaftsbeziehungen nicht ändern werde.

Voigt verwies auf die längerfristige Bedeutung der Rede Schmidts vor der UNO. Sie habe strategische Bedeutung und sei sorgfältig formuliert worden. Am Begriff der Sicherheitspartnerschaft werde festgehalten. Er halte ihn für eine realistische Kennzeichnung der Problematik, um die es gehe.

Zur Haltung der SPD zum NATO-Raketenbeschluß äußerte Voigt, daß er nicht mit einem verbindlichen Verhandlungsergebnis bis zum Herbst 1983, dem Termin des Sonderparteitages der SPD, rechne. Wenn man aber zumindest die Grundstrukturen eines Abkommens erkenne, könne das ausreichen, um eine Stationierung aufzuschieben. Dazu bedürfe es aber eigentlich nicht der Aufhebung des NATO-Beschlusses und der Beschlüsse der SPD, denn das sei ja darin vorgesehen.

Die Diskussion über die Sicherheitsstrategie des Westens hält Voigt insgesamt für positiv, weil sie geeignet ist, Gegengewichte zur Politik Reagans und Weinbergers zu schaffen. Er habe allerdings große Bedenken, wenn man die Positionen solcher Politiker wir McNamara wirklich zu Ende denkt. Wenn die Diskussion über die Ausschaltung des nuklearen Erstschlags mit der Notwendigkeit einer konventionellen Aufrüstung verbunden ist, könne am Ende eine Aufrüstung auf beiden Gebieten herauskommen. Außerdem werde die Gefahr eines konventionellen Krieges verharmlost. Die USA können dann mit dem Gedanken der Führbarkeit von kriegerischen Auseinandersetzungen spielen, ohne selbst betroffen zu sein. Das sei für Europa und die BRD tödlich.

Seine Meinung erscheine vielleicht konservativ, aber er befürchte, daß die Strategiediskussion im Ergebnis nicht kriegsverhindernd wirke. Seiner Meinung nach dürfe die Ost-West-Sicherheitsproblematik nicht nur unter militärischen Gesichtspunkten betrachtet werden. Ihre Lösung sei ein politisches Problem und müßte daher auch in erster Linie mit politischen Mitteln angestrebt werden.

Zum Gespräch mit Horst *Ehmke*, stellvertretender Vorsitzender der SPD-Bundestagsfraktion, am 16. Juni 1982 im Haus des Bundestages:

Nach Ehmkes Meinung befindet sich die SPD in einer komplizierten Lage. Sie könne aber in Bonn ihre Positionen halten, wenn sie die Nerven behält, wozu die Mehrheit der Fraktion gewillt ist. Bis zur parlamentarischen Sommerpause kann nicht mehr viel passieren. Eine grundsätzliche Einigung über die Eckdaten des Haushaltes 1983 steht in Aussicht, wenn es auch schwierig ist und unterschiedliche Positionen vorhanden sind. Am 24. und 25. Juni wird es nach dem NATO-Gipfeltreffen und dem Auftreten Schmidts vor der UNO eine Regierungserklärung mit anschließender Debatte geben. Damit geht es dann in die Sommerpause. Danach will die SPD dann einen offensiven Wahlkampf in Hessen führen.

Die Koalitionsaussage der FDP für die CDU in Hessen wird sich nach seiner Auffassung für die FDP nicht auszahlen. Sie werde dafür die gleiche Quittung erhalten wie in Hamburg. Das sei ihnen zu gönnen. Nach einer zu erwartenden Wahlniederlage Börners in Hessen wird sich die SPD auf die Landtagswahlen in Schleswig-Holstein, Rheinland-Pfalz und Senatsneuwahlen in Hamburg orientieren, die wahrscheinlich im März 1983 am gleichen Tag stattfinden.

Die FDP befinde sich in einer beschissenen Lage. Die SPD werde sich von der FDP nicht mehr so viel bieten lassen. Genschers Position ist erstmals ernsthaft geschwächt. Bei einer Wahlniederlage in Hessen stehe er als Vorsitzender auf der Kippe. Lambsdorff käme als Nachfolger wegen seiner Finanzaffäre nicht in Frage. Eher Baum, der aber persönlich nicht will.

Auf meine entsprechende Frage meinte auch Ehmke, es stimme, daß von seiten der SPD eine politische Auseinandersetzung mit der CDU/CSU nicht geführt wird. Die Ursachen sieht er im Streit in den eigenen Reihen sowie in der andauernden Wirtschaftskrise mit ihren sozialen Folgen, von denen eine sozialdemokratische Regierung besonders getroffen ist. Auch stelle sich jetzt heraus, daß sich der Optimismus des Wahlkampfes von 1980, daß die ökonomischen Probleme der kommenden Jahre leichter zu bewältigen seien, als falsch erwiesen habe. Jetzt erhalte die SPD dafür die Quittung von den Wählern. Man hätte schon seit 1980 die Opferbereitschaft der Bevölkerung stärker nutzen und die Wahrheit über die Lage sagen sollen.

Wenn die SPD-Regierung über den Winter komme, sei viel gewonnen. Man könne mit einer gewissen Verbesserung der wirtschaftlichen Situation 1983 (außer Arbeitslosigkeit) und vielleicht mit positiven Teilergebnissen bei den Abrüstungsverhandlungen rechnen. Das würde die Chancen für die SPD begünstigen, sofern nicht durch die USA-Wirtschaftspolitik die positiven wirtschaftlichen Ansätze in der BRD wieder zerschlagen werden.

Die Grünen/Alternativen stünden vor dem Zwang, sich als Partei entwickeln zu müssen. Das werde sie in erhebliche Schwierigkeiten versetzen. Die Haltung der SPD gegenüber dieser Bewegung werde ich nicht ändern. Gewisse Kontakte in Hamburg dienten lediglich dazu, die Position des Senats abzusichern. Ein Bündnis der SPD mit den Grünen sei nicht drin.

Die in den USA und Westeuropa entbrannte Diskussion über die Sicherheitsstrategie des Westens habe viele Widersprüche und unrealistische Aspekte. Er betrachte die Aussagen im Bericht der Palme-Kommission für realistischer. Man müsse dringend einer Entwicklung Einhalt gebieten, die Atomwaffen immer mehr verkleinere und sie zu Gefechtswaffen mache, da sonst die nuklearen Potentiale nicht zur Abschreckung, sondern zur tatsächlichen Kriegsführung benutzt werden könnten. Der Stop einer solchen Entwicklung sei nicht kurzfristig möglich, aber man müsse unbedingt dieses Ziel ansteuern, weil sonst die atomare Schwelle gesenkt und die Anwendung nuklearer Waffen wahrscheinlicher werde.

Zur Frage der Genfer Verhandlungen über Mittelstreckenraketen sei jetzt eine Einschätzung schwierig. Er habe mit Falin darüber gesprochen. Das Mißtrauen der UdSSR gegenüber den Positionen der USA-Regierung sei auch gegenwärtig noch sehr stark. Das sei zwar verständlich, aber man müsse unbedingt versuchen voranzukommen.

Die Politik Israels beurteilte Ehmke sehr kritisch. Der Krieg gegen Libanon sei militärisch perfekt geführt worden, aber längerfristig für Israel von großem Schaden. Man müsse befürchten, daß die militanten und extremen Kräfte der Palästinenser Auftrieb erhalten und terroristische Aktionen zunehmen. Die einzige Lösung sei die Entwicklung Libanons zu einem normalen Staat.

Zum Gespräch mit Egon *Bahr*, Mitglied des Präsidiums der SPD, am 16. Juni 1982 in seinem Bundestagsbüro in Bonn:

Bahr meinte, die FDP habe auch durch ihre Entscheidung für eine Koalition mit der CDU in Hessen nichts zu gewinnen. Es sei mit einem gleichen Wahlergebnis wie in Hamburg zu rechnen. Es würde sich eventuell durch den Wahlausgang in Hessen an der gegenwärtigen Situation in Bonn nichts ändern, denn die FDP werde sich dann an ihre Bonner Positionen klammern. Genscher und die FDP hätten nur noch die Möglichkeit, zwischen Pest und Cholera zu wählen.

Heute erweise es sich, daß Brandts umstrittene Entscheidung zu Beginn der Koalition, der FDP wichtige Regierungsämter zu übertragen (Außen-, Wirtschafts- und Innenpolitik), richtig war. Nun habe die FDP bei einem Wechsel viel zu verlieren. Die Garantien der CDU sind dagegen sehr zweifelhaft. Die SPD werde sich nach Hessen auf die Landtagswahlen in Schleswig-Holstein, Rheinland-Pfalz sowie auf Senatsneuwahlen in Hamburg konzentrieren, die wahrscheinlich gleichzeitig am 13. März 1983 stattfinden.

Genscher sei durch sein Verhalten innerhalb der FDP in eine für ihn kritische Position geraten. Nach einer Niederlage in Hessen könne durchaus seine Ablösung als FDP-Vorsitzender zur Debatte ste hen. Lambsdorff käme als Nachfolger nicht in Frage, weil er den Staatsanwalt auf dem Hals habe und wahrscheinlich in die Wirtschaft gehen werde. Baum hätte Chancen.

Es stimme, daß die SPD keinen ernsthaften politischen Kampf gegen die CDU/CSU führe. Dafür gäbe es nach Auffassung von Bahr zwei Gründe: Erstens stünden die Auseinandersetzungen um die Sanierung des Haushaltes im Vordergrund. Der zweite und tiefergehende Grund bestehe aber darin, daß die Mehrheit der Partei eine Politik verlange, die der Kanzler mit seiner Regierungspolitik nicht vertreten kann oder auch nicht will. Diese Kluft werde immer größer und führe zu innerparteilichen Auseinandersetzungen, wodurch der Kampf gegen die Opposition auf der Strecke bleibe.

Zu den Ergebnissen des NATO-Gipfels und des Reagan-Besuches sagte er: In den Dokumenten sei es gelungen, die Gleichrangigkeit von Sicherheit und Entspannung zu bekräftigen. Die USA-Regierung sei gezwungen gewesen, ihre Haltung in wichtigen Fragen zu korrigieren. Die Äußerungen Reagans in Westberlin zur Fortführung dieser Politik, wie sie das Vierseitige Abkommen vorsieht, seien von Bedeutung. So schlecht könne das Abkommen also nicht sein.

Bahr ist der Meinung, daß der NATO-Beitritt Spaniens[66], gegen den er zuerst gewesen sei, neue Möglichkeiten schaffe, europäische Interessen im Bündnis stärker zu betonen. Er machte darauf aufmerksam, daß die Truppenstärke Spaniens (350 000 Mann) eine beachtenswerte Größe sei und bei den Verhandlungen über Truppenreduzierungen jetzt mitgezählt werden müßte. Auch habe Spanien bei seinem Eintritt auf das ungelöste Problem Gibraltar hingewiesen.

Bahr schätzte ein, daß es in der Tendenz gelungen sein, den Charakter der NATO als rein militärisches Bündnis wieder stärker zu betonen. Er sei dafür, politische Fragen Westeuropas in den entsprechenden Einrichtungen der EG – also ohne die USA – zu klären. Das finde auch die Unterstützung Frankreichs.

Er äußerte sich über den persönlichen Eindruck, den er von Reagan bekommen habe. Seine Reden in Bonn und Westberlin waren perfekt auf die politische und psychologische Situation zugeschnitten. Mit Hilfe besonderer technischer Mittel hat er sie abgelesen, aber den Eindruck einer freien Rede gemacht.

Bahr sagte, er sei sich aber nicht sicher, ob Reagan wirklich begreife, was er sage, oder nur ein vorzüglicher Schauspieler sei.

Bahr bekräftigte seine Idee der Sicherheitspartnerschaft im Ost-West-Verhältnis. Sie entspreche aus westlicher Sicht dem Gedanken der friedlichen Koexistenz. Beim heutigen Entwicklungsstand der

---

66 Spanien nahm als 16. NATO-Land erstmalig am Bonner NATO-Gipfel am 10. Juni 1982 teil.

nuklearen Waffenpotentiale gäbe es nur Sicherheit miteinander und nicht gegeneinander. Jede kriegerische Auseinandersetzung bedeute totale Zerstörung beider Seiten.

Das gelte auch für eine Auseinandersetzung mit konventionellen Waffen im Herzen Europas. Der Zerstörungsgrad des zweiten Weltkrieges würde in nur fünf Wochen erreicht sein. Man müsse zu Regelungen kommen, die eine Nichtstationierung bzw. Entfernung von Atomwaffen in jenen Ländern vorsehen, die nicht über sie verfügen. Die Nichtstationierung von Atomwaffen sei das einzige wirksame Mittel dieser Länder, sich zu schützen. Eine Vereinbarung über Verzicht auf den Ersteinsatz von Nuklearwaffen dürfe allerdings nicht dazu führen, daß dadurch das konventionelle Wettrüsten begünstigt werde. Seine Idee und sein Ziel sei die Reduzierung der Gefahr eines Atomkrieges und auf dieser Basis eine Reduzierung der konventionellen Rüstung auf der Basis des Gleichgewichts.

Zur Durchführung des NATO-Raketenbeschlusses und dem aktuellen Stand der Verhandlungen könne er sich zum gegenwärtigen Zeitpunkt nicht äußern. Wichtig sei für die Verhandlungen, daß man klärt, über welche Waffensysteme bei den START-Verhandlungen[67] beraten wird und welche bei den Beratungen in Genf zu verhandeln sind. Wenn das abgeklärt sei, wären substantielle Verhandlungsergebnisse über die Mittelstreckenproblematik in sechs bis acht Monaten möglich. Man habe also noch etwas Vorlauf, um über den NATO-Doppelbeschluß endgültig zu befinden. Bahr will im Herbst selbst nach Genf reisen, um sich bei beiden Verhandlungspartnern präzise zu informieren.

Zum Gespräch mit Karl *Lietke*, stellvertretender Vorsitzender der SPD-Bundestagsfraktion und Vorsitzender des Parteirates der SPD, am 16. Juni 1982 in den Räumen der SPD-Fraktion:

Die Regierungskoalition in Bonn werde auch nach der Entscheidung der hessischen FDP weiter existieren können. Die FDP könne zum jetzigen Zeitpunkt nicht abspringen, wenn sie nicht ihre Existenz total aufs Spiel setzen wolle. Lietke meinte, sollten sich Genscher und die FDP anders entscheiden und einen Mißtrauensantrag gegen den Kanzler organisieren, käme das einem eklatanten Vertrauensbruch gegenüber dem Kanzler gleich. Die SPD werde dann entsprechend argumentieren. Das sei für die FDP eine ganz schwierige Operation, die tödlich enden könne.

Genscher stehe nach langen Jahren zum ersten Mal in seiner Partei stark im Feuer der Kritik. Seine „Schlitzohrigkeit", die ihm bisher immer Lob eingebracht habe, werde jetzt in der FDP scharf

---

67 Die Strategic Arms Reduction Talks (START)-Verhandlungen begannen am 29. Juni 1982 in Genf. Sie setzten auf USA-Vorschlag die SALT-Gespräche mit der Sowjetunion fort.

angegriffen. Die FDP stehe daher vor einer Zerreißprobe. (Der Mitarbeiter Lietkes, der dem Gespräch beiwohnte und aus Hessen stammt, erklärte, daß die FDP dort angesichts der Probleme [Startbahn West, KKW Biblis] kein Chancen habe, wieder in den Landtag zu kommen, die Grünen würden bei den Wahlen 10 bis 12 Prozent der Wählerstimmen erhalten.)

Die Hauptprobleme für die SPD seien nach Lietkes Auffassung der hohe Stand der Arbeitslosigkeit, der Abbau der sozialen Leistungen angesichts der krisenhaften ökonomischen Entwicklung und ihre Stellung zu den Fragen des Friedens und der Entspannung. Er hoffe, daß in den nächsten zwei Jahren, durch günstigere ökonomische Entwicklungsbedingungen, zumindest ein Trendwechsel in der Beschäftigungslage sichtbar werde.

Bei den Abrüstungsverhandlungen rechne er bis zu diesem Zeitpunkt nicht mit einem vollen Ergebnis, aber damit, daß die Situation eine Fristverlängerung in bezug auf die Stationierung erlaube. Mit dem Blick auf die Bundestagswahlen 1984 könne die SPD dann einen Friedenswahlkampf mit berechtigten Erfolgsaussichten führen. In der SPD-Fraktion herrsche die Meinung vor, daß man die Regierung keinesfalls freiwillig räumen dürfe.

Dieser Meinung sei auch Wehner, da man sonst für mindestens 10 Jahre zur Opposition verurteilt sei.

Allerdings herrsche in der Partei an ihrer Basis durchgängig ein Gefühl der Resignation. Konnte man vor Monaten wenigstens noch streiten, seien jetzt Lethargie und Gleichgültigkeit weit verbreitet.

Zum Gespräch mit Klaus *Bölling*, Staatssekretär und Chef des Presse- und Informationsamtes der Bundesregierung, am 17. Juni 1982 in seinem Büro:

Bölling nahm im Gespräch Stellung zum Stand der Beziehungen und den Gesprächen zwischen der DDR und der BRD. Er zeigte sich über die Verhandlungen zum Swing voll informiert. In seinen Äußerungen bezog er sich auf ein Gespräch mit dem Bundeskanzler nach der Kabinettssitzung am 16. Juni und auf Unterredungen, die in diesem Zusammenhang mit H. Wehner und W. Mischnick geführt worden sind.

Die von der DDR angekündigten Schritte entsprächen nicht im vollen Maße den Erwartungen der Bundesregierung. Selbstverständlich gäbe es kein Junktim zwischen den Swing-Vereinbarungen und anderen Fragen. Dennoch hätte man mit etwas mehr von seiten der DDR gerechnet.

Bölling bezog sich dabei auf die Festlegungen, einen bestimmten Personenkreis aus der Staatsbürgerschaft der DDR zu entlassen.[68] Für

---

68 Die DDR erließ am 21. Juni 1982 die Anordnung, Personen aus der DDR-Staatsbürgerschaft zu entlassen, die vor dem 1. Januar 1981 die DDR ohne Ge-

die BRD-Seite sei offen, ob dieser Personenkreis auch tatsächlich ungehindert in die DDR reisen könnte. Weiterhin äußerte sich Bölling zur Regelung, den Aufenthalt für Bürger Westberlins in der Hauptstadt der DDR bis nachts zwei Uhr zu verlängern. Dies sei „kleinkariert". Man verstehe nicht, warum die Leute nicht bei ihren Verwandten über Nacht bleiben könnten. Man könne sich auch nicht vorstellen, daß dadurch etwa die Sicherheitsinteressen der DDR tangiert würden.

Ich verwies darauf, daß Bonn immer wieder denselben Fehler macht und erreichte Fortschritte herunterspielt, anstatt sie politisch maximal für die Position der Regierung zu nutzen. Bölling bestritt das.

Er bezog sich ferner auf die Ergebnisse im Zusammenhang mit der Erweiterung der Reisemöglichkeiten in Familienangelegenheiten. Die Zahl hätte sich zwar im Monat März um 30 Prozent erhöht, doch brauche man einen längeren Zeitraum, um beurteilen zu können, ob der Aufwärtstrend anhält. Er selbst habe eine ganze Anzahl von Briefen von DDR-Bürgern erhalten, deren Verwandte unter die Neuregelung fallen, nicht als Geheimnisträger gelten und dennoch ohne Begründung von den Organen der DDR keine Reiseerlaubnis erhalten hätten. Es sei schwer einzusehen, warum mit zweierlei Maß gemessen werde. Insgesamt stelle sich für die BRD die Frage, ob sich die DDR in diesen Fragen restriktiv verhalte. Dies sei nicht nur seine persönliche Meinung.

Die Entscheidungen über den Swing betrachte die Bundesregierung als großes Entgegenkommen. Man habe das in der Erwartung getan, daß im 2. Halbjahr weitere Verbesserungen im Reiseverkehr sichtbar werden. Beim Mindestumtausch hoffe man zumindest auf die Einführung der sozialen Komponente (Rentner, Familien mit Kindern).

Die Bundesregierung sei weiterhin an einem Besuch des Genossen Honecker in der BRD interessiert. Es dürfe aber keine Stippvisite sein. Es sei doch sicher die gemeinsame Auffassung, daß dieser Vorgang für beide Seiten von großem politischen Gewicht wäre. Man hoffe, daß die DDR dazu beitragen würde, daß der Besuch in diesem Sinne möglich wird.

Zur Frage der Elbe-Grenze teilte Bölling den bekannten Standpunkt mit. Der Bundeskanzler habe darüber mit Albrecht gesprochen. Albrecht halte sich offen. Er sei ein zu kluger Politiker, als daß er nicht die Bedeutung dieser Frage verstünde. Wichtig für den Fortgang sei die Bereitschaft der DDR, über Fragen der Elbeverschmutzung zu sprechen. Auch sei man der Auffassung, daß Möglichkeiten der Einbeziehung Hannovers in Regelungen des kleinen Grenzver-

---

nehmigung verlassen haben. Gleichzeitig wurde diesen Personen Straffreiheit zugesichert.

kehrs die Haltung Albrechts beeinflussen könnte, auch wenn dieser selbst davon nicht spreche. Für die Einwirkungen auf Albrecht sei wichtig, ob sich die Lage der Bundesregierung im Herbst stabilisiere.

Es ist zu erkennen, daß Bölling offensichtlich neuerdings beim Bundeskanzler als Sachverständiger in Fragen DDR gilt und zu Rate gezogen wird.

Zur inneren Situation in der BRD äußerte er, nach dem Ergebnis der Hamburger Senatswahlen und der Diskussion in der FDP stehe Genscher stark unter Kritik. Das sei ein neuer Faktor in der politischen Landschaft der BRD. Das schaffe für die SPD mehr Spielraum, um auf die FDP einzuwirken, damit sie bei der Stange bleibt.

Zur Frage des Haushaltes 1983 meinte er, die SPD müsse dabei natürlich auch „Kröten schlucken". In der SPD-Fraktion gäbe es aber Diskussionen, ob diese Kompromißbereitschaft auch wirklich von der FDP honoriert werde und nicht mit einem „April, April" ende.

Zum Gespräch mit Walter *Wallmann* (CDU), Oberbürgermeister von Frankfurt am Main, am 18. Juni im Gebäude der Leitung der Messe-AG:

Zur Situation in Hessen nach dem Beschluß der FDP Hessen führte Wallmann aus, für die FDP sei das der letztmögliche Termin gewesen, eine solche Entscheidung zu treffen. Es sei völlig klar, daß sie auf Weisung Genschers zustande kam. Wenn es für die FDP noch eine Chance geben soll, müßte Genscher in den nächsten Wochen auch in Bonn den Übergang vollziehen. Er hätte es schon vor den Wahlen in Hamburg tun sollen, da sei die FDP noch entscheidungsfähig gewesen. Jetzt würde sie von den Umständen dazu getrieben. Wenn die FDP die Hessen-Wahl erst noch vorübergehen lasse, bestünde die Gefahr, daß sie hier durchfalle und es dann für sie noch komplizierter würde. Es sei nicht vorstellbar, daß die FDP erst mit der SPD einen Haushalt ausarbeite und dann die Regierung verlasse und der Union anbiete, mit diesem Haushalt zu leben. Deshalb müsse der Bruch in Bonn vor dem Abschluß des Etats kommen, oder die Koalition werde bis '84 halten.

Es gehe um die Existenz der FDP und die persönliche Position von Genscher. Im Falle einer Niederlage der FDP in Hessen stünde die Frage eines Nachfolgers für Genscher. Er, Wallmann, sehe niemanden in der FDP, der dafür in Frage käme, weder Baum noch Lambsdorff u. a.

Auf Befragen erklärte Wallmann, daß die Presseveröffentlichung über die Absicht, Genscher zum Bundespräsidenten zu machen, ernst zu nehmen seien. Es gäbe Überlegungen in der Union, daß bei einer Koalition mit der FDP diese Partei den kommenden Bundespräsidenten stellen solle. Als sicher gelte, daß Carstens nicht noch einmal kandidiert.

Wallmann vertrat die Meinung, daß es spätestens 1984 eine CDU-geführte Regierung geben wird. Die SPD sei ohne Chance, sich aus dem Tief zu befreien und die Union zu überrunden. Die Grundstimmung in der Bevölkerung dränge zum Wechsel (im Unterschied zu 1972). Ausdruck dafür sei auch, daß SPD-Wähler direkt zur CDU übergehen.

Auf meine Frage erklärte Wallmann, zum jetzigen Zeitpunkt sei Kohl der Favorit der Union für das Kanzleramt. Es gebe allerdings auch andere, die sich für besser halten. Die Entscheidung über den Kanzler-Kandidaten der Union würde im März/April 1983 nach der Wahl in Schleswig-Holstein fallen. Wenn Stoltenberg dort sehr gut abschneide, könne er auf dieser Erfolgswelle auch Kanzlerkandidat werden.

Auf die Frage, wie sich eine eventuelle CDU-Regierung zu den anstehenden innenpolitischen Fragen verhalten würde, erklärte Wallmann offen: Es werde einschneidende Kürzungen im Haushalt, besonders bei den sogenannten Leistungsgesetzen geben, also im sozialen Bereich. Man müsse den Leuten ganz klar sagen, daß man sich zuviel leiste. Bei großen Teilen der Bevölkerung, auch in der Arbeiterschaft, gäbe es die Bereitschaft, das zu akzeptieren, wenn man ihnen offen die Wahrheit sage. Gewiß könne das Probleme mit den Gewerkschaften geben, aber er rechne darauf, daß es sich bei den Führern der Gewerkschaften um vernünftige, kluge Leute handele, die diese Notwendigkeiten einsehen. Das wäre, nach Wallmanns Ansicht, zu schaffen.

Eine CDU-Regierung würde von der Wirtschaft begünstigt. Mit dem Wechsel werde auf jeden Fall ein günstiges psychologisches Klima für Investitionen entstehen, was jetzt völlig fehlt. Man brauche dazu politische Stabilität. Die kann die Bonner Koalition den Unternehmern nicht mehr bieten.

Zu den Grünen sagte Wallmann, sie seien als Bewegung und als Partei nur als Übergangserscheinung zu bewerten. Wenn die SPD in die Opposition komme, werde sie dieses Potential zum großen Teil wieder binden. Die CDU sei dazu nicht in der Lage. Er räumte ein, daß die Grünen jetzt die traditionelle Parteienstruktur der BRD verändert hätten.

Die Grünen im Stadtparlament von Frankfurt seien alles andere als Revolutionäre, auch wenn sie radikal reden. Sie würden, wie Lenin sagte, erst eine Bahnsteigkarte kaufen, ehe sie den Bahnhof stürmen. Aber die Gefühle, Sehnsüchte und Ängste, die sich in dieser Bewegung widerspiegeln, müsse man ernst nehmen.

Wallmann äußerte sich befriedigt, daß sich in der USA-Haltung gewisse Veränderungen vollzogen hätten. Nach seiner Meinung gehe der Einfluß von Weinberger zurück, und es sei der Einfluß von Leuten im Wachsen, die wissen, worum es in Europa gehe. Zur Frage der Stationierung der neuen US-Mittelstreckenraketen sagte er, es sei bekannt, daß die CDU voll zum NATO-Beschluß vom 12. 12. 1979 stehe. Sollten 1983 in Genf noch keine endgültigen Ergebnisse vorliegen, aber Vereinbarungen in überschaubarer Nähe sein, könne er sich einen Aufschub der Stationierung vorstellen.

Wallmann fragte, wie sich die DDR bei einem Regierungsantritt der Union verhalten werde, ob gravierende Veränderungen zu erwarten seien. Ihm wurde entgegnet, daß wir uns an Spekulationen über Veränderungen nicht beteiligen. Für uns gilt der Grundlagenvertrag, den wir mit der BRD abgeschlossen haben. Wir sind der Auffassungen, daß die beiden deutschen Staaten eine besondere Verantwortung hätten, für den Frieden einzutreten und deshalb die Friedensfrage in den Beziehungen DDR – BRD Vorrang besitze.

Dem stimmte Wallmann zu, machte aber deutlich, daß die CDU versuchen will, im menschlichen Bereich mehr Ergebnisse zu erzielen. In diesem Zusammenhang wurde von unserer Seite noch einmal deutlich und ausführlich dargelegt, daß die Position der BRD zur Staatsbürgerschaft der DDR sowie die Existenz und Praktiken der Erfassungsstelle in Salzgitter solchen „Verbesserungen im menschlichen Bereich" nach wie vor im Wege stehen.

Zum Gespräch mit Oskar Lafontaine, Landesvorsitzender der SPD Saar und Oberbürgermeister von Saarbrücken, am 18. Juni 1982 im Rathaus von Saarbrücken:

Lafontaine, der sich über den Besuch und insbesondere die Grüße von Genossen Erich Honecker sehr freute, sagte zur Lage in der BRD, wenn es nicht außenpolitische Rücksichten gäbe, müsse die SPD die Regierung sofort verlassen. Was in Bonn geschieht, werde in der Partei weithin nicht mehr verstanden. Es sei kein Wunder, daß die Grünen einen solchen Auftrieb erhalten, wenn in Bonn eine Politik gemacht werde, die sich in der Substanz von der Politik der CDU kaum mehr unterscheidet. Um die Partei zu mobilisieren, brauche man Ziele, für die sich ein Engagement lohnt. Was gegenwärtig in Bonn geboten werde, sei aber nichts als Taktik. Soll doch die CDU jetzt die Regierung übernehmen und Kohl zum Kanzler machen, der bis zu den Bundestagswahlen der Bevölkerung außer weiteren drastischen Verschlechterungen nichts Positives bieten kann. Natürlich gibt es keine Garantie, daß man 1984 dann die CDU schlagen könne. Das wisse er auch. Wenn die Sache aber noch zwei Jahre so weiter läuft wie jetzt, wird die SPD schweren Schaden nehmen. Er habe sich kürzlich mit Willy Brandt getroffen und dabei festgestellt, daß der Parteivorsitzende die Lage ebenfalls für sehr bedenklich hält. Demnächst wird Willy Brandt zu einem privaten Besuch zu Lafontaine nach Saarbrücken kommen.

341

Zu den Ereignissen des NATO-Treffens meinte Lafontaine, sicherlich gäbe es in den Kommuniqués einige Formulierungen, die nicht ganz den USA-Vorstellungen entsprechen. Man dürfe sich aber nicht der Illusion hingeben, daß sich damit an der Politik Reagans etwas geändert habe. In Bonn beruhigt man sich mit Floskeln.

Oskar Lafontaine bat darum, dem Generalsekretär des ZK der SED, Erich Honecker, Grüße zu übermitteln. Sollte er die BRD besuchen und nach Saarbrücken kommen, werde ihm diese Stadt, das könne er versichern, auf jeden Fall einen guten Empfang bereiten.

Quelle: SAPMO-BArch, DY 30/IV 2/2036/85.

Dokument 47

Information über ein Gespräch von Herbert Häber mit Walther Leisler Kiep, CDU-Präsidiumsmitglied und -Bundesschatzmeister sowie CDU-Fraktionsvorsitzender im Senat von Hamburg, in Leipzig am 5. September 1982[69]

Kiep befand sich in Begleitung von Birgit Breuel, Wirtschaftsministerin des BRD-Landes Niedersachsen. Beide erklärten, sie seien erneut nach Leipzig gekommen, obwohl es nach der Ablehnung für Vogel in der Spitze der CDU Diskussionen gegeben habe, ob es zweckmäßig sei, jetzt in die DDR zu reisen. Sie wollten mit ihrer Anwesenheit bekunden, wie wichtig für sie die Bewahrung der Kontinuität der politischen Kontakte mit der DDR gerade in der gegenwärtigen komplizierten Lage und vielleicht auch in noch kritischeren Situationen sei. Kiep meinte, er verstehe allerdings nicht, weshalb die DDR gegenüber führenden CDU-Politikern so zurückhaltend sei, obwohl ja mit ziemlicher Sicherheit damit zu rechnen ist, daß demnächst oder spätestens 1984 die CDU in Bonn regieren wird. Er zeigte sich in diesem Zusammenhang enttäuscht, daß es ihm und auch Frau Breuel angeblich nicht möglich gewesen sei, trotz Bemühungen in Leipzig mit anderen hochrangigen DDR-Persönlichkeiten zusammenzukommen. Die DDR brauche keine Sorge zu haben, daß sie etwa Bundeskanzler Schmidt verärgere, wenn sie CDU-Politikern Aufmerksamkeit entgegenbringt. Das wisse er ganz genau. Was Schmidt gewurmt habe, sei der Besuch von Oskar Lafontaine in der DDR gewesen.

Zur Lage in Bonn äußerte Kiep, Genscher, Lambsdorff und andere steuerten auf den Wechsel zu. Wann das geschehen könnte, wisse

---

69 Die Information datiert vom 6. September 1982.

er allerdings auch nicht. Auf jeden Fall sei er nicht mehr wie früher so fest davon überzeugt, daß die jetzige Koalition bis 1984 halten wird. Entscheidend seien wahrscheinlich die Wochen im Oktober, wenn die Hessenwahlen (26. 9.) und die Bayerischen Landtagswahlen (10. 10.) vorüber sind. Befragt nach seiner Meinung über die neuerlichen Spekulationen über eine große Koalition, äußerte er, bestimmte SPD-Politiker träumten offensichtlich von einer solchen Variante, bei der sich die SPD-, die CDU- und die Gewerkschaftsführer zusammentun, um mit den anstehenden sehr komplizierten Problemen fertig zu werden. Er glaube jedoch nicht, daß die SPD in ihrer jetzigen Verfassung eine Koalition mit der CDU/CSU ertragen könne. Deshalb gebe er der Möglichkeit einer großen Koalition keine Chance. Aus der Sicht der CDU sind vorgezogene Neuwahlen am günstigsten. Dazu brauche man auf jeden Fall die Zustimmung der FDP-Fraktion. Ob sie sich aber einheitlich dafür entscheiden wird, sei fraglich.

Zur weltpolitischen Lage sagte Kiep, als ich über die USA-Politik, den Krieg Israels gegen Libanon und den Krieg um die Falkland-Inseln sprach, es sei tatsächlich gefährlich, daß man jetzt damit beginne, Probleme mit den Mitteln des konventionellen Krieges zu lösen. Um so nötiger sei seines Erachtens, hier in Europa alles zu tun, um die Lage normal zu halten. Er verwies darauf, daß er sich öffentlich für die Verwirklichung des Erdgas-Röhren-Geschäftes und gegen die Boykott-Politik der USA gewandt habe.

Kiep äußerte, er habe Verlauf und Ergebnis des Treffens am Werbellinsee sehr hoch eingeschätzt. Jetzt frage er sich jedoch, ob ein Besuch von Erich Honecker in der BRD im gleichen Maße gut und ergebnisreich verlaufen könne. Was soll dabei konkret herauskommen? Die DDR müsse doch ein Interesse daran haben, in der BRD all jene zu ermutigen, denen die Entspannungspolitik etwas wert ist und die sich gegenüber dem Druck aus den USA ablehnend verhalten. In diesem Zusammenhang kam er auf den Mindestumtausch zu sprechen und meinte, ein Entgegenkommen der DDR auf diesem Gebiet könne doch dazu ein Beitrag sein.

Ich äußerte dazu, daß es gewiß darauf ankomme, all jene zu ermutigen, die für die Fortsetzung der Politik der Entspannung eintreten und sich dem scharfmacherischen Konfrontationskurs der Reagan-Regierung widersetzen. Die DDR habe dazu in den zurückliegenden Monaten wichtige Beiträge geleistet. Leider ist es aber so, daß durch das Verhalten führender Politiker der BRD, dabei gerade auch der CDU, das politische Gewicht dieser Leistungen der DDR heruntergespielt wird. Es kann nicht so sein, daß unaufhörlich von seiten der DDR Entgegenkommen verlangt wird, während man selbst kaum etwas unternimmt, um die Dinge zu regeln, an denen die

DDR interessiert ist. Außerdem müsse man die Chance der weiteren Gestaltung der Beziehungen zwischen den beiden deutschen Staaten im weltpolitischen Zusammenhang sehen. Der Kurs der USA auf Verschärfung der Konfrontation wird fortgesetzt, die Raketen sollen stationiert werden, USA-Truppen werden näher an die Grenze zur DDR vorgeschoben – all das sind nicht gerade Empfehlungen für Zugeständnisse von unserer Seite. Zur Frage des Besuchs von Genosse Honecker in der BRD bemerkte ich, daß dazu noch keine konkreten Abmachungen getroffen worden sind.

Kiep bestätigte, daß er vor einigen Wochen in Hamburg ein Zusammentreffen mit den CDU-Politikern Stoltenberg, Albrecht und Weizsäcker arrangiert habe, um die Lage zu besprechen und das Vorgehen abzustimmen. Bei dieser Zusammenkunft sei auch über meinen Besuch bei Ministerpräsidenten Albrecht gesprochen worden. Albrecht habe sich befriedigt über die Unterhaltungen, vor allem über die Offenherzigkeit des Meinungsaustausches geäußert. Weizsäcker habe ihn gebeten, an mich einen Gruß zu bestellen, verbunden mit dem Vorschlag, ob es nicht möglich sei, die Gesprächskontakte mit ihm, so wie früher, als er in Bonn war, weiterzuführen.

Kiep, der offenkundig kürzlich mit Bundeskanzler Schmidt zusammengetroffen ist, zeigte sich informiert über die beabsichtigte Reise von Wischnewski in die DDR.[70] Er kündigte an, daß er selbst eventuell in der zweiten Oktoberhälfte zu einem politischen Meinungsaustausch nach Berlin kommen möchte. Im Anschluß daran will er in die USA reisen.

Quelle: SAPMO-BArch, DY 30/J IV 2/10.02/15.

Dokument 48

Information von Herbert Häber an Erich Honecker, Generalsekretär des ZK der SED und DDR-Staatsratsvorsitzender, vom 15. September 1982

Wie festgelegt, bin ich am Dienstag Nachmittag mit dem CDU-Politiker Norbert Blüm zu einem Gespräch zusammengekommen. Blüm ist Bundesvorsitzender der „Sozialausschüsse der christlich-demokratischen Arbeitnehmerschaft" in der CDU und Mitglied des

---

70 Der Staatsminister im Kanzleramt Hans-Jürgen Wischnewski reiste am 13. September 1982 in die DDR und traf mit SED-Generalsekretär Erich Honecker zusammen. Vgl. den Gesprächsvermerk in: Detlef Nakath/Gerd-Rüdiger Stephan: Von Hubertusstock nach Bonn, S. 82 ff.

Bundesvorstandes der CDU. Von 1972 bis Juni 1981 war er Abgeordneter des Bundestages der BRD und hat im Zusammenhang mit der Übernahme des Amtes als Senator für Bundesangelegenheiten von Westberlin sein Mandat niedergelegt. Blüm ist 47 Jahre alt und gilt als Anwärter für einen Ministerposten in Bonn, falls es zu einer von der CDU/CSU geführten BRD-Regierung kommt.

Er befand sich in Begleitung des ebenfalls der CDU angehörenden Fernsehmoderators der Sendereihe „Report" vom Süd-West-Funk Baden-Baden, Franz Alt. Er ist ein liberaler CDU-Mann, der sich mehrfach sowohl in seinen Sendungen als auch in Veröffentlichungen im „Spiegel" kritisch mit der Politik der CDU/CSU-Führung, vor allem in Fragen der Rüstungspolitik, auseinandergesetzt hat. Blüm befand sich gemeinsam mit Alt, mit dem er seit seiner Jugend befreundet ist, zu einem 3-tägigen touristischen Aufenthalt in der DDR.

In einer angeregten Unterhaltung haben wir das ganze Spektrum der gegenwärtig anstehenden Probleme recht freimütig diskutiert – von der USA-Politik über die Fragen der Raketenstationierung bis hin zur innenpolitischen Entwicklung in der BRD sowie zu Fragen der Beziehungen zwischen beiden deutschen Staaten. In diesem Zusammenhang sind von seiten der Gäste die uns bekannten Meinungen vorgebracht worden – es wurde auch die Frage des Mindestumtausches aufgeworfen. Ich habe ebenso offen und freimütig unseren Standpunkt dargelegt. Da bei dieser Unterhaltung keine besonderen neuen Gesichtspunkte aufgetreten sind, verzichte ich auf eine ausführlichere Schilderung.

Bemerkenswert war jedoch, daß Norbert Blüm gleich zu Beginn des Zusammentreffens beinahe offiziell erklärte, die DDR könne davon ausgehen, daß im Falle eines Regierungswechsels in Bonn in Fragen der Ostpolitik und vor allem, was die Beziehungen zur DDR betrifft, die Kontinuität gewahrt bleibe. Während es hinsichtlich der Wirtschafts- und Finanzpolitik tiefgreifende Unterschiede in der Haltung der CDU gegenüber der jetzigen Bundesregierung gäbe, sei das hinsichtlich der Beziehungen zur DDR nicht der Fall. Hier unterscheide man sich lediglich in Nuancen. Falls eine von der CDU/CSU geführte Bundesregierung ins Amt komme, gäbe es im Verhältnis zur DDR keinesfalls eine Stunde Null. Diese Position verkündete er mit beinahe den gleichen Worten am Ende unserer Unterhaltung noch einmal und äußerte den Wunsch, auf jeden Fall die Kontakte zur SED weiterführen zu können. Er bat darum, dem Generalsekretär des ZK der SED, Herrn Honecker, Grüße zu übermitteln.

Quelle: SAPMO-BArch, DY 30/J IV 2/10.02/13.

**Information von Herbert Häber an Erich Honecker,
Generalsekretär des ZK der SED und
DDR-Staatsratsvorsitzender, vom 24. September 1982**

Wie besprochen, bin ich heute mit Günter Gaus zusammengetroffen. Er befand sich einige Tage in Berlin, weil er gemeinsam mit dem ZDF einen Film über die DDR vorbereitet, bei dessen Erstellung er als Berater tätig ist.

Herr Gaus bedankt sich sehr für Deine Grüße. Er hat sich darüber sichtbar gefreut und erwidert sie auf das Herzlichste. Er wäre sehr froh, bei nächster Gelegenheit die Möglichkeit eines Gesprächs mit Dir zu haben. Voraussichtlich ist er Ende Oktober wieder in Berlin und wird sich über mich rechtzeitig anmelden.

Zur Lage in der BRD meint er, mit größter Wahrscheinlichkeit werde am kommenden Freitag Kohl zum Bundeskanzler gewählt. Bei allen Auseinandersetzungen in der FDP sei es doch so, daß gegenwärtig die Mehrheit der Führung, vor allem in der Fraktion, für das Zusammengehen mit Kohl stimmen werde. Für sie geht es dabei ums Überleben. Er und viele seiner Freunde hofften jedoch darauf, daß am kommenden Sonntag die FDP in Hessen in den Keller rutscht.

Ihn beschäftigt vor allem die Frage, wie es weitergeht mit der SPD. Natürlich sei es völlig zu verstehen, daß Schmidt und die Führung jetzt für baldige Neuwahlen eintritt. Das sei taktisch richtig und Schmidt möchte auch persönlich einen guten Abgang haben und nicht einfach im Bundestag abgewählt werden. Genaugenommen sei jedoch die SPD nicht in der Verfassung, um in Kürze bei Bundestagswahlen gut abzuschließen. Selbst der Termin im März sei noch zu früh. Auch dann könne es die SPD noch auf dem falschen Bein erwischen. Je weiter der Wahltermin hinausgeschoben würde, um so besser für die SPD.

Günstig sei, daß es bei den nächsten Bundestagswahlen erstmals seit Jahrzehnten wieder nicht vordergründig um Personen gehe, sondern um zwei große Probleme: die Raketenstationierung und die Arbeitslosigkeit. Darin liege für die SPD eine große Chance. Man müsse die nächsten Bundestagswahlen zu einer Volksabstimmung gegen die Raketenstationierung gestalten.

Damit sei aber die Frage nach dem Spitzenkandidaten der SPD gestellt. Wenn Schmidt die SPD im Wahlkampf anführt, wird es schwer werden, voll auf Front zu machen gegen die Raketenstationierung. Als Erfinder der „Raketenlücke" hat er sich in dieser Frage so festgelegt, daß es ihm in der Partei und in der Bevölkerung niemand glauben würde, wenn er jetzt gegen den NATO-Raketen beschluß auftrete. Er selbst würde es wahrscheinlich sogar versuchen. Mit Schmidt an der Spitze wird es schwer sein, die SPD voll und ganz gegen den Raketenbeschluß zu mobilisieren. Deshalb meint er, Gaus, es wäre am günstigsten, wenn sich Schmidt möglichst bald nach Hamburg ins Privatleben zurückziehen würde. Allerdings dürfe es nicht so kommen wie mit Scheel bei der FDP, d. h. daß Schmidt aus dem Hintergrund dauernd versucht, den Kurs der SPD zu beeinflussen.

Die Frage sei allerdings, wer anstelle von Schmidt Spitzenkandidat der SPD sein soll. Hans-Jochen Vogel in Westberlin wäre aus seiner Sicht der einzige geeignete Mann. Er habe mit ihm darüber gesprochen. Vogel wird aber in der nächsten Zeit nicht aus Westberlin weggehen. Er ist da im Wort. Allerdings wird sich Vogel für den Posten des SPD-Vorsitzenden bewerben, wenn Schmidt auf diese Funktion verzichtet. Gegen Schmidt kandidieren wird er aber nicht. Ein Mann wie Johannes Rau in Nordrhein-Westfalen scheint als Spitzenkandidat der SPD nicht ausreichend geeignet. Die Frage, wie das zu lösen sei, halte er für ein vorrangiges Problem. Die Mehrheit der SPD-Mitglieder und Funktionäre ist gegen den Raketenbeschluß. Auf einem Parteitag, der frei ist vom Druck eines Regierungsflügels, wird es auch dann einen solchen Beschluß geben. Wer aber wird die Partei im Wahlkampf führen?

Gaus ist der Meinung, daß die Chance besteht, die SPD Schritt um Schritt gegen die Verwirklichung des Raketenbeschlusses in Front zu bringen. Man müsse das nur allmählich tun, um auch diejenigen mitzunehmen, die bisher den Raketenbeschluß unterstützt haben. Auch gehe es darum, die Verbündeten der BRD nicht zu verschrecken. Die Losung müsse lauten: Im Interesse der NATO gegen die Raketenstationierung – die Raketenstationierung sprengt das Bündnis.

Wichtig wäre, wenn man auch in der CDU Leute finden könnte, die in dieser Hinsicht ansprechbar sind. Wenn mit voller Unterstützung der SPD die Bewegung gegen die Raketenstationierung entwickelt und im Zentrum des Bundestagswahlkampfes geführt wird, dann – so glaubt er – bestehe eine Chance, auf die CDU/CSU so viel Eindruck zu machen, daß sie für ein Moratorium bzw. für ein zeitliches Aufschieben der Stationierung ist. Er meinte, man müsse einmal mit CDU-Leuten wie Kiep, Blüm und Weizsäcker sprechen. Bei einer kürzlichen Unterhaltung mit Kiep in Hamburg habe er schon solche Töne gehört.

Er halte das für völlig richtig, wenn die DDR immer wieder betont, daß die Stationierung der USA-Raketen alles komplizieren würde.

Strategisch gesehen gehe es um die Frage, wie die SPD wieder mehrheitsfähig werden kann. Aus eigener Kraft schafft sie das in den nächsten Jahren nicht, sie wird keine absolute Mehrheit bei Bundestagswahlen erreichen. Das schafft kaum die CDU/CSU. Die FDP ist für die SPD als Bündnispartner nicht wieder zurückzugewinnen. Er meint, wenn die FDP bei den März-Wahlen 1983 eine schwere Niederlage erleidet, muß man Kurs nehmen auf die Spaltung der FDP. Mit den Linksliberalen der FDP und den Grünen sowie mit Unterstützung anderer Kräfte, die in der Friedensbewegung aktiv sind, müsse man dann eine neue politische Kraft aufbauen, die als Bündnis- und auch als Koalitionspartner für die SPD geeignet sein kann. Dazu gehört aber, daß die SPD Schritt um Schritt sich befreit von den Positionen, die ihr bis jetzt vom Regierungsflügel aufgezwungen worden sind.

Im Zusammenhang mit der zu erwartenden Regierungsbildung in Bonn meint Gaus, es sei für uns alle günstiger, wenn die Funktion des Ministers für innerdeutsche Beziehungen von Barzel ausgeübt würde und nicht von Lorenz. Wenn Barzel dort Minister würde, sei es möglich, den Einfluß solcher Scharfmacher wie Abelein abzublocken. Allerdings würde Barzel die Fragen der Beziehungen zur DDR stärker bei sich konzentrieren und das Bundeskanzleramt würde damit wenig zu tun haben. Lorenz, der ohnehin keine besondere geistige Größe sei und von Westberliner Traditionen des kalten Krieges geprägt ist, werde sich gegen rechte Scharfmacher nicht wehren.

Gaus berichtete, daß in Gesprächen mit Brandt und Vogel darüber beraten worden sei, auf welchem Weg man künftig die Beziehungen zur DDR bzw. zur SED unterhalten wolle. Er, Gaus, soll dabei voraussichtlich eine aktive Rolle spielen. Dazu würden aber noch Vorschläge an uns übermittelt.

Er bat mich um eine ausführliche Darstellung der Entwicklung in der DDR, die er von mir erhielt.

Quelle: SAPMO-BArch, DY 30/J IV 2/10.02/13.

KAPITEL 4

Steiler Aufstieg und tiefer Fall
1983 bis 1985

Dokument 50

**Information über ein Gespräch von Herbert Häber mit
Walther Leisler Kiep, CDU-Präsidiumsmitglied
und -Bundesschatzmeister, in Hamburg am 22. Februar 1983**[1]

Eingangs erklärte ich Herrn Kiep, daß die Ereignisse der zurückliegenden Wochen Zweifel aufkommen lassen an der Berechenbarkeit
und Zuverlässigkeit der Politik der von Herrn Kohl geführten Bundesregierung gegenüber der DDR und den anderen sozialistischen
Ländern. Nachdem anfangs von Kontinuität in der Ostpolitik gesprochen worden war und es auch einen ganz günstigen Auftakt gegeben hatte, sind mittlerweile andere Töne zu hören. Ich bezog mich
dabei auf die Erklärungen des Ministers Zimmermann, auf Äußerungen von Strauß sowie anderer Politiker der CDU/CSU sowie auf das
Wahlprogramm dieser Partei. Ich bat Herrn Kiep um seine Meinung.

Herr Kiep begrüßte es, daß diese Unterredung zustande gekommen ist. Er sei zunächst froh gewesen, daß es nach dem Amtsantritt
der neuen Regierung im Verhältnis zur DDR gut angefangen hat.
Dies sei der Wille von Helmut Kohl gewesen.[2] Großen Anteil daran
habe aber auch Staatsminister Jenninger gehabt. Von seinem Besuch
in die DDR sei Jenninger mit außerordentlich positiven Eindrücken
zurück gekommen.[3] Man könne sogar sagen, daß Jenninger sein
„Feindbild" habe korrigieren müssen.

---

1 Die Information datiert vom 24. Februar 1983.
2 Nach dem Amtsantritt der neuen Bundesregierung hatte Helmut Kohl dem
SED-Generalsekretär Erich Honecker persönlich versichert, daß seine Regierung die Beziehungen zur DDR kontinuierlich fortsetzten wolle. Kohl teilte dies
Honecker in einem Brief vom 29. November 1982 sowie in seinem ersten Telefongespräch mit dem SED-Chef am 24. Januar 1983 mit. Vgl. Detlef Na-
kath/Gerd-Rüdiger Stephan: Von Hubertusstock nach Bonn, S. 110 f., 114 ff.;
Heinrich Potthoff: Die „Koalition der Vernunft", S. 101 ff.
3 Helmut Kohls Kanzleramtsminister Philipp Jenninger traf am 2. Dezember
1982 in Berlin mit SED-Politbüromitglied Günter Mittag und DDR-Außenminister Oskar Fischer zusammen. Eine Woche danach fand unter Leitung des
Bundeskanzlers am 8. Dezember 1982 das erste Ministergespräch zur Deutschlandpolitik statt. Diese Ministergespräche, an denen auch Kanzleramtsminister
Jenninger teilnahm, zählten zu den neuen „Instrumenten des operativen Regie-

Allerdings treffe es zu, daß diese Position von Kohl und von Jenninger auf Kritik gestoßen sei. In der CDU/CSU gebe es in den Fragen der Ostpolitik und damit auch besonders hinsichtlich des Verhältnisses zur DDR noch immer gegensätzliche Auffassungen. Die CDU/CSU habe es nach dem Abschluß der Verträge in den Jahren der Opposition nicht fertig gebracht, sich insgesamt eine klare Haltung zu den Verträgen zu verschaffen, sich voll auf den Boden der abgeschlossenen Verträge zu stellen. Mit diesem ungelösten Problem sei sie in die Regierung gekommen. Das wirke sich jetzt aus.

Hinzu komme der Wahlkampf, in dem, um sich von der SPD zu unterscheiden, extreme Positionen bezogen werden, wie er meint, unnötigerweise.

Auf meine Frage, ob es auch aus den USA Einflüsse in Richtung auf eine scharfe Haltung gegenüber der DDR und anderen sozialistischen Staaten gebe, antwortete Kiep, das sei der Fall. Er ist vor wenigen Tagen aus Washington zurückgekommen. Nach wie vor gebe es in Führungskreisen der USA zwei Richtungen. Die eine ist für die Fortsetzung eines scharfen Kurses gegenüber der UdSSR und den anderen sozialistischen Staaten. Daran werde sich nach seiner Meinung vorerst auch nichts ändern, wenngleich er beeindruckt sei von der wachsenden Kritik, ja sogar von dem zunehmenden Widerstand, der sich dort gegen die Politik von Reagan und Weinberger bemerkbar macht. Man sehe inzwischen, daß vieles, was Reagan angekündigt hat, einfach nicht geht. Außerdem drücken die wirtschaftlichen Sorgen enorm.

Richtig sei aber, daß von maßgeblichen Kreisen der USA daraufhin gewirkt wird, den Ausbau der Beziehungen der BRD zu den sozialistischen Ländern zu bremsen. Kernfrage sei die unterschiedliche Beurteilung der Entspannungspolitik. Bestimmte Leute in den USA wollen auf den Untergang der Sowjetunion hinarbeiten. Ihm, Kiep, sei klar, daß das eine aussichtslose Politik ist, daß aber die Europäer Gefahr laufen, von den Trümmern einer solchen Politik erschlagen zu werden. Die Europäer, vor allem die BRD, seien anders als die USA-Spitze am Erhalt der Entspannungspolitik interessiert.

Wie wird es nach den Bundestagswahlen in dieser Hinsicht weitergehen, wenn die CDU/CSU die künftige Bundesregierung stellt? Wenn die CDU/CSU gewinnt, so sagte Kiep, ist Kohl der Sieger. Das wird seine Position beträchtlich stärken, auch gegenüber Strauß. Der Emanzipationsprozeß von Kohl habe schon im Herbst nach der Regierungsübernahme eingesetzt. Vieles, was Strauß wollte, konnte er nicht durchsetzen.

Wir sollten es als einen positiven Vorgang registrieren, daß Koh

---

rungshandelns" in Helmut Kohls Kanzlerschaft. Vgl. Karl-Rudolf Korte Deutschlandpolitik in Helmut Kohls Kanzlerschaft, S. 133.

in seinem Brief an Erich Honecker[4], obwohl er den schwedischen Vorschlag ablehnte, angeboten hat, demnächst zwischen der DDR und der BRD offizielle Gespräche über Fragen der Rüstungsbegrenzung und Abrüstung zu führen. Damit setze sich Kohl erneut von Strauß und anderen Politikern der Union ab, die bisher immer die Meinung vertreten haben, Fragen der Abrüstung könnten kein Thema für Gespräche zwischen der DDR und der BRD sein, die das Verhältnis zur DDR reduzieren wollen auf Fragen der menschlichen Beziehungen. Kohl habe damit genau das getan, was Strauß stets scharf abgelehnt hat.

Kiep sagte weiter, das Kräfteverhältnis in der Union habe sich ohnehin verändert. Auch die CSU-Landesgruppe in Bonn sei nicht mehr so fest an Strauß gebunden, wie das früher einmal war. Dies sei schon von Zimmermann eingeleitet worden, der von Strauß dafür bestraft worden ist. Falls Zimmermann Minister bleiben sollte, dann nur, wenn Kohl ihn hält. Strauß stütze ihn nicht mehr. Auch der neue Vorsitzende der CSU-Landesgruppe in Bonn, Theo Waigel, sei ein unabhängig denkender Mann, der sich nicht ohne weiteres von Strauß einspannen läßt.

Kiep äußerte die Überzeugung, daß Kohl – vorausgesetzt, er bleibt Regierungschef – durchaus die Absicht habe, im Einklang mit dem Grundlagenvertrag die Beziehungen zur DDR auszubauen. Auch sei er willens, sich Einflüssen aus den USA, wenn sie die Interessen der BRD tangieren, zu widersetzen. So gebe es keine Unterstützung für Wirtschaftssanktionen. Auch auf der im Frühjahr vorgesehenen Begegnung der Regierungschefs der westlichen Länder werde es eine Zustimmung zu einer Art Wirtschaftskrieg nicht geben. Die CDU/CSU könne sogar nach Meinung von Kiep in dieser Richtung besser auf die USA einwirken, weil sie in den Augen der Washingtoner Regierung nicht als unzuverlässig gilt wie die SPD.

Nach Auffassung von Kiep müsse man nach den Wahlen Tatsachen schaffen, die die Beziehungen zur DDR voranbringen. Er halte vor allem die Entwicklung der wirtschaftlichen Beziehungen für sehr wichtig. Junktims mit anderen Fragen lehnte er ab. Das Thema Mindestumtausch wurde von ihm nicht angeschnitten.

Er werde erneut zur Leipziger Messe fahren. Er verwies auf die Bedeutung der Hannover-Messe im April und sagte, er würde es sehr begrüßen, wenn mit dem Besuch von Genossen Günter Mittag gerechnet werden könnte.[5]

---

4 Vgl. den Text des Briefwechsels zwischen Helmut Kohl und Erich Honekker vom 4. bzw. 16. Februar 1983 in: Detlef Nakath/Gerd-Rüdiger Stephan: Von Hubertusstock nach Bonn, S. 123 ff.

5 SED-Politbüromitglied Günter Mittag besuchte am 17. April 1983 erneut die Hannover-Messe und führte danach am 18. April 1983 in Bonn Gespräche

In diesem Zusammenhang meinte Kiep, man könne auch überlegen, ob man die BRD-Vertretung in der DDR mit einem etwas hochrangigeren Politiker besetzen sollte. Auf meine Frage, ob es konkrete Absichten gebe, antwortete er, dies sei nicht der Fall. Man sei mit Herrn Bräutigam zufrieden, aber man könne über die Frage ja nachdenken.

Befragt nach seiner Meinung zur Auseinandersetzung um den NATO-Raketenbeschluß, meinte Kiep, die Null-Lösung werde wohl nicht kommen. Alles laufe jetzt auf eine sogenannte Zwischenlösung hin. Das aber werde ja auch zur Raketenstationierung, wenn auch in geringerer Zahl, führen. Kiep zeigte sich beeindruckt von unseren Warnungen, daß die Raketenstationierung die politische Lage generell verschlechtern werde, und sagte, er sei besorgt über die eventuellen Folgen für die deutsch-deutschen Beziehungen. Das Raketenthema beschäftige die Bevölkerung der BRD, auch die Anhänger der CDU, sehr stark. Die Angst sei groß.

Seit in Moskau Herr Andropow im Amte ist, so äußerte Kiep, haben die Sowjetunion und der Warschauer Pakt den Westen geradezu mit Vorschlägen überrumpelt. In Washington sei man davon überrascht. Er ist der Meinung, daß es weniger auf Raketenzählerei als vielmehr auf den politischen Willen ankomme, zu beiderseits akzeptablen Lösungen zu kommen.

Zu den bevorstehenden Bundestagswahlen meinte Kiep, man könne über den Ausgang nur spekulieren. Er glaube, daß die Union gewinnen wird. Wenn es eine sehr hohe Wahlbeteiligung gibt, und damit sei wohl zu rechnen, sind jedoch Überraschungen nicht ausgeschlossen. Dann gehen auch Leute zur Wahl, von denen man nicht weiß, wofür sie sich entscheiden werden. Eine hohe Wahlbeteiligung könnte für die FDP die Niederlage bedeuten, denn dann braucht sie für 5 Prozent mehr Stimmen als bei einer niedrigeren Wahlbeteiligung. Im Augenblick gebe es etwas Aufwind für diese Partei. Der Held der FDP sei jetzt Lambsdorff, während die Verachtung für Genscher bis weit hinein in bürgerliche Kreise ziemlich groß sei.

Er ist für Fortsetzung der Koalition der CDU/CSU mit der FDP und hofft deshalb, daß es der FDP gelingen wird, wieder in den Bundestag zu kommen. Das wäre auch ein Disziplinierungsmittel für Kohl gegenüber manchen Kräften in der eigenen Partei, so wie Schmidt es gemacht hat gegenüber Leuten in der SPD.

---

u. a. mit Wirtschaftsminister Otto Graf Lambsdorff. Das mit Bundeskanzler Helmut Kohl vorgesehene Gespräch sagte der Bundeskanzler kurzfristig wegen des Todes des Transitreisenden Rudolf Burkert ab. Dazu führte der Bundeskanzler am 18. April 1983 ein Telefonat mit SED-Chef Erich Honecker. Vgl. den Wortlaut des Telefonats in: Detlef Nakath/Gerd-Rüdiger Stephan: Von Hubertusstock nach Bonn, S. 126 ff.; Heinrich Potthoff: Die „Koalition der Vernunft", S. 112 ff.

Kommt Strauß nach Bonn, so sagte Kiep, wird die Situation für Kohl heikel, Strauß als Außenminister wäre ein Problem, nicht nur gegenüber den sozialistischen Ländern, sondern auch gegenüber den Verbündeten der BRD. Wollte Helmut Schmidt schon immer im Bündnis der Schlaueste sein – bei Strauß würde es noch schlimmer. Er hat stets alles schon vorher gewußt und weiß auch alles besser. Eine Alleinregierung der CDU/CSU mit Strauß im Kabinett würde nach Meinung von Kiep der Union nicht gut tun.

Vieles von dem, was jetzt im Wahlkampf der SPD von der CDU vorgeworfen wird, sei natürlich unberechtigt. Aber eine echte Sorge gebe es: Wenn die Grünen in den Bundestag kommen würden und die SPD mit deren Hilfe regiere. Dann entstehe für die Bundesrepublik eine instabile Situation, die man eigentlich nicht hinnehmen könne. Dies beschäftige auch die Verbündeten der BRD sehr stark.

Sollte die Union in Bonn allein regieren, wird es ein Stühlerükken geben. Die Ministerposten der FDP müßten besetzt werden, Barzel z. B. möchte Präsident des Bundestages werden. Er sehne sich geradezu danach.

Kiep selber gab zu erkennen, daß er nicht in Hamburg bleiben will, sondern ebenfalls erneut den Blick auf Bonn gerichtet hat. Er will die Wahlen abwarten. Offenbar strebt er nach einer wichtigen Funktion in Bonn. Konkret äußerte er sich dazu jedoch nicht.

Quelle: SAPMO-BArch, DY 30/J IV 2/10.02/19.

Dokument 51

Information über ein Gespräch von Herbert Häber mit Hans Otto Bräutigam, Leiter der Ständigen Vertretung der Bundesrepublik in der DDR, in Berlin am 28. April 1983[6]

Von meiner Seite wurde das Gespräch so geführt, daß Herr Bräutigam zunächst Gelegenheit hatte, seine Ansichten zur entstandenen Lage zu äußern.

Er sagte, über die Entwicklung der letzten Zeit sei er sehr besorgt. Dabei müsse man zwischen den Ereignissen im Vordergrund und den Vorgängen im Hintergrund unterscheiden. Was die Ereignisse im Vordergrund angehe – damit meinte er die Vorfälle an der Grenze – so sei es möglich, alle damit verbundenen Fragen vernünftig zu klären. Die DDR habe im Falle Burkert ein überaus großes Maß an Entgegenkommen gezeigt, mit dem er eigentlich gar nicht

---

6 Die Information datiert vom 29. April 1983.

gerechnet habe. Dies sei ein erneuter Beweis, daß auch komplizierte Fragen sachlich und vernünftig geklärt werden können.

Schwierig sei es mit den Ereignissen im Hintergrund. Er bezog sich damit auf die von Strauß und anderen Kräften organisierte Kampagne zur Wende in der bundesdeutschen Politik gegenüber der DDR. Strauß gehe es nicht um die Leute, die an der Grenze eventuell Schwierigkeiten haben. Ihm gehe es nach seiner Meinung auch nicht nur um die Beziehungen zur DDR. Vielmehr vertrete er in den Fragen der Ostpolitik generell eine andere Philosophie, die er jetzt durchsetzen will.

Zunächst hatte Strauß bei den Koalitionsverhandlungen versucht, seinen Einfluß zu verstärken. Das ist ihm, was die Zahl der CSU-Minister betrifft, gelungen. Auf wichtigen Sachgebieten konnte er sich aber nicht durchsetzen und Koalitionsvereinbarungen erzwingen, die seinen Vorstellungen entsprechen. Das betreffe besonders die Außen- und Deutschlandpolitik. Kohl habe zwar das Strauß-Papier entgegengenommen, aber nicht zum Gegenstand von Gesprächen mit der FDP gemacht, weil er ganz genau weiß, daß die FDP auf diesen Kurs nicht einschwenken kann. So hat Kohl versucht, die Dinge zunächst auf sich beruhen zu lassen, und es war ja auch vorerst Ruhe eingetreten.

Nunmehr hat Strauß die zweite große Runde begonnen. Er, Bräutigam, sei vor allem bestürzt über die starke Emotionalisierung, die schlimme Auswirkungen auf die öffentliche Meinung und auf die Köpfe vieler Bundesbürger habe. Er hätte nicht geglaubt, daß es noch einmal zu solchen Ausbrüchen von Feindseligkeit gegen die DDR kommen könne, wie das jetzt geschehen ist. Diese schlimme Stimmung in Teilen der Bevölkerung der BRD wirke nun wieder zurück auf die Politiker. Eine solche Wirkung sei auch in der CDU/CSU-Fraktion zu verspüren. Einer, der aber weiterhin einen klaren Kopf behält und sich nicht anstecken läßt, sei Staatsminister Jenninger, mit dem er vor wenigen Tagen gesprochen hat. Jetzt sei die Stunde der Staatsmänner gekommen, die kaltes Blut bewahren.

Kohl versucht seinen Kurs zu halten, indem er vieles zunächst an sich ablaufen läßt. Er weiß, daß er ohne FDP nicht regieren kann. Strauß kann ihm die notwendige parlamentarische Mehrheit nicht verschaffen. Deshalb sei nach Meinung von Bräutigam Kohl nicht daran interessiert, daß sich Strauß durchsetzt, sondern er will, daß Genscher gewinnt. Allerdings müsse er versuchen, mit der CSU zurechtzukommen. Das habe sich insgesamt im Verhalten der Bundesregierung widergespiegelt.

Die FDP, so meinte Bräutigam, werde in den Fragen der Außen- und Deutschlandpolitik weiterhin Front machen gegen die Linie von Strauß und der CSU. Das sei eine Überlebensfrage für diese Partei, denn das sei eigentlich das einzige Thema, in dem die jetzige FDP noch völlig einheitlich sei. Er kenne Mischnick und wisse genau, was der über die Fragen der Beziehungen zur DDR denkt. Darüber habe er kurz vor Ostern auch mit Genscher gesprochen. Leider sei die SPD gegenwärtig so sehr mit sich selbst beschäftigt, daß sie nach Meinung von Bräutigam kaum zu sehen ist. Vogel gebe zwar pflichtgemäß Erklärungen ab. Von einem Kampf gegen die Versuche, die Ostpolitik umzudrehen, sei jedoch nach seiner Meinung nichts zu spüren. Er hat vor wenigen Tagen eine Begegnung mit Helmut Schmidt gehabt. Schmidt halte sich aus allem heraus. Als Bräutigam ihn fragte, ob er denn stillschweigend zusehen könne, wie versucht wird, die Werbellinsee-Politik kaputt zu machen, habe Schmidt geantwortet, dies sei nicht mehr sein Problem. Darum müßten sich andere kümmern.

Ich habe eingeworfen, daß in seiner Darstellung der Hinweis auf die Absicht fehlt, durch die Forcierung der Hetzkampagne gegen die DDR die Bevölkerung der BRD psychologisch auf die Raketenstationierung vorzubereiten, so wie das von Strauß ja gefordert worden war. Auch sei erkennbar, daß die besonders aggressiven Kreise in den USA ebenfalls daran interessiert sind, das Klima in den Beziehungen zwischen der BRD und der DDR zu vergiften, den Kurs vom Werbellinsee außer Kraft zu setzen und auch hier in Mitteleuropa auf Konfrontation zu gehen. Bräutigam äußerte, diese Meinung sei verständlich. Er selbst sehe jedoch einen solch unmittelbaren Zusammenhang nicht. Er bezog sich hier auf die Reise von Kohl in die USA und meinte, Kohl hat durchaus versucht, mäßigend auf Präsident Reagan einzuwirken. Ich äußerte dazu, bemerkenswerterweise hätten sogar Zeitungen, die der Wirtschaft der BRD nahestehen, wie das „Handelsblatt", dieser Tage Herrn Kohl dafür kritisiert, daß er bei den Gesprächen in den USA Einigkeit demonstriert, in Wirklichkeit aber gravierende Probleme und Meinungsverschiedenheiten vor sich hergeschoben habe.

Im Anschluß an diese Unterhaltung trug ich Herrn Bräutigam die Mitteilung des Generalsekretärs des ZK der SED für den Bundeskanzler Helmut Kohl vor, die er sich wortwörtlich aufschrieb.[7]

---

7 Im Gespräch mit dem Leiter der Ständigen Vertretung der Bundesrepublik in der DDR, Hans Otto Bräutigam, übermittelte Herbert Häber seinem Gesprächspartner eine persönliche Botschaft zur Weiterleitung an Bundeskanzler Helmut Kohl mit einer Bewertung der deutsch-deutschen Beziehungen aus der Sicht der DDR. Zugleich wurde darin der für 1983 in Aussicht genommene Honekker-Besuch in der Bundesrepublik als nicht vorstellbar bezeichnet. Die offizielle Absage Honeckers erfolgte am 29. April 1983 in einem Brief an Bundeskanzler Kohl. Der Text dieser mündlichen Botschaft ist von Honecker persönlich verfaßt worden und wurde von Häber lediglich vorgetragen. Vgl. Dok. 52.

Nach Kenntnisnahme dieser Mitteilung war Herr Bräutigam sehr ernst und zeigte sich vor allem betroffen über die Feststellung, daß unter den gegebenen Umständen ein Besuch des Genossen Honecker in der BRD nicht stattfinden kann. Er sagte, insgesamt sei dies eine sehr wichtige Mitteilung. Er habe nicht das Recht, sie im Namen der Bundesregierung zu kommentieren. Er persönlich betrachte sie aber als eine Warnung. Was den Besuch betrifft, so sehe er darin ein Zurückgehen hinter die bisher eingenommenen Positionen.

Er weiß natürlich nicht, wie Herr Kohl diese Mitteilung aufnimmt. Er, Bräutigam, sei generell der Meinung, man müsse weiterhin Herrn Kohl in seinem Bemühen unterstützen, gemeinsam mit der FDP einen Kurs der Kontinuität zu halten.

Er verstehe das so, daß der Besuch jetzt zurückgezogen sei. Er meine, wenn Bedingungen geschaffen seien und wieder ein besseres Klima herrsche, dann müsse es doch noch möglich sein, zu diesem Besuch zu kommen. Es wird doch wohl nicht die endgültige Absage sein.

Gut wäre es, nach seiner Meinung, wenn in nächster Zeit positive Signale auch dadurch gesetzt würden, daß CDU-Politiker in die DDR kommen könnten. Im Verlauf des Gesprächs hatte er mitgeteilt, daß die CDU-Politikerin Birgit Breuel, Wirtschaftsminister von Niedersachsen, die Absicht habe, Mitte Juni die DDR zu besuchen.

Ich fragte Herrn Bräutigam, ob er tatsächlich angesichts der Hetzkampagne gegen die DDR, der feindseligen Ausfälle auch aus dem Munde von Politikern der Regierungskoalition, sich einen Besuch unseres Generalsekretärs vorstellen könne. Außerdem geschehe genau das, was vermieden werden muß, wenn man ein ergebnisreiches Zusammentreffen von führenden Politikern vorbereiten will – beinahe jeden Tag werden aus dem Munde von Politikern und, entsprechend kommentiert, von den Medien an die Adresse der DDR Forderungen gerichtet, ganze Kataloge von Bedingungen genannt, die von unserer Seite erfüllt werden müßten, damit der Besuch stattfinden kann. Das ist, wie unschwer zu verstehen ist, völlig unzumutbar für die Beziehungen auf der Basis der Gleichberechtigung.

Herr Bräutigam versuchte, das abzumindern, konnte aber in der Sache nicht widersprechen.

Abschließend sagte ich, die Darlegungen beginnen bei Punkt 1. Die DDR hält an ihrer Position fest, Beziehungen zur BRD zu entwickeln im übergeordneten Interesse des Friedens in Europa und der Entwicklung der Beziehungen zwischen den beiden deutschen Staaten.

Er verabschiedete mich mit der Bemerkung, daß wir gemeinsam weiterhin wirken sollten, damit wieder bessere Zeiten kommen und es dennoch vorangeht.

Quelle: SAPMO-BArch, DY 30/J IV 2/10.02/11.

Dokument 52

**Mündliche Botschaft von Erich Honecker, Generalsekretär
des ZK der SED und DDR-Staatsratsvorsitzender,
an Bundeskanzler Helmut Kohl, übermittelt an
Hans Otto Bräutigam, Leiter der Ständigen Vertretung
der Bundesrepublik in der DDR, durch Herbert Häber
am 28. April 1983**

Ich bin vom Generalsekretär des ZK der SED bevollmächtigt, Herrn Bräutigam zu bitten, im Ergebnis des Gesprächs dem Bundeskanzler der BRD, verbunden mit den besten Grüßen des Generalsekretärs des ZK der SED, folgendes zu übermitteln:

1. Die DDR ist ungeachtet der unerfreulichen Ereignisse in der letzten Zeit an der Entwicklung normaler Beziehungen zwischen den beiden deutschen Staaten weiterhin interessiert.

2. Bei der Entwicklung dieser Beziehungen muß man von dem bestehenden Vertragssystem ausgehen. Die zwischen der DDR und der BRD bestehenden Verträge sind ein Teil des in den 70er Jahren entstandenen europäischen Vertragssystems, wobei die Verletzung des einen Teils auch das Funktionieren bzw. Nichtfunktionieren anderer Teile dieses Systems zur Folge haben kann.

3. Die Außenpolitik der DDR ist entsprechend der laufenden Abstimmungen mit der Sowjetunion und ihren anderen Verbündeten auf Frieden und Zusammenarbeit gerichtet. Vom Boden der DDR geht keine Bedrohung ihrer westlichen Nachbarn aus. Die DDR ist bestrebt, und sie wird es immer sein, strittige Fragen auf dem Wege von Verhandlungen zu lösen. In dieser Beziehung befinden wir uns in Übereinstimmung mit der UNO-Charta, der Schlußakte von Helsinki, dem zwischen der DDR und der BRD bestehenden Vertragssystem, insbesondere dem Grundlagenvertrag, dem Abschlußkommuniqué des Treffens vom Werbellinsee sowie der Stellung der evangelischen und auch der katholischen Kirche, der Jüdischen Gemeinden und anderer Kirchen der DDR.

4. Das Transitabkommen zwischen der DDR und der BRD ist ein Teil des europäischen Vertragssystems, besonders des Viermächte-Abkommens vom September 1971, an dessen Zustandekommen sowohl die DDR als auch die BRD aktiv mitgearbeitet haben. Es hat sich bewährt und auf die Beruhigung der Lage im Zentrum Europas positiv ausgewirkt.

Rund 21 Millionen Personen und 6,8 Millionen Pkw sowie eine große Anzahl von Nutzkraftwagen benutzen jährlich die Transitwege.

Die Lage von Berlin-West ist durch das Vertragssystem sicherer geworden, zum Vorteil für beide Seiten, insbesondere zum Vorteil für die ständigen Einwohner von Berlin-West.

5. Trotz aller Mängel, die – wenn auch mit unterschiedlichen Motiven seitens der DDR als auch der BRD – zu Tage getreten sind, hat sich der Reise- und Besucherverkehr einschließlich des Tourismus zwischen der DDR und der BRD gut entwickelt. Durchschnittlich 6 bis 7 Millionen Bundesbürger sowie Einwohner von Berlin-West besuchen jährlich die DDR. Umgekehrt reisen jährlich 1,5 Millionen Bürger der DDR in die BRD bzw. nach Berlin-West. Die Tendenz der Reisen in dringenden Familienangelegenheiten und im Rahmen des Tourismus ist dabei ansteigend.

6. Es entstanden im Ergebnis des Vertragssystems entsprechend dem Prinzip von Leistung und Gegenleistung bessere Kommunikationsmöglichkeiten zwischen der DDR und der BRD sowie zwischen der DDR und Berlin-West. Das betrifft den Bau von Autobahnen, den Telefon- und Postverkehr, die Erhöhung der zollfreien Einfuhr im Umfang von 1 000 DM, die Verlängerung von Tagesaufenthalten für Westberliner bis nachts 2 Uhr und anderes mehr.

7. Der Transitverkehr zwischen der BRD und Berlin-West vollzieht sich angesichts seines Umfangs im wesentlichen reibungslos, trotz des häufigen Mißbrauchs. Die konkreten Fälle wurden stets in der Transit-Kommission behandelt. Wenn die DDR alles an die große Glocke hängen würde, bliebe vom reibungslosen Transitverkehr wenig übrig. Weniger Mißbrauch der Transitwege durch berufsmäßige Schieber und Schmuggler würden die wenigen Verdachtskontrollen noch verringern.

8. Der Handel zwischen der DDR und der BRD verläuft gut, obwohl er durch den Abbau von Restriktionen seitens der BRD noch umfassender gestaltet werden könnte. An ihm beteiligen sich neben den Firmen der DDR ca. 6 000 kleine und mittlere Betriebe der BRD, abgesehen von der Zusammenarbeit zwischen den großen Firmen, die sich nunmehr zum Teil auch auf Drittmärkten vollzieht. Entsprechend dem Grundlagenvertrag und den Vereinbarungen vom Werbellinsee ist er zu fördern, wobei er sich nach dem Prinzip von Leistung und Gegenleistung entwickelt und für beide Seiten von Vorteil ist.

9. Die Hemmnisse bei der Entwicklung der bilateralen Beziehungen haben zum Teil ihre Ursachen darin, daß eine Reihe von Fragen bis jetzt nicht geklärt wurden, die einer Lösung auf dem Verhandlungswege bedürfen. Das ist die Frage der Elbgrenze, der Respektierung der Staatsangehörigkeit der DDR, der Einrichtung in Salzgitter, der Umwandlung der Vertretungen in Botschaften. Diese Fragen werden von uns als Verhandlungsgegenstand eingebracht und nicht als Fragen zur Störung der Beziehungen zwischen der DDR und der BRD, wobei es hinsichtlich der Elbgrenze schon ein gemeinsames Protokoll gab.

10. Ungünstig wirkt sich die Spekulation mit der Mark der DDR auf dem Geldmarkt der BRD und von Berlin-West aus. Das Verhältnis von eins zu vier bzw. eins zu fünf ist manipuliert. Das verleitet zum Schmuggel mit der Mark der DDR und ist gegen die wirtschaftliche Stabilität der DDR gerichtet. Nach den Gesetzen der DDR ist sowohl die Ausfuhr als auch die Einfuhr der Mark der DDR in bzw. aus dem nichtsozialistischen Ausland verboten. Bis jetzt wurden nur Stichkontrollen durchgeführt, da die Einführung von gründlichen Kontrollen sowohl den Transitverkehr als auch den Besucherverkehr erheblich stören würde. Hieraus ergibt sich die Notwendigkeit, durch die Festlegung des Mindestumtausches ein annähernd reales Tauschverhältnis zu sichern. Im übrigen gibt es nicht nur zwischen der DDR und der BRD bzw. Berlin-West einen Mindestumtausch. Nebenbei gesagt: Künstler der DDR erhalten bei ihren Auftritten in der BRD einen Tagessatz, der zwischen 38 und 80 DM liegt.

Im Jugendtourismus verlangen die Einrichtungen der BRD Tagessätze von 80 DM. In der DDR beträgt er nur 20 Mark.

11. Für die DDR gilt das abgeschlossene Vertragssystem nach Geist und Buchstaben einschließlich des gemeinsamen Kommuniqués vom Werbellinsee. Falls die BRD entgegen den vielen Versicherungen des Bundeskanzlers etwas anderes will, dann soll sie es sagen.

Durch die Verwirklichung des Abkommens nach Buchstaben und Geist wurden günstige Bedingungen geschaffen für die Entwicklung der Beziehungen zwischen der DDR und der BRD sowie der DDR und Berlin-West, einschließlich der Lage an der Grenze, die – das darf man nicht aus den Augen verlieren – zugleich die Grenze ist zwischen den Streitkräften der NATO und des Warschauer Paktes.

Es versteht sich von selbst, daß die Minderung der Spannungen an der Grenze und die Verwirklichung dieser oder jener Maßnahme durch die gegenwärtige Atmosphäre, für die die DDR nicht verantwortlich ist, erschwert wird.

12. Angesichts der jüngsten Entwicklung im Verhältnis zwischen der BRD und der DDR glaubt bei uns niemand ernsthaft daran, daß der Generalsekretär jetzt, also in diesem Jahr, die Bundesrepublik besuchen kann. Schuld daran sind jene, die eine solche Atmosphäre geschaffen haben. Torpediert wurde damit auch die Absicht, durch regelmäßige Begegnung von Ministern usw. den politischen Meinungsaustausch zu einem Normalfall werden zu lassen, was sich günstig ausgewirkt hätte.

13. Die alles übergreifende Frage ist jedoch die Friedenssicherung – das heißt die Verhinderung eines atomaren Krieges. Durch die Rüstungspolitik der Reagan-Administration wird die Gefahr eines solchen Krieges heraufbeschworen. Man spricht in den USA bereits von einem gewinnbaren Atomkrieg.

Die Rede von Minister Heinz Hoffmann im Jahre 1975, die in einer Fernsehsendung der Kardinal Höffner anführte, entspricht nicht dem Standpunkt der Regierung der DDR. Ein mit atomaren Waffen geführter Krieg ist nichts anderes als ein gegenseitiger Selbstmord und durch keinerlei Begründung zu rechtfertigen. Die DDR unterstützt vollkommen die entsprechenden Darlegungen des Generalsekretärs der KPdSU, Andropow, einschließlich seiner Ausführungen im „Spiegel"-Interview sowie in der Antwort an die Wissenschaftler der USA.

14. Die DDR verfolgt nicht das Ziel, die Verankerung der BRD im NATO-Bündnis zu lockern. Bundeskanzler Kohl möge jedoch nicht vergessen, daß die DDR ebenfalls fest in ihrem Bündnis verankert ist. Die Stationierung von neuen USA-Nuklear-Raketen, von Pershing-II und Cruise-Missiles würden keinesfalls zur Herstellung gutnachbarschaftlicher Beziehungen beitragen.

15. Was den Sport- und Kulturaustausch betrifft, so wird er durch die Anpöbelungen, denen die Vertreter der DDR bei ihrem Aufenthalt in der BRD ausgesetzt sind, gefährdet. Die DDR bittet, das sehr ernst zu nehmen.

16. Bei allen Fragen, die zur Entscheidung stehen, sollte man nicht aus dem Auge verlieren, daß die DDR nicht erpreßbar ist. Versuche dieser Art würden nicht nur zum Nachteil für die DDR, sondern auch für die BRD und nicht zuletzt für Berlin-West sein, das bekanntlich nicht zur BRD gehört und von ihr nicht regiert werden darf.

Übrigens ist von der Westberliner Zeitung „BZ" am heutigen Tag mitgeteilt worden, daß in der Bundesrepublik jährlich 200 000 Menschen den plötzlichen Herztod erleiden. Es handelt sich zumeist um Leute mit Erkrankungen der Herzkranzgefäße. Besonders davon bedroht sind Menschen, die bereits einen Herzinfarkt erlitten haben. Fünf bis zehn Prozent dieser Patienten sterben im ersten Jahr nach dem Infarkt den Sekundentod. Wenn sich bei Transitreisenden Angst eingestellt hat, dann ist diese Angstpsychose durch die unverantwortliche Propaganda von seiten der BRD geschaffen worden.

Quelle: SAPMO-BArch, DY 30/J IV 2/10.02/11.

Dokument 53

Bericht über eine Begegnung von Herbert Häber und Walter Müller, Leiter der Abteilung Westberlin im DDR-Außenministerium, mit SPD-Spitzenpolitikern in Berlin (West) am 29. Juli 1983[8]

Das Gespräch, das auf Einladung von Harry Ristock, Spitzenkandidat der SPD für die Wahlen zum Westberliner Abgeordnetenhaus 1985, stattfand und an dem weiter der SPD-Landesvorsitzende Peter Ulrich, der Stellvertretende Abgeordnetenhauspräsident Alexander Longolius und der ehemalige Senator und Chef der Senatskanzlei im Stobbe-Senat Gerhard Heimann teilnahmen, verlief in einer sachlichen und aufgeschlossenen Atmosphäre.

1. Zu Beginn der Unterredung wurde das erstmalige Zustandekommen einer Begegnung zwischen einem Repräsentanten des ZK der SED und Westberliner Spitzenpolitikern als ein bedeutsames Zeichen der Veränderungen in den Beziehungen zwischen der DDR und Westberlin gewürdigt, die sich in den letzten Jahren angebahnt haben. Ristock betonte, daß die Westberliner SPD-Führung in dieser Begegnung einen Anfang der Entwicklung von regelmäßigen Beziehungen zwischen beiden Parteien verstanden wissen möchte, die Treffen in unterschiedlichen Formen der verschiedenen Ebenen sowie zu vielfältigen gemeinsam interessierenden Themen einschließen sollte. Er hob hervor, daß dieses Anliegen der Westberliner SPD-Führung mit Willy Brandt, Jochen Vogel und Egon Bahr ausdrücklich abgestimmt ist.

2. Im weiteren Verlauf des Gesprächs betonten Ristock und die anderen Westberliner SPD-Vertreter, daß sie damit zugleich einen weiteren Ausgangspunkt schaffen möchten, um zum Abbau der in den vergangenen Jahren angehäuften Gegensätze und zu einem neuen Verhältnis Westberlins zur DDR beizutragen. Es gehe darum, eine „neue Qualität der beiderseitigen Beziehungen" herbeizuführen, um gerade angesichts der Zuspitzung der internationalen Lage das Erreichte zu bewahren und zu einem Fortgang der Entspannungspolitik beizutragen.

Dabei gab Ristock zu verstehen, daß es für die SPD insbesondere im Hinblick auf die 1985 bevorstehenden Abgeordnetenhauswahlen wichtig wäre, wenn sie von der DDR bei der Ausarbeitung ihrer Vorstellungen in diesen Fragen ein Maximum an Unterstützung erhalten und so – auch ungeachtet des Ausgangs dieser Wahlen – den Einfluß der SPD in Westberlin erhöhen könnte.

---

8 Der Bericht datiert vom 1. August 1983. Er erhielt den Sperrvermerk „Persönlich! Streng vertraulich!".

Unsererseits wurde die Zielstellung, zu einer neuen Qualität im Verhältnis zur DDR zu gelangen, als positiv und zeitgemäß bewertet. Dabei wurde betont, daß die DDR in der Vergangenheit in vielfältiger Weise zur Verbesserung der Lebensverhältnisse Westberlins beigetragen und durch zahlreiche Initiativen den Beweis erbracht hat, daß sie für gutnachbarliche Beziehungen auf der Basis der friedlichen Koexistenz eintritt.

Im Verlaufe des Meinungsaustausches bestand Einmütigkeit, daß dieses Prinzip, zu dem es im Verhältnis der beiden Systeme keine sinnvolle Alternative gibt, auch zwischen der DDR und Westberlin die allein den Interessen beider Seiten dienliche Grundlage ihrer gegenseitigen Beziehungen ist.

Übereinstimmend wurde dabei hervorgehoben, daß es angesichts der spezifischen politischen und statusrechtlichen Gegebenheiten und der bekannten Meinungsunterschiede, die in den Westberliner Angelegenheiten bestehen, im besonderen Maße darauf ankommt, eine solche Entwicklung durch beiderseitige Verständigungsbereitschaft zu fördern und bei allen gegensätzlichen Standpunkten jene Bereiche zu suchen, in denen unter Respektierung der beiderseitigen Interessen Übereinstimmung erreicht werden kann.

3. In dem sich anschließenden Meinungsaustausch zu konkreten Vorhaben, die für die Einleitung einer Verbesserung in den gegenseitigen Beziehungen in Betracht gezogen und geprüft werden sollten, wurden von Westberliner Seite folgende Fragen angesprochen:

– Angesichts der Krise der Stadt erweist es sich als dringend, ein neues Verhältnis zu ihrer Umwelt herzustellen, das bis zu einer solchen beiderseitigen Verflechtung gehen sollte, die der Insellage Westberlins inmitten der DDR Rechnung trägt, zum beiderseitigen Vorteil ist und den bisherigen „Standortnachteil" Westberlins zu einem „Standortvorteil" verwandelt.

Insbesondere gehe es dabei um die Ausweitung der beiderseitigen Wirtschaftsbeziehungen unter besonderer Berücksichtigung der Westberliner mittelständischen Industrie. Ristock regte dazu an, einen selbständigen Ausschuß von Vertretern der DDR-Wirtschaft und Westberlins einzurichten, um zu einer maximalen Ausschöpfung der bestehenden Möglichkeiten zu gelangen, was gegenwärtig noch bei weitem nicht der Fall sei.

Es bestand Übereinstimmung, daß diese Angelegenheit selbstverständlich zunächst von Sachverständigen beider Seiten erörtert werden müßte. Die gegenwärtige Abwicklung des Handelsverkehrs über den bekannten Mechanismus müßte hiervon unberührt bleiben. Auch stehe die Frage einer kommerziellen Vertretung der DDR in Westberlin. Unsererseits wurden die Westberliner Vertreter angeregt, auf eine verstärkte Teilnahme repräsentativer Persönlichkeiten des Senats und von seiten der SPD-Führung selbst an der Leipziger Messe hinzuwirken, um sich an Ort und Stelle über Möglichkeiten der Ausweitung des beiderseitigen Handels zu informieren.

– Weiter kamen die Westberliner Vertreter auf die von der SPD-Abgeordnetenhausfraktion offiziell an den Volksbildungsausschuß der Volkskammer der DDR ausgesprochene Einladung zu einem Gegenbesuch (zum Besuch des bildungspolitischen Arbeitskreises der SPD-Fraktion im Mai d. J. in der Hauptstadt Berlin) zurück.

Unsererseits wurde erklärt, daß ein solcher Gegenbesuch grundsätzlich möglich ist, zur Vorbereitung einer diesbezüglichen Entscheidung jedoch eine entsprechende Präzisierung der Programmvorstellung der Westberliner Seite notwendig wäre.

– Ferner brachte Ristock erneut die Bitte vor, daß nach seiner endgültigen Nominierung als Spitzenkandidat der Westberliner SPD für die Abgeordnetenhauswahlen 1985, die voraussichtlich im Oktober d. J. erfolgen wird, von seiten der DDR eine Begegnung auf hoher Ebene ermöglicht wird. Bei seiner letzten Begegnung mit Helmut Schmidt habe dieser versprochen, anläßlich eines Gesprächs, das er voraussichtlich demnächst mit der DDR-Spitze habe, sich dafür zu verwenden.

– Erneut kamen die Westberliner Vertreter im Verlauf der Unterredung auf die „750-Jahr-Feier Berlins" zurück. Dabei bekräftigten sie, daß auch sie gemeinsame Veranstaltungen für illusorisch halten, es jedoch für möglich und nützlich erachten würden, ein Mindestmaß an beiderseitiger Abstimmung herbeizuführen. Sie schlugen vor, hierfür zwei bis drei Vertreter beider Seiten zu benennen, um inoffiziell die Möglichkeiten zu prüfen, die auf diesem Gebiet ggf. bestehen. Von uns wurde hierauf nicht eingegangen.

Angesichts der von den SPD-Politikern im Verlauf dieser Erörterungen wiederholt geäußerten Vorstellungen über die Entwicklung „innerstädtischer" und „Berliner" Beziehungen wurde unsererseits bekräftigt, daß die Respektierung der bestehenden politisch-territorialen Gegebenheiten die unerläßliche Voraussetzung dafür ist, daß Fortschritte auf dem von beiden Seiten angestrebten Wege möglich werden.

Um die unter Berücksichtigung der beiderseitigen Vorstellungen und politischen Standpunkte tatsächlich bestehenden Möglichkeiten und Schritte zu präzisieren, die von der SPD auch als Programmpunkte in der politischen Diskussion in Westberlin genutzt werden könnten, wurde es für wünschenswert erklärt, daß von Genossen Walter Müller und von Alexander Longolius kurzfristig eine Themenliste, eine Art „non-paper" erarbeitet wird, auf dessen Grundlage die Diskussion zu diesen Fragen weitergeführt werden sollte.

Angesichts der auf diesem Gebiet vorhandenen komplizierten Fragen und der Notwendigkeit, die beiderseitigen Standpunkte besser kennenzulernen, äußerte Peter Ulrich den Wunsch, persönlich nochmals mit Genossen Müller zusammenzutreffen, um ebenfalls hierüber einen Meinungsaustausch führen zu können.

Gleichzeitig betonte Ulrich gegenüber Genossen Häber nochmals das Interesse seiner Seite an der Fortsetzung und Weiterentwicklung der Parteikontakte zwischen dem ZK der SED und dem Westberliner SPD-Vorstand. Er regte an, diese Beziehungen ggf. auch zu erweitern und einen beiderseitigen Delegationsaustausch vorzusehen, in den auch solche Themen einbezogen werden sollten wie Fragen der Stadtplanung, der Jugendarbeit, des Gesundheitswesens usw.

4. Im Zusammenhang mit der Erörterung dieser Fragen erfolgte eine ausführliche Diskussion zu Grundfragen der Friedenssicherung, insbesondere der Rüstungsbegrenzung und Abrüstung sowie der Beziehungen zwischen beiden deutschen Staaten.

Auf der Grundlage der jüngsten Darlegungen des Generalsekretärs des ZK der SED, Genossen Erich Honecker, erfolgte eine ausführliche Erläuterung des Standpunktes der DDR zur Hochrüstungpolitik der USA und der NATO sowie der in der Moskauer Erklärung und Prager Deklaration[9] enthaltenen Vorschläge der Gemeinschaft der Warschauer Vertragsstaaten zur Abwendung der Gefahr einer neuen Etappe des Wettrüstens.

Die Westberliner Vertreter bekräftigten dabei ihre Übereinstimmung mit der Einschätzung der im Falle der Stationierung amerikanischer Mittelstreckenwaffen in Westeuropa entstehenden neuen Lage und betonten, daß sie das Vorgehen der USA, das das Zustandekommen einer Verständigung erschwert, nicht akzeptieren könnten. Obwohl die SPD-Vertreter dabei anerkannten, daß ein Ausweg aus der bestehenden Situation nur auf der Grundlage einer Sicherheitspartnerschaft gefunden werden kann und die sowjetischen Vorschläge in vielen Punkten mit den eigenen Vorstellungen der SPD übereinstimmen, wiederholten sie die bekannten Vorbehalte hinsichtlich der von der UdSSR angeblich ausgehenden „Bedrohung", die dem Zustandekommen von Lösungen „ebenfalls im Wege" stünden.

Ungeachtet der Meinungsunterschiede in diesen Fragen wurde auch von den Westberliner SPD-Vertretern bekräftigt, daß die Friedenssicherung die heute alles übergreifende Frage darstellt und betonten auch sie die Verantwortung, die beide deutsche Staaten dafür tragen, daß von deutschem Boden kein neuer Krieg ausgeht.

5. Die Erläuterungen zum Standpunkt der DDR hinsichtlich der Möglichkeiten für die Weiterentwicklung der Beziehungen zur BRD

---

9   Am 4. und 5. Januar 1983 tagte der Politische Beratende Ausschuß des Warschauer Vertrages in Prag und schlug der NATO ein Gewaltverzichtabkommen sowie den Verzicht der Stationierung von neuen Mittelstreckenraketen vor.

und unsere Einschätzung zu den jüngsten Auftritten von Strauß in der ČSSR, VR Polen und der DDR nahmen die Westberliner Vertreter mit Interesse zur Kenntnis.[10]

Die SPD-Politiker warfen die Frage auf, welche Stellung Westberlin aus der Sicht der DDR im Rahmen der deutsch-deutschen Beziehungen einnähme, wobei sie selbst davon ausgingen, daß es die Rolle der „Metropole der Deutschen", des „Symbols für das Offenhalten der deutschen Frage" spielen müsse.

Nachdrücklich wurde unsererseits an die bestehenden Realitäten und die Notwendigkeit ihrer Respektierung erinnert und verdeutlicht, daß derartige Thesen nur Widerspruch hervorrufen können. Weiter wurde in diesem Zusammenhang betont, daß das wichtigste auch für Westberlin gerade angesichts seiner exponierten Lage inmitten der DDR nur darin bestehen kann, im Rahmen und unter Ausschöpfung seiner spezifischen Möglichkeiten einen positiven Beitrag zur Rückkehr zur Entspannungspolitik, zur Friedenssicherung und zur Bewahrung des auf der Grundlage der geschlossenen Verträge Erreichten zu leisten. Anstelle nationalistischer Parolen, die jeder Grundlage entbehren, keine Perspektive besitzen und nur schaden können, sollte sich Westberlin darauf besinnen, daß auch und nicht zuletzt im Interesse seines eigenen Überlebens die Friedenssicherung heute das Wichtigste ist.

6. Abschließend äußerten die SPD-Vertreter den Wunsch, die Gespräche zum geeigneten Zeitpunkt fortzusetzen. Sie deuteten an, daß sie auch eine entsprechende Gegeneinladung in die DDR annehmen könnten.

In diesem Zusammenhang äußerte Ristock erneut die Überlegung, ein solches Gespräch auch einmal unter Beteiligung von Vertretern der anderen Abgeordnetenhausparteien, darunter eines Vertreters des CDU-Senats, durchzuführen, wobei er zum Ausdruck brachte, daß dies auch als Absicherung für die von seiten der SPD mit der DDR gewünschten Gespräche nützlich wäre. Von seiten der DDR sollten hieran wiederum sowohl die Parteiebene als auch staatliche Vertreter beteiligt sein. Sie schlugen vor, diese Begegnung Ende September durchzuführen.

Quelle: SAPMO-BArch, DY 30/J IV 2/10.02/13.

---

10 Am 24. Juli 1983 war der CSU-Vorsitzende und Bayerische Ministerpräsident Franz Josef Strauß zu einem Gespräch mit SED-Generalsekretär Erich Honecker zusammengetroffen. Zuvor hatte Strauß Prag besucht und war in Warschau mit dem polnischen Parteichef Wojciech Jaruzelski zusammengetroffen. Vgl. den Text der Gesprächsniederschrift zwischen Franz Josef Strauß und Erich Honecker in: Detlef Nakath/Gerd-Rüdiger Stephan: Von Hubertusstock nach Bonn, S. 132 ff.; Heinrich Potthoff: Die „Koalition der Vernunft", S. 145 ff.

Information über ein Zusammentreffen von Herbert Häber mit Wadim Sagladin, Erster Stellvertretender Leiter der Abteilung Internationale Verbindungen des ZK der KPdSU, in Moskau am 4./5. Oktober 1983[11]

An dem Meinungsaustausch, zu dem mich Genosse Sagladin gebeten hatte, nahmen Genosse Modschalin, Sektorenleiter sowie Genosse Rykin, verantwortlicher Mitarbeiter für Fragen der BRD, teil. Die beiden Unterredungen fanden im Arbeitszimmer von Genossen Sagladin im Hause des ZK statt.

Der erste Themenkreis betraf die Lage in der BRD. Es war der Wunsch geäußert worden, unsere Meinung dazu in aller Ausführlichkeit kennenzulernen. Ich habe daraufhin vor allem an Hand unserer Einschätzung der Ergebnisse der Wahlen in Hessen und Bremen eine Darstellung der Entwicklung in der BRD gegeben. Dabei behandelte ich die weitere Entfaltung der Friedensbewegung und die große Arbeit, die von der DKP in dieser Richtung geleistet wurde und wird. Ich verwies auf die wachsende Zahl der SPD-Bezirke, die Beschlüsse gegen die Raketenstationierung faßten, und hob insbesondere das verstärkte Engagement der Gewerkschaften in der BRD hervor, wofür die am 5. Oktober erfolgte 5minütige Arbeitsniederlegung als Zeichen des Protestes ein besonderes Gewicht besitzt. Ebenso äußerte ich mich über die Aktionen gegen die Massenarbeitslosigkeit, gegen Betriebsstillegungen und Sozialabbau, wovon die Werftbesetzungen in Hamburg und Bremen sowie die Demonstration von 130 000 Metallarbeitern am 29. September 1983 in Bonn Zeugnis ablegten.

Genosse Sagladin bedankte sich für die ausführliche und detaillierte Information. Er brachte zum Ausdruck, daß sie mit der vorgetragenen Beurteilung voll übereinstimmen und ein großes Interesse daran haben, in bestimmten Abständen sich immer wieder mit uns, die wir näher an den Ereignissen sind, zu besprechen.

Zum zweiten bat Genosse Sagladin um Auskunft über unsere Erfahrungen bei den zahlreichen Gesprächen, die führende Repräsentanten der SED mit namhaften Politikern der BRD geführt haben. In diesem Zusammenhang wurde geäußert, man habe Hochachtung vor diesen Aktivitäten der SED. Sie seien ein großer Beitrag für die Verwirklichung der gemeinsamen Politik. Dies gelte auch für die Maßnahmen, die gegenwärtig von der DDR gegenüber der BRD ergriffen werden und die darauf gerichtet sind, deutlich zu machen, wie es im Geiste der Koexistenz weitergehen könnte, wenn den

---

11 Die Information datiert vom 7. Oktober 1983.

atomaren Wettrüsten und der Konfrontationspolitik Einhalt geboten wird.

Genosse Sagladin meinte, die Erfahrungen der SED seien für sie deshalb auch besonders wichtig, weil in Kürze der Unterausschuß des BRD-Bundestages für Fragen der Abrüstung unter Leitung von Egon Bahr zu Gesprächen nach Moskau komme. Diesem Ausschuß gehören bekanntlich Politiker aller Bundestagsfraktionen an, darunter auch der stellvertretende Fraktionsvorsitzende der CDU/CSU, Volker Rühe, der vor einiger Zeit in der DDR weilte. Die Genossen baten um eine Information über unsere Gespräche gerade mit Politikern der CDU und CSU, weil sie selbst bisher mit Repräsentanten dieser Parteien so gut wie keine Kontakte hatten.

Bezugnehmend auf die Gespräche des Generalsekretärs des ZK der SED, Genossen Erich Honecker, mit Politikern der BRD und die dabei eingeschlagene Linie, wie sie sich auch in den Pressemitteilungen widerspiegelte, habe ich Punkt für Punkt unsere Argumentationslinie vorgetragen.

Von den Genossen der KPdSU wurden dazu umfangreiche Notizen gemacht.

In einer weiteren Zusammenkunft am darauffolgenden Tag wurde von Genossen Sagladin die Frage aufgeworfen: Was müssen wir tun, wenn Genf ohne Ergebnis zu Ende geht und mit der Raketenstationierung begonnen wird? Soll alles so fortgesetzt werden wie bisher – wenn nicht, was soll sich ändern? Er befasse sich mit dieser Frage und sagte: Wir haben noch keine genauen Vorstellungen, was dann politisch geschehen soll. Ein vorliegendes Papier aus dem Außenministerium sei sehr allgemein gehalten.

Ich habe darauf zunächst geantwortet, daß ich die von ihm aufgeworfene Frage eigentlich an ihn zurückgeben möchte. Es entspricht nicht meiner Kompetenz, jetzt über solche Probleme zu beraten. Ich hatte bereits darauf hingewiesen, daß wir bei unseren Gesprächen mit westlichen Politikern neben unserer Mahnung, alles Erdenkliche für einen Erfolg in Genf zu tun, immer erklärt haben, daß im Falle der Stationierung der neuen USA-Atomraketen eine neue Lage entstehe und entsprechende militärische Gegenmaßnahmen unausweichlich sind. Es wurde von mir unterstrichen, daß die klare und deutliche Sprache in dieser Sache auf die Besucher stets einen nachhaltigen Eindruck gemacht hat.

Insgesamt komme es unseres Erachtens, so habe ich erklärt, darauf an, jetzt und in den nächsten Wochen mit ganzer Kraft und unter Ausnutzung aller Möglichkeiten vor der gesamten Weltöffentlichkeit unüberhörbar deutlich zu machen, daß wir bis zur letzten Minute für einen Erfolg in Genf eintreten und die Verhinderung einer neuen Runde des atomaren Wettrüstens für das Wichtigste halten. Alle

Möglichkeiten der massenpolitischen Arbeit und der auslandsinformatorischen Tätigkeit sowie der Diplomatie sollten eingesetzt werden, damit klar ist, wer Schuld daran trägt, sollte Genf ohne Ergebnis zu Ende gehen. In diesem Falle dürfe man dann der anderen Seite keine drei Tage und schon gar nicht mehrere Wochen Zeit geben, mit demagogischen Manövern von ihrer Verantwortung abzulenken. Unsere Linie muß bleiben: Jetzt erst recht alles zur Rettung des Friedens! Es müsse darum gehen, die Massenbewegung gegen die imperialistische Kriegsvorbereitung auch dann weiter zu entfalten und auf jeden Fall die Initiative in der Hand zu behalten sowie sich voll darauf einzustellen, daß die aggressivsten Kräfte des Imperialismus einen ideologischen und psychologischen Krieg gegen uns führen, der operatives und schnelles Handeln verlangt, wie die Erfahrungen der vergangenen Wochen gezeigt haben.

Ich benutzte die Gelegenheit, um auch in diesem Keis über die von der SED durchgeführten und noch vorgesehenen Maßnahmen zur weiteren Entfaltung des politisch-ideologischen Kampfes gegen die Hochrüstungspolitik der USA und der NATO zu informieren. Dabei hob ich die Bedeutung der Erklärung der drei kommunistischen Parteien auf deutschem Boden hervor. Ich warf gesprächsweise die Frage auf, ob damit zu rechnen sei, daß ein namhafter Vertreter der KPdSU in einem geeigneten Zusammenhang eine Meinungsäußerung zu dieser wichtigen Initiative von SED, DKP und SEW abgeben wird.

Genosse Sagladin erklärte sich mit den von mir vorgetragenen Gedanken einverstanden. Er sagte, man müsse sich mit der Frage, was im Falle des Beginns der Raketenstationierung politisch geschehen müsse, weiter befassen. Die Erklärung von SED, DKP und SEW sei eine bedeutsame Initiative. Er könne jedoch nicht erklären, warum es dazu in der Presse der UdSSR nur kurze Meldungen gegeben habe. Vielleicht liege das an den Korrespondenten.

Alle weiteren Gespräche betrafen erneut die Situation in der BRD. Ich wurde davon unterrichtet, daß die Grünen einen für Mitte Oktober in Moskau geplanten Besuch abgesagt haben, angeblich wegen interner Streitigkeiten bei ihnen über die Zusammensetzung der Delegation. Es war vorgesehen gewesen, sie mit einer Gruppe von Abgeordneten des Obersten Sowjets zusammenzubringen.

Die Frage, ob mit dem angekündigten Appell des Obersten Sowjets an die Parlamente anderer Länder zur Frage der Raketenstationierung zu rechnen sei, konnte zunächst nicht beantwortet werden. Kurz vor meiner Abreise wurde ich dann informiert, das Außenministerium arbeite an einer solchen Erklärung. Sie soll im Verlaufe der ersten Hälfte des Monats Oktober veröffentlicht werden, allerdings nicht im Zusammenhang mit einer Sitzung des Obersten Sowjets.

Genosse Sagladin ist anschließend zum Kongreß der Französischen Sozialistischen Partei nach Paris gereist. Mir wurde mitgeteilt, überraschend sei eine interne Einladung zu einem Gespräch mit Staatspräsident Mitterrand eingetroffen.

An der für Ende Oktober/Anfang November in Berlin vorgesehenen Beratung stellvertretender Abteilungsleiter der Bruderparteien sozialistischer Länder wird von seiten der KPdSU Genosse Sagladin teilnehmen.

Die Atmosphäre der Unterredungen war von großer Herzlichkeit und Kameradschaftlichkeit geprägt. Genosse Sagladin äußerte, er sei mit dem Verlauf des Meinungsaustausches sehr zufrieden.

Während meines Aufenthaltes bin ich auf Wunsch von Genossen Egon Winkelmann auf einer Versammlung des Aktivs unserer in Moskau arbeitenden Genossen aufgetreten.

Quelle: SAPMO-BArch, DY 30/IV 2/10.02/16.

Dokument 55

Information über einen Aufenthalt von Herbert Häber in der Bundesrepublik Deutschland vom 9. bis 16. Oktober 1983[12]

Ich hatte Gelegenheit, mit folgenden Politikern zu sprechen: Norbert Blüm, Bundesminister für Arbeit, Stellvertretender Bundesvorsitzender der CDU; Lothar Späth, CDU-Ministerpräsident des Landes Baden-Württemberg; Theodor Waigel, Vorsitzender der CSU-Landesgruppe im Bundestag und Stellvertretender Vorsitzender der CDU/CSU-Bundestagsfraktion; Volker Rühe, Stellvertretender Vorsitzender der CDU/CSU-Bundestagsfraktion; Gerhard Reddemann, Bundestagsabgeordneter der CDU; Wolfgang Mischnick, Vorsitzender der FDP-Bundestagsfraktion; Hans-Günter Hoppe, Stellvertretender Vorsitzender der FDP-Bundestagsfraktion; Horst Ehmke, Stellvertretender Vorsitzender der SPD-Bundestagsfraktion; Hans-Jürgen Wischnewski, Mitglied das Präsidiums der SPD; Oskar Lafontaine, Mitglied des Parteivorstandes der SPD, Vorsitzender der SPD Saar; Erhard Eppler, Mitglied des Parteivorstandes der SPD; Hans Schumacher, Verantwortlicher Redakteur der SPD-Zeitschrift „Neue Gesellschaft"; Otto Schily, Sprecher der Fraktion der Grünen im Bundestag und Dirk Schneider, Bundestagsabgeordneter der Grünen.

Das angesetzte Treffen mit Otto Wiesheu, Generalsekretär der CSU, kam wegen eines Trauerfalls in dessen Familie nicht zustande.

---

12 Die Information datiert vom 17. Oktober 1983.

Der Stellvertretende CDU-Vorsitzende und Finanzminister, Gerhard Stoltenberg, kündigte an, er werde mich gern am 1. November bei seinem Besuch in Berlin sehen.

Allen Gesprächspartnern habe ich anhand des Briefes des Generalsekretärs des ZK der SED und Vorsitzenden des Staatsrates der DDR, Erich Honecker, an den Bundeskanzler Helmut Kohl[13] den Standpunkt der DDR zur Frage der Verhinderung einer neuen Runde des atomaren Wettrüstens und insbesondere zur geplanten Stationierung neuer atomarer USA-Mittelstreckenraketen in der BRD dargelegt. Dabei konnte ich feststellen, daß dieser Brief durchweg große Beachtung gefunden hat und als ernstzunehmendes, warnendes Wort aufgefaßt wurde. Von den Politikern der SPD und der Grünen ist er als ein wichtiger Beitrag gewertet worden, um die Regierung der BRD noch einmal an ihre Verantwortung für die mit der geplanten Raketenstationierung verbundenen Gefahren und die daraus möglicherweise erwachsenden Konsequenzen zu erinnern. Auch die Politiker der CDU/CSU und der FDP nahmen auf den Brief Bezug. Sie hatten ihn alle gelesen, wenn sie damit auch zumeist die Behauptung verbanden, die Bonner Regierung habe von ihrem Standpunkt aus alles mögliche getan, um zu einem erfolgreichen Abschluß in Genf beizutragen.

Insgesamt hat sich in den Unterredungen mit den Vertretern der Bonner Regierungsparteien CDU/CSU und FDP der Eindruck ergeben, daß sie mit einem positiven Ergebnis in Genf nicht mehr rechnen und von einem Beginn der Stationierung der neuen USA-Atomraketen Ende November ausgehen. Dabei wurden immer wieder die bekannten Argumente über die Notwendigkeit einer angeblichen Nachrüstung vorgebracht und von den meisten, auch von den Vertretern der FDP, die Meinung vertreten, nach Beginn der Stationierung werde es möglich sein, weiter zu verhandeln und dann zu einem Ergebnis zu kommen.

Im Hinblick auf die zu erwartenden militärischen Gegenmaßnahmen des Warschauer Paktes und der möglichen politischen Folgen war festzustellen, daß man die militärischen Gegenmaßnahmen einkalkuliert und zugleich bemüht war, durch gezielte Fragen Auskunft zu bekommen, was in den zwischenstaatlichen Beziehungen an

---

13 SED-Generalsekretär Erich Honecker wandte sich am 5. Oktober 1983 in einem Brief an Bundeskanzler Helmut Kohl. Darin schlug er erstmalig eine „Koalition der Vernunft" vor. Helmut Kohl antwortete am 24. Oktober 1983 und griff den Begriff der „Koalition der Vernunft" auf. Der Briefentwurf für Honecker ist von Herbert Häber ausgearbeitet worden. Von ihm stammt auch der Begriff der „Koalition der Vernunft". Vgl. den Text des Briefwechsels zwischen Erich Honecker und Helmut Kohl in: Detlef Nakath/Gerd-Rüdiger Stephan: Von Hubertusstock nach Bonn, S. 144 ff., 150 ff.

Verschlechterung eintreten könne. Generell war die Tendenz anzutreffen, die Tragweite der Raketenstationierung zu verharmlosen und so zu tun, als könne es im Grunde genommen in den Beziehungen weitergehen wie bisher. Es wird dabei versucht, uns für eine eventuell eintretende Verschärfung die Verantwortung zuzuschieben, falls die Verhandlungen unterbrochen und andere Folgewirkungen eintreten werden.

Auch bei den Vertretern der SPD war die Meinung anzutreffen, daß in Genf wohl nichts mehr laufen wird, wenn man natürlich auch die Hoffnung nicht aufgeben dürfe. Einige der führenden Sozialdemokraten brachten zum Ausdruck, sie hätten darauf gehofft, daß die Sowjetunion durch weitere einseitige Schritte der Vernichtung bereits aufgestellter eigener Mittelstreckenraketen die USA in noch stärkeren Zugzwang bringen würde, wovon sie sich für Genf positiven Einfluß versprachen. Aber das sei nach ihrer Meinung nun nicht mehr erreichbar. Im Hinblick für den Mitte November angesetzten SPD-Parteitag rechnen alle sozialdemokratischen Gesprächspartner mit einer starken Mehrheit für ein „Nein" zur Stationierung. Es gehe lediglich noch darum, die Begründungen für dieses „Nein" zu formulieren, um zu erreichen, daß auch bisherige hartnäckige Anhänger des NATO-Doppelbeschlusses ebenfalls die Ablehnung unterstützen könnten.

Überall stößt man bei den Gesprächen auf den Begriff von der „Schadensbegrenzung", um die es jetzt gehe. Die Politiker der CDU/CSU meinen, daß die gegenseitige Interessenlage der Bundesrepublik einerseits und der UdSSR, der DDR und anderer sozialistischer Staaten andererseits es nicht zulassen würde, daß es zu einem Bruch in den Beziehungen kommt. So äußerten sich auch die Vertreter der FDP, die dabei die angeblich besonderen Verdienste von Genscher hervorhoben, der sich für einen Erfolg in Madrid und für die für Januar vorgesehene Nachfolgekonferenz über Fragen der europäischen Sicherheit[14] besonders eingesetzt habe. Sie nannten in diesem Zusammenhang auch das inzwischen erfolgte Treffen Genschers mit dem Außenminister der UdSSR, Gromyko, in Wien.

Die Vertreter der SPD haben in unterschiedlicher Nuancierung zum Ausdruck gebracht, die Regierung Kohl mache sich etwas vor, wenn sie glaube, die Raketenstationierung bleibe ohne Folgen. Das von Genscher angeregte Treffen mit Gromyko nannten sie ein Propagandamanöver, das den Eindruck erwecken soll, als bemühe sich die Bundesregierung tatsächlich um einen Erfolg in Genf. Das sei

---

14 Am 17. Januar 1984 begann in Stockholm die Konferenz über Vertrauensbildung und Abrüstung in Europa (KVAE). Dabei handelte es sich um eine Parallelkonferenz zur KSZE.

auf die internationale Öffentlichkeit gezielt, besonders aber auf die Friedensbewegung im Lande. Allgemeine Unsicherheit herrscht bei ihnen über die Frage, wie es im Falle einer Raketenstationierung und den dann eintretenden Gegenmaßnahmen weitergehen soll im Kampf um europäische Sicherheit und Abrüstung.

Zu den Gesprächen im einzelnen:

Norbert Blüm (CDU)

Der Brief Erich Honeckers an Bundeskanzler Kohl sei mit großer Aufmerksamkeit aufgenommen worden. Man müsse im Gespräch bleiben und auch noch miteinander reden können, wenn die Lage schwieriger werde. Die Fortschritte in den Beziehungen zwischen beiden deutschen Staaten seien zu begrüßen. Die zurückliegende Zeit sei wohl das erfolgreichste halbe Jahr im deutsch-deutschen Verhältnis gewesen. Das sei wichtig, weil die Beziehungen auch in Zukunft standhalten müßten.

Er habe zwar noch Hoffnung auf ein Ergebnis in Genf, aber sie sei nicht mehr begründet. Als Realist müsse man mit dem Beginn der Stationierung zum vorgesehenen Zeitpunkt rechnen. Vielleicht würden dadurch erst die Bedingungen entstehen, um ernsthaft zu verhandeln und starre Positionen aufzugeben. Die CDU meint, daß auch nach dem Beginn der Stationierung auf jeden Fall weiter verhandelt werden müsse. Er hoffe, daß die Tür nicht zugeschlagen werde und dann keiner mehr rein oder raus komme. Das Leben müsse weitergehen. Man könne sicher für eine gewisse Zeit die Luft anhalten, aber dann müsse weiter geatmet werden.

Blüm äußerte sich zu den eingetretenen Verbesserungen in den Beziehungen zwischen beiden deutschen Staaten und brachte das Gespräch auf den Mindestumtausch. Die Erleichterungen für Kinder seien eine sehr gute Sache. Aber nun solle die DDR auch an die Rentner denken, die zu den sozial Schwachen gehören. In diesem Zusammenhang wurde ihm entgegnet, daß dies kein Thema unseres Gesprächs sei. Die Bundesregierung sollte die erreichten Fortschritte nicht durch solche Äußerungen selbst entwerten und unbegründete neue Erwartungen wecken. Im übrigen wäre es besser, sie selbst würde an die Rentner der BRD denken und ihnen nicht Rentenkürzungen und Beitragserhöhungen zumuten.

Blüm äußerte sich dann noch über seine Tätigkeit als Minister. Sie sei für ihn kein Traum-Job, und man könne in den gegenwärtigen schwierigen Zeiten in diesem Amt keinen Blumentopf gewinnen. Die Sparpolitik der Regierung müsse weiter durchgesetzt werden, weil man über die Verhältnisse gelebt habe. In schwierigen Zeiten könne eine Sparpolitik auch eine Sozialpolitik sein. Die Rückschläge der CDU bei den Hessen-Wahlen seien ein Signal, aber nicht so ernst, wie das manchmal hingestellt werde.

Blüm hat entgegen der Absprache eine den Gesprächsinhalt verfälschende Meldung in der „Frankfurter Allgemeinen Zeitung" veranlaßt, worüber ich in den weiteren Begegnungen mit CDU-Politikern Verwahrung eingelegt habe.

Lothar Späth (CDU):
Der Ministerpräsident von Baden-Württemberg hatte sich sehr schnell bereit erklärt, mit mir zusammenzutreffen, und die Unterredung verlief in einer freundlichen Atmosphäre. Auch er war mit dem Inhalt des Briefes von Genossen Honecker an Kohl vertraut. In bezug auf Genf sah er kaum noch Chancen auf Erfolg. Ein kürzliches Gespräch mit dem Botschafter der UdSSR in der BRD, Semjonow, habe ihn darin bestärkt, alles, was jetzt geschieht, werde zum Fenster hinausgeredet.

Er und seine Freunde seien keine Raketenliebhaber. Man müsse sich aber realistischerweise fragen, wieso eine von der Union geführte Bundesregierung das umkippen soll, was eine SPD-geführte Regierung unter Schmidt eingerührt hat und was der stellvertretende SPD-Vorsitzende Schmidt heute noch vertritt und was auch der französische Präsident, der Sozialist Mitterrand, mit Hilfe von Kommunisten vertritt.

Es sei überhaupt nicht daran zu denken, daß die BRD hinsichtlich des Doppelbeschlusses ausscheren wird. Gewiß, es sei eine ungemütliche Situation, daß jetzt fast zwangsläufig Raketen stationiert und auf unserer Seite auch Maßnahmen ergriffen werden. Die Dinge seien so festgefahren, daß Brücken gebaut werden müssen, damit die beiden Seiten von ihren jetzigen starren Positionen herunterkommen. Anders gehe es nicht. Deshalb müßte man überlegen, ob man die Verhandlungen über Mittelstreckenraketen nicht mit den START-Verhandlungen verbinden sollte und ob die UdSSR nicht doch damit beginnen sollten, die SS-20 zu reduzieren.

Auf jeden Fall sei die jetzige Bundesregierung in Sicherheitsfragen durch die Regierung Schmidt festgelegt worden.

Hinsichtlich der Beziehungen zur DDR meinte Späth: Wir, die CDU/CSU, sind dabei, uns freizuschwimmen. Hier können wir unbefangener vorgehen; denn es gibt jetzt in der BRD gegen diesen Kurs keine echte Opposition mehr. Auch die Rolle der Vertriebenenverbände sei zurückgegangen. Es bestehe nicht mehr so viel Einfluß wie früher und die Union müsse nicht mehr in dem Maße Rücksicht nehmen. Er sei der Meinung, daß man die Maximalvorstellungen in der deutschen Frage nicht ständig wie ein Kruzifix vor sich her tragen darf.

Die Wirtschaftsbeziehungen zum Osten werde die BRD auf jeden Fall fortsetzen. Man werde hier auch dem Druck aus den USA nicht folgen. Er selbst habe den amerikanischen Freunden gesagt: Denkt nicht, daß wir, wenn wir am Doppelbeschluß festhalten, danach bereit sind, euren Forderungen nachzugeben und gegenüber dem Osten unsere Beziehungen zu reduzieren. Er sei vor einigen Monaten in Moskau gewesen.

Dabei sei vereinbart worden, im nächsten Frühjahr in Moskau eine große Wirtschaftsausstellung des Landes Baden-Württemberg durchzuführen. Darüber habe er auch mit dem stellvertretenden Ministerpräsidenten der UdSSR, Kostandow, geredet, der ihn kürzlich besucht hat. Auch werde der Botschafter der UdSSR, Semjonow, seine private Bildersammlung in Baden-Württemberg ausstellen.

Er sei für den Ausbau der Beziehungen zur DDR, zumal Baden-Württemberg mit der DDR keine Probleme habe. Er bedaure, bisher keine Gelegenheit gefunden zu haben, zu politschen Gesprächen in die DDR zu kommen, und fügte hinzu, es sei heutzutage ja fast schon ein persönlicher Makel, wenn man nicht bei Erich Honecker war. Er stehe auch dazu, was war, auch zur Reise von Strauß[15]. Sie sei gut für Kohl gewesen.

Späth begrüßte den zustandegekommenen Kontakt und äußerte sein Interesse an der Fortsetzung der Gespräche, die nicht offiziell sind, aber wo man weiß, daß auf beiden Seiten zur Sache gesprochen wird.

Theodor Waigel (CSU):

Waigel, der sich zum ersten Mal zu einer Unterredung bereitfand, gab seiner Genugtuung Ausdruck, daß es nunmehr zu einem solchen Gespräch gekommen sei. Die CSU sei da gegenüber der DDR im Rückstand. Inzwischen habe aber Strauß den Beweis erbracht, daß gerade die CSU in der „Deutschlandpolitik" etwas bewegen könne. Strauß habe viel Ärger und Schwierigkeiten in der eigenen Partei in Kauf genommen. Das sei aber inzwischen geregelt. Er persönlich stehe voll hinter den Schritten, die bei den zurückliegenden Monaten gegenüber der DDR unternommen wurden.

Er habe den Brief Erich Honeckers an Helmut Kohl mit großer Aufmerksamkeit gelesen. Er verstehe durchaus, daß die Regierung der DDR noch einmal eine solche Warnung ausspreche. Ihn interessiere jedoch eine Erläuterung, wie in diesem Brief der Begriff „deutsches Volk" gemeint sei.

Die Haltung der Bundesregierung zur Raketenstationierung werde sich jedoch nicht ändern. Am liebsten wolle auch er keine neuen Raketen; denn er komme aus einem Wahlkreis, in dem stationiert werden soll. Es sei nicht angenehm, wenn 100 000 Demonstranten dagegen protestieren.

In Genf werde es nach seiner Auffassung nicht mehr zu einer Einigung kommen. Er habe den NATO-Doppelbeschluß allerdings

---

15 Vgl. Kap. 4, Anm. 10.

schon immer für einen Fehler gehalten. Es wäre nach seiner Meinung besser gewesen, wenn der Westen ohne großes Getöse, also ohne einen solchen Doppelbeschluß, auf die Aufstellung der ersten fünf SS-20-Raketen mit einer entsprechenden Stationierung geantwortet hätte. Dann würde man wahrscheinlich heute ein Gleichgewicht auf niedriger Ebene haben.

Die Bundestagssitzung am 21. November 1983 zur Raketenfrage[16] werde für die Regierung eine klare Mehrheit bringen. Dabei sei ihm bewußt, daß die Stationierung neuer Raketen Folgen haben werde und auch für die Beziehungen zwischen den beiden Staaten Belastungen bringen könne. Wichtig sei jedoch nach seiner Auffassung, daß man weiter miteinander reden kann, weil das allein die Voraussetzung schaffe, um die Lage wieder zu verbessern.[17]

Das Ergebnis der Hessen-Wahl sei für die CDU/CSU nicht alarmierend. Bei einer Sparpolitik, die jedem auf die Füße tritt, habe man mit Einbußen rechnen müssen. Die Sparpolitik sei aber unbedingt notwendig, um für einen langfristigen Wirtschaftsaufschwung die Voraussetzung zu schaffen. Er werde sich zwar langsamer entwickeln, aber dadurch vielleicht stabiler sein. Natürlich gehe der Erfolg der FDP in Hessen eindeutig zu Lasten der CDU. Aber immerhin seien dadurch in der FDP jene ermutigt worden, die in Bonn die Koalition mit der CDU/CSU tragen. Allerdings stehe die FDP weiterhin vor dem Problem, sich zu profilieren und wieder auf eigene Beine zu kommen. Ein Kurs mit ein Viertel Baum und drei Viertel Lambsdorff sei auf die Dauer nicht möglich.

Was die Frage des neuen Bundespräsidenten angeht, so werde bis Jahresende ein Vorschlag zustande kommen. Beim gegenwärtigen Übergewicht des süddeutschen katholischen Flügels der CDU/CSU in den führenden Positionen könne nur ein norddeutscher evangelischer Vertreter in Frage kommen.

Volker Rühe (CDU):

Er bezeichnete den Brief Erich Honeckers als ein ernstzunehmendes Schreiben. Es zeuge in bemerkenswerter Weise von der Souveränität und dem Selbstbewußtsein der DDR. Die Formulierung vom „deutschen Volk" sei mit Interesse aufgenommen worden und

---

16 Am 22. November 1983 beschloß der Bundestag gegen die Stimmen von SPD und Grünen der Stationierung amerikanischer Mittelstreckenraketen in der Bundesrepublik zuzustimmen. Wenige Tage zuvor hatte der SPD-Sonderparteitag am 18. und 19. November 1983 in Köln mit 583 Stimmen bei 14 Gegenstimmen und 3 Enthaltungen die Sationierung abgelehnt

17 Bei den Landtagswahlen in Hessen am 25. September 1983 hatte die CDU mehr als sechs Prozent der Stimmen verloren und erreichte 39,4 Prozent. Die SPD wurde mit 46,2 Prozent erstmals seit 1970 wieder stärkste Partei. Auch FDP und Grüne übersprangen mit 7,6 bzw. 5,9 Prozent die Sperrklausel.

bedürfe einer Interpretation. Rühe stellte die Frage, wieso wir den Brief veröffentlicht haben[18], obwohl ihn Kanzler Kohl noch nicht beantwortet habe. Es wurde darauf verwiesen, daß der Brief bereits mehrere Tage in Bonn vorgelegen hat.

Rühe berichtete über seine Eindrücke während der kürzlichen Reise des Abrüstungsausschusses des Bundestages nach Moskau, an der er teilgenommen hat. Im direkten Gespräch habe er dort die sowjetische Sicht der Dinge erfahren und sei davon stark beeindruckt, weil er jetzt die sowjetische Haltung in der Sicherheitspolitik besser verstehe.

Die sowjetischen Gesprächspartner hätten ihm den Eindruck vermittelt, daß die UdSSR die von der Politik der USA ausgehenden Gefahren sehr ernst nehme und daß dies nicht nur Propaganda sei.

Ihm sei klar geworden, daß die UdSSR nicht bereit sei, die Aufstellung auch nur einer einzigen neuen USA-Rakete in Westeuropa abzusegnen. Er könne das aus der Sicht der UdSSR verstehen und glaube deshalb nicht mehr an eine Vereinbarung in Genf in diesem Jahr. Ihm sei bewußt, daß Gegenmaßnahmen des Warschauer Paktes militärischer und politischer Art getroffen würden.

Die sowjetischen Gesprächspartner haben jedoch auch „Seile in das nächste Jahr geworfen". Zum Thema Verhandlungen sei von „unterbrechen" aber nicht von „abbrechen" gesprochen worden. Eine Einladung zum Besuch einer Delegation des Obersten Sowjets der UdSSR in die BRD habe man angenommen und Sagladin habe sich bereit erklärt, im Januar nach seiner Teilnahme am DKP-Parteitag mit Rühe in Bonn zusammenzutreffen.

Er habe in Moskau die Meinung vertreten, es sei wichtig, daß jede Seite ihre Interessen klar im Auge behalte. Im Zusammenhang damit habe er Marschall Achromejew folgende Überlegungen vorgetragen:

– Ist es besser, da der Beginn der Stationierung nicht mehr auszuschließen ist, nunmehr die Zahl der stationierten USA-Raketen auf dem Wege von Verhandlungen zu begrenzen, um überhaupt voranzukommen

– oder soll man die Dinge einfach so laufen lassen, bis alle vorgesehenen USA-Raketen stationiert sind und die Gegenmaßnahmen des Warschauer Paktes entsprechend diesem Umfang nachvollzogen werden?

Diese Ansicht sei aufmerksam, ohne Zustimmung und ohne Ablehnung, zur Kenntnis genommen worden. Rühe bedauerte, daß gegenwärtig Gespräche mit Moskau in dieser Angelegenheit nur die BRD führe. Weder von den USA noch von Frankreich und Großbri-

---

18 Der Honecker-Brief an Kohl vom 5. Oktober 1983 wurde in der DDR fünf Tage später veröffentlicht. Vgl. ND, 10. Oktober 1983.

tannien werde der politische Dialog geführt. Er sei jetzt mehr denn je davon überzeugt, wie notwendig solche Gespräche sind, wie er sie auch in der DDR hatte. Deshalb werde er im Januar 1984 gemeinsam mit einem weiteren CDU-Politiker nach Prag und Budapest reisen.

Rühe bekräftigte noch einmal, daß die Schritte im Verhältnis der BRD zur DDR in den vergangenen Monaten richtig waren. Eigentlich habe die CDU/CSU überraschend schnell jenen Kurs gefunden, der in den Beziehungen voranführt. Er wisse, daß die DDR ihre Politik gegenüber der BRD nicht wegen eines Kredits, sondern aus einer grundsätzlichen Haltung heraus betreibt. Entscheidend sei, im Gespräch zu bleiben und das Erreichte zu bewahren.

Gerhard Reddemann (CDU):

Im Laufe der Unterhaltung mit Reddemann, die hinsichtlich der Fragen der Raketenstationierung keine neuen Gesichtspunkte erbrachte, wandte ich mich gegen die Bonner Aktionen, mit denen die Regierung Griechenlands daran gehindert werden sollte, mit der DDR ein Konsularabkommen zu schließen. Ich machte deutlich, daß es sich hier um ein Relikt der früheren Alleinvertretungsanmaßung der Hallstein-Doktrinen handelt, was überhaupt nicht zu vereinbaren ist mit dem Prinzip der Nichteinmischung in die inneren Angelegenheiten anderer Staaten. Reddemann äußerte, ihm sei verständlich, daß dies der DDR nicht gefällt, aber dies gehöre nun einmal zur Rechtsauffassung der Bundesrepublik und sie werde vom Europarat, zu dem auch Griechenland gehört, unterstützt. Von meiner Seite wurde noch einmal darauf hingewiesen, daß es also mit der verbalen Bereitschaft der BRD, die Staatsbürgerschaft der DDR zu respektieren, offenkundig nicht weit her ist.

Wolfgang Mischnick (FDP):

Mischnick äußerte nach meinen Darlegungen, er habe den Eindruck, daß die UdSSR offensichtlich der Ansicht sei, daß die Raketenstationierung nicht beginne, auch wenn sie nicht stärker verhandlungsbereit ist. In Genf werde zuviel gepokert und zuwenig verhandelt. Er habe durchaus noch Hoffnungen und meinte damit ein Ergebnis, das bei beginnender Stationierung die Fortsetzung der Verhandlungen ermöglicht. Übrigens zeige die Tatsache, daß die UdSSR und die USA in Madrid einer Konferenz über vertrauensbildende Maßnahmen und Abrüstungsfragen für den Anfang des nächsten Jahres[19] zugestimmt haben, daß auf beiden Seiten die Bereitschaft zu weiteren Verhandlungen vorhanden sei.

Mischnick informierte mich über das vorgesehene Treffen von Genscher mit Genossen Gromyko und verband das mit Lobreden auf die großen Bemühungen der Bundesregierung und Genschers per-

---

9 Vgl. Kap. 4, Anm. 14.

sönlich um ein Ergebnis in Genf. Es wurde angedeutet, daß insgeheim mit den Engländern und Franzosen über eine eventuelle Anrechnung der britischen und französischen Potentiale gesprochen werde. Das aber müßte in einer nächsten Verhandlungsrunde geschehen.

Zur SPD äußerte Mischnick, es stehe der SPD schlecht an, sich als Vorkämpfer gegen die Raketenstationierung darzustellen. Immerhin habe es geheime Zusicherung des damaligen Bundeskanzlers Schmidt und des Verteidigungsministers Apel gegenüber den USA gegeben, daß bereits im Juli 1983 mit der Stationierung begonnen werden kann. Das sei damals der SPD-Fraktion verschwiegen worden. Vielleicht müsse man das jetzt bei Gelegenheit einmal der Öffentlichkeit bekanntgeben.

Zu den Folgen der Hessen-Wahl für die FDP sagte er, er halte längerfristig eine große Koalition zwischen SPD und CDU dort für nicht ausgeschlossen, allerdings werde dabei die FDP mit von der Partie sein müssen. Es sei deshalb nicht richtig, wenn seine hessischen Parteifreunde jetzt öffentlich absolute Absagen für ein Zusammengehen mit der SPD äußern. Zunächst werde Börner jedoch durch den Druck seiner Partei gezwungen sein, mit den Grünen eine Sachkoalition ohne gemeinsame Regierungsbildung einzugehen. Dieses Experiment werde aber wieder negativ ausgehen, denn mit den Grünen sei bei ihrem Zustand kein solches Sachbündnis zu halten. Dann werde die Frage einer Koalition mit der CDU akut werden können.

Mischnick sprach über die Kontakte zwischen dem Bundestag und der Volkskammer. Die FDP sei eventuell bereit, die Initiative der SPD-Fraktion zu unterstützen.[20] Vorher müsse aber die Frage geklärt werden, welche Regelungen es geben wird hinsichtlich der Westberliner Abgeordneten des Bundestages, wenn sie mit den Bundestagsdelegationen in die DDR einreisen. Von ihrer Seite werde erwartet, daß alle Bundestagsabgeordneten, auch die aus Westberlin stammenden, mit ihrem Diplomatenpaß reisen können. Das sei aber gegenwärtig nicht gesichert, obwohl Mischnick von Vogel erfahren habe, daß im Gespräch mit Genossen Erich Honecker[21] geäußert worden sein soll, dies sei kein Problem.

Mischnick meinte, nur wenn es in dieser Hinsicht zu einer gleichberechtigten Behandlung der Westberliner Kollegen käme, sei es denkbar, die CDU/CSU für die Aufnahme von offiziellen Kontakten

---

20 Auf Initiative der SPD besuchte eine Delegation der Bundestagsfraktion der Partei am 8. März 1984 die DDR-Volkskammer in Berlin.
21 Am 28. Mai 1983 war der SPD-Fraktionsvorsitzende im Bundestag Hans-Jochen Vogel erstmals mit Erich Honecker im Jagdschloß Hubertusstock zusammengetroffen. Vgl. die parallelen Gesprächsvermerke beider Seiten in Heinrich Potthoff: Die „Koalition der Vernunft", S. 119 ff.

des Bundestages mit der Volkskammer der DDR zu gewinnen. Dann wäre deren letztes Argument gegen solche Kontakte genommen.

Von Mischnick wurde darauf hingewiesen, daß der von ihm für Sommer geplante Besuch in der DDR aus Terminschwierigkeiten unmöglich gewesen sei. Er sei weiterhin interessiert und jederzeit bereit, in die DDR zu kommen, wenn er den Termin mindestens eine Woche vorher erfahre. Er könne sich vorstellen, daß ein Besuch zu einem Zeitpunkt wichtig werden könnte, wenn die Lage kritischer ist als gegenwärtig.[22]

Hans-Günter Hoppe (FDP):

Er wertet den Brief Erich Honeckers an Helmut Kohl als einen Warnruf in letzter Minute, der den Ernst der Situation zeige. Hoppe versuchte, die Position der Bundesregierung zu rechtfertigen. Genscher habe bei Kohl seinen ganzen Einfluß geltend gemacht, damit die Bundesregierung die USA zu mehr Flexibilität in den Genfer Verhandlungen drängt. Offensichtlich glaube aber die UdSSR, so äußerte Hoppe, die Friedensbewegung in Westeuropa und in der BRD erzeuge genügend Druck, und sie sei deshalb zu weiteren Kompromissen selbst nicht bereit. Er sehe in der gegenwärtigen Lage in einer Spitzenbegegnung Andropow/Reagan die einzige Möglichkeit, eine neue Runde des atomaren Wettrüstens abzuwenden.

Befriedigt äußerte er sich über die Entwicklung in den Beziehungen zwischen der DDR und der BRD. Es bereite ihm großes Vergnügen, zu beobachten, wie die Herren der CDU/CSU in ihren Gesprächen mit der DDR alles das, was sie jahrelang verurteilt haben, nun als eigene vernünftige Ostpolitik ausgeben. Es sei bemerkenswert, mit welcher Ruhe und Gelassenheit die DDR diese Gespräche geführt habe.

Zur Lage der FDP meinte Hoppe, man habe große Angst gehabt, in Hessen die „rote Karte" gezeigt zu bekommen. Dann wäre die FDP auch in Bonn nur noch ein „Leihwagen ohne Motor" gewesen. Dieser Kelch sei in Hessen vorüber gegangen. Dadurch habe die FDP vorerst Luft zum Überleben bis zu den Wahlen in Nordrhein-Westfalen 1985. In dieser Zeit müßte die FDP ihr Stammwählerpotential festigen. Sie befinde sich dabei in einer Konkurrenzsituation zur CDU, die sich zunehmend gezwungen sieht, auf jene Wähler Rücksicht zu nehmen, die sie von der SPD gewonnen habe und nicht wieder verlieren will. Eine solche Situation schaffe für die FDP Freiräume, um sich als Partei des gehobenen Mittelstandes darzustellen.

---

22 Der FDP-Fraktionsvorsitzende Wolfgang Mischnick traf am 5. März 1984 in Berlin mit SED-Generalsekretär Erich Honecker sowie dem LDPD-Vorsitzenden Manfred Gerlach zusammen. Vgl. die parallelen Gesprächsaufzeichnungen beider Seiten in: ebenda, S. 242 ff.

In gewissem Sinne gerate die CDU zunehmend in eine ähnliche Lage wie vorher die SPD als Regierungspartei. Man wisse, was zu tun sei, könne es aber aus Rücksicht auf die Wähler nicht voll durchsetzen.

Horst Ehmke (SPD):

Nach jüngsten Gesprächen mit sowjetischen Besuchern sei ihm klar, daß der Vorschlag von Willy Brandt, den er in einem Brief Genossen Andropow unterbreitet hatte und die demonstrative Verschrottung einiger SS-20-Raketen vorsehe, nicht zu verwirklichen sei. Auf der anderen Seite wolle sich die USA-Regierung nicht mehr bewegen, und die BRD-Regierung könne sich nicht bewegen. Nach seiner Meinung richten sich die regierenden Kräfte in der Bundesrepublik auf eine Stationierung ein. Die Folgen einer solchen Stationierung lassen sich nicht absehen. Auf jeden Fall entsteht eine neue Lage mit weniger Sicherheit auf beiden Seiten. Auch in den Beziehungen zur DDR versuche die Bundesrepublik, die „Schadensbegrenzung" zu betreiben. Das sei an sich zu begrüßen, damit nicht alles kaputt geht, aber niemand könne wissen, in welchem Maße das überhaupt möglich sei.

Die SPD bekräftige ihren Standpunkt zur Entwicklung offizieller Beziehungen zwischen Volkskammer und Bundestag. Dies lasse sich allerdings nur mit Unterstützung aller Bundestagsparteien erreichen. Dazu sei es erforderlich, möglichst rasch das Problem der Westberliner Bundestagsabgeordneten zu klären. Das sollte vorher in internen Gesprächen mit der DDR erfolgen. Ehmke stellte dazu die gleiche Frage wie Mischnick: Können alle Bundestagsabgeordneten mit ihrem Diplomatenpaß einreisen?

Es sei beabsichtigt, eine Abgeordnetengruppe der SPD unter Leitung von Ehmke zum Besuch der Volkskammer zu entsenden.[23] Man sei sich jedoch über den Zeitpunkt noch nicht einig. Er meinte, es sei sicher günstiger, wenn dieser Besuch erst im kommenden Frühjahr stattfinde. Vielleicht sei es dann gerade wichtig, in einer komplizierten Situation positive Schritte zu tun.

Hans-Jürgen Wischnewski (SPD):

Auch er äußerte sich noch einmal über die von der SPD-Führung vertretene Meinung, daß in Genf nur dann noch eine Vereinbarung zu erreichen sei, wenn die UdSSR einseitig eine gewisse Zahl ihrer SS-20-Rateten beseitige. Damit hätte man einen solchen politischer Druck auf die USA erzeugen können, daß ein Stationierungsbeginn nicht mehr durchsetzbar gewesen wäre. Aber damit sei nach seiner Informationen nicht mehr zu rechnen.

Die Bundesregierung mache sich etwas vor, wenn sie die Folgen der Raketenstationierung verharmlost. Wenn Genf ohne Ergebnis zu

---

23 Vgl. Kap. 4, Anm. 20.

Ende geht, die Stationierung beginnt und die Gegenmaßnahmen einsetzen, dann würden sich die Beziehungen so verschärfen, daß ein Treffen zwischen Reagan und Andropow auch im Jahre 1984 kaum mehr möglich sein wird. Das bedaure er sehr. Denn ein solches Treffen sei von beträchtlichem Wert. Reagan, wenn er wieder kandidiert, brauche auch Wähler der Mitte. Und die könne er nur ansprechen, wenn er auf dem Gebiet der Rüstungsbegrenzung und der Beziehungen zur UdSSR einige Schritte gehe.

Das Verhältnis der SPD zu Reagan sei ein Null-Verhältnis, nicht nur wegen der Raketenstationierung. Genauso schwerwiegend sei die falsche amerikanische Politik in Nahost und Mittelamerika. Die Entwicklung in Libanon und Mittelamerika sei irrational und berge große Gefahren in sich. Das könne leicht auf Europa überschwappen.

Die Nein-Entscheidung der SPD zur Raketenstationierung auf dem Parteitag sei klar. Wichtig sei für ihn persönlich, wie diese Ablehnung begründet wird. Er sei nicht bereit, eine absolute Verurteilung des Doppelbeschlusses zu unterschreiben. Für sein eigenes Nein zur Stationierung gäbe es klare Gründe: die Nichtratifizierung von SALT II, keine Ausnutzung des Verhandlungszeitraumes von vier Jahren, die Nichtanrechnung der britischen und französischen Systeme. Über diese Systeme müsse verhandelt werden. Der italienische Ministerpräsident Craxi habe kürzlich in Bonn berichtet, daß angeblich auch Mitterrand in dieser Frage zugänglicher werde. Für Genf bringe das aber nichts mehr.

Zum Ausgang der Hessen-Wahl sagte Wischnewski, die SPD steuere dort eine Koalition mit der FDP an. Man müsse der FDP eine Schamfrist von etwa einem Jahr zugestehen, damit sie auf ein Koalitionsangebot eingehen kann. Er persönlich sei ein Anhänger einer Koalition mit der CDU in Hessen. Aber das sei in der hessischen SPD nicht durchzusetzen.

In Nordrhein-Westfalen habe Rau mit der jüngsten Kabinettsumbildung ein Beispiel seiner Unentschlossenheit und Schwäche geboten. Das werde ihm in der Partei angekreidet. Dadurch hätten sich seine Chancen, in zwei Jahren Nachfolger von Willy Brandt zu werden, vermindert. Wischnewski erinnerte daran, daß Willy Brandt im Dezember seinen 70. Geburtstag begeht.

Oskar Lafontaine (SPD):

Er war sehr erfreut, Besuch aus der DDR zu bekommen. Nach seiner Meinung gibt es unübersehbar in der SPD jetzt eine eindeutige Mehrheit gegen die Raketenstationierung. Er selber ist in vielen Parteibezirken gewesen und hat für seine Position große Zustimmung gefunden. Der Landesparteitag der SPD Saar war für ihn ein überzeugender Sieg, denn bei nur ganz wenigen Gegenstimmen ist ein klares und entschiedenes Nein gesprochen worden. Ihm ist bekannt, daß Helmut Schmidt und einige andere noch immer versuchen, für den Parteitag eine Entschließung zustande zu bringen, die die klare Haltung der SPD gegen die Raketenstationierung wieder verwässert. Er sagte: Mit welcher Begründung auch immer es geschieht – entscheidend ist, daß der Parteitag Nein sagt. Eigentlich gehe es jetzt in der Partei in der Diskussion nur noch um die Frage, ob man bedingungslos Nein sagt oder die Formulierung akzeptiert, daß man im Lichte von Genf die Dinge erst noch einmal prüfen solle. Die offenen Anhänger des NATO-Doppelbeschlusses seien förmlich außer Gefecht gesetzt worden.

Es wurde darüber gesprochen, daß es aus vielerlei Gründen nicht günstig sein kann, wenn er seine Unterschrift unter Erklärungen setzt, die von bestimmten Kräften dazu benutzt werden, um in der DDR konspirative Aktionen durchzuführen. Er äußerte, er verstehe, was gemeint ist. Er habe den betreffenden Aufruf nur deshalb unterschrieben, weil dieses Papier von Peter Brandt, dem Sohn von Willy Brandt, stamme. Das sei vielleicht ein Fehler gewesen, und er wolle sich im Rahmen seiner Möglichkeiten bemühen, solchen Dingen entgegenzuwirken.

Oskar Lafontaine bekundete großes Interesse, im Dezember bzw. Januar zu einem inoffiziellen Besuch nach Berlin zu kommen, um einen Meinungsaustausch über die dann entstandene Lage zu führen.

Erhard Eppler (SPD):

Eppler sagte, er sei froh, daß er nunmehr auch auf Parteiebene mit der SED Kontakt schließen könne. Er sei eben aus den USA zurückgekommen, wo er während drei Wochen mit Freunden der dortigen Friedensbewegung zusammen gewesen sei. Die Politik Reagans habe bei all ihrer Gefährlichkeit einen positiven Effekt. Durch ihre Direktheit rufe sie auch in den USA wachsenden Widerstand hervor. Allerdings habe der Flugzeugzwischenfall im Fernen Osten Reagan die Chance gegeben, wieder stark Stimmung für sich machen zu können. Die Aktion sei wie bestellt gewesen.

Eppler sprach mit großer Anerkennung über den Brief Erich Honeckers. Aber auch er vertrat die bei anderen SPD-Politikern anzutreffende Auffassung, daß doch die UdSSR durch einseitige Schritte die USA in einen noch stärkeren Zugzwang bringen sollte. Zugleich meinte er, wenn bei uns militärische Gegenmaßnahmen einsetzen, könne das für die Friedensbewegung in der BRD eine schwierige Lage schaffen. Er hoffe, daß wir das im Auge haben.

Sehr kritisch äußerte sich Eppler über die Situation bei den Grünen. Er sei mit ihnen von Anfang an sehr verbunden, und es habe ja sogar einmal die Idee gegeben, daß er der Führer der Grünen werden solle. Jetzt aber müsse er sagen, sie spielten in der Friedensbewegung sogar eine schädliche Rolle. Sie wollen die Friedensbewegung für sich monopolisieren, sie spalten und diffamieren, vor allem die

SPD und den DGB und die DKP. Auch in den USA seien die Grünen mit ihrer Arroganz bei den Freunden der dortigen Friedensbewegung auf großes Befremden gestoßen. Besonders schlimm sei Petra Kelly. Eppler sagte: Sie ist von einer fanatischen Besessenheit. Man kann mit ihr kaum reden. Deshalb, so äußerte Eppler, dürfe den Grünen jetzt nicht geholfen werden, für sich Schlagzeilen zu machen. Er verstehe, daß auch die DDR mit ihnen Kontakte entwickelt, aber es sei nicht gut, ihnen Gelegenheit zu geben, sich in den Vordergrund zu spielen, wo sie gerade gegen die SPD und den DGB schlagen und das offiziell sogar beschlossen haben. So hätten sie verhindert, daß Willy Brandt auf der Volksversammlung am 22. Oktober in Bonn sprechen kann.

Zu den Aktivitäten von Genscher meinte Eppler, seine Reise nach Wien zum Treffen mit Gromyko diene nur der Ablenkung von der Verantwortung der Bundesregierung für die Raketenstationierung. Es ist eine Propagandaaktion gegen die Friedensbewegung. Niemals dürfe man Genscher trauen. Er, Eppler, habe mit ihm gemeinsam in der Regierung gesessen. Er sei ein totaler Karrierist.

Für den SPD-Parteitag ist Eppler zuversichtlich.[24] Die Anhänger des NATO-Beschlusses werden nach seiner Meinung dort glatt überrollt worden. Die Frage sei aber, wie es dann weitergehen soll. Auch er wäre daran interessiert, Anfang des Jahres mit uns darüber einen Meinungsaustausch führen zu können.

Mit Einverständnis von Willy Brandt macht er den Vorschlag, daß er und einige andere Gesellschaftswissenschaftler der SPD im Februar des nächsten Jahres Gelegenheit bekommen, mit Gesellschaftswissenschaftlern der SED in einem kleinen Kreis eine Diskussion über ein Thema führen zu können, das die Arbeiterbewegung in den kapitalistischen Ländern heute besonders beschäftige: Die Frage nach der Zukunft der Arbeit angesichts der wissenschaftlich-technischen Revolution usw. Im Falle unseres Einverständnisses erwartet er eine Einladung.[25]

Otto Schily (Grüne):

Er begrüßte die erstmalige Gelegenheit, mit einem Vertreter des ZK der SED sprechen zu können. Er schätze den Brief Erich Honekkers an Helmut Kohl in Inhalt und Ton sehr hoch, bei allem, was er

---

24 Vgl. Kap. 4, Anm. 16.

25 Herbert Häber übermittelte diesen Eppler-Vorschlag an Erich Honecker. Im Ergebnis seiner Bemühnungen kam es vom 23. bis 25. Februar 1984 zum ersten Meinungsaustausch zwischen einer Delegation der SPD-Grundwertekommission unter Leitung von Erhard Eppler und Vertretern der SED-Akademie für Gesellschaftswissenschaften unter der Leitung von ZK-Mitglied Otto Reinhold. Das erste Treffen von Arbeitsgruppen beider Parteien über die Frage der Schaffung einer chemiewaffenfreien Zone in Europa fand am 2. und 3. Juli 1984 statt.

sonst an der DDR zu kritisieren habe. Überhaupt befürworten sie die Politik der DDR in jüngster Zeit und die praktischen Schritte beim Ausbau der Beziehungen zur BRD.

Hinsichtlich der Beurteilung der Gefährlichkeit der Reagan-Politik gäbe es zwischen uns im Grunde genommen keinen Unterschied. Deshalb sei es nicht erforderlich, darüber ausführlich zu reden. Man müsse sich allerdings nun die Frage stellen, was getan werden könne, um die Pläne der Amerikaner zu durchkreuzen. Nach Ansicht von Schily sollten seitens der UdSSR weitere Schritte erfolgen, um durch einseitige Verschrottung von SS-20-Raketen eine solche Wirkung auf die Öffentlichkeit in Westeuropa auszuüben, daß die USA entweder auf die Stationierung verzichten oder sich völlig entlarven müssen. Schily wiederholte die bekannte Meinung der Grünen, daß das Konzept der gegenseitigem Abschreckung und der Sicherheit auf der Basis militärischer Gleichheit gescheitert sei. An ihre Stelle müsse eine neue Sicherheitspolitik treten. Es sei zu befürchten, daß bei einer Raketenstationierung und den entsprechenden Gegenmaßnahmen die Friedensbewegung in eine tiefe Krise gerate.

Zum vorgesehenen Treffen mit Erich Honecker am 31. Oktober 1983 in Berlin äußerte er und auch Dirk Schneider, sie setzten große Erwartungen in dieses Gespräch.[26] Schily äußerte, er habe gegenüber Erich Honecker Hochachtung, vor allem auch wegen seiner antifaschistischen Vergangenheit. Nach ihrer Auffassung sollte die Zusammenkunft nicht nur ein Fototermin sein, und sie sollte so verlaufen, daß man auch weiter miteinander in Kontakt bleiben könne. Aus ihrer Sicht möchten sie drei Probleme zur Sprache bringen:

– Fragen der Friedenssicherung, Probleme der Raketenstationierung und ihre Folgen;

– die Entwicklung der Friedensbewegung, auch der Friedensbewegung in der DDR, einschließlich der „unabhängigen Friedensbewegung", wozu man die Probleme offen ansprechen wolle;

– Frage der weiteren Kontakte und Perspektiven der bilateralen Beziehungen zwischen uns und den Grünen.

Im Anschluß an das Treffen mit Erich Honecker möchten sie ein Pressegespräch durchführen und würden dazu gern ihren Pressesprecher mitbringen, der allerdings nicht am Treffen mit Erich Honecker teilnehmen soll.

---

26 Am 31. Oktober 1983 traf SED-Generalsekretär Erich Honecker mit einer Delegation der Grünen zusammen. Zur Delegation gehörte neben Otto Schily auch Petra Kelly, Antje Vollmer und Gerd Bastian. Während des Besuchs wurde von den Grünen in Gegenwart Honeckers Transparente mit Forderungen wie „Frieden schaffen – ohne Waffen" und „Schwerter zu Pflugscharen" vor Medienvertretern entrollt. Vgl. die beiderseitigen Gesprächsvermerke in: Heinrich Potthoff: Die „Koalition der Vernunft", S. 201 ff.

Ihnen wurde die Frage gestellt, ob sie nach der Begegnung mit dem Generalsekretär des ZK der SED wieder abreisen wollen oder ob der Wunsch besteht, am Nachmittag mit einigen kompetenten Vertretern der DDR ein Informationsgespräch über Fragen der Wirtschafts- und Sozialpolitik, der Bildungspolitik o. ä. zu führen. Schily und Schneider zeigten sich daran interessiert. Sie müßten das allerdings erst besprechen. Von ihrer Seite wurden keine Andeutungen gemacht, daß sie während ihres Aufenthaltes in der DDR andere Aktivitäten vorhaben.

Quelle: SAPMO-BArch, DY 30/J IV 2/10.02/13.

Dokument 56

Information über ein Gespräch von Herbert Häber mit Dirk Schneider, Mitglied der Bundestagsfraktion der Grünen, in Berlin (West) am 25. Januar 1984[27]

Wie festgelegt, bin ich am Mittwoch, dem 25. Januar 1984, in Westberlin mit Dirk Schneider, Mitglied der Bundestagsfraktion der Grünen und Funktionär der AL, zu einer von ihm gewünschten Unterredung zusammengetroffen. Er befand sich in Begleitung von Wolfgang Tietze, Mitglied des Geschäftsführenden Ausschusses der AL. Schneider bezeichnete ihn als seinen Freund, der ähnliche Auffassungen habe wie er. Die Unterredung fand in einem abgeteilten Raum des Restaurants des Hotels Kempinski statt. Schneider hatte dies arrangiert, um zu vermeiden – wie er sagte –, daß wir von Journalisten belästigt werden.

Ich begann die Unterredung mit der Feststellung, daß aus unserer Sicht eine Reihe Fragen zu stellen sind über die Haltung der Grünen zu wichtigen politischen Problemen. Offensichtlich ist man sich bei ihnen über die Grundnormen des Verhältnisses zur DDR noch nicht im klaren. Man müsse die Frage aufwerfen, wie die Grünen zum Grundlagenvertrag stehen, ob sie eigentlich bereit sind, die Grundsätze der Gleichberechtigung und der Nichteinmischung in die inneren Angelegenheiten bei der Gestaltung von politischen Beziehungen zu uns zu respektieren. Das praktische Verhalten bestimmter Kreise der Grünen und auch der AL in jüngster Zeit geben Anlaß, daran zu zweifeln. Dabei äußerte ich die Auffassung, daß manchen bei den Grünen offenbar nicht bekannt ist, welch langer Kampf in den vergangenen Jahrzehnten geführt werden mußte, um gegen den

27 Die Information datiert vom 26. Januar 1984.

Bonner Revanchismus die völkerrechtliche Anerkennung der DDR und die vertragliche Respektierung der Souveränität des sozialistischen deutschen Staates durchzusetzen. Das es erreicht werden konnte war und ist ein großer Erfolg im Interesse aller fortschrittlichen Kräfte, und die Friedensbewegung der früheren Jahre in der BRD hat dazu beigetragen. Um so verwunderlicher ist es, daß bestimmte Kreise bei den Grünen Front machen gegen die DDR und ständig versuchen, sich im feindseligen Sinne in unsere inneren Angelegenheiten einzumischen. Eigentlich müßten doch auch die ehrlichen Anhänger der Grünen froh darüber sein, daß es die DDR gibt.

In diesem Zusammenhang gab ich den Eindruck wieder, daß neuerdings bestimmte Erklärungen der Grünen darauf hin deuten, daß man den Widerstand gegen die Stationierung der USA-Raketen abschwächt und statt dessen öffentlich Front macht gegen die militärischen Gegenmaßnahmen der Sowjetunion und der DDR. Unter Hinweis auf das Gespräch mit dem Generalsekretär des ZK der SED, Erich Honecker, sagte ich noch einmal, es könne doch wohl kein Zweifel daran bestehen, wer die Schuld trägt für das Anheizen des Wettrüstens und wer berechtigte Sicherheitsinteressen wahrnimmt, wenn er sich gegen die aggressive Politik der Reagan-Regierung schützt. Es sei ein Widerspruch, daß sich die Grünen einerseits für Nikaragua einsetzen und den USA-Überfall auf Grenada verurteilen, andererseits aber von der DDR verlangen, daß sie in einer Zeit nie gekannter Hochrüstung der USA ihre Verteidigungsfähigkeit schwächt.

Schließlich müsse man offen aussprechen: Bei uns besteht der Eindruck, daß bestimmte Kreise in der Führung der Grünen den Kontakt zu führenden Persönlichkeiten der DDR nur deshalb suchen, um solche Begegnungen als Deckung für konspirative Aktivitäten in der DDR zu mißbrauchen. Eine Reihe von Veröffentlichungen aus der Feder von Vertretern der Grünen, in denen „Manöver-Kritik" betrieben wurde, machten das deutlich. Selbstverständlich sei das nicht die Art, wie man mit uns, der DDR, verkehren kann. Die DDR ist ein Staat und kein Verein. Man muß sich klar werden, ob man – bei allen Meinungsunterschieden – mit uns politische Beziehungen entwickeln oder gegen uns arbeiten will. Alle derartigen Bestrebungen seien ohnehin aussichtslos, die DDR feiere ihren 35. Geburtstag, und sie werde weiter vorankommen. Deshalb sollten sie nicht auf das falsche Pferd setzen. Ich verwies darauf, daß ich im ähnlichen Sinne bereits bei meinem Zusammentreffen mit Gerd Bastian gesprochen habe.

Dirk Schneider und sein Freund widersprachen dieser Beurteilung der Situation nicht. Sie äußerten, daß in der Tat vieles bei den Grünen im Verhältnis zur DDR völlig unausgegoren sei. Das Verhalten sei oft von Unerfahrenheit, Unkenntnis und auch von illusionären Vorstellungen bestimmt. Ich warf in diesem Zusammenhang ein, daß manche Leute allerdings ziemlich genau wissen, was sie wollen und was sie tun. Sie versuchten das etwas zu verharmlosen. Außerdem, so meinten sie, würden durch Einreiseverweigerungen gegenüber Grünen-Abgeordneten der Antikommunismus noch angefacht.

Sie stellten die Frage, wie es nun weitergehen könnte. Meine Antwort war, dies hänge in erster Linie vom Verhalten der Grünen ab. Provokatorische Kampagnen werden wir nicht begünstigen. Aber meine Anwesenheit sollte als Zeichen dafür aufgefaßt werden, daß wir weiterhin danach streben, mit jenen bei den Grünen im Gespräch zu bleiben, die eine Position des Realismus und der Vernunft einnehmen. Die Frage sei allerdings, wer sich bei ihnen durchsetzt.

Dirk Schneider bestätigte, daß gegenwärtig bei den Grünen die Flügel-Kämpfe entfacht sind. Er wollte sich über ihren Ausgang nicht äußern. Auf die Frage, was Gerd Bastian bewogen habe, eine politische Schwenkung zum Negativen zu unternehmen, antwortete er, da habe er seine Vermutungen, aber er wolle das jetzt nicht öffentlich deuten.

Das Gespräch endete damit, daß von mir noch einmal gesagt wurde, alles weitere hänge vom Verhalten der Grünen ab. Die vom Vorsitzenden der AL-Fraktion, Wachsmuth, vorgeschlagene Begegnung mit mir könne derzeit nicht stattfinden, darauf müsse man später zurückkommen. Als sie danach fragten, was ich von der geplanten Einreise der AL-Fraktion zum Besuch bei der BRD-Vertretung in der Hauptstadt der DDR halte, äußerte ich, daß es nicht meine Sache ist, darüber zu entscheiden, wen Herr Bräutigam empfängt oder nicht. Für uns sei aber das Vierseitige Abkommen maßgeblich, wonach Westberlin nicht zur BRD gehört. Deshalb sei eine Fahrt dieser Art nicht der Weg zu Gesprächen mit uns. Falls die Gruppe im übrigen die Absicht habe, ähnliche Verbindungen aufzunehmen wie manche andere vorher, so könne ich nur das wiederholen, was ich zu Beginn bereits gesagt hatte: Das werden wir nicht unterstützen. Man möge deshalb im Lichte unserer Unterhaltung über die Zweckmäßigkeit solcher Aktivitäten nachdenken. Wer ehrlich mit uns reden will, findet in uns Gesprächspartner. Wer gegen uns kämpft, stößt auf unseren Widerstand.

Ich kündigte in allgemeinen Worten an, daß ich möglicherweise im April oder Mai wieder einmal in Bonn sein würde und mich dann mit Dirk Schneider oder Otto Schily treffen könnte. Dann könne man die Lage prüfen und weiterdiskutieren – auch über die Idee von Schneider, einmal eine normale Studiendelegation in die DDR zu entsenden, die sich mit der Entwicklung des Sozialismus bekannt macht und dabei ohne Haken und Ösen arbeitet.

Das Gespräch verlief sehr offenherzig und ohne jede Schärfe. Dirk Schneider sieht, so ist mein Eindruck, vieles durchaus richtig. Er versucht offensichtlich auch, Freunde mit einzubeziehen, die so denken wie er. Die Frage wird sein, ob er in seiner Position stärker an Einfluß gewinnt. Weitere Gespräche mit ihm sind durchaus lohnenswert. Bei der Verabschiedung bat er darum, Genossen Erich Honecker von ihm herzlich zu grüßen.

Quelle: SAPMO-BArch, DY 30/IV 2/10.02/20.

Dokument 57

Information über ein Gespräch von Herbert Häber mit Walther Leisler Kiep, CDU-Präsidiumsmitglied und -Bundesschatzmeister, in Berlin am 3. Juli 1984[28]

Herr Kiep bedankte sich für die Möglichkeit eines ausführlichen Gesprächs. Er erinnerte daran, daß er vor 10 Jahren, als er als erster Politiker der CDU/CSU direkte Kontakte zur SED aufnahm[29], kräftig verprügelt worden ist. Inzwischen habe sich ja in den Beziehungen zwischen der Bundesrepublik und der DDR Erhebliches zum Positiven entwickelt. Er überbrachte einen Gruß von Bundespräsident Weizsäcker, der ihn von seinem kürzlichen Zwischenaufenthalt in der DDR unterrichtet hatte. Außerdem sei sein Besuch bei uns mit Bundeskanzler Kohl und Staatsminister Jenninger abgesprochen.

Auf die jetzige Situation in der BRD eingehend äußerte Kiep: Obohl die CDU bei den Europawahlen noch ganz gut abgeschnitten habe[30] – er hatte Schlimmeres erwartet –, sei seine Partei gegenwärtig in einem Zustand hochgradiger Nervosität. Viele Mitglieder haben sich die Wende nicht so vorgestellt, wie es jetzt verläuft. Das Debakel um das Amnestiegesetz habe große Verärgerung ausgelöst. Das Hick-Hack um die Steuerreform habe ein übriges getan. Auch der Streik sei ein ernstzunehmender Vorgang. Man wisse noch nicht genau, ob das der Anfang gewesen ist für eine ganze Phase der sozialen Konfrontation. Die Bundesregierung stehe vor der dringenden Notwendigkeit, wenn die Streiks jetzt vorbei sind, ihr Verhältnis zu

---

28 Die Information datiert vom 5. Juli 1984.
29 Vgl. die Information Häbers über das erste Gespräch mit Kiep am 15. Januar 1975. Vgl. Dok. 3.
30 Die Europawahlen fanden am 17. Juni 1984 statt. Die CDU und CSU erreichten gemeinsam 46,0 Prozent der Stimmen und damit 41 Mandate. Die SPD kam auf 37,4 Prozent und 33 Mandate während die FDP lediglich 4,8 Prozent der Stimmen erreichte.

den Gewerkschaften zu verbessern. Allerdings gäbe es Unternehmer, die tatsächlich darauf aus sind, die Gewerkschaften auf die Knie zu zwingen. Er persönlich halte eine solche Linie für falsch. In der Wirtschaft der BRD höre man jetzt sogar schon Stimmen, die sagen, wozu haben wir die Wende eigentlich gemacht, das Durcheinander, was jetzt ist, hätten wir auch mit Helmut Schmidt erreichen können. Das schlimmste für die CDU sei aber der Verfall der FDP. Es gäbe da in Bonn alle möglichen Spekulationen. Insgesamt betrachte man die Zukunft der FDP sehr pessimistisch. Selbst Lambsdorff habe ihm gegenüber kürzlich geäußert, er rechne sogar mit einem Zerfall der Partei. Der Einsatz von Bangemann als Wirtschaftsminister und vielleicht als Parteivorsitzender zeige das ganze Dilemma der FDP. Der aktuellste Witz in Bonn laute: „Die Elite der Bundesrepublik hat sich in Bewegung gesetzt – Derwall geht, Bangemann kommt!"

Genscher wird mit ziemlicher Gewißheit sein Amt als Parteivorsitzender früher abgeben müssen, als er das geplant habe. Es sei sehr zweifelhaft, ob er Außenminister bleiben kann. Kiep rechnet allerdings nicht mit einer Kabinettsumbildung schon zu Beginn des Jahres 1985, sondern erst nach den Landtagswahlen von Nordrhein-Westfalen, die im Mai stattfinden. Was Strauß vorhabe, könne man im Augenblick nicht genau sagen. Manche sagen, nach dem Tod seiner Frau werde er erst recht nach Bonn streben. Er habe aber den Eindruck, daß Strauß von diesem privaten Unglück so stark betroffen ist, daß er möglicherweise sich ganz anders verhalten wird.

Trotz aller Widrigkeiten sei die Position des Bundeskanzlers Kohl nicht angeschlagen. Sein viel kritisiertes Beharrungsvermögen erweise sich gegenwärtig sogar als Vorteil. Was kommen wird, wenn die FDP im kommenden Jahr auch bei den Wahlen in Nordrhein-Westfalen, in Westberlin und im Saarland verliert, könne man kaum vorhersagen. Noch immer müsse man annehmen, daß mit der jetzigen Konstellation in Bonn bis 1987 weiterregiert wird. Eine große Koalition in Bonn, die manche in beiden großen Parteien wünschen, sei kaum denkbar. Die SPD würde das in ihrer gegenwärtigen Verfassung kaum ertragen können. Wenn das passierte, würden die Grünen 30 Prozent der Stimmen bekommen. Dagegen hält Kiep eine große Koalition in Westberlin für denkbar. Möglich ist aber auch, daß bei den Wahlen im nächsten Jahr eine Reihe CDU-Anhänger die FDP wieder unterstützen werden, was allerdings dann Probleme für die CDU bringen kann, so wie das Herr Wallmann bei den vergangenen Wahlen in Hessen erleben mußte.

Zum geplanten Besuch von Genossen Erich Honecker erklärte Kiep, die Bundesregierung wünsche diesen Besuch und versuche alles, um ihn möglich zu machen. Nicht zu Übersehen sei aber, daß es in der CDU/CSU-Fraktion Kräfte gibt, die diesen Besuch mit öffentlichen Forderungen belasten oder gar verhindern wollen. Dabei spielten solche Springerzeitungen wie „Die Welt" sowie die „Frankfurter Allgemeine Zeitung" eine aktive Rolle. Das habe sich jetzt auch gezeigt bei den Vorgängen um die Ständige Vertretung der BRD in Berlin.[31] Kiep solidarisierte sich voll mit der Stellungnahme von Jenninger und bezeichnete es als richtig, daß die jetzt eingeleiteten Umbaumaßnahmen durchgeführt werden. Solche Maßnahmen seien schon vor Jahren von den Sicherheitsbehörden der BRD als Schutz vor eventuellen Geiselnahmen gefordert worden. Herr Bräutigam habe aber immer erklärt, die DDR sei der sicherste Staat der Welt und deshalb sei es noch nicht geschehen. Im übrigen habe er den Eindruck, daß Herr Bräutigam, der völlig am Ende seiner Kräfte ist, persönlich alles versucht habe, um die Dinge nicht weiter eskalieren zu lassen. Dabei müsse man berücksichtigen, daß aus Bonn auf Bräutigam Einflüsse in unterschiedlicher Richtung ausgegangen sind. So sei vor wenigen Tagen der ultrarechtsstehende CSU-Abgeordnete Graf Huyn, der sich schon gegen Strauß wegen seiner ostpolitischen Linie gestellt habe, in der Vertretung aufgetaucht. Er wollte sich mit den dort befindlichen DDR-Bürgern in Verbindung setzen und mit Unterstützung von Journalisten eine große Show veranstalten. Bräutigam habe das verhindert, obwohl ihm das sicher von bestimmten Kräften übelgenommen wird.

Kiep meinte, mit der von Kohl gedeckten Erklärung von Jenninger[32] sei die konservative Bundesregierung weit stärker auf die Position der DDR eingegangen, als das jemals zu Zeiten der SPD-Regierung erfolgt ist. Allerdings bewege sie die Frage, wie, abgesehen von den Baumaßnahmen, künftig weitere Vorfälle dieser Art ausgeschlossen werden können. Er brachte in diesem Zusammenhang die bekannte Argumentation vor, daß man durch Erleichterungen im allgemeinen Reiseverkehr in die BRD dem entgegensteuern möge.

Bei der Bundesregierung gäbe es übrigens Terminanmeldungen aus fast allen sozialistischen Ländern. Wir wüßten sicherlich, daß Herr Shiwkow nach Bonn kommen wird, auch ist aus Prag Besuch angemeldet. Kohl wird, nachdem er kürzlich in Ungarn war, im

---

31 Am 25. Juni 1984 wurde die Ständige Vertretung der Bundesrepublik vorübergehend für den Besucherverkehr geschlossen. In der Vertretung hielten sich 55 ausreisewillige DDR-Bürger auf. Nach Verhandlungen verließen sie am 5. Juli 1984 die Vertretung mit der Zusicherung von Straffreiheit und wohlwollender Prüfung ihrer Ausreiseanträge.

32 Am 25. Juli 1984 gab Kanzleramtsminister Philipp Jenninger eine Erklärung ab, in der der zweite Milliardenkredit (950 Millionen DM) für die DDR sowie Maßnahmen zur Erleichterung des innerdeutschen Reiseverkehrs bekannt gegeben wurden. Am 1. August 1984 wurde der Mindestumtausch für Rentner von bisher 25 DM auf 15 DM herabgesetzt.

Herbst nach China reisen. Und für das Frühjahr wird der Außenminister der UdSSR erwartet. Für Donnerstag dieser Woche ist er, Kiep, zu einen ausführlichen Gespräch vom Botschafter der UdSSR in Bonn, Genossen Semjonow, eingeladen worden.

Wir sprachen dann darüber, daß es vor allem notwendig ist, die weltpolitische Situation zu verbessern, die Raketen in der Bundesrepublik wieder wegzubringen, damit auch bei uns die Gegenmaßnahmen rückgängig gemacht werden können sowie speziell auch alles zur Verhinderung der Militarisierung des Weltraums zu tun. Kiep sagte dabei seine Meinung zur Situation in den USA, wo er kürzlich erneut geweilt habe. Wenn es auch nicht völlig sicher sei, so müsse man doch mit großer Wahrscheinlichkeit die Wiederwahl von Reagan erwarten. Sicherlich werde es keine generelle Änderung des Kurses geben. Aber man dürfe nicht übersehen, daß die USA-Administration und Reagan persönlich einige Erfahrungen machen mußten.

Der USA-Präsident sieht sich immerhin jetzt gezwungen, Verhandlungsvorschläge zu machen und sich konstruktiv zu geben, was er vor kurzem nicht nötig zu haben glaubte. Die Stimmung im eigenen Lande zwingt ihn dazu und auch die Erfahrung, daß er auf die Interessen seiner europäischen Verbündeten mehr Rücksicht nehmen muß, als er das am Anfang dachte. Kiep vertrat die Auffassung, die jetzige Regierung der BRD habe dabei eine aktivere Rolle gespielt, als das in der Öffentlichkeit bekannt sei. Außerdem mußten die USA ihre Truppen aus Beirut abziehen, sie mußten die Lehre hinnehmen, daß eben mit militärischen Mitteln nicht alles zu regeln ist. In bezug auf die Mittelamerikapolitik sieht sich Reagan sogar der Kritik aus den Reihen der Republikanischen Partei ausgesetzt. Immerhin habe der rechtsstehende Senator Goldwater ihn wegen seines militärischen Engagements in El Salvador kritisiert. Man müsse ohnehin beachten, so äußerte Kiep, daß die Lage in der Republikanischen Partei differenzierter ist, als manche glauben. Darauf gelte es Einfluß zu nehmen, und in dieser Richtung führe er auch Gespräche, wenn er in den USA weilt.

Die scharfen Erklärungen von Reagan und seiner unmittelbaren Berater gegen die Sowjetunion hätten logischerweise in der UdSSR schwere Irritationen ausgelöst. Leider sei es so, daß viele Ratschläge aus dem Außenministerium in Washington vom Weißen Haus nicht beherzigt worden sind. Dort aber sitzen die Fachleute, die wissen, wie die Welt wirklich aussieht. Von manchem in der unmittelbaren Umgebung von Reagan kann man das nicht sagen. Deshalb hätten sie auch kein Verständnis für die Sicherheitsinteressen der UdSSR.

Er vertrete die Auffassung, daß man sich immer wieder auch einmal in die Situation des Gegners versetzen müsse, ohne daß man dessen Standpunkt damit akzeptieren muß. Leider sei das in den

USA fast völlig abhanden gekommen. Jetzt komme es darauf an, nicht nur die Sprachlosigkeit zwischen den beiden Großen zu überwinden. Was nutzt es, wenn sie sich wieder zusammensetzen und das Klima ist so eisig wie gegenwärtig. Er glaubt, daß auch nach der Wiederwahl von Reagan eine Chance besteht, eine Veränderung zum Besseren herbeizuführen. Dabei spiele eine Rolle, daß Reagan gemerkt habe, daß nicht alles so einfach geht, wie ihm das manche Berater vorgeschlagen haben.

In diesem Zusammenhang erzählte Kiep über Eindrücke während eines Besuches in Moskau Ende Februar. Ihm sei verständlich, daß die sowjetische Führung die USA-Politik mit äußerstem Mißtrauen verfolgt. Allerdings habe er in einem Gespräch mit Falin den für ihn bedrückenden Eindruck einer Art nihilistischen Haltung gehabt, so, als sei ein kommender Krieg unausweichlich. Er hoffe auch hier auf eine Änderung der Einstellung.

Von Moskau ist Kiep mit der Eisenbahn nach Peking gefahren und hat sich im März drei Wochen in der VR China aufgehalten. Seine Meinung zur Lage dort: China befindet sich weiter in einem Umbruchsprozeß, um die Folgen der Kulturrevolution zu überwinden. Gegenüber der Sowjetunion wünsche man tatsächlich eine Verbesserung der Beziehungen, werde sich aber niemals mehr in Abhängigkeit von der UdSSR begeben. Andererseits soll niemand glauben, China werde sich den USA als militärischer Verbündeter zur Verfügung stellen. Auch sei es illusionär anzunehmen, man könne die VR China heimlich an die NATO binden.

Für die Industrie der Bundesrepublik sei China ein Markt der Zukunft mit weitreichenden Perspektiven. Dabei müsse man wissen, daß dort an allen Ecken und Enden schon die Japaner anzutreffen sind. Im übrigen habe er über die DDR nur Gutes gehört. Obwohl er eigentlich andere Interessen zu vertreten habe, könne er nur dazu raten, die Beziehungen zur VR China auszubauen.

Von Peking habe er sich dann nach Taiwan begeben. Dort ist Kiep mit dem derzeitigen Präsidenten zusammengetroffen, einem Sohn von Tschiang Kai-schek, der übrigens in den 30er Jahren in Moskau studiert habe und perfekt russisch spricht. In Taiwan beobachte man die Entwicklung der VR China sehr aufmerksam. Die jetzige Pekinger Führung genieße Respekt, und er glaubt, daß es – wenn auch vielleicht millimeterweise – zu einer weiteren Annäherung zwischen Taiwan und Peking kommen wird.

Von sich aus kam Kiep, der ja weiterhin stellvertretender Aufsichtsratsvorsitzender von VW ist, auf das Abkommen mit VW zu Fragen der Motorenproduktion zu sprechen. Er äußerte Genugtuung, daß die Sache zustande gekommen ist. Dabei sagte er, ohne daß es meinerseits eine Bemerkung gegeben hat, er wisse jetzt, auf welchem

Wege die Indiskretionen über dieses Geschäft in die Redaktion der FAZ gelangt seien. Aus einem Bonner Ministerium sei dem Korrespondenten der FAZ, Feldmeyer, die gesamte Akte über diese Angelegenheit zugespielt worden. Das könne er definitiv sagen.

Insgesamt schätzte er die Position der DDR im internationalen Wirtschaftsleben hoch ein. Als Teilhaber der größten Kanadischen Bank sei ihm während einer kürzlichen Vorstandssitzung erklärt worden, daß in Bankierskreisen die DDR als kreditwürdig gilt, ja die Kreditwürdigkeit sei sogar angestiegen. Außerdem sprach er über seine Tätigkeit als Vorstandsmitglied des größten Chemiekonzerns Englands ICI. Dieser Konzern sei gegenwärtig dabei, mit der UdSSR ein umfangreiches Geschäft abzuschließen über Anlagen zur Produktion von Viehfutter auf der Basis von Methanol. Vielleicht sei dies auch für die DDR von Interesse. Zurückkommend auf die Geschäftsbeziehungen zu VW sagte er, der VW-Konzern habe auch eine Spitzenposition auf dem Gebiet des Roboterbaues, wenngleich nicht beabsichtigt sei, VW in eine Roboterfabrik umzuwandeln.

Ihm sei natürlich klar, daß es jetzt vor allem darauf ankomme, das politische Umfeld zu verbessern. Er meinte dabei die Weltlage. Dann könne man sicherlich auch über langfristige Perspektiven der weiteren wirtschaftlichen und technischen Zusammenarbeit nachdenken.

Kiep brachte das Gespräch auf die bevorstehenden Gedenkfeiern in der BRD zum Jahrestag des Anschlags auf Hitler am 20. Juli 1944. Er sei bei diesen Feiern persönlich engagiert. Sein Onkel väterlicherseits, Otto Karl Kiep, habe zum Kreisauer Kreis von Graf Moltke gehört und sei 1944 hingerichtet worden. Kiep bezog sich darauf, daß es in der DDR, in Ballenstedt/Harz, eine Kiepstraße zum Andenken an seinen Onkel gibt, worüber ich ihn vor einiger Zeit informiert hatte. Er treffe immer auf ungläubiges Staunen, wenn er in der BRD und in anderen westlichen Ländern darüber spricht, daß die DDR einen seiner nächsten Verwandten so ehrt. Außerdem sei der damalige Wehrmachtsbefehlshaber in Paris, General Stülpnagel, ebenfalls ein Großonkel von ihm. Stülpnagel hatte bekanntlich in der Verschwörung gegen Hitler eine aktive Rolle gespielt. Kiep bezeichnete ihn als einen Mann, der von Beginn an aus zutiefst moralischen Gründen die faschistische Kriegspolitik abgelehnt habe. Er sei einer von jenen gewesen, die nicht erst unter dem Eindruck der nahenden Niederlage den Widerstand aufgenommen haben. Kiep deutete an, daß er sich dieser Familientradition verpflichtet fühle. Das gelte auch für die Freundschaft seines verstorbenen Vaters mit dem namhaften USA-Politiker Averell Harriman, der eigentlich der Senior der Beziehungen USA – UdSSR sei. Dabei sprach Kiep noch einmal darüber, daß sein Urgroßvater mütterlicherseits die Farbwerke Hoechst vor der Jahrhundertwende als Familienbetrieb gegründet hatte, während sein Großvater einige Jahrzehnte als Aufsichtsratsvorsitzender der späteren Aktiengesellschaft Hoechst tätig gewesen sei.

Abschließend äußerte er, seine Haltung zur DDR sei stark von seiner Achtung gegenüber der Persönlichkeit Erich Honeckers beeinflußt. Er sehe in ihm einen Vertreter der KZ-Generation, der heute versucht, die Lehren anzuwenden. Deshalb bewege ihn der Wunsch, irgendwann einmal die Gelegenheit zu haben, mit Herrn Honecker außerhalb des Messegeschehens ein ungestörtes Gespräch führen zu können. Das wolle er mitteilen, obwohl er weiß, daß dies natürlich vielleicht über das gegenwärtig Mögliche hinausgeht.

Quelle: SAPMO-BArch, DY 30/J IV 2/10.04/31.

Dokument 58

Information über ein Gespräch von Herbert Häber mit Hans Otto Bräutigam, Leiter der Ständigen Vertretung der Bundesrepublik in der DDR, in Berlin am 18. Juli 1984[33]

Herr Bräutigam hatte sich bei mir zu einem „Antrittsbesuch" in meiner neuen Funktion angemeldet. Er berichtete, daß er am Vortage zu Gesprächen in Bonn gewesen sei. Die internationale Lage, so sagte er, sei noch immer besorgniserregend. Um so mehr sei die Politik des Dialogs notwendig. In Bonn begrüße man die diesbezüglichen Aktivitäten der DDR. Er bezog sich dabei auf die Besuche von Craxi, Papandreou und Palme. Es sei ja nicht immer so gewesen, daß von der BRD die Besuche hochrangiger Politiker westlicher Staaten in der DDR mit Zustimmung aufgenommen worden sind. Die Bundesregierung setze sich sogar bei ihren Freunden dafür ein.

Unter Hinweis darauf, daß wir uns ja in der vergangenen Zeit mehrfach getroffen haben und er unsere Position gut kennt, sprach ich noch einmal kurz über unsere Politik entsprechend der Linie der 7. und 8. Tagung des ZK.

Bräutigam kam dann rasch auf den vorgesehenen Besuch von Genossen Erich Honecker in der BRD zu sprechen.[34] Er verwies auf

---

33 Die Information datiert vom 19. Juli 1984.

34 Der bereits im April 1983 abgesagte Besuch Erich Honeckers in der Bundesrepublik (Vgl. Kap. 4, Anm. 7) war nunmehr für September 1984 vorgesehen. Honecker wurde jedoch am 17. August 1984 zu einem Geheimtreffen mit der KPdSU-Führung nach Moskau einbestellt. Im Gespräch mit KPdSU-Generalsekretär Tschernenko wurde dem SED-Generalsekretär „dringend nahegelegt" seinen Besuch in der Bundesrepublik erneut abzusagen. Noch am 28. August 1984 hatte das SED-Politbüro den Entwurf einer „Gemeinsamen

das Treffen von Kohl mit Genossen Kádár in Budapest, auf den Besuch von Genossen Chnoupek, dem Außenminister der ČSSR, dieser Tage in Bonn, auf die im September geplante Reise von Genossen Shiwkow in die BRD. Er behauptete, daß vielleicht in diesem Jahr oder dann zumindest im kommenden Jahr mit einem Besuch von Genossen Tschernenko gerechnet werde. Auch gegenüber Polen wolle die Bundesregierung die Beziehungen wieder ausbauen. So sei der geplante Besuch des Staatsratsvorsitzenden der DDR nichts außer der Reihe, wenn ihm natürlich auch von seiten der Bundesregierung besondere Bedeutung zugemessen werde.

Man sei sich wohl einig, daß es sich um einen Arbeitsbesuch handelt. Aber dabei sei völlig klar, daß der Tatsache Rechnung getragen wird, daß Erich Honecker Staatsoberhaupt der DDR ist. Neben dem Bundeskanzler, dem Bundespräsidenten, den Repräsentanten der Parteien werde es möglich sein, eigentlich mit jedem zusammenzutreffen, der in der BRD Rang und Namen hat. Aus Bonner Sicht sei es selbstverständlich, daß die Fragen der internationalen Entwicklung und die damit verbundenen Probleme des Friedens und der Abrüstung bei den Gesprächen einen gewichtigen Platz einnehmen werden. Das würde zumindest das gleiche Gewicht haben wie die Fragen der bilateralen Beziehungen.

Ich verwies darauf, daß es notwendig sein wird in einem gemeinsamen Kommuniqué eine Position zu beziehen, die den Aufgaben unserer Zeit gerecht wird. Als Stichworte wären da zu nennen die Frage der Beseitigung der Raketen, das Problem der chemischen Waffen, die Verhinderung der Weltraumrüstung, die Frage eines Gewaltverzichtsvertrages zwischen den beiden Bündnissen und anderes. Bräutigam sagte, es komme in der Tat darauf an, nicht nur festzustellen, in welchen Fragen es vielleicht einen Dissens gibt, sondern was man übereinstimmend vertreten kann. Das werde nicht leicht sein, aber aus seiner Sicht sei es möglich. Wir wollen, so äußerte er, daß der Besuch ein Erfolg wird, der weiter vorwärts führt.

Die schwierigste Frage sei, das öffentliche Klima in den nächsten Wochen so zu gestalten, daß der Besuch nicht gefährdet wird. Das mache ihm Sorgen. Bräutigam wiederholte die Feststellung, daß die Springerpresse den Besuch verhindern will. Auch die Frankfurter

---

Erklärung" über den geplanten Honecker-Besuch verabschiedet. Vgl. den Text des Entwurfs in: Detlef Nakath/Gerd-Rüdiger Stephan: Von Hubertusstock nach Bonn, S. 202 ff. Die offizielle Absage Honeckers erfolgte am 4. September 1984 mit der Begründung, der Stil der Diskussion in den Medien im Vorfeld seiner Reise sowie Äußerungen des Vorsitzenden der CDU/CSU-Bundestagsfraktion, Alfred Dregger, in der Zeitung „Die Welt" vom 23. August 1984, seien nicht geeignet einen erfolgreichen Besuch in der Bundesrepublik durchführen zu können.

Allgemeine Zeitung vertrete eine bedenkliche Linie. In bezug auf den Springerkonzern fügte er hinzu, so wie die strukturiert sind, sind sie zu allem fähig. Sie werden sicher ihre Dreckschleuder wieder voll in Tätigkeit setzen. Man müsse da mit allem möglichen rechnen.

In diesem Zusammenhang verwies ich darauf, daß es erforderlich war, einige Sätze zum Verhalten von Herrn Dregger zu machen. Bräutigam sagte, Dregger sei ein schwieriger Fall. Er gehöre nicht zum engeren Regierungskreis in Bonn, was ihm nicht gefalle. Deshalb unternimmt er Auftritte, die nicht abgesprochen sind. Außerdem tut er sich in den Fragen des Verhältnisses zur DDR sehr schwer. Er habe dazu keine richtige Einstellung.

Bräutigam sagte, er mache sich Gedanken, was man zur Sicherung eines guten Klimas tun kann. Vielleicht sei es möglich, so wie jetzt mit dem Chefredakteur der „Zeit", Theo Sommer, auch einigen anderen wichtigen Publizisten von BRD-Zeitungen die Möglichkeit zu einer Informationsreise in die DDR zu geben. Es gehe nicht um Interviews oder um Reportagen, sondern so wie bei Sommer um Gelegenheit zu informativen Gesprächen. Er nannte in diesem Zusammenhang als Beispiel Robert Leicht von der Süddeutschen Zeitung, der aufgeschlossen genug sei, um hier im günstigen Sinne zu wirken. Aber man könne auch andere in Betracht ziehen. Auf jeden Fall müsse man etwas tun, um der Springerpropaganda zu begegnen. Aus seiner Sicht könnte auch überlegt werden, prominente Publizisten der DDR zu ähnlichen Informationsbesuchen in die BRD zu entsenden. Es gehe ihm weniger um große Artikel, als vielmehr um Klimapflege durch Gespräche mit wichtigen Leuten. Dabei müsse man nicht unbedingt mit denen reden, die ohnehin schon katholisch sind, das heißt die jetzt schon positiv stehen, sondern auch mit solchen, die sich noch sehr kritisch verhalten.

Er kam dann auf die Situation der BRD-Vertretung zu sprechen. Die Bauarbeiten seien jetzt soweit gediehen, daß die Vertretung am 30. oder 31. 7. wieder öffnen wird.[35] Von seiner Seite sei nicht beabsichtigt, diesen Termin groß anzukündigen. Aber es werde natürlich bekannt werden. Ihm sei etwas bange zumute, denn er wolle auf gar keinen Fall, daß sich ähnliches wie in den vergangenen Wochen wiederholt.

Wenn wir öffnen, so sagte er, werden wir nicht gleich protestieren, wenn von seiten der DDR bestimmte Sicherungen erfolgen. Es

---

35 Die Bauarbeiten im Eingangsbereich der Ständigen Vertretung der Bundesrepublik waren im Zusammenhang mit dem Aufenthalt von 55 ausreisewilligen DDR-Bürgern vom Kanzleramt verfügt worden, um zukünftig das Betreten der Vertretung zu erschweren. Vgl. Kap. 4, Anm. 31.

dürfte nur nicht so demonstrativ geschehen, daß das BRD-Fernsehen die Sache sofort filmen kann.

Zu den Leuten, die in der Vertretung waren, äußerte er: Das waren Leute, mit denen wir alle es nicht gern zu tun haben. Sie haben in der DDR keine Not gelitten. Es waren auch nicht Leute, die irgendeine Idee vertreten. Mit Argumenten war ihnen nicht beizukommen. Sie sind für alles zu benutzen, ja manche davon sind sogar gefährlich. In diesem Zusammenhang stimmte er zu, daß eine Reihe von ihnen mit Medien der BRD in Verbindung standen.

Er wolle, daß jeder, der die BRD-Vertretung betritt, so schnell wie möglich wieder die Vertretung verläßt. Gegenüber ähnlichen Versuchen wie bisher müsse man weniger Konzessionen machen, als das geschehen ist. Sie sollen rasch wieder nach Hause gehen. Was dann dort mit ihnen geschieht, so äußerte er, ist nicht Sache der Vertretung.

Abschließend warf Bräutigam die Frage auf, ob ich unter Umständen zu irgendeinem Termin bereit wäre, einer Einladung der Konrad-Adenauer-Stiftung zu folgen, um vor namhaften Persönlichkeiten der BRD einen Vortrag über die Politik der DDR zu halten. Auch Bundeskanzler Kohl befürworte dies. Ich äußerte dazu, daß wir erst einmal den Besuch des Genossen Erich Honecker erfolgreich vorübergehen lassen wollen, um dann über alles weitere zu sprechen.

Bräutigam verwies dann noch darauf, daß man doch bemüht sein müsse, Herrn Windelen in die abgesprochene Politik einzubeziehen. Er leide tatsächlich darunter, daß er keine wirkliche Funktion hat. Deshalb rede er immer wieder und dann oft Sachen, die Schaden anrichten. Jenninger sei sehr bemüht, dem entgegenzuwirken. Herr Windelen, mit dem ich vor seiner Übernahme des jetzigen Amtes Kontakt hatte, habe den Wunsch geäußert, in diskreter Form Gelegenheit zur Fortsetzung dieser Unterhaltung zu haben. Angesichts seines Amtes sei das gewiß schwierig, aber vielleicht gäbe es die Möglichkeit, ohne jede Öffentlichkeit das einmal zu tun. Ich habe mich zu diesem Vorschlag nicht geäußert.

Zur Situation in der BRD vertrat Bräutigam den Standpunkt, bei allen Widrigkeiten sei die Position der Regierung nicht so schwach, wie das in manchen Medien dargestellt werde. Der Abgang von Lambsdorff sei in der Tat ein großer Verlust. Ob Bangemann ihn ausgleichen kann, weiß man nicht. Das größte Fragezeichen stellt die FDP dar. Wenn Genscher noch geht, bestehe ihr Problem vor allem darin, daß sie über keine profilierten Persönlichkeiten mehr verfügt. Die Lage der Regierung sei deshalb relativ sicher, weil von der SPD ihr eigentlich keine Schwierigkeiten gemacht werden. Die SPD habe als Partei den Verlust der Regierungsmacht zwar ganz gut verkraftet, sie habe aber kein politisches Konzept, mit dem sie die jetzige Regierung in Bedrängnis bringen könnte. Wichtig sei, daß sich die Wirtschaft – wenn auch langsam – weiter aufwärts entwickelt. Der Streik habe viel Unruhe geschaffen, seine wirtschaftlichen Folgen seien aber ziemlich rasch zu verkraften. Trotz aller Kritik sei nach seiner Meinung die Position von Kohl als Regierungschef unangefochten.

Quelle: SAPMO-BArch, DY 30/J IV 2/10.04/15.

Dokument 59

Niederschrift über das Geheimtreffen zwischen Erich Honecker, Generalsekretär des ZK der SED und DDR-Staatsratsvorsitzender, und Konstantin Tschernenko, Generalsekretär des ZK der KPdSU und Präsidiumsvorsitzender des Obersten Sowjets der UdSSR, in Moskau am 17. August 1984 (Auszug)[36]

[...] *Genosse Honecker* übermittelte zunächst Genossen Tschernenko und den anderen Genossen der sowjetischen Parteiführung im Namen des Politbüros des ZK der SED herzliche Grüße. Am Dienstag hat eine Sitzung des Politbüros des ZK der SED stattgefunden, auf der zu einigen Fragen Stellung genommen wurde, die sich aus einigen Veröffentlichungen in der „Prawda" und insbesondere aus Spekulationen und Bestrebungen im Westen ergeben, einen Keil in die Beziehungen zwischen unseren Parteien zu treiben.

Es ist ganz klar – und davon geht unsere Führung aus – daß nichts zugelassen werden darf, was einen Keil in die Beziehungen zwischen unseren Parteien treibt. In diesem Sinne sprach sich das Politbüro einmütig dafür aus, auch nicht einen Millimeter Spalt in unseren Beziehungen zuzulassen. Für die SED ist der Revanchismus und die Notwendigkeit seiner Entlarvung keine Frage. Im Kampf gegen den Revanchismus hat die SED stets standhafte Positionen eingenommen.

Genosse Honecker wies darauf hin, daß er aufgrund dieser Situation seinen Urlaub etwas verkürzte, um sich mit diesen Fragen zu befassen. Es sei ein Bedürfnis seitens unserer Führung, einen Uhrenvergleich durchzuführen. Es gehöre zu den Traditionen in den

---

36 Gekürzte Auszüge aus diesem Dokument sind bereits veröffentlicht in: Die SED. Geschichte – Organisation – Politik, S. 767 ff.

Beziehungen zwischen unseren Parteien, daß sie stets in den grundsätzlichen Fragen einheitliche Positionen vertreten haben. Im Auftrag des Politbüros möchte er einige Ausführungen zu den aufgeworfenen Fragen machen. [...]

Nunmehr zu den Beziehungen der DDR zur BRD.[37]

Immer sind wir davon ausgegangen, daß es sich um zwei Staaten gegensätzlicher gesellschaftlicher Systeme handelt, die unterschiedlichen Bündnissen, dem Warschauer Pakt und der NATO, angehören. Die 35jährige Geschichte der DDR war die Geschichte des Kampfes um die Durchsetzung der Positionen des sozialistischen deutschen Staates gegen die revanchistischen Ziele der Imperialisten der BRD. Niemals gab es bei uns Illusionen über den Charakter der BRD, über das Wesen und die Ziele ihrer Politik. Das war so in der Zeit der Adenauer-Regierung, das war so in der Zeit der von der SPD geführten Bundesregierung, und das ist jetzt so.

Zieht man die Bilanz der mehr als drei Jahrzehnte, so zeigt sich: Dank der gemeinsamen Politik haben sich die Positionen des sozialistischen deutschen Arbeiter-und-Bauern-Staates von Jahr zu Jahr gestärkt, und die Kräfte des Revanchismus mußten schwere Niederlagen hinnehmen. Der 35. Jahrestag unserer Republik ist dafür ein unübersehbarer Beweis.

Angesichts der Notwendigkeit, alles zu tun, um die Welt vor einer nuklearen Katastrophe zu bewahren und die von den USA betriebene Politik der Konfrontation zu durchkreuzen, gehen wir in unserer konkreten Situation davon aus, gegenüber der BRD eine Politik zu entwickeln,

– die in unserem Lande von den Volksmassen verstanden und unterstützt wird;

– die von einer möglichst großen Zahl der Bürger der BRD verstanden und mehr und mehr akzeptiert wird;

– die Kräfte des Friedens und der Opposition in der BRD nicht in Resignation verfallen läßt, sondern zum Kampf mobilisiert;

– die es der Kohl-Regierung erschwert, ein guter und aktiver Verbündeter der Reagan-Regierung zu sein.

---

37 Das SED-Politbüro bestätigte die nachfolgenden Ausführungen Honeckers unter dem Titel „Nunmehr zu den Beziehungen der DDR zur BRD" als „Ergänzung der Gesprächskonzeption" für eine SED-Delegation in Moskau in seiner Sitzung am 17. August 1984. Diese Ausführungen waren von Herbert Häber erarbeitet worden. Vgl. den Text in: Detlef Nakath/Gerd-Rüdiger Stephan: Von Hubertusstock nach Bonn, S. 194 ff. Erich Honecker, Hermann Axen, Kurt Hager, Erich Mielke und Günter Sieber waren inzwischen bereits zu den Geheimgesprächen nach Moskau abgereist. Im Auftrage Honeckers trug Bruno Mahlow das von Häber erarbeitete Dokument in russischer Sprache wörtlich vor.

Wir dürfen die Regierung der BRD nicht aus ihren vertraglichen Verpflichtungen entlassen, sondern müssen sie unseres Erachtens trotz aller Erschwernisse so fest wie möglich an die Verträge binden.

Wir meinen, daß es darauf ankommt, die durch die Raketenstationierung in der BRD entstandene neue Lage nicht nur zu beschreiben und anzuprangern. Das ist notwendig. Aber es gilt zugleich, ständig neue Initiativen zu ergreifen, um mit mobilisierenden Lösungen den Kampf gegen diese gefahrvolle Entwicklung weiter zu entfalten.

Unseres Erachtens dürfen jene nicht zum Zuge kommen, die der Bevölkerung der BRD einreden wollen, die USA wollen verhandeln und seien friedfertig.

Wir dürfen die besorgten und schwankenden Kräfte in der BRD nicht dem Einfluß der Ultras überlassen. Wir müssen mit ihnen reden, um sie als Verbündete im Kampf um die Sicherung des Friedens zu gewinnen, wie groß auch die Meinungsunterschiede und Differenzen in anderen Fragen sein mögen.

Die Erfahrungen der beiden zurückliegenden Jahre haben bewiesen:

Es ist durchaus möglich, mit der offensiven Friedenspolitik der sozialistischen Staaten auf breite Schichten der Bevölkerung der BRD Wirkung auszuüben. Sonst wäre es nicht zu einer Massenbewegung gegen die Raketenpolitik der USA in dem bekanntem Ausmaß gekommen, wie wir das vorher selbst kaum geglaubt hätten.

Sonst wäre es nicht möglich gewesen, zu erreichen, daß die SPD nach ihrem von Helmut Schmidt erzwungenen Ja zur Raketenstationierung zu einem Nein, zu einer Ablehnung der USA-Raketenpolitik gekommen ist.

Auch wäre nicht erreicht worden, daß über 70 Prozent der Bevölkerung sich gegen die Fortsetzung der Raketenstationierung aussprachen. Das reicht bis weit in die Reihen der Anhängerschaft der CDU/CSU hinein, zu denen vor allem auch christliche Menschen gehören, die für die Verständigung mit den sozialistischen Staaten sind und die Reagan-Politik ablehnen.

Auch in bezug auf das Verhältnis zur DDR hat sich in der Bevölkerung der BRD in den zurückliegenden Jahren eine Entwicklung vollzogen. Gewiß ist ein Teil der BRD-Bürger noch immer von revanchistischen Illusionen erfaßt, die von den entsprechenden Organisationen, von den Medien des Springer-Konzerns und auch von Politikern aller systemtragenden Parteien immer wieder geschürt werden.

Es gibt aber einen anderen Teil der Bevölkerung der BRD, der die DDR als selbständigen deutschen Staat sieht, mit dem man normal auskommen muß. Dieser Teil ist im Wachsen begriffen, und vor allem viele Jugendliche denken so. Das ist ein wichtiger Fortschritt.

Es gibt einen dritten Teil der BRD-Bevölkerung: Das sind die Freunde der DDR. Dazu zählen neben den Kommunisten in wachsendem Maße auch Gewerkschafter, Mitglieder und Wähler der SPD, viele Anhänger der Friedensbewegung.

Damit ist, ohne es zu überschätzen, ein politisches Kapital entstanden, das wir nicht verschenken oder gar jetzt dem Einfluß des Feindes überlassen dürfen. Wir müssen es vergrößern.

Die innere Lage der BRD ist von tiefen Widersprüchen geprägt. Die Kohl-Regierung ist 1982 von maßgeblichen Kreisen des Monopolkapitals ins Amt gebracht worden, um auf allen Gebieten eine Wende nach rechts durchzusetzen. Die ökonomische Situation ist aber trotz geringfügiger Verbesserungen weiter von tiefen Krisenerscheinungen geprägt. Der versprochene große Aufschwung kommt nicht. Die Massenarbeitslosigkeit geht nicht zurück, sondern wächst weiter an. Die Politik des Abbaus sozialer Leistungen durch die Regierung und die Unternehmer ist gerade in den vergangenen Wochen durch machtvolle Streiks der Arbeiter und ihrer Gewerkschaften beantwortet worden. Die sozialen Spannungen werden weiter zunehmen. Die Kohl-Regierung sollte eine Regierung der festen Hand sein. Wie die Tatsachen zeigen, ist aber ihre Situation durch verstärkte Labilität gekennzeichnet. Schon zeigt sich die Angst vor den nächsten Wahlen.

Schwer ist die Verantwortung, die diese Regierung mit ihrer Zustimmung zur Stationierung der USA-Erstschlagswaffen übernommen hat.

Wir können jedoch nicht aus dem Auge lassen, daß dafür der vorhergehende Bundeskanzler Helmut Schmidt die Vorbereitungen getroffen und damit der Regierung Kohl das Handeln erleichtert hat. Seit der Regierung Schmidt ist die BRD militärisch zur zweitstärksten NATO-Macht geworden.

In der Ost-Politik hat Kohl Kontinuität verkündet. In zwei Briefen und in Telefongesprächen hat er mir das erklärt.[38] Er muß auf die Stimmung der Bevölkerung Rücksicht nehmen. Außerdem gibt es handfeste Wirtschaftsinteressen der Großbourgeoisie, die sich nicht von Washington alles vorschreiben lassen wollen. Diese Interessenkonflikte mit den USA in den Fragen der Hochzinspolitik und des Technologieexports haben sich sogar noch verstärkt.

Jetzt muß unser ganzes Trachten darauf gerichtet sein, alle Kräfte weiter zu ermuntern, die sich für den Stopp der Raketenstationierung und den Abzug der bereits aufgestellten Systeme einsetzen.

Dabei gilt es, auch jene anzusprechen, die zwar für die Stationierung waren, jetzt aber allmählich begreifen, daß damit für die BRD keine größere Sicherheit entsteht, sondern Todesgefahr. Die gibt es

---

38 Vgl. Detlef Nakath/Gerd-Rüdiger Stephan: Von Hubertusstock nach Bonn, Dok. 11, 13, 21, 22.

in der SPD, aber auch in der CDU/CSU. Dazu bedarf es des politischen Dialogs.

Von dieser unausweichlichen Aufgabe der Mobilisierung aller Kräfte für den Frieden und gegen den USA-Kurs der Konfrontation, gegen die Zerstörung des europäischen Vertragswerkes lassen wir uns auch in der Frage meines Besuches in der BRD leiten. Welche Ziele könnten mit dem Besuch erreicht werden?

– Der Besuch in der BRD könnte dazu dienen, vor der Öffentlichkeit dieses Landes und mit weltweiter Auswirkung die konstruktiven Vorschläge der UdSSR und der anderen sozialistischen Staaten zur Verhinderung eines Atomkrieges, zum Stopp der Raketenrüstung und dem Abbau der bereits stationierten Systeme, gegen die Militarisierung des Weltraums, für die Gesundung der Weltlage darzustellen. Der Ablauf des Besuches würde das in vielfältiger Weise ermöglichen; durch eine Erklärung bei der Ankunft in der Bundesrepublik, in den Gesprächen, bei den Treffen mit den Vertretern der Parteien und in einer Pressekonferenz usw.

Ich habe bereits in einem Interview mit einer italienischen Zeitung öffentlich erklärt, daß ich mit Bundeskanzler Kohl über den Stopp der Aufstellung der NATO-Raketen sprechen werde.[39] Die Regierung der BRD war dadurch gezwungen, öffentlich ihr Einverständnis mit der vorrangigen Behandlung dieser Frage zu bekunden.

– Mein Besuch als Staatsmann der DDR in der BRD würde vor aller Welt in einer bisher nicht gekannten Weise deutlich machen, daß der sozialistische deutsche Arbeiter-und-Bauern-Staat ein souveräner und selbständiger Staat ist, mit dem die BRD in völkerrechtlichen Beziehungen steht. Das würde vor allem unterstrichen durch das erstmalige Treffen des Staatsoberhauptes des sozialistischen Staates mit dem Bundespräsidenten der BRD.

Praktisch wäre das ein schwerer Schlag gegen alle revanchistischen Tendenzen und Illusionen. Das ist auch einer der Gründe, warum gerade die ultrarechten Kräfte in der BRD gegen das Stattfinden dieses Besuches hetzen.

– In den zurückliegenden Monaten bin ich mit den Regierungschefs von Schweden, Griechenland und Italien zusammengetroffen. Demnächst werde ich nach Finnland reisen und im Spätherbst den französischen Ministerpräsidenten und den Bundeskanzler Österreichs erwarten. Vom Staatspräsidenten Frankreichs, Mitterrand, habe ich über unseren Außenminister eine mündliche Botschaft erhalten.[40]

---

39 Den Wortlaut des Honecker-Interviews für die italienische Tageszeitung „Il Messaggero" vom Juli 1984 vgl. in: Erich Honecker: Reden und Aufsätze. Bd. 10, S. 199 ff.

40 Honecker traf Ende Juni 1984 den schwedischen Ministerpräsidenten Olof Palme, Anfang Juli den griechischen Ministerpräsidenten Andreas Papandreou

So würde sich der Besuch in der BRD in diese Reihe einordnen. Auch damit würde unterstrichen, daß die Beziehungen der DDR zur BRD die gleiche völkerrechtliche Qualität besitzen wie zu anderen kapitalistischen Ländern. De facto würde damit deutlich, daß die BRD für die DDR Ausland ist.

– Kürzlich weilte der Bundeskanzler der BRD, Kohl, in Budapest. Jetzt ist bekannt geworden, daß Mitte September Genosse Todor Shiwkow nach Bonn reisen wird. Der Außenminister der ČSSR, Genosse Chnoupek, hat bei seinem jetzigen Besuch in der BRD an Kohl eine Einladung zum Besuch in Prag überbracht. Weitere Begegnungen zwischen sozialistischen Staaten und der BRD sind in Vorbereitung, so zwischen den rumänischen Genossen und Bonn.

In dieser Verbindung wäre meine Reise in die BRD ein normaler Vorgang, wohingegen ein Nichtstattfinden dieses Besuches als außergewöhnlich wirken müßte.

Wie steht es um die Haltung der politischen Kräfte in der BRD zur Frage des Besuches?

– Die Einladung war bekanntlich bereits vor 3 Jahren von Bundeskanzler Helmut Schmidt ausgesprochen worden. Auch liegt eine entsprechende Einladung des Bundespräsidenten der BRD, Weizsäcker, vor.

In der CDU/CSU sind die Auffassungen geteilt. Gegen den Besuch sind bestimmte ultrarechte Kreise, vor allem in der Bundestagsfraktion der CDU/CSU unter Führung des CDU-Politiker Dregger. Sie versuchen, durch Erklärungen das Klima zu belasten und haben sich mit den Scharfmachern des Springerkonzerns verbündet.[41]

Andererseits sind jene Kreise der CDU/CSU für den Besuch, die vor allem mit wichtigen Gruppen der westdeutschen Wirtschaft verbunden sind, denen die Fortsetzung der Handelsbeziehungen zur UdSSR, zur DDR sowie zu den anderen sozialistischen Saaten am Herzen liegen. Mir selbst sind von maßgeblichen Persönlichkeiten

---

und den italienischen Regierungschef Bettino Craxi, jeweils in Berlin, zu Gesprächen. Vom 16. bis 19. Oktober 1984 hielt sich der SED-Generalsekretär dann zu einem Staatsbesuch in Finnland auf. Anfang November 1984 kam der österreichische Ministerpräsident Fred Sinowatz in die DDR. Der Besuch des französischen Premierministers Laurent Fabius fand schließlich im Juni 1985 statt.

41 Die am 4. September 1984 vom Ständigen DDR-Vertreter Ewald Moldt in Bonn verkündete Absage des Honecker-Besuchs in der Bundesrepublik wurde mit einem unwürdigen und abträglichen Stil der Auseinandersetzungen um das Stattfinden der Visite begründet. Die DDR-Medien nahmen auf ein Interview von Alfred Dregger in „Die Welt" vom 23. August 1984 Bezug, in dem der CDU-Politiker gesagt hatte: „Unsere Zukunft hängt nicht davon ab, daß Herr Honecker uns die Ehre seines Besuchs erweist."

der Wirtschaft der BRD, wie von Berthold Beitz, entsprechende Nachrichten zugegangen.

Dabei ist zu bedenken, daß Helmut Kohl vor seiner politischen Karriere Geschäftsführer des Verbandes der chemischen Industrie war. Der CDU-Politiker Stoltenberg, jetzt Finanzminister, war früher unter der Leitung von Beitz Direktor bei Krupp. Der CDU-Politiker Kiep, Mitglied des Präsidiums und Schatzmeister, ist Aktionär bei der Hoechst AG. Er gehört zu jenen, die 1970 den Abschluß des Moskauer Vertrages, des Warschauer Vertrages und des Grundlagenvertrages unterstützt haben.

– Die FDP tritt für das Stattfinden des Besuches ein. Sie verspricht sich davon eine Aufwertung ihrer Rolle, da sie in den zurückliegenden Jahren gemeinsam mit der SPD am Zustandekommen der Verträge mit den sozialistischen Ländern aktiv beteiligt war. Durch die betonte Befürwortung verbesserter Beziehungen zu den sozialistischen Ländern versucht sich die FDP von der CDU/CSU, mit der sie zusammen regiert, abzuheben und Wähler zu gewinnen.

– Führende Politiker der SPD haben uns wissen lassen, daß sie auf das Stattfinden des Besuches in den kommenden Wochen großen Wert legen. Der Vorsitzende der SPD, Willy Brandt, hat sich in diesen Tagen noch einmal direkt an mich gewandt und die Hoffnung geäußert, daß er mich treffen wird. Ebensolche Stellungnahmen gibt es von Vogel, Bahr, Ehmke u. a.

Vogel hat Anfang August mitgeteilt, die SPD habe ein besonderes Interesse an dem Besuch, weil sie sich damit eine Stärkung ihrer Position im Hinblick auf die kommenden Wahlen verspricht.

So hat sich auch der SPD-Ministerpräsident von Nordrhein-Westfalen, Rau, und der Landesvorsitzende der SPD des Saarlandes, Lafontaine, geäußert. In beiden Ländern finden im Frühjahr Wahlen statt. Wenn die SPD sie gewinnt, würde das das Kräfteverhältnis im BRD-Bundesrat verändern.[42]

Insgesamt erwartet die Führung der SPD durch meinen Besuch und die Darlegung unserer Politik eine Hilfestellung, um in der BRD eine neuen Mehrheit gegen die CDU/CSU zu schaffen. Wie mir mitgeteilt wurde, trage sich Willy Brandt mit dem Gedanken, noch einmal für das Amt des Bundeskanzlers zu kandidieren.

– Die Partei der Grünen hat in mehreren Briefen an mich den geplanten Besuch begrüßt und darum ersucht, mit mir zusammentreffen zu können. Natürlich wissen wir, wie widersprüchlich die Lage

---

42 Bei den Landtagswahlen in Nordrhein-Westfalen am 12. Mai 1985 erreichten die SPD 52,1 Prozent, die CDU 36,5 Prozent und die FDP 6,0 Prozent der Stimmen. Im Saarland kamen am 10. März 1985 die SPD auf 49,2 Prozent, die CDU auf 37,3 Prozent und die FDP auf 10 Prozent. In beiden Ländern bildeten die Sozialdemokraten die Regierungen.

in dieser Partei ist. Sie repräsentiert aber einen beachtlichen Teil der oppositionellen Kräfte, vor allem unter der Jugend. Von den Grünen hat es bereits wichtige Initiativen zur völligen Respektierung der Staatsbürgerschaft der DDR gegeben. Sie haben sich öffentlich gegen die Thesen des Revanchismus ausgesprochen. Es gilt, jene Kräfte dort zu bestärken, die auf vernünftigen, ja, man kann sagen, auf linken Positionen stehen.

– Ich möchte noch bemerken, daß mir auch ein Schreiben des Koordinierungsausschusses der BRD-Friedensbewegung vorliegt. Der Vorsitzende dieses Ausschusses, Josef Leinen (SPD), unterstrich darin die Wichtigkeit eines Besuches für die gesamte Friedensbewegung und bittet um eine Begegnung.

Alles in allem: Unter Abwägung aller Faktoren kommen wir zu der Schlußfolgerung, daß der Besuch in der BRD richtig wäre und für unsere gemeinsame Politik des Kampfes zur Verminderung der Kriegsgefahr, gegen die Hochrüstungspolitik der USA und der NATO von Nutzen wäre. In dieser Beurteilung stimmen wir mit der DKP und auch der SEW überein.

Natürlich haben wir auch die Frage einer Absage des Besuches erwogen. Eine Absage, sofern sie nicht mit sehr gewichtigen Gründen sowohl für die Bevölkerung der Deutschen Demokratischen Republik, als auch für die Friedenskräfte der BRD und für die internationale Öffentlichkeit verbunden wäre, könnte eigentlich nur die Ultras in der BRD und in den USA freuen, die den Besuch zu verhindern trachten.

Selbstverständlich bedarf es noch entsprechender Schritte der Vorbereitung. Selbstverständlich stellen wir in Rechnung, daß es eines kämpferischen Herangehens bedarf, um die politischen Ziele zu erreichen. Selbstverständlich stehen auch andere Fragen, so z. B. der Sicherheit, aber ich bin der Meinung, daß man jetzt den Stier bei den Hörnern packen muß und daß wir somit dieses Kapitel zum Abschluß bringen müssen. Die BRD wird damit gezwungen, ihre Anerkennung der DDR zu demonstrieren.

Lieber Genosse Konstantin Ustinowitsch, liebe Genossen des Politbüros! Ich habe Euch die Auffassung unseres Politbüros vorgetragen. Ich bitte um Verzeihung, wenn es etwas länger gedauert hat.

Genosse Tschernenko:

Gestatten Sie, Genosse Honecker, nunmehr einige Überlegungen unsererseits darzulegen.

Lieber Genosse Honecker, liebe deutsche Genossen! Ich möchte betonen, daß wir ohne irgendwelche Geringschätzung die Bemühungen würdigen, die vom ZK der SED, der DDR zur Verhinderung des Krieges als Hauptgefahr unserer Zeit unternommen werden. Große Achtung empfinden wir gegenüber den großen Erfolgen der DDR, die im Ergebnis der großen Arbeit der SED errungen wurden. Darüber habe ich bereits im Juni 1984 gesprochen. Mehr noch, wir verfolgen nicht nur mit Verständnis, was von der DDR geleistet wird, sondern wir lernen von den Erfahrungen der deutschen Genossen, entsenden unsere Genossen, um diese Erfahrungen zu studieren. Gleichzeitig möchten wir im Streben nach Erhöhung der Effektivität dieser Bemühungen vermeiden, daß nicht gerechtfertigte Zugeständnisse an den Gegner gemacht werden.

Von dem, was Sie, Genosse Honecker, uns jetzt gesagt haben, ist uns vieles schon bekannt. Ihre Ausführungen bestätigen die Notwendigkeit eines rechtzeitigen offenen Gespräches. Bevor ich auf einige konkrete Fragen eingehe, möchte ich einige Überlegungen allgemeinen Charakters anstellen.

In den letzten Jahren haben wir auf bilateralen und multilateralen Beratungen sozialistischer Länder wiederholt die internationale Lage erörtert und sind dabei jedesmal zu der gemeinsamen Schlußfolgerung gelangt, daß in der Welt eine gefährliche Spannung besteht. Die Hauptursache dieser Spannung ist die Politik Reagans, ist das Streben der USA, die westlichen Länder im Kampf gegen den Sozialismus zu vereinen. Jedesmal, wenn wir gemeinsame Schlußfolgerungen zogen, betonten wir, daß eine nicht geringe Verantwortung für die Verschlechterung der Lage die BRD trägt. Das taten wir stets strikt anhand von Fakten. Können wir denn heute sagen, daß sich an der Politik der USA und der NATO etwas verändert hat? Nein, es hat sich nichts verändert. Auf jeden Fall hat sich nichts zum Besseren verändert. Im Gegenteil, die Veränderungen gingen ins Negative und richten sich gegen die Interessen des Sozialismus und des Friedens. Die von der Politik des Imperialismus ausgehenden Gefahren wachsen. Diese Feststellung wird durch alle bestehenden Hauptprobleme und in allen Regionen bestätigt. Die Wahlmanöver Reagans unterstreichen einmal mehr die Richtigkeit dieser unserer Einschätzung. Einer besonders sorgfältigen Aufmerksamkeit bedarf die Lage in Europa. Hier befindet sich die Hauptgrenze zwischen zwei Systemen, hier verläuft die vorderste Linie der Auseinandersetzung zwischen Sozialismus und Kapitalismus. Gerade hier verläuft die Hauptrichtung der Angriffe des Westens gegen uns. Die hier in militärischer, ökonomischer und ideologischer Hinsicht wirkende Hauptkraft ist die BRD, der Vollstrecker der Politik Reagans auf unserem Kontinent. Die Doppelzüngigkeit und die militaristische Tendenz in der Politik der BRD stellen all das in den Schatten, was in Bonn unter Adenauer getan wurde. Bonn und Washington handeln in voller Übereinstimmung. Die USA stationieren neue Raketen in Europa, rufen einen Kreuzzug gegen den Sozialismus aus, stellen die Realitäten der Nachkriegsentwicklung in Frage. Bonn erklärt sofort die deutsche Frage für offen und fordert offiziell die Grenzen von 1937, spricht von besonderen gesamtdeutschen Beziehungen. Es verstärken sich die Aktionen, die darauf gerichtet sind, die sozialistische Ordnung in der DDR zu unterminieren. Das ist mit bloßem Auge zu erkennen.

Genosse Honecker, Sie haben wiederholt darauf hingewiesen, daß Ihr Land sich an der Nahtstelle beider Systeme befindet. Wie sich die Beziehungen zwischen der DDR und der BRD gestalten, das ist eine Frage unserer gemeinsamen großen Politik. Diese Frage berührt direkt die Sowjetunion, die gesamte sozialistische Gemeinschaft. Die Frage des Kampfes gegen den Revanchismus ist sowohl unsere Frage als auch eine Frage der DDR. Die Politik des Revanchismus ist eine Politik des Krieges. Darüber habe ich am 14. 6. 1984[43] gesprochen und dabei gesagt, daß es uns nicht ganz verständlich ist, daß die DDR gegenüber der revanchistischen und nationalistischen Politik der BRD solch eine Zurückhaltung übt. Gegenwärtig auf einen Ausbau der Beziehungen mit der BRD einzugehen, bedeutet, ihr zusätzlich Kanäle für die ideologische Beeinflussung der DDR zu geben. Die Lage selbst, die Positionen Bonns diktieren die Notwendigkeit der Linie der Abgrenzung. Es gilt, hartnäckig gegenüber der BRD die prinzipielle Forderung nach Festigung der Souveränität der DDR und bedingungsloser Achtung dieser Souveränität durch Bonn zu stellen. In diesen Zusammenhang sollte auch die Frage Ihres Besuches in der BRD gestellt werden.

Sie, Genosse Honecker, haben in dem Gespräch im Juni keine Zweifel geäußert und sagten, daß die DDR in allen internationalen Fragen mit der Sowjetunion voll übereinstimmt. Die Lage nach unserem Gespräch ist, milde ausgedrückt, nicht besser geworden. Ungeachtet dessen kam es zu Erklärungen über neue Maßnahmen zur Erleichterung von Kontakten, zum Ausbau der Möglichkeiten für Besuche von Bürgern und Kindern aus der BRD. Diese Maßnahmen sind vom Standpunkt der inneren Sicherheit der DDR zweifelhaft und stellen einseitige Zugeständnisse an Bonn dar. Sie erhalten dadurch finanzielle Vorteile, aber in Wirklichkeit sind das scheinbare Vorteile. Hier geht es um zusätzliche finanzielle Abhängigkeiten der DDR von der BRD. Die Ereignisse in Polen sind eine schwerwiegende Lehre, aus der man Schlußfolgerungen ziehen sollte. Wir sollten der Wahrheit in die Augen schauen. Während die Bonner Positionen sich in den Angelegenheiten der DDR und Westberlins verstärkt haben, ist die DDR in keiner der großen Fragen, die lebenswichtig sind, vorangekommen. Ist denn Bonn zum Beispiel

---

43 Tschernenko bezog sich dabei auf das Treffen mit Honecker am Rande des RGW-Gipfels in Moskau am 14. Juni 1984.

nachgiebiger geworden in Fragen der Anerkennung der Staatsbürgerschaft der DDR, in der Grenzfrage, in der Verwandlung der Vertretungen in Botschaften, in der Anerkennung Berlins als untrennba-
rer Bestandteil der DDR, als deren Hauptstadt. Im Gegenteil, durch
die Gewährung des Kredits zementiert die BRD ihre negative Position in diesen und anderen Fragen. Sie können das selbst aus den Erklärungen in Bonn entnehmen.

Was den Besuch in der BRD betrifft, zu dem die Vorbereitungen,
wie wir wissen, bereits laufen, so haben Sie uns im Juni gesagt, daß
es dazu noch keinen Beschluß gibt und daß dieser unter Berücksichtigung der Situation und der politischen Verhältnisse gefaßt wird.
Heute jedoch ist die Situation nicht besser, sondern sogar noch komplizierter. Heute werden in der BRD im Zusammenhang mit der Frage des Besuches gesamtdeutsche und großdeutsche Stimmungen geschürt, verfolgt Bonn gegenüber der DDR eine diskriminierende
Linie, verletzt es direkt die Interessen der DDR und geniert sich
nicht, den Vorsitzenden des Staatsrates der DDR nicht einmal in die
Hauptstadt der BRD, Bonn, einzuladen. Das ist an und für sich schon
demütigend, ist keine protokollarische, sondern eine prinzipielle
Frage.

Versteht uns, liebe Genossen, bitte nicht so, daß wir die DDR
von Westdeutschland durch eine undurchdringliche Mauer absperren
wollen. Wir sind auch nicht gegen die Durchführung einer aktiven
Politik in den deutschen Angelegenheiten. Aber dies kann nicht getrennt von der internationalen Lage, von Europa, von der Politik der
BRD geschehen. Wenn es zu einer Annäherung mit der BRD auf
dem Wege der Schwächung der Positionen des Sozialismus durch
ungewollte Ermunterung der Ansprüche Bonns gegenüber der DDR
kommt, so würde das uns allen einen großen Schaden zufügen. Daß
jetzt in Westdeutschland ein großer Aufschwung chauvinistischer
und revanchistischer Stimmungen sichtbar ist, so muß man sehen,
daß dies die Sicherheit der Sowjetunion, der gesamten sozialistischen Gemeinschaft berührt. Die sowjetischen Menschen würden
uns nicht verstehen, wenn wir an diesen Erscheinungen vorbeigin-
gen. Das Ziel des Sozialismus ist der Frieden. Das ist das Ziel unserer gemeinsamen Außenpolitik. Aber unter den gegenwärtigen Bedingungen ist der Kampf um den Frieden vor allem die Konzentration unserer Anstrengungen auf die Durchkreuzung der Pläne
der USA und der NATO. Konkreter Ausdruck dieser Pläne ist die
Stationierung von USA-Raketen in der BRD. In Bonn versucht man,
die Dinge so darzustellen, als sollte man die Beziehungen zwischen
Ost und West nicht auf die Raketenfrage begrenzen. Als könne man
über diese Frage hinwegsehen. Im Lichte solcher Positionen Bonns
ist es schwer zu verstehen, wenn auch in der DDR erklärt wird, daß

man durch die Entwicklung der Beziehungen mit der BRD den Schaden begrenzen kann, der durch die Stationierung der USA-Raketen entstanden ist.

Ja, in der BRD gibt es Antiraketen-, Antikriegsstimmungen. Auch in regierenden Kreisen gibt es einige Politiker, die von nüchternen Positionen ausgehen. Aber das gibt keine Veranlassung für die Losung über eine gesamtdeutsche Koalition der Vernunft. Diese Losung wird durch diejenigen ausgenutzt, die versuchen, ihre Politik zu tarnen, die Menschen durch Phrasen ohne Klassensinn zu täuschen. Darauf sind jetzt alle propagandistischen Bemühungen Bonns gerichtet.

Wie die sozialistischen Länder darauf reagieren, ist eine Frage von großer prinzipieller und praktischer Bedeutung. Die Sache besteht nicht darin, zu welchen Ergebnissen die Präsidentschaftswahlen in den USA führen werden, sondern darin, daß nicht der Eindruck erweckt werden darf, als würde der harte Kurs der Reagan-Administration zu Ergebnissen führen. In unserem gemeinsamen Interesse und im Interesse jedes einzelnen sozialistischen Landes ist so zu handeln, daß weder in Washington noch in Bonn irgendwelche Hoffnungen genährt werden können. Anderenfalls würde es zu einem noch stärkeren und frecheren Druck kommen.

Sie haben sich darüber beklagt, daß durch die Veröffentlichungen in der „Prawda" dem Westen Anlaß für Spekulationen und Meinungsverschiedenheiten zwischen der Sowjetunion und der DDR gegeben wurde. In Wirklichkeit liegt die Sache anders. Der Anlaß für diese Spekulationen sind nicht unsere Publikationen gegen den Revanchismus, sondern das Fehlen von Publikationen solcher Art in der DDR. Besondere Aufmerksamkeit rief im Westen die Tatsache hervor, daß der zweite „Prawda"-Artikel überhaupt nicht in den DDR-Zeitungen veröffentlicht wurde.

Da wir hier ein offenes Gespräch führen, möchte ich auch folgende Frage stellen: Gehen die Mitglieder des Politbüros des ZK der SED etwa davon aus, daß alles, was in den Beziehungen zwischen der DDR und der BRD geschieht, darunter auch in Vorbereitung des Besuches, im voraus mit der Sowjetunion abgestimmt ist und es dazu eine gegenseitige Verständigung gibt? Wenn das so wäre, so würde dies bedeuten, daß Ihre Genossen nicht richtig über unsere Positionen orientiert sind. Als Kommunisten und ihre aufrichtigen Freunde gehen wir davon aus, daß Sie uns verstehen, daß wir diese Fragen ausräumen möchten, um auch weiterhin, ausgehend von einheitlichen Einschätzungen, eine abgestimmte Politik durchzuführen. Jede Frage, und sei sie noch so kompliziert, kann durch rechtzeitige Konsultation gelöst werden. Das ZK der KPdSU hat stets das Vertrauen zwischen unseren beiden Parteien, die weitere Festigung der Einheit unserer Aktionen in den Beziehungen, die Freundschaft und Zusammenarbeit zwischen der Sowjetunion und der DDR hoch geschätzt. Das war und bleibt die Kernfrage. Dies bezieht sich auch, Genosse Honecker, auf Sie persönlich. Das heutige Treffen findet unmittelbar vor einem großen Ereignis, dem 35. Jahrestag der DDR, statt. Wir bereiten uns darauf aktiv vor und bedanken uns herzlich für die Einladung zu diesem Jubiläum. Wir möchten darüber informieren, daß wir den Beschluß gefaßt haben, eine repräsentative Delegation mit Genossen Gromyko an der Spitze zu entsenden.

Was den Besuch in der BRD betrifft, so ist das natürlich eine Sache, die von der SED zu entscheiden ist. Wir glauben, daß Sie noch einmal kollektiv und allseitig, unter Berücksichtigung der von uns geäußerten Überlegungen, diese Frage prüfen. Wir möchten Ihnen jedoch sagen, daß die sowjetischen Kommunisten es positiv aufnehmen würden, wenn Sie in der entstandenen Lage von dem Besuch Abstand nehmen.

Zum Abschluß möchte ich noch einmal die Zuversicht zum Ausdruck bringen, daß wir im Geiste der für die Beziehungen zwischen der KPdSU und der SED, der Sowjetunion und der DDR traditionellen Freundschaft wirken werden.

Genosse Honecker dankte Genossen Tschernenko für die offenen Ausführungen zu den aufgeworfenen Fragen. Es ist richtig, wenn die Fragen zwischen Kommunisten offen angesprochen und konsultiert werden. Für unsere Partei ist das Verhältnis zur KPdSU heilig und wird es immer sein, das ist eine Sache der gesamten Partei und des ganzen Volkes der DDR. Es wurde die Frage gestellt, ob im Politbüro über unsere Gespräche informiert worden ist. Es wäre schlimm, liebe Genossen, wenn es nicht so wäre. Das Politbüro wurde über das Gespräch im Juni umfassend informiert. Ich habe deshalb unsere Einschätzung der internationalen Lage hier umfassend dargelegt und unseren Standpunkt vertreten. Es kann sein, daß er zu einigen Fragen fehlerhaft ist. Das ist möglich. Ich möchte daran erinnern, daß eine Einschätzung der internationalen Lage auch in meiner Rede auf der Wirtschaftsberatung des RGW auf höchster Ebene vorgenommen wurde, auf der wir zu einem gemeinsamen Standpunkt gekommen sind. Davon sind wir selbstverständlich ausgegangen. Deshalb habe ich auch hier vorgetragen, daß es in der gegenwärtigen Situation notwendig ist, den Hauptstoß gegen die Politik der USA zu führen, die alle negativen Kräfte vereinigen, die einen Kreuzzug gegen die Sowjetunion, den Sozialismus, gegen alle progressiven Kräfte führen. Was Europa betrifft, so stimmen wir mit Ihnen überein, daß der Hauptverbündete der USA in Europa die BRD ist. Auf der Tagung des Politischen Beratenden Ausschusses der Warschauer Vertragsstaaten in Prag habe ich unterstrichen, daß nach den USA die BRD die zweitgrößte NATO-Macht ist.[44] Hierzu gab es unterschiedliche Auffassungen seitens des Genossen Ceauşescu. In meiner Rede habe ich zum Zusammenspiel zwischen den USA und der BRD Stellung genommen und betont, daß es eines aktiven Kampfes bedarf, um den daraus erwachsenden Gefahren entgegenzuwirken.

Eine andere Frage im Zusammenhang mit Ihren Ausführungen ergibt sich daraus, daß – wie wir es verstehen – unsere Länder den gemeinsamen Standpunkt vertreten haben, nicht neue Hindernisse zu schaffen, sondern alle Kräfte zu vereinen, um die Lage, wie sie nach dem Beginn der Raketenstationierung entstanden ist, umzukehren. Das 7. Plenum unseres Zentralkomitees[45] fand unmittelbar nach dem Beginn der Stationierung der amerikanischen Raketen statt. Das Politbüro hatte mich beauftragt, am zweiten Tag in der Diskussion aufzutreten. In meiner Rede auf dem Plenum bin ich von der Erklärung der sowjetischen Führung ausgegangen und habe betont, daß es darauf ankommt, die Einheit und Geschlossenheit der sozialistischen Staatengemeinschaft zu festigen, den Kampf um die Sicherung der Entspannung und des Friedens zu verstärken und sofort entsprechende Gegenmaßnahmen einzuleiten. Das haben unsere Bürger verstanden und unterstützt. Man kann sagen, daß wir auf dem Plenum eine gründliche Analyse der Lage vorgenommen haben. Dies war auch erforderlich, um gegen bestimmte pazifistische Stimmungen Stellung zu nehmen.

Was die Formel von einer Koalition der Vernunft betrifft, so bezieht sie sich nicht allein auf das Verhältnis zur BRD, sondern ist für das Auftreten in der ganzen internationalen Arena gedacht und hat weltumfassende Bedeutung. Es ging uns dabei darum, aktiv dafür zu wirken, breiteste Kreise in der Welt gegen die Politik der USA zu mobilisieren und in diesem Rahmen natürlich auch gegen den Hauptverbündeten der USA in Westeuropa, die BRD. In diesem Sinne führte ich auch meine Gespräche mit Trudeau, Papandreou, Palme, Craxi und anderen westlichen Politikern. Es ging also – um das noch einmal zu unterstreichen – bei dieser Formel nicht um die Hervorhebung der besonderen Rolle der deutschen Staaten, sondern wir sind auch dabei von der Position der Auseinandersetzung zwischen Sozialismus und Kapitalismus ausgegangen.

Ich möchte auch daran erinnern, daß bei der Abstimmung der Deklaration, der Dokumente der Tagung des Politischen Beratenden Ausschusses der Warschauer Vertragsstaaten eine Reihe von vorgeschlagenen Formulierungen, z. B. der Gegenmaßnahmen der Stationierung operativ-taktischer Raketen großer Reichweite auf dem Ter-

---

44 Honecker bezog sich auf seine Rede auf der Tagung des Politischen Beratenden Ausschusses des Warschauer Vertrages vom 4./5. Januar 1983 in Prag.
45 Die 7. Tagung des SED-Zentralkomitees fand am 24./25. November 1983 statt.

ritorium der DDR und der ČSSR, auf Grund der Opposition des Genossen Ceauşescu nicht angenommen wurden.

Von Ihnen, Genosse Konstantin Ustinowitsch, ist die Frage im Juni aufgeworfen worden, ob mein Besuch in der BRD von Nutzen wäre. Zunächst muß man feststellen, daß die Frage des Besuches schon länger steht und wir auf Grund früherer Gespräche mit der sowjetischen Führung von der gemeinsamen Auffassung ausgingen, daß aufgeschoben nicht aufgehoben ist. Wie schon gesagt, haben wir bis zum jetzigen Zeitpunkt im Politbüro noch keinen Beschluß zu dieser Frage gefaßt. Ich habe auch in der letzten Sitzung am Dienstag die Genossen des Politbüros gebeten, zur Frage des Besuches noch keinen Beschluß zu fassen, bevor ich mich nicht mit Dir, Genosse Konstantin Ustinowitsch, abgestimmt habe. Bekanntlich gab es viele Spekulationen über den Besuch in der westlichen Presse. Unsere prinzipielle Position auch im Zusammenhang mit einem möglichen Besuch in der BRD ist in meinem Brief an Kohl dargelegt.[46] Es gibt einen Auftrag an das Außenministerium zu sondieren, was bei einem Besuch in der BRD rauskommen könnte.

Welche Entwicklung vollzieht sich nun in der BRD?

Bekanntlich ist vor kurzem Apel mit der Feststellung aufgetreten, daß es keine offene deutsche Frage mehr gebe. Hinsichtlich der Grenzen zur BRD kann man sagen, daß die Gemeinsame Grenzkommission den Grenzverlauf bis auf die 90 km Grenze an der Elbe markiert hat. Bezüglich dieser 90 km stützt sich die BRD auf Dokumente der englischen Besatzungsmacht und versucht, ihre Förderung nach Grenzmarkierung entlang des Ostufers der Elbe damit zu begründen. Wir haben uns unsererseits schon an das sowjetische Außenministerium mit der Bitte gewandt zu prüfen, ob es irgendwelche Unterlagen der ehemaligen sowjetischen Kommandantur in diesem Gebiet gibt, die uns eine Hilfe bei der Durchsetzung unserer Forderung in dieser Frage sein könnten. Wir haben festgestellt, daß im Kreis Boizenburg der damalige sowjetische Kommandant den Engländern das Angeln nur bis Mitte des Stromes genehmigt hatte.

(Genosse Tschernenko: Unsere Genossen werden diese Frage studieren.)

In den anderen Fragen wirken wir aktiv darauf ein, die öffentliche Meinung im Sinne unserer Forderungen zu verändern. In den Verhandlungen führen wir harte Diskussionen, um unseren Standpunkt durchzusetzen.

Auf der Tagung der ZK-Sekretäre in Prag haben Genosse Hager und Herrmann unsere Position bekanntlich dargelegt, und alle ande-

---

46 Vgl. das Schreiben Erich Honeckers an Helmut Kohl vom 17. Februar 1984 in: Detlef Nakath/Gerd-Rüdiger Stephan: Von Hubertusstock nach Bonn, S. 175 ff.

ren waren damit einverstanden. Wenn es irgendwelche Fragen gegeben hat, dann hätte man sie beraten können.

Sie, Genosse Konstantin Ustinowitsch, haben über den ersten und zweiten Artikel der „Prawda" gesprochen. Was den ersten Artikel betrifft, so hat man mich informiert, und ich habe entschieden, das er veröffentlicht wird, weil er die Position der DDR in der Auseinandersetzung mit der BRD aufzeigt. Den zweiten Artikel haben wir nicht abgedruckt, weil er sich gegen einige Positionen des ZK unserer Partei richtete. Wir sind der Meinung, daß eine offene Polemik nicht den Normen in den Beziehungen zwischen unseren Parteien entspricht. Wir sind gegen eine Polemik mit der KPdSU, und alle Fragen, die es gibt, können wir unter uns beheben. Deshalb habe ich Sie an diesem Montag angerufen, um deutlich zu machen, daß öffentliche Angriffe unterlassen werden, denn diese schaden uns und der gesamten Gemeinschaft. Über diese Fragen hätte man wirklich in Prag sprechen können.

Ich möchte nochmals sagen, daß ich es gut fand, einen offenen Meinungsaustausch zu führen. Natürlich gibt es noch eine Reihe von Mißverständnissen, die ausgeräumt werden müssen. Ich schlage vor, daß wir in unserem Politbüro über alle hier aufgeworfenen Fragen weiter gründlich nachdenken und uns mit euch über die jeweiligen Schritte abstimmen. Ich möchte unbedingt den Eindruck ausräumen, daß es zwischen uns Meinungsverschiedenheiten und Differenzen gibt. Vielleicht wollen noch andere Genossen sprechen. Ich möchte unsererseits danken für den Beschluß über die Entsendung einer Partei- und Regierungsdelegation zum 35. Jahrestag unter Leitung des Genossen Gromyko.

Genosse Hager: Genosse Honecker hat hier den einheitlichen Standpunkt des Politbüros zur Einschätzung der Lage und zur Entwicklung der Beziehungen zwischen der DDR und der BRD dargelegt. Unsere Partei hat stets, ich möchte sagen im Thälmannschen Geist, für die unverbrüchliche Freundschaft mit der KPdSU, für die engste Zusammenarbeit zwischen unseren Parteien und Staaten gewirkt. Deshalb ist es klar, daß man keine Gegensätze und Meinungsverschiedenheiten zwischen unseren Parteien zulassen darf. Wir werden die Bemerkungen des Genossen Konstantin Ustinowitsch sehr sorgfältig überdenken. Gleichzeitig möchte ich – wenn Sie gestatten – einige Fragen aufwerfen.

Zur ersten Frage: Es gibt unter uns keine Meinungsverschiedenheiten über die Politik des USA-Imperialismus, die Raketenstationierung und die Rolle der BRD in den Plänen des US-Imperialismus, ihre Verantwortung, die sie mit der Zustimmung zur Raketenstationierung übernommen hat und den Revanchismus. Zweifellos ist die Politik des Imperialismus auf die Unterminierung des Sozialismus nicht nur in der DDR, sondern in allen sozialistischen Ländern gerichtet. Aber eine Frage ist, was die Imperialisten wollen, welches Ziel sie haben, und die andere Frage ist, was sie können. Deshalb möchte ich die Frage stellen, ob es Fakten gibt, die belegen können, daß die DDR unterminiert ist, daß wir Zugeständnisse an die BRD machen oder ob es eine ähnliche Lage wie seinerzeit in Polen bei uns gibt. Ich möchte meinerseits sagen, die DDR ist kein schwacher sozialistischer Staat, man kann sie auch nicht mit Polen vergleichen oder sagen, daß Zugeständnisse gemacht wurden. Wir haben viele Jahre mit Millionen Besuchern aus der BRD und Westberlin, die auf Grund der bekannten abgeschlossenen Vorträge zu uns reisen können, zu tun. Das hat nicht zu einer Annäherung der DDR an die BRD geführt. Eine zweite Bemerkung meinerseits bezieht sich auf die Frage des Revanchismus. Wir sehen bei uns keine Zurückhaltung in dieser Frage. Auf jeder ZK-Tagung, in vielen Reden unserer führenden Genossen nehmen wir dazu Stellung. Ich möchte an das Interview des Genossen Honecker mit der französischen Zeitschrift „Revolution", an das Interview mit der italienischen Zeitung und der Wiener Zeitung erinnern, wo klar gegen den Revanchismus Front gemacht wurde, daß es keine Annäherung zwischen Kapitalismus und Sozialismus geben kann. Die DDR ist ein stabiler sozialistischer Staat. Sie verfolgt einen klaren Kurs und die Gestaltung der entwickelten sozialistischen Gesellschaft. Deshalb verwundert es mich, daß in Ihren Veröffentlichungen die Dinge anders dargestellt wurden. Es wäre gut, wenn es vor der Veröffentlichung eine Abstimmung zwischen uns gegeben hätte.

Genosse Ustinow: Woher entnehmen Sie, daß diese Artikel gegen die DDR poblemisieren? Der erste Artikel richtete sich gegen die Politik der USA, der NATO und der BRD. Der zweite Artikel richtete sich speziell gegen die Politik der BRD. Können Sie uns Fakten nennen, die Ihre Feststellungen belegen?

Genosse Hager: Natürlich kann ich weitere Fakten anführen. Ich möchte auf die Frage der Schadensbegrenzung verweisen, von der unser Generalsekretär auf dem 7. Plenum gesprochen hat. Das ist offensichtlich eine übergeordnete Frage, über die noch zu reden sein wird. Oder weiter. Sie stellen im „Prawda"-Artikel fest, die DDR wird untermininiert. Es wird in dem Artikel aber nicht davon gesprochen, daß die DDR eine Unterminierung nicht zuläßt.

(Genosse Gorbatschow: Das können ja Sie schreiben).

Genosse Hager: Und was den Revanchismus betrifft, so möchte ich sagen, daß die Entlarvung des Revanchismus nur eine Seite ist, eine andere Frage aber, welch ein Weg wird gewiesen zur Mobilisierung breitester Kräfte gegen den Revanchismus, für die Sicherung des Friedens.

Genosse Ustinow: Wir sind zwei Gruppen der Politbüros unserer beiden Parteien. Wir haben offen gesprochen. Je offener, ehrlicher und konkreter wir heute sprechen, um so besser wird es für die zukünftige Zusammenarbeit sein.

Genosse Honecker: Richtig, Genosse Ustinow, aber deshalb wäre es möglich gewesen, uns vor der Veröffentlichung der „Prawda"-Artikel abzustimmen und darüber zu sprechen. Damit hätten wir Mißverständnisse ausräumen können und dem Gegner keinen Spielraum für seine Spekulationen gelassen. Leider ist das auch nicht in Prag geschehen. Genossen! Unsere Soldaten, die ihrer Partei und ihrem Staat treu ergeben sind, die uns fest vertrauen, stellen uns Fragen und diese Fragen müssen wir beantworten. Dazu wäre es nicht gekommen, wenn wir uns abgestimmt hätte.

Genosse Ustinow: Und warum haben Sie danach den ungarischen Beitrag aus „Nepszava" veröffentlicht?

Genosse Honecker: Weil er objektiv und konstruktiv gewesen ist.

Genosse Gorbatschow: An diesem Stadium unseres Treffens angekommen, möchte ich eindeutig sagen, daß unsere gemeinsame Meinung davon ausgeht, daß es nicht um eine Krisensituation in unseren Beziehungen geht. Davon hat auch Genosse Konstantin Ustinowitsch gesprochen. Er sagte, es gibt Fragen, in die man Klarheit hineinbringen muß. Auch Sie, Genosse Honecker, haben vorhin im Auto und in ihren Ausführungen davon gesprochen, daß es Zeit ist, die Uhren zu vergleichen. Unser Treffen sollte zu einer Verständigung führen und Vertrauen bringen. Es sollte vor allem deshalb zur Verständigung beitragen, damit keine Risse in unseren Beziehungen entstehen, denn solche sucht der Gegner. Selbst der italienische Botschafter in Washington hat aus seinen Gesprächen im State Department die Schlußfolgerung abgeleitet, daß in Osteuropa im Zusammenhang mit dem Besuch des Genossen Honecker in der BRD sich neue Prozesse vollziehen, die man aufmerksam beobachten muß, daß die Politik der Differenzierung Ergebnisse zeigt. Wir gehen davon aus, daß man dies berücksichtigt. Ich möchte noch einmal sagen, es geht nicht um eine Krisensituation. Sie haben betont, daß die Politik der DDR darauf gerichtet ist, auch die Kohl-Regierung zu zwingen, Verträge einzuhalten, daß es darauf ankommt, realistische Kräfte zu ermuntern. Das ist alles richtig, jedoch gibt es ein Moment. Dieses besteht darin, daß diese Position der DDR die Lage in der Welt und in der BRD berücksichtigen muß. Anders geht es nicht. Das ist die Position unserer Führung, wie sie im Gespräch am 14. Juni und auch heute zum Ausdruck gebracht wurde. Jetzt ist die internationale Situation verschärft aufgrund der Politik der Reagan-Administration und der BRD als Hauptverbündeten der USA. Nehmen wir nur den letzten „Scherz" Reagans. Wie man bei uns sagt, was man im nüchternen Zustand im Kopf hat, hat der Besoffene auf der Zunge. Das zeigt sich doch bei diesem „Scherz" Reagans sehr eindeutig.

Genosse Honecker: Wir kennen das. Wir haben die TASS-Erklärung in unserem „Neuen Deutschland" auf der ersten Seite veröffentlicht.

Genosse Gorbatschow: Im Programmentwurf der Republikanischen Partei steht, daß der Kurs der Konfrontation und des Drucks verstärkt werden muß, wird die Sowjetunion als ein unnatürlicher Staat hingestellt, als die zentrale Gefahr für die USA. Daneben gibt es Erklärungen der BRD, zum Beispiel vom 13. 8. in Westberlin, und dort waren Leute zusammen, die Sie bei einem Besuch in der BRD empfangen mußten. Der Bundespräsident, Windelen, Merten haben Erklärungen abgegeben der Art, daß Berlin die Hauptstadt Deutschlands sei. Sie sprachen von der Ungelöstheit der deutschen Frage. Sie übten Kritik an Apel und seiner Erklärung, auf die Sie Ihrerseits gerade hingewiesen haben. Boenisch erklärte in der „Bild-Zeitung", daß es absolut keinen Zweifel darüber gebe, daß die deutsche Frage offen sei. Das ist die Politik der BRD. Dies dürfen wir nicht unberücksichtigt lassen. Als die Raketen aufgestellt wurden, die Sozialdemokraten der Stationierung zustimmten, haben wir erklärt, daß, wenn nichts geschieht, ein neues Element in der Lage entsteht und daß es nicht so weitergehen kann wie vorher. Daß das seine Auswirkung haben wird auf die Beziehungen auch zwischen beiden Staaten. Und was geschieht jetzt? Die Kontakte werden erweitert, der Besuch wird vorbereitet, es werden Kredite gewährt. Dies vereinbart sich nicht mit unseren Erklärungen. Die Situation hat sich so geändert, daß es sich lohnt, über all dies sorgfältig nachzudenken. Was den Artikel betrifft, so kann man jede seiner Thesen belegen.

Genosse Axen: Ich möchte die Ausführungen des Generalsekretärs, Erich Honecker, unterstreichen. SED und KPdSU bleiben immer eng zusammen. Selbstverständlich werden wir die Empfehlungen gründlich beraten. Hinsichtlich der Frage, die Genosse Tschernenko und Genosse Gorbatschow gestellt haben zur Koalition der Vernunft, so sehen wir das nicht aus dem Blickwinkel beider deutscher Staaten, sondern der Klassenauseinandersetzung zwischen Imperialismus und Sozialismus an der Hauptgrenze Europas. Nur so ist auch die Feststellung des Genossen Honecker von der DDR als Bastion des Friedens und des Sozialismus in Europa zu verstehen. Unsere Politik ist darauf gerichtet, den Konfrontationskurs an unserer Grenze nicht zum Zuge kommen zu lassen. Dabei steht die Frage, wie und was man dabei tut. Es geht erstens um die Festigung des Sozialismus, um die Durchführung von Gegenmaßnahmen. Es geht zweitens um die Entfaltung einer breiten Friedensbewegung und dabei um die Durchkreuzung aller revanchistischer Pläne. Ich möchte dabei betonen, daß zwischen der DDR und der BRD sich eine ständige soziale Konfrontation vollzieht. Zweifellos ist die BRD der

Hauptverbündete der USA. Man darf jedoch nicht die tiefen sozialen und politischen Veränderungen übersehen, die sich in der BRD seit den 50er Jahren vollzogen haben. Der USA-Imperialismus kann wichtige Aufgaben seines Konfrontationskurses ohne die BRD nicht lösen. Gerade deshalb gilt es, alles zu tun, um der BRD zu erschweren, ihre Rolle als Hauptverbündeter der USA zu erfüllen. Wir wollen es ihnen schwer machen, der USA treue Gefolgschaft zu leisten. Und noch eins möchte ich unterstreichen: Es gibt nicht nur die Einwirkung der BRD auf die DDR, sondern auch die DDR wirkt auf die BRD ein, und ich bin der Meinung, daß wir heute auf die BRD stärker einwirken als sie auf uns. Alles was zur Einheit zwischen unseren Staaten gesagt wurde, ist klar. Es gibt keine Krise in unseren Beziehungen. Ich halte es jedoch nicht den Normen entsprechend, wenn ein Bruderorgan eine Feststellung eines Generalsekretärs einer Bruderpartei und einer ZK-Tagung, wie z. B. unseres 7. Plenums über die Schadensbegrenzung, öffentlich angreift.

Genosse Honecker: Liebe Genosse! Im Namen unseres ganzen Politbüros und unseres Zentralkomitees bitte ich, keine Vergleiche zwischen Polen und uns anzustellen. Alle wie wir hier sitzen, haben dafür gekämpft, daß die Konterrevolution in Polen nicht durchkommt. Wir wissen bescheid in Polen. Mehr als eine Milliarde Valuta an materieller und finanzieller Unterstützung hat allein die DDR für Polen gegeben. Ich möchte auch an die Kinderaktionen erinnern, die von großer politischer Wirksamkeit waren und noch sind. Und schließlich sollten wir auch nicht den materiellen Schaden vergessen, der uns aus der Lage in Polen entstanden ist. Das sind nicht weniger als 4 Milliarden Mark. Als die konterrevolutionäre Entwicklung 1980 ausbrach, kam es uns darauf an, alles zu tun, daß die DDR fest steht, und das ist uns gelungen. Wir haben es nicht mit einem Sender „Freies Europa", sondern mit 35 Sendern zu tun, die stündlich auf unsere Bevölkerung einhämmern. Wir gehen davon aus, die DDR ist stabil. Das zeigt sich auch bei unseren Treffen mit den Werktätigen und allen Schichten der Bevölkerung. Wir werden nicht nachlassen, alles zu tun, um den ersten Arbeiter- und Bauern-Staat, die sozialistische DDR, weiter zu festigen und keinerlei Risse in unserem Freundschaftsbund zuzulassen. Im Hinblick auf den 35. Jahrestag der DDR gewinnt das besondere Bedeutung.

Genosse Ustinow: Unser Treffen ist eine gute Sache für den Meinungsaustausch, und wir führen ihn auf der Grundlage von Faktenmaterial. Ich möchte eine Sache hier offen – und damit nichts unausgesprochen bleibt – sagen. Es fehlt Ihnen etwas an Härte in den Beziehungen mit der BRD. Konstantin Ustinowitsch sagte, daß die BRD militärisch der Hauptvollstrecker der USA-Politik in Europa ist. Die USA haben den Kreuzzug ausgerufen, und Bonn hat sich sofort dieser Politik angeschlossen. Es erklärte die deutsche Frage für offen, die Forderung der Grenzen von 1937. All das kennen Sie, und ich bin der Meinung, daß man unter Freunden über diese Dinge offen sprechen muß. Bonn ist der Hauptinitiator der Stationierung der US-Raketen in Europa. Ja, es ist faktisch die rechte Hand der USA. Wir haben eine große Partei, ein großes Volk. Sie überlegen auch, wohin geht das jetzt. Was sollte man in den „Prawda"-Artikeln gesehen haben. Man sollte sehen, daß sie uns und Ihnen helfen. Natürlich kennen wir die Erklärung von Kohl, daß nie von deutschem Boden eine Gefahr für den Frieden ausgehen dürfe. Aber wir wissen doch nur zu gut, daß diese Erklärung nur Heuchelei, nur ideologische Tarnung ist. Wir sind doch Realisten und wollen kameradschaftlich über die anstehenden Fragen diskutieren. Ich möchte noch einmal betonen, daß die BRD der Hauptvollstrecker der USA-Politik in Europa ist. Die Bundeswehr ist aus einer Armee, die nach den Grundgesetzbuch der BRD zu Verteidigungszwecken formiert wurde, zur Hauptstoßkraft der NATO geworden.

Genosse Honecker: Genosse Ustinow, wir wissen über das, was Sie sagen, wohl sehr gut Bescheid. Ich habe erst kürzlich zwei Genossinnen ausgezeichnet, die im NATO-Stab gearbeitet haben. Wir wissen sehr wohl, wie die Sache läuft. Was die BRD und die Rolle der NATO in der USA-Politik betrifft, so habe ich das auch Genossen Ceauşescu gesagt, der das nicht wahrhaben wollte. Sie können sich weitere Bemerkungen dazu ersparen.

Genosse Ustinow: Es wäre gut, wenn sie, Genosse Honecker, während Ihres Besuches in Rumänien daran erinnern würden. Es gibt weitere Fakten. Die Bundeswehr stellt 50 Prozent der Landstreitkräfte der NATO und 30 Prozent der Luftstreitkräfte. Ich erwähne dies hier nur, um deutlich zu machen, worum es uns geht. Sie sollten uns das nicht übel nehmen.

Genosse Honecker: Ich kenne dies alles, Genosse Ustinow, und habe mich täglich damit zu befassen. Eben deshalb habe ich gestern Genossen Heinz Hoffmann die Eckziffern der NVA für den Fünfjahresplan 1986-90 bestätigt, die die Grundlage für die Beratung mit der SPK bilden.

Genosse Ustinow: Ich weiß, daß euch das bekannt ist, Genosse Honecker. Worum es uns geht, das ist die BRD, die NATO-Linie zu entlarven. Deshalb ist es wichtig, mit den Fakten zu arbeiten, auch mit solchen z. B., daß es Heimatvertriebenenverbände mit 2,4 Mio. Mitgliedern, Soldatenverbände mit 4 Mio. Mitgliedern, 80 nazistische Organisationen, Verbände von Reservisten etc. gibt.

Genosse Honecker: Nun, das ist alles klar, Genosse Ustinow, und zu diesen Fragen brauchen wir uns hier nicht gegenseitig zu überzeugen. Ich denke, daß es richtig ist, davon auszugehen, daß es keine

Artikel dieser Art geben sollte, ohne vorherige Abstimmung zwischen uns. Es ist doch ohne weiteres möglich, daß der Chefredakteur der „Prawda" über Wtsch[47] in Berlin den Chefredakteur des „Neuen Deutschland" anruft, zwischen beiden gibt es ja eine gute Verbindung, und sagt, hör mal, Günter, wir haben vor, das und das zu tun, wir müßten darüber sprechen und uns abstimmen und man könnte gemeinsam überlegen, welche Formulierungen die günstigsten sind. Was die zwischen uns behandelten Fragen betrifft, so denke ich, daß wir zu Schlußfolgerungen kommen können, daß es Sache der SED ist, über die Frage des Besuches in der BRD zu entscheiden. Ich erinnere mich noch sehr gut an die Zeit des Vertragsabschlusses über Berlin (West). Wir trafen uns damals in Warschau. Man fragte mich, ob die Unterschriftsleistung bereits erfolgt ist. Ich mußte das verneinen. Daraufhin sagtet Ihr, das macht nichts, sie wird schon noch möglich werden. Ohne meine Zustimmung erfolgte dann in Berlin die Vereinbarung, daß jeder Westberliner das Recht hat, 30 mal im Jahr die DDR zu besuchen. Der Mindestumtauschsatz wurde auf 6,50 DM festgelegt. Jetzt bezahlen die Rentner 15,- DM und 10,- DM Visagebühren, d. h. alle Einreisenden im Alter bis zu 14 Jahren und ab 65 Jahren zahlen 25,- DM.[48]

Genosse Ustinow: Wir möchten darauf aufmerksam machen, daß mit den größeren Möglichkeiten des Zutritts von Bürgern der BRD zur DDR die Gefahr der Spionage steigt. Wir fragen auch, ob, wenn man das Tor weiter aufmacht, keine Auswirkungen auf die Soldaten entstehen.

Genosse Honecker: Erstens haben wir das nicht weiter aufgemacht, zweitens, zwischen Kredit und Reiseerleichterungen gibt es kein Junktim. Natürlich müssen wir in dieser Frage ideologisch weiter arbeiten. Es gibt nur wenig Bürger der DDR, die keine Verwandten in der BRD haben. Das muß man sehen, und was die Kinder aus der BRD betrifft, die zu uns kommen, so werden die uns nicht umschubsen können, und die Rentner, die von uns nach drüben fahren, kommen alle wieder zurück.

Genosse Russakow: Ich möchte noch etwas zu den Artikeln bemerken.

Genosse Tschernenko: Vielleicht haben wir genug über die Artikel gesprochen und können diese Frage abschließen.

---

47 Internes Telefonnetz der SED.
48 Gemeint ist offenbar die Vereinbarung über den Reise- und Besucherverkehr zwischen der DDR-Regierung und dem Senat von Berlin (West) vom 20. Dezember 1971. Vgl. den Text der Vereinbarung in: Beziehungen der Deutschen Demokratischen Republik zur Bundesrepublik Deutschland und zu Berlin (West), S. 174 ff.

Genosse Russakow: Ich möchte nur darauf hinweisen, daß dieser Artikel nicht an mir vorbeigegangen ist, d. h. ich möchte damit sagen, ich stelle mich dieser Frage offen. Bevor ich zustimmte, daß dieser Artikel veröffentlicht wird, habe ich mich an die Rede des Genossen Hager in Prag und seine Ausführungen über den Revanchismus erinnert und habe den Auftrag erteilt, mir eine Zusammenstellung vorzulegen, was im „Neuen Deutschland" zur Auseinandersetzung mit dem Revanchismus veröffentlicht wurde. Die Prüfung ergab, daß seit April bis 10. August diesen Jahres im „Neuen Deutschland" insgesamt 11 Aussagen aus Reden des Genossen Honecker und anderen führenden Genossen sowie 9 Materialien aus der Sowjetunion und anderen sozialistischen Ländern veröffentlicht wurden. Jedoch gab es keinen einzigen Artikel von der SED. Das ist das, was mir vorgelegt wurde. Wenn das nicht stimmen sollte, bitte ich um Korrektur.

Genosse Honecker: Leider sind Sie, Genosse Russakow, falsch informiert. Ich werde das beweisen können.

Genosse Russakow: Uns geht es darum, daß Worte auf dem Sekretärstreffen nicht Worte bleiben dürfen, und im übrigen möchte ich darauf verweisen, daß der 2. Artikel mit einem Zitat des Genossen Honecker begann, in dem er feststellte, daß Sozialismus und Kapitalismus sich ebenso wenig vereinbaren lassen wie Feuer und Wasser.

Genosse Mielke: Genosse Konstantin Ustinowitsch, ich möchte vor allen Dingen sagen: Man muß Vertrauen zur DDR, zu uns haben. Wir könne als Organe der Staatssicherheit unsere Aufgaben nicht erfüllen, wenn wir keine klare Politik haben, diese Klarheit vermittelt unser Generalsekretär und das Politbüro unserer Partei, und das ist die Grundlage unserer Arbeit. Und möchte das nicht nur erklären für die Organe der Staatssicherheit, das gilt gleichermaßen für die Organe der Nationalen Volksarmee, die Organe des Innenministeriums und die Kampfgruppen. Ich möchte darauf verweisen, daß für die Arbeit, die unsererseits zu wichtigen Fragen geleistet wurde, ich auch von der KPdSU Orden verliehen bekommen habe. Und hier über Dinge zu sprechen, auf die wir zum Teil vor 20 und mehr Jahren hingewiesen haben, sollte man nicht tun. Ich habe im Verlauf meiner Tätigkeit 12 polnische Minister auf meinem Gebiet erlebt. Seit 30 Jahren sagen wir ihnen schon, sie sollen die politische und ideologische Zersetzung mehr beachten. Aber das haben sie nicht getan. Wir verfügen über Erfahrungen, die eindeutig sagen, eine Untergrabung des Sozialismus in der DDR wird es nicht geben.

Genosse Tschernenko: Gestattet, Genossen, daß ich noch zu einer Frage Stellung nehme, die Genosse Hager hier aufgeworfen hat. Es ging ihm dabei um die Frage, was wollen sie und was können sie. Zur Frage, was wollen sie, möchte ich hier nichts sagen. Das ist alles klar, und wenn ich dazu Ausführungen machen würde, würde das in ein Politgespräch ausarten. Aber zu der Frage, was können sie, möchte ich sagen, sie können vieles, vor allem dann, wenn wir den Kampf gegen den Revanchismus nicht verstärken. Dann würden wir ihnen nämlich helfen. Man darf diese Frage nicht unterschätzen. Es gilt, in großen wie in kleinen Fragen den Revanchismus an den Pranger zu stellen. Das ist unsere Hauptaufgabe. Das ist es, was ich noch zu dieser Frage sagen wollte. Und nunmehr, Genossen, glaube ich, das wir zum Abschluß kommen.

Genosse Honecker: Genosse Konstantin Ustinowitsch, ich möchte noch einmal danken und bedauern, daß Du Deinen Urlaub unterbrochen mußtest. Ich möchte die Genossen bitten, daß sie Dir noch die Möglichkeit gewähren, Deinen Urlaub zu beenden. Wir haben keine Illusionen über unsere Feinde und werden nie zulassen, daß man uns trennt.

Genosse Tschernenko: Vieles ist durch dieses Gespräch klarer geworden. Jetzt kommt es darauf an, daß wir das Parteiaktiv entsprechend orientieren und im Sinne der jüngsten Dokumente unsere Arbeit durchführen. Ich bin beauftragt, im Namen der Politbüro-Mitglieder, sowohl der anwesenden als auch der abwesenden, zu erklären, daß wir treue Freunde der SED waren und dies in allen Fragen auch bleiben werden. Ich möchte Danke sagen für das offene Gespräch und besonders dem Genossen Honecker für die große Aufmerksamkeit, die er unseren Beziehungen geschenkt hat. Ich wünsche Erfolg und gute Gesundheit, und was die Urlaubsunterbrechung betrifft, so möchte ich sagen, im Interesse der Freundschaft ist uns nichts zu Schade. Das meine ich sowohl im gesellschaftlichen als auch im persönlichen Sinne.

Genosse Honecker: Ich danke Ihnen herzlichst, Genosse Konstantin Ustinowitsch, für den Meinungsaustausch. Er war jedenfalls nützlich. Wir werden die Fragen im Politbüro behandeln. Dabei gehen wir davon aus:

1. Der Besuch in der BRD ist eine Sache, die in der Führung der SED zu entscheiden ist.

2. Bei der Entscheidung werden wir im Politbüro Ihre dazu gemachten Bemerkungen einbeziehen.

3. Die Beziehungen zwischen der SED und der KPdSU werden sich weiterhin im Geiste der Freundschaft und brüderlichen Zusammenarbeit entwickeln.

Quelle: SAPMO-BArch, DY 30/IV 2/2039/280.

Dokument 60

Information über ein Gespräch von Herbert Häber mit Volker Rühe, stellvertretender Vorsitzender der CDU/CSU-Bundestagsfraktion, in Berlin am 23. August 1984[49]

Das Gespräch fand auf Wunsch von Rühe statt. An ihm nahmen teil: Genosse Karl Seidel, Leiter der Abteilung BRD im MfAA; Dr. Hans Otto Bräutigam, Leiter der Ständigen Vertretung der BRD sowie der persönliche Mitarbeiter von Rühe, Dobiey.

Einleitend verwies Genosse Häber auf die gute Bilanz der DDR im 35. Jahr ihres Bestehens. Es gebe auf vielen Gebieten gute Fortschritte, die ökonomische Strategie der DDR bewähre sich. Die DDR sei trotz der negativen weltwirtschaftlichen Einflüsse gut vorangekommen. Das Ziel, ein stetiges wirtschaftliches Wachstum bei gleichzeitiger Verringerung des Material- und Energieverbrauchs zu erreichen, werde erfolgreich verwirklicht. Auf kulturellem Gebiet stünden wichtige Ereignisse bevor, wie die Eröffnung des Schauspielhauses und der Semper-Oper. Die Aufgabe, das 35. Jahr ihres Bestehens zum erfolgreichsten Jahr der DDR zu machen, werde zielstrebig verwirklicht. Das sei der Hauptgegenstand der Arbeit der Partei- und Staatsführung der DDR.

Unser Standpunkt zu aktuellen außenpolitischen Fragen sei in dem kürzlichen Interview des Generalsekretärs des ZK der SED und Vorsitzenden des Staatsrates der DDR, Erich Honecker, umfassend dargelegt worden. Er setze voraus, daß Rühe dieses Interview kenne. Es bilde aus seiner Sicht den Gegenstand dieser Unterredung, ohne daß er es nochmals referieren wolle.

Aus dem Interview könne man entnehmen, daß die DDR mit Entschiedenheit und Kontinuität ihre Linie fortsetze, die auf der 7. ZK-Tagung beschlossen und auf der 8. Tagung[50] bekräftigt worden sei, nämlich jetzt erst recht alles für den Frieden zu tun. Es sei unsere feste Meinung, daß es zur Politik der friedlichen Koexistenz von Staaten unterschiedlicher Systeme keine vernünftige Alternative gebe. Von dieser Position aus führe die DDR den politischen Dialog

---

49 Der Gesprächsvermerk wurde vom Leiter Abteilung BRD im DDR-Außenministerium, Karl Seidel, angefertigt.

50 Auf der 7. Tagung des SED-Zentralkomitees am 24. und 25. November 1983 hatte Honecker die von der Sowjetunion als Gegenmaßnahmen zu der Stationierung amerikanischer Mittelstreckenraketen angekündigte Maßnahmen unterstützt und zugleich gefordert: „Jetzt erst recht alles für den Frieden." Gleichzeitig setzte er sich für weitere Verhandlungen mit der Bundesrepublik ein. Auf der 8. ZK-Tagung am 24. Mai 1984 wurde diese Linie bekräftigt und Herbert Häber zum Mitglied des SED-Politbüros und Sekretär des Zentralkomitees gewählt.

auf den verschiedensten Ebenen, um Wege zu suchen, wie die angespannte politische Lage beruhigt, das Wettrüsten gestoppt und die Gefahr eines nuklearen Krieges gebannt werden könnte.

Genosse Häber betonte, man könne davon ausgehen, daß die DDR dabei in völliger Übereinstimmung mit den Beschlüssen ihres Bündnisses handle, in Übereinstimmung mit den Dokumenten von Prag, Moskau und des jüngsten RGW-Gipfeltreffens.[51] Genosse Häber bekräftigte nachdrücklich, daß das Bündnis der DDR mit der Sowjetunion für uns unantastbar war, ist und bleibt. Daran sollte niemand zweifeln. Das sei ein Grundprinzip unserer Partei und unseres Staaten, das in der Verfassung festgeschrieben sei. Die DDR sei ein fester und treuer Partner ihres Bündnisses. Darüber sollte es nirgendwo irgendwelche Spekulationen geben, das habe für uns absoluten Vorrang.

Genosse Häber erinnerte Rühe an das Gespräch mit ihm im vergangenen Herbst.[52] Damals habe man darüber gesprochen, was im Falle der Raketenstationierung geschehe. Damals habe er darauf hingewiesen, daß der Warschauer Vertrag entsprechende Gegenmaßnahmen ergreifen würde. Dies sei nun nach der Stationierung geschehen. Die Lage sei nunmehr so, wie damals vorausgesagt, es gebe zwar mehr Raketen, aber weniger Sicherheit. Die Politik gehe weiter, aber unter erschwerten Bedingungen. Genosse Häber verwies darauf, daß die „Nachrüstung" der NATO mit den SS-20 begründet worden sei. Der NATO-Oberbefehlshaber Rogers habe aber kürzlich in einem „Stern"-Interview selbst gesagt, daß die Stationierung der Raketen damit nichts zu tun habe. Man habe in der BRD auch damit argumentiert, daß nach der Durchführung des NATO-Beschlusses die Autorität der BRD gegenüber den USA gefestigt würde. Das Gegenteil sei jedoch eingetreten. Das Wettrüsten werde weiter forciert und solle jetzt sogar auf den Weltraum ausgedehnt werden. Auch das Argument, nach der Stationierung würden die Abrüstungsverhandlungen besser vorangehen, sei ad absurdum geführt worden. Die Töne, die man aus Dallas höre, stimmten keineswegs ermutigend. Die Frage sei jetzt, wie könne man dieser bedrohlichen Entwicklung Einhalt gebieten. Was wolle die BRD tun, um in diesem Sinne zu wirken?

---

51 Vom 12. bis 14. Juni 1984 fand in Moskau ein Gipfeltreffen der RGW-Mitgliedsstaaten statt, an der die Parteichefs und die Ministerpräsidenten teilnahmen. Am 14. Juni 1984 kam es am Rande des RGW-Gipfels zu einem Gespräch zwischen Erich Honecker und Konstatin Tschernenko, bei dem der sowjetische Parteichef vor dem angeblich zunehmenden Einfluß Bonns auf die DDR-Politik warnte. Vgl. Kap. 4, Anm. 43.

52 Vgl. Dok. 55. Das Gespräch zwischen Herbert Häber und Volker Rühe fand im Rahmen der Reise Häbers in die Bundesrepublik vom 9. bis 16. Oktober 1983 statt.

Genosse Häber erklärte, er möchte noch auf einen anderen Aspekt hinweisen: Das europäische Vertragswerk sei eine große Errungenschaft im Interesse des Friedens. Sein Kern sei die Bestätigung des politisch-territorialen Status quo im Ergebnis des zweiten Weltkrieges und der Nachkriegsentwicklung gewesen. Gerade angesichts der gegenwärtigen internationalen Lage sei es sehr wichtig, pfleglich und verantwortungsbewußt mit diesem Vertragswerk umzugehen. Aus Äußerungen in der BRD müsse man den Eindruck gewinnen, daß hier manches in Frage gestellt werden soll. Die Geschichte des europäischen Kontinents habe zur Genüge bewiesen, daß die Frage der Anerkennung der Grenzen eine Frage von Krieg und Frieden sei. Darum sei es notwendig, alle Versuche zurückzuweisen, die europäische Nachkriegsordnung in Frage zu stellen. Die Behauptung Rühes stimme nicht, dies sei lediglich eine Erwiderung auf Presseartikel in sozialistischen Ländern. Seit längerem würden lautstark revanchistische Positionen proklamiert. Er habe das schon im Frühjahr gegenüber Herrn Bräutigam festgestellt. Dabei handle es sich keineswegs, wie Rühe gesagt hatte, nur um Äußerungen unmaßgeblicher Leute. Auch Minister des Bonner Kabinetts haben sich so geäußert und reden unaufhörlich von der „offenen deutschen Frage" usw. Wenn CDU-Politiker in persönlichen Gesprächen äußern, auf Generationen hinaus werde es zwei deutsche Staaten geben, dann möge man das auch dem eigenen Anhang sagen. Das sei eine Frage der Wahrhaftigkeit in der Politik.

Genosse Häber stellte Rühe die Frage, was von dem Interview des Fraktionsvorsitzenden Dregger zu halten sei, das in der heutigen Ausgabe der Zeitung „Die Welt" veröffentlicht ist, und kam im Verlauf der Unterredung mehrfach darauf zurück. Man müsse es geradezu als eine schlimme Sache betrachten, wenn noch dazu im Vorfeld des geplanten Besuches das Staatsoberhaupt der DDR angegriffen werde und gegen den Besuch Stimmung gemacht wird. Wie soll man die Feststellung verstehen, daß in Bonn über den Besuch noch nicht entschieden sei? Ein solches Verhalten kann nur als Belastung betrachtet werden. Das alles müsse mit Entschiedenheit, vor allem was die Angriffe gegen Erich Honecker betrifft, zurückgewiesen werden.

Will Dregger damit den Besuch in Frage stellen, gehört er zu jenen Leuten, die ihn verhindern wollen? Man soll nicht glauben, daß sich Erich Honecker danach drängt, die BRD zu besuchen. Vielleicht sollen wir das als eine Absage an den Besuch verstehen? Auf jeden Fall ist es ein Vorgehen, das Schaden anrichtet.

Rühe sagte mit sichtlicher Betretenheit, er habe dieses Interview am Morgen während den Fluges nach Westberlin in der Zeitung gelesen. Unsere Auslegung sei ein Mißverständnis. Auf den Vorhalt des Genossen Häber, daß in der Überschrift Genosse Honecker angegriffen wird, wurde bemerkt, die Überschrift habe die Zeitung gemacht. Genosse Häber sagte, dies treffe nicht zu, denn es sei eine wörtliche Äußerung aus dem Text von Dregger. Offensichtlich gibt es in der BRD einflußreiche Kräfte, denen der positive Fortgang der Beziehungen zwischen beiden deutschen Staaten nicht paßt und die darum Sperrfeuer schießen. Die Folgen dafür müsse man sich selbst zuschreiben.

Rühe war erneut bemüht, die Angelegenheit zu bagatellisieren, indem er erklärte, er könne nicht für jeden Hinterbänkler in der Fraktion die Verantwortung übernehmen. Genosse Häber erwiderte, daß der Fraktionsvorsitzende Dregger ja kein Hinterbänkler sei. Bräutigam bemühte sich im Zusammenhang mit diesem Thema deutlich zu machen, daß die Einladung von Bundeskanzler Kohl an Genossen Erich Honecker zum Besuch der BRD in vollem Umfang Geltung besitze. Er betonte an dieser Stelle auch noch einmal, wir könnten davon ausgehen, daß sowohl Kohl als auch Strauß und Genscher den Besuch wollten. Am Schluß der Unterredung ist Genosse Häber noch einmal auf das Interview Dreggers eingegangen und hat festgestellt, daß damit allen Bemühungen um die Entwicklung der Beziehungen Schaden zugefügt wird. Dafür gäbe es auf unserer Seite keinerlei Verständnis. Das wolle er Herrn Rühe mit auf den Weg geben.

Rühe erwiderte auf die Darlegungen des Genossen Häber, er möchte sich zunächst für die Möglichkeit dieses Gespräches bedanken. Er halte regelmäßige Gespräche dieser Art für wichtig. Beide deutsche Staaten könnten zweifellos mit Genugtuung auf das blicken, was sie in der letzten Zeit getan hätten. Ihre aktive Rolle habe in der Welt große Aufmerksamkeit gefunden. Im wesentlichen sei die Gefahr vermieden worden, in eine „Sonderrolle" zu kommen. Auf BRD-Seite gebe es den festen Willen, diese Linie fortzusetzen. Rühe betonte, in seinen eigenen Äußerungen habe er nie eine Unklarheit hinsichtlich der Bündnisfrage gelassen. Je klarer die Zuordnung zu den Bündnissen sei, um so größer sei der politische Spielraum. Die BRD setze sich in ihrem Bündnis für eine Politik der Verhandlungen ein. Auf amerikanischer Seite gebe es Verhandlungsbereitschaft. Es wäre zu wünschen, daß es zu Verhandlungen komme, auch in der Frage des Weltraumes. Hier gebe es spezifische europäische Interessen. Die BRD sei gegen einen neuen Rüstungswettlauf im Weltraum. Aus seiner Sicht müsse aber die Sowjetunion mehr tun, um aus der Sackgasse herauszukommen.

Was die Verträge anbetreffe, stimme er Genossen Häber zu, daß man pfleglich mit ihnen umgehen müsse. Allerdings müsse der Eindruck vermieden werden, eine Seite strebe einen Status quo minus an. Diesen Eindruck gebe es jetzt manchmal, wenn von sowjetischer

Seite der „Brief zur deutschen Einheit"[53] negiert werde. Wenn in der BRD jetzt häufiger über Maximalpositionen gesprochen werde, dann sei das ein Reflex auf bestimmte Kampagnen, die geführt würden. Er stimme auch zu, daß man keine Mißverständnisse über die „deutschdeutsche" Politik zulassen dürfe. Die BRD wolle nicht von der Formel abrücken, das Machbare zu machen. Ausgehend von den grundsätzlichen Positionen müsse man sich auf das Mögliche konzentrieren.

Rühe erklärte, er möchte nunmehr von sich aus einige Fragen aufwerfen.

Das erste sei, wie Genosse Häber den Stand der Vorbereitungen des Besuches des Staataratsvorsitzenden in der BRD bewerte und wann mit der öffentlichen Bekanntgabe gerechnet werden könne.

Was die internationale Sicherheit betreffe, sollte man prüfen, welche Möglichkeiten es gebe, etwas zu bewegen. Das könne z. B. in Stockholm[54] der Fall sein. Wichtig sei, diese Konferenz weiter voranzubringen. Die BRD unterstütze den schwedischen Vorschlag hinsichtlich der Bildung von zwei Arbeitsgruppen.

Ein wichtiges Thema sei der Umweltschutz. Auch dies gehöre zum Bereich der Entspannungspolitik. Es sei die Frage, was man konkret tun könne, z. B. über den Informationsaustausch hinaus. Wie werde auf DDR-Seite der Stand des Problems Werra-Versalzung eingeschätzt. Wie beurteile man den Stand der Verhandlungen zum Kulturabkommen.[55] Aus Sicht der BRD wäre es gut, wenn man zu einem positiven Abschluß kommen könnte.

Rühe verwies auf die Frage des Jugendaustausches. Hier habe es Irritationen über den BRD-Verfassungsschutzbericht[56] gegeben. Er möchte betonen, daß keine Observationen stattgefunden hätten. In

---

53 Der „Brief zur deutschen Einheit" ist von der Bundesrepublik bei Unterzeichnung des Moskauer Vertrages am 12. August 1970 sowie des Grundlagenvertrages mit der DDR am 21. Dezember 1972 übergeben worden. Darin stellte die Bundesregierung fest, daß der unterzeichnete Vertrag „nicht im Widerspruch zu dem politischen Ziel der Bundesrepublik Deutschland steht, auf einen Zustand des Friedens in Europa hinzuwirken, in dem das deutsche Volk in freier Selbstbestimmung seine Einheit wiedererlangt". Vgl. Ingo von Münch (Hrsg.): Dokumente des geteilten Deutschland. Bd. II, Stuttgart 1974, S. 316.
54 Vgl. Kap. 4, Anm. 14.
55 Ein Kulturabkommen zwischen der DDR und der Bundesrepublik wurde am 6. Mai 1986 unterzeichnet. Vgl. den Text des Abkommens sowie Protokollvermerk zu Artikel 6 und Gemeinsame Protokollerklärung in: Vereinbarungen in Beziehungen zwischen der Deutschen Demokratischen Republik zur Bundesrepublik Deutschland und zu Berlin (West), S. 134 ff.
56 Am 20. September 1982 war eine Vereinbarung zwischen der FDJ und dem Deutschen Bundesjugendring über Jugendaustausch unterzeichnet worden. In der DDR waren danach Irritationen aufgetaucht, weil die FDJ-Delegationen im Verfassungsschutzbericht kritisch erwähnt wurden.

diesem Zusammenhang verwies er darauf, daß man Westberlin in der Praxis nicht ausschließen dürfe, wie es kürzlich bei einer Delegation der Sportjugend geschehen sei.

Ein wichtiges Thema in den Beziehungen seien die menschlichen Erleichterungen. Seit einem Jahr sei eine ganze Menge erreicht worden. Es gebe natürlich noch weitere Wünsche, insbesondere was die Reiseregelung für Westberlin angehe. Er möchte in diesem Zusammenhang die grundsätzlichere Frage ansprechen, daß DDR-Bürger, die nur den Wunsch hätten, einmal die BRD zu besuchen, keine andere Alternative hätten, als ihre Ausreise anzustreben. Wünschenswert wäre auch eine großzügigere Praxis bei dringenden Familienangelegenheiten. Schließlich gebe es die Frage des Reisealters und weiterer Verbesserungen beim Mindestumtausch sowie das Problem der Einreiseverweigerung für bestimmte Personengruppen.

Die letzten Zahlen beim Handel zeigten, daß hier einiges auseinander laufe. Wichtig wäre es, einen besseren Ausgleich anzustreben.[57]

Genosse Häber bekräftigte in Erwiderung auf die Darlegungen von Rühe nochmals die im Interview des Genossen Erich Honecker dargelegten Positionen. In erster Linie gehe es darum, die Raketenrüstung zu stoppen. Er verwies darauf, daß ständige Erklärungen über eine „offene deutsche Frage", über Wiedervereinigung, über Deutschland in den Grenzen von 1937 zu dem Schluß zwingen würde, daß es einflußreiche Kräfte in der BRD gibt, die echte Fortschritte in den Beziehungen DDR/BRD nicht wollen, die von der „Wende" in der BRD etwas anderes erwartet haben, denen die ganze Richtung gegenüber der DDR nicht paßt. Durch die Betonung von revanchistischen Positionen wollen sie einer vernünftigen Politik entgegenwirken.

Was den Besuch betreffe, so hänge die Entscheidung darüber von den Vorbereitungen über inhaltliche Fragen und die Einhaltung der Regeln für den Besuch eines Staatsoberhauptes und Parteiführers ab. Dann werde man sehen, wie die Dinge sich entwickeln. Hier wurde erneut auf Dreggers Ausfälle eingegangen.

Was Stockholm betreffe, so trete die DDR bekanntlich für konstruktive Ergebnisse ein. Es gehe tatsächlich darum, zu überlegen,

---

57 Im innerdeutschen Handel war seit Beginn der achtziger Jahr die Sondersituation entstanden, daß von 1980 bis 1982 die DDR in den jeweiligen Jahresergebnissen einen Positivsaldo erwirtschaftet hatte. Mitte 1984 zeichnete sich bereits eine weiterer DDR-Überschuß ab, der im Zusammenhang mit der auf der 5. ZK-Tagung am 25./26. November 1982 beschlossenen Forderung stand, Importe aus dem NSW deutlich zu reduzieren. Vgl. die Statistischen Angaben zur Entwicklung des Warenverkehrs zwischen der DDR und der Bundesrepublik in: Statistisches Bundesamt Wiesbaden. Warenverkehr mit der Deutschen Demokratischen Republik und Berlin (Ost), Fachserie 6, Reihe 6.

durch welche konkreten Maßnahmen man zu Fortschritten kommen könne. Aus Sicht der DDR gehöre dazu in erster Linie die Frage eines Gewaltverzichtsvertrages.

Die Haltung der DDR zu Fragen des Umweltschutzes sei ebenfalls von einem konstruktiven Herangehen bestimmt. Das habe sich z. B. durch ihre Teilnahme an der internationalen Münchener Konferenz gezeigt.

Der Stand der Verhandlungen zum Kulturabkommen sei Herrn Bräutigam ja bestens bekannt.

Rühe habe Fragen an die DDR aufgeworfen, aber es fehlen jene Punkte, bei denen die DDR berechtigte Forderungen stellt. Das betreffe die Respektierung der Staatsbürgerschaft. Die skandalöse Freilassung des Raubmörders Weißgerber durch ein Hamburger Gericht zeige drastisch, wie notwendig dies sei. Die DDR könne dies einfach nicht hinnehmen. Es sei höchste Zeit, daß hier endlich normale, den internationalen Regeln entsprechende Verhältnisse geschaffen werden. Man könne nur von dem Grundsatz ausgehen, daß es zwei Staaten mit Staatsbürgern gibt und daß die Bürger der DDR entsprechend behandelt werden müssen, wie es dem Grundlagenvertrag entspricht.

Ein anderes Problem sei die Elbe. Hier seien die Positionen gut bekannt. Hier gehe es ausschließlich um den politischen Willen, einen Fortschritt herbeizuführen.

Ein weiteres Problem sei Salzgitter. Er habe gehört, daß in Kürze die Justizminister der BRD-Länder tagen. Werde die Bundesregierung sie auffordern, einen Beschluß über die Auflösung der Stelle in Salzgitter zu fassen?

Der Jugendaustausch sei vorwiegend der Initiative der DDR zu danken. Den Verfassungsschutzbericht habe nicht die DDR zu verantworten. Bekanntlich würden auch weiterhin Gruppen aus der BRD empfangen. Was die Teilnahme von Westberliner Jugendlichen betreffe, so gebe es genügend Vorschläge unseres Reisebüros „Jugendtourist" an die Jugendverbände in Westberlin, entsprechende Vereinbarungen über Touristenreisen zu treffen.

Genosse Häber forderte Rühe nachdrücklich auf, darauf einzuwirken, daß sich etwas in den Fragen bewegt, die er angeführt habe. Es könne nicht angehen, daß immer nur Forderungen an die DDR gestellt würden und auf der BRD-Seite bewege sich nichts. Die Äußerung von Kanzler Kohl, da sei nichts zu diskutieren, müsse sehr befremden. Hier warfen Rühe und Bräutigam ein, die Erklärung des Bundeskanzlers sei falsch interpretiert worden. Selbstverständlich könne man über alle Fragen reden.

Bräutigam erklärte zum Fall Weißgerber, die Staatsanwaltschaft habe Berufung eingelegt. Man wisse, daß die Angelegenheit unbefriedigend sei. Es werde gegenwärtig intensiv versucht, darauf hinzuwirken, daß der Prozeß gegen Weißgerber stattfinde. Genosse Häber bemerkte hierzu, es gehe um die Auslieferung. Was den Besuch des Staatsratsvorsitzenden betreffe, so würde er entsprechend vorbereitet. Man sei bereit, in allen Fragen auf Probleme der DDR einzugehen. Der Staatsratsvorsitzende werde wie andere Persönlichkeiten seines Ranges behandelt werden.

Rühe fügte hinzu, es sei wünschenswert, möglichst bald eine Entscheidung herbeizuführen. Hinsichtlich der Frage der Staatsbürgerschaft konnte er nicht umhin, zuzugestehen, daß praktische Regelungen im Sinne einer „Hinnahme" notwendig seien. Genosse Häber erwiderte, es gehe um die Respektierung – warum weiche man diesem Begriff aus?

Genosse Häber wies Rühe abschließend noch einmal darauf hin, daß es darum gehe, was die BRD praktisch für die Friedenssicherung leiste. Was die DDR betreffe, so seien ihre Positionen in dem Interview des Genossen Erich Honecker in aller Klarheit deutlich gemacht worden. In diesem Sinne werde die DDR ihre Politik fortsetzen.

Quelle: SAPMO-BArch, DY 30/J IV 210.04/31.

Dokument 61

Information über ein Gespräch von Herbert Häber mit Hans Otto Bräutigam, Leiter der Ständigen Vertretung der Bundesrepublik in der DDR, in Berlin am 28. November 1984[58]

Bräutigam brachte zunächst seine Befriedigung zum Ausdruck, daß in der kommenden Woche der Besuch des neu ernannten Leiters des Bundeskanzleramtes, Minister Schäuble, zustande komme.[59] Mit dieser frühzeitigen Visite bei uns will man zum Ausdruck bringen, welch hohen Stellenwert auch künftig der Frage der Beziehungen zur DDR zugemessen werde. Bräutigam charakterisierte Schäuble als einen Mann, der in der Lage sei, sehr schnell den Kern politischer Probleme zu erfassen. Er stehe natürlich vor einer anspruchsvollen

---

58 Die Information datiert vom 29. November 1984. Das Gespräch fand auf Wunsch von Hans Otto Bräutigam statt.
59 Kanzleramtsminister Wolfgang Schäuble traf am 6. Dezember 1984 zu Gesprächen mit SED-Politbüromitglied Herbert Häber und DDR-Außenminister Oskar Fischer zusammen. Am Vortage war Schäuble mit DDR-Staatssekretär Alexander Schalck-Golodkowski geheim in der Kanzlei von Rechtsanwalt Wolfgang Vogel zusammengetroffen. Darüber waren weder Häber noch Fischer informiert. Vgl. zum Gespräch Schäubles mit Häber Dok. 62.

Aufgabe, das Bundeskanzleramt zu leiten. Da er den Rang eines Bundesministers besitze, habe er jedoch eine starke Position sowohl gegenüber den anderen Kabinettsmitgliedern als auch gegenüber dem Bundeskanzler selbst. Schäuble will sich hier vorstellen, aber dabei auch einige Fragen zur Sprache bringen, wie es in den Beziehungen weitergehen soll.

Bräutigam sagte weiter, er will uns gegenüber zum Ausdruck bringen, daß die Bundesregierung über die Aufnahme der Gespräche zwischen der UdSSR und den USA sehr befriedigt sei. Kohl habe die Absicht, bei seinem jetzigen Besuch in Washington im Namen der Bundesrepublik und auch der westeuropäischen Interessen insgesamt für einen positiven Verlauf einzutreten. Man sei sich bewußt, daß sehr viele Schwierigkeiten zu überwinden sind und deshalb mit schnellen Ergebnissen nicht gerechnet werden könne. Aber der Ansatz sei richtig. In Bonn sei man zufrieden darüber, daß Shulz USA-Außenminister bleibe und auch der bisherige Sicherheitsberater seine Tätigkeit fortsetze. Hingegen will ja wohl Frau Kirkpatrik, die als Scharfmacherin bekannt ist, zurücktreten. Auch das sei positiv zu bewerten. Sicherlich werde Herr Schäuble, so meinte Bräutigam, bei seinem Besuch bei uns über den Aufenthalt von Kohl in Washington berichten.

Schon die Nachricht über die Aufnahme der Gespräche zwischen den beiden Großmächten habe eine günstige klimatische Wirkung. Man hoffe in Bonn darauf, daß damit auch der Fortgang des Ost-West-Dialogs generell günstig beeinflußt werde, dabei auch die Beziehungen zwischen der DDR und der BRD.

Ich habe darauf verwiesen, daß in der Rede von Genossen Erich Honecker auf der 9. Tagung des Zentralkomitees der SED[60] unsere Position in aller Eindeutigkeit dargelegt worden ist. Wir unterstützen voll und ganz die Schritte der UdSSR, um mit den USA im Komplex alle Fragen der nuklearen und der Weltraumrüstung zu besprechen. Natürlich muß man sich vor Illusionen hüten, denn am Hochrüstungskurs der USA hat sich ja noch nichts geändert. Aber wir sind für Ergebnisse und werden unsererseits alles Erdenkliche tun, um für Rüstungsbegrenzung und Abrüstung zu wirken und eine weltpolitische Wende zum Besseren zu erreichen. Es sei ohnehin eine Illusion, wenn jemand glaube, man könne gegenüber der UdSSR und den so-

---

60 Auf der 9. Tagung des SED-Zentralkomitees am 22. und 23. November 1984 sprach sich SED-Generalsekretär Erich Honecker für eine „weltweite Koalition der Vernunft und des Realismus" aus. Leitschnur der Politik gegenüber der BRD sei es, „alles zu tun, damit von deutschem Boden nie wieder Krieg ausgeht". Die Existenz beider deutscher Staaten bleibe „unverzichtbar" für das europäische Gleichgewicht.

zialistischen Staaten militärische Überlegenheit erreichen und sie in die Knie zwingen.

Was das Verhältnis zwischen der DDR und der BRD betrifft, so müsse man die Frage stellen, was eigentlich damit bezweckt wird, wenn der Bundeskanzler selbst und andere namhafte Politiker der Regierungskoalition keine Rede auslassen und beinahe jeden Tag darüber sprechen, daß irgend etwas offen sei. Das gleiche gilt für die Sprüche, mit denen der völkerrechtliche Charakter der europäischen Nachkriegsgrenzen in Zweifel gestellt wird. Dabei verwies ich auf die Diskussionen auf dem Kongreß der Jungen Union, wo der Versuch, einen halben Schritt in die richtige Richtung zu gehen, unter Beteiligung von Herrn Kohl unterbunden und Resolutionen erzwungen wurden, die mit dem europäischen Vertragswerk nicht zu vereinbaren sind. Ich konfrontierte Herrn Bräutigam mit einer Rede des CDU/CSU-Fraktionsvorsitzenden Dregger, in der er sich kürzlich erneut in Ausfällen gegen die DDR und andere sozialistische Staaten erging.

Man sollte in Bonn begreifen, daß mit dieser Kampagne das Klima für die Entwicklung der Beziehungen zur DDR und den anderen sozialistischen Staaten verdorben wird und auch Ansätze für den weiteren Ausbau der Beziehungen zerschlagen werden können. Das Scheitern der Genscher-Reise in die Volksrepublik Polen habe das ja wohl erneut gezeigt.[61]

Uns kann man mit dieser Propaganda nicht beeindrucken. In Ost und West stößt logischerweise dieses gegen die Realität und Verträge gerichtete Gerede auf Ablehnung und Kritik; denn an der wirklichen Lage kann man ohnehin nichts ändern. Also ist es auch an der Zeit, von diesem hohen Roß herunterzusteigen. Man muß sagen, daß begründete Zweifel entstanden sind, ob es bei der Regierung Kohl die verkündete Kontinuität in der Ost-Politik überhaupt noch gibt. Die Haltung ist auf jeden Fall zwielichtig und nicht gerade vertrauenerweckend.

Dazu kommt, daß man sich hinsichtlich der Respektierung der Staatsbürgerschaft der DDR dümmer stellt als man ist und auch zur Frage der Regelung der Elbgrenze offenkundig hinter Positionen zurückgegangen ist, die es schon einmal gegeben hat.

In diesen Zusammenhang gehören auch die Erklärungen des Bundeskanzlers, in denen er sich rühmt, die Raketenstationierung betrieben zu haben und von der angeblich ausgebliebenen „Eiszeit" spricht. Will man denn wirklich nicht zur Kenntnis nehmen, daß mit der Raketenstationierung die Gefahren größer geworden sind und ein Atomkrieg alles zunichte machen würde?

---

61 Am 21. November 1984 hatte Außenminister Hans-Dietrich Genscher seinen geplanten Besuch in Polen kurzfristig abgesagt.

Herr Bräutigam äußerte dazu den bekannten Standpunkt, das sei eine Reaktion auf die Revanchismuskampagne gegen die BRD. Die Regierung Kohl nehme damit keine andere Haltung ein als sie schon von der vorhergehenden Regierung beim Abschluß der Verträge bezogen worden war. Er könne sich aber auch denken, daß man damit die eigenen Anhänger beschwichtigen will, von denen viele nicht begriffen hätten, wieso die Regierung Kohl in der Ost-Politik fast dieselbe Linie bezieht, wie die vorher von der SPD geführte Bundesregierung.

Allerdings frage er sich selbst, ob die Lautstärke und die Häufigkeit solcher Erklärungen wirklich angebracht sind. Immerhin habe ja der Bundeskanzler selbst davon gesprochen, daß geschichtlich und damit auf jeden Fall für mehrere Generationen eine Vereinigung nicht auf der Tagesordnung stehe.

Er nehme unsere Meinung zu diesen Fragen mit Aufmerksamkeit zur Kenntnis.

Die Regierung stehe vor schwierigen Zeiten. Noch immer sei offen, was aus der FDP wird. Genschers Ansehen sei angeschlagen. Ob Bangemann dieselbe Autorität gewinnen könne, wie Genscher, sei zweifelhaft. Aber man dürfe nicht vergessen, daß die FDP ein „zähes Luder" ist. Wenn sie aber als parlamentarische Kraft ausfalle, ist manches möglich. Man könne dann mit einer Minderheitsregierung rechnen, also mit einer faktischen großen Koalition. Aber das wisse man alles noch nicht.

Das ablaufende Jahr sei für die Regierung nicht gerade erfreulich gewesen. Allerdings halte er diese Regierung insgesamt für nicht ernsthaft gefährdet. Von der SPD drohe ihr keine Gefahr. Alle Schwierigkeiten der Koalition seien von ihr selbst hervorgebracht. Dennoch: Die Wirtschaftslage sei nicht ganz so schlecht, wie sie in der Öffentlichkeit dargestellt wird. Man habe jetzt einen Staatshaushalt zustande bekommen, der verhältnismäßig solide ist. Hier müsse die Rolle von Stoltenberg hervorgehoben werden, der ohne viel Aufhebens seine Arbeit mache und eine starke Kraft in der Regierung sei.

Die Arbeitslosigkeit werde andauern. Das wisse man in Bonn. Man glaube jedoch, sie sozial beherrschen zu können und hoffe darauf, daß in einigen Jahren die Lage sich bessern könne, wenn wieder schwächere Jahrgänge den Arbeitsmarkt entlasten.

Zur Elbgrenze sagte Bräutigam: In der Regierung gebe es dazu eine geteilte Meinung. Soweit er die Dinge kenne, sei kaum zu erwarten, daß es zu einer gemeinsamen Haltung kommt, die eine Regelung möglich macht, wie wir sie erwarten. Man sei aber bereit, auch über die Elbfrage mit uns in Gespräche einzutreten. Das Ziel ihrerseits bestehe jedoch darin, die jetzige Lage „weiter berechenbar zu halten".

Aus Bonner Sicht sei die Fortführung des Jugendaustausches ein wichtiges Thema. Hinter verschlossenen Türen habe es wilde Diskussionen über die Haltung des Innenministeriums gegeben. Ich äußerte in diesem Zusammenhang, daß bisher von Seiten der Bundesregierung noch keinerlei Erklärung zu hören war, daß mit der Geheimdienstverfolgung aufgehört werde. Auch der Bundesjugendring habe auf seinen Brief an die Regierung noch immer keine Antwort. Bräutigam meinte, die Bundesregierung werde in absehbarer Zeit sich uns gegenüber äußern.

Hinsichtlich des von Bonn gewünschten Besuches von Herrn Zimmermann in der DDR, der über Fragen des Umweltschutzes sprechen möchte, sagte Bräutigam, der von uns gemachte Vorschlag, dies für das II. Quartal 1985 ins Auge zu fassen, sei gut. Man könne bis dahin überlegen, wie es in den einzelnen Bereichen des Umweltschutzes zwischen den beiden deutschen Staaten weitergehen soll.

Bräutigam teilte mit, daß der Bundeswirtschaftsminister Bangemann die feste Absicht habe, zur kommenden Frühjahrsmesse nach Leipzig zu reisen.

Andere Fragen wurden von ihm nicht berührt. Er betonte lediglich, Bonn sei auch weiterhin bereit, mit der DDR den politischen Dialog über alle Fragen zu führen, auch über Fragen der Friedens- und Sicherheitspolitik und das zu gegebener Zeit auch auf höchster Ebene.

Quelle: SAPMO-BArch, DY 30/J IV 2/ 10.04/15.

Dokument 62

Information über ein Gespräch von Herbert Häber mit Wolfgang Schäuble, Bundesminister für besondere Aufgaben und Chef des Bundeskanzleramtes, in Berlin am 6. Dezember 1984[62]

Zu Beginn des Gesprächs unterstrich Genosse Herbert Häber die Nützlichkeit des politischen Dialogs, der gerade auch in komplizierten Zeiten dazu beiträgt, Veränderungen in der internationalen Situation herbeizuführen. Er betonte, daß das Verhältnis zwischen den

---

62 Der Gesprächsvermerk wurde vom Leiter Abteilung BRD im DDR-Außenministerium, Karl Seidel, angefertigt. Schäuble war in dieser Zeit offenbar bereits bekannt, daß sein Gesprächspartner Häber sich in einer komplizierten Situation seit dem Moskaugipfel vom 17. August 1984 befand. Sein Gespräch mit Häber gehörte nicht zur üblichen Protokollebene. Er war von Hans Otto Bräutigam arrangiert worden und hatte demonstrativen Charakter.

beiden deutschen Staaten große Bedeutung über die jeweiligen bilateralen Interessen hinaus für das politische Klima in Europa hat.

Schäuble bedankte sich für die Möglichkeit des Gesprächs mit Genossen Herbert Häber. Auf den Tag genau sei er drei Wochen im Amt.[63] Deshalb sei es Anliegen seines Besuches, politische Persönlichkeiten der DDR kennenzulernen und sich selbst vorzustellen.

Die Regierung der Bundesrepublik erachte es als richtig, daß bei Respektierung der unterschiedlichen Standpunkte in den Beziehungen zwischen der BRD und der DDR das mögliche angepackt werden sollte. Die Bundesrepublik leiste dazu ihren Beitrag. Man dürfe aber nicht übersehen, daß die allgemeinen politischen Rahmenbedingungen auch ihre Auswirkungen hätten.

Schäuble führte weiter aus, daß die BRD daran interessiert sei, vor allem auf dem Feld des Umweltschutzes zu weiteren konkreten Vereinbarungen mit der DDR zu kommen. Der ins Auge gefaßte Besuch des für den Umweltschutz verantwortlichen Bundesministers in der DDR sollte sorgfältig vorbereitet und bald durchgeführt werden. In der Sache sollten unbedingt Ergebnisse erzielt werden. Der Umweltschutz bewege die Menschen sehr. Er selbst stamme aus dem Schwarzwald und könne das gut beurteilen. Vor allem müsse man an die nachfolgenden Generationen denken.

Die Bundesregierung sei bereit, die Vereinbarung über den grenzüberschreitenden Kali-Abbau noch in diesem Jahr in Kraft zu setzen.[64] Sie lege in diesem Zusammenhang Wert darauf, auch zu entsprechenden Ergebnissen hinsichtlich der Reduzierung der Salzbelastung der Werra und beim Gewässerschutz der Elbe zu kommen. Lange Erörterungen hätte es in der Bundesregierung über die Frage des Autobahnabschnittes Hirschberg-Triptis[65] gegeben. Die Bundesregierung messe dem Ausbau der Verkehrsverbindungen große Bedeutung bei. Das diene den Menschen in beiden deutschen Staaten. Man habe sich deshalb entschlossen, der DDR darüber Verhandlungen vorzuschlagen, auch über eine Kostenbeteiligung der BRD.

Er möchte feststellen, sagte Schäuble, daß in den Beziehungen zwischen der Bundesrepublik und der DDR ein gewisses Vertrau-

---

63 Am 15. November 1984 trat Wolfgang Schäuble die Nachfolge von Philipp Jenninger als Bundesminister für besondere Aufgaben und Chef des Bundeskanzleramtes an. Jenninger übernahm am 5. November 1984 das Amt des Bundestagspräsidenten als Nachfolger von Rainer Barzel. Zum Wechsel des Ministers im Kanzleramt vgl. Karl-Rudolf Korte: Deutschlandpolitik in Helmut Kohls Kanzlerschaft, S. 209 ff.

64 Vgl. Kap. 3, Anm. 5.

65 Am 15. August 1985 unterzeichneten Vertreter der Verkehrsministerien beider deutscher Staaten in Bonn einen Briefwechsel über die Grunderneuerung von Teilen der Transitautobahn Berlin-Hirschberg.

enskapital aufgebaut worden ist. Es sei gut, daß in den zurückliegenden Jahren unbeschadet „gelegentlich schwieriger Zeiten" der Gesprächsfaden nicht abgerissen ist.

Genosse Herbert Häber griff im weiteren Verlauf des Gesprächs das von Schäuble genannte Stichwort der Vertrauensbasis auf. Zweifellos sind wir bei der Entwicklung des Klimas in unseren Beziehungen vorangekommen, sagte er. Selbstverständlich sehe auch die DDR es als eine große Aufgabe an, alles für die Erhaltung der Umwelt zu tun.

Die schrecklichen Bilder der Umweltkatastrophen in Indien und Mexiko forderten geradezu die Vorstellung heraus, welche unermeßlichen Folgen ein militärischer Konflikt im hochindustrialisierten Europa mit sich bringen würde. Das vorrangige Ziel der Außenpolitik der DDR bestehe darin, alles zu tun, um einen Krieg zu verhindern und die weltpolitische Entwicklung in ruhigere Bahnen zu lenken. Die Rüstungsschraube dürfe nicht weitergedreht werden. Damit würde den Interessen der Menschen in erster Linie gedient.

Die ganze Politik der SED sei trotz der gefährlichen internationalen Situation auf eine friedliche Zukunft gerichtet. Das machten die innenpolitischen Aufgaben der DDR deutlich, die bis zum Ende dieses Jahrzehnts abgesteckt sind und deren Überlegungen bereits bis zum Jahr 2000 reichen.

Der Stopp des Wettrüstens und der Übergang zur Abrüstung ist die Hauptaufgabe. Das oberste Gebot für das Verhältnis zwischen den beiden deutschen Staaten, sagte Herbert Häber sei, alles dafür zu tun, daß von deutschem Boden kein Krieg ausgeht. Ebensowenig dürften die beiden deutschen Staaten Schauplatz eines Krieges werden, der nicht von ihnen ausgeht. Es sei sehr zu begrüßen, daß es nunmehr zwischen der UdSSR und den USA zu Vereinbarungen gekommen ist, um Januar 1985 mit Gesprächen über den ganzen Komplex der Nuklear- und Weltraumwaffen zu beginnen. In diesem Zusammenhang verwies Genosse Herbert Häber auf die Vorschläge der DDR zur Beendigung des Wettrüstens und zur Abrüstung auf der Grundlage der Prinzipien der Gleichheit und der gleichen Sicherheit.

Es wäre nur zu begrüßen, wenn sich die Regierung der BRD ebenso fördernd und befürwortend dafür einsetzt, damit das Wettrüsten angehalten werden kann. Es sei nicht verständlich, wieso man sich dort befriedigt über die Fortsetzung der Raketenstationierung äußere. Man brauche kein Prophet zu sein, sagte Herbert Häber, um zu wissen, welche Folgen ein Mißlingen der jetzt von der UdSSR und den USA ins Auge gefaßten Gespräche hätte. Wenn sich die weltpolitische Entwicklung weiter verschärft, blieben auch die bilateralen Beziehungen nicht unberührt.

Um so wichtiger sei es, wenn mit dem Erreichten sorgfältig umgegangen würde. Herbert Häber hob hervor, daß für die Beziehungen zwischen den beiden deutschen Staaten der Grundlagenvertrag, die anderen europäischen Verträge und auch die Schlußakte von Helsinki die unverrückbare Basis sind.

Um so bedenklicher ist es, wenn durch Äußerungen und Erklärungen Bonner Politiker der Eindruck erweckt wird, als strebe man eine Relativierung der Verträge an. Das ständige Wiederholen der Behauptung, die deutsche Frage sei offen, die Verträge hätten den Charakter eines Modus vivendi und das Verhältnis zwischen beiden deutschen Staaten habe keinen völkerrechtlichen Charakter, verstärke die Zweifel daran, ob die Bundesregierung es mit den Verträgen ernst meine, ob es die Kontinuität, von der Herr Kohl gesprochen hat, überhaupt noch gibt.

Eine „Vertragspolitik mit beschränkter Haftung" sei für die DDR nicht annehmbar. Die Fortsetzung dieser Erklärungen würde das Klima in den Beziehungen ernsthaft belasten und könne Ansätze zu weiteren Schritten in den Beziehungen zerstören. Wenn man Unmögliches fordert, macht man das Mögliche unmöglich. Die Wahrheit sei, sagte Herbert Häber, es gibt zwei deutsche Staaten, die voneinander unabhängig sind und die sich im Grundlagenvertrag verpflichtet haben, ihre Souveränität zu respektieren und sich nicht in ihre inneren und äußeren Angelegenheiten einzumischen. Für die weitere Normalisierung der Beziehungen zwischen der DDR und der BRD können also nur Vertragsbeziehungen eine tragfähige Grundlage bilden.

Es stehe außer Zweifel, daß die DDR am Ausbau der Beziehungen zur BRD interessiert ist. Das ist für uns keine konjunkturelle Frage, sagte Herbert Häber, sondern ein wichtiges Element der von uns verfolgten Politik der friedlichen Koexistenz. Die DDR sei entschlossen, alles zu erfüllen und zu verwirklichen, was mit der BRD vereinbart worden ist.

Herbert Häber übergab Schäuble eine Ausarbeitung der DDR zu Fragen der Respektierung der Staatsbürgerschaft. Außerdem übergab er eine Abschrift des in der Grenzkommission im Jahre 1975 ausgehandelten Protokollvermerkes zu Fragen der Elbgrenze.

W. Schäuble sagte in Erwiderung der Ausführungen von Genossen Herbert Häber, er würde sich freuen, mit ihm öfter, entweder hier oder in Bonn, sprechen zu können. Leider sei es heute aufgrund der Kürze der Zeit nicht möglich, alle angesprochenen Themen ausführlich zu behandeln. Soviel könne er sagen: Die Regierung der Bundesrepublik wolle darauf hinwirken, daß sich zur DDR gutnachbarschaftliche Beziehungen auf der Basis des Grudlagenvertrages entwickeln. Zu Recht habe Herbert Häber darauf hingewiesen, daß Kohl von der Kontinuität seiner Regierung in der Vertragspolitik gesprochen habe. Daran würde sich nichts ändern. Auch der Wechsel von Jenninger zu ihm würde in diesen Fragen von Kontinuität geprägt werden.

Er verstehe die Philosophie des Grundlagenvertrages so, daß in Kenntnis der Unterschiede in Grundpositionen auf der Basis der Gleichberechtigung das Machbare gelöst werden müsse. Niemand wolle das ins Zwielicht bringen. Zuzustimmen sei ebenso dem, was Herbert Häber über die Festigung eines guten Klimas zwischen beiden Staaten ausgeführt hat. Die unterschiedlichen Standpunkte dürften nicht verwischt werden. Im Grundlagenvertrag stünde ja bereits, daß es in der Frage der Staatsbürgerschaft keine Übereinstimmung gibt. In bezug auf die für die Gestaltung der Beziehungen zwischen beiden Staaten geltenden Prinzipien stimme er mit Herbert Häber völlig überein. Daran gäbe es keinen Zweifel. Dankbar sei er für die dazu gegebenen Erläuterungen.

Das von Herbert Häber übergebene Papier zu Fragen der Staatsbürgerschaft würde er aufmerksam lesen. Der Protokollvermerk der Grenzkommission aus dem Jahre 1975 zur Frage der Elbgrenze sei ihm bekannt. Das sei von keiner Bundesregierung jemals bestätigt worden. Er könne soviel sagen, daß nach Abschluß der gegenwärtig angestellten internen Überlegungen die Beauftragten der Bundesregierung 1985 in der Grenzkommission einen entsprechenden Vorschlag der Bundesrepublik zur Lösung dieser Frage einbringen werden.

Was die aktuelle internationale Situation betrifft, wolle er sagen, daß die Bundesrepublik die Bedeutung der Verhandlungen zwischen der UdSSR und den USA sehe. Er stimme zu, daß ohne Frieden alles vergeblich ist. W. Schäuble machte auf den Text des Kommuniqués aufmerksam, das anläßlich des Besuches von H. Kohl bei R. Reagan in der vergangenen Woche veröffentlicht wurde. Die Bundesregierung wolle im Rahmen ihres Bündnisses mithelfen, damit der Dialog in Gang kommt. Er wolle hervorheben, daß Bundeskanzler Kohl immerhin der Regierungschef des westeuropäischen NATO-Partners der USA ist, der als erster nach der Wiederwahl mit R. Reagan gesprochen hat.[66]

Schäuble führte weiter aus, er stimme mit Herbert Häber überein, daß es zu Fortschritten auf dem Gebiete der Abrüstung kommen müsse. Er wolle daran erinnern, daß die CDU/CSU-Fraktion im Bundestag bereits in einer Zeit, als sie noch auf der Oppositionsbank saß, das weltweite Verbot chemischer Waffen gefordert habe.

W. Schäuble äußerte sich zur Kritik sozialistischer Länder am Revanchismus in der BRD und behauptete, daß diese Kampagne einem guten Klima ebenfalls abträglich sei.

Im weiteren Verlauf des Gesprächs sprach Schäuble den Aufenthalt von DDR-Bürgern in einigen BRD-Botschaften an.[67] Dieses

---

66 Ronald Reagan wurde vom Wahlmännergremium am 20. Januar 1985 für seine zweite Amtszeit zum Präsidenten der USA gewählt.
67 Seit dem 2. Oktober 1984 hatten sich bis zu 168 DDR-Bürger in der Botschaft der Bundesrepublik in Prag aufgehalten. Nach schwierigen Verhandlungen, in die Wolfgang Schäuble sowie Alexander Schalck-Golodkowski und

Problem sollte man nicht unterschätzen. Er sehe eine Gefahr, daß daraus eine Belastung in den Beziehungen entstehen könne. Die Bundesregierung habe erklärt, daß die Botschaften kein Weg für die Erzwingung von Ausreisen sein könnten. Ich bitte Sie, sagte Schäuble, mitzuhelfen, daß Lösungen gefunden werden.

Genosse Herbert Häber ging noch einmal auf den Revanchismus in der BRD ein. Schließlich brauche man sich nicht zu wundern, daß es in Ost und West zu Reaktionen führt, wenn der Eindruck erweckt wird, man wolle in Europa die Landkarte neu zeichnen. Auf der letzten Tagung unseres Zentralkomitees hat deshalb unsere Partei noch einmal unmißverständlich gesagt, daß alle Völker in Europa mit zwei deutschen Staaten leben können. Die Existenz zweier deutscher Staaten sei sogar ein stabilisierender Faktor in Europa.[68]

In bezug auf die von Schäuble angesprochene Lage in einigen Botschaften führte Herbert Häber aus: Die Bundesregierung weiß, daß die DDR mit Verantwortungsbewußtsein an diese Probleme herangeht. Wir sind der Auffassung, daß, wenn es sich um Bürger der DDR handelt, sie als Bürger der DDR zurückkommen sollten.

Am Gespräch nahmen seitens der DDR Genosse Karl Seidel, Leiter der Abteilung BRD im MfAA, und Genosse Gunter Rettner, stellvertretender Leiter der Abteilung für Internationale Politik und Wirtschaft des ZK der SED, teil.

Von BRD-Seite nahmen teil Hans Otto Bräutigam, Leiter der Ständigen Vertretung der BRD, Günther Meichsner, Ministerialdirektor im „innerdeutschen" Ministerium, sowie Hermann von Richthofen, Ministerialdirigent im Bundeskanzleramt der BRD.

Quelle: SAPMO-BArch, DY 30/J IV 2/2A/2713.

Dokument 63

Information über ein Gespräch von Herbert Häber mit Hans Otto Bräutigam, Leiter der Ständigen Vertretung der Bundesrepublik in der DDR, in Berlin am 22. Januar 1985[69]

Zu Beginn verwies Herr Bräutigam darauf, daß Ministerpräsident Rau mit seinem Besuch in der DDR außerordentlich zufrieden gewe-

---

Wolfgang Vogel eingeschaltet waren, kam es am 14. Januar 1985 zu einer Einigung. Nachdem ihnen Straffreiheit und die zügige Behandlung ihrer Ausreiseanträge zugesichert wurde, verließen die letzten die DDR-Bürger die Botschaft und kehrten zunächst in die DDR zurück.
68 Vgl. Kap. 4, Anm. 60.
69 Das Gespräch fand auf Wunsch von Hans Otto Bräutigam statt.

sen sei.[70] Das gelte in besonderem Maße für das Zusammentreffen mit Generalsekretär Honecker. Vor allem die Atmosphäre dieser Begegnung habe großen Eindruck gemacht. Herr Rau werde sicherlich noch persönlich seinen Dank übermitteln.

Sein Hauptanliegen, so sagte Herr Bräutigam, sei, Herrn Honecker mitzuteilen, daß der Bundespräsident von den kritischen Bemerkungen über seine Rede zum Neujahrsempfang für das Diplomatische Corps in Bonn sowohl von Bräutigam als auch von Rau unterrichtet worden ist. Herr von Weizsäcker sei tief betroffen, so mißverstanden worden zu sein. Da es in den Zeitungen der BRD keine Veröffentlichungen des Wortlautes der Rede gegeben hat und sie auch im Bulletin der Bundesregierung erst relativ spät abgedruckt worden sei, übermittle er den Wortlaut seiner Ansprache. Für den Bundespräsidenten sei es persönlich sehr wichtig, daß der Generalsekretär den gesamten Text kennenlernt. Er verbinde damit die Hoffnung, daß er so zu einem anderen Urteil über die Rede komme. In einer trotz Genf noch immer schwierigen Situation habe er damit einen positiven Beitrag leisten wollen. Die vom Generalsekretär angesprochenen Stellen habe er in ganz allgemeiner Weise gesagt.[71]

Herr Bräutigam fügte hinzu, die betreffende Passage sei eine sehr sensible Behandlung einer für sie sehr schwierigen Frage. Herrn von Weizsäcker liege sehr daran, daß er nicht falsch verstanden wird.

Herr Bräutigam nahm dann Bezug auf den bevorstehenden 8. Mai. Es gebe eine Diskussion in der Bundesrepublik, aus der sich nunmehr die Behandlung dieses Datums sehr deutlich herauskristallisiert.

Der Bundeskanzler werde am 21. 4. im ehemaligen Konzentrationslager Bergen-Belsen auf einer Veranstaltung der Vereinigung der Juden der BRD sprechen. Am 8. Mai werde es einen offiziellen Akt im Bundestag geben. Das sei so gut wie sicher. Es werde der Bundespräsident sprechen, wahrscheinlich nur er. Vorher werde im Kölner Dom ein ökumenischer Gottesdienst abgehalten.

Internationale Veranstaltungen zum 8. Mai, an denen die Bundesregierung beteiligt ist, gibt es nicht. Der Präsident der USA, Reagan, wird sich vom 2. bis 4. Mai zum Wirtschaftsgipfel in Bonn aufhal-

---

70 Der Ministerpräsident von Nordrhein-Westfalen, Johannes Rau, besuchte vom 9. bis 12. Januar 1985 die DDR. Am 11. Januar 1985 traf er zu einem Gespräch mit SED-Generalsekretär Erich Honecker zusammen. An diesem Gespräch nahm auch Politbüromitglied Herbert Häber teil. Vgl. die beiderseitigen Gesprächsvermerke in: Heinrich Potthoff: Die „Koalition der Vernunft", S. 289 ff.
71 Honecker hatte im Gespräch mit Rau kritisiert, daß Bundespräsident Richard von Weizsäcker erklärt habe, „wer den Frieden wolle, könne die Teilung nicht hinnehmen". Daraufhin fragte Honecker, ob das bedeuten solle, daß „er Krieg wolle". Vgl. ebenda, S. 289, 297.

ten. Vermutlich werden die daran beteiligten Staaten eine politische Erklärung veröffentlichen, die Bezug nimmt auf das Ende des Krieges und die politischen Strukturen, die nach dem Krieg im Westen entstanden sind.

Es sei möglich, daß Präsident Reagan daran anschließend in der BRD zu einem bilateralen Besuch bleibt. Er wird aber nicht mehr am 8. Mai in der BRD sein. Was in der Presse über einen eventuellen Besuch von Reagan und Kohl in Dachau veröffentlicht wird, ist fundiert. Aber es sei noch keine Entscheidung gefallen, man befinde sich mit den USA im Gespräch.

Bräutigam fügte hinzu, für sie sei der 8. Mai einerseits ein Tag der Freude und der Erleichterung über die Befreiung von einer schrecklichen Diktatur. Es sei zugleich ein Tag der Trauer an die Opfer des Krieges und der Gewaltherrschaft sowie der Würdigung der in der Nachkriegszeit entstandenen neuen demokratischen Strukturen. Daß viele Menschen auch an die Leiden der Nachkriegszeit denken, sei natürlich. Alle diese Dinge würden im Gedenken an den 8. Mai 1945 zusammenfließen.

Ich habe in der besprochenen Weise an dieser Stelle darauf hingewiesen, daß das für sie beschämende Verhalten zum 8. Mai bei uns, bei den Bürgern der DDR, sehr negativ beurteilt wird. Zugleich brachte ich zur Sprache, daß man sich ohnehin fragen muß, wer sich im Regierungslager durchsetzen wird – jene, die Kontinuität verkündet haben oder jene, die das revanchistische Geschrei verstärken.

Man muß den Eindruck haben, daß in der Außenpolitik der BRD jene Tendenzen stärker werden, die auf eine Revision der Grenzen abzielen, was natürlich ohne jegliche Aussicht ist, aber zu Recht in Ost und West auf Widerstand stößt und verurteilt wird. Dabei nahm ich Bezug auf ein deutschlandpolitisches Papier aus den Reihen der CSU und verwies auch auf die scharfen Angriffe, denen Herr Jenninger ausgesetzt ist, nur weil er den Versuch macht, hinsichtlich der Beziehungen zur Volkskammer der DDR eine konstruktive Haltung einzunehmen.

Bräutigam sagte dazu, das Papier aus den Reihen der CSU sei ihm im vollen Umfang nicht bekannt. Ihm sei auch nicht klar, was es eigentlich ist, ob man es als offizielle Position der CSU oder nur als Auffassung einer bestimmten Gruppe betrachten müsse. Mit seinen Äußerungen zu den Beziehungen zur Volkskammer habe Jenninger etwas anstoßen wollen. In der CDU/CSU sei diese Frage ohne Zweifel umstritten. Die Bundesregierung habe sich noch nicht geäußert. Es werde hier sicher keine rasche Entwicklung geben.

Was die Politik der Kontinuität betreffe, so müsse sie immer wieder durchgekämpft werden. Sie müsse immer wieder kämpferisch bestätigt werden. Er kenne keinen maßgeblichen Politiker der BRD, der den Grundlagenvertrag in Frage stelle. Wir möchten uns durch manche Diskussionen, die gelegentlich recht lautstark geführt würden, im Blick für die Grundlinie der Regierungspolitik nicht irre machen lassen.

Auf meine Feststellung, daß wir noch immer kein Wort des Bundeskanzlers Kohl gegen die Militarisierung des Weltraums gehört haben, statt dessen aber Erklärungen von CDU-Politikern für die Beteiligung an den entsprechenden Vorhaben der USA, wobei ich noch einmal an die Ausführungen von Genossen Erich Honecker im Gespräch mit Rau erinnerte, sagte Bräutigam, die Bundesregierung begrüße das in Genf zwischen Gromyko und Shultz vereinbarte Verfahren, alles im Gesamtzusammenhang zu behandelt. Man hoffe, daß die Vereinbarungen von Genf und die zu erwartenden Verhandlungen positive Wirkungen auch auf andere Verhandlungen haben, so auf die in Stockholm.

Ansonsten sagte er zum Thema der Weltraummilitarisierung lediglich, die Angelegenheit sei auch in den USA noch umstritten.

Dann bezog sich Herr Bräutigam auf den bevorstehenden Besuch von Walther Leisler Kiep in der DDR. Er kommt am 31. 1. nach Berlin. Er begrüße es, sich mit mir treffen zu können, was ja schon eine gewisse Tradition habe.[72] Er habe aber wissen lassen, daß er sehr froh wäre, wenn er als Mitglied des Präsidiums der CDU ein Gespräch auf noch höherer Ebene haben könnte. Er hege die Hoffnung auf eine Unterredung mit Generalsekretär Honecker. Hinter dieser Hoffnung stehe der Eindruck, daß von Seiten der DDR neuerdings mit der SPD alles gut laufe, sehr gut sogar, während die führenden Herren der CDU bei uns etwas in eine Quarantäne geraten seien. Aber gerade Herr Kiep sei in der CDU ein Vorkämpfer konstruktiver Beziehungen zur DDR gewesen und er sei es auch heute noch.

Bräutigam informierte darüber, er wolle aus Anlaß des Besuches von Kiep in Berlin zu einem Mittagessen einladen, bei dem er hoffe, neben mir auch die Herren Nier, Seidel, Schmidt, Beil und Polze begrüßen zu können. Er habe beim Außenministerium darüber bereits Mitteilung gemacht.

Wie festgelegt, verwies ich darauf, daß es eine Verkennung der Lage sei, wenn man den Eindruck habe, wir würden Politiker der Koalitionsparteien in Quarantäne nehmen. Dabei bezog ich mich auf den angekündigten und dann von ihm selbst verschobenen Besuch von Ministerpräsident Späth, auf unser Einverständnis für einen Besuch von Herrn Ronneburger, auf den stattgefundenen Besuch unseres Landwirtschaftsministers in der BRD und vor allem auch darauf, daß Herr Minister Bangemann in Leipzig erwartet wird. In diesem

---

72 Vgl. Dok. 64.

Zusammenhang sagte ich entsprechend der Festlegung, daß mit dem Besuch von Genossen Günter Mittag auf der Hannover-Messe gerechnet werden kann,[73] wenn es sein Gesundheitszustand zuläßt. Die Absprachen könnten zur Leipziger Messe getroffen werden.

Bräutigam äußerte dazu, Herr Bangemann werde mit Sicherheit nach Leipzig kommen. Da der 10. März, der Tag des Messebeginns, in der BRD aber zugleich der Tag der Wahlen im Saarland und der Kommunalwahlen in Hessen (sowie der Wahlen in Westberlin) ist, könne Herr Bangemann erst am Montagabend (11. März) anreisen, um dann am Dienstag in Leipzig zu sein. Bangemann sei dann ja schon Vorsitzender der FDP und komme darum vorher aus Bonn nicht weg.

Bangemann habe großes Interesse, als FDP-Vorsitzender bei dieser Gelegenheit auch in Berlin ein politisches Gespräch mit dem Generalsekretär Honecker führen zu können.[74]

Der Besuch von Dr. Mittag in Hannover werde begrüßt. Sicher nehme man in Bonn an, daß man erfreut darüber wäre, wenn er wie in der Vergangenheit dann von Hannover weiterfahren würde.

Herr Bräutigam teilte mit, er habe von Herrn Heck, dem Präsidenten der Konrad-Adenauer-Stiftung, den Auftrag, anzufragen, ob ich bereit wäre, in der nächsten Zeit vor einem geladenen Kreis einen Vortrag zu halten. Dieser Vorschlag werde in Kenntnis der Bundesregierung gemacht. Man würde gern wissen, wie wir dazu stehen, bevor eine formelle Einladung ausgesprochen wird. Es werde sich um einen ausgewählten Kreis von politisch wichtigen Persönlichkeiten handeln und keine öffentliche Veranstaltung sein. Sicherlich könnte das auch mit Gesprächen mit Regierungsvertretern verbunden werden. Ich habe diese Mitteilung lediglich entgegen genommen.

Zum Schluß kam Herr Bräutigam noch auf die laufenden Verhandlungen zu sprechen. Ihm gehe es dabei vor allem um zwei Punkte:

Erstens halte man für besonders wichtig die Vorbereitung der Gespräche der Umweltminister. Die Betonung liege auf dem Wort

---

73 Politbüromitglied Günter Mittag besucht die Messe in Hannover und traf am 18. April 1985 in Bonn mit Bundeskanzler Helmut Kohl zusammen.

74 Bundeswirtschaftsminister Martin Bangemann führte am 11. März 1985 in Berlin Gespräche mit Politbüromitglied Günter Mittag und traf am gleichen Tage mit SED-Generalsekretär Erich Honecker zusammen. Der Besuchsplan war durch den Tod von KPdSU-Generalsekretär Konstantin Tschernenko (10. März 1985) und der Wahl Michail Gorbatschows am 11. März 1985 kurzfristig durcheinander geraten. Honecker reiste unmittelbar danach zu den Trauerfeierlichkeiten nach Moskau. Dort fand auch ein Gespräch zwischen Honecker und Bundeskanzler Helmut Kohl statt. Vgl. die Gesprächsniederschrift über dieses Treffen in Detlef Nakath/Gerd-Rüdiger Stephan: Von Hubertusstock nach Bonn, S. 215 ff.; Heinrich Potthoff: Die „Koalition der Vernunft", S. 305 ff.

Vorbereitung. Aus Bonner Sicht müßte erst einmal besprochen werden, was man auf diesem Gebiet wirklich tun kann, worin eine konkrete Zusammenarbeit bestehen kann, über den allgemeinen Meinungsaustausch hinaus. Im Verlaufe dieser Vorbereitungen, die bald beginnen sollten und die auf einer hohen Beamtenebene stattfinden könnten, wäre es dann auch möglich, den Termin für das Treffen der Minister zu bestimmen.

Zum zweiten bewege ihn die Frage, wie man in den Verhandlungen zum Kulturabkommen vorankommen könne. Man sei ja im Text schon ziemlich weit. Es gebe ein paar offene Punkte. Einer erscheine besonders schwierig; das sei die Frage der Einbeziehung der Stiftung Preußischer Kulturbesitz. Er meint, wenn man noch einmal gründlich nachdenkt, müßte man auch hier eine befriedigende Lösung finden können, um das Abkommen fertigzukriegen.[75]

Er sagte, man sei bemüht, einige Hindernisse aus dem Weg zu räumen. So gäbe es in der BRD Kulturgüter, wie zum Beispiel die Gründungsurkunde der Rostocker Universität, die eindeutig in die DDR gehöre. Aber es existiert ein Gesetz, das das bisher verhindert. Man sei nun bemüht, das Gesetz zu novellieren und die Rückgabe solcher Dinge möglich zu machen. Das Bundeskabinett werden sich demnächst damit befassen. Es sei aber noch nicht beschlossen. Aber er wolle uns das sagen, damit wir wissen, wie sie herangehen. Er meinte, damit könne man das Stiftungsproblem soweit entschärfen, daß die Angelegenheit auch für die BRD akzeptabel wird.

Im Februar sei die nächste Runde der Gespräche über das Kulturabkommen. Wir drängen nicht, so sagte Bräutigam. Man könne sich dann in der zweiten Maihälfte wieder zusammensetzen. Wir sollen sehen, daß sie sich sachlich und konstruktiv verhalten, ohne übergroße Eile und ohne alles an die große Glocke zu hängen. Das gelte auch für die zu führenden Gespräche über die Frage des Swing.[76] Die BRD werde auch hier konstruktiv herangehen und die Angelegenheit durch keine anderen Dinge belasten.

Quelle: SAPMO-BArch, DY 30/J IV 2/10.04/15.

---

75 Vgl. Kap. 4, Anm. 43.
76 Am 5. Juli 1985 wurde eine Vereinbarung zwischen dem DDR-Außenhandelsministerium und der Treuhandstelle für Industrie und Handel (TSI) über die Erhöhung des Swing auf 850 VE jährlich getroffen. Vgl den Text der Vereinbarung in: Beziehungen zwischen der Deutschen Demokratischen Republik zur Bundesrepublik Deutschland und zu Berlin (West), S. 134.

Dokument 64

**Information über ein Gespräch von Herbert Häber
mit Walther Leisler Kiep, CDU-Präsidiumsmitglied und
-Bundesschatzmeister, in Berlin am 31. Januar 1985**

Herr Kiep unterrichtete mich zunächst davon, daß er kürzlich in den
USA war. Dort habe er erfahren, daß die jetzige Botschafterin der
USA in der DDR, Frau Ridgway, in Kürze eine hohe Funktion im
Außenministerium übernehmen wird. Sie sei als Nachfolgerin für
Richard Burt vorgesehen, dem stellvertretenden Außenminister für
europäische Angelegenheiten. Burt werde wohl eine Arbeit im Weißen Haus übernehmen. Die Ernennung von Frau Ridgeway sei ein
bedeutsamer Vorgang. Sie habe sich mit Erfolg bemüht, daß es zu
einer eigenständigen Politik der USA gegenüber der DDR kommt.
Ihre Berufung in das neue Amt sei eine Bestätigung für diese Linie.
Früher sei es ja so gewesen, daß für die USA nur Bonn existierte und
alle Fragen der DDR seien nur über Bonn und in Abhängigkeit von
der BRD behandelt worden. Das ändere sich jetzt. Er, Kiep, begrüße
das. Er könne von sich behaupten, daß er bei seinen zahlreichen
hochrangigen Partnern in den USA auch in diesem Sinne gewirkt habe.

In der zweiten Hälfte des Monats Februar werde er sich wieder in
den USA aufhalten.

Ich forderte Kiep auf, einmal offen zu erklären, wie all die Vorgänge in der BRD, in der Spitze der CDU, in der CDU/CSU-
Bundestagsfraktion zu verstehen sind, mit denen wir gegenwärtig
konfrontiert sind. Kiep sagte, das Auftreten der Czajas und Hupkas
und der mit ihnen verbündeten Kräfte sei eine schlimme Sache. Es
sei von großem Schaden für die Bundesrepublik, was sich da jetzt
ereigne. Der Schaden beziehe sich nicht nur auf das Verhältnis zu
den sozialistischen Staaten, sondern er beträfe auch die Beziehungen
zu den westlichen Verbündeten. Auch sie stellten die Frage, was
denn da eigentlich vor sich gehe. Das beträfe besonders die Forderungen nach Grenzrevision, zum Thema Schlesien und überhaupt das
Verhältnis zu Polen.[77] Sowohl in Frankreich als auch in England,
aber auch in den USA schüttle man darüber den Kopf. Aus seiner
Sicht sei es geradezu schlimm, daß in einer Situation, da es ange-

---

77 Im Zusammenhang mit dem 40. Jahrestag der Befreiung am 8. Mai 1985
kam es in der Bundesrepublik zu heftigen Auseinandersetzungen um die Bedeutung dieses Tages für die Deutschen. Die Rede des Bundespräsidenten Richard von Weizsäcker am 8. Mai 1985 wurde vor allem von der schlesischen
Landsmannschaft massiv angegriffen. Dennoch nahm Bundeskanzler Kohl am
Pfingsttreffen am 16. Juni 1985 in Hannover teil und bekräftigte dort den
Standpunkt der Bundesregierung nach Unverletzlichkeit der Grenzen in Europa.

sichts der bevorstehenden Verhandlungen in Genf einen ersten Hoffnungsschimmer für eine Verbesserung der internationalen Lage gibt, in der Bundesrepublik Grenzfragen aufgeworfen werden.

Die Ursache liege nach seiner Meinung in folgendem: In der CDU/CSU gäbe es ein gewisses Pontential von Kräften, die noch immer der Vertragspolitik mit dem Osten ablehnend gegenüber stehen und an Positionen der 50er Jahre festhalten. Das seien vor allem die führenden Leute der Landsmannschaften wie Czaja und Hupka. Sie hätten die von der Regierung Kohl eingeschlagene Linie der Kontinuität in der Ostpolitik zunächst nur mit Zähneknirschen und der geballten Faust in der Tasche hingenommen. Jetzt führten sie eine Art Aufstand durch, um diesen Kurs abzublocken. Dabei spielte auch der persönliche Ehrgeiz der Funktionäre dieser Landsmannschaften eine beträchtliche Rolle. Sie waren unzufrieden, daß sie in der zurückliegenden Zeit nicht mehr so recht ernstgenommen wurden. Jetzt versuchten sie, die Chance zu nutzen, um sich aufzuspielen und sogar den Bundeskanzler unter Druck zu setzen.

Er sehe ein Problem darin, daß diese Leute bei bestimmten Kreisen der Union Unterstützung finden. Das betreffe vor allem Alfred Dregger, den Fraktionsvorsitzenden. Er spiele sich als Schirmherr dieser Kräfte auf, obwohl er in seiner inneren Haltung selbst widersprüchlich sei. Kohl habe die Sache wiederum schleifen lassen. In der ihm eigenen Art versuche er immer, aufbrechende Widersprüche zu verkleistern. Jetzt werde ihm aber langsam bewußt, daß es eigentlich auf seine Kosten geht. Seine Autorität als Bundeskanzler und Parteivorsitzender stehe auf dem Spiel. Es sei zu hoffen, daß ihm das voll bewußt werde. Kohl werde immer dann aktiv, wenn er merkt, daß die Sache gegen ihn läuft. Deshalb sei es vielleicht gar nicht so schlecht, wenn die Czajas und Hupkas, wie Kiep sagte, jetzt die Sache auf die Spitze getrieben haben. Denn das würde dazu führen, daß Kohl merkt, daß es so nicht mehr weitergehen kann, wenn er selbst nicht als Kanzler und Politiker überhaupt die Zeche bezahlen soll.

In der CDU/CSU herrsche über die Ereignisse große Verärgerung. Er habe vor einigen Tagen mit Wallmann, dem Landesvorsitzenden der CDU in Hessen und Oberbürgermeister von Frankfurt, gesprochen. Man schüttelt den Kopf, wie man sich in Bonn von einigen Leuten auf der Nase herumtanzen läßt.

Kiep meinte, es sei zu erwarten, daß es nunmehr zu einer Zurückdrängung der besonders scharfen Kräfte komme. Auch in den Landsmannschaften gäbe es Bestrebungen, sich von den Hupkas und Czajas zu trennen und sie nicht wieder für den Vorsitz kandidieren zu lassen. Kohl werde wohl auf das Treffen der Schlesier nach Hannover gehen. Es bleibe ihm aber nur, dann dort mit einer eindeutigen Rede aufzutreten. Es sei allerdings auch schon vorher damit zu rechnen, daß sich Kohl über die Beziehungen zu den sozialistischen Ländern, über das Verhalten zu den Verträgen und vor allem zur Grenzfrage klar äußert. Allerdings, so meinte Kiep, glaube Kohl immer noch, eine Verbeugung vor den Landsmannschaftsfunktionären machen zu müssen.

Er halte die Vorgänge für schädlich für das Ansehen der Bundesrepublik in Ost und West.

Kiep berichtete darüber, daß er vor einigen Tagen mit Wirtschaftsminister Bangemann, dem künftigen FDP-Vorsitzenden, ausführliche Gespräche gehabt habe. Er müsse sein Urteil über Bangemann revidieren und sagen, daß es sich hierbei um einen soliden Mann handle, dem doch einiges zuzutrauen ist. Er unterstrich den Wunsch von Bangemann, anläßlich seiner Reise zur Leipziger Messe mit dem Vorsitzenden des Staatsrates der DDR in Berlin zusammentreffen zu können.[78] Kiep sagte dazu, daß es für Bangemann als neuen FDP-Vorsitzenden sehr nützlich sein könnte, wenn ihm bei einer solchen Begegnung gleich die richtigen Korsettstangen eingezogen werden. Auch Bundeskanzler Kohl würde es sehr begrüßen, wenn es zur Unterredung von Genossen Honecker mit Bangemann käme. B.[angemann] hoffe auch auf Gespräche mit Günter Mittag und Herbert Häber.

Kiep bezog sich auf Gespräche, die er am Vortage mit Eberhard Diepgen in Westberlin hatte. Diepgen sei sehr erschrocken über die Reaktion der DDR wegen seiner Bemerkungen über den Trabant. Es sei sein ausdrücklicher Wunsch, uns wissen zu lassen, daß diese Wahlkampfäußerung keine Veränderung in der Haltung von Diepgen gegenüber der DDR im Sinne einer Verschärfung bedeute. Diepgen fühle sich noch immer der Linie von Richard von Weizsäcker verpflichtet und wolle uns das unbedingt wissen lassen.

In diesem Zusammenhang meinte Kiep, daß Diepgen alle Chancen habe, die Wahlen in Westberlin zu gewinnen. Er werde mit Sicherheit weiter regierender Bürgermeister sein. Die Frage bleibe, ob die FDP es wieder schaffe, ins Abgeordnetenhaus zu kommen oder nicht. Diepgen habe es besser als erwartet verstanden, die Position der CDU in Westberlin stabil zu halten und genieße heute in der Bevölkerung überraschenderweise genau so viel Sympathie wie das bei Weizsäcker der Fall war.

Im Hinblick auf die Wahlen in Nordrhein-Westfalen, die am 12. Mai stattfinden, äußerte Kiep die Auffassung, daß die SPD dort die stärkste Partei bleiben werde, aber nicht mehr mit einer absoluten Mehrheit wie gegenwärtig. In diesem Falle werde sich voraussichtliche die CDU bereitfinden, sofern die FDP nicht in den Landtag ein-

---

78 Vgl. Kap. 4, Anm. 74.

zieht, die Regierung Rau zu tolerieren. Das Hauptproblem der CDU in NRW sei personeller Natur. Der Spitzenkandidat der CDU, Bernhard Worms, sei zwar ein honoriger Mann, aber ohne jede Ausstrahlungskraft.

Bei den Kommunalwahlen in Hessen am 10. März wird sich sicher die SPD vorn behaupten. Die Frage aber, ob es Börner gelingen wird, mit den Grünen zu einer tragfähigen Vereinbarung zu kommen, sei offen. Wenn Börner damit scheitert, könne man damit rechnen, daß er persönlich resigniert und aus dem Amte scheidet. In diesem Falle sei es denkbar, daß eine große Koalition von SPD und CDU zustande kommt.

Insgesamt sei die Lage in der Bundesrepublik so, daß trotz der zahlreichen Pannen der Bundesregierung die Zufriedenheit eines Großteils der Bürger mit dieser Regierung nicht geringer geworden ist, sondern eher noch ansteige. Wir sollten in Rechnung stellen: Wenn Kohl redet, dann versucht er das immer so zu tun, daß er damit beim durchschnittlichen Bundesbürger ankommt. Damit habe er Erfolg. Bei allem, was Kohl versäumt und was auch zu kritisieren ist, so habe er doch ein viel stärkeres Verhältnis zur Macht, als man ihm das im allgemeinen zutraut. Kiep meint, Kohl werde noch ziemlich lange regieren. Die SPD sei derzeit keine Gefahr für die Regierung.

Zu den bevorstehenden Verhandlungen zwischen den USA und der UdSSR äußerte sich Kiep wie folgt: Das Zustandekommen der Verhandlungen müsse sehr begrüßt werden. In Bonn sei übrigens sehr positiv vermerkt worden, daß die Bundesregierung von der Sowjetunion sowohl vor dem Treffen von Gromyko und Shultz als auch hinterher über den Standpunkt der UdSSR offiziell unterrichtete worden sei. Insgesamt dürfe man die Absicht der Reagan-Regierung nicht unterschätzen, das sogenannte Weltraumverteidigungssystem zu schaffen. Die Amerikaner seien von dieser Idee geradezu besessen. Außerdem sei die Industrie in den USA, aber auch die Industrie der Bundesrepublik sowie anderer westeuropäischer Länder stark daran interessiert, an diesen technologischen Entwicklungen teilzunehmen. Darum werde bei den Verhandlungen die Frage der Weltraumrüstung das eigentliche heiße Thema sein. Er selbst stehe diesem Projekt ablehnend gegenüber. Nach allem was er weiß, gäbe es sowieso keine Chance, ein hundertprozentiges Raketenabwehrsystem zu entwickeln. Außerdem werde die Forcierung des Weltraumprojektes durch die USA in der Sowjetunion mit Sicherheit auf starke Ablehnung stoßen, und das alles könne das Klima für die bevorstehenden Verhandlungen ungünstig gestalten. Man könne nur hoffen, daß es bei diesen Verhandlungen zu Ergebnissen kommt. Allerdings dürfe man eben nicht nur über Waffensysteme reden, sondern es müßten parallel dazu auch politische Schritte getan werden, damit ein Minimum an Vertrauen entsteht, ohne das die schwierigen Fragen der Rüstungsbegrenzung nicht zu bewältigen sein werden.

Kiep teilte mit, daß er nach seinem USA-Besuch Ende Februar zur Messe nach Leipzig kommen wolle. Er habe Interesse, Mitte März mit mir erneut zusammenzutreffen, um über seine Eindrücke aus den USA und über die Lage nach den Wahlen am 10. März berichten zu können. Außerdem stehe man dann kurz vor dem Bundesparteitag der CDU, der am 21. März beginnt, und auch darüber könne man reden.

Er befürwortete sehr, Herrn Albrecht, Ministerpräsident von Niedersachsen und stellvertretender CDU-Vorsitzender, die Möglichkeit eines Aufenthaltes zu geben. Albrecht habe wohl schon bei uns angefragt, ob er willkommen sei. Für die Situation in der CDU könnten eine Reise Albrechts in die DDR und Gespräche mit ihm sehr förderlich sein.

Er kam auf das Angebot eines Vortrages von mir bei der Konrad-Adenauer-Stiftung zurück, wobei ich ihm sagte, daß damit nicht zu rechnen sei. Er wolle aber mitteilen, daß sowohl Bundespräsident Weizsäcker als auch Bundeskanzler Kohl Interesse geäußert hätten, bei einer solchen Gelegenheit mit mir zusammentreffen zu können.

Schließlich sagte er, daß er Mitglied des Kulturkreises des Bundesverbandes der deutschen Industrie der BRD sei. Zu diesem Kreis gehörten prominente Industrielle. Vorsitzender sei Berthold von Bohlen und Halbach. Diese Industriellen hätten den Wunsch, im Oktober 1985 mit einer Gruppe von 100 Personen Potsdam zu besuchen. Sie würden es begrüßen, bei dieser Gelegenheit ein Konzert von jungen Künstlern der DDR erleben zu können.

Von mir wurde im Verlaufe der Unterredung unser Standpunkt zu den aktuellen politischen Entwicklungen mit Deutlichkeit dargelegt. Das betraf vor allem die Notwendigkeit, alles zu tun, damit es zu substantiellen Ergebnissen bei den Verhandlungen über den Komplex der Nuklearwaffen kommt, daß man den Realitäten in Europa, wie sie im Ergebnis des 2. Weltkrieges und der Nachkriegsentwicklung entstanden sind, voll Rechnung tragen muß und Schluß machen soll mit der Propaganda über eine „Neuordnung Europas" nach Bonner Muster, und daß man sich in den Beziehungen zwischen den beiden deutschen Staaten voll und ganz an die Grundsätze der Achtung der Souveränität, der Gleichberechtigung, der Nichteinmischung usw. halten muß, wie das in den Verträgen festgelegt ist.

Quelle: SAPMO-BArch, DY 30/J IV 2/10.04/31.

Dokument 65

**Information an Erich Honecker über ein Gespräch von
Herbert Häber mit Hans Otto Bräutigam, Leiter
der Ständigen Vertretung der Bundesrepublik in der DDR,
in Berlin am 5. März 1985**

Auf seinen Wunsch empfing ich – wie von Dir bestätigt – am
5. März 1985 Bräutigam zu einem Gespräch. Sein Anliegen war offenkundig zu erklären, daß nach den Auseinandersetzungen der vergangenen Wochen über die Ostpolitik nunmehr durch das Auftreten
Kohls im Bundestag[79] sowie durch die Reise von Genscher in die
UdSSR und in andere sozialistische Staaten wieder deutlich werde, daß
die scharfmacherischen Kreise der CDU/CSU-Fraktion sich nicht
durchgesetzt hätten. Obwohl Kohl lange gezögert habe, für viele zulange, sei durch sein jetziges Auftreten seine Position gestärkt. Genscher
und die FDP seien sich sowieso in der Verteidigung der bisherigen
Ostpolitik einig, so sehr es auch bei ihnen in anderen Fragen Mei-
nungsverschiedenheiten gibt. Das alles sei gerade in einer Zeit wichtig,
da es Ansätze einer klimatischen Verbesserung der internationalen
Lage gäbe. Bräutigam verwies auf die Reise von Repräsentanten des
Obersten Sowjets der UdSSR in die USA und demnächst nach Bonn.
Man habe es darum auch sehr begrüßt, die Gespräche mit Genossen
Axen führen zu können und sei davon sehr befriedigt.[80]

Ich äußerte, daß wir die Ereignisse in Bonn mit gebührendem
Realitätssinn betrachten und daß es an uns niemals gelegen hat,
wenn es darum ging, konstruktiv den Dialog zu führen. Allerdings
erhebe sich die Frage, wie es um die Taten bestellt ist, wenn man zur
Verbesserung der Lage beitragen will. Dabei wandte ich mich gegen
die erneute verleumderische Kampagne gegen die DDR, in die sich
sogar der Bundeskanzler selbst in skandalöser Weise eingeschaltet
hat. Auch in sogenannten Positionspapieren der Bonner Regierungsparteien werden ähnliche Absichten angekündigt. Wenn die Dinge so
laufen, bleibt von einem besseren Klima nichts übrig und auch die
Regelung der Sachprobleme wird belastet. Entscheidend sei dabei
vor allem die wirkliche Haltung zu den Fragen der Rüstungsbegrenzung und Abrüstung angesichts des bevorstehenden Beginns der
Verhandlungen in Genf.

---

79 Bundeskanzler Helmut Kohl gab am 27. Februar 1985 vor dem Bundestag
seinen dritten „Bericht zur Lage der Nation im geteilten Deutschland" ab. Vgl.
den Text der Erklärung Kohls in: Bulletin des Presse- und Informationsamtes
der Bundesregierung, Bonn, 28. Februar 1985.
80 Am 28. Februar 1985 traf SED-Politbüromitglied Hermann Axen in Bonn
mit dem SPD-Fraktionvorsitzenden Hans-Jochen Vogel zusammen. Am
1. März 1985 sprach Axen mit Kanzleramtsminister Wolfgang Schäuble.

Bräutigam versuchte, wie meist in solchen Fällen, die Schuld den Medien zu geben. So sei auch über die Rede von Kohl auf der Wehrkundetagung in München nur bruchstückweise berichtet worden, was zu Fehldeutungen seiner Haltung beigetragen habe. Er führte in diesem Zusammenhang die bekannten Argumente zur Rechtfertigung der Bonner Position zu den USA-Plänen zur Weltraumrüstung an. Ich antwortete, daß die Veröffentlichungen durchaus gereicht haben, um sich ein Bild zu machen. Die Kernfrage ist, ob man für die Verhinderung der Militarisierung des Weltraums und für den Stopp des Wettrüstens auf der Erde eintritt oder ob man nach Gründen und Rechtfertigungen sucht, um sich so oder so zu beteiligen. Es geht um das Anhalten der Rüstungsspirale und nicht um ihr Weiterdrehen in eine Richtung, die die ohnehin großen Gefahren noch mehr vergrößert. Wer sagt, es werde ja nur geforscht, macht sich selbst oder anderen etwas vor.

Bräutigam beteuerte geradezu, Genschers Aktivitäten, die von Kohl und der Bundesregierung insgesamt unterstützt würden, zeigten den guten Willen der Bundesregierung, dazu beizutragen, daß die am 12. März in Genf beginnenden Verhandlungen in einem verbesserten internationalen Klima stattfinden, wobei man allerdings auf die Dauer vom Klima allein auch nicht leben könne. Man wolle aber jede Möglichkeit nutzen, um zur Entspannung zurückzukehren.

Man sei befriedigt, daß die Reise von Wirtschaftsminister Bangemann in die DDR mit den Gesprächen auf hoher Ebene stattfinden wird.[81] Auch hoffe man auf den Besuch von Genossen Mittag im Zusammenhang mit der Hannover-Messe.[82] In Verbindung damit verwies Bräutigam auf die bereits über das Außenministerium angekündigten Besuche des Geschäftsführers der FDP-Fraktion Wolfgramm und von Schäuble zum Bach-Konzert in Leipzig, wobei die Reise von Schäuble noch nicht endgültig feststehe. Der Schleswig-Holsteinsche Ministerpräsident Barschel trage sich mit der Absicht, Mitte April in die DDR zu reisen. Diese zeitliche Häufung sei zufällig. Man wolle natürlich nicht wieder den Eindruck einer Karawane wie im Vorjahr erwecken. Man würde es begrüßen, wenn es für die Betreffenden Gelegenheit zu entsprechenden politischen Gesprächen gäbe.

Schließlich versuchte Bräutigam offensichtlich auf den Busch zu klopfen, indem er das Thema der Verlängerung des Warschauer Paktes anschnitt. In Bonn frage man sich, ob es dabei Veränderungen am Text geben werde, denn im jetzigen Text sei ja von der BRD die Rede. Er wolle das aber lediglich anmerken. Mein Eindruck war, daß das Aufwerfen dieser Frage möglicherweise der Hauptgrund für Bräutigams Besuch bei mir war.

---

81 Vgl. Kap. 4, Anm. 74.
82 Vgl. Kap. 4, Anm. 73.

Ich bin auf dieses Thema nicht eingegangen, sondern habe lediglich noch einmal auf die Wichtigkeit hingewiesen, alles zu tun, um die in Genf bevorstehenden Verhandlungen über den Gesamtkomplex der nuklearen Rüstung in positivem Sinne zu fördern.

Zum Schluß, schon beim Hinausgehen, äußerte Bräutigam, ein großes Problem sei die Einreise von Asylanten über die DDR, und er glaube, daß Bangemann bei seinem Besuch diese Frage zur Sprache bringen werde.

Quelle: SAPMO-BArch, DY 30/J IV 2/10.04/15.

Dokument 66

Information über ein Gespräch von Herbert Häber mit Eberhard Diepgen, Regierender Bürgermeister von Berlin (West), in Leipzig am 12. März 1985[83]

Zu Beginn des Gesprächs begrüßte ich die Möglichkeit, anläßlich der Leipziger Frühjahrsmesse ein Gespräch mit dem Regierenden Bürgermeister von Westberlin führen zu können, zumal nach den in Westberlin stattgefundenen Wahlen er wiederum eine hohe Verantwortung für diese Stadt und die dort verfolgte Politik tragen wird.

Ich verwies darauf, daß am gleichen Tag die Verhandlungen in Genf beginnen, von denen für das Schicksal der ganzen Menschheit so viel abhängt. Auf der Grundlage der Reden des Generalsekretärs des ZK der SED, Erich Honecker, vor den 1. Kreissekretären und in Dresden[84] unterstrich ich den Standpunkt der DDR, daß die Sicherung des Friedens heute das wichtigste ist. Darum sind wir für den Dialog und für eine Koalition des Realismus und der Vernunft. Es gilt, das Wettrüsten im Weltraum nicht zuzulassen und auf der Erde zu beenden und damit für unsere Generation wie für unsere Nachwelt lebenswerte Existenzbedingungen zu erhalten.

Im Interesse des Friedens und der Zusammenarbeit tritt die DDR auch im Verhältnis zu Westberlin für eine positive Gestaltung des beiderseitigen Verhältnisses auf der Grundlage der bestehenden Re-

---

83 Die Gesprächsinformation war von Herbert Häber am 13. März 1985 per ZK-Hausmitteilung an Erich Honecker gerichtet. Da Honecker aufgrund der Trauerfeierlichkeiten in Moskau weilte, nahm sein Vertreter, SED-Politbüromitglied Egon Krenz, am 14. März 1985 die Information entgegen und leitete sie im Umlaufverfahren den Mitgliedern und Kandidaten des Politbüros zu.

84 Am 1. Februar 1985 sprach SED-Generalsekretär Erich Honecker vor den 1. Kreissekretären der Partei in Dresden. Er behauptete, daß der „Frieden durch den Sozialismus gesichert worden" wäre und eine „neue Eiszeit" in den internationalen Beziehungen nicht eingetreten sei.

alitäten und der geschlossenen Verträge ein. Zur friedlichen Koexistenz gibt es keine vernünftige Alternative. Realitätssinn sowie guter Wille der beteiligten Seiten sind dazu erforderlich.

Die in den letzten Jahren erreichten guten Ergebnisse in den Beziehungen zu Berlin (West) bestätigen, daß auf dieser Grundlage auch Fortschritte möglich sind. Die DDR tritt dafür ein, diesen Weg auch weiter zu beschreiten. Wichtig ist, eine Atmosphäre zu schaffen und zu pflegen, in der Zusammenarbeit gedeihen kann. Ständige Erklärungen aber über die „Offenheit" irgendwelcher Fragen oder die „Symbolrolle" Westberlins sind dafür nicht dienlich.

Auch bringt es nichts ein, Fragen auf den offenen Markt zu tragen, Spekulationen in den Medien hervorzurufen, statt sie zum Gegenstand von Gesprächen oder Verhandlungen an dem Tisch zu machen, auf den sie gehören. Von seiten der DDR besteht der Wunsch, eine für beide Seiten nützliche Zusammenarbeit zu entwickeln, für die diese Begegnung von Nutzen sein sollte.

Diepgen begrüßte seinerseits ebenfalls die Gelegenheit zu diesem Gespräch. Dabei äußerte er, daß er die Absicht habe, seine Besuche in Leipzig und solche Begegnungen zu einer regelmäßigen Praxis werden zu lassen.

Nachdem ich einleitend Diepgen an einen Ausspruch von ihm erinnert hatte, daß „der Dialog mit der DDR Frieden zur Voraussetzung und zum Ziel habe", äußerte er, daß auch auf seiten von Berlin (West) elementares Interesse an positiven Ergebnissen der am gleichen Tage in Genf begonnenen Verhandlungen zwischen der UdSSR und den USA über den Gesamtkomplex der Nuklear- und Weltraumwaffen bestehe. Es müsse alles getan werden, was möglich ist, um das Zustandekommen entsprechender Vereinbarungen zu fördern, „einschließlich durch den Regierenden Bürgermeister, so begrenzt seine politischen und rechtlichen Möglichkeiten auch sein mögen".

Zweifellos gehörten dazu konstruktive Bemühungen um Fortschritte in den gegenseitigen Beziehungen, indem „gegenseitige Achtung und Anerkennung sowie gegenseitige Rücksichtnahme" geboten seien.

Diepgen begrüßte ebenfalls die in den beiderseitigen Beziehungen erreichten Fortschritte. Er nannte insbesondere die Einschaltung kleiner und mittlerer Betriebe in die beiderseitigen Wirtschaftsbeziehungen, die S-Bahn-Vereinbarung, das Offenhalten der Grenzübergangsstelle Staaken, die Verlängerung des Müllverbringungsvertrages sowie den Kulturaustausch.[85]

---

85 Eberhard Diepgen bezog sich in seinen Ausführungen auf die Vereinbarung zwischen der DDR-Regierung und dem Westberliner Senat über die „Gewährleistung der Übernahme von Abfallstoffen aus Berlin (West) und ihre Beseitigung in der DDR". Diese Vereinbarung wurde am 1. Oktober 1985 durch Neufestlegung der Abnahmemengen und Preise für Abfallstoffe verlängert sowie

Einiges sei leider nicht fortgesetzt worden, was offenkundig zum Teil auch auf Mißverständnisse zurückzuführen sei. Dann nannte Diepgen einige Themen, wozu er sagte, es ginge ihm darum, auszuloten, was geht und was nicht. Ihn bewege, ob es Chancen gebe, die Gespräche über einen weiteren Gebietsaustausch fortzusetzen.[86]

Auf wirtschaftlichem Gebiet sollte verstärkt angestrebt werden, insbesondere durch Einbeziehung von Investgütern in die Bezüge der DDR aus Westberlin zur Überwindung des Ungleichgewichtes in der beiderseitigen Handelsbilanz beizutragen.[87] Ihn interessiere, welche Möglichkeiten für Westberlin sich aus den Planungen der DDR bis 1990 ergeben. Wichtige Bereiche der Zusammenarbeit könnten die Energieökonomie und die Umwelttechnik sein, in denen eine wechselseitige Unterstützung möglich wäre.

Neue Gespräche wolle man über den vereinbarten Neubau von Eisenbahnanlagen im Südbereich führen. Die gegenwärtige Organisation des Güterfernverkehrs in Westberlin sei wirtschaftlich wenig tragbar. Deshalb möchte man Absprachen in solchen Fragen herbeiführen, in denen ein gleichgelagertes Interesse bestehe. Der Senat hoffe in diesen Fragen auf gegenseitige Vereinbarungen und Gespräche, „die auf den richtigen Ebenen zu führen" seien. Damit möchte er auch die entsprechende Anfrage der DDR-Seite beantwortet haben.

Der Reise- und Besucherverkehr sei „immer verbesserungsbedürftig", diesbezügliche Wünsche des Senats seien bekannt. Er verwies auf kürzlich mit der VR Polen erzielte Vereinbarungen über die Errichtung von Ferienzentren in Polen. Dies müßte auch mit dem „unmittelbaren Umfeld" möglich sein, weil sie einen hohen Freizeitwert hätten und von ökonomischem Interesse sein könnten.

Beim Umweltschutz sei es notwendig zu erkennen, daß die Probleme nur gemeinsam lösbar seien. Nach seiner Auffassung sollte damit begonnen werden, Informationen über Belastungsstufen der Luft auszutauschen, so wie es über die Gewässer schon der Fall sei.

---

der Bau einer Sonderabfall-Verbrennungsanlage in Schöneiche vereinbart. Außerdem meinte Diepgen die Vereinbarung „über die künftige Durchführung des S-Bahnverkehrs" vom 30. Dezember 1983. Vgl. den Text der Vereinbarungen in: Beziehungen zwischen der Deutschen Demokratischen Republik zur Bundesrepublik Deutschland und zu Berlin (West), S. 188 f.; S. 206 ff.

Am 3. April 1986 tauschten der Berliner Senat und die DDR-Regierung Kulturgüter aus, die zuvor kriegsbedingt im jeweils anderen Teil Berlins gelagert wurden.

86 Verhandlungen über einen weiteren Gebietsaustausch wurden später fortgesetzt. Am 31. März 1988 trafen beide Seiten eine Vereinbarung über die Einbeziehung weiterer Enklaven und kleiner Gebiete in die Gebietsaustausch-Vereinbarung vom 20. Dezember 1971. Vgl. den Text der Vereinbarungen in: ebenda, S. 182 ff., 212 f.

87 Vgl. Kap. 4, Anm. 57.

Kompliziert sei das Problem der Asylanten. Er hoffe, daß die DDR die Zusagen gegenüber skandinavischen Ländern auch auf Westberlin anwende. Er betonte, daß es sich dabei „entsprechend dem Prinzip der Freizügigkeit" nicht primär um eine Angelegenheit von Berlin (West), sondern der BRD handele, da Westberlin „nur als Durchgangsort" diene.[88]

Abschließend betonte Diepgen nochmals, daß er für das Gespräch dankbar sei, da es die Möglichkeit biete, das Vertrauen im beiderseitigen Verhältnis zu stärken. Besser sollten künftig die Möglichkeiten ausgeschöpft werden, die sich in den Fragen ergeben, in denen „übereinstimmende oder parallele Interessenlagen" bestehen. Dazu gehören zweifellos nicht alle die von ihm genannten Punkte, die er zum Teil auch nur „pflichtgemäß vorgetragen" habe.

Auf das Thema der 750-Jahr-Feier Berlins ist Diepgen nicht eingegangen.

Genosse Horst Sölle nahm kurz zu Fragen der wirtschaftlichen Beziehungen zu Westberlin Stellung. Er erklärte, daß auch von seiten der DDR Interesse bestehe, sie weiterzuentwickeln. Deshalb würden die Lieferwünsche Westberlins bereits in hohem Maße berücksichtigt. Dabei würden insbesondere auch kleinere und mittlere Betriebe einbezogen, wie ihr verstärktes Engagement auf der Leipziger Messe bestätigt. Genosse Horst Sölle brachte die Überzeugung zum Ausdruck, daß diese Wirtschaftsbeziehungen eine gute Perspektive haben können und auf weitere Gebiete ausgedehnt werden sollten. Die Frage eines Bilanzausgleichs müßte in dem bekannten Rahmen gesehen werden.

In meiner Erwiderung bekräftigte ich noch einmal die Notwendigkeit, die erforderliche sachliche Atmosphäre zu sichern, um im beiderseitigen Verhältnis weiter voranzukommen. Reden sei zwar manchmal Silber, aber Schweigen sei manchmal Gold. Dabei sind der Blick für das Machbare und die Bewahrung von Realitätssinn unerläßlich.

Ohne auf alle Einzelfragen einzugehen, betonte ich nochmals, daß es insbesondere darauf ankommt, sich auf dem Boden der geschlossenen Verträge zu bewegen und konsequent alles zu unterlassen, was darauf hinauslaufen könnte, die erreichten Ergebnisse in Frage zu stellen. Was die von Diepgen genannten Themen angeht, so seien sie von unterschiedlicher Art. So wäre es zweifellos nicht realistisch, zu versuchen, in den Fragen des Eisenbahnverkehrs die Bundesbahn der BRD in Bereichen ins Spiel zu bringen, für die die Deutsche Reichsbahn zuständig ist.

---

88 Zu einer generellen Regelung des Problems kam es erst am 18. September 1986. Zum 1. Oktober 1986 ordnete das DDR-Außenministerium an, daß Transitvisa für die DDR nur noch an Personen mit Anschlußvisa anderer Staaten ausgegeben werden.

Was die Asylanten betreffe, so gehe die DDR konsequent vom Prinzip der Transitfreiheit aus. Es sei eine seltsame Forderung, von uns zu verlangen, daß die DDR für Westberlin ein Grenzregime errichtet. Die Frage, wer nach und von Westberlin einreist, ist Sache von Berlin (West) selbst. Die Frage von Gebietsaustausch stehe gegenwärtig nicht.

Hinsichtlich der übrigen von Diepgen vorgetragenen Angelegenheiten verwies ich auf die dafür bestehenden Gesprächsebenen.

Abschließend wurde von mir nochmals die Notwendigkeit betont, die Anstrengungen aller, die politische Verantwortung tragen, vor allem auf jene Aufgaben der Friedenssicherung zu konzentrieren, deren Lösung heute die entscheidenden Lebensfragen der gesamten Menschheit darstellen.

Bei dem Gespräch waren außerdem anwesend von unserer Seite Genosse Walter Müller, Leiter der Abteilung Westberlin im MfAA, sowie in Begleitung Diepgens der Stellvertretende Leiter der Treuhandstelle für Industrie und Handel (TSI), Bernd Reather.

Quelle: SAPMO-BArch, DY 30/J IV 2/10.04/31.

Dokument 67

Information an Erich Honecker über ein Gespräch von Herbert Häber mit Martin Bangemann, Bundeswirtschaftsminister und Vorsitzender der FDP, in Leipzig am 2. Mai 1985[89]

Während des gestrigen Abendempfangs für Martin Bangemann in Leipzig, der von der BRD-Vertretung veranstaltet worden war, hatte ich Gelegenheit zu einer kurzen Unterhaltung mit dem Gast. Bangemann äußerte seine tiefe Befriedigung über den Verlauf seines Besuches in der DDR. Vor allem gelte das für die Begegnung mit Dir.[90] Er sei davon sehr beeindruckt. Genosse Beil unterrichtete mich, daß auch Staatssekretär Würzen mitgeteilt habe, daß sein Minister außerordentlich zufrieden sei.

Besonders angetan sei er von Deiner Feststellung gewesen, daß wir durchaus die Möglichkeit einer Fortsetzung der Regierungskoalition über 1987 hinaus sehen. Bangemann habe das als Lob für seine Person betrachtet, daß wir ihm zutrauen, die FDP wieder aufwärts zu führen.

Außerdem war er, wie er mir sagte, sehr beeindruckt von der freimütigen und sachlichen Art, mit der Du Dich über alle angespro-

---

89 Die Information datiert vom 3. Mai 1985.
90 Vgl. Kap. 4, Anm. 62.

chenen Einzelfragen der Beziehungen zwischen der DDR und der BRD geäußert hast. So sei er der Auffassung, nach den langen Verhandlungen über das Kulturabkommen müsse man eben jetzt jene Punkte weglassen, die nicht realisierbar sind, um zu einem Abschluß zu gelangen. Er wolle das im Kabinett zur Sprache bringen.

In einer kurzen Ansprache vor den zahlreichen Gästen des Empfangs, darunter viele Repräsentanten der BRD-Wirtschaft, äußerte er sich über die Bedeutung der Beziehungen zwischen der DDR und der BRD für den Frieden. Er gebrauchte den Begriff „die beiden deutschen Staaten"[91] und lobte ausdrücklich den hohen Leistungsstand der DDR-Industrie, von dem er sich bei seinem Messebesuch überzeugen konnte. Scherzhaft sagte er, als geborener Sachse (Wanzleben, früher Sachsen/Anhalt) sei er natürlich stolz. Als Wirtschaftsminister der BRD müsse er eigentlich befürchten, daß hier der Industrie der BRD eine starke Konkurrenz erwachse.

Es ist meines Erachtens ein großer politischer Gewinn, daß Du es Bangemann ermöglicht hast, in seiner neuen Eigenschaft als Wirtschaftsminister und als FDP-Vorsitzender so bald mit Dir zusammenzutreffen. Alle Erfahrungen haben bewiesen, wie tief und nachhaltig die Wirkungen Deiner Unterredungen mit Politikern der BRD waren und sind. Sicher wird es Bangemann zu schätzen wissen, daß so unsererseits beigetragen wurde, daß er in seinen neuen Funktionen schnell eigenes Profil gewinnen kann und nicht als „Ersatzmann" für Genscher gilt. In diesem Sinne hat sich auch Bräutigam mir gegenüber geäußert.

Mein Gespräch mit Eberhard Diepgen ist sehr sachlich und ruhig verlaufen. Ich habe ihm unseren Standpunkt zu den Erfordernissen der Friedenssicherung in der Gegenwart erläutert, unsere konstruktive Haltung zur Weiterentwicklung der Beziehungen zu Berlin (West) dargelegt und zugleich deutlich gemacht, wie wichtig es ist, eine entsprechende Atmosphäre, ein entsprechendes Klima zu sichern und dies nicht durch öffentliche Erklärungen der verschiedensten Art, wie wir sie erleben mußten, zu belasten (Bericht in der Anlage).[92]

Meine Meinung zu Diepgen nach einem ersten persönlichen Kennenlernen: Er wird jetzt vier Jahre in Westberlin im Amte sein; möglicherweise sogar länger. Natürlich ist Diepgen als CDU-Politiker ausgerichtet auf die Bonner Linie und beeinflußt von den Westmächten, insbesondere auch den USA. Er will aber sicher ein erfolgreicher Bürgermeister sein und hat wahrscheinlich auch die Absicht, in seiner Partei noch in höhere Funktionen zu rücken. Es ist

---

91 Seit der Übernahme der Kanzlerschaft durch Helmut Kohl am 1. Oktober 1982 war es in der Bundesregierung üblich von „zwei Staaten in Deutschland" zu sprechen. Die Formel von den „beiden deutschen Staaten" stammte aus der Zeit der sozialliberalen Koalition und wurde verschiedentlich auch in der DDR verwendet.
92 Vgl. Kap. 4, Dok. 66.

ihm zumindest bewußt geworden, daß sich Krawall mit der DDR für ihn nicht auszahlt. Möglicherweise versteht er, daß es für ihn nicht günstig ist, wenn er im Verhältnis zur DDR zu viele sichtbare Niederlagen einstecken muß. Er beruft sich immer wieder darauf, in der Tradition von Weizsäcker zu stehen, wenngleich er inzwischen unbestritten zur Nummer 1 in der Westberliner CDU geworden ist.

Es kann die Möglichkeit entstehen, zur Spitze der Westberliner CDU auf Parteiebene einen Gesprächskontakt herzustellen, so wie zu anderen prominenten CDU-Politikern in der BRD. Natürlich müßte das von der anderen Seite gewünscht werden.

Das Zusammentreffen mit Hans Koschnick war sehr herzlich, und er äußerte sich offenherzig zur Situation der SPD[...].

Da Hans Koschnick in den nächsten Tagen Oskar Lafontaine treffen wird, habe ich gebeten, herzliche Grüße und Glückwünsche von uns allen zu übermitteln.

Quelle: SAPMO-BArch, DY 30/J IV 2/10.04/31.

Dokument 68

Information über ein Gespräch von Herbert Häber mit Uwe Ronneburger, stellvertretender Vorsitzender der FDP-Bundestagsfraktion, und Helmut Schäfer, außenpolitischer Sprecher der FDP-Bundestagsfraktion, in Berlin am 4. Juni 1985[93]

Das Gespräch fand auf Wunsch von Ronneburger und Schäfer statt. An ihm nahmen Genosse Karl Seidel, Leiter der Abteilung BRD im MfAA, sowie der Leiter der BRD-Vertretung, Hans Otto Bräutigam, teil.

Genosse Häber wies einleitend nachdrücklich auf die Notwendigkeit hin, alles zu tun, um den Frieden zu sichern, die gefahrvolle weltpolitische Entwicklung umzukehren und zu einer Politik der aktiven Entspannung zurückzukehren. Es gehe um die Frage, wie eine nukleare Katastrophe verhindert werden könne. Das sei das zentrale Thema der Gegenwart. Unser gesamtes politisches Handeln werde davon bestimmt. Es gehe im Grunde um das Überleben der Mensch-

---

93 Der Gesprächsvermerk wurde vom Leiter Abteilung BRD im DDR-Außenministerium, Karl Seidel, gefertigt. Er wurde mit Anschreiben von Herbert Häber per ZK-Hausmitteilung gemeinsam mit einem Telegramm vom Leiter der Ständigen Vertretung der DDR, Ewald Moldt, über ein Gespräch mit dem FDP-Fraktionsvorsitzenden Wolfgang Mischnick an Erich Honecker geleitet. Honecker zeichnete die Information am 7. Juni 1985 ab und leitete sie per Umlauf den Politbüromitgliedern zu.

heit. Noch nie habe eine Generation eine so große Verantwortung für ihr eigenes Schicksal und das der kommenden Generationen getragen wie die jetzige. Im Zusammenhang mit dem 40. Jahrestag der Befreiung sei die wichtigste Lehre aus dem zweiten Weltkrieg, daß man den Krieg verhindern müsse, bevor die Waffen sprechen.

Genosse Häber verwies auf die jüngste Erklärung von 700 Akademiemitgliedern aus den USA, darunter 54 Nobelpreisträger, die sich entschieden gegen die Fortsetzung des atomaren Wettrüstens auf der Erde und seine Ausdehnung auf den Weltraum ausgesprochen hätten. Diese Frage sei das Schlüsselproblem der aktiven Friedenssicherung und des gesamten Komplexes der Abrüstung und Rüstungsbegrenzung. Der BRD-Außenminister Genscher habe vor einigen Tagen den Satz ausgesprochen, daß es auf der Erde keine Entspannung geben könne, wenn das Wettrüsten in den Weltraum getragen werde. Man könne dies ebenso unterschreiben wie die Feststellung, daß Entspannungspolitik heute eine universelle Dimension bekommen habe, daß man den Weltraum in die Entspannung einbeziehen müsse.

Genosse Häber bezog sich auf die verschiedenen Gründe, die dafür sprechen, die Weltraumrüstung zu verhindern, politische, strategische, bis hin zu dem „Argument" der Forschung. Auch in führenden Wirtschaftszeitungen der BRD gebe es ernsthafte Bedenken gegen die amerikanischen Weltraumrüstungspläne.

Große Aufmerksamkeit habe der Beschluß des Bundesausschusses der FDP gefunden. Die FDP befinde sich dabei weltweit in Einklang mit allen Kräften der Vernunft. Auch sei die Feststellung zutreffend, man müsse von dem Verhandlungsmandat für Genf ausgehen, das völlig eindeutig sei: Es gehe um den Stopp des Wettrüstens auf der Erde und seine Verhinderung im Weltraum. Die Völker wünschen, daß es in diesem Sinne in Genf zu positiven greifbaren Ergebnissen komme. Es gelte, alle Möglichkeiten zu nutzen, um dazu beizutragen.

Eingehend auf die Vorschläge von Michail Gorbatschow, sagte er, sie seien ein Beweis für die Ernsthaftigkeit und das Verantwortungsbewußtsein, mit dem die Sowjetunion an die Schicksalsfragen der Menschheit herangehe. Damit würden Signale gesetzt, konstruktive Vorschläge unterbreitet, die ernsthafte Prüfung und Antwort erforderten.

Alle Staaten hätten die Pflicht, sich für die Verbesserung der weltpolitischen Lage einzusetzen. Die DDR unternehme vielfältige Initiativen, um durch eine Politik des aktiven politischen Dialogs auf allen Ebenen und mit Staaten unterschiedlichster sozialer und politischer Ordnung ihren Beitrag zu leisten. Dazu gehöre auch der Dialog mit Politikern der BRD.

In diesem Zusammenhang sei das Gespräch zwischen dem Generalsekretär des ZK der SED und Vorsitzenden des Staatsrates der DDR, Erich Honecker, und dem FDP-Vorsitzenden Bangemann bedeutsam gewesen.[94] Dabei habe sich in Fragen der Friedenssicherung eine weitgehende Übereinstimmung gezeigt.

Er hob die gemeinsame Mitteilung[95] anläßlich des Treffens zwischen Erich Honecker und Helmut Kohl in Moskau hervor. Der dort festgeschriebene Grundsatz: Es dürfe nie wieder Krieg, sondern nur Frieden von deutschem Boden ausgehen, müsse das oberste Prinzip für beide deutsche Staaten bleiben. Von entscheidender Bedeutung für den Frieden sei die Bekräftigung der Unverletzlichkeit der europäischen Grenzen und die Achtung der Souveränität aller Staaten in Europa in ihren heutigen Grenzen.

Genosse Häber unterstrich, daß die DDR für die Entwicklung der Beziehungen zwischen beiden deutschen Staaten auf der Basis des Grundlagenvertrages eintrete. Das sei für uns eine grundsätzliche Frage. Natürlich sei das alles nicht unabhängig von der weltpolitischen Entwicklung möglich. Eine Verschärfung der internationalen Lage, vor allem eine weitere Eskalation des Wettrüstens durch die Militarisierung des Kosmos würde gewiß nicht förderlich sein, sondern die Lage erschweren.

Ronneburger begrüßte die Möglichkeit dieses Gesprächs sehr. Solche Gespräche seien gerade in der gegenwärtigen Situation von großer Bedeutung. Auch er möchte Bezug auf das Treffen zwischen Erich Honecker und Helmut Kohl in Moskau nehmen. In der Mitteilung sei zum ersten Mal gemeinsam die Formel gebraucht worden: Von deutschem Boden darf nie wieder Krieg, sondern muß Frieden ausgehen.[96] Das sei ein aktiver Auftrag, nicht nur etwas zu verhindern, sondern aktiv zu wirken, daß der Frieden in Europa und darüber hinaus sicherer werde. Er hoffe, daß auf dieser Grundlage der Dialog weitergeführt werden könne.

Genauso wichtig sei, was die Außenminister der USA und der Sowjetunion als Verhandlungsauftrag für Genf formuliert hätten, nämlich das Wettrüsten auf der Erde zu beenden und im Weltraum zu verhindern. Das könne eine gute Marschroute für die Zukunft sein. Das entspreche auch der Leitlinie seiner Partei, wenn sie sich für Kontinuität in der Außenpolitik einsetze.

Die FDP trete nachdrücklich dafür ein, über Rüstungskontrolle hinaus tatsächlich auch zur Abrüstung zu kommen, d. h. vorhandene

---

94 Vgl. Kap 4, Anm. 62.

95 Vgl. den Text der Gemeinsamen Erklärung vom 12. März 1985 in: Beziehungen zwischen der Deutschen Demokratischen Republik zur Bundesrepublik Deutschland und zu Berlin (West), S. 127 f.

96 In ähnlicher Form ist diese Formel bereits bei den Gesprächen zwischen Willy Brandt und Willi Stoph in Erfurt und Kassel am 21. März bzw. 19. Mai 1970 sowie beim Besuch von Helmut Schmidt am Werbellinsee vom 11. bis 13. Dezember 1981 verwendet worden.

Waffen zu vernichten und das Gleichgewicht der Kräfte auf einem möglichst niedrigen Niveau zu sichern.

Nach Auffassung der FDP müsse sich das, was an Forschung auf beiden Seiten vor sich gehe, innerhalb des ABM-Vertrages bewegen. Dabei müsse es eine deutliche Abgrenzung zu Laborversuchen oder gar der Umsetzung in die Produktion oder der Dislozierung von Waffen geben.

Die Konferenz in Stockholm, die die FDP für einen wichtigen Beitrag zur Weiterführung der KSZE-Politik halte, gebe jetzt Anlaß zur Hoffnung, nicht zuletzt auch im Hinblick auf den neuen Vorschlag der Warschauer Vertragsstaaten. Er habe den Eindruck, daß sich die Standpunkte aneinander annähern, daß vielleicht von der Stockholmer Konferenz Wirkungen auf andere Bereiche ausgehen könnten. Was die sogenannte SDI betreffe, so gebe es über eine westeuropäische Beteiligung noch manche offene Frage.

Unter Hinweis auf die Bemerkung des Genossen Häber zu den Grenzen in Europa bemerkte Ronneburger, er möchte dazu noch einmal den Standpunkt seiner Partei deutlich machen. Sie befinde sich in Übereinstimmung mit Bundeskanzler Kohl. Es könne eigentlich heute, wo man hoffen sollte, daß das enge nationalstaatliche Denken des 19. und 20. Jahrhunderts überwunden sei, nicht Sinn einer Politik sein, Grenzen zu verschieben, sondern Grenzen durchlässiger zu machen, die Menschen einander näher zu bringen. Das, was er zu den Grenzen überhaupt gesagt habe, gelte auch für die Grenze, die die beiden deutschen Staaten voneinander trennt.

Wenn man von dem Treffen zwischen Erich Honecker und Helmut Kohl in Moskau ausgehe, dann müsse man bekräftigen, daß es eine gemeinsame deutsche Verantwortung für die Erhaltung des Friedens gibt, für die Verhinderung von Spannungen, die aus dem Verhältnis der beiden Staaten resultieren könnten.

Es gäbe auch andere gemeinsame Interessen zum Beispiel beim Umweltschutz. Er habe die Hoffnung, daß das Kulturabkommen in absehbarer Zeit unterzeichnet werden könne, daß die Verhandlungen auf verschiedenen anderen Gebieten weitergeführt würden.[97]

Auch das sei ein Weg, um den Frieden sicherer zu machen. Natürlich bleibe es ein Verhältnis zweier Staaten, die in ihren Grundüberzeugungen gegensätzlich seien, aber entsprechend dem Grund-

---

97 Das Kulturabkommen wurde am 6. Mai 1986 unterzeichnet. Weitere Verhandlungen führten dazu, daß während des Honecker-Besuchs in Bonn am 8. September 1987 Verträge auf den Gebieten Wissenschaft und Technik, Umweltschutz sowie Strahlenschutz und Reaktorsicherheit unterzeichnet wurden. Vgl. die Texte dieser Abkommen in: Beziehungen zwischen der Deutschen Demokratischen Republik zur Bundesrepublik Deutschland und zu Berlin (West), S. 134 ff., 143 ff.

lagenvertrag gehe es um die Schaffung eines gutnachbarlichen Verhältnisses. Das habe aus der Sicht der FDP Priorität.

Schäfer erklärte, er möchte noch einige Bemerkungen zur sogenannten SDI machen. Man werfe mitunter der Bundesregierung vor, sie habe bisher keine klare Entscheidung getroffen. Solange aber nicht klar sei, was unter Beteiligung an der SDI zu verstehen sei, könne man nicht ja oder nein dazu sagen. Bis zur Stunde sei der BRD der Begriff Beteiligung nie genau erläutert worden, so daß sich ein Entscheidungsbedarf für die BRD gar nicht stelle.

Die FDP habe allerdings nicht wie die SPD ein sofortiges Nein gesagt, sondern sie wollte prüfen, was die Sache auf sich habe. Er halte heute den bekannten Weinberger-Brief für obsolet. Es bleibe eigentlich nur die Frage, ob sich der eine oder andere BRD-Wissenschaftler oder die eine oder andere BRD-Firma an den USA-Projekten beteiligen wolle. Darauf hätte die Bundesregierung natürlich keinen Einfluß. Die Frage stelle sich eigentlich nicht, daß sich die BRD direkt staatlich an der SDI beteilige.

Die FDP habe deutlich gemacht, daß an dem Kommuniqué von Genf nicht gerüttelt werden dürfe. Sie hielte es für gut, wenn die beiden Partner in Genf den ABM-Vertrag bekräftigen würden. Sie sollten sich verständigen, daß die beiderseitigen Forschungen in „kooperative Lösungen" münden sollten.

Die BRD könne die USA nicht daran hindern, das Forschungsprogramm zu betreiben, wozu es allerdings selbst in den USA Zweifel gäbe. Die FDP stehe auf dem Standpunkt, daß es keine „singuläre" Haltung der BRD in den Fragen der SDI geben sollte, sondern nur eine gemeinsame westeuropäische Antwort. Bekanntlich habe sich inzwischen Frankreich schon dafür ausgesprochen, ein europäisches Forschungsprogramm nichtmilitärischen Charakters durchzuführen. Man wolle nicht durch die USA technologisch überholt werden, sondern durch ein westeuropäisches Programm an der Entwicklung von Hochtechnologien beteiligt werden. Der FDP komme es darauf an, daß die westeuropäischen Belange von Anfang an gewahrt würden. Ihre Priorität sei nicht neue Systeme zu schaffen, sondern die Offensivwaffen drastisch zu reduzieren.

Dieser Standpunkt der FDP, so sagte Schäfer, ändere nichts an ihrer Haltung zum Bündnis mit den USA. Er habe kürzlich in einer Rede in New York zum 8. Mai deutlich gemacht, daß die Außenpolitik der BRD drei Felder umfaßt: Sie sei ein loyaler Bündnispartner im atlantischen Bündnis. Ferner habe die BRD eine große Verpflichtung, die „europäische Einigung" voranzutreiben. Schließlich habe die BRD die Verpflichtung, eine Ostpolitik fortzusetzen, die sich als erfolgreich erwiesen habe. Er habe gewarnt, den Begriff der Entspannung herabzusetzen.

Die Kontinuität der Außenpolitik aus früheren Jahren setze die FDP auch in der neuen Koalition fort. Man sei fest entschlossen, gegenüber den USA und der Sowjetunion dahingehend zu wirken, daß in Genf Ergebnisse erreicht werden, die ein neues Rüstungsprogramm überflüssig machen. Er wolle nicht verhehlen, daß es beim Koalitionspartner teilweise dazu auch andere Auffassungen gäbe. Manche meinen, alles billigen zu müssen, was die USA wollen.

Genosse Häber äußerte, man könne festhalten, daß es in wesentlichen Punkten übereinstimmende oder sich nahekommende Auffassungen gebe. Das gelte vor allem für das Ziel von Genf, das Wettrüsten auf der Erde zu beenden und im Weltraum zu verhindern. Die Betonung liege auf „verhindern". Entscheidend sei der politische Wille zum Frieden.

Es gehe darum, auf der Basis der Gleichheit und der gleichen Sicherheit für alle das Wettrüsten zu beenden und nicht in neue Dimensionen auszuweiten. Wer das Ziel militärischer Überlegenheit verfolge, habe zwar keine Aussicht auf Erfolg, könne aber die Welt in den Abgrund reißen.

Er halte es ferner für wichtig, festzuhalten, daß es Übereinstimmung hinsichtlich der Bedeutung des Treffens zwischen Erich Honecker und Helmut Kohl in Moskau und der darüber veröffentlichten gemeinsamen Mitteilung gebe. Es gebe auf deutschem Boden zwei Staaten unterschiedlicher Systeme, die unterschiedlichen Bündnissen angehören. Das sei die geschichtliche Grundtatsache. Es könne nur darum gehen, zwischen diesen beiden Staaten normale Beziehungen entsprechend dem Grundlagenvertrag zu entwickeln. Dazu bedürfe es friedlicher Bedingungen, eines entsprechenden Klimas und des guten Willens beider Seiten. Auf der Basis der Realitäten und der Verträge lasse sich viel im Sinne der Zusammenarbeit tun.

Ronneburger sagte in diesem Zusammenhang, er teile völlig die Meinung, daß militärische Überlegenheit nicht möglich sei. Sie anstreben bedeute nur, die Rüstungsspirale nach oben zu treiben. Auch konventionelle Waffen seien so schrecklich, daß ein Krieg mit konventionellen Waffen nicht viel „besser" wäre als eine atomare Auseinandersetzung.

Frieden dürfe nicht auf Waffen, sondern müsse auf Vertrauen beruhen. Es müsse jede Möglichkeit des Gesprächs ausgeschöpft werden. Deshalb sei es wichtig, daß ein Treffen Gorbatschow – Reagan, zustande komme.

Abschließend überreichte Genosse Häber den Gästen die Broschüre mit dem im ND veröffentlichten Artikel von Prof. Manfred von Ardenne, die mit großem Interesse entgegengenommen wurde.

Quelle: SAPMO-BArch, DY 30/J IV 2/10.04/31.

Observation und Ausschluß
1984 bis 1985

Dokument 69

Operative Auskunft des Ministeriums für Staatssicherheit über Herbert Häber vom 15. Oktober 1984[1]

1. Berufliche und gesellschaftliche Entwicklung
[Herbert Häber][2] besuchte die Volkschule und von 1940 bis 1945 die Oberschule. In seiner Oberschulzeit gehörte er dem faschistischen Jungvolk als Jungenschaftsführer an. Nach Zerschlagung des Faschismus beteiligte es sich auf Anraten seiner leiblichen Mutter, die 1950 verstarb, an der Arbeit der Antifa-Jugend und späteren FDJ. Aufgrund seiner Intelligenz, Redegewandheit und organisatorischer Fähigkeiten wurde er relativ schnell mit verantwortlichen Funktionen im Kreismaßstab betraut. 1946 trat er der SED bei. Nach Besuch von Schulen des Jugendverbandes und der Partei erfolgte sein Einsatz als stellvertretender Chefredakteur in der Redaktion „Freie Presse" Zwickau.

Im Januar 1951 wurde [Herbert Häber] als politischer Mitarbeiter der Westkommission beim Politbüro im ZK der SED eingestellt. Nach Auflösung der Westkommission erfolgte sein Einsatz im Rahmen der Abteilung Agitation ebenfalls auf dem Gebiet der Westarbeit. Bereits 1952 wurde er als Sektorenleiter bestätigt. Ein im Jahre 1954 an der Parteihochschule der KPdSU aufgenommenes Studium mußte [Herbert Häber] ein Jahr später aus gesundheitlichen Gründen aufgeben. [...][3]

Entsprechend vorliegender Angaben besitzt [Herbert Häber] bis jetzt keine abgeschlossene Hochschulausbildung. Im Juni 1955 nahm [Herbert Häber] als Sektorenleiter im damaligen Arbeitsbüro unter Leitung des Genossen Walter Hähnel seine Tätigkeit im ZK der SED wieder auf. Von 1960 bis 1965 gehörte [Herbert Häber] als hauptamtliches Mitglied der Kommission für gesamtdeutsche Arbeit beim Politbüro im Range eines Abteilungsleiters an. Nach kurzzeitigem Einsatz als stellvertretender Leiter der Westabteilung im ZK der

---

1 Das Material ist wörtlich überschrieben: „Operative Auskunft über Herbert (53), geboren am 15. 11. 1930 in Zwickau, wohnhaft: 1138 Berlin". Der Nachname wird dabei nicht genannt.

2 Anstelle des Namens sind im gesamten Dokument immer nur jeweils vier Punkte eingesetzt worden.

3 Es folgen fünf von der „Gauck-Behörde" geschwärzte Absätze (ca. 35 Zeilen).

SED wurde [Herbert Häber] zum Stellvertreter des Staatssekretärs für gesamtdeutsche Fragen berufen. Nach Auflösung des Staatssekretariats im Jahre 1971 übernahm [Herbert Häber] die Leitung des Institutes für Internationale Politik und Wirtschaft. 1973 erfolgte sein erneuter Einsatz im ZK der SED als Leiter der Westabteilung.

Im Jahre 1976 wurde [Herbert Häber] zum Kandidaten, 1978 zum Mitglied und 1984 zum Sekretär des ZK der SED gewählt. Entsprechend vorliegender Kaderakte ist [Herbert Häber] seit 1984 Leiter der Abteilung für Internationale Politik und Wirtschaft des ZK der SED.

Es liegen nur einige wenige Einschätzungen zur Persönlichkeit von [Herbert Häber] vor, die zumeist aus der Zeit vor seiner Arbeitsaufnahme im ZK der SED stammen. Durchgängig werden ihm Intelligenz, schnelle Auffassungsgabe, politisches Wissen, Einsatzbereitschaft und Ehrgeiz bescheinigt. Kritisch werden sein Hang zur Überheblichkeit sowie sein aggressives und zum Teil verletzend wirkendes Auftreten gegenüber anderen Genossen bemängelt.

2. Politische und politisch-operativ zu beachtende Zusammenhänge

Es liegen eine Reihe von Erkenntnissen vor, die einerseits ein gegnerisches Interesse an der Person des [Herbert Häber] sichtbar machen und andererseits die Gefahr begründen, daß seine Person Gegenstand von Verleumdungskampagnen gegen die Parteiführung bilden kann.

2.1. Politische und politisch-operative Angriffsflächen, die sich aus familiärer Situation und verwandtschaftlichen Beziehungen ergeben

Es ist davon auszugehen, daß [Herbert Häber] durch seine spezifische Tätigkeit im ZK der SED seit 1951 bereits langzeitig im Blickfeld des Gegners steht und dem Gegner verwandtschaftliche Zusammenhänge bekannt sind. [...][4]

[Herbert Häber] besitzt 6 Geschwister und 3 Stiefgeschwister. [...][5]

Die Ehe von [Herbert Häber] wurde im Dezember 1981 geschieden [...][6]

2.2. Erkannte Angriffe und Interessen imperialistischer Geheimdienste in bezug auf die Person [Herbert Häber]

Entsprechend vorliegender Hinweise geriet [Herbert Häber] bereits zu Beginn der 50er Jahre in das Blickfeld der damaligen „Organisation Gehlen". Aufgrund seiner Tätigkeit auf dem Gebiet der Westarbeit ist er seit Jahren in den Speichern imperialistischer Geheimdienste erfaßt und unterliegt bei Reisen in die BRD spezifischen Kontrollmaßnahmen, insbesondere des Bundesamtes für Verfassungsschutz Köln.

---

4 Es folgen vier geschwärzte Textzeilen.
5 Es folgen drei geschwärzte Absätze (ca. 20 Zeilen).
6 Es folgen drei geschwärzte Absätze (ca. 10 Zeilen).

Vermittels Abschöpfung [...][7] der „Organisation Gehlen" in Westberlin, [...][8], konnten durch einen I[noffiziellen] M[itarbeiter] der B[ezirks-]V[erwaltung] Berlin im Jahre 1954 eine Reihe von Hinweisen auf Agenten dieser Organisation erarbeitet werden, die in der Folgezeit vom M[inisterium] f[ür] S[taatssicherheit] inhaftiert wurden bzw. sich teilweise durch Flucht nach Westdeutschland entzogen. Eigenen Angaben zufolge nahm [...][9] 1953 über Vermittlung des Redakteurs beim Westberliner „Telegraf", [...][10], sowie des 1951 nach Westdeutschland geflüchteten ehemaligen Dozenten am Institut für Publizistik und Zeitungswissenschaften an der Universität Leipzig, [...][11], Verbindung zu dem Redakteur [...][12], geboren am [...][13], auf. [...][14] benannte gegenüber [...][15] eine Reihe von Personen, die ihm aus gemeinsamer Tätigkeit in Zwickau bzw. Studium in Leipzig bekannt waren und die er im Interesse der „Organisation Gehlen" nutzen wollte. Zu diesen Personen zählten u. a. [Herbert Häber], von dem [...][16] wußte, daß er im ZK der SED auf dem Gebiet der Westarbeit tätig ist, sowie der damalige Redakteur des Parteiorgans „Neues Deutschland" [...][17]. Da [...][18] bereits im Dezember 1953 republikflüchtig geworden war, erfolgte keine Bearbeitung dieses Hinweises.

Ab etwa 1955 reiste [...][19] wieder in die DDR ein. In der Folgezeit wurde er vom MfS kontaktiert und 1956 auf der Basis der politisch-ideologischen Überzeugungsarbeit geworben.

Daß er zumindest 1953/54 Kontakte zur damaligen „Organisation Gehlen" unterhielt, wurde in diesem Zusammenhang nicht bekannt. Da die Zusammenarbeit uneffektiv war und [...][20] in der BRD wegen krimineller Delikte mehrfach strafrechtlich zur Verantwortung gezogen wurde, erfolgte 1960 die Archivierung des Materials.

Über den jetzigen Aufenthaltsort und die Tätigkeit des [...][21] in der BRD liegen keine Hinweise vor. Einreisen [...][22] in die DDR wurden nicht mehr festgestellt.

---

7   Wortgruppe geschwärzt.
8   Name geschwärzt.
9   Name geschwärzt.
10 Name geschwärzt.
11 Name geschwärzt.
12 Name und Wohnanschrift geschwärzt.
13 Datum geschwärzt.
14 Name geschwärzt.
15 Name geschwärzt.
16 Name geschwärzt.
17 Zweizeilige Satzpassage geschwärzt.
18 Name geschwärzt.
19 Name geschwärzt.
20 Name geschwärzt.
21 Name geschwärzt.
22 Name geschwärzt.

Wie im Ergebnis operativ-technischer Kontrollmaßnahmen bekannt wurde, hielt sich [Herbert Häber] bis zur Übernahme seiner jetzigen Funktion laut Äußerung eines Mitarbeiters der Westabteilung im ZK der SED desöfteren im Korrespondentenbüro des SEW-Organs „Die Wahrheit" in der Hauptstadt der DDR auf. Die Besuche dienten dem Meinungsaustausch und wurden genutzt, die Mitarbeiter des Büros mit Hintergrundinformationen zu versorgen.

Dem BND liegen nachweislich seit 1979 Informationen eines „westlichen Medienvertreters" vor, der im Rahmen seiner geheimdienstlichen Tätigkeit verantwortliche Genossen unserer Partei abschöpft. Zu seinen Informanten gehörte u. a. eine als „hoher SED-Funktionär" bezeichnete Person. Die vom Agenten wiedergegebenen Äußerungen dieser Person lassen Einblick in interne politische Prozesse erkennen. Teilweise werden antisowjetische Tendenzen und pragmatisches Herangehen an die Beurteilung politischer Prozesse und Erscheinungen durch den Informanten sichtbar. Im Widerspruch zu seiner vom BND ausgewiesenen Funktion lassen die Äußerungen des Informanten kaum einen Klassenstandpunkt erkennen. [...][23]

Unabhängig davon, ob o. a. Äußerungen von [Herbert Häber] stammen bzw. vom vermutlichen Agenten oder dem BND richtig wiedergegeben wurden, muß festgestellt werden, daß es dem BND damit gelungen wäre, im unmittelbaren Umfeld des [Herbert Häber] einen Agenten einzubauen, der obendrein das Vertrauen von [Herbert Häber] besitzt. Diese Version muß im Zuge der Bearbeitung des verdächtigen „Grenzgängers" noch bewiesen werden.

Nach Mitteilung der befreundeten Dienststelle vom 6. 9. 1978 ist [Herbert Häber] in einem Speicher der Geheimdienste der USA und ihrer Verbündeten erfaßt. Entsprechend vorliegender Erfahrungswerte der sowjetischen Sicherheitsorgane handelt es sich bei den in diesem Speicher erfaßten Personen um solche, die
– als Mitarbeiter sozialistischer Sicherheitsorgane erkannt wurden,
– im Verdacht der Verbindung zu sozialistischen Sicherheitsorganen stehen bzw.
– von westlichen Geheimdiensten als Werbungskandidaten vorgesehen sind.

Unter welchem Aspekt die Erfassung des [Herbert Häber] erfolgte, kann nicht eingeschätzt werden.

Entsprechend dem MfS vorliegenden Erkenntnissen reist [Herbert Häber] seit 1974 unter Benutzung eines Diplomatenpasses regelmäßig in die BRD. [...][24]

Mit Wirkung vom 3. 12. 1980 wurde [Herbert Häber] auf Ver-

---

23 Es folgt ein geschwärzter Absatz (ca. 5 Zeilen).
24 Es folgen zwei geschwärzte Absätze (ca. 15 Zeilen).

anlassung der Grenzschutzdirektion Koblenz aus der Grenzüberwachungsliste gestrichen. Zu den Gründen dieser Maßnahme liegen keine Hinweise vor. Die Ausschreibung im Grenzfahndungsbuch blieb bis zum gegenwärtigen Zeitpunkt bestehen.

3. Vorgeschlagene Maßnahmen

Aus sicherheitspolitischen und politischen Gründen wird vorgeschlagen:

– Unterbindung jeglicher Reisetätigkeit der Eltern der Lebensgefährtin von [Herbert Häber] in das NSW im Zusammenwirken mit dem zuständigen Kaderorgan des ZK der SED.

– Einleitung politisch-operativer Kontrollmaßnahmen zu den Verwandten von [Herbert Häber] unter besonderer Berücksichtigung der Personen, die in der Vergangenheit aufgrund politischen, kriminellen und moralischen Fehlverhaltens negativ in Erscheinung traten.

– Deponierung aller Archivunterlagen des MfS, die [Herbert Häber] und seine Familienangehörigen belasten, beim Leiter der Abteilung XII des MfS zum Zwecke der Sicherung vor unbefugter Einsichtnahme.

– Konspirative Einziehung aller Unterlagen aus staatlichen Archiven der DDR, Gerichten der DDR einschließlich VdN-Unterlagen des Vaters von [Herbert Häber] und dessen Geschwister, die geeignet erscheinen, [Herbert Häber] politisch zu diskreditieren, durch die Hauptabteilung IX/11.

Quelle: BStU, ZA, HA II/6, 1112.

Dokument 70

Maßnahmepläne des ZK der SED im Zusammenhang mit der Entbindung Herbert Häbers von seinen Parteifunktionen, 28. November 1985[25]

[I]

1. Genosse Axen wird nach der Rückkehr des Genosse Herbert Häber aus der Kur nach dem 7. Dezember mit Genossen Häber über

---

25 Auf der 11. Tagung des ZK der SED am 22. November 1985 war Herbert Häber „aus gesundheitlichen Gründen" von seinen Funktionen als Politbüromitglied und Sekretär des ZK der SED entbunden worden. Er blieb jedoch bis zum XI. Parteitag der SED im April 1986 noch ZK-Mitglied. – Im hier wiedergegebenen Dokument sind drei Materialien zusammengefaßt, die sich in einer Akte des Zentralarchivs der „Gauck-Behörde" fanden. Offenbar dienten sie als Vorstufe für die endgültige Verfahrensweise, die am 29. November 1985 von Erich Honecker bestätigt wurde. Vgl. Dok. 71.

seine weitere Arbeit sprechen – bei Beachtung seines Gesundheitszustandes bzw. seiner Arbeitsfähigkeit.

2. Bis über seine Arbeitsfähigkeit entschieden ist, erhält er weiterhin sein jetziges Gehalt.

3. Nach Entscheidung über seinen weiteren Einsatz erhält er einen Gehaltsausgleich durch das ZK. Über die Höhe wird entschieden, wenn der Einsatz feststeht.

4. Sollte sich eine Invalidisierung notwendig machen, so wird die „Ordnung für die Betreuung von Mitgliedern und Kandidaten des Politbüros vom 4. 10. 1983" auf ihn angewandt. Zu den einzelnen Fragen wird dann extra entschieden.

5. Auflösung des Büros im ZK.

6 a. Nach Beendigung seiner Kur, und wenn nicht ein weiterer Krankenhausaufenthalt notwendig ist, sind dem Genossen Häber wieder alle Materialien, die die Mitglieder des ZK erhalten, zuzustellen, ebenso alle Einladungen zu Veranstaltungen, die die Mitglieder des ZK erhalten.

6 b. Genosse Häber bleibt Mitglied der ZK-Delegation für die Vorbereitungen der Bezirksdelegiertenkonferenz Magdeburg und Mitglied der Kommission zur Ausarbeitung des Berichtes des ZK an den XI. Parteitag und der Kommission zur Ausarbeitung des Beschlußentwurfs des XI. Parteitages.

7 a. Nach seiner Rückkehr ist mit ihm über seinen Umzug aus Wandlitz zu sprechen und ein baldiger Umzug zu sichern.

7 b. Über das Wochenendhaus in Oderin ist ebenfalls zu sprechen.

8. Fragen betreffs des Regierungskrankenhauses ergeben sich aus seiner Funktion als Mitglied des ZK.

[II]
Betr.: Genossen Herbert Häber, geb. am 15. 11. 1930

1. Genosse Herbert Häber wird am 7. Dezember 1985 von der Kur aus Liebenstein zurückkehren. Nach Mitteilung der Genossin Wittbrodt könnte er dann arbeitsfähig sein. Ungeklärt ist dabei aber noch, ob sein psychischer Zustand so ist, daß die Arbeitsfähigkeit gegeben ist.

2. Bis über die Arbeitsfähigkeit entschieden ist, erhält er weiterhin sein jetziges Gehalt [...].

a) Wenn über seinen weiteren Einsatz entschieden ist, müßte auch entschieden werden, ob er einen Ausgleich durch die Kasse des ZK erhält.

b) Sollte sich eine Invalidisierung notwendig machen, so müßte entschieden werden, ob die Ordnung für die Betreuung von Mitgliedern und Kandidaten des Politbüros und Sekretären des ZK vom

4. 10. 1983 auf ihn angewandt wird. Das würde bedeuten: Er erhält eine Ehrenpension in Höhe von 90 Prozent des letzten monatlichen Bruttoverdienstes [...].

3. Das Büro Häber im ZK wird bis Freitag, den 29. 11. 1985, aufgelöst. Die Materialien gehen ins Archiv bzw. werden zurückgegeben an das Büro des Politbüros oder an die Abteilung IPW. Persönliche Sachen verbleiben im Panzerschrank. Die Übergabe an Genossen Häber erfolgt nach seiner Rückkehr. Verantwortlich dafür ist Genosse Harry Morgenstern in Abstimmung mit Genossin Gisela Glende und Genossen Gunter Rettner

4. Betr.: Tätigkeit als Mitglied des ZK

Genosse Herbert Häber ist als Mitglied der ZK-Delegation für die Vorbereitung der Bezirksdelegiertenkonferenz Magdeburg beschlossen. Leiter der Delegation ist Genosse Harry Tisch. Weiter ist Genosse Herbert Häber in Vorbereitung des XI. Parteitages beschlossen als Mitglied der Kommission zur Ausarbeitung des Berichtes des ZK an den XI. Parteitag und als Mitglied der Kommission zur Ausarbeitung des Beschlußentwurfs an den XI. Parteitag. Während der Zeit seiner Krankheit haben wir ihm keine Materialien zugestellt, die die Mitglieder des ZK erhalten. Soll Genosse Häber diese Materialien ab sofort wieder erhalten? Soll er zu Veranstaltungen eingeladen werden, z. B. Festveranstaltungen des ZK u. ä.?

5. Betr.: Umzug aus Wandlitz

Mit dem Sekretariat des Ministerrates habe ich gesprochen, daß sie uns umgehend Vorschläge für ein Haus unterbreiten. Ich würde aber vorschlagen, daß ich mit Genossen Häber erst spreche, wenn er von der Kur zurück ist.

Als Anlage füge ich eine Übersicht über alle Festlegungen, die sich aus dem Beschluß des Politbüros vom 4. 10. 1983 „Ordnung für die Betreuung für Mitglieder und Kandidaten des Politbüros und Sekretären des ZK ..., die aus gesundheitlichen oder Altersgründen aus dieser Funktion ausscheiden" ergeben, bei.[26]

Genosse Häber hat ein Wochenendhaus bei Oderin, Kr[eis] Königs Wusterhausen. Vermieter ist das ZK.

e) Gesundheitliche Betreuung weiterhin durch die Spezialklinik des Regierungskrankenhauses Berlin-Buch.

f) Versorgung mit Urlaubsplätzen

g) Dienstausweis zum Betreten des Gebäudes des ZK

---

26 Es folgte als Anlage ein Auszug aus dem „Beschluß des Politbüros vom 4. 10. 1983". Vgl. hierzu die Passage [III] weiter unten.

[III]
Betr.: Genossen Herbert Häber

1. Rückkehr von der Kur: 7. Dezember 1985
Er wird laut Mitteilung des Regierungskrankenhauses ab ... arbeitsfähig sein.

2. Soll auf ihn der Beschluß des Politbüros vom 4. 10. 1983 „Ordnung für die Betreuung von Mitgliedern und Kandidaten des Politbüros und Sekretären des ZK [...], die aus gesundheitlichen oder Altersgründen aus dieser Funktion ausscheiden" angewandt werden?

Das würde bedeuten:

a) Er erhält eine Ehrenpension in Höhe von 90 Prozent des letzten monatlichen Bruttoverdienstes. [...]

b) Ehrenamtliche Tätigkeit

c) Auf Wunsch ein persönlicher Mitarbeiter und eine Schreibkraft und Arbeitsraum im ZK.

d) Personengebundenes Fahrzeug mit Fahrer, gestellt durch das Ministerium für Staatssicherheit.

e) Versorgung von Presseerzeugnissen und Literatur einschließlich aus kapitalistischen Ländern durch das ZK; Haushälterin im Haushalt; Belassung des Diplomatenpasses.

3. Alle anderen Betreuungsfragen ergeben sich aus der Funktion als Mitglied des Zentralkomitees.

4. Genosse Häber hat ein Wochenendhaus bei Oderin, Kreis Königs Wusterhausen. Vermieter ist das Zentralkomitee.

5. Die Frage des Umzugs aus Wandlitz müßte geklärt werden, wenn er von der Kur zurück ist.

Auflösung des Büros Häber

1. Genosse Morgenstern, persönlicher Mitarbeiter, hat alle Materialien des Büros an das Interne Parteiarchiv bzw. an das Zentrale Parteiarchiv abzugeben. Abstimmung erfolgt mit Genossin Gisela Glende und Genossen Gunter Rettner. Die Materialien im persönlichen Panzerschrank werden bei Rückkehr des Genossen Häber durch das Büro des Politbüros bzw. durch die Abteilung IPW übernommen und an das Archiv gegeben.

2. Einsatz der persönlichen Mitarbeiter
verantwortlich: Abt. Kaderfragen

3. Einsatz der zwei Sekretärinnen
verantwortlich: Büro des Politbüros

Quelle: BStU, ZA, SdM 645.

Dokument 71

Von Erich Honecker, Generalsekretär des ZK der SED und DDR-Staatsratsvorsitzender, bestätigte Maßnahmen im Zusammenhang mit der Entbindung Herbert Häbers und Konrad Naumanns von ihren Funktionen, 29. November 1985[27]

Auf der Grundlage des Beschlusses der 11. Tagung der SED vom 22. 11. 1985, die Genossen Herbert Häber und Konrad Naumann aus gesundheitlichen Gründen von den Funktionen eines Mitgliedes des Politbüros und Sekretär des ZK zu entbinden, werden unter Berücksichtigung der „Ordnung für die Betreuung von Mitgliedern und Kandidaten des Politbüros, Sekretären des ZK, Stellvertretern des Vorsitzenden des Staatsrates und Stellvertretern des Vorsitzenden des Ministerrates, die aus gesundheitlichen oder Altersgründen aus diesen Funktionen ausscheiden", die am 4. 10. 1983 durch das Politbüro des ZK der SED bestätigt wurde, folgende Vorschläge unterbreitet:

1. Zum Genossen Herbert Häber

1.1. Dem Genossen Herbert Häber ist ab 1. 1. 1986 – soweit nicht wegen Krankheit oder aus anderen Gründen ein anderer Termin festzulegen ist – eine monatliche Ehrenposition in Höhe von 90% des derzeitigen monatlichen Bruttoverdienstes [...] zu zahlen.

In Abhängigkeit von einer Entscheidung über die Aufnahme einer hauptamtlichen Tätigkeit und von der Art dieser Tätigkeit ist festzulegen, daß das daraus resultierende Einkommen auf die Ehrenpension anzurechnen ist bzw. die hauptamtliche Tätigkeit ohne Bezahlung erfolgt.

In Abhängigkeit von einer Entscheidung über die Aufnahme einer hauptamtlichen bzw. ehrenamtlichen Tätigkeit ist unter Berücksichtigung der persönlichen Wünsche festzulegen, ob und durch welches Organ

– ein persönlicher Mitarbeiter, einer Schreibkraft und ein Arbeitsraum zur Verfügung gestellt werden,

– die Versorgung mit Presseerzeugnissen und Literatur, einschließlich Literatur aus nichtsozialistischen Staaten und Westberlin, zu erfolgen hat.

1.2. Durch den Ministerrat sind unter Berücksichtigung der persönlichen Wünsche umgehend ausreichender Wohnraum und – soweit notwendig – eine Wohnungseinrichtung zur Verfügung zu stellen.

1.3. Bis zum Auszug aus dem Wohnobjekt Wandlitz/Waldsiedlung besteht für den Genossen Herbert Häber und seine Angehö-

---

27 Honecker zeichnete das Schriftstück handschriftlich ab.

rigen weiterhin die Möglichkeit, die Einrichtung des Wohnobjektes für den persönlichen Bedarf zu nutzen.

Mit dem Auszug aus dem Wohnobjekt sind die an die Angehörigen des Genossen Herbert Häber ausgegebenen Objektausweise Waldsiedlung, Kategorie I, einzuziehen.

1.4. Mit sofortiger Wirkung sind Fahrten mit den Repräsentantenfahrzeugen Volvo 760 GLE einzustellen und ist der Einsatz von persönlichen Begleitern des MfS zu beenden. Bis zum Auszug aus dem Wohnobjekt Wandlitz/Waldsiedlung sind für erforderliche Fahrten Pkw mit Kraftfahrern durch das MfS zur Verfügung zu stellen. Ab diesem Zeitpunkt kann Genosse Herbert Häber auf Wunsch durch das MfS ein personengebundener Pkw (Peugeot 305 oder Fiat 75 – Regata oder Lada 21061) mit Kraftfahrern zur Verfügung gestellt werden. In Abhängigkeit von einer Entscheidung über die Aufnahme einer hauptamtlichen bzw. ehrenamtlichen Tätigkeit ist festzulegen, inwieweit die Bereitstellung eines personengebundenen Pkw mit Kraftfahrer durch die Institution, bei der die Tätigkeit aufgenommen wird, erfolgt. Die durch das MfS zur persönlichen Nutzung zur Verfügung gestellten zwei Pkw (Lada 21061 und Wartburg) sind unverzüglich zurückzuführen.

1.5. Die durch das MfS zur Verfügung gestellte Haushälterin kann auf Wunsch weiterhin im Haushalt des Genossen Herbert Häber verbleiben.

1.6. Genosse Herbert Häber kann auf Wunsch das Freizeitobjekt Oderin, Kreis Königs Wusterhausen (Rechtsträger ist das ZK der SED), auf der Grundlage eines abzuschließenden Nutzungsvertrages weiterhin persönlich nutzen. Die Kosten der Unterhaltung des Objektes sind durch Genossen Herbert Häber zu tragen. Die Sicherheit dieses Objektes durch Kräfte des MfS ist mit sofortiger Wirkung einzustellen.

1.7. Die Nutzung der WTsch-Nachrichtenverbindungen ist mit sofortiger Wirkung einzustellen. Die Nutzung der anderen internen Nachrichtenverbindungen (Regierung, MfS) ist bis zum Auszug aus dem Wohnobjekt Wandlitz/Waldsiedlung – soweit nicht im Zusammenhang mit der Aufnahme einer hauptamtlichen bzw. ehrenamtlichen Tätigkeit andere Entscheidungen getroffen werden zu ermöglichen. Die aus dem Bestand des MfS übergebene Pistole WPPK, Kaliber 7,65 mm, Nr. 315 607, mit 14 Patronen ist einzuziehen.

1.8. Die medizinische Betreuung des Genossen Herbert Häber, seiner Ehefrau und seines Sohnes erfolgt weiterhin durch die Spezialklinik des Regierungskrankenhaus Berlin-Buch, die weiterer festgelegter Angehöriger durch das Regierungskrankenhaus Scharnhorststraße.

Die Versorgung mit Urlaubsplätzen erfolgt nach Wunsch in den Heimen des ZK bzw. des Ministerrates.

1.9. Der Genosse Häber erhält einen Hausausweis zum Betreten des Gebäudes des Zentralkomitees der SED. [...][28]

3. Weitere erforderliche Entscheidungen

3.1. Entbindung des Genossen Herbert Häber als Mitglied
– der ZK-Delegation für die Vorbereitung der Bezirksdelegiertenkonferenz Magdeburg,
– der Kommission zur Ausarbeitung des Berichtes des ZK an den XI. Parteitag,
– der Kommission zur Ausarbeitung des Entwurfs des Beschlusses des XI. Parteitages [...][29]

3.2. Es ist zu entscheiden über die weitere Zustellung von Materialien, die die Mitglieder des ZK erhalten, an die Genossen Herbert Häber und Konrad Naumann.

3.3. Es ist zu entscheiden über die Einladung an die Genossen Herbert Häber und Konrad Naumann zu Festveranstaltungen des ZK, des Staatsrates und des Ministerrates, auch unter Berücksichtigung der Entscheidung über die Aufnahme einer hauptamtlichen bzw. ehrenamtlichen Tätigkeit.

3.4. Es ist zu entscheiden, inwieweit die Genossen Herbert Häber und Konrad Naumann im Besitz des Diplomatenpasses bleiben sollen, auch unter Berücksichtigung der Entscheidung über die Aufnahme einer hauptamtlichen bzw. ehrenamtlichen Tätigkeit. [...][30]

Quelle: BstU, ZA, SdM 645.

---

28 Unter 2. wurden die Konrad Naumann betreffenden Entscheidungen festgehalten.
29 Die folgende Passage betrifft Konrad Naumann.
30 Der Punkt 3.5 betrifft die Dienstwaffe von Konrad Naumann.

Abkürzungsverzeichnis

AA	Auswärtiges Amt
ABM-Vertrag	Vertrag über die Begrenzung der Raketenabwehrsysteme
Abt.	Abteilung
ADN	Allgemeiner Deutscher Nachrichtendienst
AG	Aktiengesellschaft
APO	Außerparlamentarische Opposition
BArch	Bundesarchiv
BND	Bundesnachrichtendienst
BRD	Bundesrepublik Deutschland
CDU	Christlich-Demokratische Union
CGT	Confédération Générale du Travail
ČSSR	Tschechoslowakische Sozialistische Republik
CSU	Christlich-Soziale Union
C-Waffen	Chemische Waffen
DGB	Deutscher Gewerkschaftsbund
DIHT	Deutscher Industrie- und Handelstag
DIZ	Deutsches Institut für Zeitgeschichte
DDR	Deutsche Demokratische Republik
DKP	Deutsche Kommunistische Partei
DM	Deutsche Mark
DWI	Deutsches Wirtschaftsinstitut
EG	Europäische Gemeinschaft
FAZ	„Frankfurter Allgemeine Zeitung"
FDGB	Freier Deutscher Gewerkschaftsbund
FDJ	Freie Deutsche Jugend
FDP	Freie Demokratische Partei
FKP	Französische Kommunistische Partei
ICI	englischer Chemiekonzern
IG	Industriegewerkschaft
IPW	Institut für Internationale Politik und Wirtschaft
IWF	Internationaler Währungsfonds
KoKo	Arbeitsbereich „Kommerzielle Koordinierung" im Ministerium für Außenhandel der DDR
KPD	Kommunistische Partei Deutschlands
KPdSU	Kommunistische Partei der Sowjetunion
KSZE	Konferenz über Sicherheit und Zusammenarbeit in Europa
KVAE	Konferenz über Vertrauensbildung und Abrüstung in Europa

LDPD	Liberal-Demokratische Partei Deutschlands
MBFR	Mutual Balanced Forces Reduction
MfAA	Ministerium für Auswärtige Angelegenheiten
MfS	Ministerium für Staatssicherheit
NATO	North Atlantic Treaty Organization
ND	„Neues Deutschland"
NRW	Nordrhein-Westfalen
NSW	Nichtsozialistisches Wirtschaftsgebiet
NVA	Nationale Volksarmee
PV	Parteivorstand
PVAP	Polnische Vereinigte Arbeiterpartei
RGW	Rat für gegenseitige Wirtschaftshilfe (Comecon)
SALT	Strategic Arms Limitation Talks
SAPMO-BArch	Stiftung Archiv der Parteien und Massenorganisationen der DDR im Bundesarchiv
SDAJ	Sozialistische Deutsche Arbeiterjugend
SDI	Strategic Defense Initiative
SED	Sozialistische Einheitspartei Deutschlands
SEW	Sozialistische Einheitspartei Westberlins
SI	Sozialistische Internationale
SNB	Sowjetisches Nachrichten-Büro
SPD	Sozialdemokratische Partei Deutschlands
START	Strategic Arms Reduction Talks
SU	Sowjetunion
TSI	Treuhandstelle für den Interzonenhandel (ab Dezember 1981: Treuhandstelle für Industrie und Handel)
UdSSR	Union der Sozialistischen Sowjetrepubliken
UNO/UN	United Nations Organization
USA/US	United States of America
USPD	Unabhängige Sozialdemokratische Partei Deutschlands
UZ	„Unsere Zeit"
VE	Verrechnungseinheit
VEB	Volkseigener Betrieb
VR	Volksrepublik
VVN	Vereinigung der Verfolgten des Naziregimes
VW	Volkswagen
Wtsch	Wyssokaja Tschastota (Hochfrequenzverbindung)
ZDF	Zweites Deutsches Fernsehen
ZK	Zentralkomitee

Personenregister

478